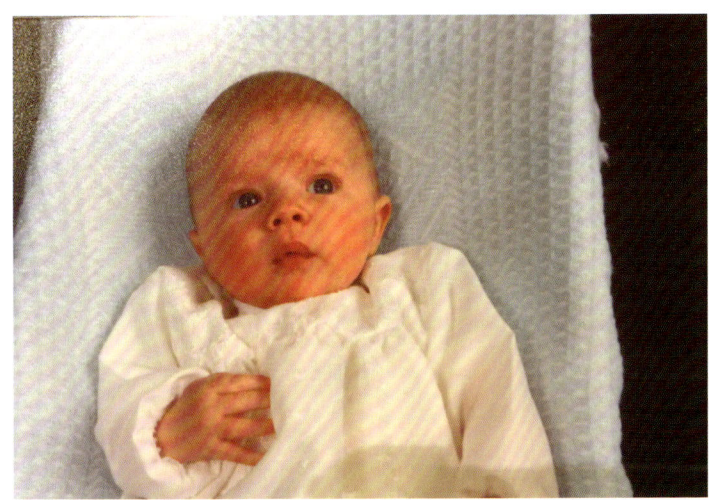

갓난아기 시절의 캐릭.
이때에도 무언가에 골똘히 집중하고 있는 표정이 성인이 된 후의 캐릭과 닮았다.

캐릭을 무척 아낀 할아버지, 할머니와 함께. 그의 할아버지는 전쟁 영웅인 동시에
한때 잉글랜드 대표팀 합류를 가리는 테스트를 받기도 했던 축구 선수였다.

캐릭과 그의 동생 그레엄.
어린 시절 집 정원에서 매일 같이 축구를 해서 그 정원의 잔디가 남아나지 않을 지경이었다.

월젠드 보이스 클럽 '보이자'의 감독 밥이 캐릭에게 '브라질' 팀에서 뛰라고 할 때마다
캐릭은 마치 세계 최고의 팀에서 뛰는 것 같은 자부심을 느꼈다.

월젠드 보이스 클럽은 캐릭의 두 번째 집이다.
그에게 그곳은 특별한 냄새가 나는, 마치 마법과도 같은 곳이다.

어린 시절 데이트를 하기 시작해서 부부가 되어 현재까지 함께하고 있는 리사와 캐릭.
리사는 캐릭이 가장 힘든 시간에도 늘 함께해준 동반자다.

캐릭과 그레엄, 그리고 두 사람의 할머니 타워스 씨.
할머니 역시 캐릭에게 정신적으로 힘이 되어준 고마운 존재였다.

훗날 프로 데뷔를 하게 되는 웨스트햄과 첫 계약을 하던 당시의 캐릭과 그의 아버지, 어머니, 그리고 그레엄. 웨스트햄은 캐릭이 선수로서 발전하는데 최고의 팀이었다.

웨스트햄 유소년팀 시절의 캐릭.

웨스트햄 시절 동료들과 함께 어울리고 있는 캐릭의 모습.
그는 이 시절을 축구 인생 최고의 시절 중 하나로 기억하고 있다.

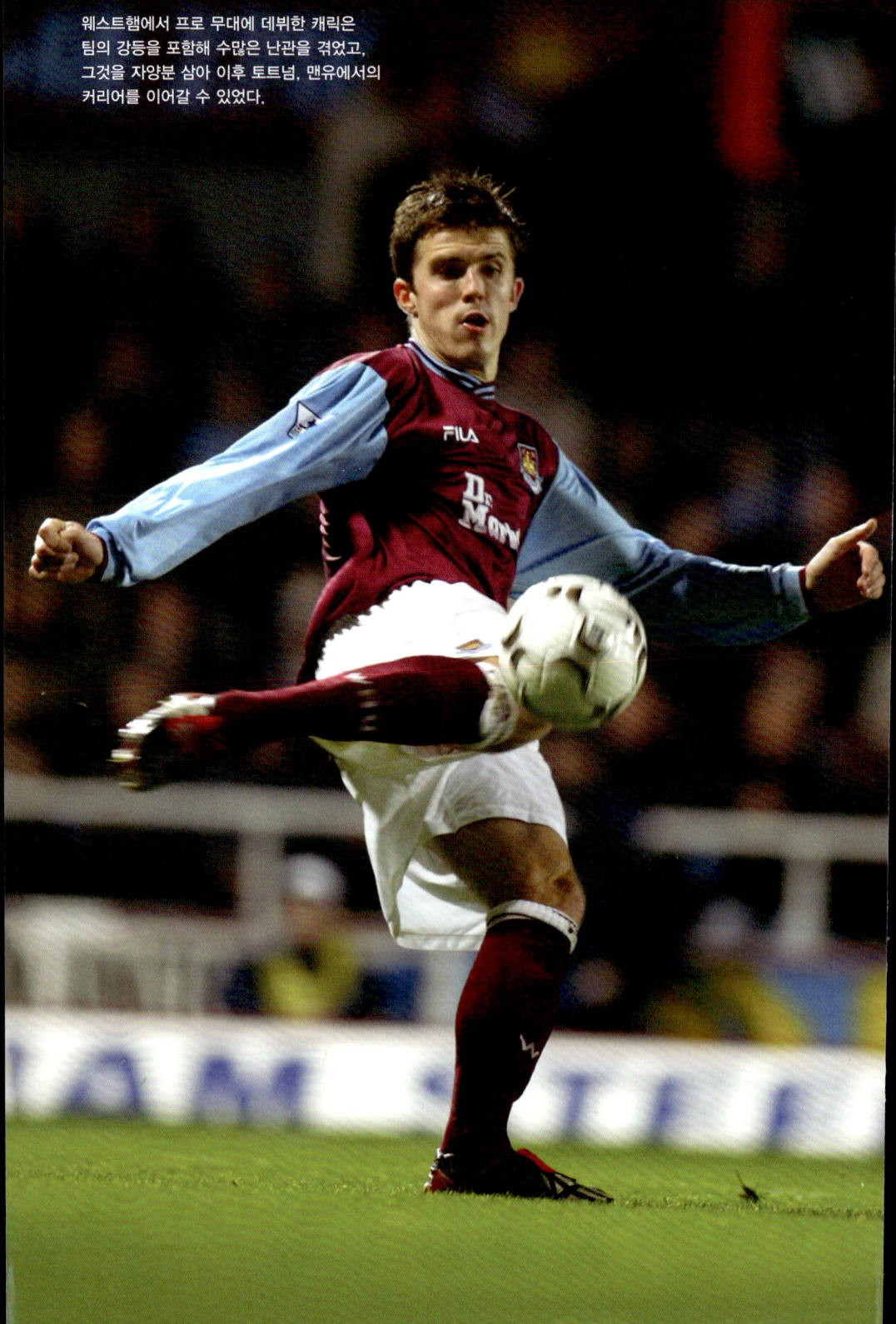

웨스트햄에서 프로 무대에 데뷔한 캐릭은 팀의 강등을 포함해 수많은 난관을 겪었고, 그것을 자양분 삼아 이후 토트넘, 맨유에서의 커리어를 이어갈 수 있었다.

캐릭은 축구 외에도 F1에 관심이 많다. 그는 결국, 2018년 영국 그랑프리를 앞두고 실버스톤에서 2인승 드라이브를 하면서 F1의 꿈을 이뤘다.

F1 자동차 앞에서 포즈를 취한 캐릭의 아들 제이시, 승마에 관심이 많은 딸 루이스. 그리고 아내 리사와 함께. 캐릭은 항상 가족을 먼저 생각하는 가정적인 가장이다.

토트넘 시절의 캐릭.
그는 토트넘에서 길지 않은 2시즌을 뛰었을 뿐이지만 이 기간 중 보여준 모습 덕분에 이후 맨유로 이적해 최고의 미드필더로 거듭났다. 그는 토트넘에서 이영표와 함께 뛰었다.

맨유에서 캐릭은 5회의 프리미어리그 우승을 비롯해 챔피언스리그, 유로파리그, FA컵, 클럽월드컵, 리그컵 등 프로 선수로서 가능한 거의 모든 대회에서 우승을 차지했다.

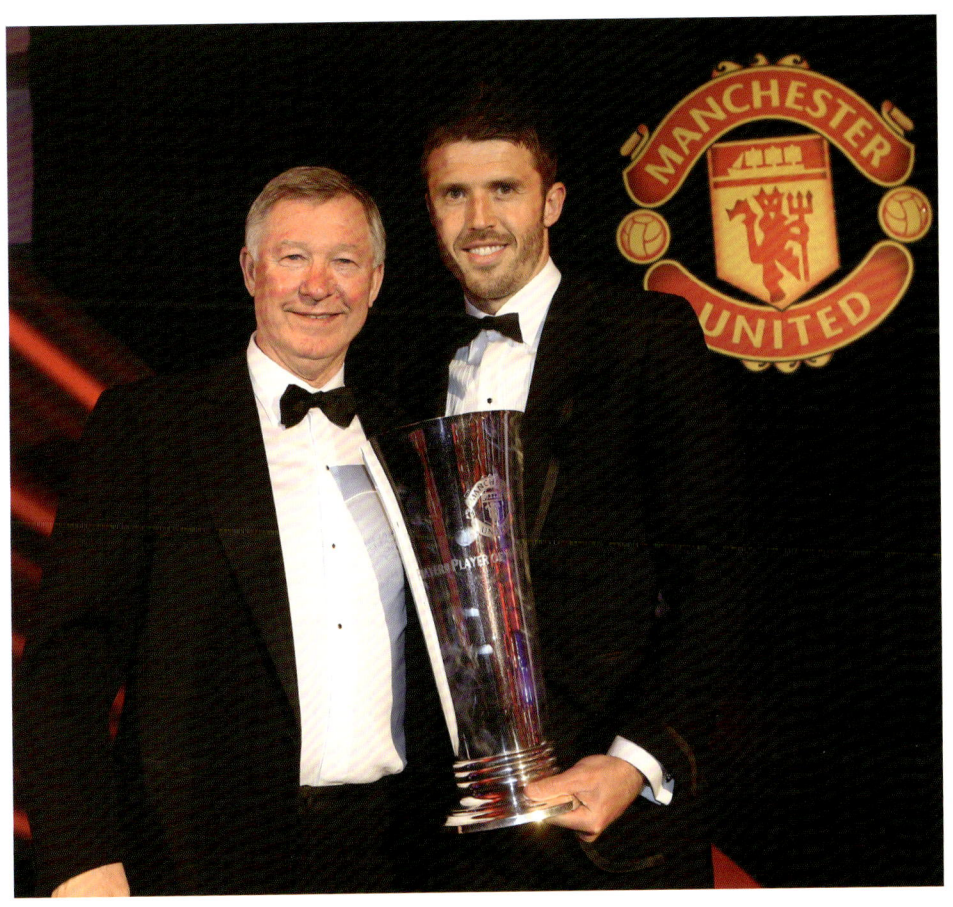

감독으로서 또 사람으로서 전설이라 할 만한 사람, 알렉스 퍼거슨 경.
캐릭은 그를 위해 뛰는 것을 영광으로 생각했고, 퍼거슨 감독은 캐릭을 항상 믿을 수 있는 선수로 여겼다.
퍼거슨 감독은 "캐릭은 훌륭한 축구 선수인 동시에 모범적인 사람"이라고 말했다.

현역 선수로서 마지막 경기를 마치고 나오는 캐릭과 그를 안아주는 무리뉴 감독.
무리뉴 감독은 캐릭에게 은퇴 후 맨체스터 유나이티드의 코치로 일할 것을 권유했고
그 덕분에 캐릭은 현재까지 코치로 팀을 돕고 있다.

맨유 엠블럼을 터치하며 팬들에게 인사하고 있는 캐릭. 그는 맨유 팬들과 늘 좋은 관계를 유지했고, 이 책의 서두에서 소개된 것처럼 관중석에서 팬들과 함께 맨유를 응원하기도 했다.

맨유의 전성기를 함께 보낸 캐릭과 박지성.
두 선수는 퍼거슨 감독의 황금기에 같은 미드필더로서 맹활약했다.
캐릭은 모든 움직임이 마치 교과서와 같았던 박지성과 함께 뛰는 것이 꿈같은 일이었다고 말했고,
박지성은 캐릭이 수비형 미드필더의 모범과도 같은 선수라고 말했다.

리사, 루이스, 제이시에게 이 책을 바칩니다.

마이클 캐릭
자서전

MICHAEL CARRICK: BETWEEN THE LINES
Copyright ⓒ Michael Carrick, 2018
All rights reserved

Korean translation copyright ⓒ2019 by Garam Publishing Co.
Korean translation rights arranged with David Luxton Associates
through EYA (Eric Yang Agency).

이 책의 한국어판 저작권은 EYA (Eric Yang Agency)를 통해
David Luxton Associates와 독점계약한 '브레인스토어 퍼블리싱'에 있습니다.
저작권법에 의하여 한국 내에서 보호를 받는 저작물이므로 무단전재 및 복제를 금합니다.

MICHAEL CARRICK
BETWEEN THE LINES

마이클 캐릭 자서전

브레인스토어

차례

1. 레드 RED ·········· 9
2. 보이자 THE BOYZA ·········· 17
3. 성장기 GROWING UP ·········· 25
4. 아카데미 THE ACADEMY ·········· 49
5. 웨스트햄 웨이 THE WEST HAM WAY ·········· 85
6. 토트넘 핫스퍼 EARNING MY SPURS ·········· 123
7. 나 자신을 증명하기 PROVING MYSELF ·········· 141
8. 이기는 습관 THE WINNING HABIT ·········· 171
9. 뮌헨, 그리고 모스크바 MUNICH AND MOSCOW ·········· 195
10. 로마 ROME ·········· 211
11. 웸블리 WEMBLEY ·········· 237
12. 잉글랜드 ENGLAND ·········· 273
13. 한 시대의 끝 END OF AN ERA ·········· 303
14. 모예스 DAVID MOYES ·········· 337
15. 판 할 LOUIS ·········· 347
16. 무리뉴 JOSÉ ·········· 373
17. 심장 HEART ·········· 387
18. 다음 도전 THE NEXT CHALLENGE ·········· 405

부록
Ⅰ. 아내와 함께 한 대화 ·········· 421
Ⅱ. 부모님과 함께 한 대화 ·········· 439
Ⅲ. 동생과 함께 한 대화 ·········· 462
Ⅳ. 친구들과 함께 한 대화 ·········· 471

감사의 글 ·········· 477

1
RED

레드

MICHAEL CARRICK
BETWEEN THE LINES

나는 맨체스터 유나이티드Manchester United에서 선수로 뛰기만 한 것이 아니다. 나는 맨유를 위해 살았다. 나의 인생 전체가 맨유와 그 주변을 맴돌았다. 무엇을 하든, 어디를 가든, 맨유는 언제나 나의 심장 속에 있었다. 나는 맨유와 함께 한 모든 도전을 즐겼다. 이 위대한 클럽과 함께하는 사람에게 도망칠 수 있는 곳은 어디에도 없다. 끝없는 압박과 주변의 높은 기대가 상상을 초월한다. 어떤 선수들은 그것을 즐기고 이겨내지만, 그렇지 못한 선수들도 있다.

맨유에 오기 전, 나는 스스로가 헌신적인 선수라고 생각했다. 그러나 맨유에 온 후로 나는 내가 그것과 거리가 먼 선수라는 것을 깨달았다. 2006년 7월 31일 월요일은 내가 세계적으로 유명한 클럽에 입단한, 나의 인생이 바뀐 날이었다. 맨유의 역사는 위대한 레전드들로 가득하다. '버즈비의 아이들'(맨유를 명문으로 만든 맷 버즈비 감독이 이끌었던 선수들의 애칭 - 옮긴이 주), 뮌헨 참사의 희생자들, 조지 베스트George Best, 보비 찰튼 경Sir Bobby Charlton, 브라이언 롭슨Bryan Robson, 클래스 오브 92Class of '92, 알렉스 퍼거슨 경Sir Alex Ferguson, 1999년의 트레블 등등. 그 모든 역사와 전통, 그리고 문화가 올드 트래포드Old Trafford를 특별한 곳으로 만들고 있다. 토트넘을 떠나 맨유에 입단하자마자 나는 맨유라는 구단의 힘과 낭만적인 분위기에 압도당했고 그 후로 내가 상상조차 하기 힘들었던 여정을 그들과 함께 했다. 나는 이 놀라운 클럽을 위해 뛴 영광을 누린 몇 명 안 되는 사람 중의 한 명이었고 평생 그것을 당연한 일로 생각하지 않을 것이다. 나는 늘 맨유를 위해서 내가 할 수 있는 최선의 힘을 다해 희생하고 또 희생했고, 앞으로도 자부심과 책임감을 갖고 그렇게 해나갈 것이다.

나는 그저 잉글랜드 북동부에 있는 월젠드Wallsend에서 온 그다지 특별할 것도, 다른 사람보다 나은 것도 못한 것도 없는 그런 평범한 사람이었다. 그런 내가 전 세계의 서로 다른 배경을 가진 사람들에게 힘을 주는 클럽의 일원이 됐다는 것은 정말 행운이었다. 맨유가 많은 사람들의 삶에 영향을 줄 수 있다는 것은 정말 아름다운 일이다. 나는 맨유 팬들이 마치 맨유의 경기 결과에 그들의 삶이 달려있는 것처럼 뜨거운 열정을 안고 기뻐하는 모습을 보는 것을 좋아한다. 올드 트래포드에서 매주 7만 5천여 명의 팬들이 우리의 경기를 보러 와서 응원하는 소리를 듣는 것은 마치 마법 같은 일이었다. 올드 트래포드에서는 팬과 선수의 구분이 없었다. 모두가 '우리'였다. 축구화를 신고 좀 더 많은 책임과 부담을 안고 경기장 위에서 뛸 뿐, 나 역시 맨유의 팬 중 한 명이었다. 나는 맨유의 모든 응원가를 직접 배우며 클럽의 역사에 대해 공부했고, 그러던 어느 날은 언젠가 나도 팬들과 함께 원정 응원석에서 어깨동무를 하며 응원가를 부르겠다는 약속을 하기도 했다. 나는 우리의 모든 원정 경기에서 팬들이 자랑스럽게 큰 목소리로 응원가를 부르는 목소리를 들었고 실제로 그들과 함께 응원가를 부를 기회를 열심히 기다렸다. 그러던 2016년 1월 17일, 맨유의 가장 큰 라이벌인 리버풀전을 앞두고 부상을 당했을 때 기회가 찾아왔다. 처음엔 맨유 구단 측에서 내가 팬들과 함께 응원석에 앉겠다는 말에 안전상의 우려를 나타냈다. 그래서 맨유는 내게 응원석 대신 이사진이 사용하는 디렉터 박스에서 경기를 보길 권유했다.

"제안은 고맙지만 괜찮습니다. 저는 꼭 팬들이랑 같이 보고 싶습니다."

그 시기 부상중이었던 필 존스가 Phil Jones 내 계획을 듣고 물었다.

"정말 팬들이랑 같이 경기 볼 거야?"
"응. 100%. 꼭 할 거야."
"좋아. 나도 같이 가자!"

그래서 필과 그의 친구들, 그리고 나의 동생 그레엄 Graeme 과 나의 친한 친구 알렉스 브루스가 함께 원정 응원을 갔다. 우리는 스텐리 파크에 차를 세우고 (리버풀 홈구장 안필드와 에버튼 홈구장 구디슨 파크 사이에 있는 공원 - 옮긴이 주) 걸어서 우리 '적'의 홈구장 안으로 들어갔다. 물론 그전에도 안필드에 수차례 가봤지만 그때까지는 항상 팀 버스를 타고 경비원들의 호위를 받으며 경기장 안으로 이동했다. 안필드 로드에 가까워질 때쯤 나는 그레엄에게 "오늘 재밌겠는데?"라고 작게 말했다. 물론 상대팀 팬들과 싸움을 한다거나 그런 것을 원하진 않았지만 나는 맨유 팬들이 원정 응원을 갈 때 겪는 과정을 최대한 생생히 느껴보고 싶었다. 특히, 안필드에서 말이다. 경기장에 들어설 때는 정말 흥분이 됐다. 나는 큰 모자와 목도리로 얼굴을 가려서 다른 팬들이 나를 잘 알아보기 어렵게, 그러나 동시에 나는 모두를 볼 수 있도록 했다. 나는 한순간 한순간을 즐겼다. 스탠드 아래쪽은 팬들이 너무 많아 움직이기가 힘들 정도였다. 잠시 후 몇몇 맨유 팬들이 나를 몇 번 쳐다보고는 같이 온 친구들과 숙덕거리는 모습이 보이기 시작했다.

1 레드

"저거 캐릭 아니야?"

그래, 바로 이 느낌. 정말 내가 오랫동안 원했던 경험이었다. 경기장 위가 아닌 관중석에서, 나는 내 티켓에 적힌 좌석 번호를 보고, 또 주변의 팬들을 보고는 함께 웃었다. 의자에 앉는다는 것은 꿈도 꾸기 어려웠다. 우리 팬들은 거의 서서 응원을 했다. 팬들의 응원 열기는 정말 대단했다. 특히 킥오프 전 맨유 팬들의 응원소리는 이미 대단했지만 경기가 시작되고 나자 더 뜨거워지기 시작했다. 그곳의 열기는 정말 미친 듯했고 내가 상상했던 그 이상이었다. 웨인 루니Wayne Rooney가 첫 골을 터뜨리자 주변의 모든 사람들이 나에게 달려들기 시작했다! 계속 이곳에서 축구를 보다간 죽을지도 모른다! 그래도 이것이 바로 내가 팬들과 함께 응원석에서 경기를 보고 싶었던 이유였다. 오직 축구만이 만들 수 있는, 그 감정들이 폭발하는 순간을 생생하게 느끼고 싶었다.

지금까지 삶에서 내가 들었던 가장 기쁜 말은 게리 네빌Gary Neville이 2017년 나의 헌정 경기를 위해 발행된 프로그램에서 나에 대해 했던 말이다.

"잘 모르는 사람들도 있겠지만, 마이클은 매 순간 최선을 다하는 사람이다. 그는 우리가 경기에서 이겼을 때나, 파티를 할 때나 항상 그 자리에 있었다. 함께 노래를 부를 땐 가장 크게 불렀고, 가장 마지막에 집에 돌아가는 친구였다. 그는 모든 순간을 즐겼다."

나의 아이들, 루이스Louise와 제이시Jacey는 나만큼이나 열렬한 맨유 팬이다. 루이스는 나이가 들면서 자연스럽게 맨유를 좋아하게 됐고 이제는 직접 축구를 하며 나보다도 맨유 선수들에 대해 더 잘 안다. 또 축구에 박식해서 전술 이야기하는 것을 좋아한다. 학교에 다니면서도 나의 딸이라는 이유로 많은 것을 견디고 또 배워야 했다. 운동장에서 친구들과 놀 때조차도 아빠를 위해 변호하고 또 싸워야 했기 때문이다. 루이스는 늘 든든한 나의 아군이다. 제이시는 꼭 내가 그랬듯, 처음 걸음마를 뗄 때부터 공을 차고 놀며 축구를 좋아하게 됐다.

올드 트래포드는 나의 아이들에게 집과도 같은 곳이고, 그들은 웸블리도 이미 몇 번 다녀왔다. 그런데 제이시가 유독 나에게 맨유 원정 경기에 데려가달라고 졸라서, 나는 결국 2018년 1월 20일에 그와 함께 번리 경기를 보러 갔다. 터프 무어(번리 홈구장 - 옮긴이 주) 근처에 도착하자 제이시는 내게 "아빠, 우리 드디어 가는 거예요?"라며 외쳤다. 처음 가보는 원정 경기장치곤 나쁘지 않았는지, 제이시는 그 주변 분위기에 푹 빠져서 호기심 넘치는 눈으로 주위를 둘러보고 있었다.

"그래, 제이시. 맞아. 아주 전형적인 옛날 잉글랜드 경기장이지."
"오! 진짜?"

그는 이렇게 답하고는 빠른 걸음으로 터프 무어를 향해 걸어갔다. 우리 자리로 가는 길에 내 동료 선수들이 워밍업을 하러 지나갔고 제이시가 선수들과 하이파이브를 해주었다. 그는 어릴적부터 캐링턴 훈련장에서 맨유 선수들을 보고 자란 덕분에 그들이 자기 친구라고 생각한다. 그 후에 드레싱룸 옆을 지나가는데 안이 비어있기에 제이시에게 잠깐 안을 구경시켜주는 사이에 주제 무리뉴José Mourinho 감독이 와서는 제이시와 장난을 치며 놀았다. 제이시는 다비드 데 헤아David de Gea 의 자리에 앉아서 프로그램을 읽으며 우리 킷맨(유니폼 등 소품 담당자 - 옮긴이 주)과 함께 맨유의 응원가를 불렀다. 우리 킷맨 벅스 역시 노래 부르는 것을 좋아해서 제이시와 자주 응원가를 부르곤 한다. 루이스와 제이시가 가장 좋아하는 응원가는 에릭 칸토나 응원가다.

그 응원가들은 대부분의 맨유 팬들과 옛 선수들이 기억하는 노래다. 나는 종종 "얘가 이 노래를 어떻게 아나?" 속으로 생각하곤 한다. 아마 나도 그 노래와 그 노래에서 느껴지는 연대감 같은 느낌을 좋아했기 때문에 제이시 역시 나를 통해 좋아하게 된 것 같다. 제이시가 친구들과 맨유 응원가를 부르며 놀고 있는 모습을 보면 나는 속으로 "그래, 계속 해!"라고 생각하곤 한다. 나의 아이들 역시 나처럼 맨유에 대한 사랑을 이어받은 것이다. 특히, 내 아이들이 나의 응원가를 부르는 모습을 보면 웃음이 난다. 이 아이들은 분명히 평생 맨유를 응원하며 살 것이다.

  터프 무어에서의 이야기로 돌아와서, 제이시는 자신이 얼마나 운이 좋은 아이인지를 아직 모르고 있는 것 같았다. 맨유에서 뛴 긴 시간 동안, 나는 단 한 번도 경기 전에 드레싱룸에 들어간 아이를 본 적이 없다. 그래서 나는 선수들이 워밍업을 마치고 돌아올 때쯤 조심히 드레싱룸을 빠져나갔다. 터프 무어의 경기장 안은 정말 좁아서 나와 제이시는 거의 벽에 바싹 붙어 도망치듯 그곳을 빠져나왔다. 나가는 길에 제이시를 본 선수들은 모두 하이파이브를 해주었고 그때마다 그의 얼굴에는 행복이 감돌았다. 그것이 나의 클럽이다. 서로를 아끼고 배려해주는.

  경기장 안에는 번리 측에서 클럽 스태프들과 원정팀 관계자들이 드레싱룸으로 빠르게 돌아갈 수 있도록 경기장 중앙 부근에 마련해둔 자리가 있었다. 우리는 그곳에 앉았는데, 마침 가까운 거리에 맨유 팬들이 있어서 제이시는 실컷 응원가를 부를 수 있었다. 얼마 지나지 않아 맨유 팬들이 나를 알아봤고 나에게 "캐릭, 응원가 불러줘!"라며 외치기 시작했다. 이미 30대가 됐지만 여전히 조금 수줍음을 타는 성격인 내가 머뭇거리자 옆에서 제이시가 "아빠, 노래 해"라며 재촉하기 시작했다. 이번에는 옆구리를 제법 강하게 찌르며 "아빠, 빨리! 불러야 돼!"라고 나섰다.

"제이시, 네가 먼저 불러. 그럼 아빠도 부를게."
"아냐, 아냐, 아빠. 아빠가 해야 돼. 지금!"

결국 나는 일어나서 "유-나-이-티-드. 나의 팀은 유나이티드…"라고 크게 외치고 자리에 앉았다. 내가 응원가를 부르는 모습을 본 맨유 팬들은 흥분했고 그곳은 완전 아수라장이 됐다. 정말 좋았다! 하프타임에 우리는 드레싱룸으로 돌아갔고 제이시는 문 앞 복도에서 과자를 먹으며 서 있었다. 마루앙 펠라이니 Marouane Fellaini 가 지나가다가 제이시의 과자를 하나 훔쳐갔다. 제이시는 후반전에도 계속해서 응원가를 불렀고 안토니 마샬 Anthony Martial 이 골을 넣자 나에게 목마를 태워달라고, 선수들과 팬들의 모습을 보고 싶다고 졸라댔다. 정말 즐거운 하루였다.

집으로 돌아가는 길에 나는 제이시에게 "오늘 어땠어?"라고 물었다. 제이시는 "응, 좋았어. 그런데 제일 좋은 건 언제였는지 알아? 아빠가 노래를 불렀을 때야!"라고 말했다.

우리가 그곳에서 겪은 모든 일들, 드레싱룸 안에 들어가고, 선수들과 하이파이브를 나누고, 무리뉴 감독과 대화를 나누고. 그 일들을 떠올리자 저절로 미소가 지어졌다. 단순하지만 행복한 일들. 집으로 돌아오자 제이시는 새 응원가를 부르기 시작했다. "롬, 롬, 로멜루, 로멜루 루카쿠. 맨유의 9번, 로멜루 루카쿠 Romelu Lukaku!" 제이시가 번리 전을 보고 돌아와서 그렇게 행복해하는 것을 보자 내 어린 시절이 떠올랐다. 나의 아버지가 뉴캐슬 유나이티드 Newcastle United 의 경기를 보기 위해 나를 세인트 제임스 파크 St James' Park 로 데려가던 그 시절. 마치, 나의 아버지로부터 이어받았던 축구에 대한 사랑의 바통을 아들에게 전해주고 있는 것 같은 기분이었다.

2
THE BOYZA

보이자

MICHAEL CARRICK
BETWEEN THE LINES

어쩌면 나는 축구와는 아무런 관련도 없는 삶을 살았을지도 모른다. 대신 휠체어를 타고 평생을 보냈을 수도 있었다. 이제 막 걸음마를 뗄 무렵, 나는 안짱다리에 평발이었다. 나의 고향인 월젠드의 의사들은 내가 자라면서 점점 제대로 걷지 못할 가능성이 높다고 생각해서 수술을 하는 것이 좋겠다고 권유했다. 나의 가여운 부모님은 의사실에 앉아서 어린 아들을 위해 중요한 결정을 내려야만 했다. 수술을 해야 하나, 아니면 그저 자라면서 문제가 나아지길 빌 것인가. 그건 정말로 어려운 결정이었다. 그러나, 의사가 수술을 하더라도 수술이 성공할지, 휠체어를 타야할지 50대 50의 가능성이라는 말을 했을 때 나의 부모님은 "위험이 너무 크고 그 위험을 감수할 가치가 없다"고 말하고 수술을 받지 않기로 결정했다.

부모님의 결정은 옳았고 나는 지금도 그 결정을 감사하게 생각하고 있다. 자라면서 무릎이 불편할 때도 있었지만, 큰 문제 없이 달릴 수 있게 됐다. 몇 년 전에 발 전문의를 만나 진료를 받을 때 그는 나를 보고는 내 엉덩이가 비정상적으로 작다고 말했다. 경기를 하면서 이곳 저곳에 치이며 아킬레스 건에도 문제가 생기고 여러가지 어려움이 있었지만 나는 결코 축구를 포기하지 않았다. 축구는 언제나 나의 인생 그 자체였다. 걸음마를 뗄 때부터 나는 늘 축구공을 발에 달고, 또 끌고 다니며 살았다. 장난감 가게에 가도 나는 늘 온갖 종류의 공을 집어들곤 했다.

축구에 대한 나의 첫 번째 생생한 기억은 '더 보이자' The Boyza라는 별칭으로 불린 월젠드 보이스 클럽에서 보낸 어느 토요일 저녁의 모습이다. 그 해는 1986년, 내가 겨우 네 살 반이었을 때였다. 그 클럽은 우리 집에서 차로 15분 거리에 있었고 아버지가 오래된 오스틴 프린세스 차에 나와 할아버지를 태우고 다니셨다. 영국에서 아이를 데리고 처음 축구 클럽에 가는 일은 꽤 의미 있는 일이다. 지금도 나의 아버지는 제이시를 데리고 축구 클럽에 가곤 하시는데, 정말 기쁜 마음으로 그렇게 하시는 걸 옆에서 보면 참 특별한 느낌이 든다. 어떻게 보면 이것 역시 우리 가족의 유산이다. 할아버지가 아버지를 데리고 축구장에 갔고, 그 후에 할아버지와 아버지가 나를 데리고 축구장에 갔고, 이제 내가 제이시를 데리고 맨유 팬들과 함께 터프 무어에서 축구를 본다 축구에 대한 사랑은 이렇게 몇 세대를 거쳐 이어지는 것이다.

그 시절, 월젠드 보이스 클럽 '보이자'는 매주 토요일 오후 다섯 시마다 9세 이하의 어린이들이 누구나 찾아와서 함께 축구를 즐길 수 있는 기회를 마련해줬다. 딱히 특별한 기술이 없어도 누구나 찾아와서 공을 차며 놀 수 있는 분위기의 자리였다. 나처럼 어린 소년들에겐 그런 기회가 참 귀한 경험이었다. 나는 곧바로 보이자에 푹 빠졌다. 그곳은 특별한 냄새가 나는, 나에겐 마치 마법과도 같은 곳이었다. 그곳의 좁은 입구 안에 있는 작은 책상에 입장료를 내고 그 안으로 들어가면 나에겐 아주 넓어 보이는 공간이 펼쳐졌고 나는 매번 그 안으로 빨려 들어갔다. 한쪽 벽에 있는 큰 보드에 그 주의 일정표와 킥오프 시간이 적혀 있었고 그곳에 찾아온 어린이들과 부모들이 자기 경기 시간이 언제인지, 자기 팀이 속한 리그 순위는 어떤지 등등을 보기 위해 몰려들었다. 그 주변에서는 어린이들이 빙 둘러모여서 자기 친구들이 경기를 하는 모습을 지켜보며 자신의 차례가 오기를 기다렸다. 어떤 사람들은 주변에 있는 미니 게임기에서 게임을 하거나, 간이 매점에서 핫도그, 아이스크림을 사먹기도 했다.

'보이자'의 중앙이자, 그 장소의 가장 중요한 공간은 다름 아닌 피치였다. 피치의 한 편에는 5, 6개의 낮은 계단이 있었는데, 어린이들에겐 그 계단을 올라서 피치에 올라가는 것이 마치 큰 전시회장에 올라가는 것 같았다. 피치 주변에는 발코니가 있어서 어린 선수들의 엄마, 아빠, 형, 누나들이 옹기종기 모여 아이들의 경기를 지켜보곤 했다.

그곳에서 보낸 첫날 밤, 나는 그 계단을 달려서 올라가 오직 축구화를 신고만 입장할 수 있는 놀라운 잔디 위에 섰다. 나의 축구는 바로 그곳에서 시작됐다. 그날 나는 30여 명의 어린이들 중 가장 어린 선수였다. 우리는 한쪽 벽에 다섯 명, 여섯 명씩 조를 이뤄서 서서 마치 릴레이를 하듯 이쪽 벽에서 저쪽 벽까지 뛰어갔다가 벽을 치고 다시 돌아오며 몸을 풀었다. 그곳의 5대 5 경기는 밥 슬론Bob Slone이라는 사람이 감독하고 있었는데, 그는 정식 코치라기보다는 어린이들에게 축구를 가르쳐주고 싶어서 자원한 봉사자에 가까웠다. 순수하게 다른 사람을 도와주고 싶어하는 그런 사람 말이다. 밥은 큰 유니폼 가방을 들고 다녔는데, 월젠드 하이스트리트 근처에서 그가 그 가방을 들고 지나가는 모습도 종종 볼 수 있었다. 경기날이면 그는 그 가방을 들고 와서 어린이들 한 명 한 명에게 "너는 브라질이야", "너는 독일", "너는 뉴캐슬", "너는 던디"라며 유니폼을 나눠주곤 했다. 그는 스코틀랜드 유니폼을 입고 골키퍼를 했고, 그래서 스코틀랜드에서 온 어린이들 몇 명이 그와 같은 팀이 되곤 했다. 얼추 팀이 맞춰지면 모두가 환호하기 시작했고 그러면 밥은 "자, 뉴캐슬 대 애버딘의 경기, 시작!"이라고 경기 시작을 알렸다.

그날 내가 어떤 팀이었는지는 정확히 기억나지 않지만, 느꼈던 감정은 여전히 생생하다. 그 피치에는 두 곳의 출구가 있었는데, 그 출구 옆에는 다음에 경기를 할 어린이들이 기다리고 있었다. 자기가 뛸 시간이 가까워지면 그곳의 어린이들은 긴장해서 초조해하는 아이들과 흥분해서 빨리 뛰고 싶어하는 아이들로 나뉘었다. 나의 첫 경기를 시작하기 전 그 계단 앞에서서 아래를 내려다보며 용기를 내기 위해 심호흡을 했다. 그러자 눈물이 나기 시작했다. 나는 빨리 그곳에서 뛰고 싶은 동시에 너무 겁이 났다. 내 주변에 서 있는 일곱 살, 여덟 살의 형들은 내겐 거인처럼 보였다. 지금 돌아보면 나는 분명히 경기에서 뛰고 싶었고, 그 마법 같은 일의 일부가 되고 싶었지만 그와 동시에 새로운 세상에 들어선다는 것에 대한 두려움이 나를 떨게 했던 것 같다. 아빠와 할아버지가 내게 다가와 나에게 기운 내라고 격려해주셨고 그런 그들의 모습을 보자 자신감이 생겼다. 마침내 나는 피치 위로 올라섰고, 그 즉시 안정이 됐다. 일단 경기장에 들어서고 나면, 수줍어하고 부끄러워하는 나의 모습은 사라진다. 나는 전혀 다르게 느낀다. 안정감을 느낀다고 할까, 집에 온 것 같다고 할까. 그리고 피치에 서고 나면, 나는 절대 뒤를 돌아보지 않는다.

나는 곧 그 곳에 익숙해졌고 그러면서 나름의 요령도 생겼다. 경기가 시작되기 전에 제일 먼저 가서 공을 잡고 30초 정도 미리 공을 다루면서 연습을 하고, 킥오프도 내가 직접 하게 됐다. 그곳에서의 축구는 공을 높게 띄우는 일이 별로 없었고, 동료들이나 혹은 울타리처럼 쳐진 주변의 벽을 이용해서 2대 1 패스를 하는 플레이를 자주했다. 경기는 10분 동안 진행됐고 하프타임에 작전 회의를 하거나 하는 일은 없었다. 누군가가 다치지 않는 이상 하프타임에 선수 교체를 하는 일도 없었다. 교체될 선수가 계단 옆에 서서 준비하고 있었는데, 그것을 본 선수들은 교체되지 않기 위해 전력을 다해서 열심히 뛰곤 했다. 그런 상황에서 하프타임에 교체 당하는 것은 아주 망신스러운 일이기도 했다.

피치와 그 바깥에서 경기를 볼 수 있는 공간 사이에는 공이 바깥으로 날아가지 못하게 하기 위해 설치해둔 큰 그물망이 있었다. 바깥에서 경기를 지켜보는 부모들은 그 사이로 아이들에게 힘내라고 외쳤고, 몇몇 어린이들도 그물망을 통해 부모와 대화하거나, 몇몇은 장난 삼아 그 그물망을 기어 오르는 친구들도 있었다. 그곳이 나의 새 집이었다. 머지 않아 밥이 U-8 리그에 참가할 다섯 살 선수들을 모아서 팀을 하나 만들었는데, 그는 나에게도 그 팀에서 뛰어달라고 요청했다. 그는 우리 팀을 '스코틀랜드'라고 불렀다. 우리는 첫 경기에서 0-7로 패했는데, 밥은 그저 "스코어는 신경쓰지 말고 경기를 즐기면서 배우는 것만 생각해라"고 말했다. 그의 말은 아주 현명한 말이었다.

할아버지는 내가 보이자 클럽에서 몇 년 동안 뛰는 모습을 지켜본 후에 돌아가셨다. 그는 전쟁 영웅이었고 그 역시 젊은 시절에 축구를 하기도 하셨다. 나는 그의 그런 부분들이 무척 자랑스러웠다. 그러나 그때는 내가 너무 어린 시기였기에 그에게 직접 전쟁이나 축구에 대해 물어보지는 못했다. 물어봤더라도, 그들의 세대는 그들 자신에 대해 잘 이야기하지 않는 세대였다. 그러나, 나의 할아버지는 내가 축구를 시작하는 그 시점부터 나를 지켜보신 분이고 나는 그에게 많은 빚을 졌다. 아버지 역시 자주 보이자 클럽에 직접 와서 나를 지켜보셨다. 그는 보이자 클럽의 일을 돕겠다고 직접 자원해서 리그 운영을 돕거나 주심을 보기도 하셨다. 그러나 그는 대부분의 시간을 나를 돕는데 쓰셨다. 나의 학창 시절, 스티븐슨 메모리얼 스쿨에서 웨스턴 미들 스쿨, 그리고 번사이드 커뮤니티 하이스쿨까지, 나는 열여섯 살이 될 때까지 보이자 클럽에서 축구를 했다. 그곳에서 했던 5대 5 경기는 내가 축구 선수로서 성장하는데 아주 큰 도움이 됐다. 그곳에서는 나이에 따라 다른 날 경기를 했는데, 수요일날 경기가 있다고 하면, 나는 그날 학교에서 오직 그 경기만 생각하며 시간을 보냈다. 가끔씩은 한 팀에 선수 숫자가 부족하면 내가 두 경기를 뛰기도 했는데, 그런 날은 내겐 크리스마스와도 같았다.

다행히도, 보이자 클럽에는 U-9팀부터 U-16팀이 거의 매일같이 5대 5

경기를 했다. 한 경기에 5분씩. 밥은 거의 모든 연령별로 팀을 이끌고 있었는데, 그는 자신이 맡은 팀 중 가장 강한 팀을 '브라질'이라고 불렀다. 그래서 나는 여덟 살이 되던 해 이후로, 그가 나에게 자신의 '브라질' 팀에서 뛰라고 할 때마다 마치 세계 최고의 팀에서 뛰는 것 같은 자부심을 느꼈다. 그때 그 브라질 팀은 노란색 유니폼도 아니고 초록색 유니폼을 입고 뛰었지만 그런 건 우리에게 아무 의미가 없었다. 우리에게 중요한 것은 우리가 '브라질'이라는 것뿐이었다! 그곳에는 스위니 부부가 이끄는 '아르헨티나' 팀도 있었는데 그 팀과 브라질이 경기를 가질 때마다 그 경기는 마치 큰 더비 매치처럼 느껴졌다. 그곳의 어린 선수들은 "오늘은 브라질 팀에서 뛴다 오예! 오늘은 아르헨티나다!"라며 즐거워했다. 나는 밥과 함께 브라질 팀에서 몇 년을 뛰었고, 또 그 후에는 아르헨티나 팀으로 가서 몇 년을 뛰었다. 그건 마치 맨유에서 맨시티로 이적하는 것 같은 느낌이었다! 밥은 보이자 클럽에서 35년 동안 일한 훌륭한 사람이었고 2013년에 세상을 떠났다. 나는 그를 위해 나의 소셜 미디어에 추모의 글을 올리고 그 글의 끝에 '#브라질'이라는 해쉬태그를 썼는데, 그 후로 그게 무슨 의미인지를 아는 사람들로부터 많은 연락을 받았다. 그들은 밥이라는 사람이 우리에게 해준 일의 의미를 기억하고 있는 사람들이었다.

기본적으로, 보이자 클럽에서는 모두가 하나였다. 보이자 클럽은 스완 헌터 조선소에서 시작되어 많은 프로 선수를 배출한 클럽이었다. 어린 시절 블랙번 소속이었던 앨런 시어러가 무릎 부상에서 복귀한 후 뉴캐슬을 상대로 골을 기록했을 때 중계자들이 시어러 역시 나와 같은 월젠드 출신이라는 설명을 했던 기억이 있다. 나는 내가 시어러, 피터 비어슬리 Peter Beardsley, 스티브 왓슨 Steve Watson, 앨런 톰슨 Alan Thompson, 그리고 리 클라크 Lee Clark 같은 선수들의 발자취를 걷고 있다는 것을 알고 있었다. 스티브 브루스 Steve Bruce 도 마찬가지였다. 더 최근에는 스티븐 테일러 Steven Taylor, 프레이저 포스터 Fraser

Forster 가 모두 같은 곳 출신이다. 윌젠드 보이스 클럽은 어린 재능 있는 선수들을 성장시켜주는 곳이며 지금까지 60명이 넘는 프로 선수를 탄생시켰다. 1992년 윌젠드 퍼레이드는 내가 평생 잊지 못할 기억이다. 12명의 어린 선수들이 "윌젠드 보이스 클럽, 축구 인재 육성소"라고 적힌 배너를 들고 거리를 거닐었다. 보이자는 잉글랜드 북동부 축구에 아주 중요한 역할을 한 클럽이었으며 우리는 그곳에서 축구를 배우며 우리가 커서 프로 선수가 되는 것을 당연한 일처럼 여겼다. 그 시절부터 이미 나는 그런 꿈을 꾸었고, 프로 선수가 되는 것을 열망하기 시작했다.

3
GROWING UP

성장기

MICHAEL CARRICK
BETWEEN THE LINES

돌아보면, 나는 정말 운이 좋은 사람이었다. 아버지와 어머니가 거의 다툼조차 하지 않는 부부였기에 나는 차분하고 안정된 가정에서 자랄 수 있었다. 그런 부모님 덕분에 나와 그레엄은 늘 행복했고 또 보호받는 느낌을 받으며, 동시에 더 큰 세계에 대한 꿈을 키워 성장할 수 있었다.

　나의 집은 뉴캐슬 홈구장 세인트 제임스 파크St James' Park에서 6마일 정도 떨어진 하우돈이라는 월젠드의 한 마을에 있었다. 우리는 2층 집의 윗층을 빌려서 살았다. 나와 그레엄은 2층 침대를 썼고 내가 형이었으므로 윗층을 썼다. 하우돈은 당시 빈곤층이 사는 지역으로 분류됐었는데, 그래서 우리는 부모님 없이 외출하지 않았다. 나의 아버지는 핵발전소를 관리하는 회사의 매니저로 잉글랜드 전역을 다니며 일하셨다. 아버지는 어떤 장비가 어떤 원자로에 필요한지 파악하고 지급하는 역할을 하셨다. 어떨 때는 아버지가 장기출장을 가서 한 달에 1주일만 집에서 보내고 3주는 집에 오지 못하는 시기도 있었다. 혹은 주중엔 집에 못 오시고 주말에만 잠깐 오는 때도 있었다. 그럴 때도 아버지는 주말에 나와 그레엄과 함께 정원에서 축구를 하며 놀아주셨다. 아버지가 그렇게 장기간 집을 비우는 것은 어머니에겐 분명 힘든 일이었을 것이다. 아버지가 없는 사이 어머니가 그 역할까지 해야했기 때문이다. 아버지가 돌아오시면 나와 그레엄은 그에게 달려들어서 그 사이에 새로 배운 놀이를 같이 하자고 졸라대곤 했다. 그렇게 몇 시간이 지난 후에야 어머니는 아버지와 시간을 보낼 수 있었다. 아버지는 많은 출장으로 인해 아주 피곤해 하셨지만, 어머니 역시 스포츠에 푹 빠진 두 아들을 혼자 챙기며 학교에 보내느라 힘든 시간을 보내셨다.

우리 집은 건물의 구석 쪽에 있어서 다른 집들보다 정원이 좀 더 넓었다. 나와 그레엄은 그게 참 좋았다. 정원의 나무를 골포스트로 삼아서 축구를 하며 놀았고 우리에겐 그곳이 곧 웸블리였다. 그레엄과 나는 그곳에서 몇 시간 동안 골키퍼도 없이 1대 1 대결을 하며, 우리끼리 플레이에 대해 해설을 하며 놀았다. 마치 TV에서 본 축구 경기를 그 작은 정원에서 리플레이하듯. 그레엄은 어린 나이에도 축구를 꽤 잘해서 곧 그보다 네 살 혹은 다섯 살이 많은 나와 내 친구들과 함께 축구를 할 수 있게 됐다. 나는 동생이 내 친구들과 함께 축구를 할 수 있게 된 것이 자랑스러웠고, 내 친구들은 그의 실력이 충분하다며 그를 잘 받아줬다. 우리는 세 명, 네 명이서 자주 축구를 하며 놀았는데, 어떨 때는 그레엄이 골키퍼를 보고 나 혼자 다른 친구들을 상대하면서 자연스럽게 드리블 실력을 키울 수 있었다. 세네 시간 동안 그렇게 놀다가 문득 '아 오늘은 왼발을 좀 써봐야겠다'라고 생각하기도 했다. 나는 그렇게 스스로의 코치가 됐다. 오른발로 크로스를 했다가, 다음에는 왼발로 했다가. 양발을 모두 잘 쓸 수 있도록. 양발을 모두 잘 쓸 수 있게 되면, 그것이 패스든 칩샷이든 무엇이든, 더 좋은 선수가 되어 트로피를 들 수 있을 가능성이 높아질 것이라고 생각했다. 그렇게 나는 계속해서 스스로 새로운 도전을 해나갔다.

집에는 작은 스폰지공이 있었는데 나는 소파에 대고 그 공을 차며 놀았다. 두 번 바운드 된 후에 찼다가, 하프 발리 슈팅을 했다가, 계속 반복해서. 또 마음 속으로 특정 쿠션이나, 문을 맞추겠다고 목표를 정한 후에 "이걸 성공하면, 잉글랜드 대표팀에서 뛸 수 있어" 혹은 "이걸 해내면, 뉴캐슬에서 뛸 수 있어"라고 생각하며 마치 그것이 실제 상황인 것처럼 한 번에 맞추는 도전을 하기도 했다.

그러던 중 나는 내가 슈팅을 할 때 자주 왼발로 땅을 찬다는 사실을 알게 됐다. 그래서 그 문제를 고치기 위해 특별히 신경써서 노력을 했다. 오늘날 제이시가 집에서 공을 가지고 노는 모습을 보면 그때 생각이 난다. 나는 항상 머릿속으로 어떻게 해야 내가 더 내 기술을 발전시킬 수 있을지를 생각했다. 예를 들어 "왜 저 공은 회전이 안 들어갔지?"라는 생각이 들면 그 후로 두 번, 세 번 더 공에 회전이 들어갈 수 있도록 연습했다. 학교에서 돌아올 때도 나는 길에 있는 전등 주변에서 2대 1 패스를 하곤 했다. 나는 패스하는 걸 좋아했고, 공이 내 발에 닿는 감촉을 좋아했다. 내가 그 공으로 뭘 할 수 있을지를 생각하는 것도 좋았다. 내가 원했던 대로 공을 처리할 수 없을 때면 화가 났다. 나는 곧 축구에 대해 모든 기술을 익히고 또 모든 플레이가 확실해질 수 있도록 생각하는 집착을 갖게 됐다.

그레엄과 나는 성격은 꽤 달랐지만 늘 가깝게 지냈다. 나는 조금은 차갑고, 냉정하고, 객관적인 성격이다. 그러나 축구를 할 때는 달랐다. 특히 그와 축구를 하다가 내가 그의 공을 뺏고 나면 더더욱 그랬다. 나는 그의 공을 뺏고 나서 그의 이마에 손을 대고 다시 뺏어보라며 놀렸는데, 내 팔이 더 길었기 때문에 그레엄이 반격하려고 팔을 뻗어도 허공만 휘젓는 경우가 다반사였다. 그럼 그는 더 화를 냈고 나와 아빠는 그런 그의 모습을 보며 웃음을 터뜨리곤 했다. 그러나, 아빠와 나의 승리는 절대로 오래가지 않았다. 엄마는 늘 그의 작은 아들인 그레엄의 편을 들었다. "그만 해. 애 좀 그만 괴롭혀!" 하루는 우리가 월젠드의 스포츠센터에서 놀고 있던 때였는데 스키프라는 이름의 큰 아이가 그레엄을 벽쪽으로 세게 밀쳤다. 그레엄은 넘어졌다가 곧바로 일어나서 울음을 터뜨리면서도 스키프와 싸우겠다고(거의 그보다 두 배는 더 큰) 나섰고 우리는 모두 그의 모습을 보며 또 웃음을 터뜨렸다. 나라면 절대 그처럼 하지 못했을 것이다. 나는 너무 물렀다.

어린 시절 내가 가장 싫었던 것은 같이 축구를 하고 노는 친구들 중에 가장 먼저 집으로 돌아가야 했다는 점이었다. 왜? 내 친구들 중 몇몇은 9시까지 놀 수 있었다. 어린이에겐 조금 늦은 시간일 수도 있다는 것은 나도 안다. 어머니는 "절대 안 돼. 7시 30분까진 무조건 집에 들어와. 다른 애들이 몇 시에 집에 가든, 너희는 일곱 시 반까지야"라고 말씀하시곤 했다. 만약 우리가 스스로 정할 수 있었다면, 우리는 밤을 새서라도 친구들과 함께 놀았을 텐데! 그 시절 친구들과 같이 축구를 하는 것은 정말 즐거웠다.

아홉 살이 되던 해부터 나는 보이자 클럽에서 11대 11경기를 하기 시작했다. 그곳에서 한 축구는 전반적으로 좋은 수준이었지만, 어떨 때는 정말 끔찍한 상태의 잔디에서 경기를 하기도 했다. 밥처럼 자원봉사자였던 켄 리차드슨Ken Richardson 과 앨런 트레인Alan Train 은 그곳에서 나를 2, 3년 동안 지도해줬고, 그것이 내가 처음 받은 정식 축구 교육이었다. 두 사람은 정말 훌륭한 코치였다. 켄은 뉴캐슬 유나이티드에서 파트타임으로 일하는 동시에 우유배달부로 일했는데, 일요일이면 그가 우유를 배달하는 봉고차가 텅 비어서 어린이들이 모두 뒤 칸에 타고 축구장으로 이동하곤 했다. 지금도 12명의 어린이가 봉고차에 다같이 타고 크램링턴 주니어스, 혹은 다른 팀과 경기를 하러 이동했던 시절의 기억이 생생하다. 지금 돌아보면, 안전의 기준에서 그건 정말 미친 짓이었지만 그 친구들이 모두 하나로 뭉쳐서 어울렸던 즐거운 시간이었다. 그 시절 우리에겐 우리가 월젠드 보이스 클럽을 대표해서 뛴다는 자부심이 있었다. 축구화를 깨끗하게 관리하지 못하면 10펜스 벌금을 낼 정도였다. 폰틀렌드를 상대로 원정 경기를 가졌던 날이 생각난다. 그날은 우박이 내렸다가 눈이 왔다가, 바람도 불고 얼듯이 추운 정말 최악의 날씨였는데 우리가 3-0으로 앞서고 있을 때쯤 내가 곧 교체될 예정이었다가, 다른 한 친구가 너무 추워서 울기 시작하는 바람에 나 대신 그가 교체됐다. 나는 절망에 빠졌다. 그 시절에는 스포츠용 내의가 따로 없었다!

켄은 내게 '좋은 경찰' 같은 존재였다. 나는 아직 아홉 살이었지만 그는 내게 전술과 규율적인 부분, 팀의 조직력 등에 대해 가르쳐줬다. 앨런은 '나쁜 경찰'이었다. "마이클, 골키퍼를 쥐어박아주기 전에는 제대로 된 축구 선수가 아니야" 그는 말하곤 했다. 나는 당시 중앙 공격수로 뛰었는데, 그가 그렇게 말할 때마다 "도대체 왜 골키퍼를 쥐어박아야 되는 거지?"라고 생각했다. 앨런은 나의 부모님에게도 "마이클은 너무 착해빠졌어요. 상대 골키퍼를 몰래 한 방 먹일 줄 알기 전에는 절대 진짜 축구 선수가 될 수 없다구요"라고 말했고 그러면 아버지는 "마이클은 절대 그런 짓 안 해"라고 답하셨다. 어머니도 "절대 그럴 일 없어"라고 말하셨다. 그녀는 그런 말을 들으면 화를 내면서 "난 절대 마이클에게 그런 걸 하라고 하지 않을 거고, 그도 그렇게 하지 않을 거다"라고 말씀하셨다. 나는 절대로 몸을 부딪치며 하는 축구를 좋아하지 않았다. 물론 앨런의 의미는 골키퍼를 다치게 하라는 것이 아니라 내가 좀 더 투쟁적인 면을 키울 필요가 있다는 것이었다. 보이자의 다른 모든 아이들은 축구를 할 때 여기저기로 날아다니는 듯 축구를 했다. 나는 아니었다. 오늘날 제이시가 공을 갖고 노는 모습을 보면 나와 똑같다. 골키퍼가 앞으로 뛰어나오는 모습을 보면 제이시는 항상 골키퍼를 제껴서 골을 넣으려고 한다. 제이시는 나의 아버지의 스타일도 닮았다. 왼발잡이에, 원터치 패스를 좋아한다. 어떻게 보면 나는 우리 가족의 스타일이 있다고 생각한다. 할아버지는 내가 축구하는 모습을 보면 늘 '패스해', '반대쪽으로' 라고 외치셨고 나의 아버지에게도 그렇게 가르치셨다. 아버지 역시 내게 할아버지로부터 배운 것들을 강조하셨다. '패스, 패스, 패스'. '너보다 더 좋은 위치에 있는 동료에게 패스해'. 아버지는 '팀을 위한 플레이'를 가장 중요하게 생각하셨다. 그리고 그는 이기적인 선수를 아주 싫어하셨다. 그에게 축구는 언제나 팀스포츠였다. 최근에 두바이에서 호텔 스태프들과 손님들이 미니 게임을 가졌는데, 나와 아버지 그레엄과 제이시가 한 팀으로 뛰었다. 그 게임의 베스트 플레이어는 66세인 내 아버지셨다!

어린 시절에도 나는 아버지가 얼마나 내가 축구하는 모습을 보는 것을 좋아하시는지, 얼마나 내게 기운을 주시려고 노력하시는지, 그러나 동시에 내색을 하지 않으려고 노력하시는지를 알았다. 나는 세상에서 가장 다정하고 자상하신 부모님 아래서 자랐다. 두 분은 나와 그레엄을 항상 잘 보살펴주셨다. 그들에겐 늘 우리가 첫 번째였다. 우리에게 부담을 주지 않으시면서도 늘 우리를 위해 희생하고 노력하시는 모습을 보는 것은 정말 행복한 일이었다. 아버지는 내게 "하루하루를 즐기고, 무엇이든 열심히 해라. 최선을 다해서. 잘!"이라고 말씀하시곤 했고 지금도 나의 아버지는 그때와 같은 말을 하신다. 맨유가 경기에서 질 때는 "다음에 더 잘 하면 된다"라고 말씀하신다. 아버지는 경쟁심이 강한 분이 아니시다. 그는 너무 좋은 사람이다. 나에겐 두 가지 면이 다 있다. 축구장 위에서 누구보다 강한 경쟁심을 갖고 승리를 원하는 면과 밖에서는 늘 느긋한 면. 축구 경기에 관해서라면, 나는 반드시 이겨야만 한다는 강박관념을 갖고 있다. 나는 반드시 이겨야 한다. 그러나 반면에 골프 시합에서는 지더라도 내가 스스로 잘했다는 생각이 들면 큰 상관 없다.

나의 유년기는 축구를 하거나 축구를 보거나 그 둘로 가득한 행복한 시절이었다. 나는 여섯 살에 처음 축구를 보러 갔던 경험을 평생 잊지 못할 것이다. 지금도 그날 지하철 역에서 나가서 세인트 제임스 파크에 처음 도착했던 순간이 기억난다. 언덕 위에 있는 뉴캐슬 홈구장은 내겐 세상에서 가장 멋진 장소였다. 나는 그곳의 관중석에 푹 빠져버렸다. 아버지와 나는 경기장에 일찍 도착했다. 그때 그레엄은 겨우 두 살이어서 경기장에 같이 갈 수 없었다. 아버지와 나는 세인트 제임스 파크의 작고 좁은 통로에 줄을 서서 입장하길 기다렸다. 그 시기엔 티켓을 미리 살 필요가 없었다. 그저 3파운드를 내고 회전문을 세게 밀고, 겔로우게이트Gallowgate 라는 이름의 천국으로 들어섰다.

그 겔로우게이트의 계단을 걸어올라가던 순간의 기분을 잊을 수가 없다. 빨리 안으로 들어가서 응원가를 부르고 있는 팬들과 함께 노래를 부르고 싶었다. 계단 꼭대기까지 올라가 안으로 들어서 경기장 아래를 내려보는 순간, 믿을 수 없는 광경이 펼쳐졌다. 넓은 피치. 너무 넓어서 나는 한동안 아무 말도 하지 못하고 숨죽이며 그 모습을 내려다봤다. 나는 속으로 생각했다. "정말 멋져. 바로 이거야. 이곳이 세계 최고의 경기장이야." 옆에서 나를 지켜보던 아버지가 나를 쿡 찔러서 뉴캐슬 선수들을 보라며 알려줬다. 미란디냐Mirandinha 가 특히 기억에 남는다. 그는 많은 면에서 특이한 선수였다. 그가 그 시절 그렇게 뛰어난 선수였는지는 모르겠지만, 겔로우게이트에 모인 팬들 사이에는 그에 대한 특별한 기대감이 있었다. 뉴캐슬의 '브라질' 선수라니. 팬들의 큰 함성이 여섯 살 꼬마였던 나를 사로잡았다. 그때까지 나는 그렇게 시끄러운 장소에 가본 적이 없었다. 그러나 겁이 나거나 무서운 느낌은 전혀 없었다. 나는 그 분위기가 너무 좋았다. 나는 다른 팬들과 함께 응원가를 불렀다.

지금도 내겐 세인트 제임스 파크에 대한 강렬한 기억이 많다. 팬들이 펜스 너머로 호두를 던지는 걸 본 기억, 몇몇 역사적인 경기들. 1992년에 케빈 키건Kevin Keegan 이 뉴캐슬 감독이 됐을 때 나는 열 살이었는데 당시 뉴캐슬 홈구장의 분위기는 정말 대단했다. 어느 곳이나 누구나 모두 열광의 도가니였다. 키건 감독은 팬들의 사기를 끌어올리는 데 탁월한 감독이었다. 그는 뉴캐슬이 과거의 3부 리그로 강등당할 뻔한 위기에서 팀을 구해서 롭 리, 스티브 왓슨, 리 클라크, 그리고 피터 비어슬리 같은 선수들과 함께 정말 멋진 축구를 보여줬다. 당시 2부 리그에서 뉴캐슬은 단연 최고의 축구를 보여줬다. 항상 승리를 거두고 특히 거의 매 경기 많은 골을 기록했다. 특히 앤디 콜Andy

Cole 의 컨디션이 절정이었다. 결국 프리미어리그로 승격했고 뉴캐슬 팬들에게 봄날이 돌아왔다. 뉴캐슬이라는 도시 전체에 활기가 돌았다. 뉴캐슬의 성적이 좋을 때와 나쁠 때 도시의 분위기가 얼마나 다른지 놀랄 정도다. 그 무렵 3, 4년 동안에는 도시 전체가 활활 타올랐다.

아버지에게 뉴캐슬은 종교와도 같은 존재였다. 그는 뉴캐슬 팬들이 모여서 옛날의 선수들이나 경기들에 대해서 대화를 나누는 팬클럽 멤버였다. 이상하게 들릴지도 모르겠지만, 아버지는 결코 내가 훗날 맨유 선수가 될 거라는 상상도 하지 못하셨을 것이다. 그는 화려함, 명예, 명성 같은 것들과는 거리가 먼 사람이었다. 그런 것에는 전혀 관심이 없었다. 그는 그저 경기장에 가거나 TV 앞에 앉아서 코벤트리의 경기든 바르셀로나의 경기든 축구 자체를 즐기며 보는 것을 좋아하셨다.

우리 집에는 리모컨도 없는, 겨우 4개 채널이 나오는 TV가 하나 있었다. 어느날 아버지가 출장에서 돌아오시면서 큰 TV를 들고 오셨고 우리 가족은 놀라서 그 모습을 바라봤다. 그 TV는 뒷면이 아주 넓었고 스크린 주변이 나무로 장식된 아주 멋진 TV였다. 그 TV에는 우리가 갖고 있던 게임기인 스펙트럼을 연결해서 테니스 게임을 할 수 있었다. 나는 자주 아버지, 그레엄과 함께 아버지가 가장 좋아하는 선수였던 조지 베스트의 비디오를 봤다. 또 아버지가 가장 좋아하는 뉴캐슬 선수였던 '슈퍼맥' 말콤 맥도날드 Malcolm Macdonald 의 비디오도 봤다.

우리 집에는 베스트, 데니스 로, 보비 찰튼, 브라질 대표팀, 마라도나, '유럽 톱 500 골' 등등의 비디오가 있었다. 아버지는 셀틱도 좋아하셔서 '리스본 라이언'(리스본에서 열린 유러피언컵에서 우승을 차지했던 셀틱 팀의 별명 - 옮긴이 주)에 대한 비디오도 몇 개인가 있었고 내게도 셀틱 유니폼을 몇 벌 사주셨다. 종종 아버지가 그 비디오들을 모아놓은 캐비닛을 열어보면, 그 비디오들을 마치 보물처럼 여기며 귀하게 관리하셨다는 걸 알 수 있다. 그 안에는 1989년 리버풀 대에베턴의 FA컵 결승전(리버풀이 3대 2 승리) 테이프도 있었다. 그레엄과 나는 그 비디오 속에 나오는 비어슬리, 존 반스 등 리버풀 선수들의 이름을 부르며 그들의 플레이를 따라하곤 했다. 나는 지금도 그 비디오 속 선수들의 이름을 다 외우고 있다. 그 무렵 나는 리버풀을 응원하게 됐는데, 내 사촌인 게리가 리버풀의 열렬한 팬이었기 때문이다. 그래서 나도 리버풀의 옛날 스폰서들의 이름이 새겨진 88년 유니폼을 입기도 했다. 나는 특히 존 반스John Barnes의 플레이를 아주 좋아했다. 그는 정말 부드럽고, 깔끔한 플레이를 하는 선수였다. 비어슬리는 나의 영웅 중 한 명이었다. 얀 몰비Jan Molby도 특별한 선수였다. 당시에도 몰비의 플레이와 내 플레이가 비슷한 점이 있었다고 생각해서 몰비의 플레이 영상을 더 구해보고 싶었던 생각이 난다. 그는 항상 차분하고, 냉정한 플레이어였고 나보다도 더 많은 골을 넣는 선수였다. 우리는 일요일마다 TV 앞에 앉아 빅매치를 보곤 했는데, 1989년 리버풀 대 아스널의 타이틀 결정전(리그 최종전에서 아스널이 2대 0으로 이기며 2위였던 아스널이 리그 역전 우승을 차지한 경기 - 옮긴이 주)을 평생 잊지 못할 것이다. 그날 나는 아버지와 함께 그 경기를 봤는데 말이 많지 않은 아버지는 조용히 그 경기를 지켜보기만 했다.

그러나 내가 정말로 지금까지도 선명하게 기억하는 대회는 1990년 이탈리아 월드컵이었다. 그 해 나는 아홉 살이었고 그 마법 같았던 여름 내내 거의 TV 앞을 떠날 수 없었다. 그레엄과 함께 할머니의 집을 방문했던 날도 우리는 할머니께 TV에서 아르헨티나 대 유고슬라비아의 경기를 보게 해달라고 졸랐다. 준결승전에서 마라도나가 이탈리아를 상대로 승부차기에서 보여줬던 모습은 평생 잊지 못할 것이다. 나는 그 월드컵의 거의 모든 순간을 지켜봤고 해외의 독특하면서도 멋진 이름을 가진 선수들의 이름에 매력을 느꼈다. 스킬라치Schillaci! 바지오Baggio! 푈러Völler! 클린스만Klinsmann! 마테우스Matthäus! 카레카Careca! 물론, 내가 응원한 팀은 잉글랜드였다. 나는 정원에서 축구를 할 때도, 꿈을 꿀 때도 언제나 잉글랜드의 19번 가자Gazza(폴 개스코인)였다. 심지어 잉글랜드 트레이닝복을 입으면 마치 행운이 올 것처럼 생각해서 잉글랜드 경기가 있는 날에는 그 옷을 입기도 했다. 나는 잉글랜드가 반드시 우승할 것이라고 믿었다. 우리에겐 '가자'가 있다! 그러나 토리노에서 승부차기 끝에 우리가 서독에 패했을 때 나는 절망에 빠졌다. 그때 나에겐 축구, 잉글랜드, 그리고 가자가 모든 것이었다. 준결승 전에서 그렇게 지는 것은 정말 가슴 아픈 일이었다.

1988년, 아버지는 웸블리에서 열린 리버풀 대 윔블던의 채리티실드 티켓을 사주셨다. 웸블리로 가는 티켓이라니! 보이자 클럽, 세인트 제임스 파크에 처음 갔을 때와 마찬가지로 웸블리에 처음 간 날도 내겐 당연히 특별한 날이었다. 우리는 가족이 다같이 한동안 런던에 머물기로 하고 내려갔고 북런던 지역의 한 여관에 방을 구하고는 아버지와 내가 먼저 축구장으로 가고 어머니와 그레엄은 쇼핑을 하러 갔다. 아버지는 웸블리에 제대로 가고 싶으셨는지 "아들, 지하철 역에서 내려서 '웸블리 웨이'를 걸어올라가 보자"라고 말씀하셨다. 아버지에겐 그런 일들이 아주 중요했다. 전통을 따라하는 일. 나의 아버지는 그렇게 옛날 사람의 스타일을 가진 분이셨지만 나는 아버지의 그런 모습이 좋았다.

그날 전까지 나는 세인트 제임스 파크가 아주 큰 축구장이라고 생각했다. 그런데, 와! 웸블리는 정말 상상을 초월하는 곳이었다! 우리는 로얄 박스 반대편 골대 근처에 자리를 잡고 앉았다. 지금도 선수들이 터널을 빠져나와 입장할 때 웸블리의 소음과, 그날 존 알드리지 John Aldridge의 두 골이 생생히 기억난다. 그날 리버풀은 윔블던에 승리를 거둬 그 전 FA 컵 결승전에서 패했던 복수를 했다. 그러나 나의 첫 웸블리 경험은 좋지 않게 끝났다. 숙소로 돌아왔을 때 어머니가 울고 계셨던 것이다. 어머니는 우리가 돌아오길 기다리고 계셨다가 "여기서 도저히 못 있겠어요"라고 말씀하셨다. 방을 천천히 살펴보니 정말로 방이 너무나 더러워서 어머니는 어떤 것도 만질 수가 없었던 것이다. "그만 집으로 돌아갑시다" 아버지가 말씀하셨다. 그래서 우리는 다 같이 아버지의 차에 타서 집까지 7시간 운전을 해서 돌아갔다. 그러나 그럴 만한 가치가 있었다. 그 방에서 지내는 일은 상상조차 하기 어려웠고 우리는 늘 집에서 보내는 시간을 가장 좋아했다.

아주 어릴 때부터 우리 가족은 매주 일요일마다 구세군 교회에서 예배를 드렸다. 우리 가족은 독실한 종교 집안이었다. 아버지와 어머니에겐 종교가 특히 중요했다. 어머니는 늘 구세군에서 봉사를 하셨다. 그래서 우리 가족은 일요일마다 교회에 갔고 또 주일 학교에도 나갔다. 교회에 도착하면 나와 그레엄, 그리고 우리 사촌 게리는 커뮤니티 홀로 바로 달려가서 공놀이를 하며 놀았다. 나는 사실 처음에는 가톨릭 세례를 받았다. 아버지가 독실한 가톨릭 신자였고 할아버지는 가톨릭 학교에서 일하고 계셨던 영향 덕분이었다. 나의 아이들이 월젠드의 학교에 다니기 시작했을 무렵 그들도 교회에 나가고 주말에는 주일 학교에 나갔는데, 아이들은 할머니가 어린 시절 유스 클럽의 리더로 여러가지 활동을 한 이야기를 듣는 것을 즐거워했다. 나의 어머니는 항상 주변의 스카보로, 스케그네스, 버틀린스, 코르푸 등등으로 짧은 여행을 다녀올 준비를 해주셨다. 우리 가족이 여행지에 도착하고 나면 아이들은 곧바로 "공놀이 하자"고는 뛰어놀았는데, 그럴 때면 어머니는 손자들을 보며 "이쁜 녀석들"하고 웃곤 하셨다. 가끔씩 남자만 가득한 집에서 어머니가 손녀딸을 보고 싶어 하셨을지 궁금할 때가 있기도 하다.

그곳에는 스폰지볼이 있어서 우리는 의자를 골대 삼아서 놀았다. 나중에 나는 보이자 클럽의 소년들 중 주일 학교에 나가는 사람은 나밖에 없다는 걸 알게 됐는데 그것이 계속 신경이 쓰여서 어머니께 다른 아이들은 아무도 주일 학교에 가지 않는데 왜 우리만 가는지 여쭤보기도 했다. 그 후로도 한 동안 주일 학교에는 나갔지만 11살쯤에는 매주 주일 학교에 나가는 일을 그만두게 됐고 특별한 일이 있을 때만 온가족이 같이 갔다. 어머니는 늘 우리에게 종교를 가질 것을 권유하셨지만 결코 그녀의 믿음을 강요하지는 않으셨다.

나는 어머니를 정말 존경했다. 나의 어머니는 항상 좋은 일을 하고, 계획적이고 훌륭한 분이셨다. 그녀는 주변 사람들의 생일이나 기념일마다 카드를 보내는 일을 좋아하셨다. 아마도 이웃들의 중요한 날이나 주소 등등을 적어놓은 책을 따로 보관하고 계셨을 게다. 그녀는 커뮤니티 활동에도 헌신적으로 나서서 봉사하셨다. 어머니는 결코 자기 자신을 먼저 생각하지 않고 주변 사람들을 먼저 챙기는 분이었다. 내가 보이자클럽에서 축구를 할 때도 어머니는 나와 같이 뛰는 아이들을 위해 비스킷과 차를 챙겨서 오셨다. 어디라도 놀러갈 때면 다같이 먹을 수 있는 도시락을 싸주기도 하셨다. 종종 아무것도 안 가져와서는 "어머, 린Lynn이 맛있는 걸 가져왔네"라고 말하며 다가오는 사람들도 있었는데, 어머니는 그런 걸 못마땅해하면서도 늘 준비하셨다. 어머니는 항상 누군가 부족한 사람이 있을 경우를 대비해서 군대 한 소대는 먹을 수 있을 만큼 음식을 넉넉히 준비하시고, 장갑, 모자 등을 준비하시는 분이셨다.

어머니는 나와 그레엄이 보이자 클럽에서 즐겁게 축구하는 것을 기뻐하셨다. 그녀는 특히 아버지가 일 때문에 경기에 못 오시는 날이면 우리가 어디에서 경기를 하든 버스를 네 번 갈아타시면서도 찾아오셨다. "오늘은 너희 데리러 못 가겠다" 같은 말은 단 한 번도 하신 적이 없다. 그녀는 한 번도 직접 운전을 하진 않으셨지만 항상 버스를 타서 우리를 경기장까지 데려다주셨다. 그녀가 날 위해 한 희생은 말로 다 표현할 수 없을 만큼 크고 내가 다 갚지 못할 것이다. 그녀는 내게 삶의 중요한 기준들을 알려주었고 돈을 책임감 있게 쓰는 법도 가르쳐줬다. 어느날 어머니는 내게 은행에 통장을 하나 만드셨다며 나를 은행에 데리고 가셨다. "네 저녁 값이나 용돈을 은행에 넣어둘 테니 돈을 관리하는 법을 배우거라" 어머니는 말씀하셨다. "이번 달에 돈을 아낄 수 있다면, 그건 네 돈이 된다. 그런데 금요일 저녁을 먹을 때 쓸 남는 돈이 없다면, 돈 없이 외출하게 될 거야."

어린 시절 나의 가장 즐거운 기억 중 하나는 월젠드 보이스 클럽 U-12팀과 함께 네덜란드에서 열린 대회에 참가했던 일이었다. 그 대회에서 수비진부터 패스하며 플레이하는 네덜란드 팀의 플레이를 보고 넋을 잃은 기억이 있다. 또 한 번은 어머니가 핸드백으로 주심을 위협하는 일도 있었는데, 그런 모습은 평생 잊을 수 없는 모습이다! 긴 이야기지만 짧게 말하자면, 우리가 지내던 숙소에는 작은 수영장과 미끄럼틀이 있었는데 어느날 내가 수영장에서 놀다가 무릎을 베였다. 그래서 그곳에 큰 반창고를 붙이고 경기에 나섰다. 우리는 우리보다 훨씬 덩치가 큰, 11살이라고는 도저히 믿을 수 없는 아이들로 구성된 팀과 경기를 가졌는데, 그 중 한 아이가 나를 세게 밀어서 내가 무릎을 잡고 넘어졌다. 어머니는 그 모습을 보고 주심을 향해 소리를 지르고는 그녀의 핸드백을 든 채 경기장 안으로 뛰어들었다. 경기장을 반쯤 뛰어들어왔을 때야 그녀는 자기가 지금 무엇을 하는지 깨닫고는 천천히 뒤로 돌아가셨다. 그녀는 절대 평소에 그런 분이 아니었지만 그 순간에는 마치 무언가에 취한 사람처럼 행동하신 것이다.

그레엄은 어머니를 닮았고 나는 아버지를 닮았다. 어린 시절 나는 수줍음을 많이 탔고 순진했다. 내 또래의 아이들 중에는 나쁜 장난도 치고, 문제도 일으키고, 서로 싸우고, 남의 집에 노크를 하고 도망가는 등 바보 같은 짓을 하는 아이들도 있었지만 나는 아니었다. 나는 그랬다가 잡히면 어쩌나 하는 걱정에 그런 일은 상상도 하지 못했다. 나는 아버지를 무서워한 적은 없었지만, 어머니는 무서워했다. 그녀는 강한 여성이었고 때로는 고집이 센(나도 그런 점에선 어머니를 닮았다), 그러나 동시에 배려심이 깊은 사람이었다. 몇 달 마다 한 번씩 어머니가 크게 화를 낼 때가 있었는데, 축구가 우리 가족의 삶에 너무 많은 부분을 차지한다고 느끼실 때가 그럴 때였다. "이 집엔 축구 이야기가 너무 많아! 이제 그만!"이라고 소리치며 문을 꽝 닫고 나가시곤 했다. 그럴 때마다 아버지와 나는 서로를 쳐다보며 "엄마 또 그러네"라고 말했다. 어머니는 내가 숙제를 다 하지 않으면 보이ز 클럽에 가는 것을 허락하지 않으셨다. "학교가 먼저, 축구는 그 다음이야" 그녀는 늘 그렇게 말씀하셨다. 어머니와 아버지는 학교 교육을 아주 중요하게 여기셨다. 한 번은 정말로 숙제를 못해서 훈련에 못 간 경우가 있었는데, 그때 팀에 못 간 이유를 설명하는 것이 참 곤욕스러운 일이었다. 그 뒤로 다시는 그런 일이 없었다.

나의 첫 학교였던 스티븐슨Stephenson에서는 축구를 많이 하지 않았다. 나의 체육 선생님이셨던 돕슨 선생님은 고지식한 분이셨다. 스티븐슨 학교의 축구는 결코 뛰어난 편이 아니었고 제대로 된 선수도 몇 명 없었다. 그래서 나는 나보다 한 살 많은 형들과 함께 뛰었다. 나는 한 살 어렸지만 축구에 대한 분명한 감각이 있었다. 돕슨 선생님은 나에게 스위퍼 역할을 맡기셨다. 어느 날 오후, 우리는 콜린 마카이라는 이름의 선생님이 이끄는 웨스턴 학교 팀과 경기를 가졌다. 마카이 선생님은 내가 뛰는 모습을 보고는 나에게 월젠드 타운에서 입단 테스트를 가질 기회를 주셨고 당시 내게 그건 큰 기회였다. 그로부터 얼마 지나지 않아서 나는 웨스턴 팀으로 옮겼고 마카이 감독님의 지도 아래 뛰었다. 웨스턴은 스티븐슨보다 훨씬 더 뛰어난 팀이었다. 웨스턴에는 6, 7명 정도 축구에 푹 빠진 어린이들이 있었고 그 중에는 나의 가장 좋은 친구인 크리스 후드, 스티븐 브레들리, 스티븐 루더포드 등이 있었다. 후드는 뉴캐슬 아카데미에서 축구를 배웠고 폴 도허티와 케빈 어윈은 내가 잠시 미들스브로에서 훈련했을 때 나와 함께 했던 친구들이었다. 필 월튼은 나중에 하틀풀에 연습생으로 들어갔고 크리스 토먼은 럭비 선수가 되어서 잉글랜드 대표팀 주장을 거쳐 지금은 허더스필드 자이언츠의 수석 코치로 일하고 있다. 스티븐 브레들리와 스티븐 루더포드도 헐, 게이츠헤드 선더에서 럭비 선수로 뛰었다. 그때 우리 팀은 꽤 훌륭했다. 웨스턴은 1992년 아스톤 빌라 스포츠 센터에서 열린 5대 5 국립 대회 경기 결승전에 진출했다. 마카이 선생님의 지도 아래 우리는 모두 하나가 되어 뛰었다. 훗날 프로선수가 된 후에 나는 마카이 선생님과 같은 분이 어린 시절부터 나를 지도해주셨던 것이 얼마나 큰 행운이었는지를 깨달았다. 그는 애버딘 출신으로 정말 열정적인 분이셨다. 지금도 그에 대해 생각하면 마음 깊은 곳에서 감사함이 느껴진다. 그는 나의 커리어를 만들어주셨던 분이고 나는 지금도 그와 연락을 나누고 있다. 매 주말마다 그는 나를 위해 자신의 시간을 들여 큰 도움을 주셨다.

마카이 선생님은 심지어 나를 1991년에 노섬벌랜드 카운티에서 열린 육상 대회에 출전시키기도 하셨다. "60m 허들 대회에 나갈 U-12 선수가 필요하다"고 나에게 권유하셨고 나는 "네 해볼게요"라고 답하고 출전했다. 그때 아홉 살이었던 나는 아무 훈련도 하지 않은 채 열한 살짜리 다른 선수들과 경주를 했다. 그건 정말 미친 짓이었다. 나는 한 허들을 넘기 전에 몇 걸음을 해야 되는지도 몰랐다. 제대로 된 복장도 없었다. 그래서 그냥 집에 있던 리복 체육복에 큰 바지를 입고 내가 뭘 하는지도 잘 모르는 채 대회장에 나갔다. 내 옆에서 뛸 준비를 하는 선수가 육상화를 신고 있는 걸 보고 '내가 지금 여기서 뭘 하는 거지?'라고 생각했다. 어쨌든, 경기가 시작되자 옆에서 어머니가 "마이클, 힘내!"라고 외치시는 목소리가 들렸다. 나는 열심히 뛰었고 결국 대회 우승을 차지했다. 노섬벌랜드 카운티 챔피언! 그 다음 해에도 마카이 선생님은 나를 출전시켰고, 그 해 나는 2위를 차지했다. 그 후로 나는 육상은 더 이상 하지 않았다.

어느날, 마카이 선생님이 "크리켓 대회가 있는데, 너희들 모두 크리켓에 소질이 있어보인다. 참가해보고 싶니?"라고 물으셨다. 우리는 확신이 서지 않았다. "제스몬드 크리켓 클럽으로 2시까지 와라. 학교에서 조퇴해야 될 거야" 조퇴라고? 그럼 해보지 뭐! 그렇게 나와 동료들은 크리켓 대회장으로 갔고 곧 우리가 그곳과는 어울리지 않는다는 것을 깨달았다. 우리는 꾀죄죄했고 크리켓에 쓰는 배트조차 없었다. 크리켓에 대해선 제대로 아는 것이 거의 없었다. 다른 아이들이 모두 사립학교 출신으로 하얀 모자를 쓰고 있는 것을 보고 속으로 "애들은 도대체 어디서 왔지?"라고 생각했다. 나와 후디, 그리고 몇몇 다른 친구들이 크리켓 장비를 빌려서 한번 크리켓을 해봤다. 그때 후디가 크리켓볼을 치던 모습이 지금도 기억에 생생하다. 주를 대표해서 크리켓 대회에 나간다? 그럴 수도 있었겠지만 나를 포함한 월젠드에서 온 친구들은 크리켓에 어울리는 유형이 아니었다. 물론 내가 크리켓을 할 수도 있었을 것이다. 그러나 나는 크리켓의 규칙에 대해 거의 아는 것이 없었고 크리켓을 하는 것 자체가 편하지 않았다. 처음 크리켓을 해보던 날, 그 볼이 내 생각보다 훨씬 더 가깝게 날아오는 것을 본 후로 나는 곧바로 크리켓은 나와 어울리는 스포츠가 아니라는 것을 깨달았다.

마카이 선생님의 지도를 받는 사이 우리는 학교에서 럭비도 배웠고 몇몇 선수들은 주말에 럭비 리그 경기를 갖기도 했다. 그레엄은 1995년 월드컵 결승전이 있기 전에 이미 잉글랜드 북동부 학교들의 리그를 거쳐 웸블리에서 뛸 정도의 수준이 됐다. 그러나 그는 럭비를 아주 진지하게 여기지는 않았다. "럭비 한 게임 할까?" 나는 몇 번인가 럭비의 규칙을 배우고 득점도 하고 태클도 해봤다. 그때 럭비를 하다가 생긴 상처들이 내 몸에 여전히 남아있다. 그러나, 럭비는 나의 취향이 아니었다. 하루는 월젠드에서 8키로 정도 떨어진 화이틀리 베이에서 럭비를 하다가 내 코가 부러진 적이 있었다. 내 얼굴이 피범벅이 된 걸 보고 다른 아이들이 놀라서 앰뷸런스를 부를 정도였다. 그때 우리는 작은 언덕 아래에서 놀고 있었는데, 앰뷸런스 구조원은 그 언덕을 내려와서 열네 살짜리 소년이 피범벅이 되어 누워있는 모습을 봐야 했다. 그는 내게 "그 정도면 네가 직접 걸을 수 있겠구나"라고 말했다. 어쨌든, 그는 나를 타인사이드 북부 일반병원으로 데려갔고 어머니에게 연락을 했다. 나는 코 수술을 받고 싶지 않았지만, 어머니가 오셔서 수술을 해야 한다고 말씀하셨다. "아들이 직접 결정하도록 하시죠" 의사가 어머니께 말했다. 어머니는 "죄송하지만 이 아이는 내 아들입니다. 아직 열네 살이고, 제가 책임져야 합니다" 의사는 그래도 포기하지 않고 "마이클은 수술이 필요 없다고 하고 있습니다. 그리고 책임에 대해 말씀하시는데, 사고가 난 장소에 계시지도 않았잖아요." 나의 어머니는 지금도 그때 그 병원 의사가 다른 병원으로 보냈던 편지를 보관하고 계신다.

그 무렵에는 이미 나는 축구에 완전히 빠져있었다. 그래서 나는 여러가지 다른 운동을 같이 하던 친구들과는 달리 축구에만 집중하기로 했다. 후디, 브레들리, 러더포드는 모두 나만큼 축구에 빠져있지는 않았다. 그들은 오히려 럭비를 더 좋아했다. 내가 맨유 선수가 된 후 팀버스를 타고 이동하고 있던 어느날 러더포드가 내게 전화를 걸어왔다.

"너 어디야? 거기서 뭐해?
"레알 마드리드와 챔피언스리그 1차전이 있어."
"아 그래? 행운을 빈다. 나중에 다시 이야기하자."

그는 레알 마드리드와의 경기에 대해 전혀 알지 못했다. 어떻게 모를 수가 있나! 축구에선 세계 최고의 경기 중 하나인데. 그러나 그것이 내가 러더포드를 좋아하는 점 중 하나다. 세상에는 축구보다 중요한 것들이 있다.

나는 축구를 하면서도 공부를 열심히 해야한다고 생각했고 그렇게 하기 위해 노력했다. 학창시절 나의 체육 과목 리포트는 지금 봐도 참 신기하다. 나는 어린 시절에도 스포츠의 중요한 부분을 잘 이해하고 있었다. 나의 1993년 체육 리포트는 이렇게 적혀있다. '마이클은 축구의 전술적인 부분을 잘 이해하고 있는 것으로 보인다. 그는 격렬하게 경쟁하면서도 페어플레이 정신으로 플레이 한다' 그로부터 25년이 지난 지금도 나는 그때와 달라지지 않기 위해 노력한다.

나는 학교 공부를 게을리하지 않았지만 여전히 나의 열정은 축구였다. 점점 더 많은 스카우트들이 내 경기를 보러 오고 여기저기 클럽에서 입단 테스트 제의가 오기도 했다. 아홉 살에는 보이자 클럽의 다른 친구들이자 실력이 뛰어났던 어윈, 도허티 등과 함께 미들스브로에 방문해보기도 했다. 도허티는 어린 나이에도 모든 기술을 갖춘 선수였다. 오른발과 왼발을 모두 잘 썼고, 크루이프 턴도 할 줄 알았고, 스텝 오버도 쉽게 구사했다. 나는 미들스브로 유소년팀에서 공격수로 딱 한 경기를 뛰었고 내가 열두 살 되던 해 다른 친구들이 미들스브로에서 방출되자 나도 팀을 떠났다. 나는 지금도 1992년 미들스브로 홈구장에서 게리 펠리스터(맨유 레전드 수비수 – 옮긴이 주) 옆에 앉아 함께 찍은 사진을 간직하고 있다. 그 후에 열세 살이 되던 해 스토크 시티 선수로 토너먼트에서 뛰는 등 다른 클럽에서 몇 경기 뛰기도 했다. 그 후 웨스트햄 유나이티드에서 방학주에 시간을 보내면서 훈련을 하고 그곳의 스태프들과 가까워지기도 했다. 그 후로 한 달에 한 번 정도씩 웨스트햄을 방문했다. 내가 계속 다른 클럽 유소년팀에서 뛰고 있을 때 뉴캐슬이 나를 영입하고 싶다고 접촉해왔다.

뉴캐슬 팬인 내게 그건 꽤 흥분되는 일이었다. 뉴캐슬 아카데미의 책임자였던 존 카버John Carver가 나를 U-14팀에 초대해서 북아일랜드와의 밀크 컵에 출전해보면 어떠냐고 권유했다. 내가 그의 권유를 받아들이자 그는 세인트 제임스 파크의 오피셜 스토어에 나를 데려가서 뉴캐슬 트레이닝복을 사서는 내게 줬다. "이제 준비가 다 된 것 같네." 나는 지금도 어머니와 그때 일에 대해 이야기하며 웃곤 한다. 그 트레이닝복 바지는 내겐 너무 길어서 어머니가 시내에 나가서 돈을 내고 수선해서 입어야 했다. 어쨌든, 그렇게 수선한 트레이닝복을 입고 1994년 7월 28일 나의 생일에 나는 세인트 제임스 파크로 갔고 피터 비어슬리가 내려와서 내게 케이크를 사줬다. 그의 친절함에는 감사했지만, 그 일정은 결코 좋기만 한 것은 아니었다. 그 대회 자체는 좋았다. 훌륭한 선수도 많았다. 그러나 경기장 상태는 결코 좋다고 할 수 없는 수준이었다. 포트러쉬에서 보낸 어느 밤, 뉴캐슬 코치들이 선수들에게 용돈을 줬고 우리는 외출해서 그 돈으로 게임을 했다. 몇몇 선수들은 작은 자동차를 빌려서 그들이 지금 방금 만난 소녀들과 함께 주차장 주변에서 운전을 하며 놀기도 했다. 그리고 바로 그런 모습이 내가 뉴캐슬을 그렇게 사랑했음에도 뉴캐슬에 입단하지 않기로 결정한 이유 중 하나였다. 당시 뉴캐슬 유소년팀의 분위기는 웨스트햄과 비교할 수 없는 수준이었다.

"뉴캐슬을 좋아하지만 뉴캐슬에 입단하진 않을래요." 그 대회 일정을 마치고 돌아와서 내가 어머니께 말했다. 그 후로 나는 뉴캐슬에서 뛰고 싶다는 마음을 가진 적이 없었다. 당시 뉴캐슬에는 리저브팀이 따로 없어서 어떻게 해서 1군 팀에 입단할 수 있을지도 전혀 알 수 없었다. 유소년 선수들이 클럽에 바라는 것은 단 한 가지, '기회'다. 뉴캐슬에 대한 나의 큰 사랑과, 겔로우 게이트에서 겪었던 잊지 못할 경험에도 불구하고 나는 뉴캐슬을 나의 팀처럼 느낄 수 없었다. 시간이 갈수록 내 마음은 웨스트햄을 향했다.

그로부터 1년 후, 나는 웨스트햄과 함께 다시 한 번 밀크 컵 대회에 참가했고 이번에는 보이자 클럽에서 같이 뛰었던 선수 마크 말리, 스티븐 왓슨도 함께였다. 방은 숀 번과 함께 썼다. 번과 나는 그 후 오랫동안 아주 가깝게 지냈다. 대회 중에 우리는 뉴캐슬을 상대하게 됐고, 감독님은 우리가 뉴캐슬 전에 100% 집중할 수 있게끔 주문하셨다. "자, 우리 팀에 조르디(Geordie : 잉글랜드 북동부 타인사이드 출신 사람 - 옮긴이 주)가 세 명 있고 상대팀이 뉴캐슬이니 다들 이 세 명을 위해 반드시 이겨주자!" 결국 우리는 뉴캐슬에 5-1 승리를 거뒀다.

그 시절 축구는 내게 즐거움이었다. 어린 시절의 대부분 내가 겪었던 입단 테스트, 훈련, 실수. 나는 그 모든 것을 사랑했다. 단 한 번도 "오늘 꼭 훈련해야 돼요?" 같은 말은 한 적이 없다. 매일 보이자 클럽에 가서 친구들과 같이 축구하는 순간을 기다렸다. 웨스턴에서도 마찬가지였다. 쉬는 시간에도 "다음 경기는 누구랑 해? 몇 시 경기야? 보러 갈게" 친구들과 이런 대화를 하곤 했다. 아마도 그런 축구에 대한 사랑이 내가 릴셸에 있던 FA 아카데미에 입단하지 않은 이유였을 것이다. 열네 살에 나는 돈케스터에서 릴셸 입단 테스트를 받았다. 어머니와 아버지가 나를 그곳으로 데려다주셨던 순간부터 나는 그곳에 모인 세련되고 입단 테스트에 대한 아주 강한 의지를 가진 것 같은 다른 아이들을 보면서 뭔가 위화감을 느꼈다. 다른 아이들은 모두 이미 축구가, 그 시스템이 어떻게 움직이는지 이미 잘 알고 있는 것처럼 보였다. 그에 비하면 나는 순진했고, 아직 다 크지 않은 상태였다. 나는 7월에 태어난 생일이 늦은 아이였고 항상 내가 뛰는 축구팀 그룹에서 가장 나이가 어린 아이였다. 릴셸에서 보내던 밤에 나는 침대에 누워서 "내가 정말 이곳에서 앞으로 2년을, 부모님과 떨어져서 지내고 싶은 걸까?"를 고민해봤다.

나는 정말 절실하게 축구 선수가 되고 싶었지만, 그만큼이나 소속팀에서 편안함, 그리고 안정감을 느끼고 싶었다. 결국 나는 그 입단 테스트에서 잘 뛰지 못했다. 내 마음은 이미 그곳에 있지 않았다. 나는 마음을 비운 채 경기를 뛰었다. 어머니와 아버지가 그 모습을 지켜봤고 아버지는 곧바로 나의 마음을 알아채셨다. 아버지께서 내게 "무슨 일이니 마이클? 넌 마치 여기서 뛰고 싶지 않은 사람처럼 보이는 구나"라고 말씀하셨다. 집으로 돌아가는 길에 나는 아버지께 "네. 여기서 뛰고 싶지 않아요. 집을 떠나고 싶지 않아요. 이곳에서 2년이나 지낼 수는 없어요. 전 제대로 뛰지도 못할 거예요, 아빠" 아버지와 어머니가 바라셨던 것은 언제나 내가 행복해지는 것이었다. "가고 싶지 않으면 안 가도 된다, 마이클" 아버지께서 말씀하셨다. "엄마, 집을 떠나고 싶지 않아요" 내가 어머니께 말씀드리자 어머니는 "그럼 안 해도 된다"고 답하셨다.

두 번의 입단 테스트 게임 후에 FA에서는 30명의 예비명단을 선발하고 그

중 20명을 최종 선발했다. 2주 후에 나는 FA로부터 내가 예비명단 중 1순위에 뽑혔고, 다른 누가 입단을 포기할 경우 대신 입단할 수 있다는 통보를 받았다. 그렇지! 아마도 나는 릴셸의 역사에 합격하지 않아서 기뻐한 첫 번째 선수였을 것이다. 사실 그 결과는 내겐 행운이었다. 만약 내가 그곳에 입단했다면, 과연 내가 얼마나 뛰었을지 상상하기 어렵다. 아버지와 어머니는 그곳에 입단하길 바라는 선수들의 부모와도 대화를 나눴는데, 그 중 몇 명은 이미 거의 완성된 수준의 선수들처럼 보였다. 그런 선수들에게 릴셸은 가장 적합한 곳이다. 나는 그렇지가 않았다. 그곳에서 나는 나 스스로가 아직 부족하다고 느꼈다. 그곳에 있는 프로그램에 앨런 스미스가 참가했는데(나와 나중에 맨유의 동료가 되는), 나는 그와 돈캐스터 컬리지에서 입단 테스트 준비하는 과정을 함께했기 때문에 그에 대해 잘 알고 있었다. 나는 그가 릴셸 아카데미에 잘 어울리는 선수라고 생각했다. 그럼에도 불구하고 그는 몇 달 만에 그곳을 떠났다. 그 말을 듣고 나니, 내가 그곳에 입단하지 않은 것이 행운이라는 생각이 더 강해졌다.

보이자 클럽의 한쪽 벽에 걸려있는 프로 선수들의 사진을 보면 내가 꼭 릴셸 아카데미를 가지 않아도 꿈을 이룰 수 있다는 생각이 강해졌다. 마음 속 깊은 곳에서 나는 늘 내가 프로 선수가 될 수 있을 것이라는 믿음을 갖고 있었다. 내겐 언제나 그런 강한 내면의 힘이 있었다. 내가 다른 선수들보다 좋은 선수라는 말은 한 적이 없지만, 마음 속에선 그렇게 생각했다. 릴셸에 입단하는 선수들을 보면서도 나는 속으로 내가 그들을 뛰어넘을 것이라고 말했다.

그래서 나는 여기 저기 클럽을 방문하고 그곳에서 훈련을 받아보는 일을 즐겼다. 그중 가장 먼저 연을 맺었던 클럽 중 하나가 웨스트햄이었고, 나는 웨스트햄에서 훈련을 받은 후로 그들과 연대감을 느끼게 됐다. 그 후 내가 열한 살이 된 뒤 우리가 이사한 월젠드의 새 집에 찾아오는 스카우트들이 있었다. 총 12개의 클럽이 나를 영입하겠다고 나섰다. "네가 직접 결정해라" 아버지는 말하셨다. "너의 직업이고, 너의 환경이야. 네가 가장 편안한 클럽을 직접 고르렴" 그래서 나는 열세 살, 열네 살이던 해 방학이나 휴일마다 많은 클럽을 돌아다니며 시간을 보냈다. 열네 살이 되던 해 여름에는 6주 동안 8개의 다른 클럽을 돌아다녔다. 아스널에도 갔고(그들은 나를 위해 큰 호스텔방을 빌려줬는데, 나는 그게 마음에 들지 않았다), 크리스탈 팰리스도 갔고, 어머니와 함께 기차를 타고 첼시도 다녀왔다. 첼시는 미니버스에 나를 태워서 당시 히드로 공항 근처에 있는 할링턴의 훈련장에 데리고 갔다. 그러나 그들은 내가 경기를 하는 동안 어머니를 몇 시간 동안이나 버스에 앉아있게 했다. 아마도 어머니에 대한 것은 완전히 잊어버리고 있었던 것 같다. 당시 첼시에서 유소년 선수들을 관리하던 귄 윌리엄스가 나중에야 그걸 알아채고 어머니를 안으로 모셨다. 어머니는 "내가 이러려고 이 먼 길을…"이라고 말씀하셨다. 경기를 마치고 드레싱룸으로 들어가자, 내 시계가 사라졌다. 나는 한시라도 빨리 그곳을 떠나고 싶었다. "저한텐 패스도 안 하던데요" 집으로 돌아와서 아버지께 말씀드렸다. 첼시에서 나는 내가 아웃사이더가 된 것처럼 느꼈다. 첫 인상은 오래 지속된다. 첼시에서의 시간은 불편했고 내가 소리를 쳐도 누구도 패스하는 사람이 없었다. 첼시를 선택할 이유가 없었다.

　결국 나는 웨스트햄을 선택했다. 그들이야말로 나를 가장 환영해주고 따뜻하게 받아준 사람들이었으며 가장 바람직한 축구를 했다. 그들의 말을 빌리자면 '웨스트햄의 방식'으로. "웨스트햄은 투터치 플레이를 해요 아빠. 롱볼을 띄우는게 아니라 원투패스, 그리고 무브. 그런 축구를 한다구요." 웨스트햄의 플레이가 너무 마음에 들어서 다른 클럽들의 플레이와 비교해보기도 했다. 올드햄, 스윈든, 노팅엄 포레스트, 에버튼, 선더랜드, 윔블던 등도 다녀봤다. 1995년 4월, 코벤트리 U-14팀에서 입단 테스트를 받은 후 나는 아버지께 "아버지, 이제 그만 돌아다녀도 될 것 같아요. 충분히 봤어요"라고 말씀드렸다. 그때쯤 나의 마음은 이미 웨스트햄으로 정해져있었다. 열네 살에 나는 여전히 잉글랜드 북동부 지역에서 체스터의 14~16세 선수들이 매주 클럽에 직접 가긴 어려워서 따로 모여 훈련하는 독립 훈련을 받고 있었다.

그때 나의 코치는 뉴캐슬 선수 출신이자 뉴캐슬 아카데미 코치였던 케니 워튼, 그리고 나를 매주 미들스브로에 태워다줬던, 내게 아주 큰 영향을 줬던 빈스 휴튼이었다. 그들은 훌륭한 코치들이었고 나는 그들로부터 많은 것을 배웠다. 나는 그들과 같은 좋은 코치들로부터 11대 11, 5대 5, 리그 경기 등 다양한 환경의 축구에 대해 배웠다. 그런 다양성이 나의 발전에 아주 중요했다. 그런 다양한 경험이 누군가에게 평가 받는 것에 대한 두려움 없이 새로운 것을 도전해보는 동기부여가 됐다. 그 시기에는 몇몇 기술이나 움직임을 습관처럼 만드는 것이 중요했다. 마치 내가 원하는 언어를 공부하는 것처럼. 나는 그런 기술을 직접 실험해보고 연습하곤 했다. 늘 친구들과 축구를 하며 지냈기에 새로운 기술과 움직임을 익힐 수 있다는 자신감도 있었다. 학교에서 나는 가장 경기력이 안 좋은 팀, 혹은 선수 숫자가 적은 팀에 일부러 들어가서 축구를 했다. 그래야 나 자신을 시험할 기회가 더 많았기 때문이다. 나는 그런 방식을 즐겼다.

그러나 이제 나의 마음은 온통 웨스트햄 뿐이었다. 웨스트햄에 입단하기 위해 런던으로 이주하기 전, 나의 고향에서의 커리어에 대해 조언을 해주셨던 앨럿 선생님이 내게 레드브릿지, 바킹 등 몇몇 대학으로의 진학을 권해주시기도 했지만 이미 내겐 대학에 진학할 마음이 없었다. 내가 가고 싶은 곳은 오직 한 곳, '축구의 아카데미'라는 별명을 가진 팀, 웨스트햄이었다.

4
THE ACADEMY

아카데미

MICHAEL CARRICK
BETWEEN THE LINES

지금도 축구 선수의 꿈을 안고 뉴캐슬 중앙역을 출발해서 웨스트햄 훈련장을 향해 갔던 날을 떠올리면 절로 웃음이 난다. 아직 순진하고 잘 모르는 것이 많은 열네 살이었던 나는 휴일에 며칠, 혹은 일주일 정도 그곳에서 머물 계획으로 런던으로 내려갔다. 나에겐 기차를 탈 때마다 늘 하는 버릇이 있다. 기차를 타면 제일 먼저 매점을 찾아가서 크리스프와 초콜릿바를 사서 내 일행이 있는 자리로 돌아오는 것이다. 그날 우리 그룹에는 북동부에서 활동하는 스카우트 두 명(데이브 무니와 빌 깁스)을 포함해서 여섯 명, 일곱 명의 선수가 있었다. 지금 돌아보면, 그때 같이 웨스트햄으로 향했던 친구들의 꿈이 이뤄지지 않은 것이 아쉽다는 생각도 든다. 웨스트햄은 보이자 클럽 출신이자 잉글랜드 유소년 선수팀 주장이었던 마크 말리도 영입하고 싶어했다. 마크는 웨스트햄에서 몇 차례 훈련을 받았지만 결국 선더랜드를 선택했다. 이후에 그는 1군 팀에서 몇 차례 출전했지만, 불행하게도 사고를 당하며 커리어를 마무리했다. 그는 훌륭한 수비수였다. 그의 사고 소식은 내겐 충격이었다. 그는 팀 동료였던 존 오스터가 실수로 쏜 공기총에 눈을 맞았다. 마크와 나는 좋은 추억이 많았다. 그건 정말 비극적인 일이었다.

기차가 킹스크로스 역에 도착했을 때, 지미 햄슨Jimmy Hampson 이 미리 우리를 마중나와서 환영해줬다. 햄슨의 공식 직책은 웨스트햄 유소년팀의 책임자였지만 그는 우리의 좋은 친구였고 늘 밝은 얼굴로 우리를 맞아줬다. 그곳에 갈 때마다 그가 미리 나와서 우리를 기다리고 있는 모습이 보기 좋았다. 그는 친절한 성격으로 사람들을 따뜻하게 맞이해주는, 전형적인 이스트엔드(East End : 웨스트햄의 연고지인 런던 동부 지역을 의미 – 옮긴이 주) 사람이었다. 기차에서 내려서 그의 차를 타고 웨스트햄의 훈련장인 채드웰 히스Chadwell Heath 까지 가는 길에 그의 이야기를 듣는 것도 재미있었다. 그는 동런던의 모든 지름길을 아는 사람처럼 보였다. 훈련장에 가는 길에 그는 계속해서 웨스트햄에 대해 이야기하며 나로 하여금 웨스트햄을 더 좋아하게끔 만들었다. 절대로 지나치지 않는 방법으로.

처음 내가 웨스트햄을 방문한 이유는 입단 테스트 때문이었다. "한번 직접 와서 어떤지 직접 보지 그러니" 그게 웨스트햄 측의 말이었다. 물론 지미 햄슨, 토니 카(아카데미 책임자였던) 등을 만나자 그들의 나에 대한 관심이 얼마나 진지한지를 곧바로 알 수 있었다. 나는 그들의 정직한 태도가 좋았고 그들이 나를 올바르게 대우해줄 거라 믿게 됐다. 당시 U-14팀 감독은 브라이언 니콜스였는데 그는 정말 친절한 사람이어서 나를 편하게 느끼게 만들어줬다. 웨스트햄에서 보낸 첫날부터 나는 그곳의 일원이 된 것 같은 느낌을 받았고 웃으며 축구를 즐길 수 있었다.

웨스트햄은 다른 클럽들과는 전혀 달랐다. 아버지 덕분에 나는 웨스트햄이 보비 무어Bobby Moore 등(잉글랜드 우승팀의 주장이자 당시 웨스트햄 선수 – 옮긴이 주)을 통해 1996년 잉글랜드 월드컵 우승에 큰 기여를 했다는 것을 알고 있었다. 나는 훈련장에서 자주 듣는 이름인 론 그린우드, 존 라이얼 코치 등의 영향으로 웨스트햄의 전통인 빠른 패스 축구를 배워나갔다. 그곳은 리셉션에서 일하는 직원부터 행정일을 하는 직원들, 매점에서 일하는 직원들을 비롯한 구단의 스태프 하나하나가 진정성을 갖고 일하고 있었다. 식당에서 일하는 셜리와 돈은 정말 좋은 사람들이었다. 셜리는 내게 늘 빵을 하나 더 줬는데, 별것 아닌 것 같지만 그런 것 하나하나가 내게는 그들이 나를 진심으로 아낀다는 느낌으로 다가왔다. 잔디 관리인인 이안 잭슨이 아침마다 숙소에서 훈련장까지 나를 태워줬는데 그는 늘 웃는 얼굴이었다. 그가 몇 년 후에 겨우 38세의 나이로 세상을 떠난 것은 정말 슬픈 일이었다.

우리 킷맨이었던 스탠 버크, 피트 윌리엄스, 에디 길럼도 웨스트햄의 가족 같은 분위기를 만들어주는 사람들이었다. 아카데미 코치 중 한 명이었던 지미 프리스는 훈련장 곳곳을 돌아다니면서 선수들에게 "가만히 있어봐!"라며 자신이 직접 패스를 하곤 했다. '텔'이라는 별명으로 불린 장애를 가진 친구도 한 명 있었는데, 그는 식당에서 선수들을 쫓아다니면서 늘 새로운 농담을 건네며 분위기를 밝게 만드는 웨스트햄 식구 중 한 명이었다.

웨스트햄은 나의 마음을 완전히 사로잡았다. 당시 나는 가족을 떠나서 혼자 지내는 생활이 처음이었기 때문에 그런 분위기가 내게 큰 도움이 됐다. 나는 내가 매일 더 발전해야 한다는 것과 경기장 안에서 나를 증명해야 한다는 것을 알았다. 그러나 결코 겁먹지는 않았다. 축구 선수가 되겠다는 의지가 두려움보다 더 컸고, 또 웨스트햄이 나를 늘 따뜻하게 대해줬기 때문이다.

웨스트햄 훈련장의 어느 곳을 보더라도, 곳곳에 나에게 큰 영향을 준 사람들이 있었다. 이안 비숍, 트레버 몰리, 레스 실리, 돈 허치슨, 존 몽커, 이안 도위, 존 하슨, 이안 라이트, 슬레븐 릴리치, 닐 루독, 폴 키슨, 트레버 싱클레어, 스튜어트 피어스, 스티브 로마스 등등.

어느 하루 훈련을 마치고 돌아오는 길에 나는 허치슨과 피트니스 코치였던 토니 스트러드웍이 대화를 나누는 것을 듣게 됐다.

"내가 너보다 잘 달려."

"진짜? 그래 그럼 1500미터 달리기 시합이라도 해보자고."

우리는 평소에 9시 30분까지 모여서 10시에 훈련을 시작했는데, 그 다음 날은 모두가 아홉 시에 모였다. 두 사람의 달리기 시합 소식을 듣고 모두 체육관으로 가보니 두 사람이 달리기 시합을 할 수 있게 세팅을 해두고 10분 동안 더 많이 뛴 사람이 승리하는 규칙으로 시합을 벌이고 있었다. 허치슨이 의욕적으로 앞서가는 것 같았지만 실수로 벽에 부딪쳐버렸고, 꾸준히 열심히 달렸던 스트로드윅이 결국 승리했다. 허치슨은 분해서 바닥을 데굴데굴 굴렀다. 지켜보던 사람들은 모두 소리를 지르며 환호했다.

웨스트햄의 훈련장인 체드웰 히스는 그런 곳이었다. 그 안의 사람들이 그곳의 분위기를 만들었다. 나는 자주 당시 1군 선수였던 줄리안 딕스의 플레이를 봤는데, 그는 명성대로 정말 터프한 선수였다. 나는 그가 정말 무서웠다. 그 당시는 지금보다 훨씬 더 가차없고 과격한 분위기였다. 여기저기서 태클이 날아들고 곳곳에서 논쟁도 벌어졌다. 그런 곳에서 살아남기 위해서는 스스로가 강해져야 한다. 1군 선수들 사이에는 술을 마시러 다니는 문화도 있었다. 몇몇 선수들이 훈련 후에 "바로 펍으로 가자"고 말하는 걸 들은 적도 있다. 물론 성숙한 캐릭터를 갖지 못한 선수들은 오래 버티지 못했다. 나는 그곳에서 벌어지는 그 모든 것을 모두 좋아했지만 그 중에서도 가장 좋았던 것은 웨스트햄의 좋은 축구를 하고자 하는 의지와 해리 레드냅 감독 Harry Redknapp 이 유소년팀을 중요시하는 면모였다.

주말에 열세 살, 열네 살인 소년이 웨스트햄 유소년 팀에서 훈련을 받는 것은 특권이었다. 나보다 나이가 많은 선수들은 북부에서 온 나를 무시하고 괄시할 수도 있었지만, 나를 항상 챙겨줬다. 몇몇 선수들은 열여덟 살이었는데 나는 그들을 두려워하는 대신 드레싱룸에서 그들이 하는 이야기를 조용히 들으며 배울 수 있는 것이 없는지 늘 귀를 기울였다. 프랭크 램파드 Frank

Lampard, 리오 퍼디난드Rio Ferdinand도 그들 중 하나였다. 내 커리어 내내 나는 늘 램파드, 퍼디난드 같은 최고의 선수들처럼 되기 위해 노력했다. 당시 팀의 떠오르는 스타는 리 호지스Lee Hodges였다. 그는 플레이스토 출신의 기술이 뛰어난 선수였다. 그래서 나는 훈련중에 그를 유심히 보면서 그의 플레이를 연구했다. 램파드는 다른 차원의 선수였다. 그의 기술, 특히 발리 슈팅 기술을 보며 놀랐던 기억이 생생하다. 그는 또한 엄청난 노력파였다. 몇몇 선수들은 제대로 훈련을 하지 않고 훈련 시간이 끝나면 거기서 그대로 돌아가는 선수들도 있었다. 그러나 램파드는 언제나 남아서 추가 훈련을 하면서 자기 자신을 채찍질했다. 그게 그가 최고의 선수가 될 수 있었던 이유다. 나는 종종 그의 아버지이자 레드납 감독의 코치였던 프랭크 시니어와 훈련을 했는데, 그는 늘 내가 슈팅, 러닝, 그리고 여러 가지 훈련을 더 할 수 있도록 지켜봐 주곤 했다.

기본적으로 나는 이미 어린 나이에 1군 팀 데뷔를 눈앞에 두고 있던 램파드를 따라하려고 노력했다. 어느 날에는 그가 주력 향상 연습을 하려고 육상화를 샀기에 나도 그를 따라서 할 수 있는 만큼 훈련을 했다. 웨스트햄 팬들은 종종 램파드의 배경을 두고 "그는 아버지가 유명해서 이 팀에 있는 선수다"라며 비판하곤 했는데 그건 불공평한 일이었다. 웨스트햄이 어려울 때마다 램파드가 희생양이 됐다. 그때 그를 비판했던 팬들은 훗날 그의 커리어를 돌아보며 그 당시 그들이 얼마나 크게 착각했었는지를 깨달았을 것이다. 그는 자신이 얼마나 좋은 선수인지를 스스로 증명했고 "아버지 덕분에 팀에 있는 선수"라는 말도 안 되는 비판이 오히려 그를 더 강하게, 최고의 선수가 되도록 만들었다고 생각한다.

나에게 처음 영감을 준 선수가 램파드였다면, 퍼디난드는 시간이 갈수록 점점 더 강한 선수가 됐다. 퍼디난드는 그 성격 덕분에 다른 사람들로부터 쉽게 호감을 사는 선수다. 동시에 그는 언제나 확신에 차 있고 또 주장이 강하며 자기 자신을 즐기는 성격의 소유자다. 그는 축구를 정말 쉽게 하기도 했다. 언제나 공을 소유하는 것에 자신 있어 했고, 또 그런 자신감을 겉으로 드러냈다. 그는 훈련 중 다른 선수들에게 알을 먹이거나 슈팅을 하는 것을 좋아했다. 나는 그가 처음 웨스트햄 1군 팀에 올라갔을 때의 두려움을 모르는 자신만만한 모습을 좋아했다. 그는 경기 중에 수비진에서 전방으로 올라가서 마치 공격수처럼 온갖 기술을 보여주곤 했다. 물론 그러다가 몇 차례 실책을 범한 적도 있지만 유소년 팀의 선수들은 그런 그의 모습을 보며 그저 감탄할 뿐이었다. 그는 정말 어린 선수들에게 영감을 주는 선수였다. 나와 동료들은 "와 도대체 어떻게 저렇게 하는 거지? 어디서 저런 자신감이 나오는 거야?"라고 말하곤 했다. 수비수가 그런 플레이를 하도록 허락하는 감독은 많지 않을 것이다. 그러나 레드납 감독은 달랐다. 몇 차례 퍼디난드에게 밸런스를 무너뜨리지 말라고 경고하는 모습을 보긴 했지만 퍼디난드처럼 뛰어난 기술을 가진 수비수는 흔치 않았다. 그런 기술은 금지당할 것이 아니라 적절한 교육을 통해 육성되어져야만 하는 것이었는데, 그런 퍼디난드에게 웨스트햄은 최고의 팀이었다.

사람들은 자주 언급하지 않지만 내가 첫 눈에 알아본 또 다른 그의 중요한 특징은 그가 정말 지는 것을 싫어하는 선수였다는 점이다. 비디오 게임을 하든, 족구를 하든, 축구를 하든, 그는 언제나 승부욕이 강했고 소리를 지르며 승부에 임했다. 누구나 그런 동료를 두고 싶을 것이다. 오늘날 웨스트햄 유소년 선수들이 램파드나 퍼디난드처럼 열심히 훈련을 하는지 잘 모르겠다. 내가 훈련하던 당시에는 웨스트햄의 한 실내 체육관에 5대 5 경기를 할 수 있는 공간이 있었는데, 우리는 양쪽 벽에 골대를 그려놓고 우리가 "Ds"라고 부른 게임을 하곤 했다. 이 게임은 두 번의 터치만으로 다른 선수에게 볼을 넘겨야 하는 게임으로 볼이 라인을 벗어나면 포인트를 잃는 게임이었다. 이 게임을 위해서는 왼발, 오른발, 발리슈팅 능력 등등 온갖 기술이 필요했다. 즉,

이 게임을 할 때는 좋은 기술이 없으면 다른 선수들 앞에서 망신을 당하게 된다는 것이다. 우리는 훈련이 끝난 후 바로 이 Ds 게임을 몇 시간이고 하며 자연스럽게 패스 기술을 연마했다. 지금도 나는 퍼디난드와 종종 그때 그 게임에 대해 이야기하며 웃곤 한다.

웨스트햄에 처음 방문했을 때부터 나는 그 유소년팀에 미래에 반드시 스타가 될 선수가 한 명 더 있다는 것을 알았다. 조 콜 Joe Cole. 모두가 그에 대해서 이야기했다. 내가 처음 U-14팀에서 노리치 시티를 상대로 출전했던 경기에 콜도 함께 뛰었다. 그는 나보다 2개월 늦게 태어났고 학년으로 치면 1년 후배였지만, 내가 그때까지 한 번도 보지 못한 기술을 자유자재로 구사했다. 특히 그 채드웰 히스의 좋지 않은 잔디 위에서도 말이다. 그 경기에서 나도 몇 골을 기록했지만, 모든 사람의 관심사는 콜이었다. 상대팀은 그에게 너무 많이 당해서 어떻게든 그에게 파울을 하려고 안간힘을 썼다. 그는 축구 기술에 관해서 내가 처음으로 감탄한 선수였다. 그는 발 전체로 공을 다룰 줄 알았고 공을 잘 다루기 위해 몸을 움직이는 방법도 알았다. 또 마치 폴 개스코인처럼 자신의 힘을 사용해 공을 지키는 법도 알았는데, 그러나 기술적인 면에서는 콜이 개스코인보다도 더 많은 기술을 구사할 줄 알았다.

그는 마음대로 수비수를 요리할 줄 알았고 심지어 수비수와 충돌하는 상황마저 자신에게 유리하게 활용할 수 있었다. 그는 정말 천부적인 재능을 가진 선수였다. 그런 면에서 나와는 전혀 다른 선수였다. 나는 수비수와 경합하는 상황을 이용할 줄 몰랐고 늘 내 주변에 공간을 만들려고 노력했다. "도대체 얘는 누구지?" 그의 플레이를 처음 보자마자 떠오른 생각이었다. 그는 정말 우스울 정도로 뛰어났고 훈련 시간에도 상대 수비수들에게 공포감을 주는 선수였다. 몇 년 후 1군 팀으로 승격한 후에 훈련 중에 스튜어트 피어스가 그를 발로 찬 일이 있었는데 콜은 곧바로 일어났다. 나중에 그에 대해 항의하긴 했지만, 그렇다고 그런 플레이를 무서워하진 않았다. 피어스는 커리어의 마지막 시기를 보내고 있었지만, '싸이코'라는 별명답게 여전히 무시무시한 선수였다. 그는 콜에게 "까불지 마라, 내 앞에서 다시는 그런 플레이하지 마"라고 말하곤 했다. 나는 한편으로 그가 콜을 시험하고 있다는 생각이 들었다. "어디 더 해봐. 니가 그렇게 뛰어나다면 또 할 수도 있겠지"라고. 물론 콜은 계속 그렇게 했다. 그는 축구 자체를 정말 사랑하는 선수였고 레드냅 감독은 그에게 "그래, 그거야. 잘했다. 계속 네 플레이를 해"라고 말하곤 했다. 그는 이후에 릴셸로 갔고 그래서 나는 유소년 팀 시기에 그의 성장과정을 모두 보지 못했다. 그는 그 정도로 뛰어나서 말하자면 유소년팀 레벨을 건너뛰고 1군 팀에 입단했다고 봐도 될 정도였다. 그런 그가 모두의 주목을 받은 덕분에 나와 다른 동료들은 큰 주목을 받지 못했고 그건 내겐 정말 좋은 일이었다. 나는 나 나름의 방식으로 1군 팀까지 성장해나갈 수 있었다.

내가 웨스트햄이 곧 나의 미래이고 이곳에서 1군 데뷔를 하게 될 거라고 믿게 된 일이 하나 있었다. 내가 열네 살이던 해 어느 밤의 일이다. 지미가 나를 킹스크로스 역에 내려줬고 나는 8시에 출발하는 뉴캐슬행 기차를 탔는데 갑자기 북쪽으로 가는 모든 기차가 취소됐다. 결국 나는 런던에 혼자 남게 됐고 서서히 걱정이 되기 시작했다. 어머니께 전화를 드리자 어머니가 지미에게 전화를 했고 지미는 그때 이미 거의 집에 돌아간 때였다.

"마이클이 킹스크로스에 아직도 있다고요? 거기 큰 시계 아래에 있으라고 해주세요. 아무 곳도 가지 말라고. 제가 지금 갈게요."

어머니와 아버지 모두 내가 혼자 런던에 남게 됐다는 소식에 당황하고 계셨다. 당시엔 휴대폰이 없었기에 내가 공중 전화에서 전화를 걸어야만 연락이 되는 상황이었다. 지미는 9시 30분에 나를 데리러 왔다.

"마이클, 아무 것도 걱정하지 마라. 내일 아침에 학교에 갈 수 있으니까. 내가 집에 데려다주마." 그가 말했다.

"이건 수가 만든 거야." 그의 아내가 나를 위해 샌드위치와 과자를 준비해 준 것이다. 그리고 지미는 나의 부모님께 전화를 드려서 "마이클 걱정하지 마세요. 제가 잘 데리고 가겠습니다. 조금만 기다리세요!"

결국 우리는 그대로 런던을 나와서 A1 고속도로를 타고 달렸다. 지미는 290마일을 달려서 새벽 3시에 나를 집에 데려다줬다. 그는 우리 집에 들어와서 어머니 아버지와 잠깐 차를 마시며 대화를 나누고는 다시 차에 올랐다.

"내일 아침에 일이 있어서요. 업튼 파크에서 8시에 미팅이 있습니다."

어머니, 아버지, 그리고 나는 지미가 다시 운전해서 출발하는 모습을 보고 서로 얼굴만 쳐다봤다. 다시 290마일을 운전해서 돌아가는 먼 길인데 지미는 마치 그것이 별일도 아닌 것처럼 행동했다. 내게 킹스크로스 근처의 호텔에서 하루 자고 아침 첫 기차로 돌아가라고 할 수도 있었을 것이다. 그러나 그는 나를 위해서 600마일을 운전하고 잠도 제대로 자지 못한 채 다음날 아침에 출근하는 길을 택한 것이다. 그는 내가 학교를 빠지길 원하지 않았다. 또 나와 나의 부모님이 걱정하기를 원하지 않았다. 그는 마치 내가 그의 아들인 것처럼 나를 위해 행동한 것이다. 그날 나는 부모님께 말씀드렸다.

"웨스트햄으로 갈래요. 그들이라면 날 잘 보살펴줄 것 같아요."

내가 내린 최고의 결정은 14세에서 16세까지 2년 계약을 한 그 뒤의 결정이었다. 축구 선수에겐 그 시기가 진지한 결정을 내려야하는 시기다. 그 다음 계약이 풀타임 계약으로 이어지기 때문이다. 당시 어머니와 아버지는 몇몇 클럽들로부터 나를 영입하기 위한 큰 제안을 받기 시작하셨고 보이자 클럽의 친구들 중에는 2년 동안 YTS(유소년 선수 영입 및 훈련에 관한 조항 – 옮긴이 주) 계약에 더해 3년 프로 계약 제안을 받기도 했다.

"왜 저한테는 그런 제안이 없을까요?" 내가 물었다. 부모님은 내게 그들이 받은 이적 제안을 말씀해주지 않으셨다. 내가 순수하게 축구에 의한 결정을 내리길 바라셨기 때문이다. 두 분은 한 클럽으로부터 새 집을 마련하는 데 드는 비용(약 5만 파운드)을 지불하겠다는 제안도 받으셨지만 그때도 그들을 우선으로 생각하지 않으셨다. 우리 가족의 형편이 아주 좋은 편도 아니었기 때문에 나는 그때 그런 결정을 내리신 부모님을 지금도 존경하고 있다. 그들이 그들을 위해 결정을 내렸다고 하더라도 나는 항의하지 않았을 것이다. 당시 다른 클럽들의 제안은 우리 가족의 삶을 바꿀 수 있을 만한 제안이었기 때문이다. 아버지는 출장이 잦았기에 다른 클럽의 스카우트 역할을 받을 수도 있었다. 이제 내가 자라서 나 역시 부모가 되고 나니 부모님의 결정이 얼마나 큰 결정이었는지를 잘 이해할 수 있다.

"마이클, 너는 어느 팀에서 뛰고 싶니?" 부모님이 내게 물었다. "너는"이라는 말을 강조하시면서.

"웨스트햄이요." 내가 답했다.

부모님은 내가 웨스트햄을 선택하는 것을 흡족해하셨다. 지미가 나를 위해 무슨 일을 했는지를 다 보셨기 때문이다.

"웨스트햄이라면, 마이클을 잘 돌봐줄 거예요." 어머니가 말씀하셨다.

거의 열여섯 살에 가까웠던 열다섯 살에 학교를 졸업하면서 나는 주급 42.5파운드를 받는 2년 YTS 계약을 맺었다. 팀에 합류하기 직전에 나는 토니 카에게 전화를 걸었다. "블랙풀에서 열리는 잉글랜드 보이스 클럽에 참가 권유를 받았는데 괜찮을까요?" 그 대회는 프로 대회는 아니었지만 내겐 처음으로 국가를 대표해서 뛸 수 있는 기회였다. 전국에 있는 보이스 클럽 선수들 중 대표 선수를 선발해서 대회에 참가하는 것이었는데, 내가 월젠드 U-16팀에 소속되어 있었기 때문에 출전할 수 있는 자격이 됐다. 이건 자주 있는 기회가 아니었다. 토니는 내게 하지만 그 대회는 웨스트햄의 프리시즌 일정과 겹친다고 말했다.

"저한텐 아주 중요한 일이에요, 토니."

결국 그는 내가 꼭 그 대회에 참가하길 바라는 마음을 이해했다. 내게 그건 보이스 클럽에서의 시간을 마무리할 완벽한 기회였다. 결국 토니는 내가 그 대회에 참가할 수 있도록 허락해줬고, 그것은 다시 한 번 웨스트햄이 얼마나 선수들을 잘 보살피는지를 보여주는 일이었다.

웨스트햄에 완전히 입단하기 전, 나는 릴셸에서 열린 잉글랜드 대표팀 선발 평가전에 참가해야 했다. 나는 기차를 타고 릴셸로 이동했고 어머니와 아버지, 그리고 나의 여자친구였던(지금은 나의 아내인) 리사가 나를 보러 내려왔다. 리사는 나의 커리어 시작부터 늘 내 곁에 있어줬고 내가 기댈 수 있는 쉼터가 되어줬다. 모든 순간, 매 단계마다 한결 같은 응원을 보내주면서. 돌아보면 그때 우리는 정말 어리고 또 순수했다.

경기가 끝난 후에 웨스트햄에서 보낸 운전수가 나를 그 지역의 한 펍 주차장에서 만나 클럽으로 데려갈 예정이었다. 어머니와 아버지가 나의 짐을 내려주셨고 운전수가 그걸 받아서 웨스트햄으로 갈 차에 옮겼다. 그 순간은 어머니껜 아주 힘든 순간이었을 것이다. 내가 집을 오랫동안 떠나있어야 하는 순간이었기 때문이다. 나는 아직 열다섯 살이었다. 갑자기, 마지막 순간의 두려움이 밀려왔다. "왜 제가 코벤트리에 가게 두지 않으셨어요?" 내가 물었다.

보이자 클럽에서 만났던 친구인 스티브 왓슨은 코벤트리에서 뛰고 있었고 그들은 내게도 계약을 제안했다. 코벤트리로 갔다면 그건 내겐 좀 더 쉬운 결정이었을 것이다. 익숙한 친구도 있었으니까.

"엄마, 웨스트햄에 가고 싶지 않아요." 그건 그냥 해보는 말이었다. 나는 내가 괜찮을 것이라는 걸 알았다. 잠시 눈물이 났지만 그 후에 나는 웨스트햄으로 가는 차에 올라 어머니와 아버지, 그레엄과 리사가 뉴캐슬로 돌아갈 차를 타는 모습을 지켜봤다. 운전수는 나를 바킹의 세일즈버리 어베뉴에 있는 새 집에 내려줬다. 그곳에는 팸과 대니 플레처라는, 자녀가 집을 떠나서 생활하고 있는 한 부부가 살고 있었다. 그 밤, 나는 부모님께 전화를 드렸다. 그날은 그들에게도 힘든 밤이었을 것이다.

"엄마, 저 괜찮아요. 여기 정말 좋아요."

"마이클, 네가 오늘 무슨 짓을 한 줄 아니. 오늘 집에 오는 길은 내 인생에 최악의 길이었단다."

"엄마, 저 여기에 있고 싶어요. 엄마를 떠나는 게 슬펐던 것뿐이에요."

나는 그들에게 괜찮다고 말했지만, 실제로는 하루 빨리 웨스트햄에서 훈련을 시작하고 싶은 마음이었다. 그러나 U-17, U-18팀 선수들이 댈러스에서 갖는 프리시즌 일정에 참가하고 있었기 때문에 나는 내가 새로 살게 될 팸과 대니의 집에서 시간을 보내며 새로운 생활에 적응하기 위해 노력했다. 그 집의 근처에는 또 다른 웨스트햄 유소년 팀 선수인 오지, 리차드 가르시아가 살고 있었는데 알고보니 그들도 나와 같은 날 이사를 했다. 돌아보면 그들과 나처럼 성격이 다른 사람이 채드웰 히스로 가는 62번 버스 위에서 오래 이어지는 우정을 쌓게 됐다는 것이 참 재미있다. 그 후로 리차드와 나는 7년 동안 거의 매일 같이 붙어다녔다. 나는 내가 뉴캐슬에서 왔기 때문에 아주 멀리 왔다고 생각했는데, 그는 호주 퍼스 출신이었다.

리차드와 나는 둘 다 고향을 그리워했기 때문에 마치 형제처럼 가깝게 지내게 됐고 지금도 그렇다. 그의 아내인 야넬과 두 아름다운 아이인 자크, 로렌은 나에겐 또 다른 가족 같은 존재다. 그들이 호주로 돌아간 후 나는 그들을 몹시 그리워하고 있다. 그래도 2년 정도에 한 번씩 만날 기회가 있을 때면 꼭 만나고 있다. 우리는 정말 많은 일을 함께 겪었고, 우리의 우정은 특별한 것이다. 우리는 정말 많은 것을 같이 겪었다. 2010 월드컵도 마찬가지다. 나는 늘 강한 성격을 가진 친구들을 좋아했는데, 내가 차분한 편인데 비해 그는 정말 열정적인 친구였다. 그는 머리도 길었고 그린데이, 레드핫칠리페퍼스, 펄잼 같은 록밴드를 좋아했다. 그가 그 노래들을 듣고 있으면 나는 그에게 "그게 뭐야?"라고 묻곤 했는데, 그가 하도 내게 그런 음악을 들려준 덕분에 이제는 나도 몇몇 노래들을 좋아하게 됐다. 최근에 레드핫칠리페퍼스의 공연에 다녀왔는데, 그 공연은 지금까지 내가 본 최고의 공연이었다.

프리 시즌 투어에 참가했던 선수들이 돌아온 후의 첫 훈련 날, 리차드는 드레싱룸으로 곧바로 들어가서 자리를 잡고 앉았다. 유소년팀 선수들은 직접 킷맨에게 가서 자기 유니폼을 챙겨오는 것이 관행이었다. 그런데 이 장발을 한 호주에서 온 리차드는 거드름을 피면서 "그래, 자 누가 가서 내 유니폼을 챙겨올 거야?"라고 말했다. 그곳에 있었던 모든 친구들, 특히 이미 그 팀에서 2년째를 맞이하고 있었던 안토니 헨리, 게리 '트리거' 알렉산더, 알렉스 '미트볼' 오라일리, 대니 펜리 등이 모두 그를 쳐다보면서 쏘아붙였다.

"너 이 자식 니가 뭐라도 되는 줄 알아?"

그 순간 다른 모든 선수들이 웃음을 터뜨렸고 그렇게 선수들 사이의 어색한 분위기가 사라졌다.

그 유소년팀의 드레싱룸은 참 특별한 공간이었다. 나에게 가장 행복했던 순간은 그곳에 다른 선수들과 같이 앉아서 농담을 주고 받던 일이었다. 그곳의 분위기, 화합은 정말 대단한 수준이었다. 어느날, 크레이그 에더링턴이 홀딱 벗은 몸 위에 식판으로 사방을 가리고 메디컬룸에서 테이프를 가져와 식판을 연결해서 붙인 후에 식당으로 들어왔다. 나는 지금도 그 모습을 본 대니 펜리의 표정이 잊혀지지 않는다.

물론 항상 장난만 친 것은 아니었다. YTS 계약으로 보냈던 첫 해, 우리 팀이 한 대회에서 루튼과 경기를 가졌는데, 나는 그 경기에서 잘 뛰지 못했다. 그 경기를 지켜보신 아버지는 차로 숙소까지 돌아가는 길에 나를 보며 "저기에 뭐라고 써 있니?"라고 물으셨다.

"저렇게 멀리 있는 걸 어떻게 읽어요?"

아버지는 대답하지 않았다. 그러나 나는 나중에 아버지가 어머니에게 "마이클이 좀 이상해. 차 바로 옆에 있는 표지판도 제대로 못 읽더라고. 눈에 뭔가 이상이 있는 것 같아"라고 말씀하셨다는 것을 알게 됐다. 어머니는 나에게 그 이야길 해도 내가 괜찮다고 말하며 제대로 검사를 받지 않을 거라는 걸 알고 계셨다. 그래서 어머니는 웨스트햄 메디컬 팀장이었던 존 그린에게 직접 전화를 해서 "마이클 눈이 이상한 것 같아요"라고 말씀하셨다. 존은 어머니께 그 이야길 듣고는 "마이클, 어머니께 전화가 왔다"고 말했다.

나는 어머니께 곧 전화를 걸어서 "엄마, 왜 코치에게 전화를 하셨어요?"라고 물었다. 그 시기에 나는 내가 이미 독립한, 스스로를 돌볼 수 있는 선수라고 생각했다. 그러나 웨스트햄은 결국 내 눈을 검사하기로 했고 그 결과 내 눈에 심각한 문제가 있다는 것이 밝혀졌다. 불과 세 달 사이에 시력이 심각하게 나빠져서 콘택트렌즈를 껴야만 하는 상황이었던 것이다. 처음 렌즈를

겼던 때가 지금도 생각난다. 세상에. 그러나 지금은 렌즈 없이는 아무것도 할 수 없다. 아침에 일어나서도 렌즈 없이는 아침을 만들 수 없고 운전은 상상조차 할 수 없다. 렌즈를 착용하기 전에는 경기장 반대쪽이 흐리게 보였고 나는 그냥 패스를 하면 동료가 저쪽에 있을 거라고 생각했다.

웨스트햄은 그 문제를 직접 해결하겠다고 나섰다. 토니 카는 "우리가 돌봐주마. 우리에겐 너와 너희 가족에 책임이 있다"고 말했다. 내 커리어 전체를 통틀어서 내게 도움 준 사람들을 떠올릴 때 토니 카는 가장 첫 번째 생각나는 사람 중 한 명이다. 2010년 남아프리카공화국에서 열린 월드컵에 참가했던 23명의 잉글랜드 선수들 중 7명의 선수가 토니에게 빚을 졌다. 램파드, 퍼디난드, 콜, 저메인 데포, 글렌 존슨, 존 테리, 그리고 나까지.

토니는 유소년 선수들의 성장을 생각할 때 항상 장기적인 관점을 갖고 접근했다. 사실 그와 지미는 내가 유소년 팀에서 계속 성장할 수 있을지에 대해 100% 확신하지 못했다. 특히 열네 살, 열다섯 살에 나의 성장이 더뎠기 때문에 더 그랬다. 나는 나의 몸이 의지를 따라주지 않아서 커리어를 망칠 수도 있다는 두려움을 안게 됐다. 훈련 중에도 또래 선수들보다 약했고 무릎 문제 때문에 경기장을 도는 것에도 어려움을 겪었다.

그 무렵 나는 어머니와 아버지께 "제가 다른 선수들보다 한참 부족한 것 같아요. 여기서 뭘 하고 있는 건지 모르겠어요. 제대로 축구를 할 수가 없어요"라고 말했다. 웨스트햄의 코치들도 나를 보며 조용히 "캐릭이 괜찮을까? 아닐까?"라고 말하고 있는 것 같았다. 토니도 내가 그 단계를 넘어설 수 있을지 확신하지 못했다. 토니는 언제나 나를 도와주는 사람이었다. 그는 나를 언젠가 1군 선수가 되거나, 혹은 다른 팀으로 보내야 할 선수로 여겼지만, 그와 동시에 나를 한 명의 사람으로서 존중해줬다.

토니는 선수들의 체력상태를 확실히 관리했다. 매주 월요일 아침마다 YTS 계약 1년 차, 그리고 2년 차인 선수들은 훈련을 갖기 전에 훈련장 다섯 바퀴를 도는 훈련을 했다. 주말에 쉬는 동안 관리하지 못한 몸 상태를 바로잡기 위해서였다. 키가 큰 공격수였던 대니 바틀리는 그 중 가장 빨리 달리는 선수였다. 그는 아주 건강했는데, 나중에 체육 선생님이 됐다. 나도 그 훈련은 그럭저럭 잘 소화해서 항상 5, 6등 정도는 하곤 했는데 그건 부분적으로는 신체조건 덕분이기도 했지만 또 다른 부분적으로는 정신력 때문이었다. 토니는 항상 좋은 말만 하는 코치는 아니었다. 그가 가장 좋아한 훈련 방식 중 하나는 선수들이 모두 패스, 패스, 패스하는 훈련을 하고 그 후에 달려가는 식의 훈련이었다. 그는 우리에게 축구의 아주 중요한 기본 기술인 움직임과 타이밍을 가르쳐줬다.

우리는 웨스트햄에 새로운 아카데미 체계가 자리잡고 많은 것이 변화하기 전 마지막 세대였다. 그 시대의 훈련 방식은 열심히 노력하되 보상이라는 것은 거의 없는 방식이었다. 그러나 그런 방식이 우리에게 축구에서 중요한 가치와 목표를 달성했을 때의 만족감을 주었다. 토니는 우리가 축구화를 닦고 드레싱룸 청소를 하고, 여기저기 흩어져있는 유니폼을 줍는 일들을 하게끔 가르쳤고 그것은 어린 선수들에게 아주 중요한 일이었다. 우리가 아직 프로 선수가 아닌 유소년 선수라는 것을 잊지 않게 해줬기 때문에다. 웨스트햄에서 나는 축구 클럽에 존재하는 위계질서에 대해 배웠고, 다음 단계로 나아가기 위해 아주 열심히 노력해야한다는 것도 배웠다. 그건 정말 중요한 교육이고, 오늘날 그런 모습이 거의 사라진 것을 보는 것은 안타까운 일이다.

나의 삶과 커리어에서 다른 사람에 대한 존중은 아주 큰 의미를 차지했다. 나에게 존중심을 가르쳐준 사람은 부모님과 보이자 클럽뿐이 아니라 토니도 마찬가지였다. 웨스트햄 유소년팀 시절 체육관에서 운동을 하고 있을 때 1군 팀 선수들이 안에 들어오면 나는 자리를 비켜주거나 아니면 아예 체육관 밖으로 나가곤 했다. 1군 선수들이 우선이다. 난 아직 1군 선수가 아니었다. 그러므로 1군 선수가 되기 위해 노력해야 했다. 그래서 나는 유소년팀 시절 1군 선수들의 축구화를 닦았고, 내가 리저브팀으로 올라간 뒤에는 누군가가 내 축구화를 닦았다. 1군 선수가 되기까지의 그런 모든 과정을 나는 감사하게 생각했다. 오늘날 축구계에는 그런 것이 거의 사라졌고, 그만큼 더 열악해졌다.

오늘날의 어린 선수들에게는 내가 겪었던 것만큼 어려운 일을 하지 않아도 되니 환경이 더 편해졌다. 나는 팀 브리커의 축구화를 닦았고 나중에는 스티브 포츠, 그 다음에는 이안 피어스의 축구화를 닦았다. 피어스는 그의 축구화를 닦는 선수가 마음에 안 들어서 나를 자기 담당으로 바꾸기도 했다. 나는 꼼꼼한 성격이라 축구화를 깨끗하게 잘 닦았다. 포츠는 발 사이즈가 6(약 240cm) 축구화를 닦는데 시간이 별로 걸리지 않았다. 그런데 피어스는 아주 낡은 푸마 킹스 축구화를 신었는데 사이즈가 12(약 300cm)였다. 그의 축구화를 닦는 일은 시간이 훨씬 더 걸렸지만, 나는 그래도 열심히 그의 축구화를 닦았다. 피어스는 나에게 크리스마스에 팁을 주겠다고 약속을 했었는데, 결국 약속을 지키지 않았다. 피어스, 보고 있나? 나는 아직도 잊지 않았다고!

우리가 축구공이나 축구화를 닦는 곳은 건물 밖에 있었고 그곳은 얼듯이 추워서 종종 손가락이 아프기도 했다. 축구화를 닦는 브러쉬도 낡고 더러웠다. 축구화를 닦을 때는 안에 물이 스며들지 않도록 주의해야 한다. 물이 들어갔다가는 절대로 마르지 않기 때문이다. 나는 축구화의 촉감을 좋아했다. 가장 좋은 축구화는 푸마 킹스였다. 그 축구화는 멋지면서도 부드러웠다. 열네 살이 되던 해 아버지께 그 축구화를 사달라고(그랬다간 내 은행계좌 돈이 하나도 안 남았을테지만) 졸랐던 기억이 난다. 어린 시절 나는 축구화 광이었다. 어떤 선수가 어떤 축구화를 신었는지 지금도 다 맞힐 수 있다. 나는 아디다스 프레데터 모델의 첫 번째 모델 말고 그 다음 모델을 좋아했다. 또 앨런 시어러와 마이클 오웬이 신었던 엄브로 스페셜도 좋아했다. 웨스트햄은 내게 포니, 그 다음엔 필라 축구화를 줬다. 그래서 나는 축구화에 대해 더 많이 알게 됐다.

축구화를 닦는 일뿐 아니라 우리는 온갖 종류의 허드렛일을 다 했다. 가장 힘든 일은 1군 팀이 훈련하기 전에 그 크고 무거운 골대를 옮기는 일이었다. 그 당시에 사용한 골대는 오늘날 쓰는 것처럼 가벼운 것이 아니라 1톤 가까운 무게에 엄청 차가운, 허리가 휠 것 같은 것이었다. 채드웰 히스에서 훈련 중에 공이 없어지면 토니는 YTS 선수들에게 공을 찾아오게끔 했다. 이따금씩 내가 할 일을 다 하고 식당에 앉아서 나의 새 리복 클래식 축구화를 신고 조금 쉬고 있으면 토니가 큰 목소리로 "이리 나와서 없어진 공 좀 찾아와라"고 외치곤 했다. 겨울에는 그러다가 축구화가 더러워지곤 했고 골대를 옮기다가 새 훈련복이 지저분해지기도 했다. 토니는 엄격하게 유소년 선수들을 관리했지만, 동시에 힘든 일들을 잘 해내는 방법을 알려줬다. 누구든 자신의 일을 똑바로 하지 않으면 토니에게 크게 혼이 났다. 제대로 일을 마무리하지 못해 버스나 기차를 놓치기라도 하면 30분을 더 기다려야 했다. 그런 일들이 선수들에게 책임감을 키우도록 해줬다. 그런 면에서 그곳은 가차없을 만큼 엄격했다.

16세의 YTS로서 나는 업튼 파크에서 웨스트햄의 경기가 끝날 때마다 드레싱룸 청소를 했다. 웨스트햄 홈경기는 골칫거리였는데, 선수들이 경기가 끝난 후 느긋하게 짐을 정리했기 때문이다. 나는 속으로 "빨리 끝나면 좋겠다"고 생각했다. 밤 경기인 경우 빨리 정리를 마치지 않으면 바킹으로 돌아가는 막차를 놓치게 되기 때문이다. 그래도 다음날이면 아침 일찍 훈련장에 모여야 했기 때문에 큰일이었다. 그래도 나는 불평할 수 없었다. 내가 해야 되는 일이었기 때문이다. 그래서 나는 원정팀 드레싱룸 청소하는 편을 더 좋아했다. 원정팀은 빨리 짐을 정리하고 돌아갔기 때문에 일을 빨리 끝낼 수 있었다. 그렇게 드레싱룸 청소를 하면서 슈퍼스타들을 마주치는 것도 참 좋았다. 아스널과 경기가 있던 날은 다른 선수들과 복도에 서서 토니 아담스Tony Adams, 패트릭 비에이라Patrick Vieira 가 지나가는 것을 보기도 했다. 아담스는 언제나 눈에 띄는 선수였는데 그는 항상 특유의 존재감이 뿜어져 나오는 그런 선수였다. 하루는 그가 경기가 끝난 후 좁은 복도를 지나가다가 우리를 보고는 "고맙다 녀석들아"라고 말하며 지나갔는데, 나는 그의 모습을 보고 전율을 느꼈다. 그는 그럴 필요가 없었는데도 우리를 보며 인사를 해줬고, 그때까지 한 번도 누가 나를 보고 "녀석들"이라고 부른 적도 없었다. 그때 그의 모습은 참 멋있어 보였다.

첼시가 원정 경기를 왔을 때는 지안프랑코 졸라Gianfranco Zola, 루드 굴리트Ruud Gullit, 지안루카 비알리Gianluca Vialli 등을 보며 그들의 아우라에 감탄한 기억이 난다. 첼시와의 경기는 업튼 파크 역에서 내려서 경기장에 걸어오는 길부터가 아수라장이었다. 이따금씩 유소년팀 경기가 끝난 후 곧바로 경기장에 이동하느라 트레이닝복을 입고 있을 때도 있었는데, 첼시와의 경기가 있을 때면 조심해서 이동해야 했다. 웨스트햄 대 첼시의 경기는 격렬해질 위험이 있는 경기였다. 결국에는 그런 경험들이 다 나를 더 강해지도록, 또 세상에 대해 배우게끔 만들어줬다.

내가 가장 우러러본 클럽은 맨유였다. 그리고 내가 맨유와 사랑에 빠지게 된 것도 업튼 파크에서였다. 웨스트햄 대 맨유의 경기가 있을 때마다 업튼 파크에는 특별한 분위기가 감돌았다. 나는 로이 킨Roy Keane, 게리 네빌Gary Neville, 데이비드 베컴David Beckham, 라이언 긱스Ryan Giggs 같은 선수들을 지켜보면서 그들이 어떻게 드레싱룸을 빠져나가는지를 유심히 살펴봤다. 그들이 무슨 말이라도 하는지, 아니면 경기에만 집중하고 있는지 등등. 그들과 같은 프로가 될 수 있는 힌트라도 얻고 싶었다. 맨유는 원정 경기에 나설 때마다 구단 자켓을 입고 마치 비즈니스맨들처럼 세련되어 보였다. 알렉스 퍼거슨 감독을 처음 본 것도 강렬한 기억으로 남아있다. 그는 마치 전쟁을 갈구하는 장군처럼 드레싱룸 앞 복도를 지나 입장 터널로 걸어갔고 그의 모습에서 승리에 대한 완벽한 자신감이 뿜어져 나왔다. 언젠가 그를 위해 뛰고 싶다는 생각이 절로 들었다.

열아홉 살이 되던 해, 여전히 웨스트햄에서 뛰고 있던 시절에 나는 정말로 언젠가는 맨유에서 뛰고 싶다는 꿈을 갖게 됐다. 베컴은 나의 우상이었고, 게리 네빌도 마찬가지였다. 훗날 나는 실제로 맨유에서 뛰었고 리그 우승도 차지했다. 꿈이 이뤄진 셈이다. 그러나, 웨스트햄에서 뛰던 시절에는 그렇게 꿈만 꾸고 있을 순간 같은 것이 없었다. 웨스트햄은 어린 선수들을 끝없이 노력하게 만들고, 뛰게 만들어서 프로 선수로 키워냈다. 일주일에 1회 혹은 2회 학교나 보이스 클럽에서 훈련을 하는 것과 매일, 어떤 날은 하루에 2회 훈련을 하는 것은 아주 큰 차이다. 처음 두세 달은 어려웠지만, 일단 한 번 그런 환경에 익숙해지고 나면 신체가 적응을 하게 된다. 웨스트햄 시절에는 하루 종일 쉴 틈 없이 훈련을 했던 정말 힘들었던, 그래서 나를 선수로 만들어줬던 그런 시간도 있었다. 하루에 2회 훈련을 하고 집으로 돌아가는 버스에서 완전히 녹초가 되어 잠든 후에 1군 팀 경기, 혹은 리저브팀 경기를 보러 가는 날도 있었다.

웨스트햄은 선수들의 신체뿐 아니라 정신적인 면에서도 많은 도움을 줬다. 때때로, 나는 리저브팀 경기를 마치고 드레싱룸에서 "이건 내게 온 기회였는데 잘 뛰지 못했다"며 자책을 하기도 했다. "다음 기회는 언제올까? 내가 충분히 잘하고 있는 것일까?" 그런 끝없는 압박감. 돌아보면, 모든 과정이 다 프로 선수로 성장하는데 반드시 필요한 것이었다는 생각이 든다.

토니를 도와주던 피터 브라브룩이라는 코치도 있었다. 그는 정말 개성이 강한 코치였고 모든 유소년 선수들이 그를 좋아했다. 그는 선수들이 트레이닝을 할 때마다 그 안에 같이 끼어서 선수들에게 넛멕(선수의 다리 사이로 공을 통과시키는 기술, 한국에서 흔히 말하는 '알까기' - 옮긴이 주)을 먹이곤 했다. 그는 또 무슨 단어든 라임을 자기만의 표현으로 부르는 것을 좋아해서 내가 공격진 중앙의 '10번' 역할을 맡는다는 것 때문에 "마이클은 소시지롤 가운데서 뛴다"고 말하거나, 다른 친구들이 내가 뉴캐슬 출신이라는 것 때문에 '스퍼기'라고 부르면 그걸 제대로 이해하지 못해서 '부기'라고 부르거나 늘 그런 식이었다. 그는 정말 특별한 사람이었다.

지금도 돌아보면 그때 그 유소년팀에서 보낸 시간이 내 인생 최고의 시간 중 하나라는 생각이 든다. 그때 동료 선수들과 겪었던 많은 경험들은 언제나 나의 마음 속에 남을 것이다. 축구 선수를 그만두고 건축업을 하고 있는 펜리가 얼마나 선수들에 알 먹이는 걸 좋아했는지가 기억난다. 그는 주변에 있는 모든 사람들의 다리 사이로 알을 먹이고는 "어이구! 미안!" 하곤 했다. 어느날 그는 시합 중에 벤치 바로 앞에 있는 사람에게 알을 먹이고는 평소에 늘 그러듯 "어이구! 미안!"이라고 말하고는 다른 사람들과 웃음보를 터뜨렸는데, 그걸 본 토니가 경악을 하며 곧바로 그를 교체시켜버렸다.

그 시절 우리의 드레싱룸은 온갖 장난의 천국이었다. 경기가 끝나고 돌아오면 잔뜩 흥분한 선수들이 그들의 여자친구, 취미생활, 최근에 있었던 일 등등에 대해 와자지껄하게 떠드는 소리로 가득했다. 나는 그들의 말을 모두 유심히 들었다. 그건 내가 전혀 모르는 세상이었다. 그 중에는 몇몇 이미 자동차를 갖고 있는 선수들도 있었다. 난 자전거도 없었다. 우리가 버스를 탈 때 그 선수들은 푸조 306s 자동차를 타고 돌아다녔다. 그런 모습을 보는 것 역시 나로 하여금 더 열심히 노력할 동기부여가 됐다.

일반적으로 그곳에서 훈련을 받은 비슷한 또래의 소년들은 대부분 서로에게 씩씩대거나 무언가에 화풀이를 하거나 그런 경향이 있었다. 운 좋게도, 나는 그런 일에 휘말리지 않았지만 몇몇 선수들은 서로의 헤어스타일이 좋니 나쁘니, 코가 크니 작니, 그들의 부모님이 어떻니 등등에 대해 계속해서 언쟁을 벌이곤 했다. "너 그거 없지? 그치?" 어떤 선수가 그렇게 말하면 주변에서 또 한바탕 난리가 나고 펜리가 나서서 맞대응을 하고 그러다가 별 것도 아닌 일로 한바탕 논쟁이 벌어지기도 했다. 그러나, 끝에 가면 펜리는 항상 박장대

소를 했고 그럼 다른 친구들도 언제 싸웠냐는 듯 한바탕 웃음을 터뜨리기도 했다.

일 년에 한 번씩은 일학년 대 이학년으로 체육관에서 싸움이 벌어지기도 했다. 언젠가 나도 일포드에서 온, 지금은 본머스에서 코치를 하고 있는 스티븐 퍼치스와 싸웠다. 나는 싸움을 잘하는 아이가 아니었고 그건 퍼치스도 마찬가지였다. 그러나 당시 학생들의 분위기상 그건 피할 수 없는 일이었다. 우리의 싸움은 상대를 때리지는 않고 레슬링을 하듯 몸싸움만 하다가 끝났다. 그저 겉치레에 가까운, 볼썽사나운 싸움이었다. 그곳에서 벌어지는 싸움은 대개가 그랬다. 이학년이 일학년에게 자신들의 권위를 보여주려고 하는.

웨스트햄 유소년팀은 강인한 성격을 가진 어린 선수들의 집합소였다. 나도 극단적으로 내성적인 편은 아니었지만, 결코 외향적인 사람은 아니었다. 그러나 웨스트햄에서 쥐처럼 조용히 앉아만 있는 사람은 상상하기가 어렵다. 그런 사람은 살아남을 수조차 없었다. 그래서 나도 나의 천성과는 다르게 행동하는 방법을 배워야만 했다. 초기에는 "힘들다. 집에 가고 싶다"고 생각한 적도 있었다. 웨스트햄의 동료들에게 이야기한 적은 없었지만, 리사에게는 솔직한 마음을 털어놓곤 했다. 그때는 휴대폰이 없어서 손으로 직접 편지를 써야만 했다. 내 숙소에 그녀의 편지가 도착하는 날은 늘 힘이 나곤 했다. 한 번은 정말 기운이 없어서 어머니 아버지께 편지를 보낸 적이 있었다. "집에 가고 싶어요. 너무 지쳤어요." 그러나 그것은 그날 하루, 혹은 일주일, 혹은 한 달의 감정일 뿐이었다. 나는 포기하지 않았다. 나는 어머니의 강철 같은 의지와 싸워서 이겨내는 힘을 물려받았다.

축구 선수들의 삶이 유복하다는 것은 알지만, 우리가 희생해야 하는 부분도 많다. 집을 멀리 떠나서 지내는 것은 언제나 감정적으로 힘든 일이다. 그러나 그것이 나를 더 단련시켰다. 6개월 만에 집에 가서 옛 친구들을 만난 후에 나는 내가 얼마나 성장했는지를 깨달았다. 웨스트햄은 나를 어른으로 만들어줬다. 나의 뉴캐슬 친구들이 여전히 집에서 그저 옛날 학교에서 보냈던 삶의 연장선에 걸쳐있는 사이에 나는 웨스트햄에서 현실을 겪고 또 배웠다.

레드납 감독은 나의 어머니, 아버지와 잘 소통하는 방법을 알았다. 그는 다정하고 친절했고 유소년 선수들의 이름을 다 기억했다. 내가 열세 살이었을 때인가 열네 살이었던 어느 날, 레드납 감독은 1군 경기가 끝난 후에 "이리 와봐라"라며 나와 동료들을 부른 후 1군 선수들에게 우리를 직접 소개해 줬다. 그것이 웨스트햄이라는 구단을 아주 상징적으로 잘 보여주는 예였다. 1군 선수들과 유소년 선수들 사이의 강한 유대감. 그런 순간에는 어린 선수들 사이에 진정한 기쁨, 자부심, 그리고 만족감이 생겨났다. 레드납 감독과 그의 코치들은 유소년 선수들이 1군 팀의 스타로 성장하기를 바랐다. 나는 나 역시 웨스트햄에서 기회를 얻을 거라는 것을 확신했고, 나에겐 그걸로 충분했다.

1998년 1월 3일은 내가 평생 잊지 못할 날이다. 그날 나는 레드납 감독과 웨스트햄 구단 관계자 앞에서 프로 계약서에 사인을 했다. 나의 열일곱 번째 생일이 되는 7월 28일에 시작해서 3년 동안 지속되는 계약이었다. 나는 지금도 그 계약서를 보관하고 있는데, 종이가 조금 낡긴 했지만 그 계약서에 적힌 숫자들은 알아볼 수 있다. 98/99시즌 나의 주급은 400파운드였고, 99/2000시즌에는 500파운드, 2000/01시즌에는 600파운드였다. 또 내가 선발로 출전하는 경기에 대해서는 700파운드를 지급하고 교체로 출전할 때는 350파운드였다. 데뷔전을 가지면 2500파운드를 받고, 10경기를 출전하고 나면 1만 파운드를 추가로 받았다. 내 계약에는 웨스트햄의 순위에 대한 보너스가 있었다. 팀이 16~20위를 차지하면 승리당 325파운드를 받았고, 11위~15위를 차지하면 500파운드, 6~10위는 650파운드, 5위면 800파운드, 그리고 4위 안에 들 경우에는 950파운드를 받는 조건이었다. 2부 리그로 강등당할 경우 300파운드의 보너스가 최대치였고 13위 이하일 경우에는 보너스가 없었다. 또 FA 유스 컵의 성적에 대해서도 인센티브가 주어졌는데 1라운드에 출전하면 10 파운드, 그 뒤로 준결승까지는 각 라운드마다 15, 20, 30, 40, 50 파운드, 끝으로 결승전에 출전하면 100파운드였다. 그러나 내게는 돈이 동기부여 요소가 아니었고 지금도 마찬가지다. 나에게 중요한 것은 계속 성장하며 앞으로 나아가는 것이었고, 나는 그 과정에 있었다.

훈련장에서 11시에 유소년팀 경기가 있을 때면 레드냅 감독은 프랭크 시니어와 함께 한 시간 동안 경기를 직접 본 후에 업튼 파크로 이동했다. 덕분에 연령별 모든 팀이 서로 연결되어 있는 느낌을 받았다. 웨스트햄 훈련장에는 세 개의 피치가 있었다(1군, 리저브팀, 유소년팀). 1997년의 어느날 유소년팀에서 훈련을 받고 있던 중에 레드냅 감독이 저쪽 피치에서 외쳤다.

"토니, 여기 미드필더 한 명이 필요해. 한 명 보내줘."
"마이클, 네가 가라."

내가 그토록 고대했던 순간이었다. 1군과의 첫 훈련. 그날 내가 나쁘지는 않았던 것 같다. 베르코비치Berkovic 가 토니에게 내가 누군지, 내가 언젠가는 그의 자리를 차지하게 될 것이라고 말했던 걸 보면 말이다. 그 말을 듣고 나는 세상을 다 가진 기분이었다. 베르코비치는 정말 훌륭한 선수였다. 그가 나의 이름을 물어봤다는 것만으로도 내가 1군 팀에 속하는 것 같은 느낌이 들었다. 나는 그가 나중에 셀틱으로 이적할 때까지 그를 유심히 지켜봤다. 그로부터 최대한 많은 것을 배우고 싶었기 때문이다. 훗날 나는 그보다 더 뛰어난 선수들과도 함께 뛰어봤지만 베르코비치는 영리하게 스루패스를 하는 감각을 가진 선수였다. 그는 각도가 별로 없는 곳에서 틈을 찾아 패스하는 플레이를 즐겼고 그의 스루패스는 내가 본 최고 중 하나였다.

생일이 늦었기 때문에 나의 프로 계약은 내가 열일곱 살이 된 후에 적용될 예정이었고 그래서 그 전까지 나는 42.50파운드의 연습생 계약금을 받으며 뛰었다. 그 6개월은 내 생에 가장 긴 6개월이었다. 어차피 돈을 쓸 곳이 별로 없긴 했지만 말이다. 옷 몇 벌, 크레이그 데이비드나 어셔의 CD 정도. 나는 팸과 대니의 집에서 안토니 허드슨과 방을 함께 썼다. 그는 첼시, 스토크, 아스널에서 뛰었던 유명 미드필더인 앨런 허드슨의 아들이었다. 나는 1997년 12월 16일 자정 무렵 앨런이 자동차 사고를 당해서 혼수 상태에 빠졌다는 소식을 들었던 일을 지금도 기억하고 있다. 그건 어린 안토니에겐 정말 힘든 소식이었다. 그래서 지금 안토니가 그 어려운 일들을 겪고도 훌륭한 감독이 되어 뉴질랜드를 거의 월드컵에 진출시킬 뻔했던 소식을 들으면 정말 장하다는 생각이 든다.

팸과 대니의 집에서 1년을 보낸 후에 가르시아는 독립해서 새로운 집을 구하자는 생각을 하게 됐다. 어리석게도 우리는 우리가 이미 다 컸다고 생각했다. 그만큼 우리는 여전히 순진했다. 결국 우리는 독립해서 채드웰 히스 근처의 한 집을 빌렸는데 지미는 그 소식을 듣고 펄쩍 뛰었다. 그는 우리에게 가장 좋은 일이 무엇인지, 그 방법보다 훨씬 더 좋은 방법이 무엇인지를 알고 있었다. 프랭크 시니어마저 우리에게 그 일에 대해 직접 와서 이야기를 하기도 했다. 그건 1군 팀 관계자들이 유소년팀 선수들에게 얼마나 관심을 갖고 있는지 보여주는 또 다른 예였다. 지미는 롬포드의 킹스톤 로드에 구단이 사용할 목적으로 방 여섯 개짜리 집을 하나 구입했는데, 그 집의 관리자인 밥과 레이슨에게 우리를 잘 돌봐달라고 부탁했다. 그 집의 제일 위층에는 방이 두 개 있었고 부엌과 샤워실이 있어서 마치 우리만 쓰는 아파트 같은 느낌이 들었다. 그래서 가르시아와 나는 그 층을 우리가 쓰도록 요청했다(우리에겐 독립으로 가는 첫 번째 길이었다!) 그곳은 정말 완벽했다. 밥이 항상 냉장고를 꽉 채워줬고 호주에서 온 다른 두 선수인 믹 페란테, 스티브 로리가 이지 이리 엑펜과 함께 아래층을 썼다.

이지는 1999년 1월, 프리미어리그 최연소 출전 선수가 될 뻔 했다. 맨유 원정 경기에서 우리가 1-4로 뒤지고 있던 후반전 막판에 레드납 감독이 이지를 투입하려고 했다. 그것은 물론 미래를 위한 투자였다. 그러나 이지는 준비가 안 된 상태였다. 유니폼이나, 축구화도 제대로 신고 있지 않은 상태여서 그가 투입 준비를 다 하고 터치라인 앞에 섰을 때 이미 주심이 경기 종료를 알리는 휘슬을 불었다. 그건 힘든 경험이었다. 결국 그는 그 후로 한 번도 웨스트햄에서 출전하지 못했다. 그와 비슷한 장면은 지금도 볼 수 있다. 감독이 뒤를 돌아보고 선수에게 출전 준비를 하라고 하는데 그 선수는 출전할 준비가 안 된 상황 말이다. 때로는 경험이 많은 선수들조차 마찬가지다. "내 신패드 어딨어? 내 유니폼은?" 이렇게 말하면서. 가끔은 유니폼이 드레싱룸 안에 있는 경우도 있다. 이지에게 있었던 일을 보면서 나는 절대로 내겐 그런 일이 없도록 하겠다고 다짐했다. 나는 언제나 준비가 되어 있어야 한다고. 발의 상태를 위해서 축구화를 조금 느슨하게 조이고 있을 수는 있어도, 그 외에는 나는 언제나 모든 준비를 갖추고 있었다. 이지에게는 안타깝지만, 그는 다시는 같은 기회를 잡지 못했다.

1년 후, 웨스트햄은 내가 지내고 있던 집의 바로 옆집도 구매해서 두 집을 하나로 이어서 함께 사용했다. 션 번, 아담 뉴튼이 새 집으로 이사를 왔고 곧 그 두 집에는 내가 열세 살 때부터 함께 뛰었던 선수들 10명이 함께 살게 됐다. 마치 꿈같은 일이었다. 우리는 잠시도 떨어지지 않았다. 그 무렵 나는 웨스트햄에서 늘 나를 도와주는 가르시아, 믹, 번 같은 친구들과 함께했다. 나는 지금도 그들과 가깝게 지내고 있다. 가르시아와 믹은 호주에서 살고 있고 우리는 모두 웨스트햄에서 보낸 특별한 시간을 감사히 생각하고 있다.

어느 해 크리스마스에, 유소년 팀 선수들이 모두 가족과 시간을 보내기 위해 집으로 돌아갔지만 나는 1군 훈련에 참가하기 위해 훈련장에 남아야 했다. 그래서 어머니, 아버지, 그레엄이 런던으로 내려왔고 어머니가 우리 가족이 먹을 크리스마스 요리를 해주셨다. 그리고 우리 네 사람은 4층에 있는 내 방에서 모두 함께 잤다. 나는 그 방에서 리치와 함께 2년 동안 살았고 아주 흡족했다. 리치 역시 좋은 계약을 맺었는데, 우리는 모두 돈을 낭비하는 사람들이 아니었다. 나도 차를 사긴 샀는데(작은 은색 피에스타 1.4 모델) 내 차는 7천 파운드 정도의 중고차로 그다지 비싸지 않은 차였다. 그때 나는 운전을 꼭 하고 싶어서 운전면허시험에 통과할 수 있도록 기도 하기도 했다. 꽤 자신이 있긴 했지만, 한두 번 실수를 하면 불합격이 될 수도 있었다. 내가 주차 테스트를 받고 있는 사이에 시험관이 내게 갑자기 웨스트햄의 지난 경기에 대해 이야기하기 시작했다. 나는 속으로 '이봐, 그만해. 나는 지금 운전면허 시험 중이고 손에 땀이 나기 시작했다고!'라고 생각했다. 그는 또 자신이 업튼 파크의 스튜어드였다고 말했다. 오호라! 결국 나는 운전면허시험을 무사히 통과했다. 생각해보면 아마 내 시험 내용과 관계없이 통과했을 것 같다. 그 시험관은 내 시험 시간을 웨스트햄에 대한 1대 1 과외 정도로 생각했으니까!

얼마 후 나는 좀 더 좋은 차를 사기로 하고 피에스타를 아버지께 드리겠다고 말씀드렸다.

"아냐, 아냐, 아냐. 괜찮아 아들. 아빠는 이미 차 있잖아."

"아빠, 그냥 이 차 가지세요. 차 두 대를 팔아서 더 좋은 차를 사셔도 돼요. 자동차 검사만 받으시고 아버지 마음대로 쓰세요."

"그래, 고맙다 아들아."

그런데 아버지가 자동차 검사를 받으러 가자 수리비로 400파운드가 나왔다. 타이어에 문제가 심각해서 새로운 부품으로 교체를 해야 됐기 때문이다. 아버지는 그 상황에 난감해했지만 그 뒤로 2년 동안 말하지 않으셨다.

한참 후에야 아버지가 말씀하셨다. 나를 혼내는 것이 아니라 걱정하시는 마음에서.

"너 네 자동차 상태를 알고 있었니? 그건 운전을 하면 안 되는 상태였어. 타이어가 거의 고장난 상태였다고."
"아빠, 죄송해요."

나는 내가 거의 고장 난 타이어를 가진 차를 몰고 다녔다는 사실이, 그래서 아버지를 실망시켜드린 것이 죄송스러웠다. 그건 나에겐 또 다른 경각심을 주는 일이기도 했다. 그래서 그 후로는 더 주의하게 됐다. 나는 자동차를 빨리 모는 사람이지만, 너무 지나치지는 않다. 여기저기 '날아다니지'도 않는다. 어린 시절엔 조금 그럴 때도 있었지만, 지금은 아니다.

피에스타 자동차를 처분한 후에 나는 2만 파운드를 내고 BMW 3 시리즈 쿠페 파란색 모델을 구입했다. 그 차는 정말 좋은 차였다. 나는 가격 흥정을 하는 스타일이 아니다. 마음에 드는 물건이 있고 가격이 적당하다고 생각하면 그냥 그대로 산다. 그 후에는 X5s 모델 차를 샀고 그 후로 같은 시리즈의 차 세 대 정도를 탔다. 그리고 아직 웨스트햄에서 뛰던 시기에 메르세데스 벤츠 SL 55 AMG 모델을 사기도 했다. 그 후에 나는 운전석이 왼쪽에 있는 닷지 바이퍼를 샀는데, 그 차는 정말 놀라웠다. 밀튼 킨스의 단장이었던 다임러 크라이슬러가 그 차를 보여준 적이 있었는데, 그곳에 있던 나와 리치, 믹, 번리, 스티브 로리 모두 그 모습을 보고 바이퍼에 푹 빠져버렸다. 그들은 내게 "바이퍼 사. 꼭"이라며 부추기기도 했다. "정말 멋있다. 꼭 살 거야" 나는 답했다. 그 차는 4만 5천 파운드였다. 그 무렵 나는 내가 하는 행동의 의미를 제대로 알지 못했다. 내가 산 차는 회색 바탕에 가운데에 오렌지색으로 줄무늬가 있는 정말 아름다운 차였다. 어느 날, 롬포드에 있는 리치의 집에 있었을 때, 우리 중 차를 가진 사람은 나 혼자였다. 문제는 바이퍼가 2인승 차인데,

나와 리치, 번리까지 세 명이 있었다는 것이었다. 우리는 참으로 어리석게도 스페어 바퀴를 치우고 그 자리에 번리를 태운 후에 20분 정도를 달려서 집으로 돌아갔다. 바이퍼는 소음이 정말 큰 차여서, 번리는 그 20분 내내 "그만! 멈춰!"라며 소리를 질렀고 우리는 그 모습을 보며 배꼽빠지게 웃었다. 마침내 집에 도착했을 때 그는 차에서 내려 제대로 걷지도 못했다.

요즘 맨유의 어린 선수들이 자동차를 몰고 다니는 걸 보면서 "도대체 무슨 차를 운전하는 거야?"라는 생각을 할 때가 있다. 내가 어린 시절 웨스트햄의 고참 선수들도 나를 보며 비슷한 생각을 했을 것 같다. "자기가 뭐라고 생각하는 거야?" 스무 살의 어느날 바이퍼(Viper)를 몰고 채드웰 히스에 갔다가 토니 카의 바로 옆자리에 주차를 하게 됐다. 토니는 차에서 내리는 나를 놀란 눈으로 바라보고 있었는데 그때 그의 표정은 마치 "이게 도대체 무슨 일이야?"라고 생각하고 있는 것 같았다. 그는 아무 말도 하지 않았지만 나는 그가 나에게 크게 실망했다는 것을 느낄 수 있었다. 그 순간 나는 내가 절대 바이퍼를 사지 말았어야 했다는 걸 깨달았다. 결국 나는 그 차를 제대로 타지도 않고 3만 파운드에 팔아버렸다. 지금 돌아보면 얼마나 어리석은 일이었나.

나의 목표는 나만의 공간을 갖는 것이었다. 밥과 발의 숙소는 물론 좋았지만 그곳에서 살면서 나는 점점 더 나의 집을 구하고 싶어졌다. 그래서 나는 열아홉 살이 되던 해에 조 콜과 같은 거리인 브루넬 클로스 근처에 있는 한 집을 28만 파운드에 샀다. 얼마 후 가르시아가 나에게 월세를 내기로 하고 같은 집으로 들어왔다. 나는 그 집을 사는 일을 일종의 투자라고 생각했다. 나의 부모님은 돈을 쓰는 일에 늘 신중하셨고 나도 마찬가지다. 리사는 뉴캐슬에서 대학교를 다니면서 시간이 날 때마다 런던에 내려왔다. 리치의 여자 친구인 야넬(지금은 그의 아내인)은 남자친구를 보기 위해 퍼스에서 종종 찾아왔다. 새 집으로 이사간 후 한동안 나는 리사에게 야넬에 대해 이야기하는 것을 잊고 있었다. 어느날 리치와 내가 훈련을 하고 있는 사이 리사가 집에서 쉬고 있었는데 그 사이에 야넬이 우리 집을 찾아와서 문을 두드렸다. 리사는 그녀가 누군지 전혀 모르는 상태에서 문을 열고 문 앞에 있는 낯선 여자를 보고 말했다.

"누구세요?"
"난 리사인데. 누구세요?"
"야넬."

두 사람은 약 5초 동안 마치 서로가 적인 것처럼 노려봤고 그 후에야 야넬은 "리치를 만나러 호주에서 왔어요"라고 말했다.

리사는 "나는 마이클 여자친구예요. 어서 와요!"라고 답했고 그 후로 두 사람은 지금까지 베스트 프렌드로 지내고 있다.

나는 월젠드의 교회에서 리사를 처음 만났다. 그날 나의 부모님과 그녀의 부모님은 신년맞이 파티에 참석중이었다. 나는 수줍어서 그녀에게 말도 제대로 걸지 못했다. 그녀는 나와 많이 달랐다. 자신감이 넘쳤고 외향적이었다. 나는 그녀를 보자마자 그녀의 금발 곱슬 머리에 시선을 사로잡혔지만 그녀가 나를 좋아할 것이라고는 상상도 할 수 없었다. 그녀는 나의 친한 친구인 스티븐 브레들리, 스티븐 러더포드의 친구였고 그 둘은 나보다 훨씬 적극적인 성격을 가진 친구들이었다. 우리는 다같이 월젠드 공원에서 자전거를 타거나 테니스를 하고 버스를 타서 집에 돌아가곤 했다.

리사의 오빠인 글렌은 지금 가수가 됐지만 어린 시절에는 그레엄과 같은 보이스 클럽에서 축구를 했다. 그게 양쪽 부모님이 처음 만난 계기였다. 우리 학교에서 연극 '마이 페어 레이디'(My Fair Lady)를 준비하고 있었는데 내 친구인 크리스 후드가 주연을 맡았다. 브레들리, 러더포드, 나, 리사와 그녀의 몇몇 친구들이 함께 연극을 보러갔다. 나는 그녀에게 데이트 신청을 하고 싶었지만 적절한 타이밍을 잡기가 어려웠다. 그래서 나는 다음날 아침에 그녀에게 전화를 걸었다.

"마이클, 왜 전화했어? 지금 7시 50분이야."
"어제 데이트 신청을 하고 싶었는데 못했어. 그래서 네가 학교 가기 전에 말하고 싶었어."
"글쎄, 오늘은 댄스 수업이 있고 내일은 배구를 할 거야. 목요일에 연락할게."

결국 그녀는 나에게 전화를 걸어서 시험이 곧 시작되기 때문에 남자친구를 사귈 시간이 없다고 말했다. 나는 우리가 좋은 친구 사이였기 때문에 그녀가 내 마음을 상하게 하고 싶지 않아서 그렇게 말한 것이라고 생각했다.
그러나 그 후로 우리는 종종 전화를 하기 시작했다. 그로부터 몇 주 후 그녀의 시험이 끝난 후에 그녀는 마음을 바꿨다. 그때가 5월이었고, 나는 7월에 집을 떠나 웨스트햄에 내려가야 했다. 타이밍이 좋지 않았다. 나는 그녀에게 종종 "얼른 날아가서 만나고 싶어"라고 말하곤 했다. 당시 나는 주급 42.5파운드를 받고 뛰었기 때문에 돈을 아껴서 저가 항공사 이지젯을 타고 그녀를 만나러 가곤 했다. 일주일에 한 번씩 리사에게 전화를 하고 또 편지에 시를 써서 서로 주고받기도 했다. 뉴캐슬 집으로 돌아온 후에는 그녀의 집이나 나의 집에서 파티를 갖기도 했다.
리사는 계속 학교에서 공부를 했고 결국 경영학 학사를 받았다. 그 후에는 롬포드의 한 회사에서 회계 관련 일을 하기도 했다. 그녀는 춤을 잘 춰서 판토마임이나 쇼에 출연하거나 어린이들을 가르치기도 했다. 그 후에 내가 부상을 당해서 재활과정을 할 때는 필라테스에 빠져서 정식으로 배우기도 했다. 내가 웨스트햄, 토트넘에서 뛰는 동안 그녀는 주변의 많은 사람들(남녀노소를 가리지 않고)에게 필라테스를 가르쳤다. 그녀에게 있어 그 일은 내가 어디로 이적을 하더라도 할 수 있는 일이었다. 그녀는 나와 함께 지내기 위해서 많은 것을 희생했다. 자신의 가족을 떠나서 지내야했고 자신이 할 수 있었던 커리어도 포기해야 했다.

웨스트햄에서 뛰던 시절 나와 가르시아, 또 다른 동료들은 모두 아주 가깝게 지냈다. FA 유스컵 경기가 있는 날에는 모두 아침 11시에 같이 빵집에 가서 소시지 달걀 샌드위치, 베이컨 달걀 샌드위치를 사서 집으로 돌아간 후에 다 같이 먹고 잠깐 낮잠을 잔 후에 경기를 하러 업튼 파크로 가곤 했다. 그 샌드위치들은 축구 선수의 건강에 어울리는 것이 아니었지만 그때 우리는 아직 식단에 대해서는 아주 많이 신경 쓰지 않았다. 당시에는 그런 것에 대한 교육도 많지 않았다. 그 후 몇 년 사이에 아주 많이 달라졌지만 말이다.

밤에는 롬포드에서 다같이 어울려서 놀고는 했다. 몇몇 친구들은 수요일 밤, 목요일 밤에 나가서 놀기도 했지만 내 마음 속엔 늘 토요일의 시합이 먼저였다. 그 어린 나이에도 나는 경기 준비의 중요성을 알았다. 물론 내게도 일주의 압박감을 떨쳐 낼 취미생활은 필요했다. 어떤 날은 역 근처의 바킹독 펍에 가서 맥주를 마셨고 더 나중에는 가라오케가 있는 펍 더 골퍼에 가서 시간을 보냈다. 그곳에서 우리가 노래를 부르기 시작하면 곧 그곳은 웨스트햄 팬들의 공간으로 변했고 결국 우리는 모두 함께 노래를 불렀다. 그 후에는 일포드의 5번 거리라는 이름의 클럽으로 가서 토요일 밤을 보냈다.

그러나 내가 런던에 온 이유는 축구였다. 내가 축구계 정상으로 올라가는 첫 번째 단계는 FA 유스컵이었다. 그 대회는 웨스트햄이 아주 중요하게 여기는 대회였다. 1996년, 웨스트햄과 리버풀이 유스컵 결승전에서 맞붙었던 경기가 기억난다. 우리에겐 프랭크 램파드, 리오 퍼디난드가 있었고 리버풀에는 마이클 오웬Michael Owen, 제이미 캐러거Jamie Carragher, 데이비드 톰슨David Thompson이 있었다. 웨스트햄의 모두가 그 경기에 대해 이야기했다. 웨스트햄은 업튼 파크에서 열린 1차전에서 0-2로 졌지만 안필드에서 열린 2차전에서 레드납 감독은 나에게 출전 기회를 주기 위해 나를 출전시키기로 했다. 웨스트햄은 1-2로 졌고 모두가 실망했다. 우리에게 그 대회는 아주 중요했다. 나는 1999년 3월 그 대회 5라운드에서 페널티킥을 실축했던 일을 아직도 기억하고 있다. 프랭크 시니어는 그 일에 대해 대노했다. 그래도 우리는 다음 라운드에 진출했고 코벤트리 시티와 결승전에서 만나게 됐다. 하이필드 로드에서 열린 1차전에서 3-0 승리를 거둔 후 우리 팀에 대한 좋은 평가가 나오기 시작했다. 1군 팀의 모든 선수들이 우리에게 2차전에서 좋은 경기를 하라며 행운을 빌어줬다. 2차전을 준비하면서 나는 얼마나 많은 사람들이 함께 우리를 응원하고 있는지를 보며 놀랐다. 업튼 파크는 흥분의 도가니였다. 유소년 대회 결승전이었기에 클럽에서는 세 개 스탠드만 개방하고 다른 하나는 폐쇄한 채 경기를 시작했는데 팬들이 너무 많아서 경기 시작이 지연됐을 정도였다. 결국 동쪽 스탠드를 개방했지만 회전문을 개방하지 않아서 팬들이 멀리 돌아서 자리를 찾아가야했다. 킥오프시를 했을 때도 여전히 경기장에 입장하기 위해 모여드는 팬들이 있었다. 그날의 분위기는 절대 잊을 수 없다. 모두가 그 경기를 마치 성인팀의 FA컵 결승전처럼 여기고 있었다.

우리는 모두가 하나로 똘똘 뭉쳤고 아주 끈끈한 조직력을 가진 팀이었다. 그 당시 우리 팀에는 콜 이외에도 좋은 선수들이 아주 많았다. 스티비 바이워터가 골키퍼였는데, 나는 평생 그처럼 자신감이 넘치는 골키퍼를 본 적이 없다. 그의 자신감은 거만함과는 거리가 먼 긍정적인 의미에서의 자신감이었다. 그는 1군 팀 훈련에 처음 소집됐을 때도 "나를 상대로 골을 넣을 순 없을 것"이라고 외친 친구였다. 그는 그 나이대의 최고의 골키퍼였다. 그는 웨스트햄이 로치데일에서 영입해온 골키퍼였는데, 이후에 심한 손목 부상을 입었다. 그의 검지 손가락 바로 아래의 뼈가 부러졌을 때 그가 얼마나 좌절했었는지가 기억난다. 그는 몇 번 심한 부상을 입었지만 여전히 늘 재미있는 친구였다. 코너킥 수비시에는 선수들에게 "걱정 마, 얘들아. 내가 다 알아서 할 거니까"라고 말하고는 코너킥이 날아오면 "워워"라고 말하며 공을 향해 달려들었다.

웨스트햄에서 우리는 좋은 축구를 했고 토니는 늘 우리에게 후방에서부터 빌드업하며 풀어나가는 축구를 하도록 요구했다. 우리는 3백 시스템을 썼는데, 테렐 포브스, 스티블랜드 앵거스, 이리엑펜이 그 3백을 담당했다. 그들은 모두 강한 선수들이었고 패스에 능한 선수였다. 스티블랜드가 열다섯 살일 때 웨스트햄의 모든 사람들이 그를 '제2의 퍼디난드'라고 불렀다. 그는 빠르면서도 강했고 양발을 모두 잘 썼다. 그는 이후에 캠브리지 유나이티드에서 좋은 활약을 했지만 아쉽게도 웨스트햄 1군에서는 기회를 잡지 못했다.

우리는 측면도 빠르고 강했다. 라이트윙백이었던 뉴츠는 아주 빠른 선수였고 주전 레프트백은 번리였지만 결승전을 앞두고 부상을 당해서 샘 테일러가 대신 투입되어 좋은 활약을 했다. 그는 지금도 웨스트햄 파운데이션에서 일하고 있다. 그때 우리 팀 라인업을 떠올려보는 것만으로도 그 경기가 마치 어제의 일처럼 떠오른다. 그들은 단지 나의 동료일 뿐 아니라 친구들이었다. 우리는 늘 웃음을 띤 채 경기를 했고 우리 생에 최고의 순간을 함께 했다. 중앙 미드필더 믹은 왼발 오른발을 모두 잘 쓰는 공을 잘 다루는 미드필더였고, 물론 우리에겐 아주 뛰어난 유망주인 콜이 있었다. 리치가 전방을 맡았고 또 다른 한 명, 왼발을 잘 쓰는 선수였던 버티 브레일리는 그 후 아주 성공적인 커리어는 쌓지 못했지만 논리그 클럽인 헤이브리지 스위프트, 도킹 원더러스 등에서 뛰었다.

그 결승전에서 우리는 마치 경기장 위에서 뛰어놀 듯 즐겁게 경기를 했다. 내가 크로스바 위로 뜨는 발리슈팅을 날린 후에 나와 믹은 서로를 바라보며 웃음을 터뜨렸다. 그 후 나는 리치의 패스를 받아 왼발 발리 슈팅으로 골을 성공시켰고 그 순간부터 우리의 제대로 된 경기가 시작됐다. 나의 동료들, 또 친구들과 함께 그날 거둔 6-0 승리는 지금까지도 내가 기억하는 최고의 경기 중 하나다. 다음날 '더 타임스'에서 누군가 "캐릭과 콜은 잉글랜드 축구계에서 버즈비의 아이들과 퍼기의 아이들 이후 가장 재능 있는 선수 중 하나다"라고 적었다. 그건 정말 엄청난 칭찬이었지만, 그때 우리 팀은 정말로 그랬다. 그 대회는 챔피언스리그가 아닌 FA 유스컵이었지만, 우리에겐 그 대회 우승 트로피가 최고의 트로피처럼 느껴졌다. 1주 후, 우리는 U-19 리그에서도 우승을 차지했다. 그 시기 웨스트햄의 세대는 진정으로 최고의 유소년 선수들 그룹 중의 하나였다.

  FA 유스컵 결승 2차전이 끝난 다음날, 우리가 훈련장에서 조깅을 하며 몸을 풀고 있을 때 옆에서 이안 라이트$_{\text{Ian Wright}}$가 마무리 연습을 하고 있었다. 라이트는 조용한 성격의 선수가 아니다. 우리가 그의 옆을 지나칠 때 그는 우리를 향해 크게 소리를 치며 우리가 얼마나 멋졌는지에 대해 말했다. 그가 그렇게 기뻐하는 것을 보자 우리도 행복했다. 그 당시의 웨스트햄은 바로 그런 팀이었다. 모두에게 서로에 대한 연대감과 공동의식이 있었다. 그를 유심히 보면서 나는 그가 얼마나 뛰어난 공격수인지를 새삼 깨달았다. 그는 내가 자라던 시절 축구계의 영웅이었다. 나는 특히 그가 경기장 위에서 보여주는, 게임을 즐기는 모습과 항상 웃는 태도를 아주 좋아했다. 그의 골 세리머니도 마찬가지였다. 그레엄과 나는 정원에서 축구를 하면서 그의 세리머니를 흉내내기도 했다. 그토록 좋아했던 라이트가 우리를 위해 그렇게 행복해하는 모습을 보는 것은 특별한 일이었고, 또 우리가 해낸 일이 얼마나 큰 업적인지를 보여주는 일이었다. 그리고 2개월 후, 그를 보는 것 대신, 나는 그와 함께 훈련을 하기 시작했다.

5

THE WEST HAM WAY

웨스트햄 웨이

MICHAEL CARRICK
BETWEEN THE LINES

그로부터 1개월 만에 내가 크로아티아의 군사지역에 있을 것이라고는 상상하지도 못했다. 레드납 감독은 내가 천천히 1군 팀에 적응할 수 있도록 도와줬고 당시 우리의 UEFA컵 첫 원정지 중 하나는 오시예크였다. 발칸반도에서의 전쟁은 끝난지 오래였지만 오시예크 지역은 완전히 폐허 같았다. 그 경험은 내겐 완전히 새로운 경험이었고, 나 이외에도 유소년팀 출신으로 좋은 활약을 보여줘서 그 원정에 참가한 다른 선수들에게도 마찬가지였다. 우리가 머문 호텔은 완전히 외딴 장소에 있는 호텔이어서 마치 누군가가 주변의 모든 불을 끄기라도 한 것처럼 어두웠다. 그렇게 어두운 분위기 속에서 나는 호텔벽에 남아있는 총알 자국을 찾을 수 있었다. 우리는 각자 으시시한 트윈룸을 배정받았는데, 스티블랜드 앵거스와 테럴 포브스는 그런 어두운 곳에서 혼자 방을 쓰기 싫다며 함께 방을 썼다. 호텔 복도에서 일하는 노년의 여성직원도 갑자기 나타났다가 사라지곤 했다. 그 모든 것이 우리를 무섭게 했다.

경기당일 아침, 이고르 스티마치 Igor Štimac 가 우리에게 크로아티아 구경을 시켜주겠다고 나섰다. 트레버 싱클레어 Trevor Sinclair, 크레이그 포레스트 Craig

Forrest, 폴 킷슨Paul Kitson, 샤카 히슬롭Shaka Hislop, 스티브 로마스Steve Lomas, 존 몽쿠르John Moncur, 그리고 내가 이고르의 지인이 운전하는 차를 타고 구경을 나갔다. 마치 우리가 오시예크 주변의 전쟁지역을 탐방하는 것 같은 경험이었다. 분명히 시내인 것처럼 보이는 곳 조차 사방에 피탄의 흔적이 여실한 호텔들과 건물들로 빼곡했고 그 주변에 있는 주택의 절반 정도는 폐허 상태였다. 우리가 있는 곳은 세르비아와 국경지대였는데, 그곳은 한마디로 전쟁지역의 한가운데였다.

호텔로 돌아오는 길에, 우리는 운전수의 안내에 따라 잠시 차에서 내려 그를 따라나섰다. 그가 커다란 상자를 열어서 우리에게 보여줬을 때는 우리 모두 말을 잃었다. 그 상자는 총으로 꽉 차 있었다. 나는 그 모습을 보며 두려움과 흥분을 동시에 느꼈다. 헛웃음이 나올 정도로. 우리를 차에 태우고 그 주변을 안내해준 사람 역시 과거에 그곳에서 벌어진 전투에 참가했던 장군이었다. 그와 그의 동료들은 그곳에서 50미터 거리에 병을 놓고 쏴서 맞추는 사격 연습을 하곤 했던 것이다. 그곳에 있는 총들은 자동발사식의 훌륭한 총이었다. 그곳을 잠시 구경한 후에 그는 우리를 다시 차에 태우고 호텔까지 데려다줬다. 마치 아침 산책이라도 다녀오는 것처럼. 그날은 경기 당일이었는데, 경기가 있는 날 아침에 그런 곳을 구경한다는 것을 상상해보라. 오늘날이면 그것이 가능하기나 할까?

오시예크 투어에 대한 또 다른, 아주 슬픈 기억이 하나 있다. 경기 중, 마르크 비비안 푀Marc-Vivien Foé가 원정골을 성공시켰다. 나는 그에 대해서 잘은 몰랐지만 그가 강한 개성을 지닌, 늘 행복하고 미소를 짓는 사람이라는 것은 알고 있었다. 그는 정말 건강한 사람이었는데, 2003년 갑자기 심장마비로 세상을 떠났다는 소식은 내겐 정말 충격적이었다. 그처럼 강하고, 빠르고, 에너지 넘치는 축구를 하던 사람이 그렇게 젊은 나이에 생을 마감하다니. 그건 정말 믿을 수 없는 비극이었다.

웨스트햄은 인터토토컵에서 우승하면서 UEFA컵 참가 자격을 부여받았고 구단은 선수들에게 그에 대한 보너스를 지급했다. 나는 나중에 내 은행 계좌에 2만 파운드가 더 들어온 것을 보고 내 눈을 의심했다. 열여덟 살의 나이까지 나는 한 번도 그런 돈을 벌어본 적이 없었다. 심지어 1군 팀 선수들조차도 얼얼했다. 물론 그건 행복한 일이었지만, 나에게 중요한 것은 돈보다 경기장 위에서 뛰는 출전시간이었다. 나는 경기에 출전해야 한다는 생각에 사로잡혀있었고, 경제적인 보상은 그 뒤에 자연스럽게 따라오는 것이라고 생각했다. 내가 웨스트햄을 선택한 이유 중 하나는 레드납 감독이 유소년 선수들에 강한 믿음을 보여주기 때문이었다. 그는 이미 램파드, 퍼디난드를 데뷔시켰고 콜 역시 1군 팀에서 점점 기회를 받고 있었으며 나 역시 그렇게 될 준비를 하고 있었다. 21세 이하 선수들 중 4명이 웨스트햄 1군에서 중요한 역할을 맡았다는 뜻이다. 그런 과감한 결단을 내릴 수 있는 감독은 결코 많지 않다. 레드납 감독은 그 믿음에 자신의 감독직을 걸고 있었다.

레드납 감독은 1999년 8월 나에게 1군 데뷔의 기회를 줬다. 나는 퍼디난드와 교체되며 브레드포드 시티 전에 출전했다. "가라. 가서 마음껏 뛰어봐라" 레드납 감독이 내게 한 말이다. 그의 철학은 "자기 자신을 마음껏 드러내고 실수로부터 배워라. 용감하게 볼을 탈취해라"였다. 우리가 어떤 어려운 상황에 놓여있을 때도 그는 선수들에게 "볼을 갈구하고 쟁취해라"라고 말했다. 나는 레드납 감독의 그런 코칭 스타일, 그리고 나에게 도박과도 같은 기회를 줬던 일 등에 대해 큰 빚을 졌다. 패스든, 경기 중 몸을 회전하는 상황이든, 내가 옳은 선택을 내렸다가 그로 인해 볼을 뺏기는 상황이 나오면 레드납 감독은 절대 그것을 비판하지 않았다.

'웨스트햄 웨이'(West Ham Way)는 위험을 감수하면서라도 과감하게 도전하여 축구를 통해 마법 같은 순간들을 만들어내는 것이었다. 브레드포드 전에서 내가 출전한 후, 우리 벤치 앞쪽에서 스로인 상황이 나왔다. 그 볼은 나에게 이어졌고, 나는 돌아서서 파올로 디 카니오 Paolo Di Canio 를 향해 롱패스를 시도했다. "정말 멋진 패스다. 잘했어!" 레드냅 감독이 외쳤다. 그가 정말 그 패스에 감탄한 것인지, 혹은 그저 나를 격려하려고 한 것인지는 정확히 알 수 없지만, 사실 그것은 중요하지 않았다. 나의 감독, 그리고 내가 아주 존경했던 사람이 나를 믿어주고 있었다. 나에겐 그것이 전부였다.

1군 무대는 험하고 격렬했지만 나는 아직 빼빼 마른 순진한 소년이었다. 그 경기에서 나는 강인한 미드필더인 닐 레드펀, 스튜어트 맥콜 같은 선수들과 경합해야 했다. 몇몇 브레드포드 선수들은 구두로, 또는 실제로 나를 발로 차며 겁을 주려고 했지만(당시에는 그런 것이 용납됐다), 우리 선수들이 나를 보호해줬다. "저 놈 걱정하지마. 니 축구화도 못 건드릴 거야" 내가 첫 번째 태클을 당한 후 스티브 로마스가 다가와서 한 말이다. "네가 저 놈보다 몇 배는 더 나은 선수니까" 그는 어쩌면 "이 어린 놈, 1군 경기의 전투가 어떤 건지 한번 겪어봐라"라고 생각했을 수도 있지만 그렇게 하지 않았다. 나는 그를 포함해서 나를 보호하기 위해 싸워줬던 웨스트햄 선수들을 결코 잊지 못할 것이다.

존 몽쿠르도 늘 내게 힘을 주는 선수였다. 나는 그를 정말 좋아했다. 그는 양발을 다 잘 쓰는, 아마도 그 분야에서는 최고의 선수 중 한 명이었을 것이다. 나는 지금도 그의 어떤 발이 주발인지 모른다. 그는 다름 아닌 내가 바로 그의 포지션을 대체할 선수라는 것을 알고 있었으면서도 나를 경쟁자가 아니라 마치 자신의 아들을 대하듯 대해줬다. 언젠가 그는 내게 이렇게 말했다. "내가 토트넘에서 뛰었을 때, 누군가 내게 '너 정도의 기술이 있는 선수면 스스로 볼을 차지하고 다뤄야 돼'라고 말하곤 했어. 마이클, 너도 마찬가지야. 네가 볼을 차지해야 해" 그의 말은 옳았다. 어쩌면 나는 그저 내 주변에서 플레이가 이뤄지도록 두고 볼 수도 있었지만, 그 후로는 내가 주도적으로 볼을 차지하고 경기하는 것이 나의 플레이의 모토가 되어버렸다. 그는 또 훈련 중이나 경기 중에 항상 나에게 패스를 보내주며 나를 도와줬다. 그 정도의 선수라면 나에게 고의적으로 패스를 하지 않으면서 나의 커리어를 방해하거나 내가 발전하는 속도를 더디게 만들 수도 있었다. 팀에서 확고한 지위를 가진 선수들은 그들이 원한다면 어린 유소년 선수의 커리어를 얼마든지 힘들게 만들 수 있었지만 그는 그 반대였다. 그는 늘 나를 배려해줬다.

1999년 말의 어느날, 레드납 감독이 나를 그의 사무실로 불렀다.

"내가 보기에는 임대를 다녀오는 것이 너에게 좋을 것 같다. 6주 동안 나가서 실전 경험을 쌓고 와."

레드납 감독은 이미 램파드를 스완지로, 퍼디난드를 본머스로 보냈던 적이 있었다. "지금 바로 짐을 싸서 스윈든Swindon 에 다녀와라, 지미가 돌봐줄 거야." 레드납 감독은 본머스에서 뛰었던 지미 퀸을 지도한 적이 있었기에 그가 나에게 출전 기회를 주고 성장시켜줄 거라고 믿고 있었다. 이런 부분은 팬들이 잘 인지하지 못하는 축구의 또 다른 한 부분이다. 자기 자신을 증명하기 위해 임대를 떠난다는 것. 단지 자기 자신, 축구화, 그리고 축구 선수로서 성공하고 싶다는 열망만을 갖고 홀로 축구라는 실존하는 세계에 도전하는 것. 축구에는 그 어디에도 숨을 곳이 없다는 것. 나는 레드납 감독이 내게 준 도전을 받아들여야만 했고 그래서 나의 집을 떠나야했다. 나는 나의 작은 피에스타 자동차를 몰고 집에 가서 축구화, 신패드, 옷 등을 가방에 넣고는 곧바로 스윈든으로 향했다. 나는 레드납 감독에게 단 하나의 질문도 하지 않았다. 그저 그가 하라는 대로 했다.

나는 바킹과는 전혀 다른 크릭데일에 있는 예쁜 코츠월드 마을의 한 호텔 같은 숙소에서 지미를 만났다. 지미와 그의 수석코치 앨런 맥도날드(그는 최근 세상을 떠났다. 그에게 축복이 있기를)가 그들의 아내와 함께 바에 앉아서 음료수를 마시고 있었다.

"네가 마이클이구나. 만나서 반갑다. 네 방은 위 층에 있다. 뭐 좀 마실래?"

"감사합니다. 콜라면 됩니다."

"맥주가 아니고?"

"콜라면 됩니다. 감사합니다."

그때 나는 나의 새 감독에게 프로다운 모습을 보이고자 그렇게 말한 것이 아니었다. 그저 맥주의 맛을 별로 좋아하지 않았다. 가끔씩 시내에 나갈 때면 탄산주인 스미노프 아이스를 마신 적은 있었지만, 그것도 가끔이었다.

지미와의 첫 만남에서 나는 분명히 그에게 좋은 인상을 남겼던 것 같다. 당시 스윈든 타운에는 'YT 보이스'라는 별명으로 불렸던 선수들 중에 능력은 뛰어나지만 술을 좋아해서 문제를 많이 일으켰던 선수가 한 명 있었다. 훗날 그에게 들은 바에 의하면 지미 감독이 그를 따로 불러서 나에 대한 이야기를 했다고 한다. "내가 마이클에게 처음 한 말은 '한 잔 할래?' 였는데, 그가 뭐라고 했는지 알아? '아니요, 콜라 마시겠습니다'였어. 그의 태도를 좀 봐라. 그는 새 팀에 와서 항상 열심히 노력했어. 그게 바로 정상으로 올라가고자 하는 선수의 태도다." 그 무렵 나는 프로 선수로서 성공하기 위해 전력을 다하고 있었고 스윈든에서의 경험은 큰 도움이 됐다. 그 임대 기간 동안 내가 배운 것은 기술적인 측면들뿐 아니라 축구의 피지컬적인 부분들도 있었다. 그때 나에겐 그런 부분이 필요했다. 그 전까지의 나는 늘 점잖고, 조용하고, 예쁜 플레이를 하는 선수였다. 나에겐 터프한 플레이를 배울 기회가 필요했다.

스윈든 타운의 홈구장 카운티 그라운드에서 경기를 갖는 건 내겐 완전히 새로운 경험이었고 또 다른 관점에서 축구를 배울 수 있는 기회였다. 당시 스윈든은 경기장 안에서도 밖에서도 리그에 잔류하기 위해 사투하고 있는 클럽이었다. 그들은 재정적으로도 어려운 상황이었다. 훈련장도 따로 없어서 컨트리 그라운드에 모여서 옷을 갈아입고 각자 운전해서 길을 따라서 경기장까지 이동할 정도였다. 또 구단의 모든 선수들이 직접 자기 유니폼을 집에 가져가서 빨래를 하고 와서 사용했는데, 그건 내가 그 전까지 한 번도 본 적이 없는 것이었다. 그때 내가 너무 어리고 혼자여서 나를 불쌍하게 생각한 킷맨이 내 유니폼을 대신 빨래해주기도 했는데, 그런 모든 것이 웨스트햄과는 완전히 다른 세상 같았다. 심지어 내 클럽 훈련복조차 부모님이 돈을 내서 사주셨다. 스윈든의 몇몇 선수들은 단지 자신의 커리어를 위해서 싸우고 있는 것이 아니라, 생계를 걸고 뛰고 있었다. 특히 가족이 있고 이런 저런 돈을 직접 지불해야 하는 선수들에게는 승리수당이 아주 중요했다. 그곳은 내가 웨스트햄을 떠나서 비로소 만나게 된 진짜 현실의 축구 세계였다. 매 주말마다 이기느냐 지느냐, 승점 3점을 얻느냐 아니냐가 아주 중요했고 나는 그런 모습을 보며 축구에 대한 경각심을 얻었다. 스윈든에서의 경험은 내겐 충격이었다. 그 전에도 나는 늘 축구를 진지하게 여기고 집중했지만 스윈든에서의 임대 생활 후 축구에서 겪는 그 어떤 것도 당연한 것으로 여기지 않게 됐다. 스윈든에서의 축구는 마치 개싸움처럼 거칠었고 빠르게 적응하지 않으면 내가 스스로 다칠 상황이었다. 그래서 나는 경기장 위에서 스스로를 보호하는 방법을 배웠다. 스윈든은 나를 강하게 만들어줬다. 노리치를 상대로 한 데뷔전 이후, 지미 퀸 감독은 그 다음 경기 프로그램에서 나에 대해 "마이클이 좋은 선수인지는 알았지만 이 정도로 훌륭한 선수인지는 몰랐다"라고 썼다. 지미 감독은 늘 친절했고 나는 그것을 감사하게 생각했다. 그곳에서 나는 강인해지지 않으면 프로 선수로서 살아남을 수 없다는 것을 배웠다.

스윈든은 월젠드처럼 열심히 일하는 많은 노동자들이 모여 사는 도시다. 클럽에 지미, 앨런, 그리고 물리치료사 딕 매키 정도를 제외하면 스태프가 많지 않아서 모든 스태프가 직접 나서서 일을 한다. 특히 지미는 40세의 나이에도 전면에 나서곤 한다. 감독 겸 선수였던 그는 노리치와의 경기에서 이피 오누오라와 교체되어 직접 출전하기도 했다. 오누오라, 그리고 호주 출신의 골키퍼였던 프랭크 탈리아, 라이트백 마크 로빈슨, 그리고 나와 함께 미드필더로 출전했던 스콧 레이치 같은 선수들은 나를 보며 '이 겉멋만 잔뜩 든, 자기가 차세대 프리미어리그 스타라고 생각하는 꼬마는 누구야?'라고 생각했을 수도 있을 것이다. 그러나 그들은 나를 환영해줬고, 나는 겉멋을 부리는 것에는 아무 관심도 없었다. 그들은 내가 그들과 함께 싸우기 위해 스윈든에 왔다는 것을 이해했고 나는 빠르게 그들과 같은 팀원으로서 팀에 녹아들었다. 나는 그들에게 내가 단지 6주만 이 팀에서 뛰기 위해 왔고 그 후에는 프리미어리그로 돌아갈 그런 선수라고 느끼게끔 하고 싶지 않았다.

스윈든에서 나는 아주 거칠고, 과격한 태클이 난무하는 원초적인 축구를 경험했다. 나는 행운의 여신조차 스윈든의 축구에 대해서는 아마 모를 것이라는 생각을 하기도 했다. 지미와 오누오라가 얼마나 많이 골대를 맞췄는지 세기조차 힘들었다. 스윈든에서의 마지막 6경기 중 한 경기에서 우리는 12월 22일에 맨시티 원정을 떠났다. 나는 그 경기의 원정팬들 사이에 섞여 있는 어머니, 아버지, 그리고 리사의 모습을 발견했다. 리사는 아주 얇은 코트 차림이었고 심하게 추위에 떨고 있었다. 날씨는 추웠지만, 메인 로드(맨시티의 전 홈구장 – 옮긴이 주)는 아름다운 피치를 가진, 3만 명 이상의 팬들이 관중석을 꽉 채운 멋진 경기장이었다. 우리는 맨시티에 철저하게 당했고 이안 비숍, 케빈 호록은 내가 상대하기엔 너무 강하면서도 날카로운 선수들이었다. 그러나 나는 그 기간 동안 선수로서 많은 것을 배우고, 더 경쟁력을 갖추고, 찰튼, 월설을 상대로 골을 기록한 뒤 웨스트햄으로 돌아가게 됐다.

웨스트햄으로 돌아오자마자 레드납 감독은 나를 바로 실전 경기에 출전시켰고 나는 그것이 몹시 기대됐다. 뉴캐슬 전을 앞두고 그는 내게 "내일 뛸 거다"라고 말했다. 세인트 제임스 파크! 내가 처음 축구와 사랑에 빠졌던 바로 그 장소! 나는 프로답게 굴려고 노력했지만 나도 모르게 어린 시절의 기분이 다시 들었다. 웨스트햄에서 1군 선발 데뷔전을 갖는 것만 해도 특별한 일인데, 그것을 겔로우게이트 앞에서 한다는 것은 나에겐 꿈 이상의 일이었다. 레드납 감독의 말을 듣자마자 나는 부모님께 전화를 하고 싶었다. 우리 가족은 언제나 침착하게 행동하고, 미리 앞서서 생각하거나 호들갑을 떨지 않는 가족이었다. 그러나 우리 모두는 그것이 얼마나 뜻깊은 일인지를 알고 있었다. 나의 부모님에게 그들의 아들이 세인트 제임스 파크에서 뛴다는 것은 꿈이 현실이 된 것과도 마찬가지였다. 그 경기가 시작되기 전까지 나는 계속해서 그 경기가 나에게 또 나의 가족에게 얼마나 큰 의미를 갖는지에 대해 생각하느라 잠도 잘 이룰 수가 없었다. 나는 그 경기가 시작될 때까지 매시간, 매분, 매초를 세며 기다렸다. 그 경기장에서 결승골을 터뜨릴 상상을 하며 흥분하기도 했다. 뉴캐슬은 뛰어난 팀이었고 물론 나도 그것을 알고 있었다. 당시 뉴캐슬에는 게리 스피드Gary Speed 가 뛰고 있었고 최고의 공격 파트너인 앨런 시어러Alan Shearer 와 던컨 퍼거슨Duncan Ferguson 도 있었다. 그러나 그 경기를 앞두고 나는 상대팀 선수들에 대해서는 많은 생각을 하지 않았다. 나는 나의 고향으로 돌아가서 데뷔전을 치를 예정이었다. 나와 같이 학교를 다녔던 사람들이, 나의 가족과 나란히 앉아서 지켜보는 앞에서, 나는 그들을 실망시킬 수 없었다. 몸을 풀 때 관중석에 앉아 있는 나의 이웃, 또 학교 시절 친구들의 모습이 눈에 들어왔다. 그 모든 것들이 나의 마음을 더 부풀게 만들었다. 그 결과, 경기가 시작될 때쯤에 나는 이미 감정적으로 지쳐있었고 하프타임에는 내 몸이 그랬다.

하프타임 드레싱룸에서 나는 후반전에 1초도 뛸 수 없을 것만 같았다. 혹시나 도움이 될까 하는 마음에 에너지 음료수, 에너지바를 먹을 수 있는 만큼 먹었다. 그 경기에서 나는 4-4-2 진형의 오른쪽 미드필더로 뛰었다. 나의 뒤에는 라이트백 스티브 포츠Steve Potts 가 뛰었고 뉴캐슬의 레프트 윙어였던 케빈 갤러쳐가 계속해서 침투를 시도했기에 나는 그를 커버하기 위해 계속해서 뛰어야 했다. 램파드가 골을 기록했고 그 후에 이고르 스티마치가

2-2를 만드는 동점골을 기록하며 우리를 구했다. 나는 뉴캐슬 원정에서 우리가 패하지 않았다는 사실, 그리고 내가 완전히 망신스러운 경기를 하지는 않았다는 사실에 안도했다. 원정에서 승점 1점을 얻는 것은 우리에겐 결코 나쁜 결과가 아니었다. 그 당시 우리의 원정 성적은 썩 좋지 못했기 때문이다. 레드납 감독은 나에게 '잘했다'는 제스쳐를 보내줬다. 그날 나는 분위기에 휩쓸리지 말고 경기에 집중하라는 중요한 교훈을 얻었다. 또 어떤 경기력이든 내가 이제 1군 팀에서 풀타임을 소화할 수 있다는 것도 알게 됐다. 나는 그 경기에서 조용하지만 계속해서 싸웠다는 사실에 대해 자부심을 느꼈다. 많은 사람들이 나의 커리어에 대해 말하면서 침착하고 차분한 선수였다고 평가하지만, 나는 파이터이기도 했다. 절대로 포기하지 않는.

그 후, 나는 또 한 번 성장을 위한 임대를 떠나게 됐다. "한 번 더 임대를 다녀오는 것이 좋겠다, 마이클" 레드납 감독이 말했다. "버밍엄에서 널 원하고 있어."

버밍엄 시티? 그 당시 트레버 프란시스Trevor Francis가 감독이었고, 내가 잉글랜드 U-18세 팀에서 높게 평가했던 앤디 존슨Andy Johnson도 뛰고 있었다. 그래서 나는 다시 한 번 낡은 피에스타 자동차를 운전해서 버밍엄으로 향했다. 그날따라 차가 아주 막혀서 나는 M6 고속도로 위에서 진땀을 흘리며 프란시스 감독과의 첫 번째 미팅에 지각하게 됐다는 불안한 마음을 안고 버밍엄 구단 근처의 호텔로 향했다. 나는 지각하는 것을 싫어한다. 그것은 어머니와 아버지가 내게 늘 강조하신 상대를 존중하고 정돈된 생활을 하는 것과 정반대되는 일이다. "세상에, 이걸 어떻게 하지…" 나는 약속 시간보다 한 시간 반이나 늦게 프란시스와 존슨이 나를 기다리고 있는 호텔에 들어섰다. 다행히도 프란시스 감독은 나를 따뜻하게 맞아줬다.

"같이 저녁 먹으러 가자" 앤디도 프란시스 감독과 함께 와서 나를 도와주고 나섰다. 프란시스 감독은 버밍엄 시내에 있는 뱅크라는 이름의 근사한 레스토랑으로 나를 데리고 갔다. 나는 그런 곳에 별로 가본 적이 없어서 무엇을 주문해야 할지도 잘 몰랐다. 메뉴를 읽고 있는데 생선 메뉴가 있길래 그냥 그걸 달라고 했다.

"그건 도버 서대기 요리입니다." 웨이터가 말했다.

"네 좋아요. 그걸로 할게요." 나는 마치 그 요리를 먹어본 것처럼 대답했다.

"살코기만 드릴까요?"

"아뇨, 괜찮습니다."

나는 프란시스 감독이 무엇을 주문하는지 전혀 몰랐다. 생선 요리? 아니면 감자 요리? 잠시 후 웨이터가 도버 서대기 요리를 가져왔고 나는 그 생선 요리의 뼈를 바르느라 진땀을 빼고 있었다. 뼈를 씹으면서도 아무렇지 않은 척 하고 있던 나를 골똘히 쳐다보고 있던 프란시스 감독이 결국 내게 물었다.

"정말 살코기 요리가 아니어도 괜찮겠니?"

나는 그때까지 '살코기' 라는 말 자체를 들어본 적이 없었지만, 그 순간의 분위기로 보아 뼈를 발라낸다는 의미가 틀림없었다. 결국 프란시스 감독이 웨이터에게 부탁해서 뼈를 발라낸 생선을 다시 가져다줬지만, 이미 생선 요리는 엉망이었고 나는 새 감독 앞에서 민망함에 어쩔 줄을 몰랐다.

그렇게 민망하게 시작된 나의 버밍엄 생활은 시간이 지나도 별로 나아지지 않았다. 나는 그곳에서 한 번도 스윈든에서처럼 편안한 느낌을 받지 못했다. 프란시스 감독은 물론 훌륭한 감독이었고, 당시 팀에는 강한 개성을 가진 선수들도 몇몇 있었다. 스탠 래저리디스 Stan Lazaridis 는 웨스트햄에서 뛴 적이 있었고 아직도 로튼 Loughton 에서 살고 있어서 그와 데이비드 홀즈워스 David

Holdsworth가 나를 훈련장에 태워다주곤 했다. 나는 그들의 친절함을 지금도 잊지 않았다. 그러나 버밍엄에서 나는 총 83분을 뛰었을 뿐이었고 포츠머스와의 홈경기에서는 출전도 하지 못했다.

이후 프랑스와 상대할 잉글랜드 U-18세 팀에 소집된 후에야 버밍엄에서 느낀 좌절감이 조금 해소된 것 같았다. 나는 그 팀의 주장을 맡을 예정이었는데, 그 전까지 한 번도 주장을 해본 적이 없었다. 프란시스 감독은 나에게 포츠머스 전이 끝난 후 내가 리저브 팀에서 뛰어야 하기 때문에 잉글랜드 대표팀 경기에 출전할 수 없다고 말했다. 나는 그에게 아무 대답도 하지 않았다. 너무 어렸고, 감독에 대한 존중심이 너무 컸다. 그러나 속으로는 부글부글 끓고 있었다. 결국 나는 아버지에게 전화를 해서 잔뜩 불평을 하고 말았고, 그 와중에 전화기 너머로 "이건 빌어먹을 말도 안 되는 일이에요"라며 욕설까지 했다. 나에게 그런 일은 처음이었다. 부모님 앞에서 그런 단어를 입에 담은 적은 한 번도 없었다. 지금도 종종 내가 경기장에서 욕설을 한 것 같은 순간이 오면 어머니께서 그걸 알아차리시고 나에게 전화를 하시곤 한다. 그러나 그때 나는 정말 너무나도 화가 나서 "말도 안 돼요, 아빠. 나를 안 보내준대요"라고 말했다. 아버지는 나를 진정시키려고 했지만, 나는 그래도 화가 다 풀리지 않아서 결국 웨스트햄의 햄슨에게까지 전화를 걸었다.

"제가 왜 버밍엄 리저브 팀에서 뛰어야 해요?" 내가 물었다. 지미는 레드납 감독과 그 일에 대해 상의한 후 다시 내게 전화를 걸어왔다. 레드납 감독은 내가 잉글랜드 대표팀 주장으로 뛸 예정이었다는 것은 몰랐고 결국 내가 버밍엄 리저브 팀에서 뛰는 것에 대해 불평할 뿐이라고 생각했다. "리저브 경기를 뛰고 팀에 적응하라고 해"가 레드납 감독이 내게 전한 메시지였다.

그래서 나는 트렌미어를 상대로 뛰었다. 경기 중 헤딩 경합을 하기 위해 점프를 뛰었다가 어색하게 착지했는데 그 순간 다리에 문제가 생긴 것 같은 느낌이 들었다. 결국 나는 그 한 동작으로 인해 무릎을 삐면서 한 달간 부상으로 뛸 수 없게 됐다. 그날 들것에 실려나갈 때의 그 분노와 무기력함을 평생 잊지 못한다. 나는 나의 나라를 대표해 주장으로 뛸 수 있었던 기회를 놓친 대신 아무 의미도 없는 리저브 팀 경기에서 뛰다가 부상을 당한 것이다.

그렇게 4, 5주가 지난 후 나는 웨스트햄으로 복귀해서 2000년 5월 2일 열린 아스널 원정 경기를 준비하게 됐다. 그 경기는 내가 그때까지 경험했던 가장 뛰어난 팀을 상대로 하는 가장 큰 테스트였다. 그때의 아스널 팀은 최고의 선수들로 가득한 정말 무서운 상대였다. 그들은 모든 플레이를 다 할 수 있었다. 패스, 돌파, 또 싸움까지. 그들은 필요할 때는 터프하고 추한 플레이도 할 수 있었던 동시에 뛰어난 재능을 가진 선수까지 갖추고 있었다. 데이비드 시먼David Seaman, 토니 아담스Tony Adams, 레이 팔러Ray Parlour, 패트릭 비에리라Patrick Vieira, 마크 오베르마스Marc Overmars, 데니스 베르캄프Dennis Bergkamp, 엠마누엘 프티Emmanuel Petit. 그들은 유럽 최고의 팀 중 하나였다. 그리고 그런 경기야말로 내가 가장 좋아하는 경기였다. 최고의 선수들을 상대로 하는 진정한 도전. 게다가 하이버리Highbury 스타디움은 특별한 경기장이었다. 오해를 막기 위해 미리 밝히자면, 나는 평생 한 번도 아스널을 응원해본 적이 없지만 이안 라이트의 플레이를 보는 것은 좋아했고, 하이버리 스타디움에는 특별한 분위기가 있었다. 우리는 버스에서 내려서 에버넬 로드를 따라 경기장의 리셉션 안으로 들어가서 허버트 채프먼Herbert Chapman (1930년대 아스널의 첫 전성기를 열었던 전설적인 감독 - 옮긴이 주)의 흉상이 있는 마블홀을 지나 드레싱룸으로 들어갔다. 내 기억에는 당시 아스널의 드레싱룸은 온열 장치까지 되어있었다. 하이버리 스타디움은 유서 깊은 분위기에 멋진 복장을 하고 있는 직원들로 가득한, 흡사 예술 전시회장 느낌 나는 정말 멋진 경기장이었다.

유니폼을 갈아입고 나는 경기장 계단을 따라 내려가서 선수 입장 터널에 섰다. 내 옆에는 토니 아담스를 비롯한 선수들이 서 있었다. 그의 모습을 보니 과거에 내가 유소년팀 선수 시절 아담스가 옆으로 지나가며 "녀석들"이라고 불렀던 일이 몇 초 전의 일 같이 느껴졌다. 그날의 주심이었던 폴 더킨이 선수들을 이끌고 입장을 시작했고 우리는 아스널 홈팬들의 뜨거운 함성소리를 들으며 경기장으로 입장했다. 그런 경기를 대하는 나의 생각은 늘 똑같다. 바로 이런 경기를 위해 그렇게 고된 훈련을 하는 것이라고. 나는 잘 싸워서 이겨보자고 생각했다. 긴장은커녕 아주 흥분이 됐다. 하이버리는 피치와 관중석의 간격이 좁아서 꽉 찬 느낌이 강했고 나는 그 경기장이 정말 좋았다. 그러나 비에이라 같은 선수가 마크하고 있을 때면 하이버리는 제대로 숨도 쉬기 힘든 경기장이 된다. 나는 나의 동료들에게, 또 비에이라와 다른 아스널 선수들에게 내가 그저 만만하게 볼 수 있는 한 명의 꼬마가 아니라는 것을 증명하기 위해 싸웠다. 나 스스로 증명해야 했다. 비에이라는 정말 괴물 같은 선수였다. 190cm에 육박하는 큰 키에 긴 팔과 다리, 게다가 민첩하기까지. 그와 상대하는 것은 내가 강한 선수들을 상대로 싸울 수 있다는 것을 증명할 최초의 기회였고 나는 스윈든에서 배운 것이 도움이 되기를 빌며 뛰었다. 그런 선수들을 상대로는 강하게 버티면서 싸우지 않으면 그저 약한 소년처럼 상대에게 휘말리게 마련이다. 오늘날의 축구는 바뀌었다. 부드러워졌다. 그러나 그 시절의 축구장은 전쟁터 같았다. 비에이라와 몸싸움을 하면서 나는 속으로 '내가 지금 뭘 하는 거지? 비에이라와 싸우고 있는 건가?'라고 생각했다. 한순간, 나는 비에이라가 마음대로 돌아서지 못하게 하려고 그의 유니폼을 잡아당겼는데, 그러자 그는 나를 돌아보더니 나를 죽일 듯한 눈빛으로 쳐다봤다. 마치 '넌 뭐하는 새끼야?'라고 말하는 듯 했다. '나? 나는 열여덟 살의 어린 선수지만, 네가 맘대로 하게 내버려두진 않을 거야' 나는 계속해서 월드컵 우승팀의 주전 미드필더와 몸싸움을 벌였다. 그는 그의 플레이를 하려고 했고 나는 모든 방법을 다 써서 그를 막으려고 했다. 그의 유니폼을 잡아당기고 귀찮게 하면서. 그리고 미드필드 싸움에서 이기기 위해선 단순히 정신력으로만은 부족하다는 것을 배우면서. 그를 정말로 존경했기 때문에 더더욱 나는 필사적으로 그와 맞서 싸웠다.

축구에서 이런 면이 사실상 사라졌다는 것은 참으로 안타까운 일이다. 나는 선천적으로 공격적인 선수가 아니지만, 축구의 그런 피지컬적인 면들 – 태클이 날아다니고, 서로 밀고 밀쳐내는 – 을 좋아했다. 그때는 경고에 그쳤을 만한 일들도 이제는 퇴장감으로 여겨진다. "너 뭐하는 거야, 비에이라랑 싸우는 거야?" 콜이 나를 보며 웃었다. 그의 말이 옳았다. 나는 그 순간에 완전히 몰입되어 있었고, 그것은 결코 나쁜 것이 아니었다. 마치 학생시절에 학교 운동장에서 다른 친구들에게 무시당하지 않으려고 싸웠던 시절의 나 같았다. 만약 내가 비에이라와 싸우기를 포기했다면, 그는 나를 쉽게 제치고 마음껏 플레이했을 것이다. 그러나 나는 결코 물러서지 않았다. 그것은 마치 내가 그에게 "나는 여전히 여기에 있고 물러서지 않을 거야. 네가 나보다 나을 수도 있고, 너희 팀이 이길 수도 있겠지만, 네 맘대로 나를 괴롭힐 순 없어"라고 말하는 방식이었다. 이것은 내가 나이가 들면서 점점 성숙한 선수가 되고 있다는 증거였다.

그 후로는 매 경기가 새로운 도전이었다. 2000/01 시즌 개막전에서, 나는 데니스 와이즈(1990년대 첼시의 주장, 터프한 플레이로 유명했던 미드필더)와 상대했다. 그건 결코 즐거운 경험이 아니었다. 그 첼시 선수는 정말 성가신 선수였다. 그는 계속해서 나를 약올려서 내가 경고를 받게 만들려고 했다. 경기 중 발을 밟기도 하고, 팔을 꼬집기도 하고, 고의적으로 태클을 하기도 해서, 나 역시 그에게 고스란히 태클을 돌려줬다. 누구든 나에게 싸움을 걸어온다면, 나는 상대가 마음대로 하게 내버려둘 생각이 없었다. 와이즈도 마찬가지다. 내 커리어 내내 나는 사람들이 "마이클 캐릭은 태클을 잘 안 해"라고 하는 말이 듣기 싫었는데, 그 시절 나는 태클을 좋아했다.

그 시즌, 나는 가장 강한 상대와 처음으로 상대했다. 로이 킨. 그날 우리는 업튼 파크에서 경기를 했지만, 내게 가장 인상적이었던 경기는 2001년 1월 올드 트래포드에서 열린 FA컵 4라운드 경기였다. 그 경기는 내게 로이 킨이라는 선수의 힘과 맨유라는 클럽의 거대함을 분명하게 각인시켜준 경기였다. 워슬리 매리어트 호텔에서 올드 트래포드까지 버스로 이동하는 사이에 나는 수만 명의 맨유 팬들이 경기장으로 향하는 모습을 직접 보고도 믿기 힘들었다. 그때 나는 맨유가 하나의 축구 클럽 그 이상의 존재라는 것을 깨달았다. 맨유는 하나의 종교였다. 그 팬들은 마치 올드 트래포드가 하나의 성당이고, 그들은 성지로 순례를 떠나는 사람들의 모습처럼 보였다. 그 모습을 보면서 나는 맨유라는 클럽이 사람들에게 어떤 의미인지를 느낄 수 있었다.

선수 입장 터널 근처의 관중석에 어머니와 아버지가 스티브 바이워터, 그리고 콜의 부모님과 함께 자리를 잡고 있는 모습을 봤다. 언제나, 늘 그곳에 있는 분들. 나의 부모님은 대부분의 경기에 찾아와서 내가 버스에서 내리는 모습을 지켜보며 손을 흔들어주셨다. 나도 그들에게 손을 흔든 후에 호기심에 가득한 마음을 안고 경기장 안으로 들어갔다. 나는 맨유가 최정예 팀을 내보내길 바랐다. 최고의 선수들과 상대하고 싶었기 때문이다. 팀시트만 봐도 그들의 퀄리티를 한 눈에 느낄 수 있었다. 파비앙 바르테즈Fabien Barthez, 게리 네빌Gary Neville, 야프 스탐Jaap Stam, 미카엘 실베스트르Mikaël Silvestre, 데니스 어윈Denis Irwin, 데이비드 베컴David Beckham, 로이 킨Roy Keane, 니키 버트Nicky Butt, 라이언 긱스Ryan Giggs, 테디 셰링엄Teddy Sheringham 그리고 앤디 콜Andy Cole. 정말 대단한 베스트 일레븐, 거기에다가 화려한 벤치 명단까지: 드와이트 요크Dwight Yorke, 올레 군나르 솔샤르Ole Gunnar Solskjaer.

레드납 감독은 우리에게 맨유를 특별히 조심하라고 미리 일러줬다. 당시 맨유는 1시즌 전 리우에서 열린 클럽 월드컵에 참가하기 위해 FA컵에 참가하지 않은 일 때문에 큰 비판을 받은 후로 처음 FA컵 경기를 갖는 상황이었기 때문에 그 경기를 잔뜩 벼르고 나왔다. 모두가 우리에겐 승산이 없다고 예상했다. 선수 입장 터널을 빠져나와서 중앙선으로 이동하면서 나는 그 피치의 넓이를 믿을 수 없었다. 이곳에서 매주 뛴다는 것은 어떤 기분일까 생각했다. 잠시 후 나는 우리 선수들에게 인사를 하러 나온 맨유의 알렉스 퍼거슨 감독과 짧은 인사를 나눴다. 나는 마음 속으로 계속해서 이 팀은 정말 대단한 팀이구나, 얼마나 멋진 팀인가라고 생각했다. 그들은 강한 자신감, 거의 오만함이라고 느껴질 정도의 모습을 보이며 플레이했고 나는 곧바로 그들의 그런 모습에 존경심을 품게 됐다. 로이 킨은 우리 팀의 콜에게 강한 태클을 시도했고, 겁이 없었던 콜이 그에게 다가가 쏘아붙였다. 나와 킨 사이에는 큰 충돌이 없었다. 나는 늘 킨이 정직한 선수라고 생각했다. 강인하지만, 정정당당. 내가 그에게 좋은 태클을 가하고 나면, 그는 곧바로 자리에서 일어나서 잠시 후 나에게 똑같이 돌려주었다. 그는 폴 스콜스, 니키 버트, 비에이라와 마찬가지였다. 내가 그들을 상대로 정당한 태클을 하면, 그것이 강한 태클이더라도 그들은 그것을 나름의 방식으로 받아들였다. 그들은 잠시 후 나에게 같은 태클을 돌려주었고 그것은 비록 구식일지 몰라도 정정당당한 싸움이었다. 그것은 뒤에서 비웃거나 하는 비겁한 방법이 아닌, 중앙에 놓인 볼을 쟁취하기 위해 두 선수가 나란히 경합하는 그런 플레이였다. 그럴 때면 자기 자신을 보호하기 위해 영리한 태클을 할 줄도 알아야 한다.

 니키 버트의 플레이를 가까이서 보면서 나는 속으로, 왜 이런 선수가 이렇게 저평가되고 있는 건가라고 생각했다. 버트는 스콜스, 베컴 같은 뛰어난 패서들과 함께 뛰었기에 많은 사람들이 버트가 얼마나 패스에 능한 선수인지를 제대로 모르는 경향이 있었다. 그는 패스에 능할 뿐 아니라 언제나 움직이는 박스 투 박스 미드필더였다. 그와 같은 선수를 마크하는 것은 악몽과도 같은 일이었다. 우리는 결국 그날 파올로 디 카니오의 골 덕분에 원정승을 거뒀다. 돌아오는 길에 나는 올드 트래포드가 바로 내가 축구를 하고 싶은 곳이라고 생각했다. 물론 그것은 아직 먼, 큰 꿈이었지만 나는 언젠가 미래에 맨유에서 뛸 수 있는 선수가 되겠다고 스스로와 약속했다.

돌아보면, 커리어 초반부터 그렇게 많은 사람들로부터 좋은 영향을 받은 것은 정말 행운이었다. 웨스트햄의 드레싱룸에는 카리스마 넘치는 선수들이 가득했다. 골키퍼 히슬로프는 늘 친절했고 나를 도와주는 선수였고, 트레버 싱클레어 역시 늘 뒤에서 나를 돌봐줬다. 우리 팀이 원정 일정을 떠났을 때 리사가 싱클레어의 아내 네트와 함께 시간을 보낸 적도 있었다. 파올로 디 카니오는 기복이 심한 선수였다. 그가 2000년 2월 업튼 파크에서 레드납 감독에게 자기를 교체하라는 사인을 보내고 있는 그 유명한 사진은 내게도 영원히 잊지 못할 장면이었다. 우리는 브레드포드에게 4-2로 지고 있었는데, 디 카니오는 그날 주심이었던 닐 베리가 우리에게 페널티킥을 주지 않자 하늘을 향해 손가락을 흔들며 벤치 앞까지 50미터를 이동한 후 경기장 위에 그대로 앉아버렸다. 그것은 마치 데모하는 사람의 모습 같았다.

"나는 못 뛰어!" 그가 레드납 감독에게 외쳤다. "주심이 미쳤다고. 지금 당장 교체해줘!"

나는 그때 벤치에 앉아있었다. 그 모습은 마치 영화를 제일 앞 좌석에서 보고 있는 것만 같았다. 내 눈앞에서 벌어지는 일을 믿을 수가 없었다.

"안 돼, 파올로. 네가 있어야 한다고" 레드납 감독이 말했다. "지금 우리가 지고 있잖아. 돌아가" 결국 디 카니오는 경기장으로 돌아가서 골을 기록했다.

콜이 동점골을 기록했고, 램파드가 5-4를 만드는 역전골을 성공시켰다. 그 경기는 스티비 바이워터의 데뷔전이었고 스티비는 램파드의 골장면 리플레이를 지켜보며 관중석의 팬들과 함께 기뻐했다. 브레드포드가 다시 경기를 시작했고, 잠시 후에 우리 골문으로 슈팅이 날라들었다. 스티비는 순간 당황했으나 그 슈팅이 골문을 벗어나는 것을 본 후 마치 "괜찮아, 다 괜찮을 거야"라고 말하는 듯 손짓을 했다. 레드납 감독은 그 모습을 보며 광분했다. 우리도 제정신이 아니었다. 그것이 18살의 플레이라니, 믿기 힘든 일이었다.

디 카니오는 서로 다른 두 가지 면을 모두 갖고 있는 선수였다. 하루는 완전한 프로처럼 훈련에 임했다가 다음 날에는 뭔가 일이 있었는지 말싸움을 벌이고는 훈련 중에 갑자기 빠져나가기도 했다. 그럴 때마다 레드납 감독은 "파올로!"라며 그의 이름을 외쳤고, 다음날에는 마치 아무 일도 없었다는 듯 평범하게 훈련을 소화하곤 했다. 레드납 감독은 디 카니오의 존재 때문에 그 엄청난 롤러코스터를 견디고 또 관리해야 했다. 나는 그가 디 카니오에게 그가 얼마나 웨스트햄이라는 클럽에 또 팬들에게 중요한 선수인지를 설명하는 모습을 수차례 보고 또 들었다. 나는 그가 디 카니오를 관리하는 모습을 지켜보는 것을 즐겼다. 그는 정말 그런 상황에 능숙했다. 디 카니오는 시한폭탄 같은 존재였기에 그의 심리상태에 따라 다른 대응방식이 필요했다. 지미 불라드Jimmy Bullard 역시 또 다른 타입의 괴짜였는데, 나는 그가 레드납 감독에게 낚시를 가고 싶다며 하루 휴가를 보내달라고 했던 일을 지금도 기억하고 있다. 레드납 감독이 그에게 뭐라고 짧은 단어로 답했는지, 여러분도 상상할 수 있을 것이다! 지미는 그레이브엔드 & 노스플리트Gravesend & Northfleet라는 논리 그 클럽에서 웨스트햄에 온 선수였기 때문에 프로 선수들의 책임에 대해 잘 알지 못하는 부분이 있었다.

레드납 감독은 경기 시작 직전에 선발 명단을 발표하는 일이 많았다. 3시에 경기가 있을 때는 보통 1시 30분 정도에 드레싱룸에 집합했다. 그러면 레드납 감독이 드레싱룸 안에 있는 작전 판 위에 라인업을 기록했다. 선발명단을 발표하고 나면 그는 마치 전원을 끄기라도 한 것처럼 옆에 있는 감독실로 돌아가곤 했는데, 종종 라인업을 본 선수 중 몇몇이 레드납 감독 방을 찾아가서는 문 밖까지 다 들릴 정도로 논쟁을 벌이는 일도 있었다. 그것이 바로 웨스트햄의 문화이자 개성이었다. 누구도, 무엇도, 뒤로 남기는 일 없이 그 자리에서 말하고 논쟁을 벌였다.

내가 가장 존경한 선수 중 한 명은 스튜어트 피어스였다. 내게 가장 인상적이었던 것은 그의 흔들림없는 축구에 대한 헌신이었다. 그는 이미 38세였음에도 불구하고 매일같이 아주 먼 서쪽 Wiltshire에서부터 운전해서 훈련장까지 오곤 했다. 도대체 무엇을 위해 그렇게까지 하는 것일까? 나는 그가 축구를 위해 그의 몸을 거의 희생하기까지 하는 모습을 보고 믿을 수가 없었다. 그는 부상이나 질병조차 거의 겪지 않았다. 그의 마지막 경기 중 하나였던 2001년 3월 첼시 전에서 그는 11분 만에 발목을 삐어서 교체됐다. 드레싱룸에서 그의 발목이 퉁퉁 부어있는 것을 보고 나는 최소 4주에서 6주는 뛸 수 없을 것이라고 생각했다. 그것조차 아주 낙관적으로 봤을 때의 상황이었다. 물론 나도, 웨스트햄의 다른 모든 선수들처럼 그가 얼마나 강한 선수인지를 알고 있었지만, 그가 불과 4일 후에 다시 훈련에 복귀한 것을 보고 나는 할 말을 잃고 말았다. 우리는 토트넘과의 FA컵 경기를 앞두고 있었는데, 아마도 그는 '이것이 나의 마지막 FA컵 경기다'라고 생각했을 것이다. 그래서 그는 그런 발목 상태에도 "뛸 수 있다"고 말하고 있는 것이었다. 누구도 그에게 반론을 제기하지 못했다. 그의 그런 모습을 보면서 그에게 뛰지 말라고 할 수 있는 사람은 아무도 없었다. 그는 킥오프를 아무 문제없이 준비했고 나와 동료들은 모두 믿기 힘들다는 표정으로 서로를 바라봤다. 그가 그 경기를 뛰었다는 것 자체가 믿기 힘든데 그는 심지어 골까지 기록했다. 그는 경기장 위에서도, 훈련장에서도 언제나 열정이 넘쳤고 지는 것을 무엇보다도 싫어했다. 나는 왜 사람들이 그를 '사이코'라는 별명으로 부르는지를 이해할 수 있었다. 나는 종종 그가 평정심을 잃고 과격한 태클을 하는 것을 봤다. 훈련 중에도 말이다. 그는 내가 가장 배우고 싶었던 선수이자 묘하게 끌렸던 선수이기도 했다. 나는 그의 훈련을 유심히 지켜봤는데, 그는 드레싱룸에 전용 시계를 설치해놓고 각 단계마다 정확한 시간을 지키며 훈련을 진행했다. 어느 날, 존 몽크스가 그 시계를 몰래 쓴 일 때문에 피어스는 광분했다. 그는 완벽주의자였다. 조금은 무서운 수준의.

반면에, 몽크스는 팀 내 최고의 농담꾼이었다. 어느 아주 추운 날, 훈련장의 킷맨인 스탠 버크가 양말과 몇몇 소품들을 정리하고 있었다. 그는 유니폼을 아주 철저하게 보관하는 사람이었는데, 몽크스가 계속 그에게 유니폼을 한 벌 더 달라고 했다. 버크의 답은 당연히 '안 돼'였다. 몽크스는 "에라이 별걸 가지고 그래"라고 말하고는 양말과 축구화만 신고 훈련장을 한바퀴 돌았다. 몽크스가 가자(잉글랜드 대표팀 역대 최고 중 한 명인 천재적인 플레이어인 동시에 괴짜였던 폴 개스코인의 별명 - 옮긴이 주)와 토트넘에서 함께 뛴 선수였다는 것이 이해가 됐다. 웨스트햄 팬들은 그를 아주 좋아했다.

우리는 업튼 파크에서 뛰어난 경기력을 보였다. 웨스트햄의 홈구장은 피치와 관중석의 거리가 가까워서 아래에서 위를 바라보면 마치 팬들이 우리를 위에서 아래로 내려보고 있는 것 같은 느낌이 들 정도다. 오래된 스탠드인 치킨 런 테라스는 상대팀에게 공포심을 안겨준다. 사실은 내가 웨스트햄 선수였음에도 불구하고 나 조차 그곳의 팬들로부터 위협감을 느낀 적이 있을 정도다. 나는 그 안에 직접 서 본 적이 없지만, 그곳의 팬들이 외쳤던 몇몇 말들은 여전히 기억하고 있다.

"캐릭! 너는 X야."
"북쪽으로 꺼져버려!"
"여기서 뭐하고 있냐?"
"썩 꺼져버려, 캐릭."

업튼 파크는 디 카니오 같은 '쇼맨' 타입의 선수들에게 가장 어울리는 장소다. 물론, 원정 경기는 전혀 다른 이야기다. 지루한 플레이는 웨스트햄과는 어울리지 않는다. 특히 2000년 11월 퍼디난드가 리즈 유나이티드로 떠나면서 우리가 클린시트를 기록할 확률은 더더욱 낮아졌다. 퍼디난드는 당시 이미 너무 뛰어나고, 다른 경쟁자들에 비해 월등히 뛰어난 선수였기에 다음 단계로 나아갈 필요가 있었다. 언젠가 그런 날이 올 거라는 것은 알고 있었지만, 그럼에도 불구하고 퍼디난드가 떠난 것은 우리에겐 큰 타격이었다. 웨스트햄은 그를 정말 지키고 싶었고 계속해서 더 좋은 계약을 제안했지만, 동시에 축구 세계의 생리를 잘 이해하고 있었다. 나는 그런 클럽의 태도를 존중했다. 당시 리즈는 웨스트햄보다 높은 레벨의 팀이었고, 퍼디난드의 이적을 막는 것은 잔인한 일이었을 것이다. 그 시기 웨스트햄의 가장 좋았던 점은 그런 상황에서 마치 좋은 부모님 같은 모습을 보여줬다는 것이었다. 그들은 퍼디난드라는 좋은 선수를 키워내고 그에게 애정을 쏟아부은 다음, 그들이 언젠가는 집을 떠나야한다는 사실을 이해했다. 레드납 감독, 또 테리 브라운 회장도 마찬가지였다. 리즈는 프리미어리그, 챔피언스리그에서 경쟁하고 있었고, 그들이 퍼디난드의 영입을 위해 1800만 파운드를 제안했을 때 클럽으로서도 그 제안을 거절할 수 없었다.

그로부터 6개월 후인 2001년 5월 레드납 감독이 팀을 떠난다는 소식을 들었을 때 나는 충격에 빠졌다. 그의 웨스트햄 생활이 마무리됐을 때, 나는 축구계에서 꼭 필요한, 계속해서 나아가는 법을 배웠다. 그렇다, 그것은 분명 잔인한 일이지만, 현실적인 일이었다. 프로 선수로서 감독이 떠날 때는 '지금까지 고마웠습니다. 남겨주신 기억에 감사해요'라고 말하고 계속해서 나아가는 것이다. 나는 레드납 감독에게 늘 감사하는 마음을 안고 있다. 그는 나에게 마음을 줬고 또 기회를 줬다. 나로 하여금 나 자신을 믿게 만들어줬다. 그러나, 이제 나는 새 감독에게 집중해야 했다. 나는 글렌 뢰더를 잘 알고 있었다. 그는 웨스트햄 아카데미를 이끄는 사람들 중의 한 명이었다. 나, 콜, 가리스아, 믹, 번리 모두가 그를 아주 좋아했다. 글렌이 감독을 맡았을 때 우리는 우리의 관계가 과거와는 달라질 것이라는 것을 알고 있었다. 이제 더는 유소년 팀에서처럼 다정하게만 지낼 순 없었다. 적당한 거리도 필요했다. 결국 모든 것이 잘 흘러갔고 우리는 그가 이끈 첫 시즌에 7위를 기록했다.

그 해 7월, 웨스트햄은 나에게 6번 등번호를 제안했다. 6번. 보비 무어의 전 등번호. 나는 당연히 "좋아요!"라고 대답했다. 나는 웨스트햄에서 등번호 6번이 어떤 의미인지를 잘 알고 있었다. "6번, 보비 무어의 등번호!" 개인적으로 나는 등번호나, 역사에 크게 좌지우지되지 않지만, 웨스트햄의 6번이라는 그 상징적인 의미에 대해선 아주 큰 존중심을 품고 있다.

글렌 감독과 함께 시작한 2002/03시즌, 웨스트햄에는 긍정적인 분위기가 흘렀다. 나는 2002년 8월 24일이 글렌 감독의 터닝 포인트였다고 생각한다. 우리는 아스널에 2-0으로 앞서며 환상적인 경기를 하고 있었다. 그러나, 티에리 앙리Thierry Henry 가 개인적인 역량으로 골을 성공시켰고 경기 종료 2분을 남겨놓고 실비앙 윌토르Sylvain Wiltord 가 동점골을 터뜨렸다. 업튼 파크 전체가 아쉬움의 침묵에 빠졌다. 우리는 지난 시즌 챔피언을 꺾기 일보직전이었다. 그 후로 우리는 다시는 그때의 분위기를 되살리지 못했고 팬들은 글렌 감독에게 등을 돌렸다. 웨스트햄 팬들은 팀의 성적이 좋을 때는 정말 열정적인, 환상적인 팬이다. 그러나, 클럽에 대한 열정이 큰 만큼, 팀의 경기력이 만족스럽지 못할 경우에는 곧바로 그들이 어떻게 느끼는지를 표현한다. 결국 웨스트햄 팬들은 글렌 감독에게 의문을 표하기 시작했고, 한 팬이 그의 집에 벽돌을 던지는 사건까지 발생했다. 그것은 축구가 아니다. 그것은 정상이 아니다. 그것은 클럽에 대한 사랑이 아니다. 자신의 집에 공격을 받아야만 하는 감독은 아무도 없다. 그것은 완전히 선을 넘어서는 행동이었고, 나는 그 일로 인해 큰 실망감을 느꼈다. 그들은 한 사람의 목숨, 한 사람의 가정을 협박하는 행동을 하고 있었다. 만약에 그 벽돌이 유리창에 맞아서 세 아이 중 한 명에게 맞기라도 했다면? 축구팬들에겐 업튼 파크에 가서 그들의 생각을 표출할 권리가 있지만, 항의를 하더라도 존중심을 갖고 할 수 있는 방법이 있다. 글렌 감독이 겪은 것은 너무나도 심한 일이었다.

웨스트햄에는 여전히 데이비드 제임스, 크리스티안 데일리 등의 강인한 선수들이 있었고 로마스, 몽쿠르, 싱클레어, 디 카니오, 허친슨, 나이젤 윈터번, 그리고 토마스 레프카 등등의 경험 많은 선수들이 있었다. 나는 우리가 그 상태에서 몇 경기를 더 진다면, 글렌 감독이 팀을 이끌기 힘들 거라고 생각했다. 나 역시 충분히 좋은 모습을 보이지 못하며 그를 실망시켰다. 그 시즌을 시작하기 전, 나는 사타구니에 문제가 생겨서 불편함을 안고 경기에 출전했지만 결국 2002년 1월 사우스햄튼 원정 경기 중에 더 이상 뛸 수가 없어 교체되어 나왔다. 나의 수술을 맡은 스티븐 스눅스 의사는 내게 6주간 뛸 수 없다는 진단을 내렸다. 나는 글렌 감독과 팀을 돕고 싶은 마음에 복귀를 서둘렀으나, 여전히 불편한 느낌은 완전히 가시질 않았다. 내가 업튼 파크에서 맨유를 상대로 가진 첫 경기에서 우리는 3-5로 패했는데, 나는 지금도 내가 그때 어떻게 경기를 소화했는지 이해하기 힘들다. 나는 몸 상태가 정상이 아니었다. 그로부터 얼마 후 나는 잉글랜드 U-21 팀에서 포르투갈을 상대로 출전했고 우리는 2-4로 패했다. 그 경기에서 나는 패스를 하고 슈팅을 할 때마다 같은 부위에 통증을 느꼈다. 결국 나는 다시 수술을 받았다.

    그해 여름에 받은 두 번째 수술로부터 아직 다 회복되기도 전에, 웨스트햄 팬들은 이미 나에 대한 인내심을 잃었다. 나는 팬들과 좋은 관계를 갖고 있다고 생각했고, 그들이 아카데미로부터 성장한 선수들에 대한 애정을 갖고 있다고 생각했다. 그러나 나는 팬들과 선수의 '허니문 기간'이 이미 끝났고 나 역시 다른 많은 아카데미 출신 선수들처럼 팬들로부터 차가운 판단을 받는다는 것을 깨달았다. 그 무렵 우리는 글렌 감독의 지도 아래 강등권에 놓여있었다. 웨스트햄 홈팬들은 가차없었다. 어린 시절, 나는 종종 나 자신의 껍질 안에 숨을 때에도 그런 상황에서 최고의 반응은 계속해서 옳은 일을 해서 결국 극복해내는 것이라고 생각했다. 램파드 역시 한때 팬들로부터 많은 비판을 받았고, 그는 그 팬들에게 자신이 얼마나 강한 선수인지를 실력으로 보여줬다. 그래서 나 역시 같은 방식을 선택했다. 그러나, 그것은 정말 괴로운 일이었다. 나는 늘 웨스트햄 팬들을 좋아했다. 그들에겐 코크니 Cockney (런던 동부 사람들을 일컫는 말 옮긴이 주) 특유의 유머 감각이 담긴 문화가 있었다.

내가 팬들 불만의 가장 중심에 놓여 있는 동안, 나는 업튼 파크의 혼란스러운 분위기가 오랫동안 이어질 것이라는 것을 깨달았다. "마이클, 다음 경기는 벤치에서 시작한다." 글렌 감독이 내게 말했다. 그 경기는 2002년 9월 15일, 토트넘 원정이었다. 그 경기는 빅매치였지만, 아마도 처음으로 내가 선발로 출전할 자격이 없는 그런 경기였다. 나는 여전히 사타구니 부위가 정상이 아니었고 3월 중순 이후로는 팀의 강등권 경쟁을 전혀 도울 수 없었다. 그 시기 이후로 웨스트햄은 점점 내리막길을 걷기 시작했고 2003년 4월 업튼 파크에서 열린 미들스브로 전에서 웨스트햄 팬들은 완전히 팀에 등을 돌렸다. 글렌 감독은 그 경기가 끝난 후 기절해 곧바로 병원으로 후송됐고 검사 결과 뇌종양 진단을 받았다. 다행히도 그는 좋은 의료진의 보호를 받게 됐다. 그는 좋은 사람이었지만 불합리한 상황에 놓여 있었다. 그에게 일어난 일은, 축구를, 그리고 우리 모두의 상황을 다른 관점에서 바라보게끔 했다. 웨스트햄은 추락하고 있었고, 그 상황을 타개할 리더가 없었다. 누군가가 나서서 그 상황을 관리해야 했기에 클럽의 모두가 존경하는 트레버 브루킹이 시즌 마지막 3경기를 맡기로 했다. 트레버의 차분하고 공손한 모습에 익숙한 사람들에겐 낯선 이야기일지 몰라도, 그는 의외로 고집이 세고 강한 면도 갖고 있다. 그의 그런 면모야말로 우리에게 꼭 필요한 것이었다. 그리고 무엇보다도 중요했던 것은 웨스트햄에 대한 그의 사랑이었다. 물론 우리에겐 사랑 이상의 것이 필요했지만 말이다. 그 시기 우리에겐 기적이 필요했다.

시즌 마지막 경기에서, 우리는 버밍엄에 반드시 승리하고 볼튼과 미들스브로의 경기 결과를 지켜봐야만 잔류 여부를 확실히 알 수 있는 상황에 놓였다. 나는 여전히 부상을 당한 상태에서 이안 피어스와 함께 세인트 앤드류스 스타디움으로 향했다. 그와 나는 관중석에서 경기를 지켜봤고 경기 종료

전에 디 카니오가 동점골을 터뜨리며 2-2를 만들었지만, 볼튼이 리복 스타디움에서 승리하는 바람에 결국 우리는 강등을 피할 수 없게 됐다. 관중석을 빠져나갈 때 양쪽 편의 버밍엄 팬들이 나와 이안을 향해 폭행을 휘둘렀다. 그들은 내가 임대되어 버밍엄에서 뛴 적이 있는데도 불구하고 나를 향해 발길질을 했다. 아마도 그들은 내가 그들을 위해 뛰었다는 사실 그 자체를 잊었을 것이다. 그곳에서 우리 스스로를 방어할 방법이 도저히 없었기에 우리는 가능한 빨리 그곳을 빠져나왔다.

드레싱룸 바깥쪽 복도에서 우리는 모든 선수들, 스태프들이 충격에 빠진 모습을 봤다. 웨스트햄의 모든 선수들이 그들 스스로를, 또 팬들을 실망시켰다는 사실을 절감하고 있었다. 그중 몇몇 선수들은 여름에 떠났고, 프리시즌 일정에 합류하기 위해 훈련장에 돌아왔을 때는 전에 있던 선수들 중 10명, 11명 정도만이 남아있었다. 우리는 중요한 선수들을 잃기도 했다. 디 카니오는 찰튼으로, 프레디 카누테는 토트넘으로, 레스 퍼디난드는 레스터로, 그리고 트레버 싱클레어는 맨시티로 떠났다. 유소년팀에서 성장해서 활약했던 글렌 존슨은 조 콜과 함께 첼시로 떠나 한 시즌 전 먼저 첼시로 이적했던 램파드와 다시 만났다. 퍼디난드는 이미 오래 전에 리즈로 떠났다. 마치 웨스트햄의 한 시대가 모두 끝난 것 같은 느낌이었다. 시즌이 끝난 지 얼마 지나지 않아 저메인 데포는 구단에 이적을 요청했다. 나는 그가 왜 이적을 요청했는지는 이해할 수 있었지만, 그가 이적을 요청한 타이밍은 그리 좋지 못했다. 나는 그 역시 이적을 요청한 후 그것을 느꼈을 것이라고 생각한다. 나는 나의 동료들, 그 재능 있는 선수들이 클럽을 떠나는 모습을 지켜봤고, 그 모습을 보며 안타까웠지만 그렇다고 그들을 비판할 수는 없었다. 그들에게도 자신의 커리어가 걸린 선택이었다. 나는 그 시즌 강등 경쟁에 빠진 팀을 제대로 돕지 못했고 나 스스로의 폼 역시 좋지 못했다. 그래서 나는 팀에 남아서 팀이 프리미어리그로 복귀하는 것을 도와야겠다고 생각했다. 내가 팀에 남은 것은 반쯤은 죄책감, 그리고 반쯤은 충성심 때문이었다.

이후에 뉴캐슬이 나의 영입에 관심을 보였지만, 그들에겐 충분한 이적료가 없었다. 그들은 내게 "너의 영입을 위해 200만 파운드를 낼 생각이지만 이번이 아닌 다음 이적시장에서 낼 수 있을 것 같다. 기다려라"라고 말했다. 그것은 조금 이상한 제의였고, 마치 그들이 나에 대해 전적으로 신뢰하지 않는 것 같은 느낌을 줬다. 그래서 나는 웨스트햄에 남기로 했다.

프리시즌 중 훈련장에서 나는 강등의 여파로 직업을 잃는 사람들의 모습을 지켜봐야했다. 그것은 끔찍한 경험이었다. 몇몇 익숙한 얼굴들을 더 이상 그곳에서 찾아볼 수 없었다. 그들과 그들 가족이 겪어야할 경제적인, 또 감정적인 어려움은 상상도 하기 힘들었다. 그런 생각을 할수록 나는 더더욱 폼을 되찾아서 웨스트햄을 승격시켜야겠다고 다짐했다. 그 무렵에도 나의 사타구니 통증은 완전히 가시질 않았는데, 나는 그해 8월 어쩌면 내가 계속 그 부위에 고통을 안고 뛰어야 할지도 모른다는 두려움을 안고 레스터에 있는 데이비드 로이드 박사를 찾아갔다. 그는 결국 나의 인대에 더 이상 부담을 주지 않도록 사타구니 안 쪽이 아니라 그 위에 의료용 메쉬를 넣는 수술을 했고, 그 후로 나는 통증을 느끼지 않게 됐다.

글렌 감독은 일찌감치 클럽에 복귀했고 나는 그의 그런 모습을 정말 존경했다. 그가 겪었던 일들을 생각해보면, 특히 그가 느꼈을 압박감을 생각해보면 진작에 웨스트햄을 떠났을 수도 있을 것이다. 그러나 그는 축구를 너무나도 사랑했기에 다시 훈련장으로 돌아왔다. 나는 그가 지도하는 훈련을 정말 좋아했다. 글렌은 정말 뛰어난 감독이었는데, 아쉽게도 웨스트햄 이사진들은 새 시즌 세 경기 만에 웨스트햄이 여전히 불안한 모습을 보이자 그를 결국 경질하고 말았다.

트레버 브루킹이 다시 임시감독으로 팀을 맡았고 2003년 10월 4일 더비와 경기 전에 그는 롭 리를 불러서 나에 대해 물었다. 당시 나는 아직 수술의 여파에서 다 회복되지 못한 상태였다. "마이클이 내일 경기에서 뛸 수 있을 것 같나?" "네 그가 필요해요. 그를 선발로 출전시켜보세요." 롭은 그가 나와 함께 미드필드에서 뛸 것이라고 예상하며 그렇게 대답했지만 트레버 감독은 "오 그래 고맙다. 내일 너는 벤치에서 경기를 시작할 거야"라고 대답하고는 걸어나갔다. 롭은 그 이야기를 곧바로 나에게 들려줬다. 그건 정말 재미있는 이야기였는데, 롭은 별로 웃질 않았다. 우리는 더비를 상대로 승리했고 그로부터 얼마 지나지 않아서 2003년 9월 앨런 파듀 Alan Pardew 감독이 부임했다. 나는 파듀 감독의 훈련 방식을 좋아했다. 그의 훈련은 강도가 높으면서도 조직적이었고, 또 즐거웠다. 파듀 감독 특유의 자신감 때문에 그에 대한 사람들의 의견이 갈린다는 것은 알고 있지만 그의 그런 면모는 당시 웨스트햄에 꼭 필요한 것이었다. 그의 그런 개성이 팀의 사기를 끌어올렸고, 그는 나에게도 늘 최대한 볼을 많이 다뤄보라며 친절하게 대해줬다. 그러나 그 시즌은 나에겐 정말 힘들었다. 나는 이미 22세였고, 사람들의 관심을 받지 못하는 2부 리그에서 뛰고 있었다. 나는 나의 커리어가 교차로에 와 있다는 것을 느낄 수 있었다. 잉글랜드 대표팀에 선발되지 못하는 것 역시 마음이 아팠다. 글렌 존슨과 조 콜이 첼시에서 좋은 활약을 하는 것을 보는 것도 지켜보기 어려웠다. 나는 다른 선수들에 비해 뒤처지고 있는 것일까? 계속해서 나 자신에게 물었다. 나의 커리어는 어디로 가고 있는 것일까?

   2부 리그의 축구는 거칠었고, 특히 웨스트햄을 상대로 하는 팀들은 우리를 향해 더욱 강한 태클을 구사했다. 마치 웨스트햄이라는 강팀이 2부 리그로 떨어진 것을 환영이라도 하듯이. 그 시절 입은 몇몇 상처들이 지금도 전리품처럼 내 몸에 남아있다. 12월 스토크 시티 전에서 상대 선수 중 한 명이었던 존 유스타스가 나의 발목을 강하게 밟았고 하프타임에 찢어진 부위를 꼬매는 일도 있었다. 원래대로라면 그대로 교체됐어야 하는 상황이었지만, 나는 다시 경기장으로 들어갔다. 물론 정상적인 컨디션은 아니었지만. 경기 종료 휘슬이 울린 순간 웨스트햄 팬들은 우리에게 거센 야유를 퍼부었다. 나는 발목 부위에 거의 아무런 감각이 없었고 피를 잔뜩 흘린 상태였다. 내가 할 수 있는 모든 것을 다 했다. 그 시절은 내가 나 자신에게 '더 이상 무엇을 할 수 있을까'라고 되뇌이던 외로운 시절이었다. 내가 충분히 괜찮은 선수일까? 웨스트햄 팬들은 내가 얼마나 큰 고통을 안고 뛰었는지 전혀 이해하지 못했다. 그들은 그저 "넌 충분히 노력하고 있지 않아. 열정도 없어"라고 외쳐댔다. 나는 위험을 무릅쓰고라도 팀을 위해 뛰었는데, 그 팀의 팬들이 나를 모욕하고 있었다. 선수 시절 내가 정말 듣기 괴로웠던 말은 "열정이 없다"라는 말이었다. 내가 경기에서 좋은 모습을 보이지 못한다는 것이, 내가 열정이 없다는 것을 의미하는 것은 아니다. 바로 그런 경기가 "열정이 없다"는 말에 내가 가장 화가 나는 그런 경기였다.

웨스트햄 팬들이 정말 선수들을 응원할 때면 업튼 파크에서 믿을 수 없을 정도의 함성이 들릴 정도로 대단하다. 1부 리그 플레이오프 준결승전이었던 입스위치 타운과의 경기에서가 그랬다. 우리는 원정 경기에서 0-1 패배를 당했지만 업튼 파크에 모인 팬들은 우리가 홈에서 역전을 할 수 있을 것이라는 희망에, 또는 결승전으로 가야만 한다는 절박함에 한 마음이 되어 우리를 응원했다. 그날 조명 아래 업튼 파크는 정말 특별한 분위기를 연출했다. 그린 스트리트에서 이미 조명이 켜져있던 경기장까지 가는 길에 나는 특별한 감정이 들었다. 결국 매티 에더링턴, 크리스티안 데일리가 골을 기록하면서 그날은 정말로 특별한 밤이 됐다. 코너킥 상황에서 나온 매티의 골은 아주 훌륭한 골이었다.

우리는 카디프에서 크리스탈 팰리스를 상대로 결승전을 가졌고, 그 경기는 사실상 나의 커리어를 결정지은 경기이기도 했다. 당시 우리가 크리스탈 팰리스에 승리를 할 경우에 나는 웨스트햄과 계약기간이 1년 남는 상황이었다. 아직 계약기간이 남아있고, 프리미어리그로 돌아왔는데 왜 떠날 필요가 있겠는가? 웨스트햄은 돈이 절실한 상황이긴 했으나, 그 당시 승격을 하면 3000만 파운드 가량을 벌 수 있는 상황이었기에 특별히 선수를 팔 이유가 없었다. 그날 카디프 밀레니엄스타디움에는 약 3만 5천 명의 웨스트햄 팬들이 그들의 팀을 응원하러 나왔다. 그들은 그 경기의 중요성을 잘 알고 있었고, 나 역시 그 경기가 의미하는 바를 분명히 알고 있었다. 승리하면 웨스트햄에 남고, 패하면 팀을 떠난다는. 나는 웨스트햄의 승격을 위해 전력을 다했다. 보비 자모라에게 좋은 찬스를 만들어줬지만 그는 골을 성공시키지 못했고, 우리가 뒤지고 있는 상황에서 경기 종료 7분을 남기고 내가 페널티킥을 얻어낼만한 상황도 있었다. 내가 페널티박스 안에서 미켈 라이거우드를 제치는 상황에서 그가 내 발목에 발을 걸었다. 의심의 여지가 없는 100% 페널티킥이었다. 나는 바닥에 넘어진 채로 너무 고통스러워서 페널티킥을 달라는 항의도 하지 못하고 있었는데, 그레엄 폴 주심은 페널티킥 대신 경기를 속행하라는 신호를 보냈다. 내 발목은 버밍엄 임대 시절과 똑같이 부어올랐다. 간신히 일어나긴 했지만, 너무 고통스러워서 몇 분 동안 제대로 움직이지 못했다. 이미 교체카드를 다 쓴 상태였기에 나는 교체도 되지 못하고 10분 정도를 그렇게 뛰었다. 주심의 잘못된 하나의 판정이 선수, 그리고 팀에게 그런 큰 악영향을 미칠 수 있는 것이다. 그때 주심이 페널티킥을 선언했다면, 우리는 다시 경기의 주도권을 잡을 수 있었을 것이고, 우리는 승리할 수도 있었을 것이고, 웨스트햄은 승격하고 나는 팀에 남을 수도 있었을 것이다.

마음을 정리하기 위해서, 리사와 나는 두바이로 향했다. 그런데 그곳에서 내가 처음 만난 사람은 이안 도위 크리스탈 팰리스 감독이었다. 나는 잉글랜드에서 3,500 마일 떨어진 곳으로 떠나서도 그 플레이오프 결승전으로부터 자유로워질 수 없었다. 나는 그 경기 결과에 대한 절망감과 내 미래에 대한 불안함을 감춘 채 그에게 축하 인사를 건넸고 그와 짧은 대화를 나눴다. 그 상황은 나와 웨스트햄 모두에게 끔찍한 상황이었다. 프리미어리그로 복귀했다면, 1년 전에 직업을 잃었던 사람들이 복직할 수도 있었겠지만, 결국 그렇게 될 수도 없었다. 물론 나 역시 나의 커리어에 대해 생각해야 했다. 아니 오히려 나 자신에 집중해야 했다. 나의 미래, 나의 꿈에 대해서. 나는 좋은 시즌을 보냈고, PFA 올해의 팀에 선정됐다. 그래서 나는 나의 커리어에 대해 조언을 해줬던 데이비드 게이스와 상담을 가졌다.

나는 데이비드와 열일곱 살이 되던 해에 처음 만났다. 그때는 내가 막 첫 프로 계약을 한 직후였기 때문에, 그런 부분에 대해 조언해줄 사람의 필요성을 느꼈다. 부모님 역시 나를 위해 열심히 그런 일을 해줄 수 있는 사람을 찾으셨다. 그 전에도 주차장에서 나에게 접근하거나 경기가 끝난 후 부모님께 말을 거는 에이전트들은 있었다. 그들은 내게 좋은 조건을 약속하곤 했지만 그들 중 누구도 편안하게 느껴지는 사람이 없었다. 나는 중요한 결정을 내려야 할 때는 항상 나의 직감을 따르거나 인내심을 갖고 더 좋은 상황을 기다리는 편이었다. 또 늘 중요한 것은 나 자신의 실력이고 내가 좋은 경기력을 보이는 것이지 에이전트가 아니라고 생각했다. 나를 책임지는 사람은 나 자신이다. 그러나 데이비드는 꼼꼼한 공인 회계사의 직업을 가진 사람이었고, 나는 그를 만나자마자 그라면 나의 경제적인 상황을 잘 돌봐줄 수 있는 사람이라는 믿음을 갖게 됐다. 그 시절 웨스트햄 훈련장에는 수많은 사람들이 찾아와서 이것저것 경제적인 것들, 투자에 대한 것들을 설명하곤 했다. 그런 분야는 매우 위험한 분야이고 나에겐 익숙하지 않은 분야이기도 했다. 나에게 무엇보다 중요했던 것은 그가 나의 입장에서 나를 위해서 생각하고 행동한다는 느낌을 받았던 것이었다. 그는 또 장기적인 안목을 가진 사람이었고 그것 역시 중요했다. 지금도 돌아보면 내가 그 어린 나이에 데이비드를 만나서 커리어 내내 그와 일을 한 것이 얼마나 큰 행운이었는지를 깨닫게 된다. 그는 나에게 에이전트이기보다 가족이고 친구 같은 사람이다.

데이비드 역시 웨스트햄에서 나의 시간은 끝났다는 것을 알았다. 나는 다시 1부 리그로 돌아가야 했고 웨스트햄은 돈이 필요했다. 웨스트 브롬과 포츠머스가 나의 영입을 위해 접촉해왔고 도위 감독도 나를 크리스탈 팰리스로 영입하려고 했다. 나는 그들 중 누구와도 직접 대화를 나누지 않았다. 내 마음이 움직이지 않았기 때문이다. 에버튼 역시 내게 관심을 보였고 나는 전화로 데이비드 모예스 감독David Moyes 과 통화를 하기도 했지만 그 일은 제대로 진행되지 않았다. 그로부터 몇 주 후, 포츠머스가 다시 내게 접촉해왔다. 당시 포츠머스는 프리미어리그에서 활약하고 있는 좋은 팀이었다. 레드냅 감독, 그리고 내가 웨스트햄 시절 만났던 피터 스토리 이사도 포츠머스에 있었다. 이미 프리시즌이 시작된 후였고 남은 시간이 얼마 없었기 때문에 나는 레드냅 감독과 직접 만났다.

"일단 프리미어리그로 돌아가서 1년 정도를 보낸 후에 상황이 어떻게 변하는지 보는 게 좋겠어요." 내가 데이비드에게 말했다. 그래서 우리는 레드냅 감독, 피터와 함께 2004년 8월 6일 히드로 공항 근처에 있는 한 호텔에서 만났다. 새 시즌의 시작을 알리는 커뮤니티 실드가 열리기 며칠 전의 일이었다. 그곳으로 가는 길에, 데이비드는 아스널 부회장이었던 데이비드 딘David Dein 에게 전화를 받았다. 그는 아르센 벵거Arsène Wenger 감독과 아주 가까운 사람이었다. 그들의 관심이 어느 정도인지 알 수는 없었지만, 그래도 그건 아스널이었다! 우리는 원래 예정대로 레드냅 감독, 피터와 함께 만났다. "내일 포츠머스로 와라." 레드냅 감독이 말했다. "메디컬 테스트 받자." 그걸로 모든 것이 정리된 것 같았다. 나는 포츠머스로 향할 예정이었다.

그런데 그날 밤에 우리는 다시 한 번 아스널로부터 전화를 받았다. 이번에는 아르센 벵거 감독이 날 직접 만나고 싶어한다는 말을 들었다. 그때 마침 우리가 차로 북런던 방향으로 이동하고 있었기 때문에 우리는 곧바로 그와 만나기로 약속을 잡고 한 시간 뒤에 벵거 감독의 집에서 그를 직접 만나게 됐다. 이게 현실이란 말인가? 아스널이 나를? 내가 정말 이제 막 무패우승을 달성한 팀에 입단한단 말인가? 벵거 감독은 당시 감독으로서 최전성기를 구가하고 있는 위대한 감독이었고 그의 집에서 그와 대화를 나눈다는 것 자체가 초현실적인 일처럼 느껴졌다. 벵거 감독이 내게 물었다. "마이클, 네 강점이 무엇이고 약점이 무엇이라고 생각하나?" 그와의 대화는 지극히 당연한 것처럼 느껴졌다. 나는 현실로 치자면 면접장에 들어간 것이나 마찬가지였다. 벵거 감독과의 대화는 레드납 감독과 가진 대화와는 전혀 달랐다.

"글쎄요…" 내가 답을 시작했다. 그리고 나의 장점에 대해 말했다. 그러면서 나는 무의식적으로 그의 눈에 거만한 선수처럼 보이고 싶지 않다는 생각을 했다. 나는 벵거 감독이 내게 그 질문을 한 이유를 알 것 같았다. 그는 내가 어떤 성격과 성향을 가진 사람인지를 알고 싶은 것이다. 그날 우리는 한 시간 넘게 축구에 대해 이야기했다. 벵거 감독은 그 주 주말에 커뮤니티 실드 경기를 치를 예정이었음에도 나와 함께 한 시간이 넘는 시간을 보내고 있었다. 그렇다면, 당연히 그가 나의 영입에 관심이 있다는 것이 아닐까?

"일단 카디프에서 있었던 일부터 잊어버려라. 월요일에 보자."

내가 떠날 때 벵거 감독은 그렇게 말했다. 모든 것이 너무 빠르게 변하고 있어서 하나 하나 차분히 돌아볼 필요가 있었다. 그 밤 나는 침대에 누워서 리사와 내 마음 속에 드는 모든 가능성들에 대해 이야기하며 벵거 감독과의 대화를 돌아봤다. 아스널의 관심은 누구도 예상하지 못했던 일이었다. 내 머릿속이 복잡해지기 시작했다. 당시 아스널은 리그에서 1, 2위를 다투는 팀이었다. 리사는 내가 말이 많지 않고 미리 앞서서 생각하는 성향의 사람이 아니라는 것을 잘 안다. 그러나 이 상황은 달랐다. 이 결정은 이후 내 삶 전체를 바꿀 수 있는 그런 결정이었다.

아스널이 나를 원한다는 사실은 분명히 아주 기쁜 일이었지만, 한편으로 레드납 감독을 존경하는 마음에 이 상황을 신중히 대처해야 한다고 생각했다. 가장 먼저 나는 그에게 전화를 걸었다. "감독님, 포츠머스로 가지 않기로 했어요. 지금은 그게 좋은 선택이 아닌 것 같아요. 머릿속이 복잡해요. 정리를 해야될 것 같아요. 아스널에서 연락이 왔어요. 죄송해요. 포츠머스로는 못 갈 것 같아요." 그에게 그런 이야기를 하면서 나는 죄책감이 들었다. 레드납 감독 역시 아스널이 나에게 관심을 갖고 있는 것에 대해 이미 알고 있었다.

토요일에 훈련장에 도착하면서 나는 데이비드 딘 아스널 부회장과 테리 브라운이 내 이적료에 대해 이미 대화를 나눴다는 소식을 들었다. 나는 2부 리그 클럽에서 챔피언스리그 클럽으로 이적할 상황에 놓여있었다. 또 나는 아스널의 비에이라가 팀을 떠날 예정이라 그 자리에 새로운 선수가 필요하고, 빠르면 월요일 아침이면 내가 아스널 선수가 될 수 있을 것이라는 말을 들었다. 훈련 시간이 되자 가르시아가 내 옆구리를 찌르며 장난을 걸어왔다. "아스널? 재밌네!" 리치도 이미 아스널의 관심에 대해 알고 있었다.

일요일, 나는 집에서 나의 새 팀이 될 예정이었던 아스널과 맨유의 커뮤니티 실드 경기를 봤다. 이제 겨우 17세였던 세스크 파브레가스Cesc Fàbregas 가 비에이라의 자리에 출전했다. 파브레가스는 뛰어난 선수였지만, 나는 그에 대해서는 아주 심각하게 생각하지 않았다. 그날 밤에는 월요일에 아스널과의 계약에 대해 논의할 사항들을 돌아봤다. 아스널이라니! 그들과 계약이 완료됐다는 전화를 기다리기가 힘들었다. 그래도 나는 기다리고, 또 기다렸다. 그러나, 그 전화는 끝내 오지 않았다. 며칠 후 웨스트햄 훈련장으로 향하는 길에 나는 데이비드로부터 전화를 받았다. 그는 딘 아스널 부회장과 통화를 했다며 말을 흐리고는 이렇게 말했다. "마이클, 미안하게 됐어. 뱅거 감독이 네 영입은 필요가 없다고 결정을 내렸다고 해. 파브레가스가 그 포지션에서 뛸 수 있다고. 미안하지만, 아스널 이적은 없던 일로 해야겠어" 그 커뮤니티 실드에서 파브레가스의 활약이 뱅거 감독의 마음을 바꾼 것이다. 나를 영입하고자 했던. 이미 아스널로 이적해서 그 훌륭한 선수들과 함께 뛰는 모습을 상상하고 있던 나는 정말 큰 좌절에 빠졌다. 생각을 정리할 수가 없었다. 아스널은 내 마음을 완전히 엉망진창으로 만들었고, 나는 그 상황에서 무엇을 어떻게 해야할지 짐작조차 할 수 없었다.

훈련장에 들어서자 파듀 감독이 나를 불렀다. "네게 2년 재계약을 제시할 거다, 마이클."

"감사합니다. 하지만 제 마음은 이미 떠났어요. 모두를 위해서도 떠나는 것이 좋다고 생각합니다."

"널 영입하려는 톱4 클럽(당시 EPL의 '빅4'로 불렸던 맨유, 리버풀, 아스널, 첼시 - 옮긴이 주)은 없어. 그 팀들을 제외하고 널 영입하려는 프리미어리그 클럽으로 가거나 혹은 우리와 재계약을 해야 할 거야. 결정이 필요한 때다."

파듀 감독은 내가 결국 떠날 거라면, 가능한 빨리 떠나길 바라고 있었다. 내가 마지막 순간까지 재계약을 미루고 나면 이적 시작 막바지에 새 선수를 영입해야하는 상황에 놓이게 되기 때문이다. 나는 그의 말을 충분히 이해했다. 그러나 파듀 감독이나 웨스트햄의 입장만 생각해서 내가 서둘러서 결정을 할 수도 없는 노릇이었다. 나에겐 옳은 클럽을 선택하는 것이 중요했다. 그저 웨스트햄을 떠나기 위해 아무 팀으로나 갈 수는 없었다. 파듀 감독의 말도 일리가 있었다. 지난 시즌 2부 리그에서 뛴 선수에게 어떤 챔피언스리그 클럽이 관심을 갖겠는가? 그러던 중에 아스널이 내게 관심을 보였고, 내게 희망을 줬다. 파듀 감독의 사무실을 떠나면서 나는 데이비드에게 전화를 걸어 물었다. "내가 웨스트햄에 그대로 남고, 그 후에 승격을 못하면 어떻게 될까? 또 1년을 낭비하게 될 거야. 지금 반드시 떠나야 해."

그러나 어디로 간단 말인가? 다시 강등권 경쟁을 하는 팀으로 가고 싶지는 않았다. 머릿속이 너무 복잡했다.

레드납 감독은 날 포기하지 않았다. 그는 나에게 전화를 해서 "지금 널 데리러 가는 길이다"라고 말했다.

"감독님, 제발요. 그러지 마세요."
"이미 차 안이다."
"감독님, 솔직히 말해서 우리가 지금 만나는 건 아무 의미가 없어요. 감독님의 시간을 낭비하게 하고 싶지 않습니다."

그건 사실이었고 또 진심이었다. 나는 그에게 무례하게 굴고 싶지 않았고 엉망진창인 상황 한 가운데에 있었다. 결국 레드냅 감독은 나의 말을 이해했다. 그런 마음 가짐으로 포츠머스에 갈 수는 없었다.

그러다가 갑자기, 토트넘의 단장이었던 프랭크 아르네센Frank Arnesen 이 전화를 걸어왔다. "우리는 영국 출신의 젊은 유망주들을 영입하는 중이야. 네가 우리 팀으로 왔으면 좋겠다, 마이클" 폴 로빈슨Paul Robinson, 션 데이비스Sean Davis 가 이미 토트넘에 입단한 것은 알고 있었다. 아스널의 라이벌이 나를 원하다니! 나는 토트넘의 플레이 스타일을 찬찬히 살펴보고 생각했다. '이 팀은 나와 맞겠다'. 그렇게 나에게 동아줄이 내려왔다. 나는 리사와 그녀의 부모님과 함께 휴가를 보내는 중이었던 부모님께 전화를 걸었다. "아 그리고요, 저 토트넘으로 갈 거예요!"

"토트넘, 좋지!" 그들이 말했다. 그들의 목소리에서 안도감이 느껴졌다.

토트넘과의 계약에는 아직 처리할 일들이 많았고, 솔직히 말하자면 조금 이상하게 진행되는 부분도 있었다. 그들과의 전화는 꼭 밤 11시에 진행됐다. 집에서 자려고 침대에 누워있으면 데이비드로부터 전화가 왔다. "지금 방금 프랭크하고 전화를 했는데…" 그건 참 이상한 일이었다. 하루종일 조용했다가 밤 11시가 된 후에야 전화가 와서 보면 데이비드거나, 프랭크였다.

나의 이적이 진행되는 동안 파듀 감독은 나를 리저브팀에서 뛰게 했다. 그 덕분에 나는 그 무렵 웨스트햄에 입단했던 동생인 그레엄과 같이 뛰게 됐다. 어느날인가 그레엄이 집에 전화해서 "아빠, 저 내일 노리치 전에서 뛰어요. 참 그리고 마이클도 같이 뛰어요!"라고 말했던 것이 기억난다.

"잘 됐다, 아들!" 아버지는 결코 기분에 휩쓸리는 분이 아니셨지만, 그런 그에게도 이건 특별한 일이었다. 두 아들이 같은 팀에서 뛰다니. 그러나, 노리치로 가는 길에 나는 내 이적에 대한 합의가 거의 이뤄졌으니 경기에 뛰지 말라는 통보를 받았다. 웨스트햄은 나를 명단에서 제외했고 나는 그 경기를 관중석에서 지켜봤다. 그레엄은 그 결정을 납득할 수 없었다. 나와 마찬가지로 그레엄 역시 우리가 같은 팀에서 뛰는 것을 기대했기 때문이다. 웨스트햄은 내가 바로 다음날 토트넘으로 이적하게 될 거라고 말했고, 이적료로 합의됐던 275만 파운드가 부상을 당하는 등의 이유로 증발하는 일이 없기를 바랐다. 어머니, 아버지도 두 아들이 같이 뛰는 모습을 직접 보기 위해 경기장에 오셨지만, 결국엔 나와 같이 관중석에서 그 경기를 지켜보셨다.

다음 날, 8월 24일. 나는 결국 토트넘 선수가 됐다. 그 여름은 마치 영화 슬라이딩 도어즈(곧 닫히려던 지하철을 탄 상황과 타지 못한 상황에 따라 인생이 달라지는 것을 그린 영화 제목 - 옮긴이 주)와 같은 경험이었다. 나는 아스널에 입단할 뻔 했지만 결국에는 그 라이벌 팀에 입단했다. 만약 아스널로부터 그 전화가 오지 않았다면, 나는 바로 다음 날 포츠머스에 입단했을 것이고, 그렇다면 내가 그 해 11월 포츠머스가 겪은 경제적인 위기의 희생자가 될 수도 있었을 것이다. 토트넘 입단에 대해 이상한 점 한 가지는 내가 당시 토트넘 감독과 아무런 인연이 없었다는 것이었다. 자크 산티니 Jacques Santini 감독이 직접 나의 영입에 대한 논의를 한 것은 아니었지만, 이미 토트넘 행을 결정한 나는 뒤를 돌아보지 않고 그 길을 갔다.

6

EARNING
MY SPURS

토트넘 핫스퍼

MICHAEL CARRICK
BETWEEN THE LINES

"감독이 내가 누군지도 몰라 데이비드."

산티니 감독이 이끄는 토트넘의 훈련장을 처음 방문한 뒤 충격에 빠져서 내가 데이비드에게 했던 말이다. 나는 그날 훈련장에서 그들이 나를 맞이했던 그 모습, 아니 더 정확히 말하자면, 아무도 나를 맞이하지 않았던 그 모습을 믿을 수가 없었다. 나의 새 감독이자 나의 커리어를 한 단계 더 높은 곳으로 이끌어줄 것이라고 기대했던 감독은 나를 알아보기는커녕 내가 누군지도 전혀 모르는 것 같았다. 그는 토트넘이 275만 파운드를 지불하고 영입한 선수에 대해 아무런 관심이 없었다. 데이비드 역시 나와 비슷한 것을 느꼈다.

"네 말이 맞아 마이클. 내 생각에도 네 새 감독은 네가 누군지 모르는 것 같아."

왜? 어떻게 그럴 수가 있단 말인가?
축구팬들은 선수들이 이적하는 과정을 자연스러운 것처럼 생각하지만, 그들은 그 과정에서 선수들이 겪는 긴장감과 수많은 시행착오를 전혀 모르고 있다. 나의 경우에 대해서 말하자면, 내 메디컬 테스트는 웨스트햄 시절 내가 겪었던 사타구니 부위 부상 문제로 연기됐다. 그 기간이 너무 길어져서 나는 이제 내가 완전히 괜찮아졌다고 확신하면서도 긴장하지 않을 수 없었다. 의사들 역시 실수를 하지 않기 위해 긴장해야만 했다. 어떤 선수가 새 팀에 이적했는데 그로부터 한 달 후에 문제가 발생해서 경기에 뛰지 못하게 되면 바로 그 메디컬 테스트를 진행했던 의사들이 큰 문제에 봉착하게 된다. 그래서 그들은 나의 상처를 면밀히 검토하면서 거의 논쟁을 벌이기까지 했다. 토트넘의 팀닥터는 클럽 측에서 계속해서 그들에게 "마이클의 몸 상태가 괜찮나, 아닌가"를 물어본다고 말했고, 그들은 결국 클럽 측에 "마이클은 지난 시즌 웨스트햄에서 43경기를 뛰었습니다. 그는 괜찮아요"라고 말했다. 그 뒤에도 토트넘은 '더블체크'를 위해 나에게 몇몇 검사를 더 받도록 했고 그 후에야 나는 메디컬 테스트를 통과했다. 그러나, 그건 겨우 시작에 불과했다.

치그웰(토트넘의 옛 훈련장이 있던 장소 - 옮긴이 주)로 향하는 길에, 나는 웨스트햄 시절 만났던 선수들과 다시 만난다는 사실에 들떴다. 저메인 데포, 프레드 카누테, 그리고 레드납 감독의 아들이었던 제이미 레드납, 또 잉글랜드 U-21 팀 소속으로 '다보'라는 별명으로 불렸던 션 데이비스 등등. 아르네센 단장은 나를 따뜻하게 맞아줬고 나는 그와 잠시 대화를 나눴다. "감독님과 직접 만나서 한번 이야길해보지 그래" 그가 제안했다. 그게 바로 나와 산티니 감독 사이의 문제의 시작이었다. 프랑스 수비수 노에 파마로트 Noe Pamarot 도 나와 같은 날 토트넘에 입단했고 그는 이미 산티니 감독과 면담을 갖고 있었다. 그 둘의 대화는 대부분의 사람이 상상할만한 활기차고 따뜻한 분위기 속에서 진행됐다. 그러나 내가 그 방에 들어서자 아주 어색한 분위기가 흘렀다. 아르네센 단장이 나에 대해 소개를 했고, 그것부터가 이미 좋은 징조가 아니었다. 당연히 산티니 감독이 나에 대해 알고 있어야 하지 않은가? 나는 그와 악수를 나눈 후 대화를 나누고자 했지만 그는 영어를 잘 할 줄 몰랐고, 대화를 하려는 노력도 거의 하지 않았다. 나는 허무함을 느끼며 그 방을 나왔다.

물론 나는 그때까지 부모님께서 내게 해주신 상대를 존중하고 늘 열심히 노력하며 불평하지 말라는 조언을 기억하고 있었다. 그래, 내가 더 잘해보자. 다음날 훈련장에서 파마로트가 1군 팀과 훈련을 하고 있었고, 내가 그들 쪽으로 이동하려고 하자 다른 한 코치가 나에게 리저브팀과 훈련을 하라고 말했다. 1군 팀 선수들이 모두 지켜보고 있는 상황에서 그런 일을 겪으면서 스스로가 아주 보잘것없이 느껴졌다. 적어도 리저브팀을 이끌고 있던 클라이브 앨런Clive Allen 감독은 나의 상황을 이해하고 나를 도와주려고 했다.

"계속 열심히 훈련을 해봐라" 클라이브가 말했다. 그리고 나에게 웨스트햄 리저브팀과의 경기에서 뛰라고 말했다. 나는 며칠전 웨스트햄 1군 팀을 떠나 다른 팀으로 이적해서는 이제 다른 팀 선수가 되어 웨스트햄 리저브팀을 상대해야되는 상황이었다. 나는 큰 목표를 안고 토트넘으로 이적했다. 물론 모든 것이 처음부터 잘 풀릴 것을 기대한 것은 아니었지만, 내가 1군 팀에서 경쟁할 정도의 상황은 될 것이라고 생각했다. 결국 나는 산티니 감독과 직접 그의 생각에 대해 대화를 나눠보는 것이 좋겠다고 생각했다. 그러나 그것도 별로 소용이 없었다. 그는 그저 나와의 대화를 빨리 끝내고 싶은 듯 보였다. "훈련을 열심히 해봐. 지금은 잘하는 선수들이 많아" 그래, 그렇겠지. 뭔가 내가 모르는 상황이 있는 것 같았다.

그 직후, 나는 리저브팀과 훈련 중에 발목을 다치면서 스스로 나의 1군 팀 합류에 대한 논란을 끝내버렸다. 그 무렵 나는 토트넘으로의 이적이 잘못된 선택이었다는 생각을 하기 시작했다. 차라리 웨스트햄과 2부 리그에서 뛰는 편이 나았을까? 그 후로 한동안을 침울하게 지냈다. 그러나 나는 그대로 물러서는 대신 전력을 다해 최대한 빨리 몸 상태를 회복하고 리저브팀 훈련에 복귀하는 데 집중했다. 시간이 조금 지나자 나는 서서히 1군 팀과 함께 훈련을 하게 됐고 결국 산티니 감독은 내게 포츠머스 전에 18분, 볼튼 전에 30분, 풀럼 전에 7분 출전 시간을 줬다. 물론 그렇다고 상황이 좋아진 것은 아니었다. 나는 여전히 고군분투하고 있었고, 무엇이 문제인지 이해하기 어려웠다. 내가 아주 형편없는 선수였거나, 새 팀에서 문제를 일으키는 상황도 아니었다. 시간이 지난 후에 나는 그 시기에 아르네센 단장과 산티니 감독 사이의 알력 싸움이 있었다는 것과 바로 내가 그들 싸움의 희생양이었다는 사실을 알게 됐다. 나는 아르네센 단장이 영입한 선수지 산티니 감독이 영입한 선수가 아니었던 것이다. 산티니 감독은 나를 높게 평가하지 않았지만, 그렇다고 나는 그의 말을 거스르거나, 그와 사이가 나쁘게 지내거나 하지 않았다. 그와의 관계는 힘들었지만, 나는 그와 프로로서의 관계를 잘 지켰다.

나는 산티니 감독에게 미운털 박힐 일을 하지 않기 위해 신경을 썼다. 문제를 일으키지도 않았고 늘 겸손한 자세를 보였다. 나는 산티니 감독, 아르네센 단장, 그리고 마틴 욜Martin Jol 당시 코치에게 늘 고마운 마음을 갖고 있다. 욜 코치는 내가 1군 팀과 훈련을 할 때마다 늘 나를 따뜻하게 맞아주고 격려해줬다. 그는 또 내가 다시 리저브팀과 훈련을 할 때면 나를 따로 불러서 언젠가 나의 시간이 올거라며 포기하지 말라고 말해줬다.

11월 5일, 데이비드가 내게 놀라운 소식을 전해줬다. "너 내일 선발 출전 할 거야" 그는 산티니 감독이 찰튼 전에 나를 선발로 쓸 계획이라는 소식을 전해 듣고는 내게 알려준 것인데, 내가 알기도 전에 데이비드가 그걸 먼저 알 수 있다는 것 자체가 이상한 일이었다. 다행히도 그런 일은 그때 그전에도, 그 이후로도 다시 일어나지 않았다. 마침내, 나의 감독에게 내가 선발로 출전해서 할 수 있는 플레이를 보여줄 기회를 얻게 됐다. 나는 곧바로 부모님께 전화를 드려서 경기를 보러오시라고 했다. 그날 몇 주 만에 처음으로 웃었다. 그러나, 안타깝게도, 혹은 늘 그렇듯이, 축구는 계획대로 흘러가지 않는다. 그날 산티니 감독이 13경기만에 경질당한 것이다. 그 소식을 듣고 나는 좋아해야 할지 슬퍼해야 할지를 알 수 없었다. 산티니 감독이 이제야 나를 인정하려고 하는 바로 그 시점에 팀을 떠난 것이다. 물론 그것이 다가 아니었다. 아르네센 단장이 나를 선발 명단에서 제외한 것이다. 그는 산티니 감독이 떠나자마자 내가 선발로 나서는 것은 마치 나를 두고 문제가 있었던 것처럼 보일까 걱정했다. 나는 그런 상황이 그 누구보다도 혼란스러웠다. 결국 그 경기에서 나는 제이미 레드냅과 교체되어 투입됐고 우리는 패했다. 토트넘에서 나의 상황이 바뀐 것은 마틴 욜 코치가 1군 감독이 된 이후였다.

마틴 욜 감독은 나의 커리어를 구한 사람이다. 정말로 그렇다. 나는 그에게 평생 갚지 못할 빚을 졌다. 그는 토트넘에서 나에게 첫 선발 출전의 기회를 줬다. 그것도 아스널과의 북런던더비에서. 북런던더비가 얼마나 중요한 경기인지는 누가 설명해주지 않아도 익히 알고 있었다. 그 더비는 축구의 유산이다. 어린 시절 봤던 많은 사람들이, 가족끼리 모여서 TV로 북런던더비 경기를 보는 모습은 내가 여전히 기억하는 모습이다. 더비는 팬들에게 정말 중요한 의미를 갖는다. 모든 팬들이 감정적으로 그 경기를 지켜본다. 소리를 지르고, 온갖 감정을 표출하면서. 리버풀 대 에버튼, 웨스트햄 대 첼시도 큰 더비 경기다. 그러나 토트넘 대 아스널은 언제나 더 크고 중요한 정말 엄청난 더비 경기다. 나는 두 팀 사이의 역사 그리고 아스널이 리그에서 강하고 토트넘은 컵 대회에서 강한 팀으로 여겨지는 분위기, 또 폴 개스코인이 뛰었던 1991년 FA컵 준결승전 등을 모두 기억하고 있다.

그런 빅매치의 흥분되는 분위기가 그리웠다. 다시 그 설렘을 느끼고 싶었다. 2부 리그에서는 그런 감정을 느낄 수 없다. 나는 바로 그런 경기에서 뛰기 위해 토트넘에 왔다. 선수 입장 터널에서 나는 상대 선수 누구와도 눈을 마주치지 않고 조용히 입장을 기다렸다. 나는 나와 친한 선수가 상대팀에 있더라도 입장 터널에서 그들과 대화를 나누지 않는다. 내가 주장으로서 입장할 때는 다른 팀 주장과 악수를 나누기도 하고 누가 나에게 먼저 인사를 해오면 답례를 하긴 하지만, 내가 먼저 상대팀에게 인사를 건네는 일은 없다. 나는 늘 그 안에서 '첫 번째 태클, 첫 번째 패스'에 대해 생각한다. 나 자신의 마음을 가다듬으면서. 그날은 나에게 있어 지난 2년간 겪었던 강등과 부상, 온갖 고난을 뒤로 하고 큰 무대를 향해 새로운 출발을 하는 날이었다. 또, 나의 아스널행을 막았던 파브레가스와 상대하게 되는 날이었다. 그날은 나와 최고의 선수들과의 경쟁이 시작되는 첫 번째 날이었다.

내가 가장 존경했던 아스널 선수는 데니스 베르캄프 Dennis Bergkamp 였다. 경기 중, 베르캄프가 나의 옆을 지나칠 때 나는 그를 향해 깨끗한 슬라이딩 태클을 시도했고 마음 속으로 '잡았다'고 생각했다. 그러나 그는 아주 쉽게 볼을 공중으로 띄우고는 마치 춤을 추는 듯한 동작으로 나를 제치고 나아갔다. '다시 해봐'라고 하는 듯이. 그 순간 나는 나의 상대 선수에게 존경의 감정을 느꼈다. '그래, 멋지네. 내가 한 방 먹었어'라는 생각도 들었다. 그날 우리는 4-5로 패했다. 나는 패배를 싫어하는 선수였지만, 그 경기에서 내가 나이베, 레들리 킹 Ledley King 에게 만들어준 기회에 만족했다. 다시금 팀에 소속되어 함께 싸우는 느낌이 들었다. 드디어, 내가 돌아온 것이다. 북런던더비는 나의 능력을 최대한으로 끌어냈다. 2006년 4월, 하이버리에서 열린 경기를 지금도 기억한다. 그 경기는 내가 토트넘에서 뛴 최고의 경기 중 하나였다. 마틴 욜 감독은 내게 좀 더 경기를 적극적으로 즐기라고 주문했고, 나는 평소의 나답지 않게 드리블을 구사하면서 얀스 레만 골키퍼를 제치고 슈팅을 날렸지만, 나의 슈팅은 골대 옆을 맞추고 말았다.

마틴 욜 감독은 나에게 아주 큰 영향을 미쳤고 나를 한 단계 더 성장시켜줬다. 그의 아내 니콜은 나에게 "남편이 마이클의 엄청난 팬이야"라고 말해주곤 했다. 그는 늘 나에게 믿음을 보여줬고, 내가 토트넘에서 맞이한 두 번째 시즌에는 미드필드에서 중심 선수로서의 역할까지 맡겼다. 축구에서는 모든 선수들이 과거의 선수들과 비교되기 마련이다.

토트넘은 마틴 욜 감독의 지도 아래 발전해나갔고 나도 팀에 완전히 적응했다. 나의 두 번째 시즌에 토트넘이 에드가 다비즈Edgar Davids 를 영입한 것은 정말 의미가 큰 일이었다. 그는 진정한 슈퍼스타다. 그가 판 할 감독 아래서 아약스 시절 챔피언스리그 우승을 차지했던 것, 또 그가 유벤투스에서 거둔 세 번의 우승, 또 네덜란드 대표팀에서 그가 1998 프랑스 월드컵, 유로 2000에서 얼마나 뛰어난 활약을 했는지 등등을 나는 모두 알고 있었다. 그의 전성기는 2, 3년 전에 지났을지 몰라도 나는 그와 함께 뛰면서 많은 것을 배웠다. 그에게 배운 가장 중요한 것은 승리에 대한 열망이었다. 그렇게 많은 우승을 차지했음에도 불구하고, 그는 여전히 우승을 향한 열망에 불타오르는 선수였다. 토트넘은 나와 저메인 제나스Jermaine Jenas, 그리도 다비즈로 구성된 준수한 중원을 갖추게 됐고 아론 레논Aaron Lennon 은 측면에서 날아다니는 듯한 빠른 움직임을 보여줬다. 그는 어렸을 때도 아주 빠른, 좋은 선수였지만, 토트넘에서 보낸 나의 두 번째 시즌에는 거의 누구도 막을 수 없는 선수로 성장했다. 공격진에는 카누테, 데포, 로비 킨Robbie Keane 이 좋은 활약을 보여주고 있었고, 특이한 개성을 가진 선수였던 미도Mido 도 나쁘지 않은 활약을 했다. 수비진의 리더는 레들리 킹이었고, 그의 파트너는 마이클 도슨Michael Dawson 이었다. 킹은 무릎 상태로 인해 많은 훈련을 소화하지 못했음에도 불구하고 최고의 수비수였다. 나는 그가 주중에 개인 훈련을 소화하면서 주말 경기에 부족함이 없는 컨디션을 유지하기 위해 노력했던 모습을 보며 감명을 받았다. 그에게 고질적인 부상이 없었다면 그가 얼마나 더 좋은 선수가 될 수 있었을지는 오직 하늘만이 알 것이다. 그는 리오 퍼디난드와 비교해도 크게 부족하지 않은, 맨유에서도 충분히 뛸 수 있을 만한 선수였다.

당시 토트넘 선수들은 경기장 밖에서도 좋은 친구들이었고 선수들 모두가 잘 어울려 지냈다. 킨, 제나스, 킹, 도슨, 그리고 앤디 리드Andy Reid 등등. 그들이 팀의 중심이었다. 나는 킨하고도 가깝게 지냈는데 그는 파티를 아주 즐기는 선수였다. 그는 노래 부르는 걸 정말 좋아했다. 그는 누가 옆에서 부추기거나 하지 않아도 언제 어디서든, 어떤 종류의 노래를 불렀는데, 사실 노래를 못하지도 않았다.

어느새 나는 토트넘에서 행복한 시간을 보내게 됐다. 토트넘은 정말 멋진 축구 클럽이다. 화이트하트레인은 관중석과 피치 거리가 좁아서 홈구장의 분위기가 정말 강하게 느껴지는 곳이다. 나는 욜 감독 아래서 우리가 특별한 성과를 이룰 수 있다고 믿었고, 챔피언스리그 진출권을 얻을 수 있을 거라 생각했다. 2005/06시즌 마지막 경기에서 우리는 웨스트햄 원정을 떠났다. 카나리워프에 있는 매리어트 웨스트 호텔에 체크인할 때까지는 모든 것이 순조로워 보였다. 마지막 한 경기를 남겨놓은 상황에서, 우리가 아스널보다 나쁜 결과를 얻지만 않으면(우리가 지고 아스널이 이긴다거나) 우리는 4위를 차지하고 다음 시즌 챔피언스리그에 진출할 수 있는 상황이었다. 챔피언스리그에 나간다는 생각, 그에 더해서 아스널을 제치고 나간다는 생각에 모두가 들떠있었다. 저녁을 먹기 위해 모였을 때까지도 모든 것이 평소와 같았다. 우리는 저녁을 먹고 간단한 팀미팅을 가진 후에 각자 방으로 이동했다. 그 순간부터, 영국 언론에서 '라자냐 게이트'라고 부르는 그 사건이 시작되기 시작했다.

실제 상황은 훨씬 더 심각했다. 나는 새벽에 복통을 느끼며 일어나서 구토를 하기 시작했다. 그때까지 그런 통증을 느껴본 적은 한 번도 없었다. 마치 배에 불이 난 것 같은, 그리고 누군가가 그 위에 계속 기름을 붓는 것만 같은 느낌이었다. 나는 제발 그 고통이 사라지길 빌며 침대에서 구르고 또 굴렀다. 제발 이 밤만 견디자, 그리고 아침에 의사에게 진료를 받자, 스스로를 타일렀다. 다음날 아침 7시, 아래층으로 내려가 무언가를 먹어서 진정을 시키려고 바나나를 하나 먹었다. 아무런 효과가 없었다. 잠시 후 동료 선수들도 한 명 두 명 식당으로 내려왔다. 모두가 창백한 얼굴이었다. 그들도 나처럼 고통으로 잠을 제대로 못 이룬 것이다.

나는 식당에 있을 힘도 없어서 방으로 돌아가 침대 위에 쓰러졌다. 왜? 왜 하필 오늘인가? 나는 침대 위에 한 시간 동안 누워서 속으로 '괜찮을 거야, 다 괜찮을 거야'라고 속삭였다. 곧 마틴 욜 감독과 선수들이 산책을 나갈 시간이었다. 그러나 그때의 나에겐 산책은커녕 화장실까지 걸어가는 것조차 힘들었다. 고열과 구토의 반복. 잠은 잘 생각조차 할 수 없었다. 나의 몸이 밖에 나가지 말고 방에서 휴식을 취해야 한다고 외치는 듯 했지만 나는 나가야 했다. 미팅룸에 내려가자 그곳은 미팅룸이 아니라 병원실 같은 분위기였다. 7, 8명의 선수들이 심각한 상태에 놓여있었다. 누구도 정확한 이유를 몰랐다. 바이러스? 식중독? 혹은 누군가의 고의적인 음모? 경찰, 그리고 프리미어리그 사무국 직원들이 마틴 욜 감독, 다니엘 레비 회장과 대화를 나눴다. 마틴 욜 감독은 우리에게 "하루 경기를 연기해달라고 요청했다. 최소한 4시간 정도 미뤄서 너희가 회복할 수 있게 해달라고 부탁했어"라고 말했다.

다니엘 레비 회장은 리차드 스쿠더모어 프리미어리그 회장에 직접 전화를 하기도 했지만 아무 소용 없었다. 우리는 예정대로 경기를 진행해야 했다. 나는 리그 측의 냉정한 결정을 이해한다. 어떤 기준으로 경기를 연기한단 말인가. 두 명이 아프면? 네 명이 아프면? 아니면 여섯 명? 게다가 그 경기는 한 시즌의 마지막 경기였다. 한 시즌 전체의 노력의 성과가 그 경기에 걸려있었고 나는 팀을 돕고 싶었다.

"뛸 수 있겠니?" 마틴 욜 감독이 물었다. 나는 몸에 기운이 하나도 없었고, 나의 몸은 '안 된다'라고 말하고 있었다. 그러나, 나의 마음은 '네'라고 대답하고 있었다. 나는 팀원들을 실망시키고 싶지 않았다. 책임감을 느꼈다. 나는 그 시즌 토트넘의 어떤 선수보다도 많은 패스와 크로스를 기록한 선수였다.

"몸 상태가 좋지는 않습니다…. 그래도 뛰겠습니다" 내가 욜 감독에게 말했다. 그는 내게 고마워했다. 그는 이제 간신히 베스트 11을 추렸다. 나는 힘없이 버스에 올라타서 화장실 근처 자리에 앉았다. 업튼 파크에 도착할 때쯤,

마틴 욜 감독의 전술에 대해 듣다가 나는 다시 화장실로 달려가서 구토를 했다. 경기에 집중하고 싶었지만, 내가 할 수 있는 건 더 이상 구토와 설사를 하지 않게 노력하는 것뿐이었다. 그날 드레싱룸에서 나는 동료 선수들에게 힘을 내자고 말을 했지만, 사실 가장 기운이 필요했던 건 나 자신이었다. 지금도 그날 부상으로 뛸 수 없었던 제나스가 내 몰골을 보며 놀라서 웃던 모습이 선명하다. 내가 그만큼 휘청거리고 있었던 것이다. 돌아보면, 그날 경기가 끝난 후 데포가 기자들에게 했던 말이 참 고맙다. "마이클 같은 선수들이 존경스럽다. 그는 정말 힘든 상황에서도 팀을 위해 뛰었다" 그날 나는 정말 뛸 수 있는 상황이 아니었다. 제대로 움직이기도, 누군가를 가까이서 막기도 힘들었다. 나는 경기에 집중하는 대신 경기장 위에서 토를 하지 않는데에 더 집중해야 했다. 그러던 중 웨스트햄 팬들이 '1-0 아스널'이라는 응원가를 부르며 아스널이 하이버리에서 골을 기록했다는 사실을 알렸다. 곧이어 위건이 2-1로 역전을 했으나 아스널이 다시 2-2를 만든 채 전반전을 끝냈고, 우리도 내가 데포의 동점골을 어시스트하며 1-1의 상황이 됐다. 그대로 경기가 끝난다면, 우리가 챔피언스리그에 진출하는 상황. 그러나, 나는 양팀의 순위를 신경쓸 수 있는 상황이 아니었다. 나는 도저히 더 이상 뛸 수가 없는 상황이었고, 마틴 욜 감독이 다비즈를 교체하려던 순간 나는 손을 들고 마틴 욜 감독에게 "나를 교체해주셔야 할 것 같습니다"라고 신호를 보냈다. 그건 마치 내가 항복의 의미의 백기를 드는 것만 같은 느낌이었다. 그것이 내 커리어 전체에서 유일한, 내가 스스로 교체를 요청했던 순간이었다. 나는 마틴 욜 감독의 신호를 받기도 전에 그대로 드레싱룸으로 돌아갔다.

남은 경기와 그 결과를 지켜보며 나는 무력감을 느꼈다. 웨스트햄이 추가 골을 기록했고, 아스널은 이겼다. 웨스트햄 팬들은 우리를 조롱하며 즐거워했다. 그들에게 있어 토트넘의 챔피언스리그 진출을 막았다는 것은 큰 의미가 있었기에 업튼 파크는 축제 분위기였다. 경기장의 아래층, 우리 드레싱룸 안에서 선수들은 모두 얼어붙은 것처럼 아무도 미동조차 하지 않고 있었다. 그 완벽한 허무함, 무력감을 떨쳐버리고 싶었다. 축구란 때로는 믿기 힘들 정도로 잔인할 때가 있다. 나는 그날 토트넘의 선수들이 모두 정상의 컨디션이었다면, 우리가 챔피언스리그에 진출했을 거라고 확신한다.

그 후, 조사관이 매리어트 호텔에 파견되어 우리가 먹은 라자냐 음식을 검사하고는 우리가 겪은 고통의 원인이 식중독이 아니라고 밝혔다.

조사관에 의하면 우리는 노로바이러스에 걸린 것이었고, 호텔의 문제는 아니었다. 그 시기 온갖 음모론에 대해 나도 들었지만, 그런 소리를 믿은 적은 없었다. 누군가가 한 팀을 악의적으로 노린다면, 음식에 무언가를 타거나 하는 방식을 쓰면 쉽다. 잉글랜드에선 그런 일은 벌어지지 않는다. 모두가 '라자냐 게이트'라며 떠들썩했지만, 그건 사실이 아니었다. 우리의 뼈아픈 고통은 매리어트 호텔의 음식과는 아무런 관련이 없었다.

나에게 또 하나 좌절스러웠던 일은 토트넘이 내게 제안했던 새 계약이 흡족할만한 것이 아니었다는 것이었다. 나는 토트넘에서 정말 행복했고, 크리스마스 무렵 다니엘 레비 회장과 재계약에 대해 논의했다. 그 무렵 내 계약은 2년 반이 남은 상태였다. 그는 우리의 요구사항에 동의하지 않고 양측은 경제적인 문제에서 큰 이견을 보였다. 나는 토트넘으로 이적할 당시 내가 웨스트햄에서 받던 주급(즉, 2부 리그)과 동일한 주급으로 이적했기에 그의 입장이 더욱 이해가 되지 않았다. 토트넘의 주급 체계가 엄격하다는 것은 모두들 아는 일이지만, 나는 주급이 인상된 재계약을 맺을 자격이 있다고 생각했다. 나와 비슷한 시기에 레들리 킹 역시 재계약을 논의중이었기에 레비 회장은 그 문제에 집중하고 있었다. 그는 우리에게 내가 이미 팀을 떠날 생각이었다고 말했지만, 나는 가슴에 손을 얹고 그것이 사실이 아니라고 말할 수 있다. 나는 그때 100% 토트넘과의 재계약을 원했다. "나에게 맞는 주급을 준다면 남겠다"라는 말이 듣기 좋지 않을 수도 있다. 나는 돈이 우선인 선수도 아니었다. 그러나, 진심으로, 만약 그때 레비 회장이 나에게 공평한 주급을 제시했다면, 나는 토트넘에 남았을 것이다.

그때 나의 상황은 나의 가치를 정당하게 인정하느냐 아니냐의 문제였다. 그러나 레비 회장은 그것을 제대로 이해하지 못한 것 같다. 나는 두 번째 시즌 충분한 동기부여를 갖고 축구에 임했다. 나는 스스로 그 시즌이 나에게 있어 지금이 아니면 나의 가치를 제대로 보여줄 수 없는, 축구계에 흔한 '어쩌면 성공할 수도 있었던' 선수가 될 수도 있는 위기라고 느꼈다. 나는 나의 커리어의 교차로에 서 있었다. 실제로, 그 어떤 과장도 없이, 그 시기가 나의 여생을 결정지었다. 나는 토트넘에 완벽히 집중하고 있었고 팀을 떠날 이유가 없었다. 게다가 그 시즌 우리는 리그 5위를 차지했는데, 내가 어디로 간단 말인가? 그보다 더 상위팀이 나를 원할까? 나는 그렇게 생각할 수 없었다.

아스널이 다시 나에게 관심을 보였고, 데이비드는 아스널 수석 스카우트였던 스티브 로울리 Steve Rowley 와도 잘 아는 사이였다. 두 사람 사이에서 비공식적으로 "요즘 마이클 어때? 그가 아스널에 올 관심이 있을까?" 같은 대화들이 오가기도 했다. 그러나 내가 토트넘을 떠나서 아스널로 갈 수 있었을까? 그건 너무 심한 일이었을 것이다. 나는 그 일에 대해 진지하게 고민하지 않았다. 리버풀도 나의 상황에 대해 가볍게 문의를 해왔다. 그런데 나를 정말 흥분하게 했던 것은 맨유도 나의 영입에 관심을 보이기 시작했다는 소식이었다. 그 이야기를 들은 후 나의 머릿속에는 올드트래포드에서 경기할 때 느꼈던 감정들과 업튼 파크에서 맨유 앰블럼이 그려진 자켓을 입고 옆으로 지나가는 선수들을 보며 느꼈던 동경심들이 떠오르기 시작했다. 정말 맨유에서 뛰고 싶다는 꿈이 현실이 될 수 있을까?

나는 데이비드에게 구단들과의 협의를 맡기고 월드컵이 열리는 독일로 향했다. 그러나 나는 맨유와 다니엘 레비 회장 사이에서 벌어진 문제들로 인해 또 한 번 실망을 느끼게 됐다. 6월 10일, 레비 회장이 맨유의 1000만 파운드 제안을 거절했다. 나는 맨유가 제안한 이적료에 한 번, 또 그 이적료를 레비 회장이 거절했다는 사실에 두 번 놀랐다. 그것이 공정한 것인가? 토트넘은 나를 영입하는데 250만 파운드를 썼고, 이는 최종적으로 275만 파운드가 됐다. 그러니 2년 후에 1000만 파운드에 나를 판다고 해도 나는 토트넘이 충분히 이윤을 남기는 상황이라고 생각했다. 나의 이적으로 인해 웨스트햄이 얻게 되는 수익도 미미한 수준이었기 때문에 더더욱 그랬다. 나는 레비 회장이 일부러 큰 이적료를 요구하면서 나의 꿈의 클럽으로의 이적을 막고자 하고 있다고 느꼈다. "1200만 파운드면 충분하겠죠?" 내가 데이비드에게 말했다.

이후에 나는 나와 함께 잉글랜드 대표팀 소속으로 바덴바덴에서 훈련을 받고 있던 맨유 선수들이 퍼거슨 감독에게 나에 대해 프로페셔널한 선수라며 추천의 의사가 담긴 보고서를 보냈다는 사실을 알게 됐다. 나는 게리 네빌Gary Neville이 나의 훈련하는 모습이나 다른 선수들과 지내는 모습을 주의 깊게 보고 있다는 사실을 전혀 눈치채지 못했고 그와 대화도 나눈 적이 없었다. 그러나 퍼거슨 감독에게 나를 추천한 사람은 분명히 네빌이었다.

레비 회장은 여전히 고집을 부리고 있었다. 나도 레비 회장이 자신의 클럽의 이익을 위해 일하는 좋은, 뛰어난 비즈니스맨이라는 것을 이해한다. 그러나 레비 회장은 나의 이적 협상에 열을 올리고 있었다. 양측은 나를 두고 포커게임을 벌이고 있었고, 레비 회장은 그 게임의 전문가였다. 맨유 측의 협상을 이끈 사람은 데이비드 길David Gill 사장이었는데, 그는 플로리다에 있는 구단주인 글레이저 가문을 대신해서 협상을 하고 있었다. 나중에 알게 된 사실이지만, 길 사장은 퍼거슨 감독이 골프를 하고 있는 중에 그에게 전화를 해서 "레비 회장이 1200만 파운드 이상을 요구하고 있다"는 사실을 알렸다고 들었다. 그 말을 듣고 퍼거슨 감독은 어떤 생각을 했을까. 나는 몇 번이나 '결국 없던 일이 되겠구나'라고 생각했다. 그러나 길 사장은 그 와중에도 데이비드에게 계속 연락을 해서 "걱정하지 마. 결국 성사될 거야. 그저 마이클에게 우리가 포기하지 않을 거라고 전해줘"라는 메시지를 전했다. 나는 맨유가 결국 나를 포기하지 않을까 체념하고 있었고, 마침내 6월 30일에 퍼거슨 감독으로부터 직접 전화를 받은 후에야 안심을 할 수 있었다. 그날 나는 바덴바덴의 잉글랜드 대표팀 가족들이 머물고 있는 호텔 정원에서 어머니, 아버지, 리사, 그리고 그레엄과 함께 있었다. 데이비드가 나에게 전화를 걸어 "몇 분 후에 퍼거슨 감독이 너에게 전화를 할 거야"라고 알려왔다.

정말 몇 분 후에 전화기가 울렸다. "아버지, 퍼거슨 감독이에요, 퍼거슨 감독!" 전화를 받기 전에 내가 아버지께 말했다. 나에게 그랬듯, 아버지, 어머니, 리사, 그레엄 모두에게도 그것은 초현실적인 상황이었다. 심장박동이 빨라지기 시작했다. 알렉스 퍼거슨 감독이 누구인가? 잉글랜드 축구 역사상 가장 중요한 감독이 나에게 전화를 걸어온 것이다. 나는 혹시라도 다른 사람이 들을까 고개를 숙여서 조용히 전화를 받았다. 그 시기 우리가 지내는 호텔 근처에는 기자들이 많았다. 그러나, 일단 퍼거슨 감독과 대화를 시작하자 나는 곧 안정감을 느꼈다. 우리의 대화는 길지도 않았다. 1분 정도였을 것이다.

"잘 지내나? 내일 경기에는 뛰고?" 퍼거슨 감독이 물었다.

"아니요." 내가 대답했다.

그때는 에콰도르 전이 끝난 후였고 나는 잘 뛰었지만, 내가 포르투갈과의 8강전에 선발로 출전하지 않는다는 것을 미리 알고 있었다.

"왜 네가 선발이 아니지?" 퍼거슨 감독이 말했다. 그의 목소리에는 그가 나를 지지하고 있다는 느낌이 담겨있었다.

우리는 맨유에 대해 짧게 대화를 나눴고, 그는 나에게 좋게 보이려고 할 필요가 전혀 없었다. 내가 이미 맨유에 사로잡혀있었기 때문이다. 내가 원했던 것은 단 한 가지, 반드시 맨유로 가고 싶다는 것뿐이었다.

"조금만 기다려라, 마이클. 토트넘이 복잡하게 구는데, 결국에는 잘 될 거야" 퍼거슨 감독이 말했다. 그 통화는 내 인생에서 가장 중요한 통화였다. 그 어떤 것과도 비교할 수 없는. 전화를 끊고 나는 아버지, 어머니, 리사, 그레엄을 보며 말했다.

"지금 무슨 일이 있었던 거야? 내가 퍼거슨 감독과 통화를 했다고!"

"퍼거슨 감독님이 뭐라고 하시든?" 어머니가 물었다.
"계약이 결국에는 성사될 거래요." 그 말은 우리에게 필요한 전부였다.

그렇게 차가 맛있었던 날이 없었다. 잉글랜드 대표팀 호텔에 돌아왔을 때 나는 네빌에게도 그 통화에 대해 말하지 않았다. 나는 비밀을 지켰다. 나는 원래부터 누구에게 그런 일에 대해 먼저 말하는 성격이 아니다. 나와 가장 친한 친구들에게도 퍼거슨 감독과의 통화에 대해 이야기하지 않았다. 만약 내가 말했더라도 그들은 "퍼거슨이 누군데?"라고 했을 것이다.

내가 맨유로의 이적에 마음이 사로잡혀있는 동안 양쪽의 협상은 7월까지 계속 이어졌다. 나는 월드컵을 마친 후 리사와 함께 칸에서 여행을 보내고 있었고, 우리 모두가 이제는 그 일에 대해 마침표를 찍어야 할 때라고 생각했다. 나는 그 다음주에 토트넘 훈련에 합류해야 했기에, 그 전에 모든 것이 마무리되기를 바랬다. 그래서 나는 처음이자 마지막으로 레비 회장에게 직접 전화를 걸었다. 해변가의 한 벤치에 앉아서 나는 그에게 "회장님, 저는 정말 떠나고 싶습니다. 맨유의 제안을 받아주실 수 없나요? 회장님은 저를 영입하는데 250만 파운드를 썼는데, 맨유는 1200만 파운드 이상을 제안하고 있잖아요"라고 말했다.

그 통화는 정말 어려운 통화였다. 팀에게 "떠나고 싶다"라는 말을 하는 것 자체가 나의 성향과는 아주 다른 일이기 때문이다. 그러나 그때의 나는 직접 나서서 문제를 해결해야만 하는 상황에 놓여있었다. 축구 선수의 커리어는 짧고, 그와 같은 기회는 다시 오지 않는다. 특히 내가 곧 25세가 되는 상황에서, 맨유로의 이적은 그때가 아니면 평생 다시는 오지 않을 기회였다.

"글쎄, 맨유가 옳은 이적료를 내야겠지" 레비 회장이 답했다. 결국, 레비 회장에게는 이적료에 대한 생각뿐이었던 것이다. 그는 계속해서 이적료를 올릴 생각만 하고 있었다.

"제가 회장님께 이런 말을 하는 날이 올 줄 몰랐습니다. 토트넘에서 아주 행복했기에 팀을 떠나고 싶다는 말을 하게 될지도 몰랐습니다. 그러나, 이건 맨유입니다."

"글쎄, 맨유가 옳은 이적료를 내야 한다니까" 레비 회장과 논쟁하는 것은 아무 의미가 없는 일이었다. 차라리 벽에 대고 이야기를 하는 것이 더 즐거웠을 것이다. 나는 그에게 내가 원하는 것이 무엇인지, 그리고 왜 내가 클럽을 떠나야 하는지에 대해 이야기했으나, 그가 다시 돈 이야기를 꺼내는 순간 더 이상의 대화를 포기하고 전화를 끊었다. 나는 다니엘 회장이 토트넘을 위해 노력하고 있다는 사실 자체는 존중했지만, 그건 정말 힘든 통화였다.

토트넘 훈련장으로 돌아와서, 나는 마틴 욜 감독을 찾아갔다. 그는 정직하고 좋은 사람이었고, 여전히 다정하게 나를 맞아줬다. "마이클, 나는 정말 널 보내고 싶지 않지만, 네 마음을 충분히 이해한다. 내가 네 앞길을 막진 않을 거야. 넌 맨유로 갈 자격이 있다" 그가 말했다.

토트넘은 챔피언스리그 진출권을 얻지 못했고, 맨유는 챔피언스리그에 나간다. 맨유는 지난 10년 간 3번 리그 우승을 차지한 팀이었고 축구 선수로서 그런 팀으로 이적하는 것은 분명히 한 단계 더 나아가는 것을 뜻했다. 마틴 욜 감독은 그걸 충분히 이해하고 있었다. 토트넘의 선수들도 모두 나의 상황을 이해했다. 맨유라니! 누구라도 기회가 있다면 맨유로 가고 싶을 것이다.

7월 24일, 데이비드가 내게 전화를 했다. "이적협상이 완료됐어" 드디어!

맨유는 1800만 파운드의 이적료를 내는데 동의했다. 그건 예상보다 훨씬 높은 이적료라는 생각이 들었지만, 나는 이적료에 신경 쓸 겨를이 없었다. 그 소식을 들은 순간 내게 든 단 하나의 감정은 안도감이었다. 그 무렵 맨유가 비야레알의 마르코스 세나나 바이에른 뮌헨의 오웬 하그리브스에게 관심을 갖고 있다는 소식이 나오고 있었다. 맨유 내부에서도 후방 플레이메이커를 영입할 것인지, 더 수비적인 미드필더를 영입할 것인지에 대한 논의가 오가고 있다는 소식도 들었다. 내가 맨유의 첫 번째 선택이었든 아니든, 그런 것은 중요하지 않았다. 나는 그저 결국 내가 맨유에 입단하게 됐다는 사실에 감사했다.

　나의 이적이 발표되자, 맨유와 토트넘 팬들 모두 과연 그 이적이 적절한 것인지에 대한 의구심을 드러냈다. 그들의 그런 모습을 보면서 나는 여전히 내가 증명할 것이 많다는 것을 깨달았다. 토트넘 팬진의 베르니 킹슬리 에디터는 BBC와의 인터뷰에서 나의 이적에 대한 질문을 받고 "팬들이 아주 실망하진 않을 것이라고 생각한다. 그 정도의 이적료를 받고, 또 톰 허들스톤Tom Huddlestone, 디디에 조코라Didier Zokora 가 팀에 있는 상황이라면 좋은 비즈니스였다고 생각한다"고 말했다. 마크 롱렌 맨유 서포터스 클럽 회장은 같은 인터뷰에서 "1860만 파운드라는 돈이 과연 마이클 캐릭에게 쓰여야 되는 것인지 모르겠다"고 말했다. 당연히도, 나의 이적에 대한 논쟁은 한동안 이어졌다. 나 역시 1800만 파운드가 있었다면 나를 영입하는데 그 돈을 쓰지 않았을 것이다. 레비 회장이 계속해서 나의 이적료를 높였고, 맨유는 레비 회장이 원했던 대로 끌려간 것이나 다름없었다. 그 당시 토트넘 팬이라면 "1800만 파운드라면 좋은 비즈니스다"는 의견에 동의할 것이다. 반대로 맨유 팬들은 "캐릭은 좋은 선수지만, 그가 지금까지 보여준 것에 비하면 비싼 이적료다"고 생각했을 것이다. 리사와 함께 맨체스터로 향하면서, 나는 나에 대한 사람들의 의구심을 충분히 알고 있었다. 내가 나 자신의 가치를 증명해야 한다는 사실도.

7
PROVING MYSELF

나 자신을 증명하기

MICHAEL CARRICK
BETWEEN THE LINES

맨유의 훈련장에서 처음으로 '박스' 훈련을 했다. 그 훈련은 선수들 사이에서 처음으로 능력을 평가 받는 일종의 의식 같은 것이다. 내게 충분한 기술이 있나? 성격은 어떤가? 등등에 대한 평가 말이다. 물론 그 훈련은 모든 팀들이 하는 훈련이지만 맨유의 그 훈련은 특히 강도가 높다는 말을 들은 적이 있었다. 여기서 말하는 '박스'라 함은 5~8명의 선수들이 원을 이뤄서 서로에게 원터치 패스를 하고, 그 원 안에 들어가 있는 두 명의 선수는 그 볼을 뺏기 위해 노력하고 결국 볼을 뺏고 나면 뺏긴 선수와 자리를 바꾸는 훈련을 말한다. 맨유의 박스 훈련은 아주 빠르고도 강도가 높았고 때로는 무자비하기까지 했다. 나는 곧 맨유 선수들의 문화 속에는 선수들 사이의 경쟁의식이 뿌리깊게 자리잡고 있다는 것을 깨닫게 됐다. 그 훈련은 선수들의 기술과 팀워크를 향상시켜주고 또 진심으로 훈련을 하는 선수와, 열심히 하는 척만 하는 선수를 구별하는 기능을 했다. 나는 어떤 쪽이었을까?

나의 첫 번째 고민은 내가 어떤 박스로 들어가야 하느냐였다. 나이가 많은 선수들이 있는 박스? 아니면 어린 선수들이 있는 박스? 25세의 나이에 나는 어느 쪽에도 낄 수 있었다. 그러나 나는 곧바로 고참 선수들이 있는 박스로

갔다. 최고의 선수들로부터 배우고 싶었기 때문이었다. 또 그 고참 선수들이야말로 맨유의 심장과도 같은 선수들이었기 때문이다. 그래서 나는 과감하게 그들 안으로 들어가는 도전을 했다.

고참 선수들이 모여있는 박스는 주변에 코치도 없이 선수들로만 구성되어 있었다. 사실은 코치가 있을 필요가 전혀 없었다. 알렉스 퍼거슨 감독은 20미터쯤 떨어진 곳에서 종종 관찰하는 눈으로 지켜보는 정도였다. 나의 새 팀 동료들은 라이언 긱스Ryan Giggs, 폴 스콜스Paul Scholes, 올레 군나르 솔샤르Ole Gunnar Solskjaer, 게리 네빌Gary Neville, 네마냐 비디치Nemanja Vidić, 패트리스 에브라Patrice Evra 그리고 나의 옛 친구인 리오 퍼디난드Rio Ferdinand 였다. 루이스 사아Louis Saha, 미카엘 실베스트르Mikaël Silvestre, 가비 에인세Gabby Heinze 도 그곳에 있었다. 이 박스에 참가하는 조건은 기본적으로는 나이였는데, 시간이 지나면서 그 멤버들도 조금씩 바뀌었다. 이후 박지성, 웨인 루니가 우리 박스에 참가했다. 루니는 다른 동료들이 그를 놀리면서 그에게 알까기를 할 때마다 흥분해서 슬라이딩 태클을 날리기도 했다. 다른 동료들이 그를 놀리는 사이 그가 원 안에서 미친 듯이 뛰어다니는 모습도 종종 볼 수 있었다. 그게 바로 루니였다. 그러나 그는 2분만 지나면 언제 그랬냐는 듯 모두 잊어버렸다. 그런 적극적인 태도와 강한 의지가 그를 위대한 선수로 만들어준 동력이었다.

우리 박스에서 함께 훈련하는 선수들은 서로를 놀리는 일이 별로 없었지만, 스콜스는 종종 장난을 치곤 했다. 물론 그가 악의적으로 그랬던 것은 아니었다. 그건 그저 그가 그만큼 뛰어난 선수였기 때문이다. 종종 훈련 중에 멋진 동작을 할 때마다 그는 그저 낄낄대며 웃을 뿐 별다른 말을 하거나 하진 않았다. 맨유 훈련장에서 보낸 나의 첫 번째 날, 내가 고참 선수들이 있는 박스 쪽으로 걸어가려고 하자 누군가가 "이건 '코츠 박스'고 저게 '바클레이스 박스'야. 이건 챔피언스리그, 저건 챔피언십(2부 리그) 용이라는 말이지"라고 알려줬다. 퍼디난드도 고참들이 있는 박스 쪽으로 향하다가 나를 향해 "여기가 코츠야, 이쪽으로 와"라고 알려줬다. 내가 그 박스 안에 들어서는 순간 스콜스가 내게 그만이 할 수 있는 패스를 보내고는 씩 웃었다. 그는 반쯤은 나를 테스트, 또 반쯤은 장난을 치고 있는 중이었다. 그 박스는 훈련중에도 무자비한 곳이다. 퍼디난드에게 들으니, 그가 3000만 파운드의 이적료에 맨유로 왔을 때, 로이 킨이 보낸 강한 패스를 퍼디난드가 받지 못하자, 솔샤르가 그에게 "빌어먹을, 얼마라고?"라며 놀리는 말을 한 적이 있었다. 퍼디난드는 자신감이 강한 친구지만, 그런 그 역시 그 말을 듣고 주눅이 들었었다고 한다. 그런 날카로운 분위기가 그 안에 있는 모든 선수들에게 높은 수준의 선수가 되어야만 한다는 경계심을 준다. 박스 안에서 하는 그 훈련은 간단해보일 수도 있고 그냥 워밍업처럼 보일 수도 있지만, 그것이 바로 맨유 선수단의 분위기와 문화를 상징적으로 보여주는 것이었다. 나는 그 박스에서 맨유 선수들에겐 맨유라는 팀에 대한 자부심, 그리고 더 발전하기 위한 열망, 그리고 축구를 즐기면서도 더 높은 레벨을 추구하고 노력을 매일같이 이어가는 것이 중요한 일이라는 것을 이해하게 됐다. 그 박스 안에 들어서고 그곳에 남는 것은 곧 맨유라는 팀 안에 녹아들고, 그들과 함께 경기장에 나가서 트로피를 들어올리는 것을 의미했다. 또 쉬지 않고 계속해서 그것을 반복하는 것을 의미했다.

그 박스 안에서 훈련을 하면서 한 선수가 원 안에 두 번 이상 들어갈 때면 다른 선수들이 모두 '오, 또야? 시즌 티켓이라도 갖고 있나 보네. 또 들어갔어!'라며 외치곤 했다. 물론 그건 가벼운 농담으로 하는 말이었지만, 나는 절대로 그 안에 두 번 이상 들어가고 싶지 않았다. 스콜스는 무자비하게 나를 향해 패스를 하고 또 했다. 한 번은 나의 가슴을 향해 강한 패스를 보낸 적도 있었는데, 나는 실수 없이 그 볼을 컨트롤해야 했다. 나는 그것이 싫지 않았다. 훈련 중 항상 집중을 하고 있어야 한다는 의미였기 때문이다. 긱스는 나에게 패스를 할 것처럼 쳐다보고는 다른 선수들에게 패스하는 장난을 좋아했고, 퍼디난드는 말로 표현을 하는 일이 많았다. 그리고 박지성은 마치 세 개의 폐라도 갖고 있는 것처럼 왕성했고, 상대의 마음을 읽는 능력이 뛰어났다. 그는 정말로 뺏긴 볼을 되찾는데 엄청난 능력이 있었다. 그를 속이려고 무슨 수를 쓰든 상관없이, 그는 활짝 웃는 얼굴로 자신에게 패스가 이어질 순간을 기다리고 있었다. 솔샤르는 조용한 암살자처럼 '어디 한 번 받아봐'라는 식으로 패스를 보낼 때가 많았다.

퍼거슨 감독이 모아놓은 경쟁심 넘치는 선수들과 그들이 만들어내는 분위기 탓에 그 원 안에 들어간 선수들은 날아갈 듯 다이빙 태클을 하곤 했다. 물론 우리가 서로 격투를 벌이거나 한 것은 아니지만, 매일 10분, 15분 그 훈련을 하고 나면, 저절로 그 다음 훈련에 대한 준비가 완벽히 되곤 했다.

그 박스 안에 들어가면서, 나는 내가 스스로 맨유 선수들로부터 신뢰를 얻어내야 한다는 것을 알았다. 그들과 한 팀이 되기 위한 열망과 능력이 있다는 것을 말이다. 그들은 마치 '우리는 이번 시즌 리그 우승을 차지할 건데, 네가 어떻게 우리를 도와줄 거지?'라고 내게 묻는 것 같았다. 그런 마음 가짐은 맨유에서 뛰는 동안 나에게도 고스란히 이식되어서 나는 그 이후 맨유에 새 선수가 올 때마다, '그는 얼마나 뛰어난 선수지? 우리에게 무엇을 가져다 줄 수 있지?'라고 생각하게 됐다.

나는 전력을 다해 맨유를 돕고 싶었고, 전보다 더 발전해서 팀에 공헌하고 싶었다. 맨유의 선수가 되고 싶은 열망이 너무 컸기에, 계약 조건 등에 대해서는 나중까지 논의하지도 않았다. 내 생각에는 아마도 맨유는 내가 토트넘에서 어느 정도의 주급을 받는지를 알아내고 싶었던 것 같다. 이적료가 비싸면 비쌀수록, 데이비드 길 사장이 '주급을 많이 주기 힘들다'고 말할 가능성이 높았다. 나는 맨유가 제시한 계약을 곧바로 받아들였다. 그들이 제시한 조건은 내가 토트넘에서 받던 주급보다 높았기 때문이다. 단, 맨유는 리그 승리 수당이 없었다. 맨유는 매 경기에서 승리하는 것이 당연하게 여겨지는 팀이므로. 그것이 맨유였다. 챔피언스리그의 경우, 전에는 조별 리그에서도 승리할 때마다 보너스를 받았지만, 나중에는 16강 이후에만 승리 수당을 받는 것으로 바뀌었다.

　내가 맨유에 입단할 무렵, 웨스트햄 시절 나의 코치였던 프랭크 램파드 시니어는 BBC와의 인터뷰에서 나의 이적에 대해 "마이클은 성격이 좋고 차분한 친구다. 그는 맨유에서 자기 자신을 한 단계 더 끌어올리기 위해 노력해야 할 것이다. 맨유는 선수에게 기대하는 수준이 훨씬 더 큰 클럽이기 때문이다"라고 말했다. 나는 그의 말에 동의했다. 맨유에는 어디에도 숨을 곳이 없었고, 나는 나 자신을 더 성장시키기 위해 노력해야만 했다. 맨유에서 좋은 활약을 해야만 한다는 생각이 나의 마음을 사로잡았다. 훗날, 나는 퍼거슨 감독이 내가 처음 맨유에 입단했을 때 당시의 모습에 대해 "수줍음이 많은, 종종 강한 자극이 필요한 선수였다"고 말한 것을 봤다. 나는 그의 말이 어떤 의미인지도 이해한다. 나 스스로가 수줍음이 많다기보다는 조용한 성격이라고 생각하지만 말이다. 그 당시 퍼거슨 감독은 내가 아니어도 누구라도 영입할 수 없었다. 내가 No.1 타겟이 아니었을지도 모른다. 아니, 아마도 아니었을 것이다. 그는 어쩌면 "지금 세계에서 최고의 미드필더가 누구지? 그를 영입하자"고 할 수도 있었을 것이다. 나는 늘 팬들보다 감독에게 더 인정받았다. 잉글랜드 팬들은 대부분의 경우 화려한 플레이를 하거나 과감한 태클을 하고 거친 몸싸움을 통해 볼을 쟁탈하는 선수들을 보며 열광했다. 그건 이성적이지 않다. 또, 선수를 영입할 때는 팀의 균형을 고려해야 한다. 그 균형을 유지하기 위해서는 클럽의 철학과, 클럽이 어떻게 플레이하기를 원하는지 등을 따져봐야 한다.

　나는 맨유와 같은 전통과 야망을 가진 빅클럽에서 뛰는 것에 대한 부담감으로 결국 제 실력을 발휘하지 못한 선수들을 알고 있다. 맨유라는 클럽의 규모는 말할 것도 없다. 맨유 유니폼의 무게 그 자체가, 강한 정신력을 갖지 못한 선수들을 끌어내린다. 토트넘 시절에는 몇몇 경기에서 좋은 활약을 하면 "캐릭은 정말 좋은 선수야"라는 말을 듣고 그 다음 경기에서 좋지 못한 모습을 보이더라도 큰 비판을 받지 않을 수 있었다. 그러나 맨유에서는 패배가 용납되지 않는다. 맨유에서의 첫 날, 나는 모든 동료선수들에게 '나를 믿어도 돼. 나는 맨유에서 뛸 준비가 됐어'라는 것을 보여주고 싶었다.

퍼거슨 감독은 내게 그들이 내게 기대하는 수준에 대해 설명해줬다. 나는 전날 밤 리사와 함께 로우리 호텔에서 일찍 자고 다음 날 아침 아주 일찍 일어나서 훈련장 주소를 네비에 찍고 일찌감치 훈련장에 도착했다. 첫날부터 늦을 수는 없다. 또, 드레싱룸에 일찍 도착해서 다른 동료들이 오는 것을 기다리는 편이 낫다. 식당에서 아침을 먹고 있을 때 퍼거슨 감독이 식당에 들어오는 모습을 보고 나는 벌떡 일어났다. 그는 나를 보며 "이따가 내 사무실로 와. 할 말이 있다"고 말했다. 우리는 그의 사무실 안에 소파에 앉아서 대화를 시작했다. 그곳에서는 훈련장 피치와 선수들 주차장이 한 눈에 들어왔다.

"환영한다. 결국 잘 해결돼서 다행이다. 이곳이 마음에 들 거야. 다들 훌륭한 선수들이고 축구를 하기에 좋은 곳이지. 계속 열심히 노력하면 너도 위대한 선수가 될 수 있을 거다." 퍼거슨 감독이 말했다. 그가 내게 '계속 열심히 하라'고 말을 한 것은 그때가 처음이었지만, 물론 그때가 마지막은 아니었다.

"맨유는 우승에 익숙한 팀이다. 너도 알고 있지? 지금까지 네가 몸담고 있던 클럽들과는 부담이 조금 다를 거야. 이제 맨유 선수가 된 이상 팬들이 너에게 기대하는 바, 그들이 너를 보는 시선도 모두 달라질 거야. 모두가 너를 꺾으려 하고, 비판하려 하고, 너에게 달려들 거다."

나는 지금도 그때 내가 퍼거슨 감독에게 했던 대답이 얼마나 바보 같았는지 잊을 수가 없다. 나는 그에게 "첼시와 비슷한 거죠"라고 답했다. 첼시는 그 직전 두 시즌 모두 리그 우승을 차지했고, 다른 팀들 모두가 그들을 꺾고 싶어했다.

그때 퍼거슨 감독이 강한 눈빛으로 나를 보며 말했다. "아니, 우리는 맨유다. 우리는 다른 누구와도 달라."

나는 속으로 '내가 도대체 무슨 말을 한 거지? 감독님이 나를 뭐라고 생각하겠어. 맨유 생활 시작이 이렇다니…'라고 생각했다.

퍼거슨 감독은 나를 환영하는 뜻으로 '조르디 출신 선수들은 다른 곳에서 적응을 잘한다'라는 의미로 보비 찰튼 경과 브라이언 롭슨의 예를 들었다. 그는 그렇게 재미있는 면이 있는 사람이었다. 한 가지 생각이 머릿속에 들어가면 그걸 영영 잊지 않는 사람이기도 했다. 그는 뉴캐슬 출신의 선수가 다른 지역 팀에서 좋은 활약을 할 때마다 그 말을 했다. 나중에 알게 된 사실이지만, 그가 나를 영입하기 전에 나의 출신과 성장 배경 등에 대해 조사를 했다는 것이나, 다른 감독들, 또 나의 잉글랜드 동료들에게 나에 대해 물었다는 것은 전혀 놀랍지 않은 일이었다. 어쩌면 그는 나 역시 뉴캐슬 출신이기에 맨유에 잘 적응할 것이라고 생각했을지도 모른다.

나는 그의 말을 귀기울여 들었다. 그러던 중 몇몇 그의 사소한 습관을 감지할 수 있었다. 예를 들면, 그는 맨유를 부를 때 항상 '맨체스터 유나이티드'라고 부르고, 절대로 그냥 '유나이티드'라고 부르지 않았다. 팀의 이름 전체를 부르는 것이 그가 팀을 존중하는 방식이었다. 그는 맨유에 대한 자부심과 열정을 가진 사람이었고, 맨유는 단순한 하나의 팀이 아닌 클럽이며 화려한 현재만이 아닌 위대한 역사를 가진 팀이라고 자부했다. 그는 맨유를 위해 옳은 선택을 하길 바랐고, 구단의 모든 직원들, 그들의 가족과 배경까지 모두 알고 있었다. 그렇게 거대한 클럽의 제일 위에 있는 사람이 가장 아래에 있는 사람들의 가족까지 신경을 쓰니, 그들 모두가 클럽을 위해 최선을 다했다.

그날 사무실을 떠나기 전에, 퍼거슨 감독은 내게 유니폼 등번호로 몇 번을 원하느냐고 물었다.

"솔직히, 등번호는 아무 상관도 없습니다."
"16번이 비었는데, 네가 원하면 그걸로 할래?"
"네, 좋습니다."

16번은 로이 킨의 등번호였고, 맨유에서 킨의 등번호를 이어받는 것은 평범한 의미가 아니었다. 다른 선수들이었다면, 16번 말고 다른 번호는 없느냐고 물었을지도 모른다.

"정말 괜찮겠나?"
"네, 괜찮습니다."

훗날, 퍼거슨 감독은 나에게 내가 등번호 16번을 사용한 것을 보며 내가 용기가 있는 선수라고 생각했다고 말했다. 실제로 내가 그 유니폼을 선택한 것은 바로 그런 이유였다. 나는 킨이 맨유에서 남긴 유산과, 그의 등번호를 물려받는 것의 의미를 충분히 알고 있었다. 또 그렇게 함으로써 킨과 비교당하는 일을 피할 수 없다는 것도 알고 있었다. 맨유에서 보낸 첫 몇 달 동안 내가 좋은 모습을 보이지 못할 때마다 사람들은 "아, 저놈은 로이 킨이 아니야"라고 말했고, "로이 킨을 대체하는 기분은 어떻습니까?"라는 질문을 받기도 했다. 맨유에서 입단한지 3년이 지난 후에도 비슷한 질문을 받은 적도 있다. 그럴 때마다 나는 "글쎄요, 내겐 그게 중요한 일이 아닙니다. 그저 평소처럼 제 할 일을 할 뿐입니다"라고 말했다.

나는 16번 유니폼은 그저 숫자에 불과할 뿐, 맨유 역사와 관계된 신화 같은 것이 아니라는 것을 증명하고 싶었다. 물론, 맨유의 16번이 중요하다는 것은 알고 있었고, 그 이유 중 일부가 그가 맨유 TV와의 인터뷰에서 같은 팀 소속 선수들을 비판한 후 팀에서 나갔다는 것도 알고 있었다. 그 인터뷰는 너무 논란의 여지가 커서 결국 방송되지 못했다. 그럼에도 불구하고, 로이 킨이 맨유에서 보여준 활약은 정말 대단했고, 그가 남긴 유산은 여전히 남아있었다. 그는 맨유 성공의 중요한 부분이었다. 그러므로 나는 팬들이 새로운 로이 킨을 원하는 마음을 충분히 이해했다. 그러나 그런 선수는 대체할 수 있는 선수가 아니다. 다른 유형의 선수가 필요한 것이다. 베스트, 찰튼, 칸토나, 스콜스, 긱스, 퍼디난드, 네빌, 호날두, 루니. 그런 선수들은 다른 곳에서 대체자를 데려와서 대신할 수 있는 선수들이 아니다. 킨 역시 그런 선수 중 한 명이다.

  로이 킨이 프리미어리그 최고의 미드필더 중 한 명이라는 것은 의심의 여지가 없지만, 나는 그가 진정한 '최고'였다고 생각하지 않는다. 나에게 최고는 스콜스였다. 그는 정말 천재적인 선수였다. 그럼에도 불구하고 킨은 스콜스와 큰 차이가 없는 수준의 선수였다. 나는 그와 상대팀으로 뛰었을 때도 그의 실력을 인정했고, 맨유의 동료들은 나에게 "로이 킨이 얼마나 패스를 잘하는 선수였는지 사람들이 잘 모른다"고 이야기하기도 했다. 루니는 나에게 "킨은 정말 공격수가 원하는 곳으로 패스를 잘 보내주던 선수였다"고 말하기도 했다. 그의 공격적이고, 거친 플레이에 팬들의 초점이 맞춰져있지만, 그는 정말 기술적으로도 뛰어난 선수였다. 그는 정말 강한 의지를 가진, 그리고 팀 동료들에게도 많은 것을 요구하는 선수였다. 퍼디난드는 내게 그가 맨유에 입단한지 얼마 안 됐던 어느 날 "위험을 무릅쓰고 전방으로 패스해. 넌 지금 리즈, 웨스트햄이 아니라 맨유에서 뛰고 있는 거야"라고 말했던 일을 들려줬다. 킨의 유산은 바로 그런 높은 기준이었고, 나는 나 역시 그의 말처럼 옆으로 패스를 돌리기만 할 것이 아니라 전방을 향해 패스를 하고 나의 수준을 더 끌어올려야 한다는 것을 알게 됐다.

새 유니폼을 입은 후, 나는 선수단 매니저인 배리 무어하우스Barry Moorhouse 로부터 맨유 선수단에게 주어지는 정장을 받았다. 그는 한쪽 편에 있는 옷장을 열고서 자켓과 바지를 꺼내들고는 "사이즈가 맞나 한번 입어봐라"고 말했다. 물론 그 정장은 내 몸 사이즈에 맞춰서 제작된 것이었지만, 그것과 별개로 가슴에 맨유의 엠블럼이 크게 박혀있는 그 옷을 입는 순간 나는 내가 드디어 맨유에 왔다는, 내가 무언가를 달성했다는 그런 감정을 느꼈다. 조금 바보 같이 들릴지도 모르겠지만, 그 옷을 입는 순간 내가 더 키가 크고, 더 당당하게 느껴졌다. 마치 그 옷을 입으면 나의 등이 자동으로 쭉 펴지기라도 하는 것처럼. 먼 옛날 웨스트햄 홈구장 업튼 파크의 구석에서 같은 옷을 입고 지나가던 선수들을 보며 "그래, 저 선수들이 최고야"라고 생각했던 일이 떠올랐다. 맨유에서, 우리는 대중 앞에서 우리가 어떻게 보이는지를 신경 썼고, 또 그런 일에서 자부심을 느꼈다. 퍼거슨 감독은 "너희가 공항에서 출국할 때면 모두가 너희를 쳐다볼 거다. 너희는 클럽을 대표하는 선수들이다. 항상 정장을 입어라"고 말했다. 퍼거슨 감독은 우리가 항상 하나의 팀으로 보이길 원했고, 또 동시에, 우리는 다른 관점에서 비즈니스를 하고 있다는 것을 일깨워줬다. 그런 그의 방침 하나하나가 맨유라는 클럽의 아우라를 만들었다.

정장을 받고 입어보면서, 나는 배리와 대화를 나눴다. 그는 '버즈비의 아이들'의 시대부터 맨유의 모든 홈, 원정 경기를 따라다니고 있다고 말했다. 그뿐만이 아니었다. 맨유 훈련장에서 보낸 첫 날, 나는 그 훈련장에서 일하는 모든 직원들이 맨유 팬이라는 것을 알게 됐다. 그들 중 대다수가 '더 클리프'(버즈비의 아이들 시대부터 맨유가 사용했던 살포드 지역의 옛 훈련장)에서부터 맨유를 위해 일했던 사람들이라는 것도 알게 됐다. 리셉션에서 일하는 카스도, 세탁실에서 일하는 여자 직원들과 부엌에서 일하는 캐롤과 리타도. 그렇게 오랫동안 클럽을 위해 일하는 사람들의 존재는 내겐 참 감명깊었다. 내가 며칠동안 식당에서 밥을 먹지 않으면, 캐롤이 곧바로 나를 찾아와서(그녀는 지금도 그렇다) "도대체 어디 갔다온 거야? 왜 여기와서 밥 안 먹었어? 우리를 피해다니는 거야?"라고 쏘아붙이기도 했다. 맨유의 식당은 캐롤의 구역이었고, 1군 선수든 아카데미 선수든, 누구도 그녀에게서 빠져나갈 수 있는 사람은 없었다. 그녀는 아마도 맨유에서 퍼거슨 감독에게 잔소리를 하고도 무사할 수 있는 유일한 사람이었을 것이다.

그리고 나는 1군 코치였던 믹 펠런 Mick Phelan 을 만났다. 그는 맨유에서 5년간 미드필더로 직접 뛰었던, 맨유의 문화를 아주 잘 아는 사람이었다. 그는 내게 자주 "경기중에는 거만해져도 된다"고 말했다. 물론 그의 의미는 상대 선수들에게 거만하게 굴라는 것이 아니라, 플레이에 있어서 그렇게 하라는 의미였다. 마치 '그래, 내가 여기서 최고의 선수야. 나에게 볼을 줘'라고 생각하는 선수처럼. 맨유의 붉은색 유니폼을 입으면서 나는 "우리가 최고다. 우리는 항상 옳은 축구를 한다"라는 느낌을 받았다. 이것은 거만한 것이 아니며, 그래서 사람들이 우리를 싫어하는 것과도 관계가 없었다. 그것은 그저 우리의 축구에 자신을 갖는 것이었다.

공식석상에서 행동에 주의하는 것은 맨유 선수들 모두에게 암묵적으로 정해진 규칙이었다. 나는 월젠드 보이스 클럽에서 뛸 때부터 이미 그런 교육을 받았기에, 그런 요구를 받을 필요도 거의 없었다. 맨유 선수단의 문화는 퍼거슨 감독, 또 네빌처럼 오랫동안 맨유에서 뛴 선수들에 의해 정해지고 지켜지고 있었고, 그 중에서도 우리가 절대로 하지 않는 한 가지 일이 있었다. 다른 팀의 선수에 대해 말하는 것. 맨유가 2주 후에 리버풀 원정을 떠난다고 하면, 그 경기에 대해 말을 꺼내서 TV와 언론에 먹이감을 줄 이유가 없었다. 퍼거슨 감독의 자세로부터 그런 생각이 팀 전체에 감돌았다. 퍼거슨 감독이 종종 기자회견에서 아주 드물게, 분명한 의도를 갖고 상대팀에 대해 발언하는 경우는 있었지만, 선수들은 우리에게 어떤 불리한 영향을 줄지 모를 언급은 하지 않아야 했다.

2000년, 맨유 선수들과 주심 사이에 논쟁적인 상황이 발생한 적이 있었다. 그때가 바로 선수들이 승리에 대한 의욕 때문에 선을 넘어선 경우였다. 물론, 그 누구보다도 강한 승부욕을 가진 사람은 다름 아닌 퍼거슨 감독이었다. 그는 종종 터치라인에서 공격적인 태도를 보이거나 더러는 부심에게 강하게 항의하는 모습을 보여주기도 했다. 물론 그건 모두 승리를 위한 그의 강한 열망 때문이었다. 우리는 반드시 승리해야 했고, 승리를 위해서 주심에게 영향을 주는 것이 우리에게 승리의 기회를 준다면, 우리는 그렇게 했다. 어떤 때는 주심에게 친구처럼 잘 대하고 그가 그것에 좋게 반응하는지를 살펴보기도 했고, 또 때로는 주심에게 그가 자신의 일을 제대로 하지 않고 있다는 압박을 주기도 했다. 때때로, 나 역시 주심에게 그들의 판정에 불만스럽다는 의사를 건네기도 했다. 물론 그런 것들이 항상 효과가 있었던 것은 아니다. 단지 우리는 우리가 할 수 있는 모든 것을 다 할 뿐이었다. 몇몇 다른 사람들은 맨유의 분위기, 특히 맨유 홈구장에서의 분위기 때문에 주심들이 맨유에 우호적인 판정을 한다고 말하기도 했지만, 그건 사실이 아니었다. 맨유에 원정을 오는 팀들은 대부분 수비에 집중했기 때문에 파울이 많을 수밖에 없었고, 그래서 우리가 프리킥, 페널티킥을 많이 얻을 수 밖에 없었다. 그것은 단순한 이치다.

퍼거슨 감독과 처음 면담을 한 날부터, 나는 그가 천재적인 감독이라는 것, 특히 경기를 앞두고 선수단이 그 경기에 임하는 분위기를 만드는데 최고의 감독이라는 것을 느꼈다. 그는 선수들의 심리를 관리하는 천부적인 능력을 갖고 있었다. 경기 전 날, 그는 훈련 전에 우리에게 상대팀에 대한 정보가 담긴 10분을 넘지 않는 짧은 비디오를 보여줬다. 그 자료는 아주 단순했다. 퍼거슨 감독은 우리에게 어떻게 플레이하라고 말하지 않았다. 우리는 그의 선수들이었고, 맨유의 선수들이었으며, 그는 우리의 힘과 능력을 믿고 있었다.

그의 팀토크는 특별했다. 3시에 시작하는 경기를 예로 들면, 우리는 1시

30분에 드레싱룸에 모였다. 퍼거슨 감독이 말을 하기 시작하면, 선수들은 완전히 침묵하고 그의 말을 듣는다. 그는 작전판에 상대팀 진영을 그려놓고 그 팀의 강점이나 주의해야 될 선수 한두 명을 지목하며 '조심해라'고 말한다. 그러나, 대다수의 경우에 그는 상대팀 선수 한 명을 콕 짚으며 "저 놈이 맘대로 뛰게 두면 안 돼!"라고 말했다.

그는 이어서 팀워크에 대해서 강조하는 말을 한다. 그가 자주 인용했던 말은 수천 마리의 기러기들이 V자 대형을 이뤄서 함께 이동하면서 제일 앞장서서 나는 기러기가 지치면 뒤의 기러기가 그 자리를 대신해주는 이야기였다. 기러기들은 그렇게 함으로써 서로를 도와주고 또 서로의 일을 함께 나누는 것이다. 그는 2014년에 라이더컵에 출전한 선수들(유럽에서 2년마다 개최되는 미국과 유럽의 남자 골프대회-옮긴이 주)에게 이 이야기를 해줬는데, 그 후로 선수들은 모두 서로에게 '기러기의 이야기를 잊지 말자'라고 했다고 한다. 그 이야기는 로리 맥길로이Rory McIlroy와 그 동료 선수들이 미국팀에 승리를 거둔 후 찍은 유명한 사진이 탄생하는 데 분명 도움이 됐다. 사진 속에서 그 선수들은 환히 웃고 있는데, 때마침 기러기가 그들 위를 날아갔다!

퍼거슨 감독은 그 외에도 여러가지 이야기를 잘 인용하곤 했는데, 그가 선수들에게 들려준 이야기는 대부분 하나의 공통된 메시지를 담고 있었다. '열심히 노력하라'가 그 메시지였다. 특히, 빅매치를 앞두고서는 더더욱 그랬다. 2010년 올드 트래포드에서 아스널을 상대로 홈경기를 가졌을 때(그 경기는 지하에 갇혀 있었다가 생존한 칠레 광부들이 초대된 경기이기도 했다), 그는 버즈비 감독이 광산 마을에서 태어났다며 그 일이 얼마나 힘든 일인지, 또 칠레 광부들이 살아남은 것이 얼마나 위대한 일인지에 대해 말했다. 그것은 축구 자체와는 아무런 관계도 없었지만, 선수들의 정신자세와, 팀으로서의 유대감, 성실하게 노력하는 자세에 대한 이야기였다. 그의 이야기는 선수들에게 정말 큰 영감을 줬다. 또 그는 그의 아버지가 일했던 조선소에 대한 이야기를 해주기도 했다.

그는 역사에 대한 지식이 해박해서 팀토크를 하다가 과거의 일에 대해 자연스럽게 인용하며 말을 하기도 했다. 처음에는 조용하고 차분하게 이야기를 시작했다가, 어떨 때는 마치 링 위로 올라가는 헤비급 복서처럼 공격적인 모습으로 이야기를 하기도 했다. 그 공간은 퍼거슨 감독의 생각을 선수들에게 말로 전하는 공간이었고, 그는 늘 "세상에서 가장 쉬운 것이 열심히 노력하는 것이다. 열심히 노력하는 사람을 막는 사람은 누구도 없다"는 말로 팀토크를 마쳤다. 그가 가장 자주 언급한 세 가지는 '열심히 노력하고, 집중하고, 두려워하지 말라'라는 것이었다.

우리는 맨유의 선수들이었고, 프로였으며, 맨유를 위해 모든 것을 다 할 준비가 되어있었다. 그러나 퍼거슨 감독은 우리에게 그 이상의 힘을 끌어냈다. 그의 승리에 대한 끝없는 열망이 모든 선수들에게 영향을 미쳤고, 나는 곧 맨유에 필요한 최고의 헌신이 무엇인지, 그리고 그것이 결여됐을 때 어떤 일이 벌어지는지를 알게 됐다.

나의 첫 번째 선발 경기는 왓포드 전이었다. 나는 75분을 뛰었고, 우리가 2-1로 승리했다. 나는 우리가 승점 3점을 얻은 행복한 경기였다고 생각했다. 그러나, 퍼거슨 감독은 만족하지 않았다. 그는 경기 중에 긱스에게 뭔가 크게 외쳤고 긱스의 반응이 퍼거슨 감독을 화나게 만들었다. 그는 드레싱룸으로 들어와서 소리를 질렀다. "그걸론 안 돼! 그걸론 충분하지 않다고!" 퍼거슨 감독의 메시지는 분명했다. 원정에서 승리를 했다는 것이 전부가 아니라, 우리가 어떻게 이기고, 어떻게 플레이했느냐가 중요하다는 것이었다. 올드 트래포드에서 출전한 나의 첫 경기 상대는 토트넘이었다. 경기를 앞두고 나는 모든 선수들로부터 승리에 대한 강한 의지를 느꼈다. 맨유 선수로서 올드 트래포드의 입장 터널에 처음 선 순간은 내겐 아주 중요한 순간이었다. 내 바로 옆에는 내가 불과 몇 주 전까지 함께 뛰었던 신수들이 서 있었다. 그날 우리는 토트넘에 1-0 승리를 거뒀다. 그날 경기 전, 경기 중, 그리고 경기 후에 맨유 팬들의 큰 함성은 나에게 그 후로 오랫동안 지속되는 큰 영향을 줬다. 내가 올드 트래포드에서 뛰는 내내 그날의 모습은 내 마음 속에서 지워지지 않았다. 나는 내가 그 곳에서 뛰는 선수라는 것이 얼마나 큰 행운인지를 깨달았다.

경기가 없을 때 올드 트래포드는 화려하기보다는 절제되고 조용한 분위기의 장소다. 드레싱룸도 평범하고, 시끌벅적하다고 할만한 요소가 별로 없다. 캐링턴 훈련장의 드레싱룸에서, 나는 긱스, 호날두, 스콜스와 나란히 자리를 쓰게 됐다. 경기장 드레싱룸의 자리는 다르지만, 내가 훈련장에서 그 세계 최고의 선수들과 함께 어깨를 맞대며 지낸다는 것이 나 스스로 믿기 힘들었다. 그 전까지 나는 그들을 TV에서만 봤거나, 상대팀으로 만나서 대부분 패하거나 했다. 그런데 이제 내가 그들과 함께 훈련을 하고 있었다. 그들 중 몇몇과는 잉글랜드 대표팀에서도 함께 훈련을 했다.

종종 팬들은 내게 그 당시의 맨유가 어떻게 그렇게 강했는지 물어보곤 한다. 그럴 때마다 나는 그 당시 우리에게 있었던 팀으로서의 에너지와 하나되는 분위기가 그 이유였다고 대답한다. 호날두부터 대런 플레처까지, 루니부터 퍼디난드까지. 그때 우리에겐 드레싱룸 안에 있던 모든 선수들 사이에 그런 화합된 분위기가 있었다. 퍼거슨 감독은 우리에게 아버지와 같은 존재였고, 그 아래서 뛰는 모든 선수들은 하나의 가족 같았다. 맨유에 입단한지 얼마되지 않아 나는 동료 선수들과 아주 평범한 대화를 하며 지내게 됐다. 긱스에게 좋은 레스토랑을 묻는다든지 등등 말이다. 리사와 나는 계속해서 로우리 호텔에서 지내면서 종종 외출을 하고는 했다. 긱스는 우리에게 스톡스라는 이름의 레스토랑을 추천해줬는데, 훗날 그는 네빌과 함께 그 레스토랑을 인수했다. 맨유에서 선수들은 서로를 도우며 지냈다. 특히 긱스와 네빌이 늘 나를 따뜻하게 맞아줬다.

2006년 독일 월드컵에서 루니와 호날두 사이에 벌어졌던 일(루니가 퇴장을 당할 때 호날두가 벤치를 향해 윙크를 했던 일)은 둘 사이에 아무런 문제도 되지 못했다. 나는 훈련중에 두 사람이 주고 받는 말과 행동, 패스를 모두 직접 봤다. 그 둘 사이에 발생한 문제는 그저 축구였다. 누가 이기고 누가 지느냐의 승부. 선수들 사이의 관계는 그 당시 유행했던 소콤 'Socom'이라는 게임 덕분에 더 강해졌는데, 우리는 함께 모여 PSP(휴대용 플레이스테이션 과거 모델)로 그 게임을 하곤 했다. 퍼디난드는 '브라프'였고, 플레처는 '케이저 소제', 루니는 '잭 바우어', 비디치는 '아르칸', 브라운은 '웨이드 베이비', 존 오셔는 '코브라', 그리고 키에런 리차드슨은 '벤데타'였다.

그 게임은 팀 대 팀끼리 대결을 벌이는 방식인데, 어떨 때는 2대 2, 어떨 때는 8대 8까지 대결이 벌어졌다. 그 게임을 제일 잘 한 건 리차드슨이어서 우리는 그에게 다른 병사들을 저격하는 역할을 맡겼다. 물론, 경기를 하러 가는 길에 그 게임을 하진 않았지만, 경기 전 날 이동을 하거나 할 때는 주로 4대 4로 대결을 벌였다. 그 게임은 정말 치열했다. 우리보다 좀 더 나이가 많은 선수들이었던 긱스, 스콜스, 반 데 사르 등등은 그들에게 맞는 게임이 아니었는지, 그냥 헤드폰을 끼고 음악을 들으며 우리가 게임하면서 내는 소리를 무시했다. 우리는 서로 '프레스 스퀘어', '나 다시 살려줘!', '나 지금 운영실에 있어!' 등등 게임 용어를 외치며 게임을 하기도 했다. 가끔씩 감독님이 우리를 보며 고함을 치시기도 했다. 호텔에 도착하면, 와이파이 신호가 통하는 휴게실에 모여서 밤 9시, 10시까지 몇 시간씩 게임을 하기도 했다. 그 시기 우리가 경기 중에 했던 몇몇 세리머니는 그 게임에서 나온 것이었다. 비디치가 인터 밀란 전에 골을 기록한 후에 한 쪽 무릎을 꿇고 로켓을 쏘는 것 같은 세리머니를 한 적이 있었다. 그것이 그 게임에서 나온 세리머니였다. 게임을 하던 중에 PSP 몇 대가 박살나기도 했다. 우리는 하나같이 지기를 싫어했다.

그런 게임도 내가 새 팀 동료들과 빨리 가까워지고 적응하는데 도움이 됐지만, 감독님 역시 나에게 큰 도움을 주셨다. 맨유에 입단한지 한 달 후에 올드 트래포드에서 아스널을 상대로 뛰고 있을 때 감독님은 나의 몸 상태가 완전하지 않다고 생각하셨는지 나를 교체하셨다. 그 후로 나는 빅매치에서 결장하는 일이 거의 없었다. 감독님은 선수들에게 "상대 선수들과 당당하게 맞서고, 공격적으로 뛰어라. 원투패스를 조심하고 자기가 맡은 선수들을 확실하게 맡아라"고 말했다. 퍼거슨 감독은 아스널과 같이 재능이 뛰어난 강팀을 상대로 할 때 특정 전술에 대해 선수들에게 요구하셨다.

"오늘은 많이 뛰는 것이 중요하다. 상대팀보다 많이 뛰어라. 상대팀보다 압도적으로 많이 뛰어서 질리게 만들어버려. 저들은 그걸 싫어한다. 전방으로 뛰고 전방으로 패스해!" 그게 그의 팀토크였다. 전술적인 지침이기보다는 선수들의 정신자세와 동기부여를 안겨주는. 그의 말을 들은 선수들은 경기장으로 뛰어나가서 상대팀을 압박하고, 공격적으로 태클하고 과감하게 전방으로 돌진하는 플레이를 했다. 그날 아스널 전에서는 그 플레이가 통하지 않았지만, 대부분의 경우에는 통했다. 감독님이 '많이 뛰는 경기를 해야 한다'고 말할 때마다 나는 우리가 승리할 거라 확신했다. 물론 몸은 힘들었지만, 우리에겐 언제나 그렇게 강도 높은 경기를 할 수 있는 퀄리티가 있었다.

우리는 항상 감독님이 요구하는 대로 했다. 그가 무서워서가 아니라, 그를 전적으로 믿었기 때문이다. 10월에 있었던 볼튼 전 하프타임에 그는 선수들이 방심하고 있다는 것을 느끼고는 선수들에게 아주 화를 냈다. 그 즈음 나는 이미 맨유에서 10경기를 뛴 상태였고 팀에 잘 적응한 상태였다. 그 시기 볼튼은 게리 스피드Gary Speed, 이반 캄포Ivan Campo, and케빈 데이비스Kevin Davies 등이 뛰고 있는 상대하기 쉽지 않은 팀이었다. 내가 루니에게 긴 패스를 연결해줬고 그가 골을 성공시키면서 하프타임 스코어는 2대 0이었다. 그러나 그날 전반전의 경기력을 생각하면 우리는 4골, 5골은 성공시켜야 했다. 하프타임에 퍼디난드와 함께 드레싱룸으로 들어갈 때 긱스가 웃으며 "우리 괜찮은데?"라고 말했다. 우리는 팀으로서 패스, 움직임, 타이밍, 스피드, 강도 모든 것이 좋았다. 모두가 스스로의 경기력에 만족해서 웃으며 드레싱룸으로 들어갔다.

그러나 우리를 미리 기다리고 있던 감독님은 광분을 하면서 "이 빌어먹을 놈들아, 똑바로 안 뛰어? 아까 그 마지막 5분은 못 봐줄 정도였다. 난 그런 플레이 인정 못 해"고 말했다. 나는 깜짝 놀라서 감히 그의 눈을 쳐다볼 생각은 하지도 못하고 자리에 앉아 도대체 뭐가 잘못된 것일지 생각해봤다. 그러나 정말로 나는 단 하나도 떠올릴 수가 없었다. 게리 스피드가 프리킥에서 골이 될 뻔한 장면을 만든 적이 있었고, 압둘라예 파예가 코너킥에서 슈팅을 기록한 적이 있지만, 그 정도가 다였다. 전반전에 반 데 사르는 세이브를 할 기회조차 없었다. 그런데도 퍼거슨 감독은 선수들을 죽일 듯이 닦달하고 있었다. "아, 맨유는 정말 다르구나" 나는 생각했다. 웨스트햄, 토트넘에서 전반전에 2-0으로 이기고 있으면 레드납 감독, 마틴 욜 감독은 박수를 치며 선수들을 맞이하고 "정말 잘했다"고 말했을 것이다. 퍼거슨 감독은 달랐다. 그는 우리가 어떤 상황에서도 계속 노력하기를 바랐다. 후반전, 루니가 해트트릭을 달성했고 우리는 결국 4대 0으로 승리했다. 우리가 원했던 결과였다. 퍼거슨 감독은 아무 일도 없었다는 듯 지나가면서 "잘했다" 한마디 할 뿐이었다. 나는 마치 난데없는 폭풍이 불어닥쳤다가 또 갑자기 사라진 것 같은 느낌이 들었다. 감독님은 선수들의 머리를 가볍게 만져주셨는데, 그럴 때마다 그가 우리에게 애정을 갖고 있다는 것을 느낄 수 있었다. 내가 축구화를 벗고 있을 때 그는 나의 머리를 쓰다듬고는 지나가셨다. 그는 승리한 후에 별로 말이 많지 않은 사람이었다. 내 경기력이 좋지 않은 날은 그는 그렇게 하지 않는다. 잘 뛴 날은 "잘했다"며 짧게 한마디를 하는 정도가 다였다. 그러나, 그의 그 한 마디가 선수로 하여금 얼마나 자부심을 느끼게 했는지 모른다. 스콜스의 경우는, 퍼거슨 감독이 웃으며 그의 볼을 살짝 치는 일이 종종 있었는데,

그건 그 두 사람에게는 "스콜스, 넌 정말 대단한 선수야. 오늘도 잘했다"는 의미였다.

스콜스는 늘 대단한 선수였다. 그는 거의 실망스러운 플레이를 하는 일이 없었는데, 언젠가 딱 한 번 올드 트래포드에서 열린 전반전에 그가 엉망인 경기를 한 적이 있었다. 퍼거슨 감독은 조용히 한숨을 쉬면서 "아, 빌어먹을 스콜스…"라고 말했다. 그 말을 들은 누구도 웃지 않았다. 그의 말이 진심이라는 걸 알았기 때문이다. 단, 만약 그게 다른 선수였다면, 아마도 퍼거슨 감독은 "야 이 빌어먹을 놈아. 너 도대체 뭐가 문제야?"라며 문제를 해결하기 위해 한바탕 하고도 남았을 것이다. 그러나 스콜스에겐 그 한 마디가 전부였다. 아마 퍼거슨 감독조차 스콜스의 그런 모습이 충격적이었을 것이다.

퍼거슨 감독에게 호통을 당하는 것은 선수들만이 아니었다. 2007년 1월 아스널 원정에서 우리가 1대 0으로 앞서고 있다가 1-2로 역전패를 당한 경기가 있었다. 아마도 그날이 내가 본 퍼거슨 감독의 가장 화난 모습이었을 것이다. 그날 경기 후 우리 드레싱룸은 난장판이었다. 그는 선수들에게 소리를 지르며 아주 제대로 화를 내고 있었다. 그런데, 그러던 중에 우리가 모르는 한 남자가 드레싱룸으로 들어왔다. 도핑테스트 담당자였다. 그는 근무복을 입고 드레싱룸으로 들어와서는 선수들 중 한 명을 데리고 검사장으로 데리고 가려고 했다. 퍼거슨 감독은 그를 거의 죽일 듯이 달려들었다. "넌 도대체 뭐하는 놈이야? 당장 내 드레싱룸에서 꺼져!" 나는 정말로 퍼거슨 감독이 그 남자와 싸우는 게 아닐까 걱정했다. 그 불쌍한 담당자는 너무 놀라서 뭘 어떻게 할지를 몰라했다. 그가 어떤 선수를 테스트장으로 데리러 왔었는지는 알 수 없었지만, 결국 그는 혼자 조용히 문을 닫고 나갔고 감독님은 다시 우리에게 호통을 치기 시작했다.

감독님은 종종 긱스에게 화를 내고는 했다. 긱스는 그 무렵 다소 기복이 있는 플레이를 하고 있었고, 그러면서도 아무렇지도 않은 듯 행동했다. 그러나 내가 느낀 바로는 긱스와 감독님 사이에는 다른 고참 선수들 사이에 있는 특별한 관계가 있었다. 긱스, 네빌, 스콜스가 그 대상이었다. 그는 종종 그들을 불러서 팀의 몇몇 선수들에 대해 "저 녀석 어때? 요즘 드레싱룸 분위기는 어때? 다들 잘 지내나?"라고 묻곤 했다. 물론 나 역시 그 질문의 대상 중 하나였다. 감독님은 그 세 선수를 전적으로 신뢰했고 그 세 선수가 드레싱룸의 분위기를 유지해줄 것으로 기대했다. 캐링턴 훈련장에서는 감독님이 드레싱룸에 오는 일은 거의 없었다. 그럼에도 불구하고 그는 드레싱룸을 완벽히 장악하고 있었고, 우리는 그가 그 안에서 벌어지는 모든 일을 파악하고 있다는 것을 알았다. 내가 첫날 봤던 대로, 퍼거슨 감독의 사무실은 1군 훈련장과 주차장을 모두 내려다볼 수 있는 곳에 위치하고 있었는데, 어린 선수가 퍼거슨 감독이 생각하는 기준에서 비싸거나 화려한 자동차를 타고 있으면(예를 들면 레인지 로버라던가), 퍼거슨 감독은 그걸 절대 그냥 지나치지 않았다. "네가 왜 그 차를 모는 거냐?" 나는 감독님의 그런 면을 정말 좋아했다. 그것은 축구 선수들의 삶에 모든 것은 열심히 일해서 벌어야 하는 것이므로 지나치게 먼저 나아가지 말라는 메시지였다. 몇몇 선수들은 차를 곧바로 팔거나, 혹은 감독님이 볼 수 없는 주차장에 주차를 하거나, 또는 판 척을 하고는 몰래 여전히 몰고 다니곤 했는데 그럴 때마다 긱스, 네빌, 스콜스도 어린 선수들에게 직접 가서 말을 하곤 했다. 감독님의 메시지를 대신 전하는 역할을 한 것이다.

 그 시기에 캐링턴 훈련장에 와본 사람들은 누구라도 놀랐을 것이다. 물론, 그곳엔 좋은 차들이 많았지만, 그렇다고 페라리, 벤틀리, 애쉬톤 마틴 같은 차들은 없었다. 물론 몇몇 선수들은 그 차를 갖고 있었지만, 훈련장에 그 차를 몰고 오는 일은 없었다. 캐링턴 주차장에 있는 차들은 대부분 아우디, 벤츠나 다른 브랜드들의 저가용 모델들이었다. 그 시기 맨유의 주차장은 다른 클럽들의 주차장(슈퍼카 전시장 같은)에 비교하면 정말 소박했다. 우리는 원정 경기를 떠날 때마다 선수용 주차장에 가서 원정팀 선수들이 몰고 온 차를 보고는 했다. 가장 비싼, 창문과 바퀴에 온갖 장식을 한 자동차들. 그러나 맨유 선수들은 그에 비하면 검소하고, 비즈니스의 느낌이 나는 자동차를 이용했고, 그것이 감독님이 바라는 바였다.

퍼거슨 감독의 아래서 뛰면 뛸수록, 나는 왜 그가 그의 세대 최고의 감독인지를 이해하게 됐다. 그가 선수들을 관리하는 방법은 정말 최고였다. 하루는 캐링턴 훈련장에서 그와 마주쳤는데, 그가 내게 "지난주 토요일에 잘 뛰었다. 이번 시즌 네 최고의 경기력이었어"라고 말했다. 바로 다음날 경기가 있었기에 나는 속으로 '잘 됐다. 내일 선발이구나. 기대된다'고 생각했다. 그런데 나는 그 경기에 벤치에 앉았다! 그는 다음 경기에서 나를 선발 출전시키지 않을 것이기에 일부러 좋은 말을 해준 것이었다. 물론, 그건 계산적인 관리 방식이라고 생각할 수도 있다. 그러나, 보는 관점에 따라서는, 그것은 선발 명단에서 제외하는 선수의 사기를 너무 떨어뜨리지 않기 위한 그의 방식이기도 했다. 그는 다음 경기 선발 명단을 미리 정하는 일이 잦았는데, 이번 경기에 빼는 선수들에게는 다음 주의 경기를 잘 준비하라고 말하고는 했다. 그는 팀 전체, 또 선수 개개인의 감정을 정말 잘 관리하는 감독이었다. 그는 중요한 선수를 특정 경기에서 빼는 경우에도, 그가 여전히 맨유에서 중요한 선수라고 느끼게끔 만들었다.

맨유에서 뛴다는 것은 절대로 멈추는 법이 없는 기차를 타는 것 같은 기분이었다. 그 기차는 어디에도 멈추지 않고 계속해서 앞으로 나아갔다. 감독님이 직접 말하지 않았어도 내가 그로부터 느낀 한 마디의 말이 있었는데. 그것은 "이제, 다음 게임에 집중하라"라는 것이었다. 그것이 '맨유 웨이'(Manchester Untied way)였다. 승리에 만족하지 않는 것. 패배는 용납되지 않았고, 감독님은 패배를 당할 때마다 계속 그에 대해 생각했다. 정말 큰 패배를 당하기라도 하고 나면, 캐링턴 훈련장 자체가 며칠동안 침울한 분위기였고 모두가 퍼거슨 감독의 심기가 좋지 않다는 것을 알고 있었다. 그의 표정, 그의 말에서 "다시는 이런 일이 있어선 안 된다"라는 메시지가 전해졌다. 맨유가 2007년에 로마, 포츠머스에서 2연패를 당한 적이 있었는데, 우리는 결국 그 후에 로마를 상대로 7-1 승리를 거뒀다. 그것이 우리가 가진 자부심이었고, 내가 퍼거슨 감독의 아래서 뛰는 동안 우리는 단 한 번도 3연패를 당하지 않았다. 그 시기 맨유가 안 좋은 결과를 얻고 나면, 그 누구도 그 다음 경기에서 맨유를 상대하고 싶지 않았을 것이다. 우리는 마치 상처받은 동물처럼 나가서 싸웠다. 우리 자신의 힘을 증명하기 위해서. 우리는 그 볼튼 전 이후에 FC 코펜하겐에 패하고, 3일 후 포츠머스를 상대로 복수를 했다. 그 경기에 앞서서 나는 나의 동료들 사이에 불타는 승부욕을 느낄 수 있었다. "그래 오늘은 당했으니까 다음에 두고 보자고." 우리는 경기에서 패할 때마다 "다시는 그런 일이 없게 만들자"고 생각했다. 우리는 결코 패배감에 잠겨 있지 않았다. 오히려 더 강해져서 돌아왔다.

    맨유에서 뛰면서 우리가 전세계를 상대로 싸우고 있다는 느낌이 든 적도 있었다. 신문, TV, 라디오에서 나오는 우리에 대한 긍정적인, 부정적인 이야기들은 맨유 내부에서 실제로 벌어지는 일들에 대한 것은 거의 없었다. 그것들은 모두 바깥에서 벌어지는 것들에 대한 이야기였다. 잉글랜드 대표팀의 경우, 언론이나 외부에서 대표팀에 이야기하는 것들이 대표팀의 분위기를 좌지우지하기도 한다. 그러나, 그것이 바로 맨유의 특별함이었다. 맨유에서는 그 누구도 외부에서 우리에 대해 뭐라고 하는지를 신경쓰지 않았다. 우리는 그저 "다음 경기를 이기자"라는 것만 생각했다. 맨유 훈련장에도 스포츠 신문들이 있었고 몇몇 선수들은 그 신문들을 보기도 했지만, 나는 단 한 번도 보지 않았다. 신문은커녕 매치리포트나 나에 대한 이야기도 관심이 없었다. 나는 나에 대한 이야기에 관심을 갖지도, 믿지도 않았다. 나에게 중요한 것은, 나에게 진실이란 오직 나의 감독님과 동료들이 나에 대해서 생각하고 말하는 것이었기 때문이다.

나는 마치 과자가게에 들어간 어린이 같았다. 맨유의 환경은 언제나 나에게 새로운 자극을 줬고 나는 그 모든 것으로부터 배웠다. 그러나, 나의 첫날부터, 퍼거슨 감독은 단 한 번도 나를 앉혀 놓고 "이렇게 해라"고 말하거나 하지 않았다. 그는 그저 나를 믿었고, 물론 더 적극적으로 플레이하라거나 슈팅을 더 하라거나는 말을 하긴 했지만, 그것은 전술적인 지시라기보다는 동기부여에 가까웠다. "넌 더 많은 골을 넣을 수 있는 선수야" 그는 말하곤 했다. 맨유에서 보낸 첫 시즌 나는 6골을 기록했다. 그건 첫 시즌을 보낸 미드필더에겐 꽤 높은 기록이었지만, 나는 늘 퍼거슨 감독이 내게 더 많은 골을 기대한다는 것을 느꼈다. 더 많은 골, 더 많은 패스, 더 많은 모든 것. 그는 늘 더 많은 것을 원했다. 그의 조언은 늘 나에게 영감을 줬고, 종종 참 기묘한 조언을 해주기도 했다. 예를 들면 "역습 상황에서 수비할 때, 특히 상대 선수를 마크할 때는 팔을 넓게 벌려서 네가 더 크게 보이게끔 해라" 같은 조언도 해주곤 했다. 그는 늘 그런 세세한 부분에 대한 조언을 해줬고, 나는 그를 너무 신뢰한 나머지 핸드볼 상황 같은 것은 걱정조차 하지 않았다. 그러나 그는 내게 어느 자리에 서라, 어떻게 맨마킹을 해라, 어떻게 패스를 해라 같은 것은 요구하지 않았다. 캐링턴 훈련장에서 우리는 거의 세트피스 상황을 훈련해 본 적이 없었고, 팀의 전술적인 부분은 그의 수석코치였던 카를로스 케이로스Carlos Queiroz 의 몫이었다. 그는 늘 우리와 함께 했고, 아주 뛰어난 코치였다.

모든 위대한 감독 밑에는 성실하고 능력 있는 코치가 있다. 퍼거슨 감독과 케이로스 코치도 그랬다. 그들은 머리와 심장의 아주 완벽한 조합 같았다. 퍼거슨 감독이 좀더 위험을 감수하는 성향의 리더였다면 케이로스 코치는 좀더 신중하고, 영리해서 우리의 위험요소를 잘 파악하는 코치였다. 케이로스 코치는 미드필드에서 전방으로 나아가는 움직임을 중요하게 여기는 코치였고 그 부분에 중점을 두는 일이 많았다. 그러나 훈련 중에 우리는 대체적으로 자유롭게 훈련을 했다. 특히 경기 전 날에는 절대로 전술 훈련을 하지 않앉고, 그냥 박스 훈련이나 크로스 훈련을 한 후에 15분에서 20분 정도 미니 게임을 했다. 미니 게임이 과격해지려고 하면 퍼거슨 감독이 "내일을 위해 에너지 아껴둬라"고 외치곤 했다.

언젠가 루이 사아가 롱볼 패스를 잡으려다가 햄스트링 부상을 당한 적이 있었다. 그때 퍼거슨 감독은 웨스 브라운이 사아에게 태클을 시도한 모습을 보고 그가 부상을 입힌 것으로 생각해서 그에게 주의를 준 일이 있었다. "거기까지, 그만해라." 브라운의 태클은 팀 내에서도 유명했다. 그는 볼이든, 선수든, 심지어는 필요한 상황에서는 주심까지도 한 태클에 모두 잡아낼 수 있는 그런 수비수였다. 그는 고질적인 부상 탓에 불운을 겪었지만 정말 뛰어난 선수였다. 그런데, 그날 브라운은 사아를 건드리지 않았다. 사아는 스스로 볼을 쫓다가 부상을 당한 것이다. 그 모습을 보고 네빌은 "우리 훈련은 종종 실전보다 더 과격하다니까"고 말하며 웃었다.

퍼거슨 감독의 지도 아래 나는 훨씬 더 꼼꼼하게 경기를 준비하게 됐다. 웨스트햄, 토트넘에서도 체육실에서 개인 훈련을 하긴 했지만, 맨유에 입단한 후에야 나는 제대로 체육실에서 체계적인 훈련을 했다. 물론 근육을 키우려고 무거운 기구를 드는 운동을 하기보다는 나 자신의 컨디션을 최대한으로 끌어올리는 데 집중했다. 우리는 시즌 중이었던 1월 중에 자체적인 미니 프리시즌 트레이닝을 갖기도 했는데, 퍼거슨 감독은 "이번 주말 경기는 물론 이길 거지만, 이 일정은 남은 시즌 전체를 준비하기 위한 일정이다"라고 말했다. 나는 깜짝 놀랐다. 1월에 2주 동안 그걸 한다고? 그건 정말 강도 높은 훈련이었다. 시즌 중에 이런 훈련이라니, 괜찮은 건가? 우리는 월, 화, 수, 목요일에 강도 높은 훈련을 한 후, 금요일은 평소처럼 보내고, 토요일에는 피곤한 상태로 경기를 갖고(물론 승리했지만), 그 다음주에 똑같이 1주를 더 보냈다. 그건 정말 힘든 일정이었다. 퍼거슨 감독은 우리를 마치 경주마처럼 훈련시켰다. 늘 그렇듯, 네빌도 그 훈련이 얼마나 중요한 것인지에 대해 다른 선수들에게 강조했다. "우리는 시즌 말에도 다른 팀들보다 더 뛸 거고 더 많은 에너지를 갖고 플레이할 거다". 퍼거슨 감독 체제의 맨유가 시즌 막바지에 특히 좋은 성적을 냈다는 것은 역사가 증명하는 바다. 우리는 4월, 5월에 특히 강했다. 다른 모든 팀들이 시즌 말에 지쳐서 기진맥진할 때 우리는 오히려 더 기운을 냈다. "우리는 다른 팀들과 다르다. 우리는 시즌 말을 잘 보내야 한다. 이때가 정말 중요한 때니까." 네빌의 말이다. 그 시기 그런 훈련을 하는 팀은 우리 외에는 누구도 없었다. 그것이 바로 누구도 우리와 경쟁할 수 없는 이유였다.

나의 커리어를 돌아보면, 내가 만약 좀 더 이기적인 선수였다면 더 많은 언론과 팬들의 관심을 받았을 것이라는 생각이 드는 순간들이 있다. 그러나 바로 그것이 내가 맨유에 잘 어울리는 이유였다. 나는 팀을 위해 나 자신을 희생했다. 나는 다른 사람들의 칭찬이나 인정을 갈구하지 않았다. 그것이 나의 천성이었고, 또 맨유가 필요로 하는 선수의 모습이기도 했다. 맨유는 언제나 팀을 우선으로 생각하는 팀이었다. 우리는 우리 스스로가 최고라고 믿었지만, '나 혼자만' 생각하는 선수는 없었다. 긱스와 스콜스 같은 위대한 선수들조차 언제나 팀을 우선으로 생각했다. 맨유에서의 첫 시즌, 그 두 선수는 정말 믿기 힘들 정도로 뛰어난 선수들이었다. 긱스는 최고의 선수로서 머물 수 있기 위해 할 수 있는 모든 것을 다 했다. 스트레칭, 개인 운동, 요가, 다이어트 등등. 그게 무엇이든, 그는 기꺼이 자신을 희생했다. 스콜스는 자의식이 강한 선수가 아니었다. 세계 최고의 선수가 누구냐와 같은 그런 주제에는 전혀 관심이 없었다. 그는 순수하게 축구를 사랑했고, 또 맨유를 사랑했고, 그리고 자신이 축구에 능숙했기 때문에 축구를 했다. 캐링턴 훈련장에서 보낸 훈련시간에 거의 매일같이 가장 뛰어난 선수는 스콜스였다.

호날두는 다른 선수였다. 그는 세계 최고가 되겠다는 강한 의지를 가진 선수였고, 아주 어린 나이부터 그것을 자신의 목표이자 임무처럼 여겼다. 그 시기, 그는 팀을 위해 뛰었고 몇몇 개인상을 수상하기도 했다. 나는 토트넘 시절 그를 세 차례 상대해봤고, 그가 아주 뛰어난 선수라는 것을 알았지만 독일 월드컵 이후 맨유에 입단해서 만난 그는 다른 레벨의 다른 선수가 되어있었다. 훨씬 더 성숙했고, 특히 여름 내내 개인 운동을 한 덕분에 신체적으로 거의 괴물과도 같은 선수가 되어있었다. 그의 가장 인상적인 점은 그가 얼마나 열심히 훈련을 하느냐라는 것이었다. 자신을 더 발전시키고자 하는 그의 의지는 정말 대단했다. 그는 팀 훈련을 시작하기 전에 가장 먼저 체육실에서 개인 운동을 시작하는 선수였고 훈련이 시작되면 끊임없이 개인기와 프리킥, 슈팅 훈련을 했다. 그는 발목에 웨이트를 매달고 밖으로 나가서 훈련용 콘 주변을 드리블하곤 했다. 많은 사람들이 그의 비싼 자동차나 외부적인 모습에 대해 이야기하지만, 내가 확언하건대, 그는 뽐내는 것을 좋아하는 사람이 아니다. 종종 오픈카를 타고 다니는 선수들을 보면서 자신을 과시하고 싶어하는 선수라는 생각을 한 적이 있지만, 호날두는 아니었다. 그는 정말 좋은 친구였고, 자기 자신의 엄청난 노력으로 그런 차를 살 수 있는 환경을 만든 선수였다.

　나의 첫 시즌, 호날두의 경기력은 예상만큼이나 뛰어났다. 그는 독일 월드컵에서 있었던 일 때문에 경기 내내 사방에서 강한 견제를 받았지만, 그 모든 상대 선수들을 이겨내고 결국 올해의 선수에 선정됐다. 누가 그에게 발길질을 하더라도 그는 곧바로 다시 일어났다. 팬들로부터 야유를 받아도, 여전히 볼을 원했고 자신이 일단 볼을 잡은 후에는 상대 수비수들을 계속해서 무너뜨렸다. 그는 인내심과, 회복력을 모두 갖춘 선수였다. 그는 자신의 기술을 이용해서 팀을 위해 기회를 만들거나 혹은 스스로 마무리 짓고자 하는 강한 의지를 가지고 있었다. 오늘날, 나는 너무 많은 선수들이 개인기를 부리다가 결국 볼을 뺏기는 모습을 본다. 호날두는 달랐다. 그는 곧바로 상대 수비수를 향해 달려가서 결국 무언가를 만들어냈다. 그는 기술적으로 정말 뛰어났고, 그렇게 되기 위해 스스로 계속해서 노력했다. 그는 왼쪽, 오른쪽, 어느 쪽으로도 자유자재로 돌파를 할 수 있는 선수였기에 나는 종종 그를 수비해야 하는 수비수들이 불쌍하다고 느낄 정도였다. 캐링턴에서의 훈련중에는 네빌이 늘 호날두를 막으려고 나서곤 했다. "덤벼봐, 얼마나 잘하는지 한 번 보자고!" 그 중 반 정도는 호날두가 네빌을 제치고 웃었지만, 네빌은 포기하지 않고 다시 나섰다. 그 둘은 서로 더 나아지기 위해 서로를 상대했다.

나에게 누가 가장 뛰어난 경쟁심이 강한 선수였냐고 묻는다면 나는 게리 네빌이라고 답한다. 그를 매일 훈련장에서 지켜보면서, 나는 그가 얼마나 열정적인 선수인지를 느낄 수 있었다. 훈련 중 휴식을 취할 때마다 그는 혼자서 전력질주를 하거나, 온갖 종류의 주력 훈련을 하곤 했다. "정말 저래도 괜찮은 거야? 왜 저러는 거야?" 한 어린 선수가 그런 네빌의 모습을 보고 이렇게 말한 적이 있었다. 물론 네빌은 다른 선수들이 자신에 대해 뭐라고 말하는지에 대해선 아무런 관심이 없었다. 그는 그저 자기 자신의 능력을 최대한으로 끌어올리려는 것뿐이었다. 최고의 자리에 올라가서, 그 자리에서 머물기 위해서라면 그는 무엇이든 했다. 나는 그처럼 의지가 강한 사람을 만나본 적이 없다. 또, 그는 팀원들을 늘 배려하는 아주 훌륭한 주장이었다.

퍼거슨 감독은 유소년 선수들의 에이전트와 대화하는 것을 좋아하지 않았기 때문에, 그 역할은 네빌이 대신했다. 네빌이 유소년팀, 리저브팀 선수들의 에이전트와 대화하고 퍼거슨 감독에게 보고를 하곤 했다. 네빌은 모든 것에 관여했다. 팀의 중요한 결정까지. 유소년 선수들의 커리어에 대해 묻고 상담하고, 그들을 위한 최고의 방법을 찾는 것은 그가 얼마나 다른 선수들을 위해 노력했는지를 보여주는 부분이었다. 그는 드레싱룸에서도 아주 목소리가 큰 중요한 선수였는데, 그는 선수들에게 재미로 불평을 하기도 했다. "패스가 별로야" "더 열심히 못 뛰어?" 때로는 스탭들에게 불평을 하기도 했다. "마사지가 별로야" "이 유니폼, 상태가 X이야!" 등등. 그의 그런 불평으로 인해 피곤해하는 사람들도 물론 있었지만, 그것은 아주 중요한 일이었다. 그런 그의 존재 덕분에 아주 사소한 것들까지 항상 좋은 수준을 유지했어야 됐기 때문이다. 그 수준에 못 미치는 부분이 발생하기라도 하면, 그때마다 네빌이 그에 대해 다시 불평을 시작했다.

긱스 역시 영향력이 큰 선수였다. 그는 중요한 순간에 선수들 앞에서 자신의 생각을 이야기했고, 모두가 그의 이야기를 귀기울여 들었다. 맨유라는 팀에서 그는 모든 선수에게 존경을 받는 선수였다. 스콜스는 항상 조용한 선수였지만, 정말 필요한 순간에는 그 역시 짧게 그의 생각을 밝혔고, 그의 짧은 한마디 한마디가 선수들에게 큰 영향을 줬다. 나는 팀버스에서 늘 긱스 옆에 앉았고, 우리 맞은 편에는 스콜스와, 웨스트햄에서 온 피트니스 코치인 토니가 앉았다. 토니는 항상 농담을 잘했고 창문 밖으로 보이는 사람들이 누구와 닮았다며 재잘대는 그런 소소한 이야기를 잘하는 친구였다. 클럽 요리사였던 마이크 도넬리는 경기가 끝난 후에 닭날개, 파스타, 소시지 등등 간식을 만들어서 버스에 오곤 했다. 옛날에는 경기가 끝나면 탄산수나 초콜릿바 등을 나눠줬었는데, 이제는 모두 과학적인 음식들뿐이다. 단백질 음식, 탄산 음식 등등. 경기에서 승리한 후에 그 버스를 타고 동료들과 이야기를 나누며 돌아가는 길은 가장 즐거운 시간 중의 하나였다. 누구도 헤드폰을 끼고 음악을 드거나 하지 않았다. 모두가 함께 이야기를 나눴고 그래서 우리는 더 끈끈해졌다. 맨유는 버스에 올라타서 "그래, 오늘 밤엔 뭘 할까?"라거나 그런 이야기는 전혀 없었다. 우리는 지난 경기에 대해 이야기했고 좋았던 점과 나빴던 점에 대해 이야기를 나눴다. 긱스와 네빌은 축구에 대해 정말 심도있는 대화를 자주 나눴다. 그들의 대화를 듣는 것 자체가 값을 매길 수 없는 축구 교육이었다. 그들은 내가 어린 시절 그레엄과 함께 TV에서 본 경기들에 대해 대화를 나눴고, 지금 나는 그들과 함께 같은 버스에 앉아서 대화를 나누고 있었다. 그들과 함께 뛰면서, 맨유 선수라는 것에 대한 나의 자부심이 더 깊어졌다. 그레엄에게 내가 이야기했던, 맨유 선수가 되는 것, 그리고 그 이상의 모든 것들이 점점 현실이 되고 있었다.

THE WINNING HABIT

이기는 습관

MICHAEL CARRICK
BETWEEN THE LINES

마이클 캐릭

맨유는 아주 오래전부터 세세한 부분까지 많은 신경을 쓰는 팀이었다. 그들은 내 시력을 향상시키려고 노력했다. 사람들이 내 시력에 대해 이야기할 때마다 나는 웃음을 참기가 어려울 정도다. 나는 정말 시력이 나쁘다. 맨유에 입단한 후에 나는 클럽의 팀닥터이자 그 분야의 전문가인 게일 스티븐슨 교수에게 시력 검사를 받았다. 그녀는 정말 좋은 분이었는데, 아쉽게도 2015년에 세상을 떠났다. 그녀는 시력 테스트를 받는 나에게 4개의 물체를 하나씩 앞으로 뒤로 이동하면서, 어떤 것이 가장 앞에 나와있느냐고 물었다. 나는 그 테스트에는 익숙해서 그녀에게 내가 생각하는 답을 말했고, 그녀는 "너는 주변시와 거리인지력이 정말 좋다"고 말했다.

중앙 미드필더로 뛰면서 나는 주변시가 아주 날카로워졌다. 항상 좌우를 번갈아가면서 확인해야했기 때문이다. 나는 각도만 나쁘지 않다면 주변에 있는 선수들을 아주 잘 알아봤다. 게일 교수가 내게 워밍업을 하는 동안 시야 향상을 위한 운동을 권유한 후로는 더 주변시가 좋아졌다. 그녀는 내게 "가까운 거리에 있는 물체와 멀리 있는 물체를 하나씩 골라서 경기장의 조명에 비춰서 초점을 잡을 수 있게 미리미리 연습해봐라"고 권했다. 그래서 나는 그 후로 매경기가 시작되기 전에 내 앞에 있는 잔디를 주시한 후, 멀리에 있는 물체 하나(광고판이든, 무엇이든)를 다시 한 번 주시한 후 경기를 시작했다. 경기 중 시야를 더 향상시키기 위해서다. 게일 교수는 나와 게리 네빌의 시야에 큰 차이점이 있다는 것을 깨달았는데, 네빌은 왼쪽 방향의 시야가 오른쪽의 시야보다 월등히 뛰어났다. 그의 포지션이 라이트백이었기 때문에 거의 항상 왼쪽을 주시해야 했기 때문이다.

네빌보다 더 뿌리부터 '맨유맨'인 선수는 없었다. 그는 갓난아기시절부터 이미 맨유에 푹 빠져서 살았던 사람이다. 그러나, 나 역시 어린 시절부터 맨유를 좋아했던 사람이기에, 그 누구도 내게 맨유와 리버풀의 라이벌 관계나 그 역사에 대해 이야기해줄 필요는 없었다. 2007년 3월 3일, 리버풀 전을 앞두고 나는 퍼거슨 감독과 선수들, 특히 맨체스터 출신 선수들 사이에 긴장감이 서서히 형성되고 있는 것을 느꼈다. 안필드에서 듣는 퍼거슨 감독의 팀토크는 거의 최면에 걸리는 것처럼 강력했다. 거의 전기가 흐르는 것 같은 정도로 강렬한 그의 말을 듣고 있자니 리버풀 전이 그에게 얼마나 중요한지를 여실히 느낄 수 있었다. 그는 리버풀의 홈에서 리버풀을 꺾는 데 혈안이 되어있었다. 맨체스터와 리버풀은 축구 클럽끼리만 라이벌이 아니라, 맨체스터 운하 건설을 전후로 도시 자체가 경쟁심을 품게 된 도시였다. 그는 늘 "반드시 이겨야 한다"고 말했다. 그는 우리에게 그것이 맨유 팬들에 대한 우리의 책임이며, 우리가 승리하면 맨체스터의 모든 사람들이 다음날, 다음주, 다음달까지 행복하게 출근을 할 것이라고 말했다. 그 많은 사람들의 감정이 우리의 90분에 달려있었다. "팬들을 실망시키지 마라. 열심히 뛰어라" 언제나처럼 그는 '열심히 뛰어라'라고 말했다. 감독님의 말을 들은, 맨유 유니폼을 입은 선수 전원은 리버풀 전은 무슨 수를 써서라도 이겨야만 하는 경기라는 것을 분명히 이해했다. 주심이 경기 시작을 위해 선수 입장을 알리는 휘슬을 부는 순간, 그는 "바로 이곳이, 우리가 승리할 최고의 장소다"라고 말했다.

안필드의 선수 입장 터널을 빠져나오는 것은 특별한 경험이다. 웨스트햄, 토트넘의 유니폼이 아닌 맨유의 유니폼을 입고 그곳을 걸어나오자 엄청난 크기의 소음, 욕설과 증오에 가득찬 온갖 소리들이 쏟아지기 시작했다. 리버풀의 모든 팬들이 자리에서 일어나 나를 향해 외치기 시작했다. "이 X같은 놈", "캐릭, 너는 X이야", "이 뉴캐슬 촌놈" 등등. 나는 그런 소리를 듣자 오히려 웃음이 났다. 몇몇 팬들은 경기 시작 전 선수들이 몸을 푸는 시간에 나와 동료들을 향해 욕설을 하곤 했다. 일부는 그렇게 하는 행위를 자기 친구들에게 자랑거리처럼 여기기도 했다. 그러나 그들의 온갖 노력은 나에게 아무런 영향도 미치지 못했다. 경기가 시작된 후에도 여전히 나를 향해 욕설을 보내는 팬들이 있었지만, 나는 그저 웃어보였다. 그들은 에너지를 낭비하고 있었다. 그렇게 했다가 경기가 그들의 바람대로 흘러가지 않으면 더 약이 오를 거면서 말이다. 그러니, 그건 오히려 잘 된 일이었다. 나는 오히려 웃음이 났다. 그것이 바로 축구 라이벌전의 이상적인 분위기였다.

그 해 3월의 안필드 원정 경기는 나의 맨유 커리어에서 세 손으로 꼽는 가장 기억에 남는 경기 중 하나였다. 우리는 리그 선두였다. 네빌은 선수들에게 그때가 바로 맨유가 가장 힘을 내야할 때라고 말했다. 사실 우리는 그날 형편없었다. 나는 리버풀 수비수 리세Riise에게 파울을 해서 경고를 받았고 스콜스는 퇴장을 당했으며 우리는 간신히 버티고 있었다. 다행히도 반 데 사르가 피터 크라우치의 슈팅을 놀라운 선방으로 막아낸 덕분에 우리는 실점을 면하고 있었다. 승점 1점도 나쁜 결과는 아니었기에 우리는 그대로 경기가 끝나고 빨리 안필드를 떠나는 편이 낫겠다고 생각했다. 추가 시간 4분이 주어졌고, 긱스가 리버풀 왼쪽 측면을 파고 들다가 프리킥을 얻어냈다. 호날두가 프리킥을 준비했고 상대편 페널티박스에는 오셔, 비디치, 사아, 퍼디난드 네 명의 선수만이 들어가 있었다. 나는 박스 밖에서 루즈볼 상황이나, 상대의 역습 상황을 대비했다.

그 순간, 결정적인 한 골이 터졌다. 페페 레이나Pepe Reina 골키퍼가 제대로 처리하지 못한 볼을 오셔가 리바운드 상황에서 골로 연결시킨 것이다. 우리는 경기의 마지막 순간에 리버풀 팬들이 지켜보는 앞에서 승리를 거뒀고, 더 이상 좋을 수가 없었다. 오셔는 나를 지나쳐서 맨유 원정 팬들이 모여있는 곳까지 달려갔다. 퍼거슨 감독도 터치라인에서 모두와 함께 기뻐했고, 우리는 경기가 끝난 후 안필드로드 스탠드에 모여있는 팬들에게 다 함께 가서 인사를 했다. 긱스, 네빌, 퍼디난드, 비디치, 루니 모두와 함께. 네빌은 자기의 유니폼을 던져서 관중석으로 던져줬다. 퍼거슨 감독은 안필드 잔디 위를 마치 전쟁에서 승리한 장군처럼 당당하게 걸었다. 자신이 승리해서 얻어낸 영토를 확인하기라도 하는 듯. 그는 곧이어 우리 팬들을 향해 박수를 보냈고, 팬들은 그런 그의 모습을 보면서 더 흥분했다. 안필드에서의 승리는 모든 것을 의미했다. 승점 3점도 마찬가지다. 마치 우리가 그곳에서 리그 우승을 확정지은 것만 같은 느낌이었다. 첼시는 리그 2위를 달리고 있었고, 우리를 따라잡기 위해서 우리가 승점을 잃기만 바라고 있었다. 그러나, 그 경기에서의 승리로 우리는 리그 우승에 한 발 더 가까워졌고 그런 결과를 최대 라이벌 홈구장에서 걸었다는 것은 그 어떤 일보다도 더 만족스러웠다.

보통의 경기보다 더 의미 있는 승리가 분명히 존재한다. 감독님과 스탭들, 그리고 팬들이 그토록 기뻐하는 모습을 직접 보니 리버풀 전의 중요성이 더 확실하게 느껴졌다. 경기가 끝난 후 한참 후에 돌아가는 팬들의 모습을 보니 내가 그들과 하나처럼 느껴졌다. 아직 내가 맨유 선수가 된지 9개월 밖에 되지 않았음에도, 맨유는 이미 나에게도 하나의 종교가 되어있었다. 네빌 역시 팬들과 함께 기뻐했다. 그에겐 맨유가 그의 삶이자, 그의 가족이고, 그의 친구이며, 그의 모든 것이었다. 네빌은 맨유의 화신과도 같았다. 나는 그 특유의 도도한 태도가 정말 좋았다. 그의 맨유에 대한 사랑은 나에게도 영향을 줬다. 내가 지금도 가장 소중하게 생각하는 사진 중 하나는 나와 네빌, 긱스,

퍼디난드가 그날의 안필드 경기가 끝난 후에 맨유 원정 팬들 앞에서 함께 찍은 사진이다. 그날 나는 정말 특별한 감정을 느꼈다. 물론 네빌, 긱스, 스콜스가 맨유의 심장 같은 선수들이었지만, 다른 선수들도 마찬가지였다. 솔샤르, 오셔, 브라운도 맨유에서 오래 활약한 선수들이었다. 플레처, 루니, 퍼디난드도 맨유 선수들의 자신감을 좋아했다. 앨런 스미스Alan Smith 는 맨유의 또 다른 더비 상대팀인 리즈 유나이티드에서 왔지만, 마치 맨체스터 지역에서 태어나고 자란 선수 같을 정도로 맨유와 동화되어 있었다. 패트리스 에브라와 박지성은 맨유에 오기 전까지 맨유와는 전혀 관계없는 커리어를 보낸 선수들이었지만, 그런 그들 역시 맨유에 대한 아주 깊은 사랑을 안고 있었다. 에브라는 맨유의 어린, 특히 외국에서 온 선수들로부터 많은 존경을 받았고, 종종 안데르손Anderson 이나 그와 비슷한 선수들에게 더 노력하라는 말이 필요할 때마다 직접 나서곤 했다. 그는 아주 강한 개성을 가진 선수였다. 그와 가장 친한 친구는 박지성이었는데, 세상에서 가장 특이한 친구 세 명이 있다면 그것이 바로 에브라, 박지성, 그리고 카를로스 테베즈Carlos Tevez 였다. 그들은 아무도 떼어놓을 수 없을 만큼 가까웠고 훈련장에서도 매일 같이 함께 어울리며 원터치, 투터치 패스를 하며 놀곤 했다. 한 명은 프랑스인, 한 명은 한국인, 한 명은 아르헨티나인. 그들이 도대체 어떻게 그렇게 소통을 잘 했는지는 아마 신만이 알 것이다. 그러나 그와 관계없이 그들은 그저 서로 함께 지내는 일 그 자체를, 또 함께 맨유에서 뛴다는 사실 자체를 행복해했다.

그날 안필드에서 거둔 승리는 우리의 우승 가능성을 더 높여줬고, 2007년 5월 5일 맨시티 전에서 호날두가 페널티킥을 성공시킨 경기 후에, 첼시는 다음날 열릴 아스널 전에서 반드시 승리해야만 하는 상황에 놓이게 됐다. 그 경기에서 승리하지 못하면 곧바로 우리의 우승이 확정되는 상황이었다. 나는 그때까지 한 번도 리그 우승을 차지하거나, 그렇게 우승에 가까워본 적이 없었기에 무엇을 해야할지 몰랐다. 그래서 나는 캐링턴 훈련장에 가서 운동을 한 후 리사와 함께 산 집으로 돌아왔다. 리사는 친구들과 파티에 나갔고 집에는 나와 그레엄 둘뿐이었다. 우리는 첼시 대 아스널의 경기를 함께 봤다. 그 경기는 정말 중요한 경기였기에, 그레엄과 나는 소파 위치까지 조절하며 경기를 볼 준비를 다 마쳤다. 그 경기는 롤러코스터 같은 경기였다. 첼시의 한 선수가 퇴장을 당했고, 아스널이 1-0으로 리드를 잡았다. 그러나 그 후 첼시가 동점골을 기록하면서 20분을 남기고 1-1 상황이 됐다. 그레엄과 나는 그 경기를 보며 계속 대화를 나눴으나, 마지막 10분에는 둘 다 아무 말도 하지 않았다. 조용히 누워서 꼼짝도 하지 않고 경기에 집중했다. 주심이 경기 종료 휘슬을 부는 순간, 우리는 미친 듯이 펄쩍 뛰며 1분 이상 소리를 지르고 서로 안으며 방방 뛰기 시작했다. 심장이 튀어나올 것만 같았다. "챔피온, 챔피온 올레, 올레, 올레!" 우리는 미친 듯이 노래를 불렀다. 그렇게 몇 분을 보낸 후에 너무 지쳐서 소파에 누워 숨을 가다듬으며 서로를 쳐다봤다.

"형, 형이 리그 우승을 했어! 정말 자랑스럽다!"

그레엄이 말했다. 그 순간을 그레엄과 함께해서 나도 기뻤다. 그는 내가 축구 선수로서의 길을 위해 얼마나 노력했는지, 얼마나 많은 희생을 했는지를 다 아는 사람이었기 때문이다.

"이제 뭘 해야하지?"

내가 물었다. 리그 우승을 차지하는 것은 내가 어린이였을 때부터 원했던 일이었다. 그 꿈이 막상 이뤄지고 나자, 그 순간 나는 정말 무엇을 해야할지 알 수 없었다. 다행히도, 우리에겐 네빌이 있었다. 그는 선수들에게 전화를 돌려서 '리빙룸' 펍으로 모이라고 전갈을 보냈다. 우리는 45분 만에 그 장소에 모였다. 선수들만이 아니었다, 훈련장에서 일하는 몇몇 스탭들까지 한 자리에 모였다. 브라이언 맥클레어 아카데미 디렉터도 함께였다. 1군 코치들은 감독님의 집에서 따로 모였다. 아마도 그들의 모임은 조금 더 점잖았을 것이다. 우리, 모든 선수들과 스탭들, 또 네빌의 가족과 긱스의 친구들까지 한바탕 시끌벅적하게 파티를 즐겼다. 아마 그렇게 크게 노래를 불러본 적은 그날이 처음이었을 것이다. 잠시 네빌이 조용하게 있는 것을 본 그의 아버지가 주변 사람들에게 '조용히 해봐'라고 하고는 또 다른 맨유 응원가를 불렀다. 모두가 방방 뛰며 바닥을 쿵쿵 찍고 천장을 두드리며 미친 듯이 즐겼다. 물론, 이후에 우승 공식 행사가 있을 거라는 것은 알았지만, 우리에겐 그 파티가 바로 우승을 즐기는 순간이었다. 우리는 마치 내일이 오지 않을 것처럼 그 순간을 즐겼다. 우리는 모두 하나가 되어 훈련했고, 싸웠고, 매경기를 함께 했다. 그러니, 그 동료들과 함께 맥주를 마시며 즐기는 그 순간이야말로 최고의 순간이었다. 나는 그 파티의 한 가운데서 한순간 한순간을 하나도 놓치지 않고 즐겼다. 나는 그 당시 맨유 선수들 사이의 그 일체감을 정말 좋아했다. 최근 몇 년의 맨유 팀을 폄하하려는 것은 아니지만, 당시의 맨유에는 정말 모두가 형제 같은 믿기 힘든 유대감이 있었다. 나는 다른 어떤 팀에도 그런 일체감은 없었을 것이라고 생각한다. 그때의 그 마법 같은 순간을 잠깐이라도 다시 볼 수 있다면, 할 수 있는 모든 것을 다하고 싶을 정도다. 우리는 30분이 넘도록 야프 스탐, 니키 버트, 로이 킨, 칸토나 등등 맨유의 옛 스타 선수들을 위한 응원가도 부르고 "우리는 유럽의 자존심이라네"라는 팬들의 응원가까지 맨유의 모든 응원가를 다 불렀다. 미친 것처럼 들릴지 몰라도, 바로 그런 순간들이 내가 가장 그리운 순간들이다.

그레엄과 나는 지금도 종종 그 당시의 맨유 팀에 대해 이야기를 하곤 한다. 나는 특히 동생 역시 그날 모든 것을 나와 함께 했다는 사실이 행복했다. 마침내 그곳을 빠져나오는 순간, 그레엄이 뭐라고 말했는지 정확히 기억은 나지 않지만(정말 그 정도로 대단한 밤이었다), 그는 '그 자리에 있을 수 있다는 것이 정말 대단한 특권이다'와 비슷한 이야기를 했다. 그의 말은 사실이었다.

맨유에서 보낸 첫 시즌, 나는 챔피언스리그에 완전히 매료됐다. 챔피언스리그는 내게 기쁨, 또 그만큼의 절망을 안겨준 대회였다. 축구 선수가 챔피언스리그를 좋아하지 않는 것이 오히려 힘들 것이다. 그 멋진 경기장들, 그 웅장한 주제가, 화려하게 밝혀진 조명 아래 최고의 선수들, 최고의 클럽을 상대로 뛰는 대회. 그 해 11월 셀틱 파크의 분위기는 정말 대단했다. 그곳에서 챔피언스리그 주제가가 끝난 후에 울려퍼진 셀틱 팬들의 함성 소리는 정말이지 전율이 느껴질 정도였다. 나는 어린 시절 아버지의 영향으로 셀틱을 동경한 적이 있었고, 웨스트햄의 프리시즌 일정으로 2000년에 그 경기장에서 뛰어본 적도 있었다. 그 경기에서 디 카니오가 셀틱 팬들에게 손으로 키스를 보냈을 때의 분위기도 대단했지만, 챔피언스리그 경기를 앞둔 분위기와 비교하면 아무 것도 아니었다. 60,000명 이상의 팬들이 한 자리에 모여서 모두가 승리를 염원하며, 16강 진출을 희망하며 한마음으로 응원하는 그 소리. 슌스케 나카무라 Shunsuke Nakamura '의 프리킥골이 들어갔을 때 그들의 함성소리는 그 경기가 끝난 후에도 한동안 내 귀를 맴도는 것 같았다.

그 시즌, 우리는 16강 진출에 성공했고 8강에서 AS 로마를 만나게 됐다. 1차전은 그들의 홈구장인 스타디오 올림피코에서 열렸다. 그날의 뜨거운 분위기도 또렷이 기억이 난다. 맨유 팬들은 경기장으로 가는 길에 로마 울트라 팬들의 폭력행위를 조심하라는 사전경고를 받기도 했는데, 경기 당일 우리 역시 피치 위에서 로마 선수들을 상대로 고전을 면치 못했다. 퍼거슨 감독은 그 경기에서 로마의 플레이 스타일을 조심하라고 주의를 주기도 했다.

"코너킥 상황을 조심해라. 그들은 빠르게 코너킥을 처리하려고 할 거야."

경기가 시작된 후 몇 분 만에, 나는 로마의 볼보이들은 달리기 능력으로 선발되나 싶은 생각이 들었다. 로마가 코너킥을 얻을 때마다 볼보이들이 전력질주를 해서 볼을 코너 플래그로 가져다놓으면, 프란체스코 토티가Francesco Totti 번개처럼 달려와서 코너킥을 날렸다. 아마도 그들은 훈련 중에도 볼보이들과 함께 그런 훈련을 했을 것이다. 그들은 볼이 라인을 나간 지 5초 만에 코너킥을 시도하며 경기를 속행하곤 했다. 경기 초반 로마가 코너킥을 얻을 때마다 우리 페널티 박스 안의 선수들은 혼란에 빠졌다. "온다!" 그건 마치 우리가 즐겼던 게임인 소콤을 현실에서 보는 것 같았다. 로드리고 타데이Rodrigo Taddei 가 결국 그런 코너킥 장면에서 골을 기록했다. 그 후, 로마의 볼보이들은 우리의 코너킥 상황에서는 절대로 그렇게 빠르게 볼을 가져다주지 않았다. 한참이 지난 후에야 볼이 돌아오곤 했다.

그러나, 나는 로마를 무시하고 싶은 마음은 없다. 그들은 포기할 줄을 몰랐다. 그들의 모든 플레이는 토티를 통해서 이뤄졌는데, 그는 달리기가 빠른 선수는 아니었지만, 비전, 그리고 기술로는 어떤 상대도 무너뜨릴 수 있는 선수였다. 로마는 토티를 중심으로 짜여진 몇몇 공격 패턴이 있는 것 같았는데, 토티가 코너킥 지점 부근에서 한 번에 패스를 보내주면 좌우 측면 윙어들을 포함한 모두가 페널티 박스 안으로 달려가며 공격을 전개했다. 그날은 정말 힘든 날이었다. 스콜스는 크리스티안 빌헬름손Christian Wilhelmsson 에게 늦게 태클을 했다가 경고를 받고 토티를 넘어뜨렸다가 결국 퇴장을 당했다. 스콜스의 태클에 대한 많은 논란이 있다는 것은 나도 알고 있지만, 퍼거슨 감독은 한 번도 그에게 태클을 자제하라는 지시를 하지 않았다. 스콜스의 천재성을 생각하면, 그런 부분은 아주 작은 흠에 불과했다. 스콜스가 퇴장 당한 후, 나는 홀로 포백라인을 보호하며 경기를 했다. 하프타임에 우리 팬들이 폭행을 당하는 충격적인 일이 발생하기도 했다. 우리는 결국 세트피스에서 한 골을 터뜨리며 1-2 패배를 당했고, 나는 토티의 유니폼을 얻고 맨체스터로 돌아왔다. 그 시기의 나는 아직 상대 선수들의 유니폼을 모으는 취미가 있었는데, 이는 시간이 지나면서 점점 사라졌다.

그날 루니가 기록한 골은 아주 중요했다. 그 골 덕분에 우리는 올드 트래포드에서 승부를 뒤집을 수 있다는 자신감을 갖게 됐다. 그리고 2007년 4월 10일 벌어진 일을 생각하면 나는 지금도 가슴이 뛴다. 그날 우리 팀은 스콜스가 출전할 수 없는 상태였고, 몇몇 전문가들은 우리가 승부를 뒤집을 가능성이 없다고 예상하기도 했다. 그러나 우리에겐 우리 팬들, 그리고 퍼거슨 감독이 있었다. 퍼거슨 감독은 어떻게 하면 로마를 무너뜨릴 수 있는지 알고 있었다. "과감하게 태클하고, 크로스도, 드로인도, 모든 플레이를 빠르게 해라. 그럼 팬들의 분위기가 우리 쪽으로 흐를 거다." 그게 퍼거슨 감독의 작전이었다. 그는 우리가 그렇게 하면 맨유 홈구장의 분위기가 어떻게 될 것이라는 것을 미리 알고 있었다. 선수 입장 터널에서 입장을 기다리면서, 우리는 이미 팬들이 흥분해서 올드 트래포드를 마치 하나의 요새처럼 만들고 있다는 것을 느꼈다. 올드 트래포드도 때로는 조용한 분위기일 때가 있지만, 챔피언스리그 다음 라운드 진출 여부가 걸린 그런 경기에서는 전혀 다르다. 게다가 로마 원정 경기 당시 우리 팬들이 로마 팬들에게 당한 일 덕분에 그날은 더더욱 팬들이 뜨거운 분위기를 만들고 있었다. 그들은 그 피해자들을 위해서 더더욱 선수들의 좋은 활약을 원했고, 그만큼 선수들에게 전폭적인 응원을 보내주고 있었다. 우리는 그런 그들을 위해 로마를 완전히 부숴버리며 응답했다. 퍼거슨 감독이, 그리고 팬들이 바랐던 그대로 그 경기는 모든 것이 빠른 템포로 이뤄졌고, 우리는 로마를 압박하고 압박하고 또 압박했다.

"한 발 앞서 움직이고 적극적으로 달려들어라" 퍼거슨 감독이 말했다. 우리는 충분한 동기부여와 힘을 갖고 경기에 나섰고, 우리 스스로가 무적이라고 느낄 만큼 누구도 막기 힘든 플레이를 했다. 맨유의 선수 한 명 한 명, 팬 한 명 한 명이 그 경기에 전력을 다했다. 팀과 팬들 사이의 연대감은 비현실적일 만큼 강렬했다. 더 이상 좋을 수가 없다고 느끼는 순간마다 우리는 한 골, 한 골을 추가로 터뜨렸고 그럴 때마다 올드 트래포드는 더 뜨거워졌다. 그날 그곳은 천국이었다. 그날이 바로 내가 진정으로 맨유에 와서 팬들과 동료 선수들로부터 맨유의 일원으로 인정받았다는 느낌이 들었던 날이었다. 호날두로부터 패스를 이어받고 컨트롤하려던 순간 로마의 골키퍼 도니가 내 방향으로 뛰어나왔고, 그 상황에선 내가 아무리 강하게 슈팅을 한다고 한들 골키퍼를 무너뜨릴 가능성이 없었다. 그래서 나는 그의 키를 넘기는 칩샷을 하기로 결심했고 나의 슈팅은 도니의 키를 넘겨 골문 안으로 들어갔다. 그 순간 올드 트래포드는 또 한 번 열광의 도가니가 됐다.

그날은 올드 트래포드 최고의 순간 중 하나였고 나에게도 영원히 잊지 못할 밤이었다. 우리는 끝없이 공격을 이어갔고 앨런 스미스, 루니가 골을 터뜨렸다. 특히 루니의 골은 긱스, 호날두와 함께 환상적인 움직임 끝에 나온 골이었다. 끝없는 움직임과 압박, 우리의 플레이는 정확히 퍼거슨 감독이 우리에게 주문한 그대로였다. "공격을 하다가 볼을 뺏기는 건 걱정하지 마라. 긍정적으로 생각하고 계속 나아가라" 그의 말이었다. 그의 작전은 제대로 들어맞았다. 퍼거슨 감독은 스미스를 최전방에, 긱스를 그 뒤에, 루니와 호날두를 양측면에, 그리고 플레처와 나를 중원에 배치했다. 루니가 경기 스코어 5-0을 만드는 골을 터뜨린 후에도 여전히 팬들은 "공격, 공격, 공격"을 외쳤다. 팬들은 로마에게 제대로 혼쭐을 내주길 원하고 있었고 그래서 내가 발등에 제대로 얹어서 골키퍼가 막을 수 없는 톱코너에 꽂히는 골을 한 골 더 성공시켰다. 루니가 내게 달려왔고 우리는 함께 웃었다.

나의 첫 골은 내 커리어 최고의 골 중 하나였지만, 내가 두 번째 골을 터뜨린 순간 경기는 이미 끝난 것이나 다름없었다. 우리는 이미 로마를 완전히 무너뜨렸다. 그들은 이미 너무 질려버려서 다니엘 데 로시 Daniele De Rossi 의 발리슈팅이 골이 된 후에도 기뻐하지도 않았다. 퍼거슨 감독은 나를 교체시켰고, 내가 교체되어 나갈 때 팬들이 내게 보내준 반응은 지금도 내 마음 속에 깊이 남아있다. 나는 지금도 그 순간의 길고 감동적이었던, 팬들이 나를 인정한다는 의미로 보내줬던 그 인사를 생생히 기억하고 있다. 벤치에 앉아서 나는 펠런 코치에게 "해트트릭을 위해 남겨줄 수 없었어요?"라며 농담을 건넸다.

"우리가 네 이적료로 얼마를 냈었지? 오늘 그 이적료를 다 갚은 것 같다!" 그가 답했다.

에브라가 한 골을 더 추가하며 7-1을 만들었고, 그 후로는 모두가 경기 종료 휘슬과 퍼거슨 감독의 '잘했다'는 한마디를 기다렸다. 그날 밤, 퍼거슨 감독은 정말로 '잘했다'는 말과 함께 내 머리를 쓰다듬었다. 나는 리사, 어머니, 아버지와 함께 맨체스터 시내의 중국 식당인 윙스에 갔다. 부모님은 얼른 저녁을 먹고 뉴캐슬까지 운전해서 돌아가야 했다. 윙스에 들어서자, 식당 안의 모든 사람들이 우리를 보며 박수를 보냈다. 우리가 로마를 그렇게 멋진 경기력으로 꺾었다는 것이 그들에게도 큰 의미가 있었던 것이다. 지금까지도, 시내에서 팬들을 만나면 많은 팬들이 내게 그날 로마를 상대로 7-1로 이겼던 경기가 최고의 경기였다고 말하곤 한다.

안타깝게도, 그 시즌 우리의 챔피언스리그는 우리의 뜻대로 흘러가지 않았다. 올드 트래포드에서 열린 AC밀란과의 준결승전에서 카카Kaka는 경기장을 너무나도 빠르고 또 부드럽게 휘젓고 다녔고 홀로 두 골을 터뜨렸다. 경기 시간이 10분 남은 상황에서 긱스가 내게 말했다. "분명히 기회가 올 거야. 포기하지 마. 반드시 한 번은 더 기회가 올 거야" 그의 말은 당시 맨유 선수들의 믿음을 그대로 보여주는 것이었다. 우리는 경기 종료 전에 항상 결정적인 찬스를 얻었고, 그것은 결코 우연이 아니었다. 긱스가 선수들에게 그렇게 이야기하는 것도 처음이 아니었고, 그의 말은 대부분의 경우 현실이 됐다. 그날도 경기 종료 직전 긱스가 루니에게 스루패스를 이어줬고 루니가 디다Dida를 무너뜨리며 골을 성공시켰다. 덕분에, 우리는 높은 기대를 안고 산시로 원정에 나섰다. 나는 산시로의 분위기를 정말 좋아했다. 우리가 몸을 풀러 나가는 순간에는 이미 78,500명의 팬들이 거의 자리에 다 들어와 있었고, 한 명 한 명의 밀란 팬들이 모두 우리에게 야유를 퍼붓는 것 같은 느낌이 들 정도였다. 그렇게 많은 팬들에게 야유를 받는 것은 사실 아주 만족스러운 일이다. 밀란 팬들은 멈출 줄을 몰랐다.

겐나로 가투소Gennaro Gattuso 가 선수 입장 터널을 빠져나오자마자 전력질주를 해서 밀란 팬들이 있는 코너킥 지점 부근까지 달려갔고 그 순간 산시로가 폭발할 것 같은 환호성이 터져나왔다. 그건 마치 하나의 의식 같았다. 모든 밀란 팬들이 그 순간을 기다리고 있었던 것 같았다. 그는 경기장 전체를 다 뛰어다녔고 특히 호날두를 작심한 듯 괴롭혔다. 그는 경기 초반부터 호날두와 강하게 충돌했다. 그날 주심을 맡았던 벨기에 주심 프랭크 블리커를 제외한 모든 사람의 눈에 그 장면은 분명히 옐로우카드였다. 그러나, 그는 카드 없이 프리킥만 선언했다. 그 후, 가투소는 호날두를 철저히 괴롭혔다. 가투소의 목표는 단순명료했다. 수단과 방법을 가리지 않고 호날두를 막는 것. 그걸 모르는 사람은 오직 한 명 주심뿐이었다. 어찌됐든, 그는 자신의 목표를 완벽히 완수했다. 물론 가투소 외에도 밀란은 뛰어난 팀이었다. 특히 클레런스 시도르프Clarence Seedorf 가 그랬다. 나는 시도르프가 뛰어난 선수라는 것을 이미 알고 있었지만, 그날 산시로에서 직접 상대할 때까지는 그 정도의 선수인지 미처 알지 못했다. 그는 한마디로 한 수 위의, 게다가 양발을 모두 잘 쓰는 미드필더였고 결국 우리는 0-3 패배를 당했다.

그렇게 챔피언스리그에서 탈락하는 것은 받아들이기 어려웠다. 그날 나는 잠을 이루지 못하고 그 경기에서 무엇이 잘못됐는지 돌아보고 또 돌아봤다. 그날만이 아니라 수년 동안 나는 패배를 한 후에는 그와 비슷한 과정을 거쳤다. 그것이 내가 패배를 받아들이는 방식이었다. 왜 그때 패스를 하지 않았을까? 왜 그때 그 자리에 서 있지 않았을까? 왜 그때 그렇게 하지 않았을까? 등등. 평소에도 나는 경기가 있는 날은 잠을 잘 이루지 못하는 선수였지만, 우리가 한 시즌 동안 챔피언스리그에서 쏟아부은 노력이 물거품이 된 그런 날 내가 편하게 잠든다는 건 상상도 할 수 없는 일이었다.

챔피언스리그 결승전 진출을 눈앞에 뒀다가 실패한 날이면 어딘가로 숨고 싶다는 마음이 들기도 한다. 그러나 그날 산시로에서 당한 패배는 우리에게 로마에게 거둔 7대 1 승리의 경험보다 더 많은 것을 가르쳐줬다. 우리는 그 패배를 통해서 마지막 순간까지 집중하는 것의 중요함을 배웠고 그것이 우리의 정신 자세를 더 강하게 만들어줬다. 당시 선수들 중 유럽 무대에서의 경험이 풍부한 것은 긱스, 네빌, 스콜스, 반 데 사르 정도였다. 물론 솔샤르도 그랬지만, 그는 은퇴를 앞두고 있었다. 에브라 역시 2004년 모나코 시절 챔피언스리그 결승에 진출한 적이 있었지만, 호날두, 루니, 플레처, 비디치는 챔피언스리그 결승이라는 무대가 아직 익숙하지 않은 상태였다. 우리에겐 배움이 필요했고 경험이 필요했다. 실패를 해야만 배울 수 있는 것도 있다. 퍼거슨 감독 역시 결승 진출에 실패한 것에 크게 상심했다. 챔피언스리그야말로 그가 가장 사랑하는 대회였기 때문이다. 물론 가장 중요한 것은 리그지만(리그에서 우승하는 팀이 곧 잉글랜드 최고라는 것을 뜻하므로), 유럽에서 우승을 차지하는 것은 또 다른 위대한 성과였다. 그때까지 맨유는 그 대회에서 1968년, 1999년 두 번 우승을 차지한 상태였는데, 퍼거슨 감독에겐 그 부분이 성에 차지 않았다.

"맨유는 챔피언스리그 우승을 더 많이 차지해야만 하는 팀이다. 레알 마드리드를 봐라. 9번(당시 기준), 바이에른 뮌헨, 4번. 아약스, 4번." 그는 종종 그런 말을 하곤 했다. 그 후, 우리는 FA컵 결승전에서 첼시에 패했다. 물론 그 패배도 가슴 아프긴 마찬가지였고 나는 다음 시즌 더 강해지리라고 다짐하며 웸블리를 빠져나왔다. 지금도 나는 '결승전에서 가장 중요한 것은 그 순간을 즐기는 것'이나 그와 유사한 말을 들으면 믿을 수가 없다. 그 첼시 전을 돌아볼 때마다 나는 그저 공허함을 느낄 뿐이다. 나는 그레엄과 만나자마자 준우승 팀에게 주어진 메달을 그에게 줬다. 그 메달 근처에는 가고 싶지도 않았다. 우승이 아니면 아무 의미도 없다. 어린 시절, 우리는 FA컵에 대해 많이 이야기하곤 했다. "FA컵 결승전에서 뛰게 된다면 정말 어떨까?" 그가 그런 말을 할 때면 나는 그저 웃으면서 그런 상상을 해보곤 했다. 직접 내가 그 결승전에 나간 이상, 나에게 중요한 것은 우승을 차지하는 것뿐이었다. 그 경기는 아주 격렬했고, 디디에 드록바Didier Drogba 가 골을 기록하고 첼시가 우승을 차지한 경기였다. 우리에게 중요한 것은 빨리 패배를 잊고 다음 목표를 향해 나아가는 것이었다. 나는 그날을 다시 떠올리는 것조차 싫지만, 중요한 것은 패배로부터 동기부여를 얻고 더 성장하는 것이다. 반드시 그 패배를 극복하고 말겠다는 마음을 늘 갖고 있어야만 한다.

그 두 번의 패배로 인해 나는 리그 우승을 차지하며 들떴던 마음을 가라앉히고 다시 겸허한 마음가짐으로 돌아왔다. 감독님은 언제나 앞을 바라보셨다. "내년에는 꼭, 내년에는 꼭" 프리 시즌 일정이 시작될 때면 퍼거슨 감독님은 새 시즌을 맞아 새로운 트로피 수집의 목표를 분명히 강조하셨고, 그런 그의 말이 곧 선수들의 강한 의지로 연결됐다. 맨유의 고참 선수들은 어린 선수들에게 종종 "우리는 더 나아져야만 해"라고 말하곤 했다. 맨유는 멈출 줄을 몰랐다. 더 노력하고, 더 나아지고, 더 강하게 싸우고. 리그 우승으로 기쁨에 가득 차 보냈어야 했던 그해 여름, 나는 리그 우승이 아닌 FA컵 결승전에서의 패배로 인한 아픔을 느끼며 하루 빨리 새 시즌이 시작되기를 바랐다. 지난 시즌 잘못된 부분을 바로잡기 위해서. 지난 시즌의 실패를 만회하려는 맨유의 열망은 믿기 힘들만큼 높았고 나는 바로 그것이 그들이 그렇게 많은 우승을 차지한 이유라는 것을 깨달았다. 그들은 아주 뛰어난 재능을 가진 것뿐 아니라, 누구보다도 승리와 우승에 굶주린 선수들이었다.

그 여름 나는 리사와 결혼했다. 그 전 해의 가을, 그녀의 생일에 함께 발레 공연을 보러 간 날 그녀에게 프러포즈를 했다. 리사는 한 번도 발레 공연을 본 적이 없다며 늘 발레에 대한 이야기를 했다. 그래서 나는 런던의 세인트 마틴스 레인 호텔을 예약하면서 그 인근 런던 콜리세움 극장에서 열리는 백조의 호수 공연 티켓을 함께 구했다. 그런데 호텔에 도착한 순간, 나는 공연 날짜를 잘못 이해해서 다른 날짜에 예약을 해버렸단 사실을 알게 됐다. 호텔에 문의하니 그날 볼 수 있는 유일한 다른 공연은 에드워드 프린스 극장에서 열리는 메리 포핀스 뿐이었다. 내가 챙겨간 옷은 오직 발레 공연을 보러 갈 때 어울리는 갈색 정장 한 벌뿐이었다. 그래서 나는 그 정장을 입고, 리사는 드레스를 입은 채 메리 포핀스를 보러 갔다. 그 쇼는 참 재미있었다. 쇼가 끝난 후 우리는 극장 앞에서 돈을 받고 손님을 태워주는 서비스를 이용해서 호텔까지 이동했다. 나는 호텔 리셉션에 들러서 우리 방에 꽃과 양초를 조금 장식해줄 수 있는지 부탁했다. 주변에 사람이 많은 레스토랑 같은 곳에서 리사에게 프러포즈를 할 성격이 아니었기에 샴페인을 미리 주문했고, 방에서 그녀에게 프러포즈를 하려고 했다. 어쩌면 내가 샴페인을 주문하는 것을 보고 그녀가 짐작했을지도 모른다. 긴장이 되지는 않았지만 계속 주머니를 확인하면서 반지가 제대로 있는지 보고 또 봤다. 결국 그 방 가운데서 나는 무릎을 꿇고 그녀에게 프러포즈를 했고, 그녀는 눈물을 흘렸다. 아름다운 밤이었다. 프러포즈를 한 후 우리는 부모님에게 곧바로 전화를 했다. 내가 후회하는 한 가지는 그녀의 아버님에게 미리 허락을 구하지 않았다는 것이었다. 지금도 왜 그랬는지 스스로 이해가 되지 않는다. 우리는 레스터에 있는 한 교회에서 결혼식을 올렸고 나는 지금도 결혼식날 있었던 일들을 생생히 기억한다. 그 주말은 내 인생 최고의 주말이었다. 우리는 금요일부터 일요일까지 잠시도 떨어지지 않았고, 또 함께 웃었다. 그것은 정확히 우리가 꿈꿨던 완벽한 결혼식이었다. 우리는 보라보라로 신혼여행을 떠났고, 그 후 라스베가스에서 4일을 보냈다.

맨유에서 처음 보낸 프리시즌, 나는 나의 클럽이 세계적으로 얼마나 큰 사랑을 받고 있는지를 다시 깨달았다. 2005년에 토트넘과 한국을 방문했을 때는 모두가 조용했고, 사실 우리에게 관심을 갖는 팬들도 많지 않았다. 그러나 2007년 동아시아 투어를 떠났을 때는 완전히 달랐다. 우리는 우라와 레드 다이아몬즈, FC 서울, 선전 FC, 광저우와 친선 경기를 가졌고 그때의 경험은 마치 마라톤과 서커스를 합쳐놓은 것 같았다. 그 일정은 피곤한 일정이기도 했다. 비행기, 기차, 기차, 경기, 비행기, 기차, 기차, 경기, 거기에 시차에서 오는 피곤함까지. 2주 동안 그런 일정을 보내고 나자 모두가 날카로워져서 서로 툴툴대기도 했다. 시차로 인한 피곤과, 계속 짐을 쌌다가 풀었다가 해야 하는 것이 그중에서도 가장 피곤한 일이었다. 또 하나 놀라운 것은 맨유에 대한 아시아 팬들의 엄청난 관심이었다. 서울에 도착했을 때, 수천 명의 팬들이 인천 공항까지 나와있었다. 그 무렵 나는 한국의 인구가 5000만 명인데, 그 중 2700만 명이 맨유를 응원한다는 이야기를 들은 적이 있었다. 또 서울에 맨유를 테마로 한 레스토랑이 있고, 맨유 신용카드가 있다는 말도 들었다. 서울의 우리 호텔 문을 열고 나가면 수백 명의 팬들이 '글로리, 글로리 맨유 나이티드'라며 우리 응원가를 불렀다. 때때로 그들의 그런 관심이 비현실적으로 느껴질 정도였다. 한국에 도착한 다음날 가진 훈련장에도 수천 명이 모여들었다. 그들은 비가 내리는 것도 개의치 않았다.

최근의 프리시즌 투어는 공식 파트너들과 미리 협의된 일정을 소화하는 부분이 많지만, 그 2007년 투어의 경우 우리는 맨유 파운데이션, 그리고 유니세프(UNICEF)와 더 많은 일을 했다. 나는 에브라, 대런 깁슨Darron Gibson 과 함께 서울에 있는 한 고아원에 방문해서 그곳의 어린이들과 함께 축구를 했다. 또 그 투어 중에 우리는 여러 곳의 병원을 방문했는데, 그때마다 나는 겸허한 마음이 드는 동시에 또 솔직히 말하자면 조금은 힘들기도 했다. 나의 축구 선수로서의 커리어 자체가 건강한 신체 덕분에 가능했던 것인데, 죽어가는 사람들을 눈앞에서 보는 것이 말이다. 그곳에 있는 불쌍한 어린이들은 몇 주, 며칠, 어쩌면 몇 시간 밖에 남지 않은 삶을 살고 있었다. 그런데도 그들은 우리를 보며 진심으로 행복해했다. 그런 그들을 도와줄 수 있는 것이 아무 것도 없다는 생각에 나 자신이 무력하고 작게 느껴지기도 했다. 우리 프로 선수들은 정말 좋은 환경 속에서 보호를 받으며 지내고 있는데, 그곳의 어린 이들, 또 환자들은 더러는 에이즈를 앓으며 힘든 날을 보내고 있었다. 그런 그들을 본 후 훈련을 하는 것은 참 힘들었다.

  축구 클럽들은 그러한 현실과는 거리가 멀고, 그런 문제들에 관심도 없다는 믿음이 있다. 맨유는 다르다. 맨유는 그런 사람들에게 관심을 갖는다. 나는 맨유의 많은 사람들, 또 맨유 파운데이션의 많은 사람들이 맨유라는 클럽의 힘을 이용해 많은 사람들을 돕고 있다는 것을 안다. 단지 그런 행동을 외부에 알리지 않을 뿐이다. 내가 이 사실을 밝히는 이유는 맨유라는 클럽이 나에게 아주 중요한 존재이며 또 실제로 맨유의 많은 사람들이 자국의 또 외국의 커뮤니티를 위해 노력하고 있다는 것을 알기 때문이다. 그렇게 아시아 투어, 또는 크리스마스에 지역의 병원을 직접 방문하는 것은 어린 선수들에게 힘든 사람들의 모습을 직접 보고 느끼게 하는 교육의 일환이지만, 나의 경우는 나이가 들어도 전혀 나아지지 않았다. 병원, 고아원을 방문할 때마다 나는 나 역시 아이가 있는 사람으로서 오히려 더 그들의 상황에 슬픔을 느끼게 됐다. 아픈 어린이들과 그 부모의 모습을 볼 때마다, 만약 그게 나와 나의 아이들의 상황이라면 얼마나 힘들까를 생각하게 되곤 했다.

  그러나, 나는 다시 프로 선수로서 축구에 집중해야 했다. 고아원을 방문한 다음날 우리는 서울 월드컵 경기장에서 FC 서울을 상대했고 그날 경기장에는 6만 명의 한국 팬들이 찾아왔다. 물론 그들 중 대부분은 박지성을 보러 온 것이었다. 그가 출전하지 않을 것임을 알고 있었음에도 불구하고 말이다. 그 정도로 그들은 '지'(JI:박지성)를 사랑했다. 그는 그때 막 무릎 수술을 받은 직후였는데, 그래도 자신의 나라에서 열리는 맨유 투어에 참가했다. 주최 측에서도 박지성의 참가를 분명히 원했을 것이다. 경기가 시작되기 전에 기념사진 촬영을 했고 나도 빙긋 웃었다. 현장 카메라가 루니를 잡자 경기장에서 큰 환호성이 나왔다. 그리고 호날두를 잡자 더 큰 환호성이 나왔다. 그리고 박지성의 차례가 되자 경기장 안은 완전히 미친 듯한 열광의 도가니가 됐다. 나는 박지성을 정말 사랑하지만, 그가 호날두보다 큰 환호성을 받을 거라고는 상상도 하지 못했다. 그 순간 나는 그가 한국에서는 신과도 같은 존재라는 것을 깨달았다. 그는 팬들의 환호성에 그저 조용히 웃을 뿐이었다. 박지성은 맨유에서 아주 사랑받는 선수였다. 그는 맨유 최고의 팀을 뽑을 때 모든 사람들이 뽑을 선수가 아닐지는 모르지만, 정말 최고의 동료였다. 그와 함께 뛰는 것은 꿈 같은 일이었다. 영리하고, 성실하고, 또 효율적인. 그의 움직임, 터치, 턴. 그의 그 모든 것들이 마치 교과서와도 같았다.

박지성의 나라를 떠난 후 우리는 중국으로 향했다. 그리고 광저우의 호텔 근처에 도착할 때쯤 정말 믿기 힘든 광경을 보게 됐다. 중국 팬들은 우리를 기다리고 있다가 선수들의 목에 화환을 걸어주기도 하고 음악을 연주하며 춤을 추는 사람들도 더러 보였다. 경비원들은 최소 500명이 넘어 보이는 팬들과 방송사 관계자들을 통제하느라 진땀을 빼고 있었다. 우리는 그들 사이에 큰 계단을 걸어서 호텔에 들어갔다. 그곳에서 우리를 잠깐 보기 위해 몇 시간 동안 기다리고 있다가 눈물을 흘리는 팬들의 모습을 보면서 맨유라는 클럽이 전세계 곳곳의 팬들에게 얼마나 큰 영향을 미치고 있는지를 느끼게 됐다. 나는 지금도 그 모습을 잊을 수 없다. 다음날 광동 올림픽 스타디움에서 가진 오픈트레이닝에서도 마찬가지였다. 수천 명의 팬들이 우리를 가까이서 보기 위해 몰려들었다.

우리는 그 투어를 모두 마치고 돌아온 후 아주 지쳤고 나는 며칠 동안 몸이 아팠다. 프리시즌 투어는 경제적인 목적을 위해 필요하지만(최근에는 더욱),

그것은 분명히 새 시즌을 좋은 몸 상태로 시작하는 데는 도움이 되지 않는다. 우리는 커뮤니티실드에서 첼시를 상대했고, 그 후 레딩과 리그 경기를 가졌다. 그 다음 경기였던 포츠머스 전이 끝난 후 퍼거슨 감독은 호텔에서 아침 식사를 하다가 나를 불러서 "요즘 너는 지난 시즌의 수준에 한참 부족하다. 나와 카를로스 둘 다 그렇게 생각하고 있다"고 말했다.

나는 그 말을 듣고 "정말이요?"라고 묻는 것 같은 제스처를 취해보였다. 돌아보면, 그때의 나는 순간적으로 방심을 하고 있었던 것이다.

퍼거슨 감독은 "절대로 너 스스로의 목표 수준을 낮춰서는 안 된다"라고 덧붙였다. 나는 그가 정말로 그렇게 생각하고 있는 것인지, 혹은 나를 자극해서 더 발전하게 하기 위해 일부러 심리전을 벌이고 있는 것인지 정확히 알 수 없었다. 그러나, 그 둘 중 어느 쪽이든 간에 그는 내게 절대 방심하지 말고 계속해서 노력하라는 메시지를 보낸 것이다. 아마도 그는 내가 맨유 입단 두 번째 시즌에 많은 선수들이 겪는 '두 번째 시즌 신드롬'(첫 번째 시즌 좋은 모습을 보였으나 두 번째 시즌 부진을 겪는 현상 - 옮긴이 주)을 겪게 하지 않도록 일부러 그렇게 말한 것이라고 짐작했다. 물론 나는 그가 요구한 바를 그대로 실행에 옮겼다. 그는 역시 선수 관리의 천재였다.

다음해 1월, 우리는 시즌 중반에 몸 상태 관리를 위해 트레이닝캠프를 떠났다. 맨유의 인기 덕분에 전세계로부터 초청을 받았는데 그 해 1월에는 사우디아라비아의 가장 유명한 축구 선수인 사미 알자베르Sami Al-Jaber 의 헌정 경기를 위해 리야드Riyadh 로 떠났다. 그 일정에는 사교적인 자리가 많았는데, 특히 우리는 압둘라 왕자의 궁전에 초청을 받았고 에브라와 루니는 그 자리에서 칼을 들고 춤을 추기도 했다.

압둘라 왕자는 직접 우리를 위해 궁전 근처의 정원과 사막이 시작되는 부근을 안내해줬다. 긱스는 낙타를 탔고, 그러던 중 한 스탭이 우리에게 "누구 혹시 쿼드바이크 타고 싶은 사람 있어?"라고 별 생각 없이 물었다. 그 물음에 나와 동료들은 하나 같이 타고 싶다고 답했다. 맨유 구단 관계자들은 안 된다고 말리려 들었지만 이미 너무 늦은 뒤였다. 모두가 쿼드바이크에 올라타서 그 넓은 사막 위에서 지그재그로 신나게 달리기 시작했다. 몇몇 지나친 선수도 있었다. 토니는 모래 언덕위까지 올라갔다가 "으악!"이라며 비명을 질러댔다. 그를 찾으려고 내가 직접 가보니 그는 쓰러져서는 일어나려고 애를 쓰고 있었다. 사막의 위치를 표시해둔 콘크리트 블록에 부딪힌 것이다. "아니야, 괜찮아. 괜찮아" 그는 계속 말했지만, 나는 그의 모습이 너무 웃겨서 웃다가 눈물이 나올 뻔했다. 그가 탔던 바이크는 다행히도 잘 작동하고 있었고 그는 궁전으로 돌아온 후 아무도 알아보지 못하길 빌며 바이크를 반납했다. 그는 버스에 타서도 '괜찮아, 괜찮아'라고 말하며 별 일 아닌 것처럼 말했지만, 그러면서 자기 다리에 든 피멍을 가리려고 애썼다. 그런 그의 모습을 보며 나는 "다른 선수들 중 누구라도 저렇게 다칠 수 있었겠다"고 생각했다.

그 다음날 킹파드 스타디움에서 열린 알힐랄과의 경기는 큰 의미가 없는 경기였지만, 그 와중에도 나는 퍼거슨 감독의 위대함과 왜 그 시기의 맨유가 그렇게 강한 팀이었는지를 느낄 수 있었다. 그날 경기장에는 65,000명의 팬들이 모였고 우리는 경기 종료 직전에 페널티킥을 얻었다. 그 상황에서 골을 성공시켰다면 그 경기는 무승부가 됐을 것이다. 페널티 키커로는 대니 웰백 Danny Wellbeck 이 나섰고 그는 페널티킥을 하려다가 잠깐 멈추는 동작으로 골키퍼를 속이려고 하다가 실수를 범해서 크로스바를 넘겨버렸다. 그 모습을 보고 퍼거슨 감독은 광분을 했다. 웰백은 그때 아직 17세 밖에 안 된 소년이었지만 퍼거슨 감독은 무자비하게 웰백에게 쓴소리를 했다. 그 순간 퍼거슨 감독의 모습은 순수한 분노 그 자체였다. 아무도 경기의 결과를 신경쓰지 않았지만 퍼거슨 감독에겐 확고한 원칙이 있었다. 그는 안데르손 Anderson 을 빼고 아직 유소년 선수였던 웰백에게 기회를 주면서, 그가 진지하게 플레이하길 원했다.

퍼거슨 감독은 심지어 종종 팬들에게도 경고의 메시지를 보내곤 했다. 1월 올드 트래포드에서 버밍엄을 상대로 승리를 거둔 후 그는 그 경기의 분위기가 "장례식 같았다"라고 말했다. 나는 그의 의도가 무엇이었는지를 정확히 이해한다. 경기장의 분위기가 빅클럽들과의 경기만큼 열정적이지가 않았던 것이다. 리버풀, 맨시티 전이나 챔피언스리그 경기에서는 자연스럽게 열광적인 분위기가 형성되지만, 하위권 팀들과의 경기에서는 그렇지 않은 경우가 종종 있었다. 선수의 입장에서도 그런 경기에서는 빅매치 만큼의 흥분을 느끼지 못하는 경우도 있었다. 나는 그런 부분을 극복하는 것 역시 나의 책임이라고 생각했고, 팬들의 응원에 기대서는 안 된다고 생각했다. 나 스스로가 그런 경기에서도 빅매치 만큼 집중하고, 스스로를 채찍질해서 방심하지 않게 노력해야만 했다.

 2008년 5월 11일, JJB 스타디움에서 우승을 확정지었던 순간은 마치 운명처럼 느껴졌다. 그날 긱스는 보비 찰튼 경의 최다출전 기록(758경기)와 동률을 달성했고, 찰튼 경이 직접 경기장에서 그 모습을 지켜봤다. 그의 골은 맨유라는 팀의 색깔을 그대로 보여주는 골이었다. 우리는 1골 차이로 앞서고 있는 상황에서도 리드를 지키려고 하기보다 한 골을 더 기록해서 승부를 끝내는 데 집중했다. 테베즈, 하그리브스, 그리고 내가 그 골 장면에 관여했고, 루니가 찔러준 스루패스를 받아서 긱스가 원정 관중석에 모여있던 우리 팬들 앞에서 골을 터뜨렸다. 그날은 정말 많은 팬들이 경기장으로 몰려들었고 그날 입장한 25,113명은 지금까지도 그 경기장의 최다 관중 기록이다. 긱스는 골을 기록한 후에 그대로 잔디 위에 드러누웠고 내가 가장 먼저 그에게 달려갔다. 한 팬이 경기장 안으로 뛰어들어오기도 했다. 퍼거슨 감독은 터치라인 근처에서 크게 웃는 얼굴로 팔을 불끈 쥐며(그의 최고의 세리머니 중 하나인) 기뻐했고 케이로스, 펠런 코치와 포옹을 나눴다. 그 경기의 마지막 11분은 파티 같았다. 그러나 우리는 계속해서 공격을 가했다. 경기 종료 휘슬이 울린 후에 벤치를 바라보니 찰튼 경이 멋진 정장 차림으로 선수 입장 터널 근처에 서 있었다. 모든 선수들이 센터서클 근처에 모여들었다. 비디치가 뒤에서 나에게 달려들었고 우리는 모두 소리를 지르고 펄펄 뛰며 그 순간을 만끽했다. 2시즌 연속으로 우승을 차지하는 것은 아주 힘든 일이며 그 순간 우리는 프리 시즌의 목표를 달성했다. 나 역시 계속해서 나 자신에게 "다시 우승을 차지할 수 있는 정신적인 힘이 있나? 나에게 그런 추진력이 있나? 아니면 이제 우승을 차지했으니까 그걸로 된 것인가"라고 물으며 스스로를 채찍질했다. 나는 그 모든 질문들에 결과로 답했고, 그 결과는 정말로 만족스러웠다.

맨유의 미국인 구단주 글레이저 형제도 그 경기장에 있었다. 그들은 경기 종료 후 드레싱룸으로 찾아와서 몇몇 선수들, 스태프들과 대화를 나눴다. 맨유에 입단하기 전, 나는 글레이저 가문이 맨유를 인수하는 과정에서 큰 논쟁이 있었다는 것을 알고 있었다. 나는 그들이 훌륭한 구단주라고 생각한다. 그들은 구단이 선수를 영입할 수 있도록 사비를 투자했고, 구단의 일을 방해하는 일도 없었다. 나는 선수 선발에 직접 관여하는 구단주, 감독이나 선수들에 대해 직접 발언하며 간섭하는 구단주를 얼마든지 알고 있다. 그러나 그들은 단 한 번도 그런 적이 없었다. 그들은 우리가 직접 우리의 일을 하도록 믿고 맡겼고 그것은 충분히 인정받아야만 하는 점이다. 퍼거슨 감독 역시 구단주가 그에게 아주 좋은 지원을 해줬다고 말했다. 몇몇 사람들은 잉글랜드 클럽은 잉글랜드 구단주가 이끌어야 한다고 말하기도 하지만, 그런 시절은 지나갔다. 프리미어리그 클럽이 더 성장하길 바란다면, 외국인 구단주의 존재는 필수불가결하다. 맨유는 글레이저 가문의 인수 이래 경기장 안에서도 밖에서도 모두 성장했다.

우승을 확정 지은지 4일 뒤, 나는 4년 재계약에 서명했다. 맨유는 내가 꿈꿨던 모든 것이었다. 자부심, 우승 트로피, 축구에 대한 흥분, 그리고 도전. 그로부터 4일 후, 내 커리어 최대의 도전이 모스크바에서 나를 기다리고 있었다.

9

MUNICH AND MOSCOW

뮌헨, 그리고 모스크바

MICHAEL CARRICK
BETWEEN THE LINES

마이클 캐릭

동료들과 센터서클 주변에 나란히 서는 순간부터 나는 복통과 비슷한 고통을 느꼈다. 극도의 긴장감, 두려움, 그리고 흥분이 모두 뒤섞인 그런 느낌. 오래전 잉글랜드 대표팀이 승부차기를 하는 모습을 TV로 본 적은 있었는데, 그 상황에서도 나는 큰 긴장감을 느꼈다. 이제 나는 그보다 10배는 강한 긴장을 온몸으로 느끼고 있었다. 유럽의 챔피언이 되는, 어쩌면 인생에 한 번뿐일 수도 있는, 그런 순간이 내 눈앞에 놓여 있었다. 그때의 기분은 말로 다 설명할 수 없는 것이었다. 리사로부터 모스크바의 날씨에 대해서 들은 기억이 났지만, 나는 폭우나 경기장의 분위기에 휩쓸리지 않고 그 상황에 집중했다. 그 순간 나에게는 오직 우승 트로피만이 중요했다.

승부차기에서 차례를 기다리는 순간은 마치 시간이 그대로 멈춘 것처럼 느껴졌다. 나는 선수들이 신패드를 벗는 것이나 양말을 내리는 것을 별로 좋아하지 않는다. 그럴 때마다 뭔가 안 좋은 기분이 든다. 마치 게임이 이미 끝났다거나, 완전히 지쳐버린 선수 같은 느낌을 주기도 한다. 경기가 끝난 후에도 스스로는 계속 경기가 진행중인 것처럼 생각하려고 노력할 때도 있다. 경기로부터 신경을 아예 꺼버리는 일은 쉽다. 이런 세세한 정신적인 부분들은 어쩌면 별로 중요하지 않은 것처럼 느껴질지도 모르지만, 승부차기에서는 그렇지가 않다. 작은 부분 하나하나도 나의 방식에 맞게 관리해야 한다. 그 순간은 가족이나 결과를 생각하지 말고, 내가 어떻게 페널티킥을 찰지 그것에만 집중해야 한다.

테베즈가 페널티킥을 차기 위해 나섰을 때, 나는 그의 모습을 보면서 마음 속으로 '내가 다음이야, 다음이 나라고'라고 생각하며 '집중, 집중, 집중하자'고 되뇌었다. 그리고 마음을 다잡으려고 노력했다. 테베즈가 골을 성공시키며 우리는 좋은 시작을 할 수 있었다. 첼시의 첫 번째 페널티키커로 나선 발락은, 독일 선수들이 대개 그렇듯 페널티킥을 성공시켰다. 그리고 경기장의 조명이 나를 밝히기 시작했다. 어디에도 숨을 곳도 물러설 곳도 없는 나의 순간이 시작됐다. 나는 하프라인에서 빠른 걸음으로 페널티박스 부근으로 다가가 공을 잡고 페널티스폿 위에 내려놨다. 생각을 많이 하지 않을수록 좋다. 이상하게도, 머리가 아프거나 복통이 느껴지는 대신, 심장이 빠르게 뛰는 것이 느껴지기 시작했다. 그 순간 내 심장이 얼마나 빨리 뛰었는지는 오직 신만이 알 것이다. 세상에는 오직 나와 첼시 골키퍼 체흐Čech만이 존재했다. 이전에도 그를 상대로 커뮤니티 실드에서 페널티킥을 찬 적이 있었고, 그때 나는 득점에 성공했다. 이번에도 그렇게 할 수 있을까? 그는 지금 무슨 생각을 하고 있을까? 내가 저번과는 다른 쪽으로 찰 거라고 생각할까?

나는 그가 무슨 생각을 하는지 알 것 같은 느낌이 들었다. 페널티지점에 가만히 서서 차분히 생각했다. 나는 나의 기술을 믿었다. 어린 시절 하우돈에서, 또 보이자 클럽에서, 그리고 웨스트햄 유소년 아카데미에서 코치들로부터 배웠던 그 모든 순간들이 나를 지금 이 자리까지 이끌었다. 이제 남은 것은 나와 공뿐이었다. 나는 어느새 체흐는 생각도 하지 않았다.

나는 그 상황을 최대한 간단하게 생각하려고 했다. 내가 해야할 것은 단 한 가지, 공을 골문 안으로 패스하는 것. 그건 내가 수천 번 이상을 해온 것이다. 내가 지금 훈련장에 있다고 생각하면 부담을 가질 이유가 없었다. 다른 모든 것은 잊고, 침착하게, 나의 플레이를 믿으면 된다. 도움닫기를 준비하는 동안, 체흐가 나의 슈팅 반대쪽으로 점프를 하는 상상, 또, 그가 재빠르게 내 볼을 막는 상상이 들었다. 그러나 나의 마지막 생각은 나 자신을 믿고 단순하게 발등으로 깨끗한 슈팅을 하는 것이었다. 그것이 나의 가장 자신 있고 또 편안한 기술이었으니까. 슈팅을 하라는 휘슬과 동시에 나는 내 평생 동안 기억될 슈팅을 날렸다.

맨유라는 클럽과 관계를 맺은 사람이라면, 그 모두에게 공통적으로 주어지는 의무가 있다. 과거에 맨유를 비극적으로 떠난 사람들을 기억하는 것이다. 이것은 전혀 '드라마틱'하다거나 과장된 표현이 아닌, 있는 그대로의 맨유의 정신이다. 맨유를 사랑하는 한 사람으로서, 나는 '버즈비의 아이들'과 그들의 유산을 아주 중요하게 생각한다. 나는 아버지로부터 그들에 대해 처음 들었다. 벨그라데에서 열린 유러피언컵 경기를 마치고 돌아오던 길에 목숨을 잃은 23명의 사람들. 올드 트래포드의 K 스탠드 한 쪽 구석에 있는 시계와 '1958년 2월 6일' 이라는 문구 옆에 적힌 '뮌헨'이라는 문구도 바로 그들을 상징하는 것이다. 캐링턴 훈련장의 드레싱룸 안에도 그들의 흑백사진이 걸려있다. 그들의 존재, 그들의 유산은 여전히 맨유 곳곳에 존재한다. 그들은 여전히 맨유를 사는 존재들이다.

2007/08시즌을 시작하면서 우리는 우리에게 두 날이 아주 중요할 것이라는 사실을 미리 알고 있었다. 바로 뮌헨 참사의 50주기가 되는 날, 그리고 맷 버즈비 감독이 유러피언컵 우승을 차지한지 40주기가 되는 날이다. "올해는 우리가 챔피언스리그에서 우승할거야" 프리 시즌 중에 내가 토니에게 했던 말이다. 별다른 이유는 없었지만, 내게는 그 해가 우리의 해가 될 거라는 직감이 있었다. 우리는 조별 리그에서 스포르팅 리스본, 로마, 디나모 키예프를 만났고 5연승 후 로마와 무승부를 거두며 좋은 출발을 했다. 그러자 맨유 구

단 내에서 서서히 과거의 역사에 대한 이야기가 나오기 시작했다. 퍼거슨 감독 역시 버즈비 감독의 철학과 그것이 맨유라는 클럽에 준 영향에 대해 종종 이야기하곤 했다. "우리는 맨유다. 우리는 언제나 어린 선수들을 키우고 그들에게 기회를 주지." 그것은 퍼거슨 감독이 버즈비 감독의 철학을 계승하고 있다는 증거였고, 그는 그렇게 하는 것을 아주 자랑스러워했다.

뮌헨 참사 50주년이 되던 그 주, 퍼거슨 감독은 보비 찰튼 경을 캐링턴 훈련장에 초대해서 1군 선수단에게 당시의 경험에 대해 들려달라고 부탁했다. 찰튼 경으로부터 직접 듣는 것은 정말 좋은 경험이었다. 그는 월드컵 우승자이자 유러피언컵 우승자이며 '미스터 맨유'인 동시에 축구 역사상 최고의 선수 중 한 명이었다. 물론 그는 뮌헨 참사를 직접 겪고 생존한 선수들 중 한 명이기도 했다. 우리는 그런 그에게 직접 1958년의 그날 있었던 일에 대해 들었다. 그는 당시의 경험에 대해 말하면서 여전히 감정적으로 힘들어했다. 그는 45분 정도 동안 천천히 그날 비행기가 이륙하던 순간부터 결정적이었던 세 번째 이륙 시도의 순간, 그리고 비행기 밖으로 튕겨나간 의자에서 정신을 차렸던 순간 등에 대해 이야기했다. 또 그날 잃었던 선수들에 대해서도 말했다. "던컨 에드워즈Duncan Edwards는 내가 본 최고의 선수였다." 그가 말했다. 나와 동료들은 조용히 그의 말을 들으면서 그의 심정을 이해하려고 노력했다. 모든 선수들에게, 특히 뮌헨 참사에 대해 잘 알지 못했던 외국 출신의 선수들에게 그 자리는 더 깊은 의미가 있었다.

그로부터 3일 후, 올드 트래포드에서 맨유 대 맨시티의 더비 경기가 열렸다. 뮌헨 참사를 추모하기에 잘 어울리는 경기였고, 나는 그날의 일을 지금도 생생히 기억하고 있다. 모든 맨유 선수들이 1958년도 맨유 유니폼을 복원한, 엠블럼이 없고 등번호만 적힌 유니폼을 입었다. 그 유니폼은 깔끔하면서도 아름다웠다. 나는 교체명단으로 경기를 시작했지만, 선수 입장 터널 근처에서 선수들이 입장하는 모습을 지켜봤다. 모든 선수들이 뮌헨 참사에서 목숨을 잃은 선수의 이름이 적힌 티셔츠를 입은 마스코트와 손을 잡고 경기장에 들어갔다. 호날두와 손을 잡고 입장한 소년은 등에 '웰리'라는 이름이 적힌 티셔츠를 입고 있었다. 버즈비 감독의 코치였던 버트 웰리의 이름이다. 그 이름을 보면서 나는 그의 가족과 친구들, 그리고 그의 팀이었던 맨유 모두가 겪었을 상실감이 떠올랐다. 그것은 정말 견디기 힘든 아픔이었을 것이다.

    선수 입장 터널을 빠져나온 후 선수들은 모두 센터서클로 모였고 나는 벤치에 앉았다. 터치라인을 따라 걸으면서 보니 경기장 광고판 전체에 23명의 이름이 새겨져있었고, 그 이름들 옆에는 '영원히 기억되리'라는 문구가 적혀있었다. 맨유의 팬들은 모두 클럽의 색상인 붉은색과 하얀색이 조화된 스카프를 들고 있었고 몇몇 팬들은 버즈비의 아이들의 사진을 들고 있기도 했다. 그들의 모습을 보면서 나는 온몸에 전율이 돋았다. 뮌헨 참사는 그 당시에 태어나지 않았던, 어쩌면 그들의 부모조차 아직 태어나지 않았던 팬들에게도 위대하고 또 중요한 일인 것이다. 나처럼, 모든 맨유 팬들이 그 일에 대한 책임감을 느끼고 있는 것이다. 그날 올드 트래포드에는 '맨유의 꽃들' '우리는 결코 죽지 않으리'라는 응원 배너와 선수들의 사진이 걸렸다. 그 모든 것이 맨유라는 클럽의 아우라를 보여줬다. 실제로 그 뮌헨 참사 이후 맨유를 응원하게 된 팬들과 그의 가족들이 세대를 거쳐 지금까지도 그 일을 추모하며 응원을 보내고 있는 것이다. 전성기의 시절에 목숨을 잃은 능력있는 젊은 이들의 이야기에 많은 사람들이 지금까지도 추모의 뜻을 보내고 있다.

    퍼거슨 감독과 당시 맨시티의 감독이었던 스벤 고란 에릭손Sven-Göran Eriksson 감독이 센터서클에 조화를 놓는 순간 팬들의 기립박수가 나왔다. 주심이 묵념의 시작을 알리는 휘슬을 불자 경기장 전체가 아무런 소리도 나지 않는 완벽한 침묵에 잠겼다. 맨시티의 팬들 역시 품위있었다. 그들은 자신들의 파란색과 하얀색으로 조화된 팀 스카프를 하늘로 들고 주심이 다시 휘슬을 불 때까지 맨유 팬들과 함께 침묵을 지켰다. 그날의 경기는 축구에 대한 것도, 라이벌 관계에 대한 것도 아니었다. 그보다 훨씬 더 큰 무엇이었다. 맨시티 팬들 역시 그것을 이해했고, 나는 그들의 그런 모습에 존중심을 느꼈다. 나는 교체되어 골을 기록했지만, 그건 큰 의미가 없었다. 그날 우리는 패했고, 경기 결과를 떠나 의미가 더욱 중요했다. 퍼거슨 감독 역시 경기 후에 그 사실을 인정했다.

그 주가 지난 후, 우리는 반드시 모스크바에서 열릴 챔피언스리그 결승전에 진출해야만 했다. 우리는 그것을 하나의 사명처럼 여기게 됐다. 우리는 리옹, 로마를 꺾고 준결승에서 바르셀로나를 만나게 됐다. 1차전은 캄프누 원정에서 열렸고, 우리는 우리의 전술이 완벽해야 한다는 것을 알고 있었다. 우리는 경기를 앞두고 전술 훈련을 많이 하지 않았다. 훈련 중에는 대개 전방을 향한 패스 등을 연습하며 항상 공격적인 자세로 훈련에 임했다. 그러나, 그 1차전을 2일 앞두고 우리가 평소처럼 박스 연습을 하고 몸을 풀고 있을 때 케이로스 코치가 미니 게임을 위해 작은 공간을 설치하고는 선수들을 불러 모았다. 그는 실내 체육관에서 사용하는 큰 파란색 매트 두 개를 들고 와서 나와 스콜스의 뒤편에 하나, 그리고 우리 센터백인 퍼디난드와 브라운의 앞쪽에 하나를 깔았다.

"이 파란색 매트 위로 상대 선수가 자리를 잡지 못하도록 만들어라" 바로 이곳이 바르셀로나가 그들의 플레이를 하기 위해 장악하고 싶어하는 포지션이다. 그러니 반드시 우리가 저 자리를 차지해야 한다." 케이로스 코치가 말했다. "목숨을 걸고라도 저 포지션을 사수해야 해" 그의 말대로 바로 그 공간이 바르셀로나의 미드필더들이 원투패스를 주고 받으며 전방에 골을 기록할 수 있는 선수들에게 침투 패스를 보내주는 곳이었다. 그들을 막기 위해서는 우리가 그 지역을 필사적으로 방어하고, 상대 선수들이 접근하지 못하도록 차단해서 그들이 결국은 측면으로 볼을 돌리도록 만들 필요가 있었다. 바르셀로나에는 키는 작지만 민첩하고 기술이 뛰어난 선수들이 많았다. 메시, 이니에스타, 사비, 데쿠, 등등. 그들은 하나같이 케이로스 코치가 지적한 공간에서 상대에게 치명타를 날릴 수 있는 선수들이었다. 우리가 라인을 끌어올릴 때는 퍼디난드와 브라운이 그 공간을 커버하고, 반대의 상황에서는 나와 스콜스가 그 공간을 지킨다. 당시 바르셀로나에는 크로스에 이은 헤더에 능한 선수가 없었으므로, 그들이 측면으로 볼을 돌리는 것은 우리에게 유리한 상황이었다. 그런 상황이 나오면 우리의 측면 자원들(그 경기에서는 루니와 박지성으로 예정되어 있었던)이 더욱 바르셀로나 선수들이 측면 바깥쪽으로 돌아가도록 유도한다. 그것이 우리가 바르셀로나와 원정 경기 내내 갖고 있었던 생각이었다. 결국 우리는 0-0 무승부를 기록했다. 케이로스 코치의 작전은 간단한 것이었지만 매우 효과적이었다. 올드 트래포드에서 열린 2차전 경기의 분위기는 환상적이었다. 로마에 7-1 승리를 거뒀던 때도 그랬지만, 이 경기는 특별했다. 결승전 진출이 눈앞에 걸려있는 경기였고, 스콜스가 월드클래스 중거리 슈팅으로 골을 터뜨렸을 때는 관중석이 폭발할 것만 같은 분위기였다. 경기 종료를 10분 남긴 상황에서는 모두에게서 긴박함이 느껴졌다. 견디기 힘든 긴장감 끝에 경기 종료를 알리는 휘슬이 울렸을 때의 그 기분이 지금도 생생하다. 우리가 결승전에 진출했다!

챔피언스리그 결승전은 언제나 최고의 무대지만, 그 경기를 앞두고 모스크바로 향하기 전에 찰튼 경이 훈련장에서 선수들에게 해준 말과, 그때의 그의 모습 역시 우리에겐 큰 의미가 있었다. 또 한 가지, 나를 더 타오르게 했던 것은 1년 전 FA컵 결승전에서 첼시에 당한 패배에 대한 생각이었다. 나는 반드시 그 패배를 되갚아주겠다고 다짐했다. 그 시기 우리와 첼시의 라이벌 관계는 아주 강렬했고, 그렇기 때문에 더더욱 나는 그 경기에서 절대로 패할 수 없었다. 첼시에는 웨스트햄 시절 함께 성장했던 램파드, 조 콜이 있었고, 잉글랜드 대표팀의 동료인 테리와 애슐리 콜이 있었다. 그러나, 그와 같은 중요한 경기를 앞두고는 사적인 우정은 중요한 것이 아니었다. 나는 선수 입장 터널에서 그들을 신경쓰지 않았다. 권투 선수가 링에 올라갈 때는, 상대가 자신의 친구더라도 그 상대를 무너뜨려야만 하는 것이다. 나와 램파드는 열네 살부터 알고 지냈고, 나는 그를 정말 존경했다. 그러나 바로 그것이 우리에게 더더욱 서로를 이겨야만 하는 이유가 됐다. 그와 나 사이에 볼이 흐를 때면 나는 전력을 다해서 정당한 태클을 가해서 그 볼을 쟁취하기 위해 싸웠다. 물론, 악의적이거나 위험한 태클을 하지는 않았지만 말이다. 조 콜은 나의 베스트 프렌드 중 한 명이었지만, 경기 중에는 그를 감정적으로 대한 적이 없다. 경기가 끝난 후에 그에게 다가가 "잘했어"라고 짧게 한 마디 하는 정도가 다였다. 나는 경기장에 입장할 때 서로 다른 팀의 선수들이 다정하게 대화를 나누는 모습이 싫다. 축구는 잔인한 것이며, 결승전은 더더욱 그렇다. 결승전에서 패하는 것은 더더욱 용납할 수 없었다.

첼시와의 경기는 언제나 격렬하다. 나는 경기 전부터 이미 치열한 경기를 예상했고, 호날두가 선제골을 기록한 후에도 그들이 반격할 것이라는 것을 알았다. 첼시는 딱히 아름다운 축구를 하지는 않았지만, 치열한 경기 양상 속에 언제든 한 방을 터뜨릴 수 있는 램파드, 그리고 디디에 드록바Didier Drogba 같은 선수들이 있었다. 나는 계속해서 램파드의 움직임을 주시하며 따라다녔다. 첼시의 공격 상황에서 램파드가 전방으로 뛰어들어갈 때마다 곧바로 그를 따라 들어갔다. "램파드를 막아라" 그것이 내가 퍼거슨 감독으로부터 받은 지침이었다. 그래서 그가 하프타임 전에 동점골을 터뜨렸을 때 나는 나 스스로에게 아주 화가 났다. 그 상황은 램파드에게 볼이 이어질 상황이 아니었지만 비디치를 맞고 굴절된 볼이 그에게 이어졌고, 반 데 사르가 넘어지며 램파드는 골을 기록했다. 엄밀히 따지자면, 그 상황은 내가 비판을 받을만한 상황이 아니었지만, 그래도 그는 나의 마크맨이었고, 나는 여전히 책임감을 느꼈다. 그 장면은 정말 램파드다운 장면이었다. 그는 페널티 박스 안에서 한 순간이라도 기회를 포착하면 반드시 그 기회를 살리는 선수였다.

그 전까지 우리는 우세한 경기를 펼쳤고 두 골, 혹은 세 골은 기록할 수 있었다. 그러므로 하프타임 직전에 동점이 된 것은 우리에겐 아주 좋지 않은 결과였다. 퍼거슨 감독이 드레싱룸으로 들어와서 우리에게 후반전에 다시 강한 마음을 갖고 싸우라고 강조했다. 우리는 첼시가 계속해서 공격해올 것을 알았다. 특히 드록바는 빠르면서도 강한 선수로, 때로는 수비수 두 명이 막아야만 막을 수 있는 선수였다. 경기 도중 비디치가 그와 강하게 충돌했고, 갑자기 드록바가 그의 뺨을 때리고는 그로 인해 퇴장 당하는 상황이 발생했다. 그가 첼시의 중요한 페널티키커 중 한 명이었다는 점을 생각하면, 연장전 종료 5분을 남기고 그런 상황이 발생한 것은 정말 뜻밖의 일이었다. 그 순간 드록바는 이성을 잃었다고 밖에 말할 수 없었다.

경기 종료가 얼마 남지 않은 순간부터, 나는 승부차기에 집중하기 시작했다. 나 역시 승부차기에 나설 페널티키커 중 한 명이 될 것이라는 것을 알았다. 나는 마음 속으로 그것이 나의 정신적인 힘을 시험하는 무대라고 생각했다. 그 무게감을 견딜 수 있을까? 만약 그 순간에 내가 승부차기에 대한 부담이 너무 커서 다른 선수에게 맡겨달라고 말했다면, 나는 그 일을 평생 후회했을 것이다. 바로 그런 순간이 내가 맨유에 온 이유였다. 최고가 되기 위해서. 그래서 퍼거슨 감독이 선수들을 불러모아서 승부차기에 나서고 싶은 선수가 누구인지 물었을 때, 나는 스스로 먼저 두 번째, 혹은 세 번째 키커가 되고 싶다고 나섰다. 결국 내가 두 번째 키커로 나서는 것이 결정됐다.

테베즈와 발락이 페널티킥을 성공시킨 후 드디어 나의 차례가 왔다. 내 계획은 오른쪽으로 차는 척 하면서 왼쪽으로 차는 것이었다. 나의 기술이나, 어떻게 찰까 하는 것에 대해서는 자세히 생각하지 않았다. 그 순간은 그 전까지 수년간 해왔던 훈련들의 결과물이었다. 다행히도, 내가 슈팅을 하는 순간 체흐가 반대 방향으로 점프를 뛰는 모습이 보였고 내 슈팅은 골문 안으로 들어갔다. 엄청난 안도감, 또 만족감이 몰려왔다. 나 자신과의 싸움에서 이긴 순간이었다. 내가 과연 해낼 수 있을까라는 질문에 대한 답은 '할 수 있다'였다. 나는 맨유 팬들을 향해 주먹을 불끈 쥐고 소리를 질렀다. 그 순간까지 남아있던 긴장감을 모두 떨쳐내리는 듯이. 센터서클에서 기다리고 있는 동료들을 향해 걸어가면서 나는 다시 한 번 관중석에서 보고 있던 리사, 어머니와 아버지를 향해 주먹을 불끈 쥐어보였다. "괜찮아, 걱정 마"라는 메시지를 보낸 것이다. 내가 페널티킥을 차는 순간 아마도 그들은 나 이상으로 긴장하고 또 두려웠을 것이다. 센터서클에 돌아가서 심호흡을 크게 한 후에야, 나는 내가 한 일이 어떤 일이었는지를 깨달았다.

나의 인생에 가장 중요한 경기에서 내가 할 수 있는 일은 거기까지였다. 이제 나머지는 나의 동료 선수들에게 달려있었다. 지금 돌아보면, 내가 그때 할 수 있었던 일은 그저 동료들을 응원하는 것뿐이었다. 줄리아노 벨레티가 첼시의 두 번째 페널티킥을 성공시켰고 호날두의 차례가 됐다. 승부차기라는 것은 정말 잔인하다. 호날두는 그 시즌 압도적으로 최고의 활약을 했던 우리 최고의 선수였고 시즌 내내 페널티킥을 성공시켰다. 그러나, 그 경기에서 그는 페널티킥을 성공시키지 못했다. 그는 깊은 절망에 빠졌다. 온갖 생각들이 그의 머릿속을 스쳐지나갔을 것이다. 축구에선 그런 일이 생긴다. 나 역시 번리 전에서, 또 미들스브로 전에서 실축을 한 적이 있었다. 오히려 내가 호날두에 비하면 페널티킥의 전문가라고 할 수 없었다. 승부차기란 그런 것이다. 누구도 호날두를 비난하지 않았다.

그러나, 경기는 그대로 끝나지 않았다. 하그리브스가 성공시켰고 애슐리콜이 4-3을 만들었다. 나니 역시 성공시키면서 4-4가 됐다. 이제 첼시의 마지막 키커인 테리가 페널티킥을 성공시키면 경기는 그대로 끝이었다. 첼시의 우승. 그때까지 나는 첼시의 모든 페널티킥을 똑바로 바라봤는데, 모두 골이 됐다. 그래서 나는 뭔가 다른 것을 하기로 했다. 테리의 페널티킥을 보지 않기로 한 것이다. 테리가 페널티킥을 차기 위해 걸어가기 시작할 때 내 옆에 서 있던 퍼디난드가 반 데 사르에게 오른쪽으로 뛰라는 신호를 보냈다. 나는 동료 선수들 사이에서, 퍼디난드, 그리고 비디치와 어깨동무를 한 상태로 테리를 바라보는 대신 잔디를 바라보기 시작했다. 몇 초가 몇 분처럼 느껴졌다. 그런데 갑자기 퍼디난드와 비디치가 기쁨에 겨워 펄쩍 뛰기 시작했다. 그것은 오직 한 가지를 의미했다. 테리의 페널티킥이 골이 되지 않았다는 것. 정확히 무슨 일이 벌어졌는지는 알 수 없었지만, 그건 중요하지 않았다. 우리가 아직 살아남았다는 것만이 중요했다. 우리는 패배 직전까지 몰렸었다가 다시 승리할 수 있는 상태로 돌아왔다. 경기가 끝나고 그 순간의 비디오를 보니 테리가 안 됐다는 생각이 들었다. 그가 비에 미끄러지는 모습이 역력히 보였기 때문이다. 그러나, 경기 중에는 상대팀을 동정할 순간이 없는 법이다. 절대로.

승부차기라는 것은 그것 자체가 아주 긴장되는 일이지만, 그 승부차기가 다음 라운드에 진출하는 팀과 탈락하는 팀을 정하는 상황의 긴장감은 비할 바 없이 더 높다. 결승전이라면 더욱 그렇다. 승부차기가 길어질수록, 심리적인 고통도 더 커진다. 승부차기가 계속 길어지면서 나는 내가 두 번째 키커로 나의 차례를 끝냈다는 것이 아주 잘한 선택이었다는 생각이 들었다. 지금부터 페널티키커로 나서는 선수들은 상상하기 힘든 부담을 안아야 했다. 다음 차례는 안데르손이었다. 그는 큰 부상에 시달리는 일이 잦았지만, 아주 뛰어난 능력을 가진 어린 선수였다. 퍼거슨 감독 역시 그를 총애했고, 그를 리버풀 원정에서 스티븐 제라드를 상대로 뛰도록 출전시키기도 했다. 그가 다음 페널티키커로 나섰고 그는 두려워하는 기색 없이 체흐를 상대로 당당히 맞섰다. 나는 그 모습을 쳐다볼 수 없었다. 경기가 끝나고 영상을 본 후에야 나는 그 순간 안데르손이 마치 세상의 그 어떤 것도 신경쓰지 않는다는 듯 차분하게 페널티킥을 처리한 것을 봤다. 그가 실제로 페널티킥을 차는 순간에는 나는 고개를 숙이고 잔디를 바라보고 있었다.

뒤를 이어 살로몬 칼루Salomon Kalou 가 다시 골을 성공시켰고, 우리 팀에서는 긱스가 침착하게 골을 성공시켰다. 이어서 니콜라스 아넬카Nicolas Anelka 가 다음 주자로 나섰다. 나는 또 한 번 양 옆의 동료들과 어깨동무를 한 채 잔디를 바라보기 시작했다. 그때 유독 시간이 천천히 흘러가는 것처럼 느껴졌다. 지금이 바로 우리가 기다리는 순간일까? 1초, 또 1초. 나는 계속해서 잔디 위를 응시했다. 그때 갑자기 퍼디난드와 비디치가 미친 듯 소리를 지르며 뛰어가기 시작했다. 그들과 어깨동무를 하고 있던 내 두 팔은 갈 곳을 잃었다. 고개를 드는 순간 이미 그 두 친구는 나보다 5미터 이상 앞서 있었다. 나도 곧바로 그 둘을 따라서 전속력으로 달려가며 내가 그 전까지 한 번도 그런 적이 없었을 만큼 크게 소리를 지르며 반 데 사르를 향해 달려갔다. 나는 완전히 이성을 잃은 상태였고 나뿐 아니라 주변에 있던 모든 동료 선수들이 그 순간의 기쁨과 환희로 어쩔 줄을 몰랐다. 10년이 지난 지금도 반 데 사르가 아넬카의 페널티킥을 막아내는 그 장면을 보면 잔디 위에서 일어났던 일들이 어제 일처럼 생생하게 떠오른다. 나는 집에 기념품이나 사진을 많이 장식하는 편이 아니지만, 그날 맨유 구단 사진가인 존 피터스가 찍은 사진은 우리 집 벽에 걸려있다. 그 사진처럼, 그날의 기억과 그날 느꼈던 감정들은 절대로 잊혀지지 않을 것이다.

나는 그 순간 우리가 반 데 사르를 향해 달려갈 때 들렸던 루지니키 경기장의 소음을 지금도 생생히 기억하고 있다. 그 장면은 마치 영화의 한 장면처럼, 모든 장면이 슬로우 비디오로 흘러가는 것처럼 느껴졌다. 나뿐 아니라 선수들 전체, 그리고 벤치에서 경기를 지켜보던 후보 선수들, 코치들, 구단 직원들 모두가 반 데 사르를 향해 달려갔고 결국 그가 서 있던 골문 앞에는 우리가 마치 산이라도 만든 것처럼 모두가 한데 엉켜서 난장판이 됐다. 우리는 서로를 향해 소리를 지르고 뛰어들었고 나 역시 소리를 지르며 내가 끌어안을 수 있는 모든 사람을 끌어안았다. 내 인생 최고의 순간이었다. 모든 선수들이 서로 다른 방향으로 뛰면서 모두 주체할 수 없는 감정을 느끼고 있었다. 그때 내 동료들의 얼굴에는 표현할 수 없는 기쁨과 행복이 가득했다. 우리가 유럽의 챔피언이다. 그 후로 몇 분간 나는 멍했다. 2시간의 혈투 끝에, 승부차기 끝에, 그 뒤에 찾아온 행복감이 마치 내가 마라톤을 완주하기라도 한 것처럼 한번에 몰려왔다. 내 몸 안의 아드레날린이 모두 분비되고 나니 마치 아무것도 남지 않은 것처럼 머리가 새하얘졌다.

정신이 들 때쯤 관중석에서 나를 지켜보고 있던 어머니, 아버지, 그리고 리사에게로 걸어갔다. 나는 여전히 감정을 통제할 수 없는 상황이었다. 웃어야 할지, 울어야 할지 알 수 없었다. 정신적으로도 신체적으로도 너무 지친 후였다. 나는 축구장 위에서 울어본 적이 없었는데, 그날은 마치 어린이처럼 눈물을 흘렸다. 월젠드에서 시작해서 그때까지 이어졌던 나의 축구 여정에 대한 기억이 하나둘씩 떠올랐다. 그리고 그 자리에 오기까지 축구를 위해서 희생해야 했던 것들도 생각났다. 그때 어머니, 아버지, 리사가 관중석에서 펄쩍 펄쩍 뛰며 기뻐하고 있는 모습이 보였다. 안타깝게도 그레엄은 그날 그곳에 없었지만, 그와 정원에서 함께 축구를 하며 꿈을 꿨던 순간이 다시 떠올랐다. 보이자 클럽에 나를 데려다주시던 할아버지도 떠올랐다. 그가 하늘에서라도 나의 모습을 내려다볼 수 있다면 좋겠다는 생각이 들었다.

상황이 조금 진정된 후에, 나는 구단의 스태프들을 찾아가 고맙다고 인사를 했다. 그들의 얼굴은 마치 사진 속의 장면 같았다. 그대로는 언제 우승 행사를 할 수 있을지 짐작도 되지 않았다. 그러나 시간이 지나면서 점점 선수들이 트로피를 들어올리기 위해 모이기 시작했고, 찰튼 경도 그곳에 와 있었다. 나는 그와 악수를 나눴다. 그는 내게 "잘 했다. 이제 네가 유럽의 챔피언이야. 축하한다"고 말했다. 그는 그가 과거에 뛰었던 클럽이 다시 한 번 이런 영광스러운 순간을 만들어낸 것을 자랑스러워하고 있었다. 그런 그의 존재가 우리의 자부심을 더욱 강하게 만들었다. 나는 퍼디난드의 옆에 서서 시상대 위로 올라갈 순간을 기다리고 있었다. 나는 퍼디난드에게 웃으며 "우리가 해냈어!"라고 말했다. 정말 믿기지가 않았다. 그 순간을 내가 열네 살부터 웨스트햄에서 함께 했던 그와 함께 보낼 수 있다는 것이 더 행복했다.

그날 새벽 1시에서 2시가 되어서야 우리는 우승 행사와 세리머니를 모두 마치고 경기장을 빠져나왔다. 그날 모스크바에는 새벽에도 계속 강한 비가 내렸다. 오히려 그래서 더욱 그날 새벽 모스크바의 모습은 아름답고 잊지 못할 풍경이 됐다. 그날 내게 가장 즐거웠던 순간 중 하나는 우승 후 드레싱룸에 들어가서 비슷한 나이 대의 동료들이었던 퍼디난드, 플레처, 오셔, 브라운, 루니, 호날두, 테베즈, 에브라, 비디치, 그리고 우리보다 조금 더 나이가 많던 긱스, 스콜스, 반 데 사르 등과 함께 우승을 자축했던 순간이었다. 우리는 그만큼 한 팀으로서 끈끈하고 가까웠다.

그날 나는 드레싱룸을 천천히 한바퀴 둘러봤다. 그러자 저절로 미소가 지어졌다. 그곳의 선수들은 나이, 출신 국가와 아무 관계 없이 잘 어울리고 우승을 차지하겠다는 공통의 열정을 갖고 있었다. 맨유의 선수로서, 우리는 한 시즌 내내 함께 싸웠고, 우리가 같이 이뤄낸 성과에 대해 모두가 함께 즐기고 서로를 존중하는 마음을 갖고 있었다. 우리는 노래 부르며 그 드레싱룸을 방방 뛰어다녔다. 그날 그곳에는 오직 하나, '우리'만이 있었다. 구단 직원들, 요리사, 물리치료사, 소품 담당자, 마사지 담당자들의 흐뭇한 얼굴을 보는 것 역시 행복했다. 그들은 평소에 많은 주목을 받지 못하지만, 그들 역시 우리의 우승을 함께해야 마땅한, 그 과정을 함께 한 열정적인 '맨유인'들이었다. 그들에게 웃음을 안겨줄 수 있다는 것이 너무나도 보람찼다. 그들에겐 맨유가 다시 유럽의 챔피언이 됐다는 것이 아주 큰 의미가 있었다.

그날 호텔로 돌아와서, 우리는 레스토랑에 모여 긱스에게 맨유 최다 경기 출전 기록을 경신한 것을 기념하는 시계를 선물로 줬다. 그날은 잘 수 있는 날이 아니었다. 나는 그 밤이 영원히 끝나지 않기를 바랐고 결국 밤을 꼬박 새우고 아침에 공항으로 향했다. 그런데, 우리 비행기가 5시간 연착됐다. 우리는 공항에서 아무 것도 하지 못하고 시간을 보냈지만 그 와중에도 우리는 모두 웃고 있었다. 결국 우리는 맨체스터 공항에 오후 9시 30분에 도착했고 나는 비행기에서 내릴 때 오웬, 비디치와 어깨동무를 한 채 함께 그 계단을 내려왔다. 맨유의 팬들은 우리 비행기가 연착됐음에도 불구하고 인내심을 갖고 우리를 기다렸고 우리는 버스에 올라탔다. 맨체스터에 유러피언컵 우승 트로피가 돌아왔다. 나는 루니, 호날두와 함께 버스 앞쪽에 자리를 잡고 창문 밖으로 보이는 팬들과 사진사들을 향해 우승 트로피를 들어올렸다. 사진사들이 우리의 모습을 사진에 담았고, 나는 모든 사진에서 웃고 있었다.

그 버스는 마지막으로 캐링턴 훈련장에 우리를 내려줬다. 그때 두 살 반이었던 루이스는 집에 있었고, 나는 빨리 집으로 가서 루이스를 안고 쉬고 싶은 마음뿐이었다. 결국 우리는 "여름 잘 보내라"는 짧은 인사를 나눈 후에 모두 각자의 집으로 돌아갔다.

그날 단 한 가지 아쉬웠던 점은 우리가 정식으로 우승 퍼레이드를 하지 못했다는 것이었다. 맨체스터 시의회와 경찰당국에서 비슷한 시기 UEFA 컵 결승전에서 벌어졌던 레인저스 팬들의 폭력행위를 근거로 퍼레이드를 승인해 주지 않았다. 우리는 프리미어리그, 챔피언스리그에서 모두 우승을 차지했다. 그런데, 팬들과 함께 즐기지 못한다는 것은 너무 아쉬운 일 아닌가? 지금도 돌아보면, 그때 퍼레이드를 하지 못한 것은 참 아쉬운 일이다.

그밖에 그날 있었던 일들은 기억이 흐릿하지만, 꼭 한 가지 내가 분명히 기억하고 있는 것이 있다. 그날 훈련장에서 퍼거슨 감독이 우리에게 했던 말이다.

"준비들 해라, 내년에도 리그 우승을 해야 되니까."

10
ROME

로마

MICHAEL CARRICK
BETWEEN THE LINES

그를 처음 봤을 때, 그는 마치 이제 막 학교에서 친구들과 축구를 하기 시작한 작은 꼬마 같았다. 어쩌면 너무 어리고 평범해서, 아직 축구를 전문적으로 할 수 있는 나이가 되지 않은 것처럼 보이기도 했다. 그러나 이 작은 꼬마 같은 선수는 그저 그런 한 명의 선수가 아니었다. 그는 자신의 발에 볼을 달고 있는 것처럼 플레이했고, 작은 다리로 자연스럽게 드리블하며 자유자재로 자신에게 들어오는 태클을 피했다. 우리가 바르셀로나를 꺾고 모스크바에서 열린 결승전에 진출했을 때 그는 오른쪽 윙에서 뛰었다. 그와 다시 만났을 때는 달랐다. 리오넬 메시 Lionel Messi 에 대한 이야기다.

    그는 볼을 간수하는 능력이 내가 지금까지 본 그 어떤 선수보다도 뛰어난 선수였고, 단 한 순간에 방향을 전환할 수 있는 선수였다. 경기 중에 몇 번이나 그를 잡았다고 생각한 순간이 있었지만, 그때마다 그는 순식간에 나를 제치고 사라졌다. "그는 왼발밖에 못 쓰니까 오른쪽 길을 열어줘라"라고 쉽게 말하는 사람들도 있다. 그러나 그의 왼발은 정말 대단하다. 그는 특히 아주 좁은 공간에서도 놀라울 정도로 볼을 잘 컨트롤했다. 우리는 바르셀로나와의 준결승 전에서 두 차례 무실점을 기록했지만, 끝내 메시를 침묵시키지는 못했다. 그는 다시 돌아와서 우리의 골문을 겨냥했다.

휴가를 마치고 잉글랜드, 유럽의 챔피언의 자격으로 다시 시즌을 시작하는 것은 아주 기쁜 일이었지만, 이제 우리가 최고라는 것을 다시 증명해야 했다. 어떤 팀들은 중요한 대회에서 우승을 차지하고 나면 그 순간을 오래 즐기고, 편안한 소파에 앉아 미디어와 인터뷰를 하다가 결국은 그들의 경쟁력을 잃어버리기도 한다. 우리는 아니었다. 퍼거슨 감독이 있는 한 그런 일은 발생할 수 없었다. 그는 전보다도 더 성공을 갈망하며 선수들에게 더욱 분발해야 한다고 다그쳤다. 3시즌 연속 리그 우승을 차지할 수 있을까? 혹은 2시즌 연속 챔피언스리그 우승을 차지할 수 있을까? 그것은 나 자신과의 새로운 싸움이었다.

나는 나 자신을 더 발전시키고 싶은 열망이 있는가? 그렇다. 에베레스트 산을 이미 정복하고 내려온 후에 다시 그 산을 올라갈 각오가 되어 있는가? 그렇다. 지금 이 상태에 만족하는가? 아니다. 가장 중요한 것은 그 마지막 질문이었다. 지금까지 몇 번의 우승을 차지했든, 나는 그것에 만족할 수 없었다.

맨유에서, 나는 승부에 관해서는 무자비해져야 한다는 것을 배웠다. 최고가 되기 위해서는 모든 것을 희생해야 한다는 것도 배웠다. 축구 선수들이 한 달 내내 쉴 수 있는 것은 오직 6월뿐이다. 나는 그중에서도 일주일 정도 완전히 축구를 잊고 지내는데, 그때마저도 나는 축구에 대한 생각을 완전히 떨쳐내지 못하고 리사에게 "운동하러 가야 돼", "그건 먹으면 안 돼", "너무 많이 먹었어" 이런 말들을 하곤 했다. 2008년 여름에도, 그 후의 여름에도 마찬가지였다. 선수로서든 코치로서든, 나는 맨유에서 언제나 승리에 대한 열망으로 사로잡혀있었다. 늘 그것에 대해서만 생각했다. 또 시즌 중에, 주변의 학교, 슈퍼마켓, 주유소에서 팬들을 만날 때마다 오직 그에 대한 질문을 받았다. 항상. 리사와 저녁을 먹으러 나가서도 다음날 훈련에 대해서 생각할 때도 있었다. 축구에는 출구가 없다. 7월 첫 주에 시작되는 프리시즌 첫 날 훈련장에 도착하는 순간부터, 5월 말 시즌이 종료될 때까지, 나는 나 자신이 그렇게 축구를 대했다는 것이 자랑스럽고 조금도 후회하지 않는다. 내가 진정으로 사랑하는 일을 했고 그 일로부터 충분한 보상을 받았으므로 누구의 동정을 바라지도 않는다. 그러나, 그 한 달을 제외한 11개월간, 축구 선수의 생활은 본인 자신의 것이 아니다. 우승을 차지하지 못할 수도 있다는 두려움, 2위로 리그를 마친다는 것에 대한 우려와 그에 따라올 굴욕감에 대한 걱정이 내 마음을 떠난 적이 없었다. 어느 날, 나는 나를 계속해서 앞으로 나아가게 만들었던 원동력이 성공에 대한 열망이 아닌 실패에 대한 두려움이었다는 것을 깨달았다.

맨유는 시간을 어영부영 보내는 일이 없다. 우리는 첫 훈련을 가진지 4일 뒤에 첫 경기를 가졌다. 2008년 7월 12일 애버딘 전에서 선수들은 제대로 뛸 수 있는 상태가 아니었고 전반전 20분이 지나자 이미 더 뛰기 힘든 상태였다. 피토드리 경기장에서 경기를 가진 후, 우리는 나이지리아에 도착했다. 우리는 나이지리아 수도 아부자에 갈 예정이었다. 아마도 누군가가 맨유의 아부자 방문을 위해 거액의 돈을 투자했던 모양이다. 결국 우리는 케이프타운을 경유한 뒤 아부자에서 열릴 FA컵 우승팀 포츠머스와의 친선전 경기 당일 새벽 3시에 도착했다. 호텔로 이동할 때 경비요원 중 한 명이 혹시라도 모를 사고를 방지해서 "버스의 모든 커튼을 치고 불도 끄라"고 말했다. 호텔에 도착하니 호텔 주변의 상황은 완전히 통제가 불가능한 수준이었다. 호텔 안팎으로 팬들이 가득했고 몇몇 팬들은 호텔 내부에서, 심지어 몇몇은 엘리베이터까지 돌아다니며 선수들을 찾아다녔다. 선수들은 몇 시간이라도 잠을 자려고 했고, 몇몇은 주변의 정원에 산책을 하려고 하기도 했으나 주변에는 사방에 무장경찰이 투입되어 경비를 하고 있었다. 수영장 옆을 지나갈 때는 호텔 직원이 선수들의 사진을 찍기도 했는데, 그건 선수들에겐 이미 익숙한 일이라 큰 문제가 아니었지만, 경비 업체 직원들에게는 그렇지가 않았다. 한 경기 요원이 즉시 달려가 그 카메라를 뺏었다.

"왜 그러는 거예요?" 내가 외쳤다. 그 경비요원은 사진을 찍은 직원의 옆구리를 가격한 후에 호텔 뒤편으로 끌고 갔다. "그냥 사진 한 장 찍었을 뿐인데 왜들 그러는 거예요?" 내가 그들에게 다시 외쳤다. 우리는 그 직원을 그 후로 다시는 보지 못했다. 그건 이해하기 힘든 장면이었다.

그날 오후, 선수단 버스가 나이지리아 국립경기장으로 향하는 길에 나는 20명 정도의 어린이들이 우리 버스가 지나가길 기다리고 있는 모습을 봤다. 그런데 그들과 가까워지면서 나는 조금 이상함을 느꼈다. 그 어린이들의 다리가 하나같이 불편해보였던 것이다. 오로지 팔과 어깨를 이용해서 그곳의 작은 언덕을 아주 빠르게 이동하고 있었다. 우리가 모두 놀라서 그 모습을 보고 있으니, 그곳의 안내인은 우리에게 나이지리아의 몇몇 부모들은 아이들이 구걸을 하러 가기 쉽도록 다리를 부러뜨린다는 말을 들려줬다. 그게 정말 현실에서 가능하단 말인가? 그곳에는 그렇게 팔을 이용해서 움직이는 어린이들이 사방에 있었다. 그건 정말 슬픈 모습이었다.

그 외에도, 그때 우리가 아부자에서 겪었던 일은 한 편의 공포영화 속 장면 같았다. 경기장 안에는 팬들이 많지 않았는데, 팬들이 입장료를 낼 수 없었기 때문이었다. 몇몇 팬들이 경기장 안에 몰래 들어오려고 시도했지만 그럴 때마다 경찰은 그 팬들에게 가스를 뿌리며 그들을 저지했다. 경기 중에 커다란 파리가 폭탄처럼 날아들기도 했다. 경기 중에 한 눈은 볼에, 다른 한 눈은 자기에게 다가오는 벌레를 보는 데 신경을 써야 했다. 우리는 2-1로 승리를 거둔 후 가능한 빨리 그곳을 빠져나와서 다시 한 번 그 불쌍한 어린이들의 모습을 보며 지나쳐서 공항으로 곧장 달려갔다.

그 비행은 16시간이 걸렸지만, 아부자에서 직접 보고 경험한 일들은 그보다 훨씬 더 오래 기억에 남았다. 나는 그 후 일주일 동안 구토 증세에 시달렸고, 동료들 중에는 나보다 더 심하게 질병을 앓은 친구도 있었다. 몇몇 친구들은 너무 아파서 샘플을 채취해서 대학 병원에 보내기도 했는데, 검사 결과 그 샘플 안에서는 원숭이와 들쥐의 변 성분이 발견됐다. 그 검사를 한 의사들은 그때까지 한 번도 그런 것을 본 적이 없다고 말했다. 그런 일을 겪고 난 후에 아부자를 떠올리면 좋은 느낌이 들 수가 없다. 나의 동료들도 마찬가지였다. 아부자에서 우리는 확실히 우리가 별로 원하지 않는 기념품을 들고 돌아온 셈이었다.

그 해 겨울 일본에서 열린 클럽월드컵은 아부자에서 겪은 경험에 비하면 훨씬 더 즐거웠다. 맨유는 유럽 챔피언의 자격으로 그 대회에 나갔고, 그 대회의 우승은 잉글랜드에서 아주 높은 평가를 받지 못하지만, 나는 그 대회가 아주 중요하게 느껴졌다. 나에겐 그 대회가 또 다른 중요한 우승 트로피를 차지할 수 있는 좋은 기회였다. 세계 챔피언이 되는 기회가 얼마나 있을까? 심지어 그 대회는 챔피언스리그에서 우승을 한 팀만 참가할 수 있는 대회였다.

일본으로 가기 전, 우리는 12월 13일 토트넘과의 경기를 가질 예정이었고, 그 다음 경기는 박싱데이에 열릴 스토크 원정이었다. 캐링턴의 스포츠 과학 분야 전문가들은 우리가 일본으로 이동할 시차를 감안해서 우리에게 토트넘 전이 끝난 후 잠을 자지 말고 밤을 샌 후에 비행기에 타는 것이 낫다는 의견을 냈다. 그래서 우리는 모처럼 즐거운 마음으로 그날 저녁 런던 시내로 외출을 나가 퍼거슨 감독과 함께 카지노에 가서 시간을 보냈다. 몇몇 동료들은 모비다 나이트클럽에 가기도 했다. 토니와 팀닥터 맥널리가 아침에 우리를 데리러 왔을 때는 아직 돌아오지 않은 녀석들도 있었다! 결국 우리는 그렇게 비행기를 타서 구단에서 나눠준 헤드폰 같은 작은 기계를 귀에 착용했다. 그 기계는 우리의 뇌에 신호를 보내서 밤인데도 불구하고 낮처럼 느끼게 만들어주는 기계였다. 그러나, 그 기계는 큰 소용이 없었다. 우리가 탄 비행기는 조명을 다 끈 상태였고, 우리는 일본으로 가는 비행기 안에서 반쯤은 맨체스터, 반쯤은 도쿄 시간에 맞춘 애매한 상황에 놓였다. 도쿄에서 돌아온 후 2일 만에 스토크 전을 치러야했기 때문에 시차를 영리하게 조절하려던 것이 오히려 그런 상황을 만들었던 것이다. 비행기 안에서, 나는 그 즈음 막 토트넘을 떠나 맨유에 입단했던 디미타르 베르바토프Dimitar Berbatov가 큰 마스크를 쓰고 있는 것을 봤다. 그는 비행기 에어컨에서 나오는 먼지를 걱정해서 마스크를 쓰고 있었던 것이다. 그런데 우리가 요코하마에 있는 호텔에 체크인한 뒤로 그는 단 한 번도 방에서 나오질 않았다. 나중에 알고 보니, 그는 그 기간에 우리 선수단 중에서 유일하게 아팠던 선수였다.

베르바토프를 제외한 나머지 선수들은 모두 클럽월드컵 일정을 소화했다. 시차가 커서 몇몇 동료들은 새벽 5시까지 게임을 하거나 당구를 하기도 했다. 나 역시 훈련장으로 이동하기 위해 버스에 올라탔을 때는 녹초가 된 것 같이 피곤했다. 우리 선수 전원이 버스 안에서 잠을 잤다. 경기를 할 때면 알 수 없는 내면의 힘 덕분에 정상적인 컨디션이 돌아온 것 같았지만, 경기가 끝나자마자 나는 다시 좀비라도 된 듯 피곤함을 느꼈다.

요코하마에서, 나는 퍼거슨 감독에게 크게 꾸지람을 들었나. 생각해보면, 그때 더 심하게 혼나지 않은 것이 다행일 정도였다. 나는 내가 에콰도르 팀 리가 데 키토Liga de Quito와의 결승전에서 잘 뛰었다고 생각했지만 하프타임에 드레싱룸으로 들어오자마자 퍼거슨 감독은 나를 향해 대로하기 시작했다. 그는 나의 패스에 대해 자주 지적하며 '전방으로 패스해, 전방으로 하란 말이야'라고 소리쳤다. 그는 한 번 뭔가 생각을 하고 나면, 그 생각을 계속해서 품고 있는 성격이었다. 사실, 전반전에 나는 단 한 번 퍼디난드에게 백패스를 한 것을 제외하고 나머지는 전방을 향해서 패스했다. 퍼디난드에게 패스했던 상황 역시 그 상황에선 그렇게 하는 것이 최선이었고, 그로부터 다시 패스를 받은 후에 빌드업을 할 계획이었다. 그러나 퍼거슨 감독은 나의 그 단 한 번의 백패스를 보고는 흥분을 했고 나는 그가 터치라인에서 "빌어먹을,

제발 앞으로 좀 패스할래?"라고 외치는 소리를 들었다.

그 순간, 나 역시 순간적으로 화가 나서 "뭐라고요?"라고 외쳤다. 물론 감독님을 향해 직접 한 것은 아니었다. 나는 그렇게 용감한 사람이 못 된다. 그 장면이 있고 2분 후에 주심이 전반전 종료를 알리는 휘슬을 불었고 나는 드레싱룸에서 무슨 일이 벌어질지 이미 짐작하고 있었다. 내가 방 안으로 들어가자마자 퍼거슨 감독은 나를 향해 곧바로 다가오면서 "빌어먹을 전방으로 패스하라고 했다!"고 말했다. 그가 그렇게 화가 난 순간에는 그저 조용히 앉아서 그의 말을 듣는 것이 상책이다. 그의 화가 풀릴 때까지 말이다. 겉으로는 나는 그의 말에 고개를 끄덕이고 있었지만 속으로는 '전반전에 전방 패스를 40회가 넘게 했는데, 감독님은 단 한 번의 백패스를 가지고 이러고 계시는구나'라고 생각했다. 그러나 감독님이 너무 화가 나신 상태였기 때문에 나는 그에게 말대꾸를 하지는 않았다. 하프타임이 끝나고 경기장으로 다시 들어갈 때 몇몇 동료들은 나에게 다가와서 "야 이건 좀 너무 심했다, 괜찮아?"라고 물었다.

감독님은 나를 교체하지 않았다. 그는 웬만해서는 그런 일이 있고 난 직후에 선수를 교체하지 않는다. 선수에게 자신의 말에 반응할 기회를 주는 것이다. 나는 그가 나에게 나 스스로를 계속 채찍질하도록 일부러 그렇게 하고 있다고 생각했다. 후반전 초반 비디치가 퇴장을 당했지만 우리는 그럼에도 불구하고 루니의 골 덕분에 1-0으로 승리했다. 그 골 장면에서 나는 루니의 슈팅 전에 호날두를 향해 전방 패스를 보냈다. 퍼거슨 감독이 나에게 했던 주문을 생각해보면 그 상황은 조금 아이러니하기도 했다. 그 승리는 당시 맨유의 전형적인 모습을 보여주는 승리였다. 우리는 10명이 뛰는 상황에서도 어려운 상황 속에서 승리를 쟁취했다. 물론, 클럽월드컵 우승은 모스크바에서 차지한 챔피언스리그 우승과 같은 환희는 없었지만, 그래도 세계 챔피언이 됐다는 것은 자부심이 느껴지는 일이었다. 물론, 맨유 팬들에게 또 다른 우승 트로피를 안겨줬다는 것 역시 기뻤다. 맨유 팬들은 요코하마까지 찾아와서 우리를 열정적으로 응원했고, 그때가 크리스마스 직전이었다는 것을 생각하면, 우리의 우승은 그들의 그런 성원에 어울리는 보상이었다.

그날 밤, 나는 퍼디난드, 그리고 당시 우리 코치였던 레네 뮬레스틴René Meulensteen과 함께 바에 가서 요코하마 시내 전경을 바라보며 와인을 마셨다. "우리가 세계 챔피언이라고!" 그 바는 조용했고, 우리를 방해하는 사람도 전혀 없었다. 그래서 우리는 그곳에서 우리가 그날 성취한 일을 차분히 돌아볼 수 있었다. '세계 챔피언'이라는 타이틀은 특별한 것이었다. 그러나, 우리에겐 방심할 틈이 없었다. 곧바로 맨체스터로 돌아가 리그 경기를 치러야 했기 때문이다.

스토크 원정은 언제나 시즌 중에 가장 어려운 원정 경기 중 하나였다. 우리는 그 경기를 마치 컵 대회 결승전처럼 여겼다. 테베즈가 후반전 막판에 골을 기록했고, 우리는 승점 3점을 얻었다. 그 경기는 또 반 데 사르가 6경기 연속으로 무실점을 기록한 경기였고, 그는 결국 1311분간 골을 허용하지 않으며 세계 신기록을 달성했다. 프리미어리그 측은 그에게 상을 수여했는데, 나와 동료 선수들은 그에게 그저 '잘했어'라고 말할 뿐이었다. 나는 그때 반 데 사르도 잘했지만, 퍼디난드 비디치 에반스 역시 함께 인정을 받았어야 한다고 생각한다. 그들 앞에는 내가 뛰었고 우리는 함께 팀으로서 상대를 봉쇄했고 그로 인해 자부심을 느꼈다. 물론 골키퍼는 반 데 사르였고, 마지막 책임을 지는 것은 그였기에 그 기록은 그의 기록이기도 했지만, 동시에 나는 그 기록이 우리 모두의 기록이라고 생각했다. 물론, 그로 인해 선수들 사이에 잡음이 생기는 일은 전혀 없었다. 게리 네빌이 늘 말한 것처럼, 그게 바로 팀이라는 존재의 이유였다.

그런 기록이 아니어도, 반 데 사르가 맨유에 얼마나 중요한 선수였는지는 모두가 알고 있었다. 그는 풀럼에서 4년을 뛰었는데, 그건 그가 얼마나 뛰어난 골키퍼인지를 생각하면 사실 의외로 긴 시간이었다. 그는 왼발, 오른발을 모두 잘 썼고 패스에도 능했다. 그가 아약스에서 데뷔한 선수라는 점을 생각하면 이는 자연스러운 일일지도 모른다. 아약스는 언제나 패스와 빌드업에 능한 축구를 하는 팀이기 때문이다. 그는 또 단지 골문을 잘 지키는 골키퍼일 뿐 아니라 경기 중에 다른 선수들과 아주 효율적으로 소통하는 골키퍼였다. 그는 경기 중 말이 많은 골키퍼였는데, 항상 수비수들에게 정확하고 명확한 지침을 주곤 했다. 나 역시 훈련 중에 그를 쳐다보지 않고 그가 하는 말만 듣고도 그가 원하는 바를 알았다. 퍼디난드도 마찬가지였다. 훈련 중에 공격수가 슈팅을 시도하려고 할 때면 반 데 사르는 '왼쪽', '오른쪽'이라고 크게 외치곤 했고 그러면 우리는 그가 말한 방향을 막아서 반 데 사르가 골문의 다른 쪽 방어에 집중할 수 있도록 움직이곤 했다. 다르게 말하자면, 그는 마치 수비수들을 방패처럼 잘 활용했다. 물론 그렇게 하다가 수비수들의 다리 사이로 슈팅이 들어가면 위험한 상황이 나오기도 했지만, 그의 말처럼 수비수들이 움직여서 실점 상황을 피하는 장면이 자주 있었다. 내가 만났던 골키퍼 중에 그런 능력을 가진 선수는 오직 그 한 명이었다. 그는 아주 영리한 사람이었고, 그가 지금 아약스에서 행정가로서 보여주고 있는 활약 역시 그의 그런 능력을 잘 보여주는 것이다.

그 후로 우리는 챔피언스리그에 집중하기 시작했고 2월에 밀라노 원정을 떠나 인터 밀란과 만났다. 당시 인터 밀란은 하비에르 사네티Javier Zanetti, 데얀 스탄코비치Dejan Stanković, 아드리아누Adriano and 즐라탄 이브라히모비치Zlatan Ibrahimovich, 그리고 마리오 발로텔리Mario Balotelli 가 뛰고 있는 훌륭한 팀이었다. 우리는 0대 0으로 무승부를 거뒀지만 원정에서 거둔 무승부 덕분에 심리적으로는 유리한 상황에 놓이게 됐다. 나는 그날의 인터 밀란 전에서의 경기를 돌아보면 지금도 스스로 흡족스럽다. 아마도 그 경기는 내가 맨유에서 뛰는 동안 가진 최고의 경기 중 하나였을 것이다.

퍼거슨 감독은 주어진 선수들을 잘 활용하는 일에 있어 최고의 전문가였다. 3월에 열린 토트넘과의 리그컵 결승전 전에, 그는 나와 루니, 베르바토프, 플레처를 웸블리 스타디움의 드레싱룸 한 쪽으로 불러서 "너희는 오늘 쉴 거다"라고 말했다. 그건 아마도 대런 깁슨이 리그컵 경기에 대부분 출전했기 때문이기도 했을 것이고, 또 내가 5일 전에 산시로 원정 경기에 출전했기 때문이기도 했겠지만 나는 그래도 결승전에 뛰지 못한다는 것이 분했다. 우승 트로피가 걸려 있는 그런 경기는 모든 선수들이 뛰고 싶은 경기다. 결승전이 승부차기로 이어지면서 나는 반 데 사르와 루니의 옆에 서서 승부차기를 지켜봤다. 벤 포스터Ben Foster 와 골키퍼 코치 에릭 스틸은 토트넘 선수들의 페널티킥 영상을 돌려보면서 곧 이어질 승부차기를 대비하고 있었다. 결국 포스터는 토트넘의 제이미 오하라가 어느 쪽으로 슈팅할지를 미리 예상하고 그의 페널티킥을 막아냈다. 이어서 그는 니코 크란차르의 슈팅 역시 거의 막을 뻔 했고, 데이비드 벤틀리의 슈팅은 골문을 벗어났지만, 이번에도 포스터는 옳은 방향으로 다이빙을 했다. 그 경기가 끝난 후 포스터는 승부차기 전에 아이팟으로 영상을 본 것이 도움이 됐다고 말했는데, 어쩌면 그것은 그의 실수였다. 그 후로 FIFA가 직접 아이팟의 사용을 금지했기 때문이다. 그러나, 그날 포스터와 스틸 코치가 한 것은 맨유가 얼마나 그런 세세한 내용에도 신경을 쓰는 팀이었는지를 잘 보여주는 일이다.

결승전이 끝난 후 우리는 맨체스터로 돌아가는 기차에 올랐고, 누군가가 리그컵 우승 트로피를 아무렇지도 않게 기차 한 쪽 테이블 위에 올려놓았다. 마치 런던에서 평범한 리그 경기를 마치고 돌아가는 것 같은 느낌이었다. 그 결승전은 시즌 중에 열리는 리그컵이었고 물론 선수들은 우승을 차지한 것에 기뻐했지만, 그렇다고 그것이 그렇게 큰 의미를 갖는 것은 아니었다. 맨체스터로 돌아가는 기차에서 이미 선수들은 모두 더 중요한 경기가 눈앞에 있다는 것을 알고 있었다. 우리 홈에서 열릴 인터 밀란 전 말이다. 결국 우리는 인터 밀란, 그 다음에는 포르투를 꺾고 아스널과 준결승에서 만나게 됐다. 아스널 전을 갖기 전에 우리는 아스널과 리버풀의 격렬했던 경기의 영상을 돌려봤다. 그 시즌 리그 우승은 우리와 리버풀의 경쟁이었고 우승 경쟁 상대가 리버풀이라는 사실 자체가 우리를 더 끓어오르게 만들었다. 퍼거슨 감독은 라파 베니테즈 감독과 격렬한 설전을 벌이기도 했다. 여러모로 리버풀과 아스널의 경기는 아주 중요했다. 우리는 포츠머스 전을 갖기 전 날 마사지룸에 모여 몇몇은 마사지를 받고 몇몇은 동료들과 수다를 떨며 다 함께 두 팀의 경기를 TV로 봤다. 그 경기는 정말 최고의 경기 중 하나였고, 그날 우리 선수들은 모두 한 마음으로 마치 자기 팀인 듯 한 팀을 응원했다. 물론 아스널을! 그날이 내가 유일하게 진심으로 아스널을 응원한 날이었다! 특히 그 경기에서 안드레이 아르샤빈Andrei Arshavin이 후반전 종료 직전 자신의 네 번째 골을 성공시켜서 4-3이 됐을 때는 우리가 모여 있는 방도 완전히 열광의 도가니가 됐다. 나는 침대에 누워 마사지를 받고 있다가 벌떡 일어나 날아다닐 듯 펄펄 뛰었다. 여기저기서 마사지 침대가 쓰러지고 나뒹굴었다. 그 결과로 인해 마치 우리의 우승이 확정된 것만 같았다. 심지어 반 데 사르마저 복도를 뛰어다닐 정도였다. 우리는 요시 베나윤Yossi Benayoun이 추격골을 터뜨리며 4-4가 된 후에야 조용해졌지만, 그래도 여전히 리버풀은 승점 2점을 잃었다. 그날 그 경기를 함께 본 우리 선수들의 모습은, 그 시기 우리가 얼마나 하나의 팀으로서 가까웠는지를 잘 보여주는 예였다. 물론, 우리가 얼마나 축구를, 그런 멋진 경기를 좋아하는지를 보여주는 예이기도 했다.

그 경기는 아스널 시절 아르샤빈 최고의 경기였다. 그는 그 시즌 이미 제니트에서 챔피언스리그에 출전했기에 아스널에서는 챔피언스리그 경기에 출전할 수 없었다. 우리는 올드 트래포드에서 열린 1차전에서 존 오셔의 골 덕분에 승리를 거뒀다. 오셔는 그가 대표팀에서 활약하는 아일랜드를 제외하면 실력만큼 충분한 인정을 받지 못하는 선수다. 그 시즌, 오셔는 대부분의 경기에 라이트백으로 출전했고 좋은 활약을 했다. 그는 팀에서 필요한 포지션이라면 어디든, 미드필드든, 레프트백이든 센터백이든 가리지 않고 뛰었다. 그는 맨유에서 뛴다는 것이 어떤 의미인지를 잘 아는 선수였고, 승리하기 위해 필요한 것이 무엇인지도 잘 알았다. 그는 경기장 밖에서도 아주 모범적인 프로 선수였고, 그것이 퍼거슨 감독이 그를 12년 동안이나 맨유에서 기용한 이유다. 퍼거슨 감독에게 있어 오셔는 아무런 걱정도 할 필요가 없는 선수였고, 그가 원할 때 언제든 준비가 되어있는 선수였다.

우리는 2차전에서 3-1 승리를 거뒀다. 그러나, 그 경기에서 우리는 결승 진출의 기쁨만큼이나 큰 아쉬움을 안게 됐는데, 플레처가 퇴장을 당하면서 결승전에 출전할 수 없게 됐던 것이다. 그 상황에서 플레처와 파브레가스는 서로 정당하게 어깨끼리 충돌했고, 그 결과 플레처가 볼을 쟁취했다. 그 경기의 주심이었던 로베르토 로세티 주심이 플레처에게 레드카드를 주고 아스널에 페널티킥을 선언하자 우리 선수들은 모두가 믿을 수 없다는 반응이었다. 우리는 로세티 주심에게 가서 항의했다. 경기는 이미 끝난 것이나 다름 없었고, 우리는 결승전에 진출한다. 그러니 플레처에게 레드카드를 주지 말아달라고. 나는 플레처가 정말 안 됐다고 생각했다. 그건 너무나도 잔인하고 불공평한 판정이었다. 그것은 분명히 페널티킥감이 아니었지만 UEFA는 모두가 로세티 주심의 오심이라고 생각하는 중에도 우리의 항의를 받아들이지 않았다. 로이 킨과 폴 스콜스가 1999년의 챔피언스리그 결승전에 비슷한 이유로 출전하지 못한 적이 있었는데, 이제 10년 후에 플레처가 같은 운명을 겪게 됐다. 그는 조용히 판정을 받아들였지만, 우리 모두는 그 판정을 그대로 받아들이기가 힘들었다. 그 시즌 우리가 챔피언스리그 결승까지 진출하는데 있어 플레처는 정말 중요한 선수였다. 플레처, 안데르손, 그리고 나는 4-5-1 포메이션 상에서 함께 뛰기도 했다. 그가 없는 것은 바르셀로나를 상대해야 하는 우리에게 정말 큰 타격이었다. 그 결정 외에, 우리는 그날 챔피언스리그 준결승 원정 경기에서 역습으로 아스널을 무너뜨리며 그 상황에서 우리에게 필요한 교과서와도 같은 플레이를 했다. 특히 호날두의 마지막 골은 더욱 그랬다. 그러나 경기가 종료된 후에 우리는 모두 기쁘기보다 아쉬운 마음을 억눌러야만 했다. 플레처 대신 긱스가 투입된다고 우리 팀이 크게 약해지는 것은 아니었지만, 그러나 챔피언스리그 결승은 모든 축구 선수들에게 있어 가장 중요한 순간 중 하나인데, 플레처는 그 기회를 박탈당한 것이다.

그날 밤 우리는 런던에 머물었고 나는 긱스, 스콜스, 퍼디난드, 그리고 브라이언 롭슨과 함께 랜드마크 호텔 뒤 편에 있는 바에서 맥주를 마셨다. '내가 지금 꽤 굉장한 그룹과 함께 있구나'라는 생각이 들었다. 롭슨은 맨유의 레전드였다.

이전에 스티브 브루스 Steve Bruce 감독이 내게 롭슨에 대해 이렇게 말한 적이 있었다. "롭슨은 다른 선수들보다 몇 배는 더 앞서 있는 선수다. 그는 만능이고, 또 멈출 줄 모르고 경기장을 뛰어다니는 선수다. 그는 훌륭한 선수이자 모두가 두려워하는 선수였고, 같이 뛰어본 최고의 선수였다." 긱스와 스콜스 역시 롭슨에게 영감을 받았다고 말했다. 긱스는 그가 왼쪽 윙어로 뛰던 시절 이런 일이 있었다고 말하기도 했다. 그가 이제 막 데뷔했던 시절에는 경기 중에 무슨 짓을 해도 주심이 못 보고 그냥 지나가던 때가 많았는데, 어느 경기에서 상대 선수가 긱스에게 "한 번만 나를 더 제치면 다리를 부러뜨려버린다"고 위협한 적이 있었다. 그 말을 옆에서 들은 롭슨은 긱스에게 "나랑 10분만 자리 바꾸자. 네가 중앙에서 뛰어"라고 말했다. 그리고는 롭슨은 긱스에게 그 말을 했던 상대 선수가 볼을 잡자마자 그에게 날아들어서 엄청난 태클로 그를 완전히 부숴버렸다. 그는 옐로우 카드를 받았지만 별로 신경쓰지 않는다는 듯 옷에 먼지를 털면서 긱스에게 "이제 다시 네 자리에서 뛰어도 된다"고 말했다. 그 후로, 그 경기에서 긱스는 자신을 위협했던 선수에게 아무런 말도 듣지 않았다. 롭슨은 그렇게 맨유의 어린 선수들을 보호했고, 그 후로 그것이 맨유의 전통이 됐다. 맨유라는 클럽 전체가 어린 선수들이 발전하는 모습을 보며 그것을 자부심으로 여기기 시작한 것이다. 그 해 4월, 키코 마케다Kiko Macheda 가 교체투입 된 후 아스톤 빌라, 선더랜드 전에서 결승골을 터뜨렸다. 우리는 그런 모습을 정말 좋아했다. 퍼거슨 감독은 "이 녀석이 우리 팀 최고의 피니셔(finisher)다"라고 말하기도 했다. 그는 마케다에게 정말 큰 기대를 걸었는데 마케다는 안타깝게도 어떤 이유에선지 그 기대만큼 성장하지 못했다. 지금 마커스 래쉬포드Marcus Rashford 를 보면, 그는 마케다가 한때 가졌지만 어느새 잃어버렸던 능력을 계속해서 유지하며 앞으로 나아가고 있다. 두 사람은 모두 능력을 가졌지만, 헌신적인 노력 없이 이뤄지는 것은 아무 것도 없다. 맨유에서 살아남기 위해서는 그 정도 수준의 노력과 열정이 필요하다.

그 해 5월, 위건 전에서 종료를 4분 남기고 1-1 상황이었던 경기에서 나는 왼발 슈팅으로 골을 기록했다. 그 골은 내 커리어 최고의 기억 중 하나였다. 나는 맨유 팬들 앞으로 달려가서 점프를 뛰며 환호했다. 루니가 곧바로 내게 달려왔다. 그 시기는 한 골 한 골이 아주 중요한 시기였고, 승점 1점이 더욱 중요한 시기였다. 그때의 맨유는 모든 것을 다 갖춘 팀이었다. 단순히 선수들의 재능, 능력뿐이 아니라 하나의 팀으로서 싸우는 모습 또한 그랬다. 우리는 절대 포기하는 법이 없었고 위건 전에서도 마찬가지였다. 그때의 우리에겐 경기 종료 직전에 결승골을 기록하는 것이 일상처럼 되어있었는데, 그건 정말 짜릿하다! 우리는 경기에서 뒤지고 있는 상황에도 항상 경기를 뒤집을 수 있다는 믿음을 갖고 있었다. 경기 종료 시간이 다가올수록 서로를 바라보며 '할 수 있어. 해보자'라는 눈빛을 보냈고 두려움없이 전방으로 나아가 결국에는 골을 만들어냈다.

그런 일이 이떻게 가능했는지 팬들은 정확히 이해하지 못할지도 모른다. 페널티박스 안으로 롱볼을 날리는 것은 맨유의 스타일이 아니다. 그런 플레이는 상대 수비수들이 모두 자리를 잡고 있는 상황에서 큰 위협이 되지 못한다. 한 수비수가 공중볼을 처리하고 나머지 수비수들은 세컨드볼 상황에 대기하면 되기 때문이다. 그건 예상하기 쉬운 공격 방식이다. 퍼거슨 감독은 주심이 종료 휘슬을 불려고 하는 순간에도 우리에게 절대 그런 식으로 공격하기를 주문하지 않았다. "페널티박스 주변에서 볼을 돌리면서 상대가 지치기를 기다려라. 그러면 반드시 기회가 올 것이다" 그게 퍼거슨 감독의 주문이었고 긱스, 스콜스, 호날두, 루니. 나의 동료들은 경기 종료 직전에도 절대로 당황하지 않았다. 그들은 압박감을 이겨내면서도 계속해서 정확하게 볼을 돌리며 상대를 지치게 만들고 그들이 실수를 하도록 유도했다. 즉 팬들이 볼 때는 혼란스러운 상황 같아 보였을지 몰라도 실제로 우리는 그 상황을 조직적으로 통제했던 것이었다. 나는 특히 솔샤르를 통해서 많은 것을 배웠다. 그는 경기 종료 직전에 아주 많은 골을 기록했는데, 그가 그 순간에도 항상 집중력을 유지하고 있었던 덕분이었다. 그는 폭풍 속에서도 고요함을 유지할 수 있는 그런 선수였다. 긱스도 마찬가지다. 그는 경기 마지막 순간에도 침착한 크로스를 올릴 수 있는 선수였다. 퍼거슨 감독은 필요한 순간에는 공격수 네 명을 한 번에 투입하는 것도 주저하지 않았다. 그것이 그의 철학이었다. 경기 종료 10분 전에는 골을 넣을 수 있는 선수를 최대한 활용하는 것. 그는 포지션에 구애받지 않고 루니, 호날두, 테베즈, 솔샤르, 긱스, 스콜스, 사하까지 모두 투입하기도 했다. 2008년 3월에 있었던 더비 전에서는 퍼거슨 감독이 사하와 호날두 루니를 전방에 세우고 긱스가 그 뒤에서 지원하도록 전술을 바꾼 후에 공격에 공격을 거듭한 끝에 결국 루니가 결승골을 기록한 경기도 있었다. 그런 경기들은 퍼거슨 감독의 전술적 천재성을 보여준 경기들이었다.

퍼거슨 감독님으로부터 받았던 강도 높은 훈련 역시 우리가 경기 막판에도 지치지 않고 끝까지 능력을 발휘할 수 있게 해준 비결이었다. 우리가 경기 종료 직전에 골을 기록하는 일이 자주 있자 어느 순간부터는 상대 선수들이 경기가 종료되기 전에 특히 우리를 두려워하는 것이 느껴질 정도였다. 상대 선수들로부터 두려움이 느껴질 때면 이미 그들은 우리 손바닥 위에 있는 것이나 다름 없었다. 특히 아스톤 빌라가 그랬는데, 솔샤르, 호날두, 마케다, 치차리토 모두 아스톤 빌라를 상대로 후반전 늦은 시간에 골을 기록한 적이 있었다.

결국 우리는 2009년 5월 16일 아스널 전에서 무승부를 거두면서 3년 연속 리그 우승을 차지하게 됐다. 그 경기에서 사실 나는 태클 상황에서 엄지발가락에 부상을 당했는데, 경기 중에는 너무나도 경기에 집중하고 있었던 탓에 그 사실을 인지조차 하지 못했다. 나는 승점을 지키기 위해 파브레가스, 반 페르시의 프리킥 상황을 안전하게 처리하는 것에만 집중했다. 결국 우리는 우승을 확정지었고, 아주 짧게 우승을 자축했다. 우리에겐 곧바로 준비해야 할 더 중요한 경기가 있었다. 짧은 축하의 시간이 끝난 후에야 나는 발가락에 통증을 느끼기 시작했고, 곧바로 내가 11일 후에 시작될 챔피언스리그 결승전 훈련을 소화할 수 없다는 것을 깨달았다.

결승전을 3일 앞두고 나는 진통제 주사를 맞고서라도 경기에 나설 수 있는지 테스트를 가졌다. 그 후 나는 동료들과 함께 발에 가벼운 통증을 느끼며 바르셀로나와의 결승전이 열릴 로마로 향했다. 우리는 로마의 공화국 광장에 숙소를 잡았는데, 그것은 그리 좋은 선택이 아니었다. 우리는 지하에 있는 식당에서 식사를 했는데, 음식이 지하까지 내려올 때쯤이면 이미 다 식은 후였다. 발가락 통증 때문에 나는 스타디오 올림피코 Stadio Olimpico 에서 훈련을 하지 못하고 앉아서 동료들의 모습을 지켜봤다. 그러나 경기 당일, 나는 무슨 수를 써서라도 출전하겠다고 나섰다. 이건 챔피언스리그 결승전이었다. 모스크바에서 차지한 우승 이후에 챔피언스리그 우승에 대한 열망이 더욱 강해졌다. 결승전 시작 한 시간 전에 나는 진통제 주사를 맞은 후에 축구화를 신었다. 진통제는 효과가 있었다. 발이 100% 자연스럽게 느껴지지는 않았지만, 부상을 안고 경기를 뛴 경험은 이미 전에도 있었다.

나는 그 경기에 완전히 집중했다. 발가락 부상이나, 주변의 분위기는 신경쓰지 않았다. 유명 성악가 안드레아 보첼리 Andrea Bocelli 가 영화 글레디에이터의 주제가를 불렀을 때도 마찬가지였다. 날씨가 더운 것은 조금 신경쓰였지만(나는 추운 날씨에서 뛰는 것을 선호한다) 그래도 나는 자신이 있었다. 우리는 두 시즌 전 밀란에게 패한 이후 챔피언스리그에서 한 번도 패하지 않았다. 한 시즌 전에는 바르셀로나와의 두 경기에서 결국 그들을 꺾고 결승에 진출했다. 우리는 우승할 수 있다고 믿었다. "바르셀로나를 이길 수 있어" 팬들도 그렇게 말했다. 우리는 바르셀로나를 전방위로 압박하는 감독님의 전술에 완벽한 믿음이 있었다. 경기 초반부터 우리는 날카로운 플레이를 했다. 박지성에게 슈팅 기회가 있었고 호날두도 상대 수비를 흔들기 시작했다.

그런데 갑자기 과르디올라 감독이 전술에 변화를 줬다. 오른쪽 윙어로 출전했던 메시가 사무엘 에투와 자리를 바꿔서 9번 포지션에서 뛰기 시작했는데, 그는 엄밀한 의미에서의 전형적인 공격수와는 다른 역할을 하며 뛰기 시작했다. 그는 계속해서 미드필드 지역까지 깊이 내려가서 플레이했고, 그것은 곧 퍼디난드와 비디치가 마크할 상대가 없어지는 동시에 미드필드 지역에서 우리가 숫자적으로 부족한 상황이 된다는 의미였다. 우리는 이미 사비, 부스체크, 이니에스타를 상대하고 있었는데, 거기에 메시까지 합세한 것이다. 그것이 바르셀로나다. 그들은 중원에 많은 선수를 투입해서 그 지역에서 상대를 괴롭히는 플레이를 한다. 그것이 그들이 대부분의 팀을 상대로 점유율에서 우위를 가져가는 비결이었다. 퍼거슨 감독은 경기 전 우리에게 바르셀로나의 패스마스터들을 조심하라는 말을 했는데, 우리는 곧 그게 무슨 의미였는지를 깨닫게 됐다. 사비, 부스케츠, 이니에스타, 거기에 메시까지 볼을 돌리며 우리의 실수를 노리기 시작했다. 내가 헤딩을 놓친 상황에서 이니에스타가 그 볼을 잡아 메시에게 패스를 했고, 바르셀로나는 무자비할 정도의 플레이를 하기 시작했다. 그들은 특히 공수전환이 놀라웠다. 나는 메시의 근처에서 그를 막기 위해 노력했지만, 결국 그를 완전히 막지는 못했고 그가 이니에스타에게 한 패스가 나와 안데르손을 지나갔다. 이니에스타는 그 볼을 에투에게 연결했고, 내가 그의 슈팅을 막고자 필사적으로 태클을 시도했으나, 나는 결국 그의 골장면을 더 가까이에서 보는 것에 그치고 말았다.

그때 그 바르셀로나의 플레이는 그 후로 몇 주 동안 나를 계속해서 괴롭혔다. 그 장면이 머리에서 떠나지를 않았다. 엄살처럼 들릴지는 모르겠지만, 나는 아주 오랫동안 그 장면으로부터 벗어나질 못했다. 그렇게 허무하게 골을 내주다니. 그 위치에서 상대에게 볼을 내주는 것은 언제나 위험한 일이지만, 바르셀로나를 상대로라면 그건 자살행위나 다름 없었다.

나는 그날 전반전에 메시가 비디치, 루니, 그리고 내 앞에서 유유하게 볼을 컨트롤 하던 모습을 기억한다. 우리 세 사람은 도저히 그를 따라잡을 수가 없었다. 나처럼 키가 큰 선수들에게는 그처럼 무게중심이 낮은 선수들을 상대로 하는 것이 까다롭다. 축구에는 빠른 선수도 있고, 머리가 좋은 선수도 있고, 터치가 아주 부드러운 선수도 있지만 메시는 그 세 가지를 모두 갖춘 선수였다. 그는 호날두처럼 용감한 선수이기도 했다. 호날두는 상대 선수들이 아무리 거칠게 태클을 해도 곧바로 일어나며 볼을 잡아서 플레이하는 선수였는데, 메시도 마찬가지였다. 그것은 위대한 선수의 조건이다. 그들은 상대가 어떻게 플레이하든 언제나 더 많은 것을 원하고 더 많은 것을 시도한다. 메시의 플레이는 누가 가르쳐서 할 수 있는 플레이가 아니었다. 물론 그 역시 노력을 했고 지도를 받았지만, 아무리 배워도 그처럼 플레이할 수 있는 선수는 없을 것이다. 그는 한마디로 천재였고, 강한 의지를 가진 선수이기도 했다. 그가 미드필드에서 뛰는 모습을 보면 긱스가 떠오르기도 했다. 긱스는 고집이 강한 면이 있어서 두세 번 같은 플레이를 시도했다가 통하지 않아도 계속 도전하다가 결국은 성공시키고는 했다. 그처럼 메시도 계속해서 드리블하고 또 드리블하고 원투패스를 시도했다. 대부분의 선수들은 그런 시도가 실패할 경우 더 쉬운 방법을 찾겠지만 메시는 그렇지가 않았다. 사비, 이니에스타, 부스케츠 역시 뛰어난 선수들이었지만 메시는 그 위에 또 다른 차원의 플레이를 안겨주는 선수였다. 볼이 계속해서 메시에게 이어졌고 나도 그를 계속해서 마크하려고 했지만 그는 눈 깜빡할 사이에 두 명을 제칠 수 있는 선수였다. 그런 선수를 어떻게 막을 수 있단 말인가? 불가능하다. 그에겐 일대일 마크를 시도해도 소용이 없다. 그를 파울로 막으려해도 소용이 없다. 곧바로 다시 일어나기 때문이다. 그는 축구 역사상 최고의 선수 중 한 명이다.

호날두와 메시 중 누가 더 뛰어난 선수냐는 논쟁을 나도 자주 듣는다. 그러나 그 둘 중 한 명만을 뽑기는 쉽지가 않다. 두 선수는 전혀 다른 성향의 선수이기 때문이다. 나는 호날두와 함께 뛴 덕분에 아주 가까이에서 그의 능력을 직접 봤다. 메시는 예측이 불가능한 선수다. 내가 이번에는 그를 잡았다고 생각하는 순간조차 그는 마치 나를 약올리듯이 제치고 지나가곤 했다. 그는 특히 상대 선수가 가까이 접근한 순간 아주 빠른 방향 전환으로 상대 선수를 무너뜨리는 데 능한 선수다. 그는 아주 작지만 빠른 다리를 갖고 있어서 내 발이 아직 잔디에 닿기 전에 이미 볼을 컨트롤할 수 있는 선수였다. 내 발이 잔디에 닿을 순간이면 그는 이미 두 발은 앞서 나가있는 것이다. 물론, 그는 단지 볼컨트롤이 놀라울 뿐 아니라 축구 지능도 놀라운 선수였다. 그는 항상 중요한 패스를 보내며 우리를 혼란에 빠트리곤 했다. 몇몇 기술이 뛰어난 선수들은 온갖 화려한 기술을 부리는 모습으로 많은 '스페셜 영상'을 남기기도 하지만, 메시는 화려한 개인기를 부리는 선수가 아니다. 그는 직선적이면서도 빠른, 명확한 목적을 가진 드리블로 순간적으로 상대를 제치는 선수다. 메시를 보며 나는 그가 단순히 뛰어난 드리블러라거나, 뛰어난 패서라, 혹은 뛰어난 피니셔 그 이상의 선수라는 생각을 했다. 그러나 그 이상으로 놀라웠던 것은 그는 아주 짧은 순간에 보통의 선수보다 훨씬 더 큰 관점에서 경기를 읽을 수 있다는 것이었다. 그는 심지어 몸의 균형을 잃은 듯 기울인 상황에서도 완벽한 시야를 갖고 플레이할 수 있는 선수였다. 그는 천재였다. 자기 주변에서 벌어지는 일을 아주 잘 알고 있었고 그 덕분에 언제나 패스를 해야할지 드리블을 해야할지 옳은 선택을 할 수 있었다. 모두가 정확한 방법을 찾지 못하는 순간에도 그는 그것이 가능했다. 그를 상대하는 것은 특이한 경험이었다. 내가 상대하는 선수를 싫어하게 되는 경우는 종종 있었지만 그는 그게 불가능했다. 그는 존경하지 않을 수 없는 선수였다.

주변에 뛰어난 선수들과 함께 뛴다는 사실 역시 메시를 더욱 위험한 선수로 만들었다. 우리가 과연 그날 그를 맨마크해서 막아낼 수 있었을까? 퍼거슨 감독은 그를 맨마킹할 생각이 전혀 없었다. 그것은 플레처가 있었어도 마찬가지였을 것이다. 퍼거슨 감독은 경기 직전 우리에게 "골을 넣을 수 있다"고 강조했다. 그는 수비적으로 나서기보다 우리가 주도적으로 공격하기를 원했다. 그는 호날두에게 최전방에서 프리롤을 줘서 그가 수비를 돕기 보다는 자유롭게 공격 작업을 할 수 있게 했다. 그 대신 루니가 최전방이 아닌 왼쪽 측면에서 뛰게 됐다. 그러나 그 경기는 우리의 뜻대로 흘러가지 않았다. 부스케츠는 유튜브 등 동영상 사이트에서 소개할 만한 화려한 모습을 많이 보여주는 선수는 아니지만, 나는 늘 그가 특별한 선수라고 생각했다. 그는 압박을 받으면 아주 쉽게 한 번의 터치로 그 압박을 떨쳐낼 수 있는 선수였다. 그는 자기 주변의 상황에 대한 대단한 인지 능력을 갖고 있었고, 자기 자신에 대한 강한 믿음을 갖고 있었다. 원터치 패스, 그리고 움직임, 다시 볼을 받고 다시 패스, 그리고 다시 움직이고. 그는 그렇게 아주 간단한 동작으로도 바르셀로나가 유기적으로 돌아갈 수 있게 만드는 선수였다. 그는 절대로 세 번 이상 터치하는 법이 없었고, 팀이 쉽게 플레이할 수 있도록 도와줬다.

퍼거슨 감독은 하프타임이 끝난 후 안데르손을 빼고 테베즈를 투입했고 긱스를 내 옆에 배치시켰다. 그러나 여전히 우리는 바르셀로나로부터 점유율을 가져올 수 없었다. 내 커리어 내내 대부분의 상대 선수들은 내가 압박을 하면 풀백에게 패스를 하거나 전방의 공격수에게 패스를 했다. 그러나 이니에스타와 사비는 내가 가까이 붙어도 여섯 번, 일곱 번 서로 패스를 주고받았다. 마치 그들이 볼의 주인이어서 그들끼리만 볼을 갖고 놀기라도 하는 것처럼. 바르셀로나 선수들은 아주 좁은 간격으로 플레이 했기에, 볼을 잃었을 때도 곧바로 세네 명의 선수들이 가까이 붙어서 볼을 다시 차지할 수 있었다. 경기 중 내가 볼을 잡았던 순간, 그들은 마치 벌떼처럼 나에게 다가와서 순식간에 세 명, 네 명, 다섯 명에게 둘러싸이기도 했다. 그날의 바르셀로나를 상대로는 숨쉴 틈 조차 없었다. 그들은 결승전을 완전히 지배했고 경기 종료 20분 정도를 남기고 메시는 헤딩 슈팅으로 추가골을 기록했다. 그걸로 경기는 끝이었다.

그 경기는 나의 커리어에서 내가 가장 무력함을 느꼈던 경기였다. 나는 심리적으로 완전히 무너졌고, 나 자신의 경기력과 우리 팀의 경기력에 분노를 느꼈다. 우리는 그날 로마에서 스스로를 실망시켰다. 준우승 메달을 받기 위해 기다리는 시간이 너무나도 고통스러웠다. 그 곳에서 한시라도 빨리 빠져 나오고 싶었다. 결국 퍼거슨 감독이 제일 앞에서, 그 뒤로 긱스, 스콜스, 루니가 메달을 받기 위해 이동했고 나는 퍼디난드와 함께 서 있었다. 그가 나에게 몇 마디 말을 건넸지만, 나는 아무 말도 들리지 않았다. 우리는 그때까지 2년간 아주 꾸준하게 좋은 경기력을 보였고 챔피언스리그 기록인 25경기 무패 기록을 이어가고 있었다. 그건 정말 대단한 기록이다. 그러나 우리는 결승전에서 최악의 경기를 하고 말았다. 발가락의 통증은 그날의 패배와 우리 경기력에 대한 실망에 비하면 아무 것도 아니었다. 나는 그저 그곳에 서서 허공을 바라보며 '왜 이렇게 된거지'라고 속으로 물을 뿐이었다. 그리고 마음

속으로 경기 장면을 계속해서 돌아봤다. 그러면 그럴수록 더 우울한 기분이 들 뿐이었다.

바라지도 않는 메달을 받은 후에 나는 드레싱룸으로 돌아갔다. 누구와도 대화하고 싶지 않았다. 그저 조용히 내 자리에 앉아서 손으로 머리를 감싸쥐고 있을 뿐이었다. 퍼거슨 감독은 누구나 예상할 수 있던 것처럼 화가 난 상태였고 모두를 향해 쓴소리를 했다. "너희 스스로에게 물어봐라. 이런 수준의 플레이를 해도 괜찮은지." 모스크바에서의 우승은 더 이상 관계 없었다. 우리는 맨유이고 우리에 대한 기대는 계속해서 높아진다. "좋은 기회를 놓친 거야" 그가 덧붙였다. 퍼거슨 감독의 말은 내가 나 스스로에게 묻던 질문과 일맥상통했다. '내가 과연 괜찮은 경기를 한 것일까?'라는.

우리는 숙소로 돌아갔고, 호텔 옥상에 가족 및 스탭들과의 파티가 마련되어 있었다. 그러나 우리는 파티를 즐길 기분이 아니었다. 리사, 어머니, 아버지, 그레엄이 나에게 건넨 위로의 말도 별 소용이 없었다. 나는 결승전에서의 모습들을 떨쳐낼 수가 없어서 아무 말없이 자리에 서 있었다. 할 말도 없었다. 밤이 깊어지면서 맥주를 마시고 잠이 들었지만, 일어난 뒤에도 참담한 심정은 그대로였다. 마치 버스에 치이기라도 한 것 같은 기분. 그때까지 한 번도 그렇게 우울한 기분이 든 적이 없었다. 결국 나는 그렇게 로마를 떠났지만 로마에서 있었던 일은 그 후로도 나를 떠나지 않았다. 집으로 돌아온 후에도 나는 정원에 앉아 누구와도 대화를 하지 않았다. 할 수가 없었다. 로마까지 같이 갔던 몇몇 친구들이 전화를 해오기도 했지만 나는 그 경기에 대해서도 무엇에 대해서도 말하고 싶지 않았다. 정원에 앉아 거의 움직이지도 않고 루이스가 노는 모습을 지켜보기만 했다.

나는 발가락 부상 때문에 잉글랜드 대 카자흐스탄의 경기에 출전할 수 없었다. 파비오 카펠로 감독은 그래도 내게 미팅에 나오고 X레이를 찍어보길 권했다. 나는 발가락 골절을 당했고 그는 내가 그에게 그 부상에 대해 미리 밝히지 않은 것을 불만스러워했다. 물론 퍼거슨 감독은 결승전을 앞두고 내가 그 일에 대해 다른 사람들에게 알리는 것을 원하지 않았을 것이다. 특히 상대팀인 바르셀로나에게 나의 부상에 대한 정보를 주기 싫었을 것이다. 그러나 그래도 카펠로 감독은 납득하질 못했다. 나는 결국 그날 대표팀 캠프를 떠나 집으로 돌아왔다.

나는 오직 루이스와만 시간을 보내고 싶었다. 그녀는 너무 어려서 나의 이야기를 이해할 수도 없을뿐더러, 결승전을 직접 보지 않았기 때문이다. 나는 그녀가 내 다리를 잡고 노는 모습을 지켜봤지만 그때도 내 마음은 여전히 한참 먼 곳에 머물고 있었다. 나는 계속해서 '왜?'라며 내가 결승전에서 한 패스들을 돌아봤다. 그 경기에서 나는 세 번, 네 번 정도의 롱패스를 시도했는데, 그중 하나는 루니에게 잘 이어진 좋은 패스였고, 다른 하나의 패스는 호날두의 키를 살짝 넘긴 패스였다. 그리고 나머지 패스는 모두 호날두와 루니에게 직접 연결되지 않은 패스였다. 특히 호날두에게 한 패스는 다소 부정확한 패스였다. 그렇게 중요한 경기에서는 작은 차이가 큰 결과를 만들어낸다. 나는 계속해서 '나의 발가락 부상 때문이었을까? 아니야, 그건 핑계가 될 수 없어. 남자답게 나의 잘못을 받아들이자'고 생각했다.

그 외에도 나는 스스로 많은 것을 질문하고 또 되뇌었지만 명쾌한 답을 찾을 수 없었다. 외로웠다. 가족과 주변의 많은 사람들이 나를 도와주려고 했지만, 그때의 나를 도울 수 있는 사람은 누구도 없었다. 나는 나 스스로 심연의 우울함과 싸워야 했고, 그것을 극복하기까지는 아주 긴 시간이 필요했다.

그 경기는 호날두가 맨유에서 뛴 마지막 경기이기도 했다. 그는 이미 레알 마드리드행이 확실시된 상황이었다. 2008년 퍼거슨 감독은 호날두에게 "맨유에서 1년 더 뛰면 그 후에는 팀을 떠나는 것을 막지 않겠다"라고 말했다. 그러나 그 시즌 호날두가 맨유에서 놀라운 활약을 하면서 과연 그가 정말 맨유를 떠날 것인지는 알 수 없게 됐다. 퍼거슨 감독, 호날두, 그리고 구단의 모두가 그의 이적에 대한 상황을 아주 잘 처리했다. 맨유 역시 호날두의 이적을 공식적으로 밝히지 않았고 나조차 그 결승전이 끝날 때까지 호날두의 선택을 확실히 알 수 없었다. 그러나 그는 결국 레알 마드리드로 떠났고, 그는 좋은 기억을 남기고 팀을 떠났다. 맨유의 모두가 그를 존경했고 그의 선택을 존중했다.

호날두가 떠난 후에 퍼거슨 감독은 나에게 그의 등번호를 제안했다. 그는 나와 마이클 오웬Michael Owen을 그의 사무실로 불러서 내게 "네가 원하면 등번호 7번을 써도 좋다"고 말했다. 맨유의 7번은 상징적인 등번호다. 조지 베스트, 브라이언 롭슨, 에릭 칸토나, 데이비드 베컴, 그리고 호날두까지. 그 선수들의 이름만 들어도 그 가치를 알 수 있다. 그러나 이미 로이 킨이 사용했던 16번을 쓰고 있던 내게 등번호는 큰 의미가 없었다. 그때 오웬이 말했다.

"제가 쓸게요!"

"그렇게 하죠." 나도 말했다. 그것이 축구다. 축구는 그렇게 계속해서 빠르게 돌아간다. 나는 그저 로마에서의 아픈 기억이 빨리 지나가기만을 바랄 뿐이었다.

그 후 우리는 마요르카로 몇 주 간 휴가를 떠났다. 시즌이 끝난 후 지친 몸을, 아니 그보다는 마음을 더 달래기 위해서였다. 루이스는 15개월이 됐고 막 걸음마를 시작했다. 그래서 나는 대부분의 시간을 그녀와 함께 놀며 보냈다. 그러다보니 몸은 생각보다 많은 휴식을 취할 수가 없었다! 그 휴가에서 루이스, 리사와 시간을 보내면서도 나는 로마에 대한 생각을 떨쳐내지 못했다. 루이스가 잠이 들고 나면 나는 멍하니 시간을 보냈다. 리사는 그 모든 것을 인내심을 갖고 지켜봤다. 그녀는 내가 심적으로 힘들어하는 것을 알았지만, 빨리 그것을 떨쳐내라고 재촉하지 않았다. 그녀는 그저 내 옆에서 나를 지켜보며 조용히 내버려두었다. 그녀와 나는 모두 빨리 새 시즌이 시작되어 내가 그 우울함을 극복할 수 있기만을 바랐다.

11
WEMBLEY

웸블리

MICHAEL CARRICK
BETWEEN THE LINES

축구 경기 때문에 우울증에 시달리는 건 지나친 과잉 반응이라고 생각할 수도 있다. 그러나 나의 마음은 진심으로 어둠 속을 벗어나지 못하고 있었다. 과장하는 것처럼 들릴 수도 있겠지만, 로마에서 열린 그 경기가 끝난 후 나는 극심한 정신적 고통을 겪었다. 우리는 그로부터 불과 6개월 전까지 세계 최고라는 평가를 받았지만, 이제 나는 우리가 왜 유럽에서 2인자로 밀려났는지에 대한 끝없는 생각으로 고문을 당하고 있었다. 우리가 로마로 가는 데까지 이룬 모든 성과가 더 이상 내게 아무런 의미도 없었다.

　그때까지 나는 오랜 기간 탄탄대로를 걸었다. 프리미어리그 우승 세 차례, 그리고 챔피언스리그에서도 우승을 차지했다. 그러나 나는 순식간에 나락으로 떨어졌다. 로마에서 그 경기를 마친 나는 어떤 생각도 할 수 없었다. 최고의 선수는 챔피언스리그 결승전에서 지지 않는다고 생각했다. 내가 그 정도 수준이 되는 선수였다면, 우리는 지지 않았을 것이다. 당시 나의 마음은 만신창이가 된 상태였다. 2009년 맨유는 프리미어리그와 리그컵 우승을 차지했지만, 내게 그 성과는 아무런 의미가 없었다. 로마에서 그 경기는 나를 철저한 패배자로 만들었다.

감독님과도 로마에 대해서는 한 번도 이야기하지 않았다. 아니, 그렇게 할 수조차 없었다. 너무 고통스러웠기 때문이다. 그로부터 10년이 넘게 지난 지금도 나는 로마에서 일어난 그 일이 내게 남긴 충격에서 완전히 벗어나지 못했다. 이후 프리시즌 첫날 팀에 복귀한 나는 여전히 우울증을 떨쳐내지 못했다. 결국, 나는 2009/10 시즌 맨유로 이적한 후 최악의 모습을 보였다. 나는 날카로움을 완전히 잃은 상태였다. 머릿속은 물론 마음도 무거웠고, 그러다보니 몸마저 무겁게 느껴졌다. 어떤 것도 쉽게 느껴지지 않았다. 퍼거슨 감독은 버밍엄과의 시즌 개막전 명단에서 나를 제외했다. 우리는 버밍엄전에서는 승리했지만, 내가 선발 출전한 번리 전에서는 0-1로 패했다. 상대 골키퍼 브라이언 옌센Brian Jensen이 나의 페널티 킥을 막았다. 나는 마치 진흙탕에 빠져 길을 잃은듯한 기분을 느꼈다. 아무리 노력해도 활력을 되찾지 못했다. 운동선수에게 자신감이라는 건 그만큼 중요하다. 자신감이 붙었을 때는 이를 간과하기 쉽지만, 자신감이 없어졌을 때는 절박함 속에서 허우적거리게 된다.

경기 도중에도 대부분 안정적이고, 명확하고, 날카로웠던 나의 판단력은 갈수록 흐려졌고, 느려졌으며 불확실해졌다. 나는 예전 같았으면 생각할 필요도 없이 최적의 판단을 했을 상황에서도 이제는 무려 여섯 가지 현상을 한꺼번에 포착한 상황에서조차 최악의 판단을 했다. 이 모든 게 정신적인 문제에서 비롯된다는 사실을 알고도, 나는 누군가에게 도움을 요청하지 못했을 정도로 고집을 굽히지 못했다. 나는 리사, 그레엄, 어머니, 아버지를 제외하면 누구에게도 마음을 털어놓지 못하는 성격을 가지고 있다. 게다가 로마에서 그 경기 때문에 겪게 된 우울증은 내가 스스로 극복해야 하는 것이었다. 그러나 나는 오히려 스스로를 더 고통스럽게 하고 있었다. 기분이 좋지 않으니 경기력이 나오지 않았고, 경기력이 좋지 않자 가뜩이나 좋지 않던 기분이 더 안 좋아졌다.

경기력을 통해 우울증을 극복할 수는 없었을까? 감독님은 9월 베식타스Beşiktaş와의 챔피언스리그 경기에서 나를 선발 출전시켰다. 베식타스의 홈 구장 이노누Inönü 스타디움은 셀틱 파크Celtic Park 와 더불어 내가 가본 경기장 중 관중석 열기가 가장 뜨거운 곳이었다. 그래서 나는 베식타스 원정에 출전하게 된 데에 대해 감사함과 기대감을 동시에 느꼈다. 이곳에서 뛸 수 있다면 로마에서 참사를 겪기 전 나의 모습으로 돌아갈 수도 있을 것만 같았다. 경기장에 들어간 나는 관중석이 무너질 것만 같은 느낌을 받았다. 그 정도로 베식타스 팬들은 위아래로 껑충껑충 뛰며 우리를 위압감으로 짓누르려 했다. 그들은 우리가 터널 부근에 접근하자 우리를 죽이겠다고 협박했다. 나는 고개를 돌려 그들을 바라보며 미소로 화답했다. 짜릿한 순간이었다. 이런 분위기 속에서 뛰는 기분은 대단했다.

어쩌면 그를 계기로 자신감을 어느 정도 되찾은 것인지도 모른다. 나는 이스탄불에서 약 60분간 활약한 후 교체됐고, 이후 10월까지 출전 시간이 들쭉날쭉했다. 매 경기 선발로 출전하지 못하는 선수의 심정은 늘 외롭다. 훈련에서 온 힘을 다하면서도, 정작 출전 기회를 잡으면 최고의 모습을 보여주지 못한다는 사실을 깨닫는 심정은 답답함 그 자체다. 그러면서도 다음 기회를 기약하는 게 내가 할 수 있는 최선이었다. 주변을 둘러보니 내 동료들은 아무런 걱정 없이 훌륭한 경기력을 선보이고 있었다. 그들이 부러웠다. "나도 다시 그들처럼 될 수는 없을까?"

경기에 투입되면 숨을 곳이 없었다. 그 때문에 나는 가끔은 경기에 출전하면 그저 안정적으로만 플레이하는 데 집중했다. 그저 기본에 충실하며 위험한 상황을 최대한 피하는 게 나의 목표였다. 최대한 열심히 뛰며 수비를 하는 것이 전부였다. 12월 웨스트햄 전에서는 브라운과 네빌이 모두 부상을 당해 내가 중앙 수비수로 출전해야 했다. 이로부터 4일 후 볼프스부르크Wolfsburg 전에서는 우리 수비수 중 무려 여덟 명이 경기에 출전할 수 없었다. 나는 퍼거슨 감독이 나를 중앙 수비수로 기용할 가능성이 크다는 사실을 알고 있었다. 그때 오히려 나는 새로운 도전을 하게 된 데에 기대감을 느끼고 있었다. 그날 중앙 수비수로 출전한 나, 플레처, 에브라는 우리에게 주어진 기회를 최대한 살렸다. 물론 쉽지 않은 도전이었다. 나는 에딘 제코 Edin Džeko 를 상대하는 데 몇 차례 어려움을 겪었다. 나는 상대 미드필더 하세베 마코토 Hasebe Makoto 에게 백태클을 가했고, 이는 분명히 페널티 킥이 선언될 만한 상황이었다. 브요른 카이퍼스 Björn Kuipers 주심은 신기하게도 페널티 킥을 선언하지 않았다. 우리는 마이클 오웬 Michael Owen 이 해트트릭을 작성한 덕분에 볼프스부르크를 꺾었다. 우리는 조 1위로 올라섰고, 나는 조금씩 활기를 되찾기 시작했다.

다음 경기는 풀럼 원정이었다. 부상 중인 선수들이 여전히 완전히 회복하지 못한 탓에 나는 플레처, 리치 데 라에트 Ritchie De Laet 와 스리백을 구성했다. 퍼거슨 감독이 중앙 수비수가 없는 가운데서도 스리백을 가동한 이유는 우리 중 누구도 전문 중앙 수비수가 아닌 만큼 보호막 역할을 해줄 선수가 한 명 더 필요하다고 판단했기 때문이다. 그러나 풀럼을 상대로는 이러한 시도가 통하지 않았다. 풀럼의 최전방 공격수 바비 사모라 Bobby Zamora 는 스리백의 왼쪽 중앙 수비수로 출격한 신예 리치와 맞대결을 펼쳤다. 바비는 리치보다 빨랐고, 더 창의적이었다. 재앙과도 같았던 이 경기는 결국 우리의 0-3 패배로 끝났다. 감독님은 경기가 끝난 후 내가 보여준 수비력을 칭찬했다. 그러나 그가 나를 칭찬한 진짜 이유는 그 정도로 당시 우리 팀 수비진이 선수가 부족한 현상에 시달렸기 때문이었다. 그러나 나 또한 필요에 따라 가끔은 중앙 수비수로 출전하는 데 즐거움을 느낀 게 사실이었다.

특히 체력적으로는 중앙 수비수로 뛰는 게 훨씬 더 쉬웠다. 수비수의 활동량은 미드필더처럼 많지 않기 때문이다. 그러나 내 뒤에서 안전망 역할을 해줄 동료가 없이 최종 수비수 역할을 할 때는 불안감에 시달리기도 했다. 만약 1대1 상황을 막아야 하거나 측면 공간을 메워야 할 때면 나는 상대팀 최전방 공격수와 달리기 시합을 해야 했다. 2011년 올드 트래포드에서 블랙번을 상대한 경기에서는 야쿠부Yakubu를 제대로 막지 못해 실점을 하기도 했다. 그 다음 시즌에는 에버튼의 구디슨 파크Goodison Park 원정에서는 마루앙 펠라이니Marouane Fellaini에게 철저히 당하며 무너졌다. 이는 매우 잔인한 경험이었다. 이 때까지도 나는 단 한번도 내가 수비수로 제2의 축구 인생을 살게 될 수 있다는 상상조차 해본 적이 없었다. 단, 믹 펠란 코치는 2011년 올드 트래포드에서 우리가 위건에 5-0 대승을 거둔 후 운동장에서 나오는 나를 향해 "네가 새로운 커리어를 시작하게 된 거 같다. 이렇게 쉽게 수비수 역할을 해내다니!"라고 외쳤다. 칭찬은 고마웠지만, 나는 그의 제안을 사양하겠다는 의사를 정중하게 전달했다.

나는 2010년에 돌입할 때까지도 침체기에서 벗어나지 못하고 있었다. 심지어 나는 AC 밀란을 상대로는 맨유에서 174경기를 소화한 끝에 처음으로 퇴장을 당했다. 당시 산 시로 원정 전까지 맨유 이적 후 경고를 받은 횟수도 단 11회에 불과했다. 내가 2010년 2월 16일 열린 그날 경기를 절대 잊을 수 없는 이유는 단지 레드카드를 받았기 때문만은 아니었다. 맨유와 밀란은 모두 역사가 깊은 구단인 데다 산 시로는 특별한 느낌을 주는 경기장이다. 그곳의 분위기는 험악했고, 시끄러웠으며 공격적이었다. 상대팀 선수 입장에서 밀란 팬들의 야유에 시달리는 기분은 짜릿했다.

밀란의 선발 라인업에는 훌륭한 선수들이 즐비했다. 호나우지뉴Ronaldinho, 안드레아 피를로Andrea Pirlo, 데이비드 베컴David Beckham이 그날 알렉산데르 파투Alexandre Pato, 마시모 암브로시니Massimo Ambrosini와 함께 선발 출전했다. 경기 초반 호나우지뉴의 슈팅이 나를 맞고 굴절되며 실점으로 이어졌을 때, 나는 오늘도 긴 하루가 될 것 같다는 느낌을 받았다. 당시 호나우지뉴는 이미 전성기를 한참 지난 시기였지만, 여전히 훌륭한 기량을 선보였다. 그는 지속적으로 현란한 발재간으로 나를 위협했다. 나는 늘 호나우지뉴가 가장 예측하기 어려운 플레이를 하는 선수라고 생각했고, 그와 같은 선수를 막는 건 매우 어려웠다. 호나우지뉴와 경합 상황이 발생할 때마다 나는 뒤로 물러서야 할지, 아니면 달라붙어서 그를 수비해야 할지 판단하는 데 어려움을 겪었다. 결국, 나는 하파엘 다 실바Rafael da Silva 가 호나우지뉴를 전담 수비하게 해야 했다! 하파엘은 호나우지뉴를 상대하는 데 필요한 완벽한 능력을 보유한 측면 수비수였다. 무게 중심이 낮은 하파엘은 호나우지뉴를 전담 수비하기에 적합했다. 그는 매우 공격적인 수비를 펼쳤고, 태도도 훌륭했다. 그는 혼신의 힘을 다해 호나우지뉴를 막았다. 그는 태클을 사랑하는 전형적인 맨유식 측면 수비수였다.

나 또한 하파엘을 돕기 위해 노력했고, 결국 호나우지뉴에게 범한 파울로 경고까지 받았다. 그러나 우리가 3-2로 앞서 있던 경기 종료 직전 내가 받은 두 번째 경고는 충분히 피할 수 있었다. 에브라가 파투에게 파울을 범한 뒤, 공이 내게 굴러왔다. 나는 아무 생각없이 에브라를 향해 공을 찼고, 올레가리오 벤케렌사Olegário Benquerença 주심은 내게 퇴장을 선언했다. 경기는 단 60초 정도가 남은 상태였다. 나는 창피함, 불편함, 그리고 충격을 동시에 느끼며 운동장에서 나왔다.

경기장을 빠져나가면서 나는 감독님을 쳐다볼 수도 없었다. 차마 그렇게 할 수 없었기 때문이다. 나는 판정에 동의하지 않았지만, 어찌 됐든 그런 행동을 해서는 안 됐다. 그러나 퍼거슨 감독은 내게 아무말도 하지 않았다. 이는 어쩌면 감독님도 내가 경고를 자주 받는 선수가 아니라는 사실을 알고 있었기 때문일 수도 있다. 나는 벌금 징계를 알리는 통지서가 내 라커룸 안에 꽂혀 있을 것으로 생각했지만 아무리 기다려도 통지서는 끝내 오지 않았다.

나는 어린 시절에도 단 한번도 퇴장을 당한 적이 없었다. 오히려 나는 스스로 깨끗한 플레이를 하는 데 자부심을 가진 선수였다. 나는 프로 선수로 활약한 20년간 단 한번도 심판을 속일 목적으로 다이빙을 하지 않았다. 물론 태클을 피하려고 큰 동작을 취하며 쓰러진 적이 있다. 그러나 이는 모두 태클을 피하지 않았더라면 부상을 당할 수도 있다는 판단이 섰기 때문이었다. 프리킥 유도를 위해 파울을 얻어낸 적도 있지만, 절대 부상당한 척을 하며 누워 있는 행동은 하지 않았다. 또, 신체적 접촉이 없을 때는 쓰러지지 않았다. 이미 경고를 한 차례 받은 상대 선수가 내게 거친 태클을 했을 때는 몇 초 더 그라운드에 누워 퇴장을 유도하려고 한 적은 있어도, 과장된 행동은 절대 하지 않았다. 오히려 나는 다치지 않았는데도 부상당한 척을 하는 선수들을 이해하지 못했다. 나는 어린 시절 웨젠드 보이스 클럽 뛰며 이와 같은 부정 행위를 일삼는 선수들을 혐오하게 됐다. 나는 어린 시절부터 누군가가 얼굴이나 다리를 부여잡고 쓰러지며 부상당한 척을 하면 화가 치밀어 올랐다. 요즘에는 이런 행동을 하는 선수가 많아졌다는 사실이 정말 슬프다. 그러나 이처럼 시뮬레이션을 일삼는 선수를 지나치게 비난하는 데에 대해서도 신중함이 필요하긴 하다. 일부 선수들은 이와 같은 플레이가 문화의 일부분인 곳에서 축구를 배우며 자랐기 때문이다. 특히 몇몇 남미 국가에서는 주심의 눈을 속여 자신이 원하는 판정을 유도해내는 행동이 일종의 기술로 여겨지곤 한다. 게다가 이처럼 플레이해서 이길 수 있다면, 그게 잘못됐다고 비판할 수 있을까? 물론 축구의 이미지가 훼손될 수는 있겠지만, 궁극적으로 우리가 경기를 치르는 목적은 보기 좋은 축구를 하기 위해서가 아니라 이기기 위해서다. 내가 할 수 있는 일에 충실하는 게 나의 역할이다.

전술적 파울tactical foul 의 중요성도 간과할 수는 없다. 전술적 파울이란 교묘하게 상대의 역습 공격을 일찌감치 파울로 끊어내는 플레이를 뜻한다. 나 또한 천천히 걸어다니거나 공을 다른 방향으로 굴려 시간을 끈 적이 있다. 신체적 접촉이 있었을 때 의도적으로 쓰러진 적도 있었지만, 그라운드에서 굴러다니거나 부상을 당하지도 않았는데 의무 스태프가 경기장 안으로 들어오게 하지는 않았다. 나는 부상을 당한 게 아닌 이상 의무 스태프가 경기장에 들어오는 상황을 매우 싫어한다. 어쩌면 이는 내 자존심 때문인지도 모르겠다. 설령 경기 도중 상대의 발에 차여 큰 통증을 느낀다고 해도, 의무 스태프가 들어와서 나를 위해 해줄 수 있는 건 아무것도 없다. 심지어 나는 우리가 모스크바에서 챔피언스리그 우승을 차지한 시즌에 올드 트래포드에서 열린 로마와의 경기에서 상대 선수 만시니Mancini가 내 위로 쓰러지며 오른쪽 팔꿈치뼈가 부러진 적이 있다. 그러나 나는 엄살을 부리지 않고 경기를 끝까지 소화했다. 지금도 나는 여전히 내가 어떻게 부러진 팔을 달고 경기가 끝날 때까지 뛰었는지 모르겠다. 나는 그날 팔을 살짝 구부린 채 뛰어야 했고, 짧은 순간이라도 팔을 폈을 때는 말로 설명할 수 없는 수준의 고통을 느꼈다. 이후 나는 약 한 달간 뛰지 못했다. 지금도 팔을 완전히 펴는 데 불편함을 느낄 정도다. 내가 고통을 참고 계속 뛰었다는 사실을 자랑하고 싶은 마음은 없지만, 선수라면 부상을 참고 뛰어서라도 팀에 도움이 될 수 있다면 그렇게 해야 한다. 어린 시절에는 누군가 부상을 당하면 차가운 물을 머금은 스펀지를 들고오곤 했다. 우리들 사이에서 이는 '마법의 스펀지'라는 우스갯소리로 불렸다. 요즘에는 누군가 부상을 당하면 양복을 입은 팀 닥터가 '마법의 스프레이'를 가져와 뿌린다. 정말 우스운 일이다. 어차피 통증은 시간이 지나면 없어지게 되어 있다. 스프레이를 뿌려봤자 아무런 도움이 안 된다는 뜻이다.

밀란전은 내가 선수 생활을 하며 퇴장을 당한 유일한 경기였다. 이로부터 12일이 지난 뒤, 우리는 아스톤 빌라를 상대로 리그컵 결승전을 치렀다. 퍼거슨 감독은 1년 전 컵대회 결승전에서 로테이션을 돌린 탓에 나를 중용하지 않았다. 그는 내게 다가와 "너 작년 결승전에서 뛰었어?"라고 물었다. 나는 "못 뛰었죠. 그날 쉬었어요. 말도 안 되는 일이었다고 할 수 있죠"라고 답하며 웃었다. 그랬더니 감독님은 내게 "그래, 이번엔 뛰어도 좋아"라고 말했다. 퍼거슨 감독은 늘 로테이션 시스템을 가동했다. 나는 리그컵에서 우리가 우승 트로피를 노리게 될 경기에 출전하게 돼 정말 기뻤다. 우리는 경기 초반 필 다우드Phil Dowd 주심의 판정 덕을 본 게 사실이다. 아스톤 빌라는 경기 초반 비디치가 상대 공격수 가비 아그본라허Gabby Agbonlahor 를 쓰러뜨려 골키퍼와의 1대1 상황을 저지했으나 퇴장이 선언되지 않은 데 분노를 감추지 못했다. 내가 봐도 비디치가 그날 퇴장을 당했어야 했다는 데는 의심의 여지가 없었다. 우리는 제임스 밀너James Milner 에게 페널티 킥을 허용해 선제골을 내줬지만, 퍼거슨 감독 체제에서 늘 그랬듯이 0-1, 혹은 0-2로 뒤지고 있을 때도 이길 수 있다는 믿음이 있었다. 오웬이 동점골을 넣었으나 그는 곧 햄스트링이 찢어지는 부상을 당했다. 오웬은 늘 햄스트링 부상에 시달렸지만, 문전에서 마무리하는 능력은 훌륭했다. 이후 루니가 투입돼 헤더로 결승골을 터뜨렸다. 나는 경기 내내 편안한 마음을 유지할 수 있었고, 드디어 우울증 증상도 없어지는 것 같았다. 적어도 그 순간에 내가 느낀 기분은 그랬다.

그러나 나의 긍정적인 생각은 다시 어두워지기 시작했다. 곧 나는 안갯속을 걷는 기분을 느껴야 했다. 마치 산을 오르는 데 계속 뒤로 미끄러지는 듯한 기분이었다. 이후 우리는 몰리누Molineux 원정에서 승리했지만, 나는 좀처럼 나다운 경기력을 보여주지 못했다. 모든 게 어려움의 연속이었다. 나는 챔피언스리그 8강 뮌헨 원정이 침체기의 마지막이 되기를 간절히 바라고 있었다. 나는 뮌헨의 홈구장 알리안츠 아레나를 정말 좋아한다. 알리안츠 아레나는 관중석이 경기장을 빼곡히 메우고 있는 제대로 된 축구장이기 때문이다. 나는 뮌헨 원정이 경기력을 회복하는 전환점이 될 수 있다고 믿었다. 당시 바이에른 뮌헨은 루이스 판 할Louis van Gaal 감독이 이끌고 있었다. 그들은 판 할 감독의 팀답게 움직임 하나하나가 매우 섬세했고, 모든 작업이 조직을 바탕으로 이뤄졌다. 이비차 올리치Ivica Olić 와 공격진을 구성한 토마스 밀러Thomas Müller 는 매우 창의적인 위치 선정으로 나의 뒷공간을 공략했다. 이 때문에 나는 계속 뒤로 물러서야 했다.

우리는 루니가 선제골을 터뜨리며 앞서갔지만, 내 경기력은 창피한 수준이었다. 나는 전혀 경기의 흐름을 따라가지 못했고, 결국 종료 20분 정도를 남겨두고 교체됐다. 이후 아르옌 로벤Arjen Robben 과 올리치가 끝내 경기를 뒤집었다. 내가 교체되지 않았더라도 경기 결과는 바뀌지 않았을 것이다. 내 경기력이 충분하지 않았다는 사실을 누구보다 나 자신이 더 잘 알고 있었다.

감독님은 8일 후 올드 트래포드에서 열린 바이에른과의 2차전을 앞두고 우리에게 완벽한 동기부여를 준 상태였다. 실제로 바스티안 슈바인슈타이거Bastian Schweinsteiger 가 맨유로 이적한 2015년 그와 처음으로 나눈 대화는 이때 우리가 치른 8강 2차전 경기에 대해서였다. 그는 내게 "그날 초반 25분간 우리는 어떻게 해야 할 줄을 몰랐어!"라고 말했다. 우리는 대런 깁슨Darron Gibson 과 나니Nani 의 슈팅 덕분에 초반부터 경기를 압도했다. 우리는 상대를 끊임없이 압박하며 전진했고, 마치 로마를 상대로 거둔 대승을 연상케 할 만한 경기력을 선보였다. 이후 우리는 나니가 세 번째 골을 터뜨리며 3-0으로 앞서갔다. 나는 우리가 최고의 모습을 되찾았다고 확신했다. 4강 진출은 사실상 확정적이었다. 이때까지 무겁게만 느껴진 나의 어깨와 머리가 차츰 가벼워지는 기분까지 들었다. 그러나 이러한 긍정적인 기분은 오래 가지 못했다. 나는 전반전 코너킥 상황에서 슈바인슈타이거와 충돌해 머리 옆부분에 충격을 받았다. 내가 공을 차려는 순간 그와 충돌하며 머리 옆부분에 혹이 생겼을 정도였다. 나는 전반전 종료를 앞두고 우리 중앙 수비수 두 명 앞에서 커버 플레이를 하려다가 상대 공격수를 놓치는 실수를 범했다. 지금 생각해도 정말 후회스러운 순간이었다. 나는 퍼디난드와 비디치 사이에 갇혔고, 결국 우리는 올리치에게 실점했다.

그러나 이 상황에서 올리치는 나의 발꿈치를 밟고 있었다. 이후 그는 오른팔로 나를 쓰러뜨렸다. 겉으로 보면 마치 그가 단순히 나와의 몸싸움에서 이긴 것처럼 보였지만, 사실 니콜라 리촐리Nicola Rizzoli 주심은 이 상황에서 파울을 선언했어야 했다. 나는 오늘날까지 당시 올리치가 내게 파울을 범했다고 100% 확신한다. 그러나 결과적으로 올리치는 득점에 성공했고, 실점을 헌납한 판 데 사르는 나를 노려봤다. 다시 어둠이 내 마음을 엄습하는 게 느껴졌다. 생기를 되찾은 바이에른은 파상공세를 펼쳤고, 하파엘은 마크 판 보멜Mark van Bommel 에 이어 프랑크 리베리Franck Ribéry 에게 어리석은 파울을 범하며 두 번째 경고를 받고 퇴장당했다. 이후 코너킥 상황에서 리베리가 이를 처리하기 전 우리가 수적 열세를 안고 있었던 탓에 플레처는 슈바인스타이거와 로벤 중 누구를 막아야 할지 기로에 놓였다. 결국, 이처럼 작은 디테일로 승부가 갈렸다.

이 상황에서 나는 로벤이 더 골대에서 떨어져 있었던 만큼 그에게 시선을 고정하고 있었다. 그러나 나는 동시에 페널티 박스 안에 있던 올리치를 막아야 했다. 리베리가 찬 코너킥이 올리치를 향하지 않는다는 사실을 알게 된 나는 최대한 빨리 로벤을 향해 달려가 몸을 던졌지만, 때는 이미 늦은 상태였다. 로벤이 시도한 강력한 슛은 판 데 사르가 막을 수 없는 위치로 날아가며 골망을 갈랐다. 로벤의 발리슛은 실로 대단했다. 스코어는 3-2. 우리는 원정 다득점 원칙에 따라 챔피언스리그에서 탈락했다. 이 상황에서 마치 내가 로벤을 놓친 것처럼 보였겠지만, 사실 그는 내가 막아야 하는 선수가 아니었다. 모든 안 좋은 상황이 한꺼번에 복합적으로 일어난 셈이었다. 게다가 나는 다음 경기였던 블랙번전에는 눈 감염 탓에 결장하게 됐다. 그날 경기에서도 우리는 0-0으로 비기며 승리하지 못했고, 나의 우울증 증상은 더 심해졌다.

그때까지 내가 맨유에 온 후 감독님은 중요한 경기, 혹은 라이벌 팀과의 빅매치가 열리면 늘 나를 선발 출전시켰다. 그러나 나는 시즌 마지막 네 경기 연속으로 벤치를 지켰다. 우리는 승점 1점 차로 프리미어리그 우승을 놓쳤다. 우승에 실패한 건 큰 충격이었다. 우리는 사상 처음으로 4년 연속 프리미어리그 우승을 차지한 팀이 될 수도 있었다. 나 또한 정신을 차릴 수 없을 정도로 충격을 받았다. 이때까지 내가 맨유에서 입지를 다지기 위해 들인 노력이 무의미해질 수도 있다는 생각이 들자 두려움이 엄습했다. 경기에 출전하지 못하는 상황이 잦아지자 감독님이 다른 선수 영입을 염두에 뒀을 수도 있다는 생각이 들었다. 감독님이 언제라도 나를 사무실로 불러 이적을 통보할 수도 있다고 생각했다. 나는 여전히 맨유와 계약 기간이 2년 더 남아 있었지만, 감독님이 "너를 보내주기로 했다"고 말할 순간이 다가오고 있다고 생각했다. 맨유에 온 후 3년간 훌륭한 활약을 펼치고도 이제 내가 밀려날 수도 있다고 생각하니 정말 고통스러웠다. 맨유는 나의 집이자 나의 사랑이었다. 나는 맨유에 중독된 선수였다. 맨유를 떠난다는 건 상상조차 할 수 없었다. 그러나 맨유에서는 활약이 기준에 미치지 못하는 선수에게 자리가 주어지지 않는다. 그리고 그게 옳았다. 그래서 나는 최악의 상황을 예감했다. 그 무렵 나의 인생은 두려움으로 가득 차 있었다.

모든 축구 선수에게는 그와 같은 어둠의 순간이 찾아온다. 최고의 선수들은 자기 자신에 대한 의심, 자신감 결여, 피로도 등을 결국에는 극복해낸다. 이를 극복하는 힘은 모두 정신력에서 나온다. 그러나 당시 나는 진심으로 나약해진 상태였다. 특히 맨유에서 뛰는 선수들에게는 숨을 곳이 없다. 맨유 선수에게는 늘 견뎌야 하는 압박감과 충족해야 할 기대치가 있다. 또한, 맨유 선수라면 강한 자부심과 좋은 경기력을 보여줘야 한다는 의지, 그리고 절대 지지 않겠다는 강인함을 가져야 한다. 당시 나는 경기가 끝난 다음날 새벽 4~5시까지 잠에 들지 못한 채 눈을 뜨고 그저 침대에 누워 있었다. 정말 이상한 기분이었다. 경기가 끝난 후 얼음찜질을 했지만, 몸에 여전히 열기가 남아 있는 기분이 들었다. 경기를 마친 후 늦은 밤 TV를 보면서도 몸이 열로 들끓는 기분이 계속됐다. 잠이 오지 않을 때는 빈 방에 들어가 혼자만의 시간을 갖거나, 아이들과 함께 침대에 누워 있곤 했다. 아니면 TV 앞에 앉아 잠이 들 때까지 기다린 적도 있었다. 수면제를 복용할 수도 있었지만, 다음날 아침 몰려오는 피로한 느낌이 싫어 이를 최대한 피했다.

2018년 1월 럭비 선수 조니 윌킨슨Jonny Wilkinson이 '데일리 익스프레스Daily Express'를 통해 정신적 고통에 대해 털어놓은 얘기를 읽은 기억이 난다. 이처럼 겉으로 보기에는 그토록 자신감에 넘치는 사람도 약해지는 순간이 있다. 특히 럭비는 말 그대로 상대 선수를 발로 걷어차는 스포츠다. 정신적으로 강인하지 않고서는 럭비 선수로 살아남을 수 없다. 나는 조니, 오웬 페럴Owen Farrell, 댄 카터Dan Carter처럼 팀을 짊어지고 이끄는 선수들을 늘 좋아했다. 게다가 나는 조니가 강한 정신력으로 무장된 선수라는 사실도 알고 있었다. 이 때문에 그가 정신적 불안감에 시달렸다는 사실을 알게 된 후 큰 깨달음을 얻었다. 나 또한 그와 비슷한 경험을 했기 때문이다. 나는 스스로를 의심했던 적이 있었고, 최고 수준에서 뛰는 선수가 되기 위해 끊임없이 자신과의 싸움을 해야 했다. 나는 긍정적인 사고방식을 갖기 위해 늘 스스로를 설득했다. 매 경기를 앞두고 내가 상대팀 선수들보다 더 많은 준비를 했고, 그들보다 더 많은 희생을 했다는 점을 스스로에게 상기시켜야 했다. 그러나 늘 그렇게 하는 건 어려운 일이다. 나는 이처럼 어둠 속에 갇힌 내 마음을 과거 내 아버지가 그랬듯이 감춰야 했다. 나는 내면에서 치밀어 오르는 분노를 최대한 억제하고 있었다.

다만, 리사는 내가 어려움을 겪고 있다는 사실을 알고 있었다. 특히 2010년 월드컵 기간은 내게 쉽지 않은 시기였다. 나는 남아공에서 향수병과 우울증을 동시에 앓고 있었다. 당시 나는 체력적으로는 전성기를 구가하고 있었지만, 정신적으로나 감정적으로는 완전히 무너진 상태였다. 나는 리사에게 "이 정도면 충분해. 집으로 가야겠어"라고 말했다. 그녀는 내가 얼마나 힘들어하고 있는지를 잘 알고 있었다. 그러나 리사도 나 못지않게 어려움을 겪고 있었다. 그녀는 이제 막 제이시를 낳은 후였고, 사실 그녀는 루이스를 출산한 시점부터 허리가 좋지 않았다. 그래서 나는 리사에게 이처럼 불평하는 데에도 미안함을 느꼈다. 제이시가 태어나 아들이 생겼다는 데 행복을 느끼기도 했지만, 당시 나의 정신적 상태는 정상이 아니었다. 심지어 2010년의 나는 축구를 더 하고 싶지 않을 수도 있겠다는 생각까지 하고 있었다. 그 정도로 침체된 상태였다. 우울증은 갈수록 심해졌다.

2010년 여름 내내 이어진 나의 우울증은 2010/11 시즌까지 이어졌다. 월드컵을 마치고 돌아온 나는 캐링턴 훈련장을 향해 운전을 하면서도, "오늘은 정말 축구를 하고 싶지 않다. 훈련도 하기 싫다. 다른 일을 할 수 있었으면 좋겠다"고 생각했다. 그 순간 캐링턴 레인 Carrington Lane 으로 향하는 신호등이 켜지며 문득 다른 생각이 들기 시작했다.

나는 세계 최고의 구단에서, 세계 최고의 선수들, 세계 최고의 감독님과 함께 하고 있었다. 이 모든 게 내가 어린 시절부터 꿈꾼 것들이었다. 집에는 두 아이와 아내가 있었다. 내가 바란 행복한 인생에 필요한 모든 게 현실이 됐다. 도대체 왜 내가 우울한 감정을 느끼고 있는지 나 또한 이해할 수가 없었다. 한 가지 확실했던 건, 더는 축구가 즐겁지 않았다는 사실이다. 과거 축구를 향한 나의 애정이 가장 순수했던 시절로 돌아가고 싶었다. 하우돈, 보이자, 또는 세인트 제임스 파크에서 뛰던 그 시절이 그리웠다. 내 마음 한켠이 비워진 느낌이 들었다. 현역 생활이 이대로 끝나도 후회가 남지 않을 것 같았다. 나는 그저 제정신을 되찾고 싶었다. 내 원래 인생을 되찾고 싶었다. 나는 15년간 집을 떠나 있었고, 늘 이곳저곳으로 움직이며 정신적인 압박감에 시달려야 했지만, 그때처럼 우울했던 적은 단 한번도 없었다.

게다가 당시 아킬레스건 부상까지 당한 상태였다. 2010년 8월 이웬 필즈 Ewen Fields 에서 맨체스터 시티와의 맨체스터 시니어 컵 경기에 출전했다. 이는 2군 경기였다. 퍼거슨 감독은 이틀 전 풀럼과의 프리미어리그 경기에 출전하지 않은 나, 웨스, 깁슨, 네빌, 스몰링, 하파엘, 톰 클레버리, 그리고 마케다를 그날 2군 경기 명단에 포함시켰다. 우리는 마그누스 에이크렘, 윌 킨, 벤 아모스, 조 더드전 등 2군 선수들과 함께 경기 명단을 구성했다. 퍼거슨 감독은 전날 캐링턴에서 팀 훈련을 마치고 운동장을 빠져 나오는 내게 2군 경기 출전을 명령했다. 그의 통보를 받는 순간 속에서 열불이 치밀어 올랐다.

"왜 내가 망할 2군에서 뛰어야 하죠?"
"너는 지금 출전 시간이 필요해"
"2군 경기는 아무 의미가 없잖아요. 차라리 팀 훈련을 하는 게 낫습니다. 2군 경기는 쓰레기니까요. 나한테 거기서 뭘 하라는 거죠?"
"잘 들어. 너는 2군 경기에 출전할 거야. 받아들여"

우리의 대화는 거기서 끝났다. 퍼거슨 감독은 내게 화를 내지도 않았다. 그러나 그는 반론의 여지가 없다는 점을 확실히 밝히며 내게 2군 경기 출전을 지시했다. 그는 반항을 하는 내게 "네까짓 게 뭔데 이러는 거야?"라며 나를 공격할 수도 있었다. 그러나 그는 그저 내가 경기에 뛰어야 한다고만 통보한 후 운동장을 떠났다. 나는 지금도 내가 그때 그에게 왜 그런 식으로 반응했는지 잘 모르겠다. 그때까지 나는 단 한번도 그런 태도로 그를 대한 적이 없었고, 그날 이후로도 그렇게 하지 않았다. 그날 그렇게 행동한 나는 스스로에게 큰 충격을 받았다. 퍼거슨 감독은 나를 쏘아붙일 수도 있었던 순간에도 나의 신경질적인 반응에 침착하게 대응했다. 그는 그때 나의 맨유 커리어를 끝내버릴 수도 있었다.

결국, 2군 경기에 출전하게 된 나는 마음을 다잡아야 했다. 이를 기회로 삼아야만 했다. 어쩌면 자존심을 지켜야 한다고 생각했을지도 모른다. 그래서 나는 관중 1569명 앞에서 열린 맨시티 2군과의 경기에 출전했다. 그날 네빌도 나와 함께 선발 출전했다. 그는 경기 시작부터 내가 느낀 2군 경기에서 뛰고 싶지 않다는 감정을 싹 잊게 만들었다.

경합 상황에서 공이 흘러나왔고, 상대 선수는 젖은 그라운드 위에서 슬라이드 태클을 시도했다. 이 상황이 터치라인 부근에서 발생한 만큼 나는 부상을 당할 위험이 있다고 판단해 경합을 하지 않고 스로인을 유도했다. 네빌은 그런 내 모습을 보며 화를 참지 못하고는 "캐릭, 이런 XX! 왜 태클을 피하는 거야?"라고 소리쳤다.

"시끄러워, 네빌. 진정해."

그 후 그와 나 사이에는 잠시 다툼이 있었다. 그러나 나는 곧 그가 옳다는 사실을 깨달았다. 네빌은 35세 베테랑인데도 온 힘을 다해 2군 경기에서 뛰고 있었다. 그는 자신이 출전하는 모든 경기에서 100% 다하는 선수였다. 그는 프로 선수의 본보기나 다름없었다. 맨유 선수로 602경기, 잉글랜드 대표팀 선수로 85경기를 소화한 그는 2군 경기를 마치 FA컵 결승전처럼 대하고 있었다. 이는 존중받아 마땅한 자세였다.

이후 나는 2010년 10월 26일 열린 울버햄프턴과의 리그컵 경기에 출전했다. 이는 내가 라벨 모리슨 Ravel Morrison 과 함께 출전한 유일한 경기였다. 라벨은 1군 선수들이 팀 훈련에서 상대하기를 매우 꺼려한 어린 선수 중 하나였다. 그만큼 그는 드리블 돌파 능력이 우수한 선수였다. 그는 마치 앞에 수비수가 없는 것처럼 손쉽게 상대 선수를 제쳤다. 그러면서 그는 1군 선수들에게도 능력을 인정받았다. 그를 본 순간부터 "저 친구 조심해야겠다"는 생각이 절로 들었다. 나는 대다수 어린 선수가 1군 훈련에 합류하면 매우 수월하게 그들의 공을 빼앗았다. 그러나 라벨은 달랐다. 퍼거슨 감독도 라벨은 자신이 본 최고의 어린 선수라고 말했다. 단, 아쉽게도 라벨의 커리어는 오래 가지 못했다. 퍼거슨 감독은 다양한 방법으로 라벨이 집중력을 유지할 수 있게 도왔다. 그는 가끔 돌발 행동을 한 라벨을 드레싱룸에서 쫓아내며 혼자 옷을 갈아입게 했지만, 매일 16세에 불과한 그를 1군 훈련에 합류시키며 동기부여를 제공했다. 그러나 이마저도 라벨에게는 도움이 되지 않았다. 퍼디난드와 네빌은 수시로 라벨과 대화하며 그를 도왔다. 그러나 라벨의 재능은 끝내 꽃을 피우지 못했다.

나는 아킬레스건 부상 탓에 캐링턴 훈련장에서 진통제를 맞은 후 울버햄프턴전에 출전했다. 약 2주간 훈련하지 못한 내가 다시 운동하는 모습을 본 퍼거슨 감독은 "최근 들어 네가 이렇게 잘 뛰는 모습은 처음이다. 잘하고 있다"고 말했다.

나는 손이 많이 가지 않는 선수다. 따라서 평소 퍼거슨 감독은 내게 특별히 동기부여를 제공할 필요가 없었다. 그러나 그의 칭찬은 내가 자신감을 되찾는 데 큰 도움이 됐다. 그동안 나를 괴롭힌 아킬레스건 부상이 회복되며 다시 자유를 되찾은 느낌이 들었다. 내 움직임에 날카로움이 돌아온 것 같았다. 나는 순간적으로 무언가 맞아떨어지고 있다고 느꼈다. 이후 나는 11월 맨유와 재계약 협상을 시작했고, 3월 계약을 마무리하며 안정을 되찾았다. 맨유가 나를 여전히 원하고 있다는 사실을 알게 됐고, 그들이 나를 믿어주자 나 또한 스스로를 믿게 됐다. 가끔 팬들은 큰돈을 받는 선수들이 침체기를 겪는 데 의아함을 나타내지만, 우리도 사람이다. 우리에게도 상승세가 있다면 하락세가 있는 법이다. 우리는 로봇이 아니다.

그때부터 나는 정신적으로도 다시 강해졌다. 이후 다시는 스스로를 의심하지 않았다. 물론, 순간순간 불안함을 느낀 적은 있었다. 2011년 2월 마르세유 원정을 마친 후 감독님은 나를 사무실로 불렀다. 우리는 그날 잔디 상태가 엉망인 경기장에서 형편없는 경기력을 선보인 끝에 0-0 무승부에 그쳤다. 나를 사무실로 부른 퍼거슨 감독은 특별히 화를 내지 않았다. 그는 "마이클, 너다운 경기력을 보여줘야지"라며 나를 타일렀다. 그러자 나 또한 더 열심히 해야 한다는 생각이 절로 들었다. 퍼거슨 감독은 과거 할아버지, 엄마, 혹은 아빠가 나를 대하듯이 내가 알아듣게끔 상황을 설명했다. 이후 나는 캐링턴 훈련장에 일찍 도착해 늦은 시간까지 운동을 한 후 떠났다. 나는 훈련장에서 마지막 땀 한방울까지 쏟아냈고, 최고의 모습을 되찾기 위해 노력했다.

우리 팀 미드필드 구성에 변화가 생긴 점도 내가 회복하는 데 도움이 됐다. 스콜스는 사타구니 부상을 당했고, 플레처는 심한 대장염으로 경기에 뛸 수 있는 상황이 아니었다. 나는 플레처에게 문자를 보내 빠른 회복을 빈다고 말해줬다. 플레처는 꽤 오랜 기간 대장염으로 고생하고도, 이를 우리에게 알리지 않았다. 플레처는 내가 가장 존경하는 선수 중 한 명이다. 그는 그토록 심한 대장염에서 회복해 커리어를 이어갔다는 사실만으로도 대단한 선수였다. 당시 나는 긱스와 함께 중앙 미드필드 조합을 구성했다. 우리 둘은 첼시와의 챔피언스리그 8강 1, 2차전에 나란히 선발 출전했다.

긱스와의 미드필드 조합을 이루는 건 스콜스와 뛸 때와는 달랐다. 스콜스는 패스 능력을 바탕으로 한 조율사였다. 그러나 긱스는 중앙 미드필더에게는 흔치 않은 드리블 능력을 소유한 선수다. 진취적인 플레이를 즐기는 긱스는 빈 공간이 보이면 즉시 드리블 돌파를 시도하거나 전진 패스를 찔러넣었다. 긱스와 함께 중앙 미드필드 조합을 이루는 건 매우 즐거운 일이었다.

물론, 긱스는 나이가 들고 있었다. 그러나 긱스가 뛰는 모습만 보면 누구도 그가 37세라는 사실을 알 수 없었을 것이다. 그는 우리가 첼시를 상대한 8강 1, 2차전 두 경기에서 풀타임을 소화하며 왕성한 체력을 선보였다. 나는 더 수비적인 역할을 맡으며 긱스가 마음껏 자신의 재능을 펼칠 수 있게 도왔다. 스콜스와 뛸 때와 마찬가지로 긱스와 함께 뛰는 건 즐거움 그 자체였다. 나는 그들이 최고의 활약을 펼칠 수 있도록 기꺼이 희생했다.

나는 함께 조합을 이루는 선수와 어떻게 하면 더 효과적인 활약을 펼칠 수 있을지 늘 고민하는 선수였다. 내가 희생적인 역할을 함으로써 동료와 더 효과적인 조합을 이룰 수 있다면 그렇게 하는 게 옳은 것이다. 아무리 내가 좋은 활약을 펼쳐도 팀이 성과를 내지 못한다면, 이는 아무런 소용이 없기 때문이다. 내가 축구를 하는 이유는 이기기 위해서다. 즉, 내가 경기를 하는 방식도 팀의 승리를 목표로 하는 데 맞춰져야 한다.

내가 경기를 보는 방식도 팀의 승리를 중시하는 관점을 바탕으로 한다. 나는 상대 선수를 원래 위치에서 끌어내기 위해 두세 수를 먼저 보고 플레이하는 방식을 선호한다. 이는 상대 진영을 열어놓는 게 목적인 체스를 두는 것과 비슷하다고 보면 된다. 예를 들어 미드필더가 측면 수비수에게 패스를 하면, 관중석을 가득 메운 팬들은 박수를 보내며 "좋은 패스!"라고 외친다. 그러나 내가 볼 때, 이러한 패스는 아무런 의미가 없다. 고립된 위치에 배치된 측면 수비수는 어차피 패스를 받아도 다시 미드필더에게 리턴패스를 줄 가능성이 크기 때문이다. 따라서 나는 공을 잡으면 시간적 여유를 갖고 누군가 움직이는 모습이 포착되면 그를 향해 전진 패스를 연결한다. 패스의 속도를 조절해 상대를 조종하는 것도 매우 유용한 경기 운영 방식이다. 무조건 빨리 동료의 발밑으로 패스를 넣어주는 것보다는 속도를 조절한 후 애매한 위치로 패스를 연결해 상대 수비수의 위치를 흐트러놓는 게 더 효과적일 때도 있기 때문이다. 만약 상대 수비수가 나의 패스를 받은 선수를 따라가지 않는다면, 우리는 밀착 수비를 받지 않는 선수를 통해 공격을 전개할 수 있다. 만약 그가 공을 받는 선수를 따라간다면, 우리는 자기 위치에서 벗어난 수비수가 남겨둔 공간을 공략할 수 있다. 이처럼 패스 그 자체보다는 어떤 생각으로 패스를 구사하느냐가 매우 중요하다.

때때로 나는 일부러 패스를 짧게 연결해 상대 수비 진영이 나를 향해 올라오게 만든다. 그렇게 되면 다시 공을 받아 반대쪽 공간으로 침투하는 측면 공격수를 향해 패스를 연결해 1대1 상황을 연출할 수 있다. 모두에게 뻔히 보이는 롱패스는 관중의 박수를 이끌어낼 수 있을지는 몰라도, 상대가 충분히 예측할 수 있는 플레이다. 패스의 질 자체는 훌륭할 수 있겠지만, 상대 수비가 이를 예상하고 대응한다면 아무런 소용이 없다. 패스의 목적은 상대 수비를 움직이게 하는 것이다.

보기에는 매우 어려워 보이는 50미터짜리 롱패스가 상황에 따라서는 상대 수비가 대응하기 가장 쉬운 패스일 수도 있다. 반면, 상대 수비수 두 명 사이로 찔러주는 2~3미터짜리 패스 하나가 경기의 흐름을 바꿀 수도 있다. 상대 미드필드와 수비 사이로 패스를 찔러넣으면 상대방 중앙 수비수는 앞으로 나와 이를 저지해야 할지, 아니면 원래 자리에 머물러야 할지 혼란을 겪을 수밖에 없기 때문이다. 이처럼 상대의 라인 사이로 패스를 찔러넣는 건 내가 가진 가장 큰 장점 중 하나다. 이와 같은 패스를 할 때는 타이밍과 상대를 속이는 동작이 가장 중요하다. 이런 패스는 경기 하이라이트 영상에 포함될 정도로 화려하지 않다. 이런 패스는 보는 이들이 "정말 대단한 패스다!"라고 생각하지 않을지는 몰라도, 가장 효과적인 패스가 될 수 있다. 나는 박수를 받기 위해 패스를 하는 선수가 아니다.

퍼거슨 감독은 늘 내가 공을 잡고 경기를 주도하기를 원했다. 그는 누군가 내게 바짝 붙어도 내가 공을 잡고 플레이하는 방식을 선호했다. 다른 감독들은 그와 달랐다. 그들은 누군가 내게 바짝 붙으면 "위험한 패스는 하지 말라"고 말하곤 했다. 그러나 퍼거슨 감독은 이런 상황에서도 나와 스콜스의 패스 능력을 믿었다. 그는 "그냥 해. 상대가 와서 붙어도 괜찮아"라고 말했다. 나 또한 압박을 받더라도 상대 수비수가 내게 붙는 걸 선호했다. 나는 상대 선수와 이런 방식으로 신경전을 벌였다. 그가 나를 강력하게 압박해도, 나는 어느 공간이나 어떤 선수에게 패스를 해야 할지 이미 알고 있었기 때문이다. 그들이 내게 붙는 순간 나는 루니, 긱스, 호날두의 움직임을 파악한 후 그 공간으로 패스를 찔러넣었다. 만약 상대가 나를 압박하지 않는다면, 나는 공격 진영을 향해 돌아선 후 그들이 뒤로 물러나게 만들었다. 스콜스와 중앙 미드필드 조합을 이뤘을 때 그와 나는 측면 수비수에게 패스를 돌리기보다는 서로 패스를 주고받으며 경기를 풀어갔다. 내가 측면 수비수에게 패스를 벌려

주면, 나를 전담 수비하던 상대 선수는 더 편안하게 플레이할 수 있다. 그러나 내가 줄곧 스콜스와 패스를 주고받으면 그는 이에 어떻게 대응해야 할지를 몰랐다. 스콜스와 나는 마치 공원에서 공놀이를 하듯이 서로 패스를 주고받곤 했다. 실제로 우리는 상대 선수를 더 많이 움직이게 하기 위해 늘 의도적으로 패스를 서너 차례 더 주고받았다.

이처럼 패스를 주고받는 우리를 상대해야 하는 선수는 단 5분 만에 다리에 힘이 풀릴 정도로 지칠 수도 있다. 아니면 그는 우리가 의미없는 패스만 주고 받는다고 생각해 압박을 멈출 수도 있다. 나는 이런 방식으로 상대 선수를 실험해보곤 했다. 이는 내가 그레엄과 가장 자주 나눈 대화이기도 했다. 축구는 생각, 기술, 그리고 시야로 하는 스포츠다.

나는 스탬포드 브리지 원정을 앞두고 아침에 토니, 퍼디난드, 에릭 스틸Eric Steele 과 코린티아 호텔에서 벗어나 산책을 했다. 우리는 런던 아이 등을 둘러보며 가벼운 대화를 나눴다. 우리는 원정 경기를 앞두고 늘 이렇게 산책을 했다. 그래야 마음이 편안했기 때문이다. 이후 경기장으로 향하는 나는 자신감과 기대감에 차 있었다. 웜업을 소화한 후 나는 몸이 가볍고, 날카롭다는 느낌을 받을 수 있었다. 몇몇 첼시 팬들은 내게 "웨스트햄에서 팽당한 놈", "역겨운 토트넘 놈", "북부에서 온 더러운 자식"이라고 외쳤고, 나는 늘 그랬듯이 그들을 향해 미소를 지었다. 내 머릿속은 긍정적인 생각으로 가득했다. 나는 이 경기를 위한 준비를 완벽하게 마친 상태였다.

챔피언스리그에서 잉글랜드 팀을 상대하는 중압감은 상당했다. 우리에게는 차라리 레알 마드리드, 혹은 AC 밀란을 상대하는 게 더 편했다. 그 정도로 첼시에 패하는 건 용납할 수 없었기 때문이다. 만약 레알이나 밀란이 챔피언스리그에서 우리를 꺾고 우승까지 차지해도 우리가 한동안 그들을 다시 상대할 일은 없다. 그러나 첼시가 챔피언스리그에서 우리를 꺾고 우승을 차지한다면, 이는 우리에게 재앙이나 다름없었다. 그들이 우승하는 모습을 보고 있으면 그게 우리였어야 한다는 생각이 들 수밖에 없기 때문이다. 우리는 첼시와 건강한 라이벌 관계를 맺고 있었다. 축구에서 라이벌 관계는 시간이 지나며 늘 변한다. 물론, 리버풀은 맨유의 영원한 라이벌이다. 그러나 첼시는 프리미어리그 우승 경쟁이 과열되며 맨유의 라이벌이 됐다. 아스널도 한때 맨유의 라이벌이었지만, 시간이 지나며 떨어지는 모습이었다. 토트넘은 맨유의 라이벌까지 되지는 못했지만, 맨시티라는 적수가 나타나기도 했다. 퍼거슨 감독은 자신이 대응할 가치가 있는 상대팀 감독만을 상대로 신경전을 벌였다. 라파엘 베니테스 리버풀 감독은 이 중 한 명이었다. 그러나 퍼거슨 감독은 맨유의 적수가 되지 못하는 팀을 이끄는 감독과는 어떠한 신경전도 펼치지 않았다. 내가 볼 때 그는 이를 시간과 에너지 낭비라고 판단했던 것 같다.

스탬포드 브리지에서 열린 챔피언스리그 8강 경기는 내게 큰 전환점이 됐다. 이 경기를 계기로 로마에서 시작된 우울증을 비로소 떨쳐낼 수 있었기 때문이다. 그날 경기는 내 머릿속에서는 슬로우 모션으로 진행됐다. 내가 원하는 느낌대로 경기에 임할 수 있었다는 뜻이다. 나는 경기를 완전히 통제했고, 내가 긱스에게 연결한 패스가 루니의 골로 이어졌다. 드디어 나는 중요한 경기에서 내가 보여줄 수 있는 최고의 경기력을 발휘했다. 경기가 끝난 순간부터 올드 트래포드에서 열릴 2차전에서 4강 진출을 확정 짓게 될 순간이 기다려졌다. 우리는 2-1로 승리했고, 나는 4강에서도 샬케를 상대로 최고의 경기력을 선보였다.

당시 샬케의 공격진에는 라울 Raúl 이 버티고 있었지만, 다행스럽게도 그는 우리를 상대로 이렇다 할 활약을 펼치지 못했다. 우리는 그날 최소 5~6골을 넣었어야 했지만, 마누엘 노이어 Manuel Neuer 가 눈부신 활약을 펼쳤다. 사실 그날 경기는 챔피언스리그 4강의 분위기가 나지 않았다. 샬케를 얕잡아 보고 싶은 마음은 없었지만, 그들은 그다지 강력한 팀이 아니었다. 우리는 1차전 원정에서 2-0 완승을 거뒀고, 퍼거슨 감독은 홈 경기에서 내게 휴식을 부여했다. 당시 나는 다시금 축구를 즐기고 있었지만, 감독님의 결정을 이해했다. 일요일 프리미어리그 경기에서 첼시가 우리를 기다리고 있었기 때문이다.

퍼거슨 감독은 "샬케전 명단에 많은 변화를 줄 생각"이라고 일찌감치 말했다. 그러나 선수들은 감독님이 자리를 비우자 "도대체 뭐하는 거야? 챔피언스리그 4강이잖아. 우리가 일찍 선제골이라도 허용하면 큰일이야!"라며 웅성이기 시작했다. 퍼거슨 감독은 아마 챔피언스리그 4강에서 주전급 선수들에게 휴식을 부여한 유일한 지도자일 것이다. 그러나 우리는 결국 그를 믿었다. 그는 이루고자 하는 목표를 위해서라면 위험을 감수하는 길을 마다하지 않았다. 내가 그를 존경하게 된 궁극적인 이유도 이런 모습 때문이었다. 결국, 우리는 2차전에서도 샬케에 손쉽게 승리한 후 완벽한 상태로 첼시전을 준비할 수 있었다. 이어 우리는 첼시를 꺾었고, 감독님의 결정이 옳았다는 사실을 직접 증명했다. 사실 누구도 그의 결정을 의심하지는 않았다.

나는 개인 통산 네 번째 프리미어리그 우승을 차지한 후 이를 짧게 자축했다. 우리는 5월 28일 바르셀로나와의 챔피언스리그 결승전이 열리기까지 단 20일만을 앞두고 있었다. 나는 그 경기가 너무 기다려졌다. 그때까지 나는 2009년 결승전의 악몽을 되살리지 않기 위해 당시 경기를 절대 다시 보지 않았다. 그러나 나는 2년 전 우리가 바르셀로나를 상대로 무엇을 잘못했는지를 파악할 필요가 있었다. 그래서 나는 그레엄과 함께 TV가 있는 윗층 방으로 올라갔다. 그곳에서 나는 지난 2년간 나를 고통스럽게 만든 2009년 챔피언스리그 결승전을 드디어 다시 봤다. 그러나 정작 경기를 다시 보니 우리의 경기력은 내가 생각했던 것만큼 나쁘지 않았다. 내가 당시 어둠 속으로 빠져든 이유는 이 경기에서 일어난 실제 상황이 아닌 상당 부분이 선입견 때문이라는 사실을 알게 됐다.

경기를 다시 보니 오히려 희망이 생겼다. 단, 문제는 바르셀로나도 2년 전과 비교해 2011년에는 몇 단계 더 발전한 팀이었다는 사실이었다. 모두가 바르셀로나에 대해 얘기했다. "그들은 특별하다", "메시는 천재다", "과르디올라는 탁월한 리더" 등의 극찬은 흔히 들을 수 있었다. 당연히 우리도 최정상에 오른 바르셀로나를 상대해야 한다는 사실을 알고 있었다. 바르셀로나는 믿을 수 없는 경기력을 선보이며 4강에서 레알 마드리드를 격파했다. 게다가 나는 우리 팀의 전력이 크리스티아누 호날두가 뛴 2009년에 더 강했다는 사실을 알고 있었다. 그래도 우리는 로마에서 겪은 패배를 통해 바르셀로나를 상대하는 방법을 터득했다고 믿었다. 더는 바르셀로나의 패스 축구는 우리에게 낯선 존재가 아니었기 때문이다. 메시가 '가짜 9번'으로 뛰는 전술도 우리를 놀라게 할 만한 요인이 아니었다. 우리는 이 경기를 통해 로마에서 당한 패배를 설욕할 수 있다고 믿었다. 바르셀로나에게 갚아줘야 할 게 있다는 공감대가 형성되어 있었다. 우리는 긴 준비 기간을 통해 매일매일 팀 전술을 완성시켰고, 바르셀로나가 본격적으로 패스 연결을 시작하기 전에 압박을 가하는 데 집중했다. 우리는 메시가 미드필드 깊숙한 진영으로 내려오면 양측면 윙어 다비드 비야David Villa 와 페드로Pedro 가 전방으로 침투한다는 사실을 모두 알고 있었다.

그러나 이를 아는 것과 실제로 이에 대응하는 건 완전히 다른 일이다. 바르셀로나를 상대로 전방 압박을 가한다고 해도 그들은 패스 연결을 통해 우리의 뒷공간을 노릴 수 있는 팀이었다. 게다가 퍼거슨 감독은 자신의 축구 철학을 포기하지 않았다. 그는 "우리는 맨체스터 유나이티드다. 우리는 공격할 것"이라고 말했다. 퍼거슨 감독이 경기를 앞두고 우리에게 전달한 메시지는 크게 세 가지로 나뉘었다. "그들과 맞부딪쳐라", "높은 지점에서 그들을 압박하라", 그리고 "그들의 압박에 맞서 싸워라"가 감독님의 기본적인 지시 사항이었다.

외부에서는 우리가 더 조심스러운 경기를 해야 한다고 지적하기도 했지만, 우리는 바르셀로나가 두렵지 않았다. 우리는 그들을 존중했을 뿐이었다. 그날 선발 라인업을 예상하는 건 어렵지 않았다. 단, 부상 중인 오른쪽 측면 수비수 하파엘을 대신해 그의 쌍둥이 형제 파비우Fábio 가 선발 출전했다. 하파엘과 파비우는 성품이 좋은 친구들이었고, 감독님은 늘 그들에게 장난을 쳤다. 감독님은 전반전이 끝난 후 주심에게 알리지 않고, 이 둘을 서로 교체하는 속임수를 써보고 싶다고 말하기도 했다. 하파엘은 맨유 선수라는 데 큰 자부심을 품은 선수였다. 그래서 나는 그가 챔피언스리그 결승전에 출전하지 못하게 돼 마음이 아팠다. 그는 모험적인 플레이를 즐기면서도 팀을 위해 모든 걸 바치는 선수였다. 하파엘은 상대를 존중하는 선수였지만, 지는 걸 혐오하기도 했다. 나처럼 감정을 최대한 숨기는 선수도 있지만, 하파엘은 훈련장과 경기장에서 모든 걸 쏟아내는 선수였다. 특히 감독님은 하파엘이 우리의 경기력에 생생한 감정을 불어넣는 선수라는 점을 매우 좋아했다. 판 할 감독은 반대로 하파엘의 이런 면을 별로 좋아하지 않았을 수도 있다. 하파엘이 이후 팀을 떠난 이유도 바로 이 때문이 아닐까 생각된다.

치차리토는 첼시전에서 골을 넣은 데다 샬케와의 4강에도 출전한 만큼 결승전에서도 선발 출전했다. 나는 이 시절 우리 팀의 치차리토를 떠올리면 '골'이라는 단어가 가장 먼저 생각난다. 치차리토는 깔끔한 마무리보다는 문전 경합 상황에서 어렵사리 기록하는 득점이 많은 선수였다. 그러나 그는 늘 적절한 순간에 페널티 지역에 진입해 경합 상황에서 흐르는 공을 골문 안으로 밀어넣었다. 치차리토는 상대 수비수들이 정적으로 서 있는 순간에도 페널티 지역 안에서 활발하게 움직이며 공간을 찾아 득점에 성공했다. 그는 루니, 사아, 베르바토프처럼 최전방에서 공을 지키며 공격을 전개하는 능력까지 보유하지는 못했으나 우리에게 득점력, 에너지, 그리고 스피드를 제공해 줬다.

퍼거슨 감독은 오웬을 대기 명단에 포함하고, 베르바토프를 아예 제외해야 했다. 나는 감독님이 경기 명단에서 제외된 선수에게 이 소식을 통보하는 게 가장 어려운 일이라며 난감해하던 모습을 아직도 기억한다. 그는 2009년 모스크바에서는 박지성에게 그래야 했다. 나는 이렇게 중요한 경기에 뛰지 못하는 선수들에게 동정심을 느낀다. 이런 경기야말로 우리가 축구 선수로 살아가는 이유이기 때문이다.

우리는 바르셀로나를 상대로 전술을 바꾸지 않았다. 최전방 공격수 치차리토를 필두로 루니가 자유롭게 움직였다. 루니는 수비시 세르히오 부스케츠Sergio Busquets를 견제하는 역할을 맡았다. 반대로 맨유가 공을 쟁취했을 때는 루니를 통해 빠른 속도로 전진해 바르셀로나의 1차 압박에서 벗어나는 게 우리의 전략이었다. 그날 루니가 치차리토 옆에서 맡은 역할은 그에게 딱 맞는 옷이었다. 그는 자신의 영역을 벗어나더라도 팀 동료를 살려주는 플레이를 할 정도로 이타적인 선수였다. 그는 맨유에서 터뜨린 골만으로도 충분히 업적을 인정받을 만한 선수였지만, 득점 기록만으로 그의 훌륭함을 전부 다 설명할 수는 없다. 실제로 많은 이들은 그가 얼마나 좋은 선수였는지, 그가 얼마나 빠르고 힘이 센 선수였는지 알지 못했다. 내가 그를 정말 좋아한 이유는 그는 절대 자기 자신을 위해 뛰는 선수가 아니었기 때문이다. 그는 훈련장에서도 항상 온 힘을 다했다. 그는 캐링턴 훈련장에서 다른 선수들보다 한 시간 반은 더 슈팅 훈련을 하며 땀을 쏟았다. 그는 힘과 스피드가 워낙 타고났던 나머지 따로 근력 훈련을 할 필요도 없었다. 그는 말 그대로 괴물이었다. '적극적'이라는 말로는 그의 플레이 스타일을 다 설명할 수 없을 정도였고, 팀 훈련에서 그를 상대하는 건 고통스러운 일이었다. 그는 공포의 대상이나 다름없었고, 늘 분노에 찬 플레이를 선보였다.

물론, 그는 다혈질적인 성격 탓에 경기 도중 퇴장을 당한 적도 있다. 그러나 그는 이처럼 지는 걸 싫어하는 성격 덕분에 많은 경기에서 이길 수 있었다. 그는 축구 지능 역시 매우 높은 수준이었고, 움직임의 타이밍도 훌륭했다. 이 때문에 루니는 내가 공을 가지고 있을 때 나의 역할을 매우 쉽게 만들어줬다. 게다가 그에게는 10번 역할(공격형 미드필더)을 맡으며 동료들에게 "나한테 공을 줘!"라고 외칠 자격이 있었다. 대다수 10번 역할을 맡는 선수들은 자기 자리에서 패스를 기다리지만, 루니는 달랐다. 그는 항상 동료들을 돕는 플레이를 먼저 했다. 그는 동료들이 하는 말을 늘 경청하기도 했다. 우리 팀이 수비를 할 때, 내가 후방에서 "왼쪽!" 또는 "오른쪽!"이라고 외치면 루니는 이를 바로 수행하며 수비에 가담했다. 그는 전술을 이해하는 능력이 훌륭했다.

바르셀로나는 웸블리에서 우리를 상대로 점유율을 완전히 지배했다. 이 때문에 루니는 경기가 진행될수록 미드필드 깊숙한 진영까지 내려와야 했다. 그 정도로 우리는 미드필드에서 바르셀로나에 압도당했다. 바르셀로나는 중앙 수비수 하비에르 마스체라노Javier Mascherano, 제라르 피케Gerard Piqué 의 위치를 최대한 내리고, 측면 공격수 두 명의 위치를 최대한 높은 지점에서 좌우로 벌려 파비우, 에브라, 퍼디난드, 그리고 비디치를 물러서게 만들며 메시, 사비, 이니에스타를 위해 공간을 창출했다. 바르셀로나는 가뜩이나 규격이 넓은 웸블리의 경기장을 최대한 넓게 활용하며 우리를 몰아세웠다. 나는 왜소하고, 빠르지 않고, 근육질의 체형도 아닌 사비가 마치 자신의 인생을 걸고 공을 지켜내며 싸우는 모습을 지켜보고 있었다. 나는 거칠고, 신체 조건을 앞세운 경합 방식으로 사비를 제압하려고 했다. 그러나 사비에게 가까이 가는 건 정말 어려웠다. 그는 매우 영리하게 공간과 움직임의 각도를 조절했고, 그의 동료들이 선보인 기량도 훌륭했다. 바르셀로나는 우리가 약점을 보일 때까지 패스를 돌리며 적절한 순간을 기다렸고, 공간을 창출하는 순간 갑작스럽게 공격 템포를 끌어올리며 전진했다. 그들이 공격하는 모습을 보고 있으면 마치 의사가 메스로 수술을 하는 것 같았다. 우리는 페드로에게 선제골을 허용했지만, 곧 반격에 성공했다. 나와 함께 중앙 미드필더로 출전한 긱스가 우리에게 필요한 모습을 보여줬다. 그는 상대 페널티 지역에 진입해 루니의 골을 만들어내는 패스를 연결했다. 루니는 약 13미터 거리에서 골문 구석을 꿰뚫는 훌륭한 슈팅으로 동점골을 뽑아냈다.

그렇게 우리는 승부를 원점으로 돌렸다. 동점을 이룬 채 전반전을 마치고 드레싱룸으로 향하는 우리는 안도할 수 있었다. 전반전 45분 중 대다수 시간 동안 워낙 많은 체력을 소비해야 했기 때문이다. 바르셀로나는 수시로 우리의 촘촘한 수비 진영을 늘어나게 만들었고, 우리는 이에 대적하며 싸워야 했다. 당연히 경기 도중 우리의 감정은 최고조에 달한 상태였다. 비디치는 내게 우리 팀 미드필더들이 수비라인을 제대로 보호하지 못하고 있다며 화를 냈다.

그는 "캐릭, 메시가 네 뒷공간을 침투하고 있어. 너의 위치가 너무 높다고!"라고 소리쳤다.

나는 웬만해서는 드레싱 룸에서 목소리를 높이는 선수가 아니지만, 이번에는 그에게 맞받아쳤다. 나는 "네가 메시를 압박해야 해. 내가 두 가지 일을 한꺼번에 할 수는 없어!"라고 소리쳤다. 내가 디치와 내가 언쟁을 벌인 건 이때가 처음이자 마지막이었다. 평소 그는 함께 뛰는 게 즐거운 훌륭한 동료였다. 우리 둘 다 당시 메시의 움직임에 대처할 해결책이 필요하다는 사실을 분명히 알고 있었다.

메시는 사실상 바르셀로나의 최전방 공격수였다. 그러나 비디치와 퍼디난드는 메시뿐만이 아니라 다비드 비야와 페드로가 측면에서 전방을 향해 대각선으로 침투하는 움직임에도 대응해야 했다. 과르디올라는 창의적인 감독이었고, 우리에게는 그가 이끈 바르셀로나 선수들이 악마 같이 보였다. 그들을 어떻게 상대해야 했을까? 그들의 측면 공격수들이 뒷공간을 침투하는 위험을 감수하더라도 중앙 수비수를 메시에게 붙여야 했을까? 과르디올라 감독은 이런 방식으로 우리가 원래 자리에 머물지 못하도록 혼란스러운 신경전을 펼쳤다. 바르셀로나를 상대하는 감독들은 항상 그들을 분석한다. 팬들도 그들의 경기력에 대해 지속적으로 얘기한다. 그러나 정작 바르셀로나를 만나게 되면 경기 전 해놓은 어떠한 준비도 무의미해진다는 사실을 쉽게 알 수 있다. 바르셀로나는 그 정도로 대응하기가 어려운 상대팀이었다. 과르디올라 감독은 자신만의 스타일을 바르셀로나라는 팀에 완벽하게 입힌 상태였다.

나는 비디치에게 우리가 전방 압박을 시도하면 메시가 나의 뒤로 침투하고 있다고 말해줬다. 이때 바르셀로나는 메시에게 패스를 연결했다. 메시는 이 상황에서 볼을 잡으면 그대로 돌아서서 자신을 밀착 수비하지 않은 비디치를 향해 전진한 후 그를 제치고 역습을 시도했다. 이렇게 되면 나는 우리 골대 앞까지 뛰어가 공을 걷어내야 했다. 비디치는 우리 미드필더들이 메시가 이미 골대를 향해 돌아선 상태로 자신에게 달려오게 놔둬선 안 된다고 불평했다.

비디치는 "캐릭, 네가 메시를 커버해줘야 해"라고 말했다. 나는 그에게 "내가 메시를 잡으면 긱스가 사비, 루니가 부스케츠를 막게 돼. 그렇게 되면 이니에스타를 막을 선수가 없잖아. 그래서 나는 이니에스타를 압박하고 있는 거야. 내가 메시까지 막을 수는 없어"라고 답했다.

이 경기에서 우리 미드필더들과 공격수들이 적극적으로 전방 압박을 할 때 내가 그들을 따라가지 않으면, 이니에스타가 빈 공간에서 자유자재로 플레이하는 상황이 반복됐다. 반대로 비디치는 내가 전방 압박을 하면 메시의 활동 구역인 우리 수비진 앞에 지나치게 큰 공간이 발생한다고 지적했다. 대다수 팀에서는 내부에서 이런 이견이 있을 때 분열이 생기곤 한다. 그러나 맨유는 달랐다. 리오, 비디치, 그리고 나는 서로 공감대를 형성하고 있었고, 경기장 안팎에서 좋은 관계를 유지했다. 예를 들어 경기 도중 리오나 비디치가 "캐릭, 왼쪽!" 또는 "캐릭, 오른쪽!"이라고 외치면 나는 그들을 쳐다보지도 않은 채 이 지시를 따라 커버 플레이를 수행했다. 만약 내 뒤에 상대 선수가 서 있다면(이 경기에서는 그게 메시였다), 퍼디난드가 이를 일찌감치 알려줘 내가 패스를 차단할 수 있게 도와줬다. 사실상 퍼디난드는 우리가 수비를 할 때 상대의 움직임을 포착하는 레이더 역할을 했다. 그는 이렇게 지시사항을 전달하며 자기 자신을 더 편안하게 수비를 펼칠 수 있었다. 그러나 나는 이를 두고 그가 책임을 전가하는 선수라고는 단 한 번도 생각하지 않았다. 그 정도로 그를 믿었기 때문이다. 오히려 그의 지속적인 지시는 내가 주변 상황을 계속 고개를 돌려 직접 확인하지 않아도 되게끔 만들어줬다. 그는 내가 함께 뛴 선수는 물론 상대해본 선수를 모두 통틀어 가장 다재다능한 능력을 보유한 중앙 수비수였다. 이처럼 그는 믿을 수 없는 기량의 소유자였다. 그는 믿을 수 없는 기량으로 우리 팀이 더 수월하게 경기를 할 수 있게 해주는 선수였다. 그에게는 프로 선수에게 필요한 스피드, 힘, 존재감, 제공권, 영리함, 경기를 읽는 시야, 볼 배급 능력 등 모든 게 다 있었다. 나는 그가 웨스트햄에서 뛰던 시절 그를 처음 본 순간부터 특별한 선수라는 사실을 알고 있었다. 물론, 그는 축구 외적으로도 레스토랑 운영과 패션 등에 관심이 많은 친구였으나 훈련장에서 그처럼 헌신적인 선수는 없었다. 심지어 그와는 축구에 대해 대화만 해봐도 그가 축구를 얼마나 열정적으로 대하는지를 알 수 있었다. 이 때문에 내게는 그가 현역 은퇴 후 TV 해설위원으로 활동하며 통찰력 있는 분석 능력을 보여주는 모습을 보는 건 그리 놀랍지 않은 일이다.

비디치 역시 내가 매우 존중한 동료 중 한 명이었다. 만약 내 목숨을 구해줄 동료 단 한명을 꼽아야 한다면 비디치를 꼽을 것이다. 그는 상대가 자신의 존재감을 느낄 수 있게 했고, 적극적이었으며 지는 걸 혐오했다. 그처럼 상대 선수들에게 공포감을 불어넣는 존재는 언제나 팀에 큰 도움이 된다. 특히 그는 우리 페널티 지역 안으로 공이 투입되면 마치 자석처럼 공에 가서 붙었다. 그에게는 세르비아 선수 특유의 적극성과 날카로움이 있었고, 몸을 사리지 않는 근성이 있었다. 비디치는 훈련장에서도 그런 모습을 그대로 보여줬다. 그는 화가 나는 일이 있으면 절대 감정을 숨기지 않고 바로 우리에게 모든 걸 털어놨다. 경기 도중 누군가 비디치를 걷어찬다면, 그는 바로 일어나 상대 선수와 언쟁을 벌이거나 반대로 그를 걷어차며 복수에 나서곤 했다.

나는 지난 20년간 비디치와 퍼디난드만큼 효과적인 수비진을 구성한 수비 조합은 없다고 자신한다. 그들은 호흡을 맞추며 각자 최고의 모습을 선보였고, 서로를 완벽하게 이해했다. 나 역시 비디치와 퍼디난드가 함께 뛴 경기를 다시 보며 그들의 균형 잡힌 수비력에 감탄을 금치 못했다. 비디치는 경기를 읽는 능력도 좋았으나 그는 우선적으로 강력한 수비를 펼치는 유형의 선수였다. 반대로 퍼디난드는 먼저 생각한 후 반응하는 수비수였다. 퍼디난드는 일찌감치 상대의 공격 패턴을 인지한 후 위험한 상황이 만들어지기 전이를 차단해 굳이 '지저분한 수비'를 하지 않아도 되는 선수였다. 그는 불이 나면 즉시 이를 진압해 불꽃이 튀는 상황을 예방하는 존재와 같았다. 축구를 보면 수많은 선수들이 태클을 하기 위해 몸을 던지고, 부상 위험을 감수한다. 그러나 일찌감치 상황을 인지해 상대 공격을 차단할 수만 있다면, 굳이 이러한 플레이를 할 필요는 없다. 나는 언론과 팬들이 퍼디난드의 진짜 능력을 알아보지 못하는 데 늘 불만이 있었다. 그들은 그가 하이라이트 영상에서나 볼 법한 드라마틱한 태클을 하지 않는 선수였던 탓에 그의 진가를 쉽게 알지 못했다. 그러나 그는 수비 시에는 물론 자신이 공을 가졌을 때, 우리에게 자신감을 불어넣어준 존재였다. 심지어 가끔은 그가 건방져 보일 때도 있을 정도였다. 그가 가진 특유의 침착함은 팀 전체가 안정적으로 경기를 풀어가는 데 큰 도움이 됐다. 그는 리더십도 탁월했으며 우리가 어떤 방식으로 경기를 풀어가야 하는지 명확하게 설명하는 방법을 알고 있었다. 그가 특별히 잔소리를 하지 않은 유일한 선수는 스콜스였다. 그러나 당시 우리 팀에서 스콜스에게는 누구도 잔소리를 하지 않았다. 그러나 그는 루니와는 완전히 다른 인연을 맺고 있었다! 그 두 사람은 서로에게 소리를 치며 언쟁을 벌였다. 퍼디난드는 루니에게 지나치게 적극적으로 전방 압박을 가해 우리 팀 진영의 간격이 벌어진다며 소리를 질렀다. 이에 루니는 팔을 흔들며 "너도 같이 올라와서 수비를 해야지! 올라와!"라고 받아쳤다. 이 둘이 티격태격하는 모습을 경기장 중앙에서 지켜보는 나는 혼자 웃곤 했다.

사실 그 두 사람은 좋은 친구 사이다. 그들은 경기가 끝나면 서로 경기력을 평가해주는 토론을 가졌다. 단, 경기 도중 소리를 지르며 지시사항을 전달하는 건 퍼디난드의 리더십 스타일이었다. 시간이 지나면 이 둘은 이를 웃어넘겼다. 그들이 언쟁을 벌인다는 건 우리의 팀 분위기가 제대로 유지되고 있다는 증거이기도 했다. 두 사람은 의도적으로 서로를 화나게 하며 각자 최고의 경기력을 선보였다. 승리를 위해 그들이 의지를 불태우는 모습은 정말 대단했다. 그들은 경기장뿐만이 아니라 훈련장에서도 이런 모습을 보였다.

목소리가 큰 건 비디치도 마찬가지였다. 그는 웸블리에서 전반전을 마친 후 평소보다 언성을 더 높였다. 단, 당시 그에게 맞받아친 나는 평소 나답지 않게 행동하고 있었다. 그러나 감독님이 곧 우리에게 "잘 들어. 진정해. 1-1이야. 아직 해야 할 게 많아. 후반에는 진짜 그들을 압박해야 해"라며 안정감을 불어넣었다. 그러나 우리는 후반전 시작 후 힘도 쓰기 전에 메시가 페널티 지역 모서리 부근에서 깔아 찬 슈팅에 당하며 실점했다.

이처럼 메시에게 골대로부터 약 15미터 거리에서 기회를 주는 건 용납할 수 없는 일이었다. 메시는 발을 높이 들지 않고도 강력한 임팩트로 슈팅하는 능력을 보유한 선수다. 이 때문에 골키퍼가 슈팅 전 그의 의도를 파악하는 건 매우 어렵다. 이어 메시는 바르셀로나의 세 번째 골 상황에서도 결정적인 역할을 했다. 승부는 결국 그렇게 결정됐다. 우리는 세 번째 실점도 피할 수 있었다. 나는 메시의 컷백을 차단한 후 나니에게 패스를 연결했다. 그러나 부스케츠가 나니에게 공을 빼앗았고, 다비드 비야가 훌륭한 슈팅으로 골망을 갈랐다. 실수 하나가 바로 실점으로 연결된 셈이다. 바르셀로나는 그렇게 쉽게 상대를 제압하는 팀이었다. 인정하고 싶지 않지만, 바르셀로나는 2011년

5월 28일 웸블리에서 우리를 상대한 그날 가장 완성된 경기력을 선보였다. 과르디올라 감독의 지도를 받은 사비, 부스케츠, 이니에스타는 2011년 정점에 올라섰고, 메시는 말 그대로 대단했다. 그들은 내가 만나본 팀 중 월등하게 가장 강했다. 나는 그날 경기의 마지막 13분가량을 벤치에서 지켜봤다. 감독님은 스콜스를 투입해 어떻게든 득점을 해보려고 노력했다. 그러나 로마에서 패했을 때와 마찬가지로, 우리는 고통스럽게 경기를 마무리해야 했다.

경기가 끝난 후 터널을 지나던 나는 도핑 검사 대상자로 지목됐다. 나는 드레싱룸 옆에 마련된 작은 방에 갇혀 도핑 검사를 받아야 했다. 그 때문에 나는 드레싱룸에 들어가 동료들이나 감독님을 만날 수 없었다. 경기 종료 직후 도핑 검사를 받는 건 매우 성가신 일이다. 당연히 도핑 검사를 진행하는 이유는 이해한다. 축구계를 깨끗하게 유지하려면 도핑 검사는 필수적으로 거쳐야 하는 과정이다. 그러나 결승전에서 뛴 선수, 특히 우승을 차지한 팀의 선수에게 최소한 동료들과 함께 기뻐할 시간을 줘야 하지 않을까? 우승은 축구 선수의 인생을 통틀어 최고의 순간이다. 선수에게 그 순간마저 빼앗아 가는 건 동의하기 어려운 일이다. 나는 웸블리에서 치른 챔피언스리그 결승전에서 내 인생을 통틀어 가장 큰 패배를 당한 후 도핑 검사가 진행되는 방을 한동안 떠날 수 없었다. 경기에서 진 선수에게도 이런 순간에는 팀과 함께 할 권리가 주어져야 한다고 생각한다. 그러나 내 앞에 서 있던 사람은 도핑 검사가 적법하게 진행될 수 있도록 지시를 내리는 의사뿐이었다. 교체로 들어온 선수에게는 도핑 검사가 훨씬 더 수월하다. 땀을 덜 흘린 만큼 금방 소변을 보는 건 어렵지 않기 때문이다. 그러나 선발 출전한 선수가 경기를 마친 후 도핑 검사를 위한 샘플이 될 소변을 보는 데는 매우 오랜 시간이 걸린다. 이 때문에 나는 텅 빈 방 안에서 아무것도 없는 벽을 쳐다보며 소변이 나오기를 기다려야 했다. 이 순간에는 아무말도 하고 싶지 않았다. 챔피언스리그 결승전에서 패한 직후 경기에 대해 얘기하는 건 정말 하고 싶지 않은 일이기 때문이다. 침묵이 이어지는 빈 방에 앉자 머릿속으로 계속 경기 장면이 떠올랐다. 너무 고통스러운 나머지 나 자신이 조금씩 죽어가는 느낌이 들 정도였다.

도핑을 철저히 검사해야 하는 이유는 충분히 이해한다. 만약 정상급 무대에서 활약 중인 선수가 도핑을 하고 있다면 나는 정말 큰 충격을 받게 될 것 같다. 게다가 도핑을 하게 되면 적발될 가능성이 매우 크다. 그래서 나는 의사가 제공한 검증된 약이 아닌 어떠한 물질도 섭취해본 적이 없다. 의사가 제공한 게 아니라면 영양제조차 복용하지 않는다. 나는 캐링턴 훈련장과 경기장에서 1년에 6~8회씩 도핑 검사를 받았다. 그러나 나는 그다지 자주 검사를 받는 선수가 아니었다. 어떤 선수는 너무하다 싶을 정도로 자주 도핑 검사를 받는다. 규정대로라면 도핑 검사 대상자는 무작위로 선정된다고 하지만, 몇몇 선수가 거의 매번 검사를 받는 모습을 보면 우습기도 하다.

선수들이 도핑 검사에 대해 품고 있는 가장 큰 불만은 결여된 일관성이다. 잉글랜드 축구협회(FA)와 유럽축구연맹(UEFA)은 각자 다른 도핑 규정을 적용한다. 이 때문에 가끔은 피를 검사하고, 가끔은 소변을 검사한다. 때로는 타액을 검사하기도 한다. 어떤 행정기관에서 검사를 하느냐에 따라 이처럼 방식도 제각각이다. 상황에 따라 검사 전 드레싱 룸에 들어가도 될 때가 있지만, 그렇게 하지 못할 때도 있다. 샤워를 해도 될 때가 있고, 안 될 때가 있다.

웸블리에서 나는 바로 도핑 검사장으로 불려갔다. 꽤 오랜 시간이 걸려 끝내 샘플을 제공한 나는 조용히 버스에 올라탄 후 랜드마크 호텔로 향했다. 경기 후 파티에 참석한 내 가족은 이미 술을 몇 잔 마신 상태였다. 그들은 내게 "운이 없었을 뿐이야"라고 말했다. 그 외에는 아마 할 말도 없었을 것이다. 다행히 나는 웸블리에서 패한 후에는 로마에서 패했을 때처럼 우울증에 시달리지 않았다. 이런 패배에 어떻게 대응해야 하는지를 알게 됐기 때문이다. 나는 가족에게 "나는 최선을 다했어. 그런데 오늘은 그게 충분하지 않았을 뿐이야"라고 말했다. 패배를 받아들인 건 아니었다. 나는 절대 패배를 그대로 받아들이지 않는다. 그러나 나는 웸블리에서 현실을 직시했다. 이 때문에 로마에서 패배를 당했을 때처럼 큰 고통을 느끼지는 않았다. 로마에서 우리는 스스로 자멸했다. 그러나 웸블리에서는 달랐다. 바르셀로나와 메시가 우리보다 강했을 뿐이다.

12
ENGLAND

잉글랜드

MICHAEL CARRICK
BETWEEN THE LINES

잉글랜드, 잉글랜드, 잉글랜드. 이 나라에서 축구를 좋아하며 자란 모든 아이들은 한 번쯤은 잉글랜드 대표팀 선수가 되는 날을 꿈꾼다. 그러나, 이는 대부분의 선수들에게 현실이 될 가능성이 없는 꿈이기도 하다. 어린 시절 나의 꿈은 관중석이 꽉 찬 웸블리에서 국가대표 선수로 뛰는 것이었다. 1990년 이탈리아 월드컵이 내가 그 꿈을 키운 시작점이었다. 나는 '가자'와 그의 잉글랜드 대표팀 동료를 보며 이 꿈을 키웠다. 그때부터 나는 빨간색으로 새겨진 등번호 19번을 달고 뛰었다. 어린이들을 그렇게 흥분하게 만들 수 있는 건 오직 월드컵뿐이다. 당시 온 잉글랜드가 보비 롭슨 Bobby Robson 감독과 그의 선수들을 주목했다. 그때만 해도 나는 잉글랜드 선수들을 보며 그들이 평범한 사람은 아니라고 믿었다. 평범할 수가 없었다. 그들은 월드컵에서 뛰는 축구 선수들이었다. 평범한 사람에게는 그런 특권이 주어지지 않는다. 평범한 사람이 월드컵에서 뛰는 기분을 상상이나 해볼 수 있을까? 나는 가자의 유니폼을 입고, 게리 리네커 Garry Lineker 의 축구화를 신고 그레엄과 공을 차며 월드컵에서 본 선수들의 기술을 따라했다.

시간이 흘러 나는 잉글랜드 대표팀 선수라는 꿈을 이룬 몇 안 되는 사람이 됐다. 잉글랜드 대표팀 선수가 된 날은 내가 살면서 가장 큰 자부심을 느낀 순간이기도 했다. 이후 나는 관중이 꽉 들어찬 웸블리 경기장을 누볐고, 심지어 월드컵에도 출전했다. 그렇다면 더는 이룰 게 없지 않나? 꿈을 현실로 만든 인생인데 말이다. 물론, 꿈만 같은 순간들도 있었으나 현실은 내가 생각했던 것과 달랐던 부분도 있었다. 여전히 잉글랜드 대표팀에서의 나를 떠올리면 여러 감정이 교차한다. 아마 은퇴를 선언한 후 오랜 시간이 흐르면 잉글랜드 대표팀 선수로 뛰었다는 사실에 더 큰 자부심을 느끼게 될지도 모른다. 물론 대표팀에서 활약한 시절에도 잉글랜드를 위해 뛸 수 있다는 데 자부심이 있었지만 불행하게도 그 시간을 즐기지는 못했다. 참 슬픈 일이다. 잉글랜드 대표팀 커리어가 동화처럼 보기 좋기만 했다면 훌륭했겠지만, 현실은 그렇지가 않았다.

나는 잉글랜드 대표팀에서도 뛰는 동안 단 한 번도 안정감을 느끼지 못했다. 늘 조금씩 어려움이 있었다. 누군가는 이런 나를 보며 나약하다고 생각할 수도 있다. 그러면서 어려움을 이겨내야 하는 게 아니냐고, 스스로 동기부여할 수 있어야 하는 게 아니냐고 말할 수도 있다. 나 또한 스스로에게 수천 번이나 그렇게 말하곤 했다. 그러나 그렇게 말할수록 나는 더 큰 어려움을 겪었다. 내가 대표팀에 대해 이런 감정을 느낀다는 이유만으로 나 스스로를 옥죄었다. 마치 굴레에 갇힌 느낌이었고, 스스로와 싸우는 것 같았다. 나는 잉글랜드 대표팀 선수로 좋은 경기력을 보여주고 싶었지만, 충분한 기회를 잡지 못했다. 나는 잉글랜드 대표팀 경기에 총 87회 소집되어서, 그중 34경기에 출전했다. 그러나 친선 경기를 제외한 공식전에는 단 8경기에 선발 출전하는 데 그쳤다.

물론 책임은 나에게 있었다. 어쩌면 나는 스스로에게 너무 엄격한 기준을 적용했는지도 모른다. 그러나 나는 늘 그런 선수였다. 나의 경기력이 좋지 않았을 때도 있었지만, 심지어 좋았을 때도 늘 다음 경기가 되면 다시 벤치에 앉아야 했다. 내가 유로 2012와 2014월드컵에 출전하지 못하자 몇몇 사람들은 "공을 소유해줄 캐릭이 필요해"라고 말했다. 그러나 정작 그들은 내가 대표팀 경기에 출전하면 옆으로 패스하는 것 외에는 하는 게 없다며 나를 비판했다. 그들은 나에게서 깜짝 놀랄 만한 플레이를 기대했고, 또 정작 공을 소유하는 선수들에 대해서는 '잉글랜드식 축구'를 하지 않는다고 비판했다. 우리는 수년간 일자로 선 4-4-2 포메이션을 활용했다. 이런 시스템으로 유기적인 경기력을 기대하기는 어렵다. 그래서 우리는 점유율을 조절하는 데 매우 큰 어려움을 겪어야 했다.

우리는 미드필드에서 수적 열세에 놓일 때도 항상 강한 압박을 통해 공을 쟁취해야 한다는 팬들의 기대치를 충족해야 했다. 사람들은 "프리미어리그에서 뛸 때처럼 하면 되지 않나?"라고 말했다. 미안하지만, 문제는 그렇게 단순하지 않았다. 우리는 공을 빼앗길 수도 있다는 두려움을 느낀 탓에 후방에서 원활하게 빌드업을 하지 못했다. 상대가 우리에게 미세한 수준의 전방 압박만 해도 우리는 바로 롱볼을 시도했다. 대다수 나라의 대표팀은 "우리가 공을 가지고 있으면 상대가 골을 넣을 수 없다"는 신념으로 경기에 나섰다. 그러나 오히려 우리는 "공을 지배하고, 소유하자"가 아닌 "공을 가졌을 때 빼앗기지 않게 조심하자"는 생각을 먼저 한 것이 사실이었다. 우리의 생각은 다른 나라 선수들과 완전히 달랐다. 잉글랜드의 축구 문화가 그랬다. 우리는 경기중에 전혀 우리만의 리듬을 찾지 못했고, 경기의 흐름에서 벗어난 싸움을 하며 어려움을 겪었다. 그러면서 많은 에너지를 쏟아냈지만, 결국 경기를 주도하지는 못했다. 쉽게 말해 우리는 희망에 부풀기만 한 축구를 한 셈이다.

다행스럽게도 잉글랜드 대표팀의 스타일은 지난 1~2년간 바뀌었다. 심지어 나도 가레스 사우스게이트 Gareth Southgate 감독이 부임했을 때, 잉글랜드 대표팀에서 한번 뛰어보고 싶다는 바람이 있었으나 그때는 이미 나의 대표팀 커리어가 끝난 후였다. 내가 몇 년만 더 늦게 태어났어도 그것이 가능했을 텐데 말이다! 지난 러시아 월드컵에서 봤듯이 이제 잉글랜드에는 라인 사이에서 플레이하는 선수들이 있다. 그들은 딱딱하지 않고, 더 안정적으로 경기를 풀어간다. 그들에게는 자신감이 있고, 효율적으로 에너지를 소비하는 노하우가 있다. 그들은 오랜 시간 경기를 지배하며 최고의 팀들과 만나서도 경쟁력 있는 모습을 보여준다. 이제 잉글랜드 대표팀에는 특유의 아우라가 있다. 나는 먼 곳에서나마 잉글랜드 대표팀을 지켜보며 가레스(사우스게이트 감독)의 지도력을 칭찬해왔다. 그는 선수들이 대표팀에서 축구를 즐기는 문화를 만드는 데 성공했다. 현재의 선수들을 보고 있으면 그들이 행복한 마음으로 축구를 하는 것을 느낄 수 있다. 그런 분위기는 그들을 보는 이들에게도 긍정적인 영향을 미친다. 지금 잉글랜드의 팀 사기는 환상적이다. 나도 이런 환경의 잉글랜드 대표팀에서 뛰지 못했다는 게 안타까울 정도다.

나는 2001년 잉글랜드 대표팀에서 데뷔한 후 사우스게이트 감독과 두 경기에서 함께 뛴 적이 있다. 그는 인격적으로도 매우 강한 사람이었다. 그는 잉글랜드 감독이 된 후에도 자신만의 방식대로 팀을 운영하며 언론이나 대중의 압박에 굴복하지 않았다. 그는 특정 선수를 선발해야 한다는 지적에도 흔들리지 않았다. 감독은 그럴 수 있어야 한다. 여론에 흔들리는 사람이라면, 대표팀 감독이 돼서는 안 된다. 잉글랜드 대표팀에는 수년간 이처럼 강한 마음가짐이 부족했다. 잉글랜드 대표팀 감독에게는 늘 거센 질타와 퇴진 압력이 쏟아진다. 그러나 여론이 감독의 결정에 영향을 미쳐서는 안 되지 않나? 나는 퍼거슨 감독이나 무리뉴 감독이 여론에 흔들려 선수를 선발하는 모습을 단 한 번도 본 적이 없다!

잉글랜드에서는 소속팀에서 3, 4경기 훌륭한 활약을 펼친 선수는 무조건 대표팀에 선발돼야 한다는 여론이 형성된다. 사람들은 그런 선수를 가리켜 "그는 대표팀에 뽑힐 자격이 있다. 그의 지금 폼은 훌륭하다"고 말한다. 그러나 매번 새로운 선수를 발탁해 변화를 주면 안정적으로 팀의 균형을 잡기가 어려워진다. 선수 구성에 일관성이 없다면 발전을 하는 것도 당연히 어렵다.

나는 이런 논쟁을 지켜보며 럭비의 팀 구성 방법으로부터 큰 영감을 받았다. 럭비에서는 최소 수개월, 혹은 1~2년간 정상급 경기력을 보여줘야만 대표팀에 선발될 수 있다. 이후 팀에 발탁되는 선수에게는 들쭉날쭉한 경기력을 가다듬을 충분한 시간이 주어진다. 그러면서 선수와 팀이 정체성을 확립하고, 발전할 기회를 잡을 수 있다. 이처럼 감독에게는 계획을 만든 후 이를 일관성 있게 유지하며 상황에 따라 수정할 수 있는 권한이 주어져야 한다. 그래야 선수들도 오랜 기간 안정적인 환경에서 활약하며 발전할 기회를 잡을 수 있기 때문이다.

앞으로도 잉글랜드 대표팀을 지켜보는 건 매우 흥미로울 것이다. 러시아 월드컵 4강에 진출한 그들은 이제 기대치를 높였다. 즉, 그들은 다음 국제대회에 출전하면 더 높은 기대치를 충족해야 한다. 대중과 잉글랜드 대표팀의 관계가 좋은 점도 매우 신선하다. 슬프게도 잉글랜드 대표팀은 오랜 기간 대중과 원만한 관계를 유지하지 못했다. 지금 이런 분위기가 앞으로도 계속 되기를 바란다.

나의 잉글랜드 대표팀 커리어는 웨스트햄의 훈련장 채드웰 히스에서 시작됐다. 2001년 2월 23일, 금요일 아침 9시 30분에 레드냅 감독이 갑자기 내게 사무실로 오라고 소리쳤다. 사무실로 들어가자 그는 FA에서 팩스로 받은 종이 한장을 들고 있었다. 그는 "축하해, 마이클. 네가 잉글랜드 대표팀에 발탁됐어"라고 말했다. 나는 바로 가족에게 전화를 걸었다. 내가 잉글랜드 대표팀에 뽑혔다는 소식을 가족에게 전달한 그 순간을 여전히 잊을 수가 없다. 그때 나는 자부심으로 가득 차 있었다. 나는 스벤-고란 에릭손 Sven-Göran Eriksson 감독이 부임한 후 소집한 첫 번째 잉글랜드 대표팀 명단에 이름을 올렸다. 경기는 빌라 파크에서 열릴 스페인과의 평가전이었다. 다음날 웨스트햄이 치른 브래드포드와의 경기에 출전한 나는 마치 키가 3미터는 되는 것 같은 기분으로 운동장을 누비고 다녔다. 그러나 경기가 끝날 무렵, 나는 햄스트링 부위가 불편한 느낌을 받았다.

일반적인 상황이었다면, 나는 대표팀 명단에서 제외돼야 했다. 그러나 레드납 감독은 내가 그대로 잉글랜드 대표팀으로 갈 수 있게 해줬다. 나는 FA에서 보낸 기사가 운전하는 차를 타고 버밍엄의 뉴홀 호텔로 이동했다. 그곳에서 나는 미셸 파러 Michelle Farrer 를 만났다. 미셸은 대표팀에 합류한 모든 선수들을 관리하고, 식사와 미팅 일정 등을 조율하는 쉽지 않은 업무를 맡고 있었다. 그녀는 내게 대표팀 일정을 알려준 뒤, 내가 어디로 가야 하는지를 설명해줬다.

그때 나는 마치 학기 도중에 새 학교에 간 기분이 들었다. 단, 새 학교에서 만난 친구들이 내가 TV를 통해 지켜본 우상들이었다는 점은 여전히 실감이 나지 않았다. 나는 가방을 들고 호텔 체크인을 하면서도 그들을 뚫어져라 쳐다봤다. 베컴, 스콜스, 오언, 파울러, 캠벨. 그들은 모두 슈퍼스타였다. 도대체 내가 여기서 뭐하고 있는 거지? 그때 나는 수줍음이 많아서 대표팀 동료들을 만나도 그저 고개를 끄덕이며 인사만 나눈 후 바로 저녁 식사 자리로 이동했다.

곧 에릭손 감독과도 만났다. 그는 예의를 지키며 나를 환영해줬다. 그와 많은 대화를 나누지는 않았지만, 드디어 그를 만났다는 게 내게는 성과라면 성과였다. 저녁 식사 자리를 선택하는 것도 내게는 어려운 일이었다. 나는 스타들로 가득 찬 방으로 들어가고 있었다. 나는 그저 그곳에 들어가서 최대한 내게 시선이 쏠리는 상황을 피하고 싶었다. 다행히 그곳에는 내가 웨스트햄에서 함께 한 램파드, 퍼디난드, 조 콜이 있었다. 나는 별 탈 없이 그날 일정을 소화한 뒤, 다음날 웨스트햄으로 돌아와 치료를 받았다. 스페인과의 평가전에도 출전하지 못했지만, 대표팀 분위기가 어떤지를 경험할 수 있었다. 만약 다음 기회에 대표팀에 또 발탁된다면 어떤 분위기 속에서 움직여야 하는지를 일찍 체험한 셈이었다.

　에릭슨 감독은 고맙게도 이후에도 나를 잊지 않고 또 불러줬다. 그는 3월 핀란드, 알바니아와의 월드컵 예선전 명단에 나를 포함했다. 나는 대표팀 동료들과 함께 훈련을 소화하면서도 스스로를 꼬집어봐야 할 정도로 현실을 실감하지 못하고 있었다. 그곳에 있다는 것만으로도 흥분됐고, 긴장됐으며, 잘하고 싶은 마음이 간절해졌다. 마치 경품 행사에서 당첨자로 선정돼 특별한 곳에서 하루를 체험하는 것 같은 느낌이 들 정도였다.

　당시 잉글랜드 대표팀에는 훌륭한 스타 선수들이 즐비했다. 나와 비교하면 그들은 전부 다 '진짜 남자' 같았다. 저녁 식사를 할 때는 선수들이 크게 두 부류로 나뉘었다. 맨유의 '클래스 오브 92' 선수들은 모든 걸 함께 하며 서로와 떨어져 있는 법이 없었다. 베컴, 버트, 스콜스, 필 네빌은 축구 외적으로도 절친한 사이였다. 여기에는 물론 게리 네빌도 포함되지만, 당시 그는 부상을 당한 상태였다. 또 다른 부류는 리버풀 선수들이었다. 이 부류를 구성한 선수들은 제이미 캐러거Jamie Carragher, 오웬Owen, 제라드Gerrard, 로비 파울러Robbie Fowler, 그리고 리버풀에서 레알 마드리드로 이적한 스티브 맥마나만Steve McManaman 이었다.

　나는 그들의 일거수일투족을 연구했다. 그들은 뭘 먹을까? 평소에 어떻게 행동할까? 그들의 태도는 어떨까? 잉글랜드 대표팀은 여전히 내게 낯설었고, 나는 스스로를 증명해야 했다. 에릭슨 감독은 5월 25일 프라이드 파크에서 열린 멕시코전에서 내게 데뷔전의 기회를 줬다. 그는 늘 우리가 경기장으로 떠나기 전 호텔에서 자신이 직접 작전판을 들고 빨간색과 파란색 마커를 이곳저곳으로 움직이며 팀 전술을 설명했다. 그는 늘 최대한 간단하게 전술을 설명했고, 선수들에게 강한 신뢰를 주는 지도자였다.

　나는 잉글랜드 대표팀 데뷔전을 절대 잊지 못할 것이다. 내가 축구를 하면서 가장 큰 자부심을 느낀 날이기 때문이다. 사실 가장 기억에 남는 건 매우 사소한 일들이다. 손전등을 들고 우리를 에스코트하는 경찰과 팀 버스에서 콜의 옆자리에 앉아 있던 기억, 그리고 경기에 대한 기대로 가득 찬 감정이 추억으로 남아 있다. 콜은 나보다 자신감이 많은 선수였다. 그는 스스로에 대한 확신으로 가득 찬, 또 영리한 선수였다. 내 성격은 그와 달랐다. 나는 감정을 잘 표현하지 않았고, 그때만 해도 스스로에 대한 확신이 없었다. 나는 잉글랜드 대표팀 선수가 되고도 여전히 그곳의 모든 환경이 낯설게 느껴졌다. 내가 대표팀 동료 선수들의 수준에 아직 도달하지 못했다는 느낌마저 들었다.

경기 시작을 앞두고 나는 국가를 열창했고, 골대 뒤로 잉글랜드 국기가 올라가는 모습을 보자 소름이 돋았다. 지금 무슨 일이 벌어지고 있는 거지? 관중석에 앉아 있는 엄마, 아빠, 그레엄, 그리고 리사를 생각하지 않을 수 없었다. 그 순간은 내 가족은 물론 이때까지 나와 함께해준 모든 감독님, 선생님, 그리고 친구들에게도 매우 특별한 순간이었다.

당시 웸블리가 공사 중이었던 탓에 잉글랜드 대표팀은 사실상 '투어'라도 하듯 전국의 모든 경기장을 순회했다. 평소 볼 수 없었던 잉글랜드 대표팀의 경기를 가까운 경기장에서 보게 되자 팬들도 한껏 기대가 부푼 모습이었다.

벤치에서 지켜본 그날 경기 전반전은 순식간에 스쳐지나갔다. 베컴은 그만이 소화할 수 있는 닭벼슬 머리를 하고 나왔다. 그 시절 그는 이미 슈퍼스타였다. 그러나 내가 그에게 발견한 가장 빛나는 능력은 승리에 대한 굶주림이었다. 그는 훈련장에서 모든 걸 쏟았고, 축구를 대하는 그의 태도는 단연 최고였다. 그는 잉글랜드의 핵심 선수이기도 했다. 에릭손 감독은 베컴을 전적으로 신임했고, 실제로도 그는 팀 내에서 큰 영향력을 행사했다. 그는 그날 특유의 프리킥으로 골까지 뽑아냈다. 그가 공을 가진 순간 패스를 할 때는 어느 선수도 가지지 못한 기운이 느껴졌다. 나는 그의 아름다운 패스를 하루 종일 지켜볼 수 있을 것 같다는 생각까지 했다. 베컴과 스콜스가 미드필드에 있으면 4~50미터 이상 날아가는 패스로 뒷공간을 찌르는 건 특별한 일도 아니었다. 베컴과 스콜스는 다른 유형의 기술을 구사했지만, 둘 다 매우 효과적인 활약을 펼쳤다. 베컴이 마치 공에 백스핀을 먹이는 골프 스윙을 연상시키는듯한 킥을 구사했다면, 스콜스는 발등을 쫙 펴고 스핀이 전혀 없는 슈팅을 하는듯한 동작으로 패스를 연결했다. 스콜스의 발목 힘은 대단했다. 나는 그처럼 공을 차고 싶다는 생각을 했지만, 내 발목 힘은 그와 비교해 한참 모자랐다. 내 발목은 지나치게 뻣뻣했고, 나는 킥을 구사할 때 발가락을 제대로 구부리지도 못했다. 그래서 나는 발 옆쪽으로 킥을 해야 했다. 스콜스는 그날 벼락 같은 슈팅으로 득점까지 기록했다.

곧 후반전이 시작됐고, 내가 교체투입됐다. 내가 기다린 순간이었다. 콜도 나와 함께 데뷔전을 치렀다. 우리는 하프타임에 몇몇 선수들과 운동장에서 약 5분간 몸을 풀었다. 나는 드레싱룸에 들어가 마지막으로 지시사항을 전달받은 뒤, 유니폼을 입고 정강이 보호대를 착용했다. 그제서야 드디어 실감이 났다. 내 심장은 이미 빠르게 뛰고 있었다. 지금까지 내가 거친 모든 여정이 한꺼번에 생각났다. 터치라인에 서서 선심이 나의 교체 투입을 지시하기까지 기다리는 순간, 나는 할아버지가 하늘에서 나를 내려다보고 있기를 간절히 소망했다. 그는 나를 정말 자랑스러워했을 것이다. 그는 내 축구 인생이 시작된 순간에도 나와 함께 했었다. 할아버지께서 내가 잉글랜드 대표팀 선수로 경기에 투입되는 모습을 직접 볼 수 있었다면 정말 좋았을 것이다.

나는 드디어 경기장 안으로 들어갔다. 월젠드에서 온 깡마르고 철없던 어린 녀석이 국가대표가 되는 순간이었다. 경기에 투입돼 주변을 둘러봤다. 동료들을 쳐다보며 이 모든 순간을 만끽하기 위해 노력했다. 나는 버트와 함께 중원 조합을 이뤘다. 여전히 그날 경기가 내 머릿속에는 선명하게 기억난다. 오른쪽 측면에서 온 패스를 받아 돌아선 후 왼쪽 측면에 배치된 크리스 포웰Chris Powell에게 패스를 연결하자 관중석에서 박수가 쏟아졌다. 이처럼 잉글랜드에서는 큰 의미가 없는 패스를 해도 관중의 박수를 받을 때가 있었다.

그러나 나는 곧 환상에서 벗어나야 했다. 테디 셰링엄 Teddy Sheringham 이 내게 "나한테 공을 줘! 전진 패스를 하란 말이야!"라고 소리쳤다.

이후 테디(셰링엄)는 늘 그랬듯이 미드필드 진영으로 내려와 10번 역할을 수행했다. 나는 나에게 소리를 친 그에게 손을 들어 패스를 연결하지 못해 미안하다는 동작을 취했다. 이처럼 수준이 한 단계 높은 무대에서는 평소보다 더 날카롭게, 세심한 내용에도 신경써야 했다. 그날 나는 꽤 좋은 경기력을 선보였고, 우리는 4-0으로 이겼다. 나는 그날 경기가 앞으로 내가 대표팀에서 출전하게 될 수 많은 경기의 시작이 되기를 바랐다.

에릭손 감독의 선수 선발에는 확고한 일관성이 있었다. 어쩌면 그는 자신이 선발한 선수들을 지나치게 신임했을 수도 있다. 그러나 나는 그의 이런 점을 존중했다. 당시 잉글랜드는 이른바 '황금세대'라는 호평을 받은, 화려한 선수들을 다수 보유한 팀이었다. 우리는 누구를 만나도 우리 팀이 어떻게 구성될지 정확히 알고 있었다. 우리에게는 전성기를 구가하던 세계 최고의 선수들이 있었다. 단, 우리가 직면한 문제 중 하나는 워낙 훌륭한 선수들이 많다 보니 스콜스가 중앙이 아닌 왼쪽 측면에서 안쪽으로 치우쳐 활약하는 역할을 맡아야 했다는 점이다. 스콜스는 천재의 기질을 보유한 선수였지만, 그 자리는 그에게 어울리지 않았다. 당시 우리가 보유한 좋은 선수들을 무조건 최대한 많이 기용하기보다는 선수 개개인의 능력을 극대화하는 데 집중했으면 어땠을까라는 생각도 든다. 축구에서 팀을 구성할 때는 최고의 선수 11명이 아닌 가장 효과적인 경기력을 선보일 조합을 만드는 데 초점이 맞춰져야 하기 때문이다. 단, 우리에게 대단한 선수들이 정말 많이 있었던 것도 사실이다! 솔 캠벨, 퍼디난드, 존 테리, 네빌, 애쉴리 콜, 베컴, 램파드, 제라드, 오웬, 그리고 나중에는 루니까지 우리 팀에 합류했다.

여기에 우리에게는 콜, 레들리 킹, 오웬 하그리브스까지 있었다. 당시 잉글랜드는 누구도 대적할 수 없는 팀이 됐어야 마땅했다. 그들은 특별한 선수들이었기 때문이다. 여기서 내가 잉글랜드 선수들을 '우리'가 아닌 '그들'이라고 말하는 이유는 내가 그 팀의 일부라고 느끼지 않았기 때문이다. 당시 나는 네덜란드를 상대로 한 차례 더 출전했지만, 이후 4년간 다시 경기에 나서지 못했다. 솔직히 말하면 내게는 잉글랜드 대표팀에서 경기에 출전할 자격이 없었다. 나는 사타구니와 골반에 부상을 당하며 경기력이 저하되는 현상을 겪었고, 소속팀 웨스트햄은 강등됐다.

그 시기 나는 잉글랜드 21세 이하 대표팀에서 활약하며 에기보프eggyboff라는 게임을 배웠다. 에기보프는 토트넘 유소년 팀 선수들 사이에서 시작된 게임이다. 예를 들어 게임에 참여한 누군가가 "지금 자리에서 일어서는 사람은 에기보프야!"라고 말하면, 그의 말을 따르는 사람에게 벌칙이 적용됐다. 여기서 '에기보프'가 되는 사람은 그날 누구와도 대화를 할 수 없었다. 단순하고 보잘 것 없는 게임 같아 보이겠지만, 2002년 데이비드 플래트David Platt 감독이 이끄는 잉글랜드 21세 이하 대표팀 선수들 사이에서 '에기보프'는 유행처럼 번졌다. 하루는 훈련장으로 향하는 버스 안에서 누군가가 "버스에서 가장 먼저 내리는 사람이 에기보프야!"라고 말했다. 그러자 모든 선수들이 불안감에 떨기 시작했다. 버스가 훈련장에 도착하자 아무도 내릴 생각을 하지 않았다. 2분이 지나고, 5분이 지나자 팀 스태프 중 한 명이 "애들아, 적당히 하자!"라고 외쳤다. 그러자 몇몇 선수들은 자리에서 일어나 버스 앞쪽으로 가더니 내리지는 않고 다른 좌석에 앉았다. 당시 우리의 행동은 코칭스태프에는 매우 무례했을지 몰라도, 우리가 얼마나 단합된 팀이었는지를 보여주는 단적인 얘기기도 했다. 우리가 이러는 사이 플래트 감독은 무려 15분간 훈련장에서 우리를 기다리고 있었다. 결국, 그는 버스로 돌아와 우리에게 당장 내리라고 지시했다. 그는 버스 앞에 서서 단 한 명도 남기지 않고 모든 선수들이 내릴 때까지 기다렸다.

나는 웨스트햄에서 토트넘으로 이적한 후 한 시즌을 소화한 뒤, 잉글랜드 성인 대표팀으로 돌아갔다. 잉글랜드 대표팀으로 돌아갔을 때 내가 느낀 감정은 오히려 데뷔전을 앞뒀던 순간보다 더 특별했다. 수년간 성인 대표팀에 발탁되지 못하며 내가 다시 기회를 잡을 수 있을지에 대해 의문이 들었기 때문이다. 나는 2005년 잉글랜드 대표팀의 미국 투어에 합류했다. 이어 나는 미국, 콜롬비아를 상대로 선발 출전하며 더 큰 자신감을 얻었다. 많은 선수들에게 당시 이 경기는 친선전에 불과했지만, 나에게는 달랐다. 내게 그 두 경기는 큰 기회였다. 나는 기회를 최대한 살렸고, 에릭손 감독에게 내가 2006년 독일 월드컵에 출전할 자격이 있다는 사실을 증명했다.

독일 월드컵에 출전하는 나는 상승세를 타고 있었다. 당시 나는 토트넘에서 최고의 시즌을 보냈고, 프로 데뷔 후 최고의 경기력을 선보이고 있었다. 나는 3월 안필드에서 열린 우루과이와의 평가전에서도 90분간 활약했다.

당시 월드컵을 준비하며 내가 느낀 흥분, 그리고 기대감은 믿을 수 없을 정도였다. 월드컵은 내가 정말 오랜 시간 꿈꾼 무대였다. 월드컵이 열리는 독일로 초대한 가족들을 위해 호텔과 비행기를 예약하는 과정조차도 내게는 즐거웠다. 당시 나는 마치 크리스마스 이브에 산타클로스가 가져다줄 선물을 기다리는 어린아이나 다름없었다.

우리는 바덴-바덴Baden-Baden 의 슐로스호텔 빌러회헤Schlosshotel Bühlerhöhe 에 베이스캠프를 차렸다. 당시 우리는 4월 발 부상을 당한 루니의 회복 여부에 촉각이 곤두선 상태였다. 그는 우리 팀의 핵심 공격수였다. 나는 유로 2004를 볼 때부터 잉글랜드가 얼마나 어린 루니에게 의존했는지를 잘 알고 있었다. 그는 포르투갈에서 유로 2004에 출전했을 때 단 18세에 불과했다. 그는 실로 대단한 선수였다. 그는 2004년 순식간에 세계적인 스타가 즐비한 잉글랜드 대표팀에 합류해 에이스로 성장했다. 그는 모든 걸 다 할 줄 아는 선수였다. 만약 완벽한 축구 선수를 만들 수만 있다면, 그 시절의 그가 딱 어울리는 선수였을 것이다. 우리가 월드컵을 준비하는 기간 내내 여론은 그가 부상에서 제때 회복할 수 있을지에 초점을 맞췄다. 그는 독일에 도착한 후에도 수시로 잉글랜드로 이동해 부상 부위를 검사받아야 했다. 당연히 퍼거슨 감독은 그의 몸 상태를 우려하고 있었다. 그는 궁극적으로 퍼거슨 감독의 선수였기 때문이다. 그에게는 루니를 다음 시즌 전까지 완벽한 몸 상태로 돌려놓아야 하는 책임이 있었다. 결국 루니는 월드컵에 출전할 수 있다는 진단을 받았다. 그 덕분에 잉글랜드 대표팀은 안도의 한숨을 쉴 수 있었다. 물론, 그는 최고의 몸 상태로 월드컵에 출전할 수는 없었다. 그러나 우리에게는 여전히 그가 필요했다.

나는 개인적으로 당시 월드컵에서 잃을 게 없었다. 내가 붙박이 주전이 아니라는 사실도 잘 알고 있었다. 스티브 맥클라렌 Steve McClaren 은 훌륭한 감독이었고, 내가 원하는 유형의 지도자였다. 나와 토트넘에서 함께 뛴 저메인 제나스 Jermaine Jenas 와 아론 레넌 Aaron Lennon 도 나와 함께 잉글랜드 대표팀에서 꿈 같은 시간을 보내고 있었다. 내게 걱정근심 따윈 없었다. 나는 자유로운 마음으로 매일 팀 훈련을 소화했고, 그저 내게 기회가 올 때만을 기다리고 있었다.

선수들의 가족은 브레너스 파크 Brenners Park 에 머물렀다. 리사를 비롯한 내 가족도 그곳에서 생활했다. 나는 가족들도 나와 마찬가지로 이 기회를 통해 최대한 많은 경험을 하기를 바랐다. 인생에서 단 한 번의 기회가 될 수도 있었기 때문이다. 리사는 "그저 모든 상황을 즐길 거야"라며 기대감을 내비쳤다. 그러나 막상 독일에 도착하니 상황은 달랐다. 가족들이 묵는 숙소에서도 사진 기자들은 밖에서, 취재기자들은 안에서 진을 치고 있었다.

갑자기 리사는 일간지 '더 선 The Sun'의 1면에 등장했다. 내 가족이 가리발디스 Garibaldi's 라는 바에 있었는데, 그곳에서 리사가 네빌 네빌(게리와 필 네빌의 아버지)과 월드컵 트로피를 들어올리는 모습이 사진으로 찍힌 것이다. 누군가 의도적으로 그들에게 트로피를 건네고 사진을 찍은 것 같았다. 그들은 스스로를 호텔에서 온 직원이라고 밝힌 후 사진을 찍었다. 그러나 그들이 찍은 사진은 이후 언론을 통해 모두 공개됐다. 리사가 순진한 것일 수도 있지만, 나는 그녀를 탓할 수 없었다. 공개된 사진을 보는 마음이 불편했지만, 실질적으로 우리가 큰 피해를 입은 건 아니었다. 다만, 언론은 이와 같은 사진을 이용해 모든 상황을 확대 해석했다. 그러자 사람들은 "가족들이 선수들의 집중력을 흐트려놓고 있다"며 불편한 심기를 내비쳤다. 그러나 내 집중력은 전혀 흐트러지지 않았다. 단, 리사는 그런 현상이 지속되는 데 마음고생을 겪어야 했다. 우리는 늘 조용히 지내는 사람들이었다. 그녀는 이 기회를 통해 축구 선수로서의 내 삶이 외부의 시선에서 자유로울 수 없다는 현실을 더 잘 알게 됐다. 그 때문에 독일을 방문한 우리 가족은 밖으로 나가지 못했다. 리사, 엄마, 아빠, 그리고 그레엄은 더는 월드컵이라는 축제를 즐기지 못했다. 그들의 일거수일투족이 사진에 담긴 채 언론을 통해 공개됐다. 나중에는 호텔 주변에 보호막을 치고 외부의 시선을 차단해야 했다. 그건 슬픈 일이었다. 우리 가족에게 나와 함께 월드컵 개최지를 방문하는 건 최고의 경험이 됐어야 마땅했기 때문이다.

나는 곧 월드컵에서 경기에 출전할 기회를 잡았다. 게리 네빌이 조별 리그 도중 종아리 부상을 당했다. 그래서 6월 25일 슈투트가르트에서 열린 에콰도르와의 16강 경기에서는 하그리브스가 오른쪽 측면 수비수로 보직을 변경하며 내가 램파드, 제라드와 함께 미드필더로 출전할 기회를 잡았다. 그날 경기는 내가 잉글랜드 대표팀에 합류한 후 치른 첫 번째 공식전이었다. 그러나 나는 특별히 압박감을 느끼지 않았다. 에릭손 감독은 경기 하루 전날 내게 선발 출전을 준비하라고 통보했다. 나는 바로 어머니, 아버지, 리사, 그리고 그레엄에게 연락해 이를 알렸다. 단, 나는 크게 흥분하는 대신 점잖게 내가 16강 경기에 선발 출전할 예정이라는 소식을 전했다. 나는 사진을 통해 내 가족이 호텔에서 나의 잉글랜드 유니폼을 입고 침대 위에서 껑충껑충 뛰며 춤을 추고 응원가를 부르는 모습을 봤다. 그러나 나는 평정심을 유지해야 했다. 차오르는 감정을 억누르고 내가 해야 할 일에 집중했다. 이전까지는 월드컵을 볼 때 친구들과 펍에서 맥주를 마시거나 집에서 바베큐 파티를 하며 경기를 봤지만, 이제는 상황이 달라졌다. 선수로서 맞이하는 월드컵에서는 냉정하고, 계산적으로 행동해야 했다. 이러한 생활은 사실 별로 즐겁지 않다. 물론, 경기에서 이기면 말로 설명할 수 없는 감정을 느낄 수 있다. 그러나 그 순간이 오기 전까지는 사실상 격리된 생활을 해야 한다.

경기 전날 밤에는 슈투트가르트에 위치한 우리 팀 호텔 밖 길거리에서 응원가를 부르는 몇몇 잉글랜드 팬들을 볼 수 있었다. 그제서야 실감이 나기 시작했다. 바덴-바덴의 베이스캠프에서 바깥 세상으로부터 분리된 생활을 할 때는 전혀 월드컵 분위기를 느끼지 못했다. 그곳에서는 팀 버스에 올라타고, 훈련장에 갔다가 돌아오고, 3~4일에 한 번씩 약 한두 시간 정도 가족을 보는 생활이 반복적으로 지속된다. TV 뉴스를 보면 월드컵 분위기를 느낄 수 있지만, 정작 우리는 외부에 있는 듯한 느낌이 든 게 사실이다.

잉글랜드는 이미 월드컵 분위기에 흠뻑 젖은 상태였다. 국기가 모든 길거리의 차, 집, 그리고 펍을 뒤덮고 있었다. 그러나 정작 내가 월드컵 분위기를 느낀 건 에콰도르와의 16강 경기를 앞둔 전날 밤이었다. 그날 나는 결국 잠에 들지 못했다. 내가 선발 출전할 계획이라는 소식이 퍼지며 내 전화는 마치 폭발할 것처럼 계속 울렸다. 오래 전 알고 지냈던 사람들까지 내게 축하 메시지를 보내왔다. 그 정도로 월드컵이 일반인들에게 미치는 영향은 컸다. 사태가 심각해지기 시작했다는 뜻이다!

우리는 언제나 그랬듯이 경기장으로 떠나기 전 에릭손 감독과 팀 미팅을 가졌다. 그는 이번에도 침착하고도 차분하게 작전을 최대한 단순하게 설명했다. 내게 주어진 역할은 평소와 전혀 다르지 않았다. 백포 수비라인을 보호하면서 공격진에 포진한 선수들에게 패스를 뿌려주는 것이 내 역할이었다. 우리는 음악을 들으며 고트리브-다임러 Gottlieb-Daimler 경기장에 도착했다. 우리는 각자 한 명씩 한 곡을 선정해 플레이리스트를 만들었고, 그것을 재생하는 건 데이비드 제임스David James 의 몫이었다. 내가 선택한 노래는 바이런 스팅길리의 'Get Up(Everybody)'였다. 우리는 드레싱룸에서 나가기 직전에도 사기 진작을 위해 마지막으로 이 노래를 들었다. 에콰도르전을 제외하면 나의 선곡 능력이 아마 축구 실력보다 팀에 더 큰 도움을 줬을 것이다.

그날 경기장은 정말 더웠다. 우리는 일부러 그늘에서 몸을 풀며 최대한 에너지를 아꼈다. 나는 관중석에 앉은 가족을 보고 짧게 손을 흔들어 인사를 건네고는 바로 경기를 준비하는 데 집중했다. 국가를 부른 순간을 제외하면 월드컵 분위기에 젖어들 여유는 전혀 없었다. 나는 관광을 하러 독일에 온 게 아니었다. 경기 초반 첫 번째 패스, 첫 번째 태클, 위치 선정, 어떤 상황이 벌어질지에 대해 계속 생각했다. 경기가 끝난 후 내게 유일하게 중요했던 건 우리가 이겼다는 사실이었다. 우리가 어떤 경기 내용을 선보였는지도 별로 중요하지 않았다. 그저 우리가 이겼다는 게 중요했다. 우리는 베컴이 프리킥으로 상대 골문의 하단을 꿰뚫는 득점을 해준 덕분에 8강에 진출할 수 있었다.

경기를 마친 나는 그제서야 안도할 수 있었다. 어깨에 짊어진 큰 짐을 내려놓은 기분이었다. 나는 괜찮은 경기력을 선보였지만, 특별한 활약을 펼치지는 않았다. 그러나 앨런 한센Alan Hansen 과 앨런 시어러Alan Shearer 가 나의 경기력을 칭찬하자 여론의 반응은 갑작스럽게 바뀌었다. "마스터클라스", "맨 오브 더 매치", "이제 그를 팀에서 빼면 안 된다", "그를 투입하는 데 왜 이렇게 오래 걸린 거야?"라는 말들이 나오기 시작했다. 마치 내가 세상을 구한 사람이 된 것 같았다.

오히려 나는 포르투갈과의 8강 경기에서 나를 중용하지 않은 에릭손 감독을 이해했다. 당연히 경기에 나서지 못해 실망스러웠지만, 네빌이 부상에서 돌아오며 오웬이 미드필더 자리를 되찾은 상태였다. 감독이 가장 신뢰하는 팀 구성이 다시 갖춰진 셈이었다. 나는 이를 받아들일 수 있었다. 내가 출전한 단 한 경기가 이처럼 오랜 시간을 거쳐 검증된 팀 구성에 변화를 줄 수는 없는 노릇이다. 그러나 그와 동시에 16강 경기에서 좋은 활약을 한 후 8강에 출전하지 못하게 되니 실망감이 밀려오는 것도 당연했다. 우리가 경기 전날 전술 훈련을 시작하기 전, 에릭손 감독은 내게 다가와 "마이클, 너는 내일 출전하지 않을 거야"라고 말했다. 그때 내가 느낀 상실감은 컸다.

루니는 차츰 몸 상태를 완전히 회복하고 있었지만, 히카르도 카르발류Ricardo Carvalho는 계속 그와 거친 몸싸움을 시도했다. 결국, 루니는 카르발류의 교묘한 심리전에 신경질적으로 반응하고 말았다. 그와 충돌한 카르발류는 바로 그라운드에 쓰러졌다. 그 때문에 웨인은 퇴장을 당했다. 1998년 프랑스 월드컵 아르헨티나전에서 베컴이 퇴장당한 장면이 떠오르는 순간이었다.

이후 호날두는 마치 목표를 달성했다는 듯이 포르투갈 벤치를 향해 윙크를 날렸다. 잉글랜드 팬들과 언론은 이를 두고 수개월간 그를 공격했다. 그처럼 우리는 늘 핑곗거리를 찾는 걸 좋아한다. 호날두는 이기기 위해 그 자리에 있었던 선수다. 모든 일이 순식간에 벌어진 그 순간 그가 그런 행동을 한 건 충분히 이해할 만한 일이었다. 퇴장을 당한 게 루니인지, 퍼디난드인지는 중요하지 않았다. 호날두는 포르투갈이 이길 가능성을 높여준 행동을 했을 뿐이었다. 그래서 나는 그에게 어떠한 문제도 제기하지 않았다. 승부를 펼치는 순간에 단 한치도 양보하지 않는 건 당연한 일이기 때문이다.

우리는 수적 열세를 안고 싸운 것치고는 이후에도 매우 좋은 경기력을 보였다. 결국, 우리는 포르투갈을 승부차기까지 끌고갔다. 제이미 캐러거는 연장전 종료 2분여를 남기고 아론 레넌을 대신해 교체 출전해 키커로 나설 준비를 마쳤다. 그는 몇 주 동안 팀 훈련에서 우리 팀 최고의 페널티키커로 자리매김한 상태였다. 그는 훈련 도중 단 한 번도 페널티 킥을 실축한 적이 없었다. 우리는 하프라인에서 페널티 지역까지 걸어가는 시나리오까지 승부차기에서 발생하는 모든 상황에 대비해 이와 똑같이 준비 훈련을 진행했다.

실제 승부차기에서 선수들이 느끼는 중압감까지 훈련을 통해 재현할 수는 없지만, 기술적으로는 충분히 이에 준비할 수 있다. 그러나 아쉽게도 캐러거는 페널티킥을 성공시키지 못했다. 이어 평소에는 훌륭한 페널티키커로 유명한 제라드와 램파드도 실축했다. 그때까지 잉글랜드는 승부차기에 총 여덟 번 나서 여섯 차례나 패한 상태였다. 잉글랜드의 승부차기 징크스에 대해 많은 말이 나오는 상황을 충분히 이해할 수 있었다. 다행히 지난 러시아 월드컵에서 가레스 사우스게이트 감독의 잉글랜드는 콜롬비아를 상대로 승부차기 끝에 승리할 수 있었다. 나는 페널티킥 전문가가 아니다. 나 또한 한두 번은 페널티 킥을 실축한 적이 있다. 실축에 대한 두려움이 생기면 집중력을 유지하기가 매우 어려워진다. 부정적인 생각들이 머릿속을 메우기 시작하고, 페널티킥을 제대로 차기가 어려워진다. 다행히 나는 모스크바에서 열린 챔피언스리그 결승전에서 페널티 킥을 성공시켰다. 그러나 나는 이로부터 1년 후 번리 원정에서 실축했고, 2015년 올드 트래포드에서 열린 미들즈브러전에서도 페널티 킥을 성공시키지 못했다. 왜 그랬을까? 답은 집중력, 긍정적인 사고방식, 그리고 명확한 판단력이 그만큼 중요하기 때문이다. 나는 번리 원정보다 모스크바에서 공을 차는 데 더 확신을 가질 수 있었다.

어찌 됐든 그때까지만 해도 잉글랜드 대표팀을 둘러싼 여론은 매우 부정적이었다. 우리가 실패하면 이를 기회로 삼고 우리를 비판하는 여론은 그때도 존재했다. 그들은 그렇게 적절한 순간을 기다렸다가 우리가 패하면 "그것 봐!"라며 우리를 비난했다. 이런 팬 문화가 있었다는 사실 자체가 우리에게는 큰 유감이었다. 이 때문에 선수들도 부정적인 영향을 받은 게 사실이다. 우리는 이런 부정적인 시선을 떨쳐내지 못했다. 잉글랜드 유니폼의 무게는 무겁게 느껴졌다. 우리를 지켜보는 모두가 이를 직접 확인했을 것이다. 우리의 드레싱룸에는 승리할 줄 아는 선수들이 다수 존재했으나 여전히 잉글랜드 대표팀에는 '패배하는 팀'이라는 꼬리표가 붙었다. 우리는 단단한 팀을 만들고, 선수들이 자유롭게 기량을 발휘할 만한 환경을 만드는 데 실패했다. 게다가 우리의 실패에만 집중하는 여론 탓에 마치 사람들이 우리가 패하기를 기다리는 것처럼 보이기도 했다. 나 또한 당시 나 자신과 잉글랜드 대표팀을 늘 변호해야 하는 입장이었다. 반대로 맨유에서 우리는 단 한 번도 언론에 대해 걱정을 해본 적이 없었다. 그러나 유독 잉글랜드 대표팀에만 가면 언론으로부터 매번 큰 영향을 받았다.

스티브 맥클라렌 감독이 스벤으로부터 지휘봉을 이어받은 뒤, 이와 같은 현상은 더 심해졌다. 그는 매우 유능한 감독이었다. 에릭손 감독의 팀 훈련을 진행한 수석코치였던 만큼 그가 감독으로 부임하는 건 매우 자연스러운 상황이었다. 단, 수석코치와 감독의 역할에는 큰 차이가 있다. 수석코치로 선수들과 맺는 관계는 감독이 선수들과 유지해야 하는 관계와 크게 다르기 때문이다. 매일매일 선수들과 만나 얘기하는 코치가 '친구' 같은 존재라면, 감독은 '보스'에 더 가깝다. 코치와 감독은 완전히 다른 역할이다.

그 뒤로 어려운 시기가 이어졌다. 나는 2006년 10월 우리가 크로아티아 원정에서 0-2로 패한 경기에 출전했다. 그날 골키퍼 폴 로빈슨은 게리 네빌의 백패스를 제대로 받지 못해 자책골을 헌납했다. 이후 나는 안도라전을 벤치에서 지켜봤는데, 잉글랜드 팬들은 맥클라렌 감독에게 혹독한 비난을 쏟아냈다. 우리가 3-0으로 이기고 있었지만, 그들은 감독의 경질을 요구하고 있었다. 그는 나를 자주 선발하지 않았고, 때로는 나를 대기 명단에도 포함하지 않았다. 그러나 나는 여전히 그가 그런 식으로 팬들에게 모독을 당하는 모습을 보고싶지 않았다. 잉글랜드 대표팀 감독직은 축구계에서 누군가에게 주어질 수 있는 최고의 직업이다. 그러나 감독이 그런 식으로 팬들에게 모독을 당하는 모습은 너무 가혹했다. 게다가 당시 나는 맨유에서 내 커리어를 통틀어 최고의 활약을 펼치고 있었다. 그러나 정작 대표팀에서는 앨런 스미스Alan Smith와 필 네빌Phil Neville이 주전 경쟁에서 나보다 앞서 있었다. 그래서 이 시절은 내가 잉글랜드 대표팀에 발탁된 후 겪은 가장 힘든 시기이기도 했다. 스미스와 네빌은 원래 포지션이 미드필더도 아니었다. 단, 나는 절대 스미스와 네빌에게 적대심, 혹은 악감정을 품지 않았다. 나는 두 선수를 모두 존중한다. 단, 2007년 6월 에스토니아 원정에서 대기 명단에도 이름을 올리지 못하고 관중석에서 경기를 지켜봐야 했던 건 최악의 기억이다. 나는 맨유에서 프리미어리그를 우승했고, 챔피언스리그 4강, FA컵 결승전을 뛴 상태였다. 내가 대표팀에서 기회를 잡기 위해 더 이상 무엇을 해야 할지 판단이 서지 않았다.

머지않아 맥클라렌 감독은 2007년 자리에서 물러났고, 파비오 카펠로Fabio Capello 감독이 부임했다. 카펠로 감독은 부임 직후 강한 인상을 남겼다. 그는 매우 엄격한 리더였다. 그는 훈련 과정이 마음에 들지 않으면 자신이 운동장으로 들어와 직접 손으로 선수를 잡아끌거나 밀고당기며 위치를 잡아줬다. 그는 화법도 매우 직설적이었다. 그는 팀 분위기를 완전히 바꿔놓았다. 그 때문에 우리는 감작스럽게 편안한 분위기에서 매우 경직되고, 심각한 분위기의 팀에서 뛰게 됐다. 그는 선수들의 식습관까지 뜯어고치려고 했다. 이를 이유로 그는 우리에게 경기 전에는 소스가 없는 파스타를 먹으라고 지시했고, 버터와 빵을 아예 메뉴에서 제외했다. 나는 굳이 그가 이와 같은 식습관을 유지하는 이유를 이해하지 못했다. 우리는 이미 매주 소속팀에서 활약하며 철저한 자기관리를 하고 있었다. 그 와중에 단 며칠간 소집되는 대표팀에서 극단적인 식습관을 강요하는 건 오히려 득보다 실이 더 많은 효과를 낳았다.

그런 상황 속에서도 나는 감독이 새로 왔으니 더 많은 기회를 잡기를 내심 바라고 있었다. 그러나 현실은 다르게 흘러갔다. 나는 맨유에서 잇따른 빅매치에 출전하며 프리미어리그, 챔피언스리그에서 우승 트로피를 들어올렸지만, 카펠로 감독 체제에서 잉글랜드 대표팀이 치른 총 42경기 중 단 8경기를 소화한 게 전부였다. 나는 자존심이 세거나 권위적인 선수가 아니다. 내가 얼마나 훌륭한 선수인지를 설명하는 데는 별 관심이 없다. 그러나 나는 잉글랜드 대표팀에서 내게 더 많은 기회를 줬어야 한다고 생각한다. 내가 팀을 위해 더 많은 걸 할 수 있다고 생각했기 때문이다. 그러나 동시에 나는 감독의 결정을 따라야 한다는 점도 알고 있었다.

단, 당시 나는 현실을 받아들이는 데 어려움을 겪었다. 그러면서 잉글랜드 대표팀을 향한 나의 애정이 갈수록 식어갔다. 인정하기 창피하지만, 당시 잉글랜드 대표팀에 발탁되면 가고 싶지 않다는 생각을 하기도 했다. 대표팀에 가더라도 서둘러 맨유로 돌아가 내가 사랑하는 환경에서 다시 축구를 하고 싶었다. 잉글랜드 대표팀만 가면 숨이 막힐 것 같았다. 캐링턴 훈련장으로 돌아가야 다시 숨을 쉴 수 있을 것 같았다.

나는 2010년 월드컵을 앞두고 계속 대표팀에 차출됐지만, 정작 경기에는 출전하지 못했다. 10일간 대표팀에 차출돼 두 경기가 열리는 일정을 소화해도, 나는 경기에 투입되지 않았다. 이런 상황이 정말 싫었다. 잉글랜드 대표팀에 차출된 기간 내내 리사와 통화를 할 때도 나는 침체된 기분을 떨쳐내지 못하며 불평만 했다. 갈수록 감정 기복이 심해지고 있었다. 이 책을 읽는 이들은 국가대표로 뽑힌 선수가 이런 생각을 한다는 데 의아함을 느낄 수도 있다. 나 또한 이와 같은 사실을 나 자신에게 계속 얘기했다. "정신차리자. 지금 내가 어리석게 생각하는 거야. 이겨내자"라고 늘 생각했지만, 결국 부정적인 생각을 떨쳐내지 못했다. 심지어 가끔씩 경기에 출전해도 내 감정에는 변화가 생기지 않았다. 한 시점에는 내가 2010년 남아공 월드컵에 출전할 수 없다는 생각마저 들었다. 4월 30일에는 제이시가 태어났고, 이로부터 단 몇 주만에 월드컵에 출전하면 심리적으로도 불안정할 수밖에 없는 상황이었다. 게다가 당시 나는 맨유에서도 좋은 활약을 하지 못하고 있었다. 이때 나는 갑작스럽게 바닥으로 떨어져도 이상할 게 없었다.

나는 5월 24일 웸블리에서 열린 멕시코전에 선발 출전했지만, 경기력은 형편없었다. 결국, 나는 톰 허들스톤Tom Huddlestone 과 교체됐다. 6일 후에는 오스트리아 그라즈에서 열린 일본전을 벤치에서 지켜보며 월드컵에 갈 수 없겠다는 생각을 했다. 제라드, 램프스와 함께 주전으로 뛰던 선수는 가레스 배리Gareth Barry 였으며 허들스톤과 스콧 파커Scott Parker 도 치열하게 경쟁하고 있었다.

예전부터 많은 사람들은 나, 램파드, 제라드를 비교하곤 했다. 나는 그것을 이해하지 못했다. 맨유에서 나는 스콜스, 플레치, 또는 안데르손과 라이벌 관계를 맺은 적이 없었다. 우리는 한 팀을 위해 뛰는 선수들이었고, 서로 경쟁하는 사이가 아니었다. 나는 잉글랜드 대표팀 선수로 나선 공식 기자회견에서 내가 국가대표로 뛸 능력을 보유했다고 생각하느냐는 질문을 받았다. 나는 빅매치에서 뛴 경험도 있고 우승 트로피를 차지한 적이 있으니 국가대표가 될 자격도 있다고 믿는다고 대답했다. 그저 나는 내가 잉글랜드 대표팀에서 뛸 만한 능력을 보유했다는 사실을 말하고 싶었다. 어느 순간에도 나는 스스로를 램파드나 제라드와 비교하지 않았다. 그러나 다음날 아침 신문 헤드라인은 "너의 우승 메달을 보여줘봐"라는 문구로 장식됐다. 이는 마치 램파드와 제라드를 향해 내가 더 많은 우승을 차지했다는 사실을 자랑하는 듯한 뉘앙스가 풍기는 헤드라인이었다. 나는 절대로 그런 행동을 하는 선수가 아니다. 그렇게 하기에는 내가 두 선수를 존중하는 마음이 너무 강하기 때문이다. 그렇게 당시 잉글랜드 언론은 선수의 발언을 마음대로 비틀어 부정적인 기사를 썼다. 나는 내가 보유한 경험이 나 스스로는 물론 팀에 도움이 될 수 있다는 말을 했을 뿐이었다. 그러나 이게 바로 잉글랜드의 가장 큰 문제였다. 모든 게 드라마틱하게 받아들여졌기 때문이다. 언론은 흥미로운 이야기가 존재하지 않는 순간에도 무언가를 지어냈다. 많은 사람들은 이런 문화가 잘못됐다고 말하면서도, 정작 이런 일이 발생하면 마치 서커스를 보듯이 이를 즐긴다. 그 때문에 우리는 잉글랜드 대표팀이 소집될 때마다 축구 선수보다는 소방수처럼 사태를 수습하는 데 더 집중해야 했다.

우리가 오스트리아 전지훈련을 마치고 잉글랜드로 돌아오자, 카펠로 감독은 다음날 우리에게 전화를 걸어 대표팀 명단 포함 여부를 통보하겠다고 말했다. 나는 리사와 아이들을 보기 위해 뉴캐슬로 이동했다. 그들은 우리 아파트에 머무르고 있었다. 리사는 임신 기간 내내 허리 통증 탓에 몸 상태가 좋지 않았다. 리사는 수면을 제대로 취하지 못하는 상황 속에서도 루이스를 돌봐야 했다. 나는 뉴캐슬에서 그녀를 보는 순간 "이렇게 리사만 남겨두고 떠나고 싶지 않아. 월드컵에 가면 안 되겠어"라고 생각했다.

카펠로 감독의 수석코치 프랑코 발디니Franco Baldini에게 전화를 받은 나는 그가 "미안하다"고 말한 뒤, 내가 월드컵에 갈 수 없게 됐다고 할 줄 알았다. 그러나 그는 "축하해. 며칠 후에 보자"고 말했다. 나는 진심으로 내가 월드컵 최종 명단에서 제외될 줄 알고 있었다. 기분이 이상했다. 동시에 정말 놀라웠다. 나는 리사에게 월드컵에 가게 됐다고 말했다. 우리는 마치 나쁜 소식을 전해들은 사람들처럼 행동하고 있었다. 겉으로 보기엔 미친 사람들 같아 보였을 것이다. 잉글랜드를 위해 월드컵에 출전한다는 건 영광이자 훌륭한 경험이 될 일이다. 나는 지금도 내가 당시 어떻게 대표팀에 선발됐는지 완전히 이해하지 못하고 있다. 내게는 월드컵에 갈 자격이 없었기 때문이다.

결국, 나는 짐을 꾸려 남아공으로 향했다. 루스텐버그에 위치한 우리 호텔은 얼핏 보면 이상적인 환경을 갖추고 있는 것처럼 보였다. 훈련장이 호텔에 붙어 있었고, 주변에 아무것도 없었기 때문이다. 그러나 그곳은 한 시간을 걸어가도 갈 곳이 없었고, 정신적인 측면에서도 어디론가 도망가고 싶어도 갈 수가 없었다. 2006년 월드컵 당시 바덴-바덴에서 일어난 일을 고려한 FA의 결정은 이해할 수 있었지만, 이번에는 그때와는 대조적인 방식으로 주변 환경이 팀에 도움을 주지 못했다. 우리는 문명으로부터 떨어진 곳에서 생활하고 있었고, 그 때문에 나는 침체된 마음을 추스리지 못했다.

누군가는 이를 두고 "고작 몇 주간 그런 곳에 있어야 할 뿐인데 그것조차 희생하지 못한단 말이야?"라고 의문을 제기할 수도 있다. 나 또한 이에 어느 정도 동의한다. 그러나 이처럼 격리된 환경은 우리와 어울리지 않았다. 우리에게는 스트레스를 분출할 탈출구가 전혀 주어지지 않았다. 집에서 생활할 때는 아이들과 놀거나 친구들과의 저녁 식사 등을 통해 경기나 훈련에 대한 생각에서 잠시나마 벗어날 수 있었다. 이런 것들은 우리가 마음을 신선하게 유지하는 데 도움이 된다. 그러나 루스텐버그에서 우리는 계속 침체된 분위기 속에 머물러 있어야 했다.

우리가 훈련을 시작한 후 얼마 지나지 않아 퍼디난드가 부상을 당했다. 그의 부상은 우리 팀에 큰 타격이었다. 특히 나는 그가 자신의 마지막 월드컵에 출전하지 못하게 됐다는 사실에 큰 슬픔을 느꼈다. 나는 전지훈련 초반부터 에너지를 잃은 상태였다. 내 모든 걸 쏟아붓기 위해 노력했지만, 내게는 아무것도 쏟을 게 없었다. 그저 나는 방 안에 앉아 저녁식사, 혹은 팀 미팅 등의 다음 스케줄이 오기를 기다렸다. 루스텐버그에 오래 머무를수록 더 심각한 우울증 증상을 겪었다. 나는 감정이 지나치게 침체된 나머지 무엇을 하기 위해 필요한 에너지나 열정을 전혀 발휘하지 못했다. 정말 이상한 시간이었다. 콜, 테리, 애쉴리 콜과 당구나 골프를 치는 날에는 짧게나마 즐거움을 느끼기도 했다. 사파리를 방문하기도 했지만, 그곳에서는 코끼리보다는 사진기자를 더 많이 본 것 같았다. 골프, 당구, 사파리 등을 즐기는 인생이 나쁘지 않은 것처럼 들릴 수도 있겠지만, 정작 나는 행복하지 않았다. 나는 리사에게 전화를 걸어 "그냥 집에 가고 싶어. 여기는 정말 힘들어"라고 말하기도 했다.

이 시절은 내 커리어 최고의 순간이 돼야 했지만, 오히려 현실은 정반대였다. 나는 갈 곳을 잃은 것 같은 기분을 느꼈고, 외로웠다. 그러다가 팀 훈련에서 동료를 보면 그는 좋은 경기를 하고 있었고, 행복해 보였다. 나도 그처럼 행복해지고 싶었다. 심지어 모두 포기하고 집으로 돌아가고 싶다는 생각까지 했다. 당연히 그렇게 행동하지 않았고, 그랬을 리가 없겠지만.

우리 베이스캠프 분위기는 형편없었다. 우리는 미국과의 첫 경기에서 실망스러운 무승부에 그친 후 알제리전이 열리는 케이프타운으로 향했다. 벤치에서 본 알제리전은 내가 기억할 수 있는 최악의 경기 중 하나였다. 경기가 진행되는 도중에도 내가 교체 투입될 가능성은 없다고 생각했다. 경기장 분위기도 좋지 않았고, 결국 우리는 지루한 경기 끝에 0-0으로 비겼다.

우리는 케이프타운에서 하루를 더 보냈고, 흔치 않은 1일 휴가를 받았다. 나는 기다렸다는듯이 캠프스 베이에 머물고 있던 어머니와 아버지를 만나러 갔다. 우리는 점심식사를 한 후 바닷가가 보이는 발코니에 앉아 쉬었다. 나는 거의 한 마디도 하지 않았다. 그들도 내가 행복하지 않다는 사실을 알고 있었다. 그러나 그들조차 내가 느낀 우울함이 얼마나 심각했는지는 알지 못했을 것이다. 단, 나는 그들의 여행을 망치고 싶지 않았다.

나는 슬로베니아전이 열리는 경기장으로 향하며 헤드폰을 쓰고 음악을 듣던 도중 울먹이는 나를 발견한 후 뭔가 심각하게 잘못됐다는 사실을 깨달았다. 갑자기 발생한 일이었다. 갑자기 여러 가지 감정이 교차하며 파도처럼 몰아치기 시작했다. 곧 펑펑 울 것만 같았다. 서둘러 마음을 다스려야 했다.

베이스캠프를 차린 기간 내내 언론은 우리 팀에 대한 추측성 기사를 쏟아냈다. 정말 난장판이었다. 그러나 나는 경기에 출전하는 선발 명단에서 멀어졌듯이 이 모든 상황과 거리를 두고 있었다. 하루는 팀 훈련 도중 카펠로 감독이 다음 경기에 출전할 주전 11명과 교체 출전 가능성이 있는 몇몇 선수를 불러 전술과 세트피스 훈련을 진행했다. 나머지 선수들은 하프라인 부근에 남아 있어야 했다. 이후 5분이 지났고, 10분이 지났다. 누구도 우리에게 말을 걸지 않았다. 할 게 없었던 피터 크라우치Peter Crouch, 션 라이트-필립스Shaun Wright-Phillips, 스티븐 워녹Stephen Warnock은 공을 가지고 장난을 치기 시작했다.

사실 우리에게는 이 모든 상황이 웃음거리나 다름없었다. 그런 상황에 놓인 우리에게는 울거나 웃거나 둘 중 하나밖에 할 수 있는 게 없었다. 나는 페널티 지역 모서리 부근에 앉아 몇몇 선수들이 크라우치의 머리를 향해 롱패스를 시도하는 모습을 그저 지켜보기만 했다. 나는 약 15분간 그들이 웃고, 떠들고, 오버헤드킥을 하고, 골 뒤풀이를 하는 모습을 보고만 있었다. 그 와중에 카펠로 감독의 코칭스태프에 합류한 베컴이 우리에게 다가와 킥 솜씨를 자랑하며 훈련에 동참했다. 그는 마치 우리에게 문전에서 어떻게 마무리해야 하는지를 보여주듯이 훌륭한 기술을 선보였다. 그 정도로 당시 우리는 경기에 출전할 만한 몸 상태, 혹은 정신 상태가 아니었던 셈이다.

우리는 슬로베니아를 꺾으며 16강 진출에 성공했다. 블룸폰테인에서 열린 우리의 16강 경기 상대는 독일이었다. 잉글랜드에는 독일전이 늘 역사적인 경기였다. 그날 램파드는 명백한 득점을 하고도 공이 골라인을 넘지 않았다는 주심의 판단에 따라 골이 취소됐다. 우리는 그날 패했고, 결국 집에 가게 됐다. 드디어 뉴캐슬에 도착한 나는 이후 감기에 걸려 4일간 미동도 하지 못했다. 마치 집으로 돌아온 나에 대한 환영 인사를 받는 기분이었다. 이후 나는 3주간의 휴가를 맞아 가족과 함께 스페인 이비사Ibiza로 여행을 떠났다. 재충전이 필요했던 내게는 최고의 시간이었다. 가족들은 결승전을 보러 바에 갔고, 나는 숙소에 남아 아이들을 재웠다. 월드컵 결승전을 보고 싶지 않았다. 나는 축구에서 벗어나 있고 싶었다.

나는 새 시즌이 시작한 후에도 웸블리에서 열린 불가리아전, 이후 바젤 원정에서도 남아공에서 겪은 우울증을 똑같이 앓고 있었다. 이후 나는 부상을 이유로 몇 차례 잉글랜드 대표팀에서 낙마했다. 그러나 나는 결론적으로 우울증을 앓는 이 상황에서 벗어나야 했다. 나는 데이비드 가이스David Geiss 와의 대화를 통해 그에게 내가 어떤 생각을 하고 있고, 어떤 기분인지를 설명했다. 이후 그는 2011/12 시즌 초반 FA의 아드리안 베빙턴Adrian Bevington 과 커피숍에서 만나 나의 상황을 설명해줬다. 나는 카펠로 감독과는 아예 만나지도 않았다. 그만큼 나는 대표팀과 동떨어진 삶을 살고 있었다.

카펠로 감독은 2012년 잉글랜드를 떠났다. 이후 잉글랜드 대표팀은 스튜어트 피어스가 감독대행으로 부임해 네덜란드와의 평가전에 나섰다. 피어스는 내가 웨스트햄 시절부터 존경한 사람 중 한 명이었다. 그는 내가 잉글랜드 대표팀에 합류하기를 바랐다. 유로 2012가 다가오고 있었지만, 나는 또 국제대회에 출전할 자신이 없었다. 남아공에서의 경험은 내게 그 정도로 안 좋은 기억으로 남아 있었다. 나는 그로부터 회복하는 데도 오랜 시간이 걸렸다. 피어스 감독은 내가 대표팀에 합류해 네덜란드전에 출전하기를 희망했다. 그러나 나는 대표팀 차출을 정중히 거부했다. 어린 시절부터 항상 꿈꾼 대표팀의 부름을 거절하는 건 쉽지 않았다. 그러나 나는 며칠간 고민한 끝에 나를 위한 최선의 결정을 내려야만 했다.

지금 다시 생각해보면 나는 내가 당시에 잉글랜드의 부름을 거절했다는 사실에 후회를 느낀다. 그러나 당시 나의 상태는 그 정도로 좋지 않았다. 게다가 대표팀에 가지 않겠다는 결정을 하고나니 조금씩 내가 달라지는 현상이 일어났다. 차츰 평온을 되찾는 기분이었다. 피어스 감독에게 나의 이러한 감정을 전부 다 설명하지는 않았다. 내 주변 몇몇 사람들에게만 알렸을 뿐이었다. 나는 피어스 감독에게 최대한 간략하게 나의 상태를 설명해줬다. 그는 이를 믿지 못하겠다는 반응을 보였지만, 어찌 됐든 나의 결정을 받아들였다.

이후 로이 호지슨Roy Hodgson 감독이 잉글랜드 대표팀을 맡아 유로 2012 준비에 돌입했다. 이후 나는 잉글랜드 대표팀 차출 요청을 받으면 이에 응할 계획이냐는 질문을 받았다. 나는 스스로를 챙기는 데 더 집중해야만 했다.

휴가에서 돌아온 나는 재충전된 상태였다. 나는 언론을 통해 아직 잉글랜드 대표팀 커리어를 포기하지 않았다고 공개적으로 밝혔다. 호지슨 감독의 수석코치가 된 네빌은 내게 전화를 걸어 내가 어떻게 지내는지를 물었다. 내 상태는 훨씬 좋아졌고, 나는 대표팀에서 떠나 있던 시간을 만회하고 싶었다. 나는 네빌에게 "매 경기 출전하기를 바라지는 않지만, 어떤 방식으로라도 팀에 도움이 되고 싶다"라고 말했다. 나는 유로 2012가 끝난 후 잉글랜드가 치른 이탈리아전에 출전했다. 모든 순간이 즐거웠다. 나라를 대표한다는 기분은 이래야 하는 게 옳다. 이어 나는 2013년 잉글랜드 대표팀의 리우데자네이루 투어에 합류해 역사적인 마라카냐Maracanã 경기장에서 열린 브라질전에도 출전했다. 이어 월드컵 진출 여부가 걸린 웸블리에서의 폴란드전이 열렸을 때도 잉글랜드 대표팀에 차출됐다. 그러나 이후 시즌이 진행될수록 내가 2014년 브라질 월드컵에 출전할 수 없을 것 같다는 느낌이 들었다. 맨유는 프리미어리그에서 고전했고, 결국 나 또한 기회를 살리지 못했다. 우리는 사우스햄튼에서 긱스가 맨유 감독대행으로 치른 마지막 경기를 마친 후 돌아온 상태였다. 공항에서 차에 타려는 순간 호지슨 감독이 내게 전화를 걸어 나를 월드컵에 출전하는 최종 명단이 아닌 예비 명단에 포함시켰다고 말했다. 내가 할 수 있는 건 그와 선수들에게 행운을 빌어주는 것밖에 없었다. 불평을 해봤자 시간낭비에 불과했을 것이기 때문이다. 나는 감독의 결정을 존중했다. 그에게는 내게 전화를 걸어 이 사실을 알리는 것조차 어려운 일이었을 것이다. 나는 이 소식에 실망했지만, 절망하지는 않았다. 이미 나의 잉글랜드 대표팀 경력은 끝에 다다른 상태였다. 나는 어떤 상황도 받아들일 준비가 되어 있었다.

아마 나는 플레이 스타일 탓에 잉글랜드 대표팀 경력에 부정적인 영향을 받기도 했을 것이다. 잉글랜드 대표팀은 용감하게 공을 가지고 플레이해야 한다는 압박감에 시달리면서도, 정작 중요한 순간에 상대팀의 압박을 받으면 위험을 감수하지 못했다. 후방에서 차근차근 경기를 풀어가는 건 위험한 방식으로 여겨졌다. 물론 지금의 잉글랜드 대표팀은 이때와 다르다. 사우스게이트 감독이 팀 문화를 바꿨기 때문이다.

2014년 브라질 월드컵에 출전하지 못한 건 여전히 내게 아픔으로 남아 있다. 나는 호지슨 감독이 이끈 잉글랜드 대표팀에서 드디어 대표팀 축구를 조금씩 즐기기 시작하고 있었다. 호지슨 감독은 대표팀 운영 구조에도 변화를 줬다. 스포츠 심리학자 스티브 피터스가 지원 스태프에 합류했다. 그러면서 선수들이 자발적으로 팀 미팅을 여는 문화가 확립됐다. 코칭스태프도 선수들의 피드백을 더 적극적으로 수렴하기 시작했다. 호지슨 감독은 유로 2016을 몇 개월 앞두고 세인트 조지 파크에서 팀 훈련을 진행한 뒤, 선수들에게 "오늘 오후에는 각자 시간을 보내며 우리가 어떻게 하면 이번 대회에서 우승을 할 수 있을지 생각해보고 돌아와서 내게 알려줘. 나는 어떻게 해야 우승을 할 수 있을지 모르겠으니까!"라고 말했다. 나는 감독이 이런 노력을 한다는 사실을 존중했지만, 그의 말에 조금은 놀란 것도 사실이었다.

내가 마지막으로 출전한 잉글랜드 대표팀 경기는 알리칸테에서 열린 스페인전이다. 그날 경기는 13일의 금요일에 열렸다. 나는 경기 막판에 태클을 당해 발목을 다친 후 절뚝거리면서 경기장에서 나왔다. 이후 나는 다시 잉글랜드 대표팀에 선발되지 못했다. 잉글랜드 대표팀에서 나의 생활은 어려움의 연속이었지만, 이런 기회가 내게 주어졌다는 데는 여전히 큰 감사함을 느끼고 있다.

잉글랜드 대표팀에서의 경험은 우리가 맨유에서 얼마나 훌륭한 환경을 누리고 있었는지를 실감하는 계기가 되기도 했다. 맨유에는 내가 잉글랜드 대표팀에서 경험한 외부 잡음, 언론의 영향 등이 없었다. 그래도 나는 어릴 적부터 꿈꾼 국가대표가 될 수 있었다는 데 자부심을 느낀다. 나는 그 행운을 누린 몇 안 되는 사람 중 한 명이기 때문이다.

13
END OF AN ERA

한 시대의 끝

MICHAEL CARRICK
BETWEEN THE LINES

나는 선수 생활을 하며 최정점에 오른 적도 있지만, 끔찍할 정도로 낮은 곳까지 떨어지는 경험도 했다. 선수 생활을 하며 느끼는 감정은 매번 상황에 따라 천차만별이지만, 승리와 패배는 말 그대로 종이 한 장 차이다. 때때로 축구는 정말 잔인하다. 내게 가장 가혹했던 날은 2012년 5월 13일 일요일이었다. 그날 느낀 고통은 여전히 내 마음속에 남아 있다. 프리미어리그 우승 경쟁은 시즌 마지막 날까지 이어졌고, 당연히 팬들은 열광했다. 모두가 그날의 상황을 기억할 것이다. 우리는 맨시티와 승점상 동률을 이루고 있었다. 그러나 골득실 차에서 우위를 점한 건 그들이었다. 시즌 최종전으로 우리는 선더랜드 원정, 맨시티는 홈에서 QPR을 상대했다. 나는 "우리가 우승할 가능성은 없어"라고 혼자 생각했다. 맨시티가 패배는커녕 비길 거라고는 전혀 예상하지 못했기 때문이다. 그래서 우리는 시즌 마지막 경기에서 무조건 승리해 유종의 미를 거두는 데 모든 집중을 기울였다. 그런데 갑자기 우리에게 역전 우승을 달성할 기회가 생겼다. 우리가 선더랜드 홈구장 스타디움 오브 라이트Stadium of Light에서 경기 종료 20여 분을 남겨두고 1-0으로 앞선 시점 갑자기 우리 팬들이 환호성을 지르기 시작했다. 도대체 무슨 일이지? 교체 투입

된 조니 에반스Jonny Evans가 내게 "맨시티가 지고 있어!"라며 상황을 설명해줬다. 맨시티는 제이미 매키Jamie Mackie에게 실점하며 0-1로 뒤지고 있었고, 이대로 경기가 끝난다면 우리는 6년 사이에 다섯 번째 프리미어리그 우승을 달성할 수 있었다. 이는 맨유 구단 역사상 20번째 리그 우승이자 리버풀보다 두 차례나 더 많은 우승 횟수를 뜻하기도 했다. 그러나 나는 맨시티 홈구장 에티하드Etihad에서 벌어지는 일에 대해 관심을 끄고 우리 경기에 집중하기로 했다. 맨시티가 QPR에 패하는 건 여전히 상상할 수 없었기 때문이다. 우리 팬들은 여전히 환호성을 지르고 있었다. 1분을 남겨두고 선더랜드의 골킥 상황에서 그대로 시간이 흐를 때, 비로소 우리가 리그 우승을 차지할 수 있다는 실감이 나기 시작했다.

하워드 웹Howard Webb 주심이 경기 종료를 알리는 풀타임 휘슬을 불었다. 우리는 경기장에 남아 에티하드에서 벌어지고 있는 경기 결과를 기다리고 있었다. 그러나 내가 우리의 우승을 예감한 그 시점부터 희망이 산산조각 나기 시작했다.

하워드는 "맨시티가 골을 넣었어"라고 말했다. 도대체 무슨 일이 벌어시고 있는지 알 수 없었다. 지금 스코어가 뭐지? 우리의 경기는 이미 끝났다. 그때 제코가 동점골을 넣었다는 얘기가 들렸다. 그러나 맨시티는 역전골을 넣어야 했다. 즉, 우리가 우승을 차지할 가능성은 여전히 남아 있었다. 선더랜드 팬들은 맨시티의 동점골 소식이 전해지자 웅성거렸다. 수천 명에 달하는 선더랜드 팬들은 자신들이 응원하는 팀과는 전혀 관계가 없는 우승 경쟁 결과가 궁금했던 나머지 경기장에 그대로 남아 있었다. 우리는 드레싱룸으로 연결되는 터널 쪽으로 걷기 시작했다. 이미 감독님과 필 존스는 그곳에서 라디오를 들으며 맨시티의 경기 상황을 파악하고 있었다. 결국, 최악의 소식이 전해졌다. 망치로 머리를 맞은 기분이었다.

"맨시티가 또 골을 넣었어"라고 존스가 말했다.

아구에로의 역전골. 맨시티가 챔피언이 됐다. 그때 우리의 머릿속에는 최대한 빨리 스타디움 오브 라이트를 떠나고 싶다는 생각밖에 없었다.

퍼거슨 감독은 우리에게 "원정 와준 팬들에게 박수를 보내줘라"고 말했다. 그런 순간에도 감독님은 우리가 품격 있는 모습을 보이기를 원했다. 감독님은 그 정도로 품위 있는 분이셨다. 우리는 잠시나마 리그 우승이 우리의 것이라고 믿어준 팬들에게 감사함을 전했다. 반대로 선더랜드 팬들은 우리를 동정하지 않았다. 그들은 경기장에서 내려오는 우리를 모독했다. 그들은 맨유의 리그 우승이 마지막 순간에 좌절됐다는 사실에 열광하고 있었다.

선더랜드 팬들이 그런 모습을 보였다는 사실은 크게 놀랍지 않았다. 원래부터 맨유는 어디를 가도 인기 있는 구단이자 잉글랜드의 가장 큰 구단이라는 사실 탓에 부러움의 대상이었기 때문이다. 그것은 우리 스스로를 통해 만들어진 문화였다. 사람들은 성공한 자의 고통을 즐거워한다. 어떻게 보면, 그들이 우리가 우승하지 못한 사실에 기뻐하는 모습은 궁극적으로 우리를 향한 칭찬일 수도 있었다. 우리 팬들에게 인사를 건넨 나와 애쉴리 영이 터널로 향하는 길에 믹 펠란 코치는 우리를 위로했다. 펠란 코치는 분명히 우리에게 무엇인가 말하고 있었지만, 선더랜드 팬들의 함성 탓에 그가 무슨 말을 하는지를 들을 수 없었다.

선더랜드 팬들은 터널에 들어서는 우리를 향해 "너희는 누구야Who are ya?"라고 외쳤다. 그러면서 그들은 포즈난Poznan을 선보이기 시작했다. '포즈난'은 맨시티 팬들이 폴란드 구단 포즈난 팬들로부터 배운 운동장으로부터 등을 돌린 채 위아래로 껑충껑충 뛰는 동작을 뜻한다. 내가 선더랜드 팬이었다면 그날 그들이 보인 모습을 시간이 흐른 후 다시 본 후 "도대체 우리가 무슨 짓을 한 거야? 우리는 우승 경쟁과 아무런 상관이 없는데"라고 생각했을 것 같다. 선더랜드 팬들은 마치 선더랜드가 우승한 것처럼 행동했다. 정말 이상하기 짝이 없었다. 그러면서 스타디움 오브 라이트의 전광판에는 맨시티와

QPR의 경기 결과가 비춰졌다. 선더랜드 팬들의 함성은 더 커졌다. 터널을 통해 경기장을 빠져나가는 우리는 마치 그들의 함성에 떠밀려 나가는 듯한 느낌을 받았다.

경기 후 우리 드레싱룸에서는 침묵이 흘렀다. 누구도 미동조차 하지 않았다. 화가 끝까지 치밀어 오른 우리는 그대로 얼어붙어 있었다. 우리가 챔피언이 될 수 있었다. 수개월간 진행된 시즌이 단 하나의 터치에 의해 결정되다니. 나는 스타디움 오브 라이트를 빠져 나가는 버스 안에서도 계속 한숨을 쉬었다. 우리가 우승을 했다면 어땠을지를 상상했다. 감독님은 자리에서 일어나 우리에게 "절대 지금 느끼는 감정을 잊어선 안 된다"라고 말했다. 그의 메시지는 우리에게 강력하게 전달됐다. 감독님은 특히 우리 팀의 어린 선수들을 향해 그렇게 말하고 있었다. 그는 이미 우리 팀 베테랑들이 영리한 선수이며 다음 시즌에도 믿을 만한 존재라는 사실을 알고 있었다. 감독님은 또 다시 "절대 이 감정을 잊어선 안 된다. 다음 시즌 우리가 우승을 차지하는 데 자극제로 삼아야 한다"고 말했다. 감독님은 화를 내거나 소리를 지르지 않았다. 그는 우리에게 중요한 메시지를 전달하는 데만 집중했다.

당시 우리가 분노를 느낀 이유는 우승을 놓쳤기 때문만이 아니었다. 선더랜드 팬들의 조롱은 우리를 더 화나게 만들었다. 이후 우리는 선더랜드 원정에 갈 때마다 2012년 5월 우리가 그곳에서 느껴야 했던 고통을 기억해야 했다. 감독님은 이를 이용해 2013/14 시즌 12월 올드 트래포드에서 선더랜드를 만난 경기와 3월 스타디움 오브 라이트 원정을 앞두고 우리의 승부욕을 자극했다.

그런 일을 쉽게 잊을 수는 없다. 우리는 당시 선더랜드 원정을 마치고 집으로 돌아가는 버스 안에서도 우승을 할 수 있었다는 생각을 떨쳐내지 못하고 있었다. 앞서 에버튼과의 무승부, 위건전 패배가 계속 떠올랐다. 우리가 우승할 기회를 스스로 놓쳤기 때문이다. 나는 오늘날까지도 그날 느낀 실망감으로부터 완전히 벗어나지 못했다.

　2011/12 시즌의 마지막이 씁쓸했던 또 다른 이유는 맨시티를 상대한 QPR이 경기 막바지에 강등당할 위험이 없어졌다는 데 있었다. 강등권의 바로 윗자리인 17위에 올라 있던 QPR은 그날 동시간에 열린 경기에서 스토크가 강등권 탈출이 좌절되며 프리미어리그 잔류를 이미 확정한 상태였다. QPR이 일부러 맨시티와의 경기를 포기했다고 말하는 건 아니지만, 그들은 아구에로가 역전골을 넣는 순간 사력을 다해 뛰어야 할 필요가 없었던 것이 사실이다. 그들은 이미 경기력의 강도를 낮춘 상황이었다. 그렇지 않았다면 아구에로가 역전골을 넣을 때 더 악착 같은 수비를 했어야 했을 수도 있었을 것이다. 그랬다면 우리가 챔피언이 됐을 지도 모른다. 그런 사실은 쉽게 간과할 수 없는 것이다.

　물론 나는 그때까지 맨유에서 6년간 뛰며 리그에서 네 번이나 우승을 차지했으며 나머지 두 번은 각각 골득실차와 승점 1점 차로 2위에 올랐다는 데 자부심을 느낀다. 그러나 우리가 우승을 놓친 과정을 생각하면 여전히 아픔을 느낀다. 가끔 TV를 보면 스포츠 프로그램을 할 때마다 그날 아구에로의 역전골을 보여준다. 그럴 때면 나는 늘 고개를 돌린다. 나는 오늘날까지 그날 맨시티가 트로피를 드는 장면을 본 적이 없다.

　2011/12 시즌은 시작부터 힘들었다. 맨유에서 활약하는 동안 내게는 늘 한 가지 두려운 것이 있었다. 퍼거슨 감독의 가차없는 리더십이었다. 그는 2011년 커뮤니티 실드에서 전반전이 끝나자 나를 바로 교체하고 톰 클레버리를 투입했다. 여전히 나는 그날 후반전을 벤치에 앉아 지켜보던 내 모습을 기억한다. 감독님이 지나치게 가혹하다고 생각했다. 그가 왜 그런 결정을 했을까? 이후 클레버리와 안데르손이 프리미어리그 경기에서도 선발 출전했다. 나는 자연스럽게 내 자리가 그들에게 넘어가는 게 아닐까하는 생각을 하기 시작했다. 감독님이 젊은 선수들을 쓰기로 결정한 걸까? 나는 그렇게 다

시 엄습해오는 우울한 기분과 맞서 싸워야 했다. 나는 맨유에서 매우 성공적인 커리어를 쌓은 상태였다. 맨유에서 뛰는 동안 구단에 단 한 번도 불만을 표출한 적은 없었다. 나는 맨유에 있는 동안은 매일매일 나 자신을 증명해야 한다는 사실을 알고 있었고, 어린 선수들의 도전을 이겨내야 한다고 믿었다.

지금 다시 내 커리어를 돌아보면, 매 시즌 나의 활약이 어떤 패턴으로 이어졌는지를 알 수 있을 것 같다. 나는 지도자가 되면 이를 경험으로 활용할 것이다. 모든 선수가 다양한 상황에 반응하는 제각각의 방식을 가지고 있다. 안데르손처럼 시즌 초반에 빼어난 활약을 펼치는 선수가 있다면, 나처럼 경기력을 끌어올리는 데 시간이 필요한 선수도 있다. 나는 거의 매 시즌 9~10월이 돼야 날카로움을 되찾으며 주전 자리를 확고하게 꿰찼다. 그 시점부터 나는 늘 5월까지 높은 경기력을 유지했다. 시즌 초반 어려움을 겪은 원인으로는 부상과 몸 상태 저하 등의 이유가 있었지만, 감독님은 늘 내게 "너는 비가 오는 시기가 돼야 좋은 활약을 한다"며 내가 가을이 돼야 경기력이 정점에 도달한다고 지적했다.

퍼거슨 감독이 처음 그 말을 했을 때, 나는 그가 농담을 하는 줄 알았다. 그러나 그의 말에는 일리가 있었다. 그는 과학적인 이유를 들어 내가 가을부터 경기력이 올라온다는 결론을 내렸기 때문이다. 감독님은 내가 잔디 상태가 더 부드러울 때 더 좋은 경기력을 보인다고 말했다. 선수마다 경기력에 편차를 보이는 데는 다양한 원인이 있다. 나 역시 마찬가지였다. 그러나 경기장 상태가 내 경기력에 영향을 미친다는 사실을 아는 사람은 없었을 것이다.

축구 선수들은 경주마 같은 존재다. 내가 경기장 바닥이 더 부드러울 때 더 좋은 활약을 펼친 이유는 딱딱한 잔디에서 뛰면 내 아킬레스건이 부어올랐기 때문이다. 핑계처럼 들릴 수도 있겠지만, 잔디가 건조한 경기장은 나처럼 패스 위주로 경기를 풀어가는 선수에게 불리하다. 나는 물을 골고루 머금고 있는 잔디를 더 선호했다. 그래야 내가 패스를 했을 때 공이 더 빨리 움직였기 때문이다. 공이 더 빨리 움직이면 나의 패스도 잔디 위로 굴러가며 속도가 줄어들지 않았고, 신속하게 동료의 발밑으로 연결돼 우리 팀 공격이 더 원활하게 전개됐다. 잔디가 건조하면 공이 더 정적일 수밖에 없다. 이 모든 건 아주 미세한 부분이지만, 결과적으로는 큰 차이를 만든다. 나는 상대 미드필드와 수비 라인 사이 공간을 거쳐 우리 팀 공격수 발밑으로 바로 연결되는 패스를 즐겨 구사했다. 잔디가 젖은 상태여야 이러한 패스가 더 원활하게 연결된다. 우리가 안필드 원정을 치를 때 리버풀 공격수 루이스 수아레스Luis Suarez가 팻 에브라Pat Evra에게 인종차별적 폭언을 한 시점도 내가 벤치에서 경기를 지켜본 10월이었다. 나는 당시 몸 상태를 끌어올리며 주전 자리를 되찾기 위해 노력하고 있었다.

    맨유는 구단 차원에서 매우 강력하게 에브라를 지지했다. 나를 포함한 우리 팀 선수들도 전적으로 그를 옹호했다. 선수가 그런 식으로 모욕을 당하는 건 지나친 일이기 때문이다. 에브라는 실제로 큰 상처를 입었다. 그는 우리 팀의 일원이었다. 그래서 우리는 모두 수아레스를 향해 적대심을 품을 수밖에 없었다. 이후 수아레스는 징계를 받았다. 그는 여덟 경기 출전 정지 처분을 받게 됐다. 공교롭게도 그의 복귀전은 올드 트래포드 원정이었다. 그는 경기 전 양 팀 선수가 악수를 나누는 시간에 에브라와의 악수를 거부했다. 이는 바람직한 상황이 아니었다. 나는 당시 수아레스와 악수를 했다. 그러나 에브라는 우리 팀 모든 선수들이 그를 지지하고 있다는 사실을 알고 있었다. 이 상황에서 내가 수아레스와의 악수를 거부해 분위기를 더 안 좋게 할 필요는 없었다. 우리에게는 경기가 더 중요했고, 괜히 분위기를 과열시킬 필요가 없었기 때문이다.

    전반전이 종료된 후 에브라가 수아레스를 향해 전력질주해 달려가며 아찔한 상황이 연출될 뻔했지만, 결국 큰일은 일어나지 않았다. 그저 잠시 분위기가 과열됐을 뿐이었다. 어찌 됐든 우리는 그 경기에서 이겼다. 승리야말로 우리가 "에브라, 우리는 너를 지지한다"라는 메시지를 보내는 가장 완벽한 방법이었다.

2011/12 시즌은 충격과 놀라움의 연속이었다. 나는 우리가 맨시티와의 컵대회 경기를 앞둔 시점에 스콜스가 캐링턴 훈련장으로 2군에서 뛰던 몇몇 어린 선수를 데리고 온 날을 절대 잊지 못할 것이다. 스콜스는 현역 은퇴 후 워렌 조이스Warren Joyce 와 함께 2군 선수들을 지도하며 동시에 그들과 함께 몸 상태를 유지했다. 스콜스는 그날 우리 팀 훈련 도중 열린 10대10 연습 경기에 참여하며 분위기를 북돋는데 큰 도움을 줬다. 처음에 나는 그가 인원수를 맞춰주기 위해 연습 경기에서 뛴다고 생각했다. 그러나 스콜스는 그날 밤 팀 호텔에도 모습을 드러냈다. 그때도 나는 그가 2군 출신 선수를 만나러 왔는 줄 알고 있었다. 그는 코칭스태프와 한 테이블에 앉아 있었다. 스콜스는 현역 시절에는 늘 우리와 함께 했지만, 그날은 달랐다. 그런데 경기가 열리는 날에도 팀 버스에서 스콜스는 현역 시절 자신이 늘 앉던 자리에 앉아 있었다. 한가지 재미 있는 사실은 팀 버스에서 선수들은 각자 자기 자리에만 앉는 불문율을 지켜야 했다는 점이다. 스콜스는 버스에 올라타더니 자연스럽게 현역 시절 자기가 앉던 자리를 차지하고 앉았다. 에티하드 스타디움에 도착해 드레싱 룸으로 들어가자 장비 담당자가 스콜스의 유니폼을 한 로커 앞에 걸어놓았다. 곧 스콜스가 들어와 옷을 갈아입었다.

도대체 무슨 일이 일어난 거지? 스콜스가 돌아온 걸까? 모두가 혼란에 빠진 상황 속에서 감독님이 "아, 오늘 스콜스는 교체 명단에 포함됐다"라고 말했다. 우리는 모두 웃음을 터뜨렸다. 맨유 역대 최고의 선수 중 한 명이 현역 복귀를 선언하는 순간이었다. 나는 스콜스와 호흡을 맞출 일이 다시는 없을 것이라고 생각하고 있었다. 그러나 그가 돌아오면서 우리 팀 분위기는 훨씬 더 좋아졌다.

스콜스는 드레싱룸 구석에 앉아 키득거리며 축구화를 신고 있었다. 아주 그다운 모습이었다. 그는 마치 동네에서 친구들과 축구를 하러 온 것처럼 경기를 준비하고 있었다. 드레싱룸에서 터널을 통해 경기장으로 나간 뒤, 나는 스콜스를 본 우리 팬들의 반응에 한 번 더 웃을 수밖에 없었다. 그들은 마치 크리스마스가 온 것처럼 스콜스의 복귀에 반색했다. 감독님이 후반전 도중 나니를 빼고 스콜스를 투입하자 관중석에서는 더 큰 함성이 나왔다.

우리는 그날 맨시티와의 컵대회 경기에서 승리했지만, 결국 프리미어리그 우승을 차지하며 마지막에 웃은 건 그들이었다. 우승을 놓친 건 전적으로 우리 책임이었다. 우리는 에버튼전에서 4-2로 앞서고도 에브라의 슈팅이 골포스트를 맞은 뒤, 내리 두 골을 헌납하며 4-4로 비겼다. 그렇게 승점 2점을 잃은 우리였지만 여전히 위건 원정에서 승리했다면 다섯 경기를 남겨두고 맨시티와의 격차를 승점 8점 차로 벌릴 수 있었다. 위건 원정은 내게는 악몽 같은 기억으로 남아 있다. 그날 우리 팀 장비 담당자 알버트는 내가 축구화 안에 넣는 기능성 안창을 챙기는 걸 깜빡하고 말았다. 나의 왼쪽 다리는 오른쪽 다리보다 조금 더 길다. 그래서 나는 기능성 안창을 장착해 몸의 중심을 잡은 채 경기에 출전해야 했다. 그러나 알버트는 내 훈련용 축구화에 붙어 있던 안창을 경기용 축구화에 미처 장착하지 못한 상태였다. 다리의 중심을 잡아주는 안창 없이 축구화를 신은 기분은 매우 이상했다.

알버트는 그날 나뿐 아니라 긱스의 안창을 챙기는 것까지 잊고 있었다. 그는 계속 우리에게 미안하다는 말을 반복했다. 물론, 우리가 그날 위건에 패한 이유가 축구화 안창이 없었기 때문이라고 말하고 싶지는 않다. 그날 우리의 경기력은 좋지 않았고, 우리는 우리 스스로 승점을 얻을 기회를 날려버린 상태였다. 감독님은 대로하셨다. 그는 우리가 시즌 막바지에 최고의 몸 상태에 도달할 수 있도록 모든 준비를 했지만, 우리는 강등권 탈출에 어려움을 겪은 상대팀에 승점을 잃으며 맨시티와의 격차를 승점 8점 차로 늘릴 기회를 놓쳤다. 그 전까지 우리는 시즌 막바지에 늘 더 강한 팀이었다. 그 후 우리는 맨시티와의 맞대결에서 0-1로 패하며 사실상 우승과 멀어졌다.

나는 마음의 상처를 입은 채 여름 휴가를 시작했다. 유로 2012가 열렸지만, 나는 출전하지 못했다. 그 때문에 나는 프로 선수가 된 후 7~8주에 달하는 가장 긴 여름 휴가를 가질 수 있었다. 덕분에 나는 몸 상태를 100% 회복했다. 맨유는 내 인생이나 다름없었다. 그러나 맨유 선수로 살아간다는 건 강도가 매우 높고, 때로는 가혹하기까지 하다. 나는 맨유를 위해 헌신하고, 희생하며 발전을 추구하는 나의 삶을 사랑했다. 그러나 여름이 되면 충분한 휴식을 취하는 것 역시 중요했다. 게다가 축구 선수는 시즌 중에는 이기적인 삶을 살 수밖에 없다. 나는 시즌 도중 리사에게 여러 차례 "파티에 참석할 수 없어" 혹은 "훈련에 방해가 될 수도 있으니 당신 친구 결혼식에는 가지 못하겠어"라고 말해야 했다. 우리 가족의 인생은 늘 나의 축구 일정을 중심으로 흘러가야 했다. 그 때문에 나는 오늘날까지도 가족에게 미안한 마음을 가지고 있다. 심지어 집에서 아이들과 놀아줄 때도 내 머릿속은 어떻게 하면 다가오는 팀 훈련이나 경기에서 내가 최고의 모습을 보여줄 수 있을지에 대한 생각으로 가득했다. 그건 내게도 어쩔 수 없는 현상이었다. 나는 팀의 일정과 계획에 따라 움직여야 했다. 월요일과 목요일에는 요가, 나머지 날에는 상체 코어 근육 훈련, 하체 근력 훈련, 달리기 훈련 등을 따로 해야 했다. 어떻게 하면 더 빨라지고, 체력이 더 좋아질 수 있을지 늘 고민해야 했다.

경기가 열리는 날 누군가 내게 전화를 하면, 나는 "지금 나랑 장난하는 거야?"라고 생각하기 일쑤였다. 그렇게 연락하는 사람들이 무례하다고 믿었다. 오후 8시에 경기가 열리는 데 4시에 문자를 보내다니. 내가 경기에 출전해야 한다는 걸 모르는 건가? 지금 왜 나를 괴롭히는 거지? 나는 경기가 열리는 날에는 1시가 되면 리사에게 문자를 보내 "나 지금 잠시 쉬러 왔어. 오늘 전화하지 마. 경기 끝나고 보자"라고 미리 말해놓았다. 누군가는 이런 나를 보고 축구에 집착했다고 생각할 수도 있다. 맞다. 나는 축구에 집착하고 있었다. 그래서 시즌이 끝나는 매년 여름이 되면, 리사는 "마이클이 내게 돌아왔어"라고 말하곤 했다. 그래서 나는 여름이 되면 최소 몇 주 동안은 완전히 다른 사람이 됐다. 리사는 여름에는 내가 달라진 사람이 된다며 그때의 나는 "재미있는 마이클"이라고 말했다. 나는 시즌 도중에는 절대 술을 마시지 않았고, 잠은 최대한 많이 잔 후 훈련에서 모든 걸 다 쏟아냈다. 그래서 내게는 탈출구도 필요했다. 1년에 한두 번씩은 뉴캐슬에서 친구들이 찾아와 맥주 몇 잔을 마셨다. 이 정도의 탈출구도 없었다면, 아마 나는 미쳐버렸을지도 모른다. 음식도 최대한 가려서 먹었다. 나는 패스트푸드를 먹지 않았고, 술도 최대한 자제했다. 다만, 나는 단 음식을 좋아한다. 만약 누군가가 내게 와인, 맥주, 아이스크림 중 하나를 고르라고 한다면 나는 무조건 아이스크림을 선택할 것이다. 가끔 리사가 내 옆에 앉아 와인 한잔을 마시면, 나는 옆에서 데어리 밀크나 갤럭시를 먹었다.

이와 같은 축구를 향한 나의 집착은 나의 인생에만 영향을 미친 것이 아니었다. 리사와 두 아이들도 나의 그런 면으로부터 큰 영향을 받을 수밖에 없었다. 내가 휴가를 즐기는 6월은 온 가족에게 특별한 시간이 되곤 했다. 우리는 수영장이나 바닷가로 휴가를 떠났고, 나는 그 기간 중에는 늘 가족과 함께했다. 나는 여름 휴가 기간이 되고 나서야 한동안 축구 때문에 내가 정신적으로, 육체적으로 얼마나 지쳐 있었는지를 깨달았다. 그래서 가끔은 모든 상황에서 한발짝 물러나 내가 아닌 다른 누군가를 먼저 생각하는 시간이 필요했다. 내게 가장 중요한 가족을 먼저 생각하는 시간이 내겐 꼭 필요했다.

평소에 집에서 지낼 때는 아이들과 외출을 하기가 어렵다. 팬들의 사인 요청이 이어지기 때문이다. 나는 아이들과 함께 있거나 식사를 할 때는 평화로운 시간을 원했다. 그러나 아이들과 프로레슬링을 보러 갔을 때, 루이스와 제이시가 가장 좋아하는 레슬러를 보고 흥분하며 사인을 받고 싶어하는 모습을 보면, 나 또한 내게 사인을 요청하는 팬들을 이해할 수 있었다. 그럼에도 불구하고 몇몇 무례한 팬들이 있는 것 또한 사실이다. 갑자기 내게 다가와 "캐릭, 여기다 사인 좀 해"라고 말하는 팬들이 꽤 자주 있었다. 그래서 나는 몇 번이나 그들에게 "'부탁해요'라고 한 마디만 할 수는 없어?"라고 답하곤 했다. 내가 그렇게 반응하면 팬들은 마치 머리 두 개가 달린 짐승을 쳐다보듯이 나를 바라봤다. 루이스는 내게 몇 번이나 "아빠, 빨리 은퇴해서 사람들이 아빠를 그만 괴롭혔으면 좋겠어"라고 말하기도 했다.

그럴 때면 늘 미안한 마음이 들었다. 루이스는 트래포드 센터 Trafford Centre를 가는 것을 매우 좋아했다. 한번은 함께 시간을 보내기 위해 루이스를 데리고 리버 아일랜드 River Island로 쇼핑을 간 적이 있었다. 그러나 그날 루이스는 아빠와 함께 보낸 시간보다는 내가 사람들에게 사인을 해줘야 했던 탓에 옆에 혼자 서서 기다려야 했던 시간이 더 길었다. 그날 이후 루이스는 내가 "트래포드 센터로 쇼핑 갈까?"라고 물어보면, "아니야, 아빠. 가고싶지 않아. 가면 아빠는 괴롭힘만 당하고 나랑 시간을 보낼 수는 없으니까"라고 답했다. 그럴 때면 나는 죄책감과 함께 슬픔에 잠기기도 했다.

우리 가족은 2012년 여름 휴가 기간에 바베이도스로 떠났다. 리사와 나의 부모님을 포함한 온 가족이 바베이도스 휴가를 떠났고, 우리는 오랜만에 함께 시간을 보낼 수 있었다. 나는 전화기를 방에 놓아두고 리사, 그리고 아이들과 시간을 보내는 데만 집중했다. 이런 자유가 주어질 수 있다는 건 정말 아름다운 일이었다. 아침에 일어나 어디를 가서 무엇을 할지 결정할 수 있다는 것이 정말 좋았다. 나는 축구 선수의 삶이 축복받은 인생이라는 사실을 인정하지만, 그것은 동시에 매우 계획적인 인생을 살아야 한다는 뜻이기도 하다. 매년 7월 1일부터 5월 말까지 내 인생은 맨유의 것이었다. 이는 지금도 마찬가지다. 나는 맨유를 사랑한다. 그러나 1년에 1~2주 정도 구단의 일정에 따르지 않을 수 있다는 것은 좋은 일이다. 그 시간을 이용해 나는 리사, 루이스, 그리고 제이시를 위한 삶을 산다.

2012년 여름은 내게 마법 같은 시간이었다. 우리는 2주 동안 바베이도스에서 아무것도 하지 않은 채 쉬기만 했다. 그러자 슬슬 몸이 근질근질해지기 시작했다. 체육관에라도 가서 운동을 해야 할 것만 같았다. 나는 매일 팀 훈련을 하지 않아도 늘 몸 상태를 유지하기 위해 노력했다.

바베이도스를 떠난 뒤, 나는 리사와 함께 이비사로 갔다. 우리는 이비사에서 배를 타고 포르멘테라Formentera로 가서 점심식사를 했다. 그곳에서 우리는 둘만의 시간을 가졌다. 이후 제이시는 뉴캐슬에서 세례를 받았다. 남은 휴가 기간 동안 나는 그랑프리를 관람했고, 결혼식에 참석한 후 "체력을 완벽하게 회복했다"고 생각하며 캐링턴 훈련장으로 돌아갔다. 빨리 운동을 하고 싶었다. 다시 시즌을 시작할 준비가 되어 있었다. 내 기량이 최정점에 올라섰다는 느낌을 받았고, 자연스럽게 경험이 쌓이며 책임감도 짊어지게 됐다. 아킬레스건 상태도 좋았고, 전 시즌 선더랜드에서 경험한 일이 내게 자극제가 된 상태였다. 나는 시즌 시작을 준비하며 "절대 그 기억이 재현되지 않게 할 거야"라고 여러 차례 다짐했다.

감독님이 어떤 선수를 영입할지 궁금했다. 그는 로빈 판 페르시Robin van Persie를 영입했다. 반 페르시는 나이와 이적료를 고려할 때 평소 퍼거슨 감독이 선호하는 선수와는 다른 유형이었다. 감독님은 로빈처럼 이미 검증된 선수에게 큰 돈을 투자하는 영입을 웬만해선 하지 않는 지도자였다. 그러나 나는 그가 로빈을 영입한 이유가 그저 단기적인 성과를 위해서라고는 생각하지 않았다. 더욱이 나는 감독님이 은퇴를 생각하고 있다는 사실도 전혀 모르고 있었다. 반 페르시는 네덜란드 선수 특유의 특성을 바탕으로 폭발적인 득점력을 발휘하는 공격수였다. 그러나 그는 우리 팀에 매우 잘 어울리는 선수였고, 맨유에 강한 애정을 나타냈다. 그는 구단의 전통을 존중했고, 우리 팀의 몇몇 베테랑 선수들도 그가 원활하게 적응할 수 있도록 도왔다. 우리는 그가 팀 훈련에 합류한 첫날부터 그에게 "네가 우리 팀을 위해 해줄 수 있는 게 뭔데?"라는 질문을 던지며 그를 자극했다. 그러나 그는 정말 대단한 퍼스트터치의 소유자였다. 사실 우리는 그가 어떤 활약을 할지 이미 잘 알고 있었다. 나는 여전히 우리가 0-1로 뒤진 풀럼전에서 그가 훌륭한 발리슛으로 득점하며 관중석을 순식간에 흥분의 도가니로 만든 모습을 기억한다. 이어 그는 사우스햄튼전에서 해트트릭을 기록했다. 그날 그가 터뜨린 세 골 중 두 골은 경기가 끝날 무렵에 극적으로 터졌다. 그때 나는 그가 성공적인 영입이 될 수 있다는 느낌을 확실히 받았다. 감독님은 반 페르시 외에도 카가와 신지Shinji Kagawa를 영입했다. 그는 분데스리가 최우수 선수였다. 스콜스가 프리시즌 훈련이 시작된 지 일주일도 지나지 않아 신지를 가리키며 "제대로 된 선수"라고 말했던 게 아직도 기억난다.

스콜스의 인정을 받는 건 맨유에서 선수가 누릴 수 있는 최고의 칭찬이다. 카가와는 타고난 재능을 보유한 선수였다. 그는 늘 공을 가지고 플레이하기를 원했고, 공격의 연결고리 역할을 했다. 그가 결론적으로 맨유에서 기대치를 충족하지 못한 건 매우 안타까운 일이다.

맨유에서 뛰는 최고의 선수들은 단지 의욕이 넘쳤을 뿐만 아니라 각자 자기만의 방식대로 맨유에 자신의 족적을 분명히 남겼다. 특히 2012/13 시즌 중 가장 기억에 남는 일화가 있다. 여러분도 이 상황을 떠올려보기를 바란다. 2012년 9월 23일 안필드 원정. 전반전 종료를 앞둔 양 팀은 0-0으로 팽팽히 맞서고 있었다. 긱스가 패스를 받은 후 리버풀의 22세 수비수 마틴 켈리Martin Kelly를 상대로 왼쪽 측면 공격을 시작했다. 나는 중앙 지역에서 공간을 찾아 들어간 후 패스를 받을 완벽한 준비를 마친 후 "긱스!"라고 외쳤다. 긱스가 고개를 돌려 나를 쳐다봤다. 나는 "긱스! 그래! 여기!"라고 외쳤다. 그러나 긱스는 공을 잡은 채 켈리를 상대로 계속 방향을 바꾸면서도 정작 패스를 하지는 않았다. 나는 "빌어먹을, 긱스 제발 좀!"이라고 외쳤다. 그러나 긱스는 아랑곳하지 않고 계속 방향을 바꾼 후 코너킥을 얻어냈다. 우리 팬들도 "XX 크로스하라고!"라며 긱스에게 불만을 내비쳤다.

곧 전반전이 종료됐고, 나는 터널로 향하며 그에게 "긱스?"라며 불만섞인 말투로 말을 건넸다. 그러자 긱스는 미소를 지으며 내 등을 한번 두드리더니, "지금 쟤 허벅지는 타들어가고 있을 거야. 하체 힘이 다 풀렸겠지"라고 말했다. 그제서야 나는 "아, 그래서 그랬던 거였어?"라고 말했다. 긱스는 그런면에서 정말 천재적인 선수였다. 긱스는 매 순간 켈리를 공략하며 그가 쉽게 가만히 놔두지 않았다. 그는 계속 켈리와의 1대1 상황에서 현란한 드리블로 그를 움직이게 만들었다. 긱스는 체격이 왜소한 측면 수비수를 상대로는 늘 직선적인 플레이 스타일을 선보였다. 그는 터치라인에 붙어 그들과의 1대1 대결을 시도했다. 이처럼 긱스는 전천후 활약이 대단한 선수였다. 그는 자신이 선호하는 플레이 스타일만 고집하지 않고, 꼭 해야 하는 역할까지 도맡는 선수였다. 이런 선수들은 결국 작아 보이면서도 큰 차이를 만든다. 긱스의 모든 플레이에는 늘 깊은 생각이 있었다. 그의 축구 지능은 말 그대로 대단했다.

긱스는 마치 권투선수처럼 상대 선수를 지치게 만들었다. 그는 맨시티 원정에서 마이카 리차즈Micah Richards를 상대로도 비슷한 모습을 보였다. 리차즈는 긱스보다 발이 빠른 데다 공중에서 벤치프레스를 할 만한 강한 힘을 지닌 선수였다. 그러나 긱스는 공을 잡았을 때 작은 발동작과 방향 전환으로 마이카를 지치게 만들었다. 경기를 보는 사람들도 긱스가 정확히 어떤 의도로 그런 플레이를 했는지 잘 몰랐을 것이다. 그러나 결국 마지막에 웃는 건 늘 긱스였다. 그는 리차즈를 괴롭힌 맨시티와의 홈 경기에서 후반전 추가 시간에 정확한 패스로 마이클 오웬의 결승골을 도왔다. 이 상황에서 오웬의 침투를 막아야 했던 상대 선수는 리차즈였지만, 이미 그는 지쳐 있었다. 나중에 들은 이야기지만, 과거에는 하이버리 원정에서 솔샤르가 아스널 측면 수비수 애쉴리 콜을 상대로 이와 비슷한 경기를 한 적이 있다고 한다. 당시 솔샤르는 오른쪽 측면에 배치돼 반복적으로 중앙 지역과 측면을 오가며 콜을 지치게 만들었다. 퍼거슨 감독은 이처럼 축구 지능이 높은 선수들과 대화를 통해 그들의 역할을 정해줬다.

우리는 2012/13 시즌에도 퍼거슨 감독 체제에서 늘 그랬듯이 우승에 도전했다. 가장 기억에 남는 경기는 2012년 박싱데이에 열린 뉴캐슬전이다. 우리는 그날 비가 쏟아지는 가운데 늪처럼 망가진 올드 트래포드의 잔디 위에서 뉴캐슬과 전투를 연상케 하는 승부를 펼쳐야 했다. 어쩌면 그날 경기는 우리가 사활을 걸고 끝까지 싸웠다는 점을 고려하면 가장 퍼거슨 감독의 맨유다운 모습이 잘 드러난 승부였을 수도 있겠다. 우리는 세 번이나 골을 내주고도 매번 동점골을 터뜨리며 승부를 원점으로 돌렸다. 나는 반 페르시가 터뜨린 우리의 세 번째 골을 도왔다. 이후에도 우리는 멈추지 않고 공격을 이어갔다. 경기 종료를 단 몇 초 남겨둔 상황에서 리오 퍼디난드가 내게 패스를 연결했다. 나는 긱스, 스콜스, 또는 루니처럼 경기가 끝날 무렵 승부를 결정 짓는 유형의 선수는 아니었다. 그러나 그날 상황은 내게 마치 슬로우모션처럼 느리면서도 선명하게 펼쳐졌다. 아마 이런 상황을 자주 연출하는 세계 최고의 선수들은 꽤 자주 이런 감정을 느낄 것 같다는 생각이 들었다. 앞쪽을 바라보니 침투해 들어가는 치차리토가 보였다. 그에게 패스를 연결하면 우리가 이길 수 있다는 예감이 들었다. 우리에게는 늘 이처럼 마지막에 한 번씩 기회가 찾아오곤 했다. 나는 공을 띄워 치차리토에게 패스를 연결했다. 그는 결국 역전골을 터뜨렸고, 경기장은 열광의 도가니가 됐다. 치차리토는 내 품에 안겼고, 벤치 쪽에서는 감독님이 믹과 포옹을 하더니 팬들과 하이파이브를 나눴다. 감독님은 우리가 2위와의 격차를 승점 7점 차로 벌리고 선두를 질주하게 된 사실을 자축하고 있었다.

나는 뉴캐슬과의 그 경기를 통해 선수로서 더 성장했다. 팀을 이끌고 싶다는 의욕이 더 생겼기 때문이다. 맨유 팬들도 나를 전적으로 신임하고 있었다. 2013년 2월 23일 QPR의 홈구장 로프터스 로드 Loftus Road 에서 열린 경기도 절대 잊을 수 없다. 팬들은 나를 향해 "캐릭이다. 그거 알아? 그가 스콜스가 아니라는 사실을 믿기 어려울 정도야"라는 가사가 담긴 응원가를 불렀다. 아무 과장없이, 그들은 약 25분에 걸쳐 이 노래를 불렀다. 내게는 정말 의미 있는 순간이었다. 팬들은 꽤 오랜 기간 이 응원가를 불렀다고 한다. 응원가를 만든 사람은 맨유 골수팬 피트 보일 Pete Boyle 이라고 들었다. QPR전은 내게 특히 더 잊지 못할 경기로 기억에 남아 있다. 우리는 경기를 완전히 통제하고 있었고, 경기가 종료될 무렵 관중석의 한 섹션 전체가 내 이름을 노래하고 있었다. 로프터스 로드는 작은 경기장이다. 팬들이 부르는 응원가가 어느 때보다 더 잘 들렸다. 그들의 노래는 내게 정말 많은 힘과 자신감을 심어줬다. 그 전까지는 나를 위해 이 정도로 팬들이 응원가를 열창한 적은 없었다. 그래서 그날 내가 느낀 감정은 말로 설명하기가 어려울 정도였다. 그날 나를 응원해준 팬들에게는 지금도 고마운 마음을 가지고 있다.

특히 캐릭이라는 이름은 라임이 맞는 단어를 찾기도 어렵다. 나는 경기 도중 팬들에게 고마움을 표현할 수는 없었지만, 경기가 끝난 후 그들에게 다가가 박수를 보내줬다. 그 전에도 나는 늘 그렇게 팬들에게 인사를 했지만, 그날 로프터스 로드에서는 더 특별한 감정을 느끼며 박수를 보냈다. 나는 인터넷으로 내 이름을 잘 검색하지 않는다. 그러나 그날 밤 나는 소셜 미디어(SNS)에 접속해 나를 위한 응원가를 불러주는 팬들의 영상을 찾아봤다. 그들은 경기가 끝난 후 계단을 내려가 길거리로 나갈 때까지 나를 위한 응원가를 불렀다.

로프터스 로드에 내 응원가가 울려퍼진 뒤, 올드 트래포드의 스트레트포드 엔드 Stretford End 에서 팬들이 부르는 내 응원가 소리는 더 커졌다. 오늘날까지 나를 만나는 몇몇 팬들은 "그날 나는 QPR 원정 경기에 갔었다. 모두가 다 캐릭 응원가를 불렀지"라고 말한다. 여전히 그날은 내게 매우 특별하다. 그래서 나는 이런 팬들에게는 늘 고맙다는 말을 한다. 로프터스 로드에서 그날을 경험하기 전까지, 나는 팬들보다는 동료들이 나를 더 인정한다는 느낌을 받앉었다. 물론 그렇다고 해서 불만을 품고 있던 건 아니었다. 그러나 그날 나를 향한 팬들의 응원은 정말 특별했다.

특히 원정 경기에서 팬들이 나를 그렇게 응원해줬다는 것이 그날을 더 특별하게 만들었다. 홈경기도 아닌 원정 경기에서 4000여명의 팬들이 내 이름을 노래하는 것보다 더 큰 칭찬은 없을 것이다. 나는 예전부터 맨유 팬들이 칸토나, 버트, 브라운, 스콜스, 조지 베스트 응원가를 부르는 모습을 봤다. 그래서 그들이 내 이름을 노래하는 걸 보는 기분은 정말 남달랐다. 맨유의 원정 팬들은 늘 자신들이 팀을 지켜줘야 한다는 신념을 가지고 과거 팀에서 뛰었던 선수들의 응원가를 부른다. 그들은 이처럼 우리가 지금까지 이룬 것들과 우리의 역사, 우리가 한때 보유했던 선수들을 자랑한다. 이를 통해 팬들은 "우리는 지금 원정 경기에 와 있지만, 남의 집 안방에서 주인들보다 더 크게 응원하고 있다"는 메시지를 전파한다. 나는 팬들이 원정 응원을 하기 위해 많은 시간과 돈을 투자한다는 사실을 알고 있다. 원정 응원을 오는 팬들은 90분 내내 일어서서 우리를 응원한다. 그만큼 원정 응원을 오는 팬들은 성격도 홈 경기만 찾는 팬들과는 조금 다르다. 편안하게 앉아 축구를 보기를 원하는 팬들은 아마 원정 경기까지 찾아 90분 내내 일어서서 경기를 보는 걸 꺼려할 것이다. 맨유는 최고의 원정 응원단을 가진 팀이다. 맨유는 많은 사람들에게 인생 그 자체다. 그들이 미친 사람들처럼 보일 수도 있겠지만, 이는 매우 아름다운 일이기도 하다. 맨유는 수백만 명에게 종교나 다름없는 존재다. 선수 입장에서는 단순히 경기에서 승리하기 위해서가 아니라 수백만 명에 달하는 팬들의 삶을 대표한다는 생각을 하면 종종 두려움을 느낄 때도 있다. 그러나 나는 어떤 팬들에게는 맨유가 그들의 모든 것이라는 사실을 이해한다.

시즌이 진행될수록 퍼거슨 감독이 은퇴할 수도 있다는 소문이 돌았다. 그러나 그런 소문은 과거에도 매 시즌 있었다. 그래서 나는 그 소문에 대해 별

다른 신경을 쓰지 않았다. 그러나 지금 생각해보면 2월 데이비드 길 맨유 최고경영자(CEO)가 팀을 떠나며 퍼거슨 감독도 이에 적지 않은 영향을 받았던 것 같다. 길은 감독님과 약 10년간 매우 밀접한 관계를 유지했다. 둘 중 한 명이 왼팔이라면, 나머지 한 명은 오른팔이나 다름없을 정도였다. 그들은 늘 같은 관점에서 구단을 바라봤다. 그들의 영향은 올드 트래포드에 안정감과 평정심을 불어넣었다. 원정 경기가 끝난 후 데이비드가 팀 버스에 올라타면, 감독님은 그에게 심판 판정에 대해 불만을 터뜨리며 "데이비드! 심판들이 계속 이러는데 이제는 우리가 뭐라도 해야 해!"라고 소리쳤다. 길은 당시 잉글랜드 축구협회(FA) 이사진에서 심판을 관리하는 역할도 맡고 있었다.

길은 그런 상황에 직면해도 능숙하게 상황에 대처했다. 그는 자리에 가만히 앉아 침착하게 감독님의 불평을 끝까지 들은 뒤, "맞아, 알렉스, 그런데 적당히 해"라고 답했다. 그가 이렇게 말할 때는 그가 감독님이 하려는 말을 다 이해했다는 뜻이었다. 그는 경기가 끝난 후 우리 팀 드레싱룸에 들어올 때도 경기 결과와 관계없이 늘 모두를 일관성 있게 대해줬다. 그는 드레싱 룸에서 코칭스태프와 대화를 나누며 그들의 가족이 어떻게 지내는지를 물어보곤 했다. 그는 요즘에도 가끔 구단을 방문해 우리에게 "어떻게 지내?"라고 묻는다. 그는 내게도 늘 대화하기 편한 존재였다. 그는 늘 농담을 건네며 웃는 모습을 보였고, 경기가 끝난 후 모든 선수들과 악수를 나눴다. 그는 경기에 대해 얘기할 때도 절대 자신의 영역을 벗어나지 않았다. 경기가 끝난 후 드레싱룸으로 들어와 자리에 앉아서 축구화를 벗은 후 고개를 들면, 존재감이 거대한 그가 늘 그 자리에 서 있었다. 그는 권위 있는 자리에 있는 인물이지만, 그러면서도 항상 상대하기가 편한 존재였다. 그의 행동에는 늘 품격이 있었다. 그는 경기가 끝난 후 인사를 나누거나 재계약 협상을 할 때도 품위를 잃지 않았다. 무엇보다 중요한 건 그는 그 자신이 맨유의 팬으로서 열정적으로 맨유를 사랑했다는 점이었다.

나는 길이 맨유를 떠난다는 소식을 듣는 순간에도 감독님마저 우리와 결별할 수도 있다는 가능성에 대해서는 생각조차 하지 못했다. 그러나 지금 생각해보면 3월 레알 마드리드와의 챔피언스리그 16강에서 감독님이 보인 행동에서 힌트를 얻었어야 했다. 우리는 올드 트래포드에서 열린 레알과의 2차전 경기 도중 나니가 퇴장을 당하며 8강 진출의 꿈이 산산조각 났다. 우리가 1-0으로 앞서며 우위를 점한 상황에서 나니가 발을 높이 든 채 알바로 아르벨로아Álvaro Arbeloa 와 충돌했다. 이 상황에서 나니는 달려오는 아르벨로아를 보지도 못했다. 누가 봐도 두 선수의 충돌은 우연히 일어난 어쩔 수 없는 상황이었다. 그러나 퀴네이트 챠키르Cüneyt Çakir 주심은 바로 레드카드를 꺼내들었다. 믿을 수 없었다. 옐로카드였다면 차라리 이해가 됐을 것이다.

그러나 그가 꺼내든 레드카드는 결국 우리를 죽이는 결정이 됐다. 우리는 챔피언스리그 우승을 차지할 가능성이 있다고 믿었다. 레알전 패배는 특히 감독님에게 큰 충격을 준 것 같았다. 감독님은 늘 챔피언스리그 우승을 절실하게 원했다. 그는 레알전 내내 터치라인에서 분노를 삭이지 못하는 모습이었다. 대개 이런 경기에서 우리가 패한 후 드레싱룸 분위기는 매우 조용하다. 그러나 감독님은 그날 심판 판정에 강한 불만을 내비쳤고, 경기가 끝난 후 기자회견에도 참석하지 않았다. 그는 아마 그때 자신의 마지막 챔피언스리그 우승 기회를 놓쳤다는 사실에 크게 실망했을 것이다.

평소 나는 주심에게 큰 관심을 두지 않는다. 그들은 자신들에게 주어진 역할에 충실할 뿐이다. 그러나 피에를루이스 콜리나Pierluigi Collina 주심은 내 기억으로도 존재감이 거대한 상징적인 인물이었다. 나는 여전히 유로 2000에서 그가 체코와 네덜란드의 경기를 진행하며 토마스 렙카Tomás Repka 와 충돌한 사건을 기억하고 있다. 그는 목에 핏대를 세우고 렙카를 노려봤다. 그는 강한 카리스마의 소유자였다. 잉글랜드 북동부 출신 마크 클래튼버그Mark Clattenburg 주심도 기억에 남는다. 그는 내가 어린 시절 출전한 유소년 컵대회 경기에서 주심을 맡은 인물이다. 그는 젊은 주심이었다. 나와 나이 차이가 단 여섯 살밖에 나지 않았다. 마크는 좋은 주심이었고, 선수들과 대화가 통했다. 경기 도중 주심이 나를 가장 화나게 할 때는 선수가 대화를 하려고 하면, 마치 자신이 학교 선생님처럼 행동하며 선수를 무시하는 태도였다. 특히 나는 어떠한 일이 일어나 주심과 대화를 해야 할 때만 그들에게 말을 건다. 나는 공이 아웃되거나 골킥이 선언됐을 때, 천천히 그들을 향해 달려가 "앞선 상황에서 어떻게 그 장면을 못 볼 수 있죠?"라고 물어본다. 그러나 몇몇 주심은 선수와 절대 대화를 하려고 하지 않았다.

경기가 원활히 진행되려면 선수와 주심간 대화는 발생할 수밖에 없다. 그러나 몇몇 주심은 선수가 다가서면 무조건 "아니야. 저리 가. 비켜"라고 외친다. 그들은 내가 판정을 이해하기 위해 대화를 시도했다고 설명해도, "아니야! 저리 가!"라며 대화를 거부한다. 주심이 그런 식으로 선수들과 자신 사이에 선을 그으면 나 또한 그에 대해 거부감이 생겼다. 주심이 모든 판정을 일일이 설명할 필요는 없지만, 선수와의 소통은 필요한 부분이다. 게다가 나는 그저 주심이 내린 판정을 더 이해하고 싶어 대화를 시도할 뿐이다. 몇몇 주심은 선수들과 대화를 하지만, 선수를 위해 단 1초도 내주지 않는 주심들도 있다. 올드 트래포드에서 레알전이 열린 그날, 차키르 주심은 선수들의 말을 단 한 마디도 들으려 하지 않았다. 곧 나니가 퇴장당했고, 우리는 챔피언스리그 16강에서 탈락했다.

그러나 우리에게는 프리미어리그가 남아 있었다. 나는 이 시기에 현역 시절을 통틀어 최고의 경기력을 선보였다. 4월 19일에는 내가 PFA 올해의 선수상 후보로 선정됐다는 소식을 듣고 뿌듯함을 느끼기도 했다. PFA 올해의 선수 수상자는 선수들이 선정한다. 게다가 당시 나를 포함한 후보군에는 로빈 판 페르시, 루이스 수아레스, 에당 아자르 Eden Hazard , 후안 마타 Juan Mata , 가레스 베일 Gareth Bale 이 이름을 올렸다. 결국 베일이 상을 받았지만, 당시 PFA

올해의 선수 후보로 이름을 올리는 건 쉽지 않은 일이었다.

2012/13 시즌 맨유 올해의 선수상을 받은 건 내가 현역 시절 달성한 가장 자랑스러운 업적 중 하나였다. 나는 시즌 내내 동료들과 함께, 동료들을 위해 싸웠다. 그 결과 맨유 선수들이 투표로 선정한 올해의 선수가 내가 된 기분은 말로 표현하기 어려울 정도였다. 동료들이 나를 믿고 존중한다는 건 내게 세상 무엇과 바꿀 수 없는 것이었다. 동료들은 나의 모든 행동을 관찰한다. 내게 가장 중요한 건 팀의 승리였다. 우리는 반 페르시가 해트트릭을 기록한 4월 아스톤 빌라전에서 프리미어리그 우승을 확정 지었다. 내게는 개인 통산 다섯 번째 프리미어리그 우승이었다. 지금도 그날 반 페르시의 두 번째 골을 생각하면 숨이 멎을 것만 같다. 그는 보고 있어도 믿기 어려운 대단한 발리 슛으로 골을 터뜨렸다. 완벽한 골이었다. 루니가 띄워준 패스도 로빈의 발 위에 완벽하게 이어졌다. 그 득점 상황을 둘러싼 모든 과정이 특별했다. 패스와 마무리까지 대단한 수준이었고, 상대 골키퍼 브래드 구잔Brad Guzan 은 아무것도 할 수 없었다. 로빈은 최정상급 선수만 가질 수 있는 위풍당당함과 자기 자신에 대한 믿음이 있었다.

6일 뒤, 반 페르시는 아스널 원정에 출전해서 그의 친정팀 팬들에게 온갖 욕설을 다 들어야 했으나 그는 그런 욕설에 조금도 영향을 받지 않았다. 우리도 마찬가지였다. 그날 우리는 체력적으로 완벽하지 않았다. 나 또한 몸이 가벼운 상태는 아니었다. 우리는 월요일 밤 아스톤 빌라를 꺾고 우승을 확정한 후 3일간 이를 자축했다. 우승을 자축하는 순간에는 미묘한 감정이 들었다. 정확한 이유는 알 수 없었지만, 왠지 모르게 한 시대의 끝이 다가오고 있다는 느낌이 강하게 들었다. 당시 우리는 감독님이 은퇴를 계획하고 있었다는 사실을 전혀 알지 못했는 데도 말이다. 그래서 나는 우리가 우승을 자축할 때 모든 순간을 최대한 즐기고 싶었다. 스콜스는 이번에야말로 '진짜 은퇴'를 앞두고 있었다. 어쩌면 그래서 한 시대가 끝나가고 있다는 느낌이 더 강하게 들었는지도 모르겠다. 우승을 확정한 후 술잔을 기울이며 동료들의 얼굴을 바라봤다. 우리의 시대가 영원할 수는 없다는 실감이 나기 시작했다.

우리가 알트린참Altrincham 근처의 던엄 포레스트Dunham Forest 로 단체로 골프를 치러 간 2013년 5월 7일, 나는 끝이 다가오고 있다는 불길한 예감을 떨쳐내고 싶었다. 그날 우리는 라이더컵처럼 선수대 스태프로 12대12 대결을 벌였다. 아침에는 총 18홀, 오후에는 9홀에 걸쳐 경기를 했고, 모든 경기 상황은 맨유 구단 전문방송 'MUTV'를 통해 중계됐다. 골프 경기가 시작될 무렵 퍼거슨 감독이 없다는 사실을 깨달았다. 그러나 이는 그리 이상한 일이 아니었다. 그는 늘 바쁜 일정을 소화해야 했기 때문이다. 나는 대수롭지 않게 그날 골프 경기를 최대한 즐기겠다고 마음 먹었다. 우리가 저녁 7시 즈음 골프 경기를 마치고 클럽하우스로 돌아가는 도중 감독님이 맨유를 떠난다는 소식이 뉴스에 나왔다. 처음 나는 이를 믿지 않았다. 어쩌면 믿고 싶지 않았던 것일 수도 있다. 몇몇 선수들은 소식의 진위를 파악하기 위해 나섰다. 이후 나는 운전을 해 집으로 돌아가는 길에도 이 소식이 사실이 아니기를 바랐다. "당연히 그럴 리 없을 거야"라고 생각했다. 집에 도착히 TV를 켰다. '속보'라는 큰 문구와 함께 "소식통에 따르면 퍼거슨 감독이 맨유를 떠나는 데 합의했다"는 뉴스가 전해졌다. 누군가 이런 정보를 언론에 흘렸다는 게 실망스러웠지만, 무엇보다 감독님이 떠난다는 사실이 충격이었다.

퍼거슨 감독은 우리에게 매우 중요한 인물이었다. 우리는 그날까지도 감독님의 행동에서 전혀 그가 팀을 떠날 거라는 힌트를 얻지 못하고 있었다. 내가 눈치를 채지 못했을 수도 있다는 생각에 골똘히 기억을 더듬어봤다. 그러나 감독님은 늘 건강해보였고, 승리에 굶주린 모습이었다. 우리가 챔피언스리그에서 탈락한 후 분노한 감독님의 모습에서는 다음 시즌 다시 유럽 챔피언 자리에 도전하겠다는 의지가 엿보였다. 나는 그 상황을 이해할 수 없었다.

다음날 나는 캐링턴 훈련장으로 출근했다. 대다수 선수들이 이미 도착해 신문을 읽고 있었다. 퍼거슨 감독이 맨유를 떠난다는 소식은 그날 신문 지면을 도배하고 있었다. 감독님이 우리를 떠난다는 내용의 문구가 머릿속에서 지워지지 않았다. 모든 게 사실이었다. 감독님도 이미 출근한 상태였다. 그는 아침 9시 45분 우리를 드레싱룸으로 불러 팀 미팅을 열었다.

그날 드레싱룸으로 들어오는 감독님의 모습이 선명하게 기억난다. 그가 무엇을 입고 있었는지도 여전히 기억에 남아 있다. 그는 매우 캐주얼한 옷차림을 하고 있었다. 그는 폴로 셔츠와 면바지를 입고 있었고, 끈이 없는 가죽 구두와 환한 색의 양말을 신고 있었다. 그 순간 나는 "감독님, 도대체 그 양말은 어디서 사셨어요?"라고 묻고 싶었다. 그의 양말은 색이 너무 환한 나머지 빛이 날 정도였다. 그날 미팅은 내가 이런 사소한 부분까지 전부 기억할 정도로 매우 중요했다. 곧 감독님이 말을 시작했다. 그의 말을 듣고 있으니 조금씩 감정이 북받쳐올랐다.

"잘 들어라. 이런 방식으로 나의 소식을 알리고 싶지는 않았다. 너희들이 가장 먼저 이 소식을 알기를 바랐어. 이 소식이 이렇게 언론에서 먼저 나왔다는 것이 정말 실망스럽다. 나는 너희들에게 이 소식을 가장 먼저 알리고 싶었다. 그런데 어젯밤 갑작스럽게 언론을 통해 소식이 전해지며 이렇게 할 수밖에 없게 됐다. 누군가가 소식을 흘린 것 같다."

그는 누군가가 소식을 흘렸다는 사실에 화를 삭이지 못하고 있었다. 감독님이 떠난다는 소식을 일찌감치 알고 있었던 사람은 많지 않았을 것이다. 감독님은 "절대 가볍게 내린 결정이 아니다. 그러나 이제는 아내를 챙겨줄 시점이 된 것 같다. 그동안 너희와 믿을 수 없는 시간을 보냈고 그래서 정말 고맙다. 맨유에서 보낸 1분 1초를 사랑했다. 떠나고 싶지 않지만, 이런 결정을 내릴 수밖에 없었다"라고 말했다. 그러면서 그는 매우 힘겨워하는 모습으로 한 마디를 보탰다. "여기까지다."

기분이 정말 이상했다. 감독님이 전한 말은 내 인생에도 큰 영향을 미칠 내용이었기 때문이다. 그날은 축구 역사를 통틀어 중대한 순간이기도 했다. 모두가 침묵을 지켰다. 다들 충격에 빠진 상태였다. 누군가 뭐라고 말을 할 타이밍도 아니었다. 감독님을 제외한 모두가 아무 말도 하지 않았다. 감독님은 누구보다 말을 쉽게 하는 분이었다. 감독님은 경기를 앞두고 선수들의 승부욕을 불타오르게 할 정도로 말을 잘했지만, 그마저도 작별인사를 하는 데는 어려움을 겪었다. 그는 훌륭한 사람이자, 매우 강인한 남자였다. 그런 그가 사랑하는 구단이자 자신이 아들처럼 여긴 선수들에게 작별인사를 건네고 있었다. 감독님은 "잘 들어라, 얘들아. 앞으로도 너희를 응원할 거야. 너희들의 가장 큰 팬이 될 거다. 최대한 많은 경기에 와서 너희를 응원할 거야. 다만, 드레싱룸에 들어오거나 터널에서 너희와 마주칠 일은 없을 거야. 그렇게 하는 건 새 감독에게 예의가 아니니까"라고 말했다. 이후 그는 잠시 생각을 정리한 뒤, "여기에 있는 너희들 중 몇 명은 정말 오랜 시간 나와 함께 했고, 또 다른 몇 명은 그리 오랜 시간을 함께 하지는 않았지. 다들 고맙다"라고 덧붙였다. 그러더니 그는 드레싱룸에서 나갔고, 문이 닫혔다. 맨유 구단 역사상 가장 위대했던 시대가 끝나는 순간이었다.

드레싱룸에 남은 우리 중 누구도 약 50~60초 동안 말은커녕 움직이지도 않았다. 아무도 단 한 마디도 하지 않았다. 모두가 침통한 모습이었다. 가족 중 누가 세상을 떠났다는 소식을 들은 것만 같았다. 우리는 전부 제자리에 고정된 것처럼 움직이지 않았다. 가장 먼저 반응을 보인 선수는 내 옆에 앉아 있던 긱스였다. 긱스는 자리에서 일어나 자전거를 타고 운동장으로 향했다.

긱스는 맨유에서 가장 오래 뛴 선수였다. 그는 맨유 레전드였고, 늘 무엇보다 맨유를 먼저 생각했다. 그는 감독님이 떠난다는 소식을 들은 후 침묵을 지켰지만, 자신이 해야 할 일을 하는 데 충실했다. 남은 우리도 그를 따라 운동장으로 향했다. 그러나 우리는 마치 유령처럼 축 처진 채 스스로를 질질 끌며 걷고 있었다. 우리의 세상이 뒤바뀐 것 같았으나 그럼에도 불구하고 삶은 계속됐고, 훈련 시간은 어김없이 다가오고 있었다. 그때까지도 침묵은 이어졌다. 운동장으로 향하는 도중에도 말을 하는 선수는 한 명도 없었다. 모두가 충격에 빠져 있었기 때문이다. 우리는 그 정도로 감독님을 존경했다. 내 마음 속은 이미 만신창이가 된 상태였다. 한 가지 생각을 하면 또 다른 생각이 났다. 그러면서 감독님과 함께한 추억도 되살아났다. 나는 감독님과 훌륭한 시간을 함께 했고, 수많은 우승 트로피를 들어 올렸다. 당연히 나는 그가 은퇴를 선언하는 이유를 이해했다. 그러나 그가 은퇴함으로써 발생할 다음 일들이 걱정됐다. 그의 은퇴는 맨유 구단에도 큰 영향을 미칠 것이 분명했다. 감독님은 우리에게 구단이 아침 10시에 증권거래소에 자신이 떠난다는 소식을 전달했다고 알려줬다.

나는 자전거를 타고 운동장으로 향하며 "우리는 엄청난 대가를 치러야 할 거야"라고 혼자 생각했다. 사실 우리는 스콜스의 은퇴만으로도 큰 공백을 메워야 했다. 그러나 여기에 우리 팀에서 모두의 리더이자 나를 맨유로 영입한 후 프리미어리그 우승 5회와 챔피언스리그 우승을 차지한 감독님까지 떠나게 됐다. 그날 자전거를 타고 훈련장으로 향하는 길을 시작으로 일요일에 열리는 스완지와의 경기를 준비하는 과정을 거치며 마치 유령이 된 것처럼 모든 게 무기력하게 느껴졌다. 우리는 그날 훈련이 끝난 후 체스터Chester 경마장으로 향했다. 감독님은 경주마를 가지고 있었지만, 캐링턴 훈련장에서 모두에게 작별인사를 건네느라 우리와 함께 하지 못했다. 경마장에서 모든 카메라가 우리를 따라다녔다. 이후 이주의 남은 일정은 일요일 스완지전을 준비하는 데 초점이 맞춰졌다. 이는 감독님이 올드 트래포드에서 치르는 마지막 경기였다. 우리는 그날 경기가 끝난 후 앞서 차지한 프리미어리그 우승 트로피 시상식을 열었다. 우리는 그와 동시에 축구 역사상 가장 큰 작별 행사를 진행했다. 경기 전날밤 우리는 팀 버스를 타고 팀 호텔인 라우리Lowry로 향했다. 위건과 맨시티의 FA컵 결승전이 TV를 통해 중계되고 있었다. 그러나 버스가 움직이기 시작하면 TV 화질이 심하게 깨졌기 때문에 우리는 떠나기 전 버스를 약 10~15분간 세워놓고 주차장에서 FA컵 결승전을 시청했다.

위건은 벤 왓슨Ben Watson이 경기 종료를 앞두고 결승골을 터뜨리며 승리했다. 왓슨의 골이 들어가는 순간 우리는 버스 안에서 모두가 펄쩍펄쩍 뛰며 환호했다. 버스 안 분위기는 말 그대로 열광의 도가니였다. 패한 팀이 맨시티였고, 마지막 순간 결승골에 들어간 데다 다같이 경기를 보면서 분위기가 고조됐다. 우리는 정말 미친 듯이 열광했다. 당시 약 50여명의 맨유 팬들이 버스 밖에 서 있었는데, 그들은 아마 우리가 버스 안에서 왜 그렇게 난리를 쳤는지 알 수 없었을 것이다. 다음날 우리는 드레싱룸에서 왓포드와 레스터의 챔피언십(2부 리그) 승격 플레이오프 4강 경기를 보며 스완지전을 준비하고 있었다. 우리는 경기 내내 소리를 지르며 흥분을 감추지 못했다. 이어 왓포드 골키퍼 마누엘 알무니아Manuel Almunia가 앤토니 노카르트Anthony Knockaert의 페널티 킥을 막았다. 모두가 소리를 지르며 열광한 후 분위기가 가라앉으려 하는 순간, 왓포드 공격수 트로이 디니가 역습 공격을 마무리하며 득점을 터뜨렸다. 우리와는 아무 관계도 없는 경기였지만, 우리는 모두 미친 듯이 열광했다. 경기가 끝난 후 우리는 평정심을 되찾았다. 감독님이 들어와 선발 명단을 발표해줄 시간을 기다렸다. 나는 내심 마음속으로 "제발, 제발 스콜스와 함께 한 경기만 더 뛸 수 있게 해주세요, 감독님!"이라고 외치고 있었다. 우스꽝스럽게 들릴 수도 있겠지만, 나는 그만큼 간절했다. 이후 실제로 감독님이 나와 스콜스를 선발 명단에 포함했다는 사실을 알게 되니 기쁨은 두 배가 됐다.

감독님은 평상시와 똑같이 경기 전 우리와 대화를 나눴다. 그는 "평소대로 하라"는 메시지를 전달했다. 그날 올드 트래포드가 내뿜는 에너지는 예상대로 대단했다. 경기장을 찾은 모든 사람들이 역사적인 순간을 함께 할 특권을 누렸기 때문이다. 약 7만 개의 붉은 깃발이 나부꼈고, 대형 스피커를 통해서는 감독님이 가장 좋아하는 노래인 프랭크 시나트라의 '마이 웨이My Way'

와 냇 킹 콜의 '언포겟터블Unforgettable'이 차례로 울려퍼졌다. 완벽한 선곡이었다! 나를 포함한 선수들은 터널을 빠져나와 경기장으로 들어오는 감독님을 에워싸고 가드 오브 아너 Guard of Honour 를 보냈고, 장내 아나운서 앨런 키건 Alan Keegan 은 "불가능한 꿈을 가능케 한 남자"라는 말로 그를 소개했다. 이는 감독님을 설명하는 가장 적절한 표현이었다. 그가 맨유 감독이 됐을 때, 누구도 팀이 이 정도로 성공하리라고는 예상하지 못했기 때문이다. 고개를 들어 전광판을 보니 숫자 26과 38이 크게 적혀 있었다. 굳이 설명하지 않아도 모두가 이 숫자가 무엇을 의미하는지 알고 있었다. 감독님은 맨유에서 26년간 38개의 우승 트로피를 차지했다. 개인적으로는 감독님이 올드 트래포드에서 치른 마지막 경기에서 우리가 프리미어리그 우승 트로피 시상식을 열었다는 점도 매우 만족스럽다. 감독님은 그날 개인 통산 13번째 프리미어리그 우승 트로피를 들어올렸다. 또, 우리는 그날 퍼디난드가 막판에 결승골을 넣으며 승리했다. 감독님에게 그날 각본을 짜달라고 했어도, 그처럼 극적인 경기가 연출되지는 않았을 것이다.

나는 그날 스콜스가 교체되는 순간까지 공만 잡으면 그에게 최대한 많은 패스를 연결했다. 어쩌면 감독님이 남긴 가장 큰 유산은 약 1년 전 선더랜드 원정에서 리그 우승을 놓친 후 그가 우리에게 "절대 지금 느끼는 감정을 잊어선 안 된다"고 조언한 것일지도 모른다. 우리는 그를 실망시키지 않고, 우승 트로피를 되찾아왔다. 감독님은 경기가 끝난 후 마이크를 잡고 특유의 연설을 시작했다. 그는 대중을 상대로 발언을 하기 전 특별히 할 말을 준비하지 않았다. 감독님은 이처럼 늘 자연스럽게 웅변가와도 같은 능력을 발휘했다. 그는 늘 어렵지 않게 청중의 이목을 집중시켰다. 나는 맨유로 이적한 직후 단체 식사 등을 할 때마다 감독님이 압도적인 존재감을 발휘하며 연설을 하는 모습을 보며 늘 그의 말에 사로잡히곤 했다. 그는 유니세프 행사에 참석해서도 자연스럽게 자리에서 일어나 마이크를 잡고 자선 활동, 아이들, 그리고 모금 운동의 중요성에 대해 역설했다. 이런 상황에서도 그는 미리 적어둔 종이를 들고 나온 적이 한 번도 없었다. 퍼거슨 감독은 내게 축구 감독 그 이상의 존재였다. 그는 훌륭한 사람이자 리더였고, 모두의 심금을 울릴 줄 아는 달변가였다. 모두가 그런 그를 따랐고, 그를 신뢰했다.

선수들도 마찬가지였다. 선수들도 그가 말을 하면 똑같이 반응했다. 우리는 감독님을 위해서라면 벽돌로 만들어진 벽을 부숴버릴 수도 있었다. 모든 선수 한 명, 한 명이 감독님을 위해 뛰고, 그를 실망시키지 않겠다는 의지로 불타는 문화를 만든 건 다름 아닌 퍼거슨 감독이었다. 세계적인 스타가 즐비한 팀에서는 이런 문화를 만드는 것이 정말 어렵다. 그러나 우리는 감독님을 그 정도로 존경했다.

우리는 올드 트래포드에서 감독님이 전달한 마지막 연설을 들으며 그가 얼마나 선수들과 맨유를 사랑했는지를 다시 한 번 알 수 있었다. 그는 팬들에게도 "나를 믿어준 것처럼, 이제는 다음 감독을 믿어줄 차례"라고 말했다. 감독님은 그날 특별히 감정적인 모습을 보이지 않았다. 오히려 내가 본 그는 성공적인 시즌을 마지막으로 팀을 떠난다는 데 만족감을 느끼며 이제는 맨유와 헤어질 시기라는 결심을 한듯한 모습이었다. "리버풀을 그들의 빌어먹을 왕좌에서 끌어내리겠다"는 포부와 함께 맨유 감독이 된 그는 부임 당시 자신이 예상했던 것보다 훨씬 더 많은 걸 이루고 떠났다. 맨유는 감독님 덕분에 리버풀의 18회 리그 우승 기록을 제치고 최다 우승 기록을 새롭게 쓸 수 있었다. 개인적으로는 루이스와 제이시가 그날 경기가 끝난 후 운동장으로 내려와 관중들의 박수를 받을 수 있었다는 데 큰 만족감을 느낀다. 내 아이들도 그날이 어떤 날이었는지를 기억하고 있기 때문이다. 그 뿐만 아니라 우리가 2012/13 시즌 프리미어리그 우승을 차지하는 데 내가 큰 활약을 펼쳤다는 점과 내가 감독님의 마지막 시즌에 최고의 경기력을 선보였다는 데 만족감을 느꼈다.

이후 우리는 웨스트 브롬 원정에서 시즌 최종전을 치렀다. 경기를 앞두고 감독님은 나를 따로 사무실로 불렀다. 그는 내게 "그동안 고마웠다"고 말했다. 이후 우리는 팀을 지도하고, 관리하는 감독의 업무에 대해 대화를 나눴다. 그는 내게 "무슨 일을 하고 싶어?"라고 물었다.

나는 "지도자가 되는 게 괜찮을 거 같습니다"라고 답했다.

그러자 감독님은 "감독이 되면 한발 물러나서 사람들을 관찰해야 해. 중간에 서서 모든 걸 놓쳐선 안 돼"라고 말했다.

감독님은 그처럼 진심을 담아 내게 조언을 건넸다. 우리는 감정적으로 눈물을 흘리거나 포옹을 하지는 않았다. 그러나 우리는 대화를 통해 서로 얼마나 좋은 관계를 맺고 있었는지를 다시 한 번 확인하게 됐다. 그와 나의 사이는 신뢰와 존중으로 이뤄졌다. 이를 굳이 말로 설명할 필요는 없었다. 우리는 영국인답게 영국식 악수를 나눴고, 나는 곧 일어나 그의 사무실을 빠져나왔다. 감독님은 "그동안 고마웠고, 앞으로 행운을 빈다. 연락하고 지내자"고 말했다.

우리는 웨스트 브롬의 홈구장 더 호손스The Hawthorns에서 감독님의 마지막 경기를 치르기 전날밤 버밍엄 하얏트 호텔에서 저녁식사를 했다. 이 자리에서 우리는 감독님에게 특별한 선물을 했다. 나와 퍼디난드는 손목시계 세일즈맨 톰 볼트Tom Bolt를 알고 있었다. 그는 감독님이 태어난 1941년 만들어진 고급 시계를 우리에게 전달했다. 우리는 감독님의 커리어를 담은 사진첩과 함께 그 시계를 그에게 선물했다.

퍼디난드가 직접 감독님에게 선물을 전달했다. 우리는 이 자리에서 처음으로 할 말을 잃은 감독님의 모습을 봤다. 그가 무슨 말을 해야 할지, 어떤 행동을 해야 할지를 모르는 모습을 본 건 이때가 처음이었다. 그는 늘 절대 무너지지 않을 것 같은 존재감을 자랑했지만, 그날 그 순간만큼은 감정적인 모습을 보였다. 그는 선물을 받은 후 진심으로 감정이 북받친 모습이었다. 대단한 선물은 아니었지만, 우리는 그를 향한 존경심을 담아 이를 그에게 전달했다. 그것이 우리가 그에게 고마움을 표현하는 방법이었다. 그는 우리에게 고맙다는 말을 했고, 이외에는 무슨 말을 해야 할지 모르는 것 같았다.

이어 우리는 웨스트 브롬 원정에서 감독님과의 엄청난 고별전을 치렀다. 감독님은 내게 주장 완장을 맡겼다. 감독님의 마지막 경기에서 주장으로 활약할 수 있다는 건 내게 대단한 영광이었다. 그래서 나는 그날 찬 주장 완장을 여전히 보관하고 있다. 그는 마지막 경기를 앞두고도 우리가 왜 열심히 뛰어야 하는지를 설명했다. 그는 맨유 감독으로 일한 마지막 순간까지 자신의 역할에 충실했다. 그는 71세의 나이에 웨스트 브롬과의 마지막 경기에서도 20~30대 선수들에게 위압감을 줄 수 있는 존재였다. 젊은 시절 근로자 출신이었던 그는 시간이 흐른 뒤에도 당시 근성을 잃지 않고 있었으며 늘 온 힘을 다해 원하는 것을 이뤄야 한다고 조언했다. 감독님의 마지막 경기에서 우리가 5-4로 승리했다면 더 좋았겠지만, 어찌 보면 우리가 그날 거둔 5-5 무승부는 그와 더 어울리는 결과였을 수도 있다. 감독님이 남긴 명언인 "빌어먹을 놈의 축구(Football, bloody hell)"이 그날 경기 내용, 그리고 결과와 너무나도 잘 어울렸기 때문이다.

우리는 경기를 마친 후 M6 고속도로를 타고 캐링턴으로 돌아왔다. 나는 조니 에반스, 긱스, 그리고 토니와 한 테이블에 앉아 있었다. 아직 저녁 7시가 채 되지 않은 상태였다. 이때 누군가가 "맥주나 한 잔 하러 갈까?"라고 말했다.

나는 "무조건!"이라고 말한 뒤, 스콜스에게 "스콜스, 같이 갈래?"라고 물었다. 스콜스도 "그래, 가자"라고 답하며 우리와 함께 했다.

퍼디난드도 "나도 갈게"라며 따라나섰다.

이후 토니, 조리사 마이크, 믹 펠란, 전력분석 담당 사이먼 웰스도 우리와 함께 했다. 우리는 워슬리(Worsley)에 위치한 바턴 암스(Barton Arms)로 향했다. 우리는 모두 워슬리에 사는 긱스의 차에 동승했다. 너무 많은 사람이 차에 끼어 타야했지만, 거리가 멀지 않아 괜찮았다. 우리는 바턴 암스에서 맥주 몇 잔을 마신 뒤, 스콜스와의 작별 인사를 위해 시내로 나갔다. 우리는 그곳에서 술을 한 잔씩 더하며 훌륭한 시즌과 대단한 커리어를 마무리한 스콜스와 함께 시간을 보냈다. 스콜스는 현역 은퇴를 하는 데다 감독님과 믹 펠란 코치까지 팀을 떠나게 돼 그날 우리는 맥주 몇 잔으로 최후의 만찬을 나눴다.

우리는 스콜스를 위해 특별한 이벤트를 준비하지는 않았다. 어차피 그는 이벤트를 좋아하지 않았다. 우리는 다음날 우승 퍼레이드에 참석해야 했다. 우리가 2주 전 우승을 확정한 덕분에 퍼레이드를 준비할 시간이 충분히 있었다.

우리는 올드 트래포드에서 만나 버스에 올라탔다. 선수들의 가족들도 모두 참석해 우리가 버스를 타고 퍼레이드를 시작하는 모습을 지켜봤다. 우리는 올드 트래포드에서 시작해 중앙 분리대를 따라 딘스게이트Deansgate 까지 천천히 맨체스터 시내를 돌며 두 시간에 걸쳐 퍼레이드를 진행했다. 나는 퍼레이드 내내 노래를 부르느라 딘스게이트에 도착하자 더는 목소리를 낼 수도 없었다. 그날은 내 인생 최고의 순간 중 하나였다. 가늠조차 할 수 없을 정도로 수많은 팬들이 나와 우리를 반겨줬다. 나는 그날 모든 순간을 놓치지 않기 위해 비디오 카메라를 목에 걸고 있었다. 전화기로도 촬영을 할 수 있었다. 딘스게이트에 도착한 후 놀라운 일이 벌어졌다. 딘스게이트에는 약 5~6층짜리 건물이 하나 있었다. 이 건물의 외관 앞부분에는 공사를 위한 비계가 붙어 있었다. 그날 이 비계는 우리를 환영하며 열광하는 팬들로 가득 차 있었다. 누군가가 거기서 떨어지는 불상사가 발생하지 않았다는 게 지금 생각해도 대단하다. 그들은 한 손으로 안전대를 잡고 다른 한 손을 우리에게 흔들며 열광했다. 이를 통해 나는 맨유가 수많은 사람들의 삶에 어떤 존재인지를 다시 한 번 깨달았다. 알버트 스퀘어Albert Square 에서 내가 목격한 장면도 잊을 수가 없다. 사람들로 꽉 들어찬 알버트 스퀘어에서는 록그룹 코티너스Courteeners가 공연을 하고 있었고, 오랜 시간 우리를 기다린 팬들은 엄청난 열기를 뿜어내고 있었다. 퍼레이드 버스에 탄 우리는 모두 눈앞에 펼쳐진 장관을 바라보면서도 이를 믿을 수가 없었다. 모스크바에서 챔피언스리그 우승을 차지한 후 퍼레이드를 하지 못한 아쉬움을 이 날의 퍼레이드로 완벽하게 만회한 것 같은 기분이었다.

우리는 버스에서 내려 무대 위로 올라가 펄쩍펄쩍 뛰었다. 우리는 떠나지 않고 계속 그곳에 남고 싶었지만, 무대가 무너질 수도 있다는 경고를 받은 후 내려와야 했다. 결국, 몇몇 선수와 스태프는 시청에서 작별 인사를 한 후 떠났다. 그러나 집으로 돌아가고 싶지 않았던 남은 사람들은 퍼디난드의 집으로 가서 파티를 계속했다. 나는 파티에 참석하면 웬만해서는 일찍 떠나지 않았다. 아예 참석하지 않거나 끝까지 남아 있는 게 낫다고 생각하기 때문이다. 그리고 그날은 무조건 끝까지 남아야 했다. 그날 밤은 다음 시즌 또 한 번의 영광을 재현하기에 앞서 우승을 즐길 마지막 순간이었기 때문이다.

14
DAVID MOYES
모예스

MICHAEL CARRICK
BETWEEN THE LINES

퍼거슨 감독은 맨유에 유산을 남기고 떠났다. 그래서 우리에게는 그를 위해서라도 그의 후임인 데이비드 모예스 감독과 성공을 해야 한다는 사명감이 있었다. 퍼거슨 감독이 더는 우리 팀을 직접 이끌지 않지만, 나는 그가 계속 우리를 보고 자랑스러워하기를 바랐다. 나는 절실한 마음으로 우리가 성공을 이어가기를 원했고, 큰 책임감을 느꼈다. 우리의 새 감독은 모예스 감독이었고, 그는 우리에게 존중을 받을 자격이 있었다. 그러나 그를 위해 뛰어야 한다는 동기부여를 준 인물 또한 퍼거슨 감독이었다. 나는 맨유 외에 다른 구단이 감독과의 관계를 정리하는 과정에서 종종 품위가 없이 일을 처리한다는 생각을 하곤 했다. 그러나 우리는 맨체스터 유나이티드였다. 나는 맨유가 품위와 진정성을 가진 구단이라고 생각했다. 그러므로 우리는 데이비드 모예스 감독을 진심을 담아 환영해야 했고, 그를 위해 뛰겠다는 사명감을 느껴야만 했다.

나는 모예스 감독과 원만한 관계를 유지했다. 그와 다투거나 불화를 겪은 적은 단 한 번도 없었다. 그는 우리 팀을 발전시킬 많은 아이디어를 가지고 있었고, 에너지 또한 충만했다. 그는 부임 초기 팀 미팅 도중 우리에게 "내가 너희를 발전시킬 수 있다고 믿는다. 너희는 지난 시즌 리그 우승을 차지했고, 나는 당연히 너희를 지켜보고 있었다. 나는 너희가 더 많이 뛰는 축구를 하게 만들 수 있다"고 말했다. 모예스 감독은 당시 미세하더라도 작은 약점을 찾아 우리를 발전시키려고 했다. 그러나 그가 우리에게 메시지를 전달한 방식은 적절하지 못했다. 우리는 2위를 승점 11점 차로 제치고 프리미어리그 우승을 차지한 팀이었다. 특히 우리는 많은 경기에서 3-0, 혹은 4-0으로 승리했다.

우리의 활동량 기록은 대단한 수준은 아니었지만, 우리는 2012/13 시즌 상대에 선제골을 헌납한 경기에서 승점 29점을 획득했다. 이는 우리가 팀을 위해 헌신했고, 체력적으로도 준비됐다는 사실을 보여준다. 우리는 퍼거슨 감독 체제에서 자주 경기 막판에 득점하며 체력적으로는 물론 정신적으로도 완성된 팀이라는 점을 증명했다. 모예스 감독의 말대로 우리가 '뛴 거리'나 활동량으로 따지면 프리미어리그 상위권 팀이 아니었던 건 사실이다. 그러나 수년간의 기록을 살펴보면, 우리는 올드 트래포드에서 우리보다 훨씬 많은 활동량을 기록한 팀을 상대로도 2-0, 3-0, 4-0으로 승리했다. 퍼거슨 감독 체제의 우리는 그만큼 공을 가졌을 때 효율적인 경기를 했다.

모예스 감독에게도 맨유 감독직이 쉽지만은 않았을 것이다. 그는 캐링턴에서 수십 년에 걸쳐 생긴 불문율과 마주해야 했다. 맨유에서는 모두가 어떻게 행동해야 하고, 언제 무엇을 해야 하고, 어떤 방식으로 축구를 해야 하는지가 이미 정해져 있었다. 그러나 퍼거슨 감독이 떠나며 선수들도 캐링턴 훈련장에서 새로운 얼굴과 마주해야 했다. 퍼거슨 감독의 코칭스태프를 구성한 믹 펠란, 에릭 스틸 Eric Steele, 르네 뮬렌스틴 René Meulensteen 이 팀을 떠났다. 대신 스티브 라운드 Steve Round, 크리스 우즈 Chris Woods, 지미 럼스덴 Jimmy Lumsden, 그리고 필 네빌 Phil Neville 이 새로운 코칭스태프를 구성했다. 그러나 우리는 기존 코칭스태프를 떠나보내며 친구들을 잃었다. 모예스 감독은 긱스를 선수

겸 코치로 선임했다. 그러나 긱스는 우리에게 코치보다는 선수에 더 가까운 동료였다. 그는 여전히 드레싱룸에서도 내 옆자리에서 옷을 갈아입었고, 완전히 현역 은퇴를 하기 전까지는 정식 코치처럼 행동하지도 않았다. 나는 펠란 코치를 붙잡지 않은 감독의 결정에 놀랐다. 펠란 코치는 모예스 감독이 팀의 상황에 대한 의논을 할 수 있는 인물 중 한 명이었기 때문이다. 모예스 감독은 펠란 코치에게 지시를 내리기보다도 그의 조언을 구할 수 있었을 것이다. 물론, 나는 펠란 코치를 떠나보낸 모예스 감독을 비판하고 싶은 마음은 없다. 오히려 나는 감독의 결정을 존중한다. 다만 나는 펠란 코치가 모예스 감독 본인이 기댈 수 있는 존재가 될 수 있다고 믿었다. 맨유의 감독이 된다는 건 어마어마한 책임감과 관리 능력을 필요로 하기 때문이다.

모예스 감독의 팀 훈련은 긍정적이었고, 강도도 높았다. 그는 매우 철저한 접근 방식을 가지고 있었고, 늘 활기가 넘쳤으며 열정적이었다. 나는 그의 그런 점이 마음에 들었다. 대조적으로 퍼거슨 감독은 팀 훈련에 관여하지 않았다. 그는 사이드라인에 머무르며 우리를 지켜보기만 했다. 반면 모예스 감독은 우리가 경기를 준비하는 과정에 깊이 있게 관여했다. 그가 부임한 후 우리는 세트피스 훈련과 상대 전술에 대응책을 마련하는 데 훨씬 더 많은 노력을 기울였다. 퍼거슨 감독 시절 우리는 중요한 경기를 앞둔 시점에만 이런 방식으로 팀 훈련을 진행했다.

모예스 감독은 맨유에서 우승 경험이 풍부한 개성 있는 선수들을 많이 상대해야 한다는 사실을 알고 있었다. 그는 늘 우리에게 "너희가 나보다 더 잘 알 거야"라는 말을 반복했다. 그가 우리를 만족시키기 위해 지나친 노력을 기울이는 것 같아 보일 때도 있었다. 그는 우리가 그를 좋아해주기를 바랐고, 선수들의 신뢰와 존중을 받고 싶어했다. 감독이 자기 자신의 아이디어를 구현하는 것과 주어진 선수들에게 익숙한 환경 사이에서 중심을 잡는 건 결코 쉽지 않다. 어딘가에서 접점을 찾아야 하는 것이 감독의 몫이다. 그가 온 뒤,

우리는 과거와 현재 사이에서 접점을 찾아야만 앞으로 나아갈 수 있었다. 그 와중에 맨유가 갑자기 수많은 선수들을 영입할 계획이라는 언론 보도가 이어졌다. 우리에게 이런 현상은 익숙하지 않았다. 이적시장 마감일이 다가올수록 구단이 누군가를 영입해야만 한다는 압박감을 받는 것 같은 분위기가 감지됐다. 이런 분위기가 결국 큰 문제가 됐다. 구단의 미래가 불확실해 보였기 때문이다.

우리의 2013/14 시즌은 끔찍할 정도로 형편없었다. 그러나 나는 절대 당시 우리의 부진에 대한 책임을 전적으로 모예스 감독에게 묻지 않을 것이다. 나를 비롯한 선수들에게도 맨유 최악의 부진에 대한 책임이 있기 때문이다. 우리는 더 좋은 모습을 보여야만 했다. 만약 당시 맨유가 몇 년에 한번씩 감독이 교체되는 상황을 겪는 팀이었다면, 이는 큰 문제가 되지 않았을 수도 있다. 그러나 우리는 당시 팀이 부진할수록 과거의 영광을 떠올리지 않을 수 없었다. 나조차 경기력이 좋지 않은 날에는 "예전에는 어떻게 했었지?"라고 스스로에게 물었다. 내가 예전에는 무엇을 했고, 어떤 생각을 했고, 최고의 경기력을 보이기 위해 무슨 노력을 했는지를 계속 떠올렸다. 나는 경기력을 발전시켜야 한다는 사실을 잘 알고 있었다. 11월에는 2015년 여름까지 재계약을 맺었다. 그러면서 나와 구단은 재계약 조건으로 1년 추가 계약 연장 옵션까지 포함했다. 계약에 대해서 모예스 감독과 깊이 있는 대화를 나누지는 않았다.

나는 맨유를 사랑했다. 다른 팀에서 뛴다는 생각은 해본 적이 없었다. 그래서 재계약을 맺는 건 당연한 결정이었다. 나는 여전히 맨유에서 보여줄 게 많다고 믿었지만, 2013/14 시즌 내 경기력은 실망스러웠다. 이 시즌을 경험하며 최고의 자리를 지키는 게 얼마나 어려운지를 깨달았다. 우리는 정말 오랜 시간 정상에 올라 있었다. 그러나 이제 우리는 정상에 오르기 위해 다시 싸워야 했다. 만약 모예스 감독이 부진하던 팀의 감독으로 부임했다면, 그는

"너희가 지금까지 해온 방식이 통하지 않았으니 내 방식대로 해보자"라고 말한 후 더 쉽게 선수단을 장악할 수 있었을 것이다. 그러나 모든 것이 잘 흘러가던 맨유 감독으로 부임한 후에 모든 걸 바꾸는 건 어리석은 생각이었다.

우리는 퍼거슨 감독이 떠난 맨유가 쉽지 않은 길을 갈 수밖에 없다는 사실을 어느 정도 알고 있었다. 이와 같은 불확실성이 문제가 될 수 있다는 사실도 알고 있었다. 그러나 불행하게도 우리 중 누구도 이와 같은 문제를 예상하고도, 적절히 대응하지 못했다. 그래서 모예스 감독이 더 어려움을 겪은 것이다. 퍼거슨 감독은 위험을 감수하는 승부사였다. 그의 성격 자체가 그랬다. 그러나 대다수의 사람은 그처럼 위험을 감수하지 않는다. 모예스 감독도 그보다는 더 신중한 지도자였다. 게다가 그는 이와 같은 방식을 자신의 장점으로 활용해 에버튼에서 성공을 거둔 지도자였다.

지금까지도 우리의 2013/14 시즌을 가리키며 "이렇게 했으면 달랐을 텐데…"라고 말하는 사람들이 많다. 이미 모든 일이 끝난 후 그런 말을 하는 건 쉽다. 인생이 그렇다. 늘 굴곡이 있기 때문이다. 불행하게도 2013/14 시즌은 우리 모두에게 하락세였다. 몇몇 경기에서 필요한 결과를 내지 못하자 우리를 향한 비판은 눈덩이처럼 커졌다. 나는 시즌이 진행되는 도중에도 "어느 순간부터는 모든 것이 좋아지기 시작할 거야"라고 생각하곤 했다. 그러나 우리는 좀처럼 부진에서 벗어나지 못했고, 모예스 감독은 가혹할 정도로 심각한 압박감에 시달려야 했다. 그는 자신이 편안하게 팀을 이끈 에버튼에서는 가끔씩 어려움이 찾아와도 이에 능숙하게 대처할 수 있었다.

그러나 맨유에서는 한두 경기에서만 패해도 거센 비난이 쏟아졌다. 모예스 감독이 자기 자신의 능력을 증명한 에버튼에서는 팀이 부진해도 그에게 의문을 제기하는 사람은 없었다. 그러나 맨유는 그에게 새로운 팀이었다. 우리가 부진하자 누구도 이에 대한 해답을 제시하지 못했다. 그 때문에 맨유를 둘러싼 모든 의구심이 모예스 감독에게 집중됐다.

내가 보기에도 모예스 감독은 고통을 받고 있었다. 우리는 3월 홈에서 리버풀, 맨시티에 패하며 휘청거렸다. 내가 볼 때도 우리와 가장 큰 라이벌이 올드 트래포드에서 3-0으로 승리한다는 건 받아들일 수 없는 결과였다. 그런 일이 일어나서는 안 됐지만, 결국 현실은 그렇게 되고 말았다. 다만, 당시 올드 트래포드의 분위기가 좋지 않았던 건 아니었다. 관중석에서도 투덜거리는 소리가 나오긴 했지만, 반란을 일으키며 팀을 적대시한 팬은 없었다. 맨유 팬들은 그만큼 팀에 대한 자부심이 강했고, 품위를 지켜줬다. 마치 그들이 "우리는 다른 구단처럼 감독에게만 책임을 묻지 않는다. 우리는 그것밖에 안 되는 팬들이 아니기 때문이다. 우리는 20~30년간 성공을 반복했다는 이유 하나만으로 철없는 행동을 하지 않을 것"이라고 말하고 있는 것 같았다. 오히려 모예스 감독에게 압력을 가한 건 올드 트래포드의 팬들이 아닌 소셜 미디어(SNS)와 언론이었다.

3월까지 우리는 챔피언스리그에서 여전히 살아남은 상태였다. 우리는 챔피언스리그에서 우승할 수 있다는 희망을 살려놓고 있었다. 2014년 2월 25일 아테네에서 열린 올림피아코스전을 하루 앞두고, 나는 우리가 0-2로 패하는 꿈을 꿨다. 그리고 우리는 그날 정말로 0-2로 패했다. 나는 가끔 이런 꿈을 꾸곤 했다. 이로부터 몇 년 전에도 꿈에서 본 경기 결과가 다음날 진짜 경기에서 실제 상황으로 이어진 적이 있었다.

나는 경기가 끝난 후 언론과의 인터뷰에 응했다. 나는 원래 경기에서 패한 후 대화를 하는 데 큰 거부감이 없다. 물론, 골을 넣고 승리했을 때 언론을 대하는 것이 훨씬 더 편하다. 그러나 그날 우리는 챔피언스리그 16강 1차전에서 올림피아코스에 0-2로 패한 상태였다. 당연히 기분 좋은 인터뷰를 할 수는 없다는 사실을 알고 있었다. 특별히 할 말도 없었다. 그저 누군가는 감당해야 하는 일일 뿐이었다. 그 후 로이 킨은 내 인터뷰가 밋밋했다고 말한 뒤, 우리의 경기력을 비판했다. 나는 그가 그럴 수도 있다고 생각했지만, 리사는 그를 개인적인 공격으로 받아들였다. 리사는 우리가 경기에서 진 상황에서 인터뷰에 응한 나를 비판한 킨이 무례하다고 생각했다. 이 때문에 리사는 트위터를 통해 나를 옹호하며 킨을 비판했다. 그 후 리사를 향한 대중의 반응은 참혹할 정도였다. 리사는 그를 통해 SNS의 무서움을 분명히 깨달았을 것이다. 나는 늘 이런 현상을 경험했지만, 이 모든 게 리사에게는 새로운 충격이었다. 리사는 팀 버스에 올라탄 나와 전화 통화를 하며 펑펑 울었다. 리사는 내게 "미안해. 왜 내가 이런 짓을 했는지 모르겠어. 내가 당신을 더 어려운 상황에 놓이게 했어"라고 말했다. 리사는 자신이 트위터에 올린 글이 내게도 안 좋은 영향을 줄 수도 있다고 믿었다. 그러나 나는 그런 일에 전혀 동요하지 않았다. 축구에만 집중하고 있었기 때문이다. 내게는 늘 경기가 가장 중요했다. 오히려 리사의 반응은 나를 다시 웃게 만들었다. 오늘날 리사와 나는 그때의 이야기를 하며 웃을 수 있게 됐다. 킨도 이제는 그 일에 대해 별다른 생각을 하지 않을 것이다.

다행히도 16강 2차전에서는 판 페르시가 올드 트래포드에서 우리를 구해냈다. 결국, 우리는 8강 진출에 성공해 바이에른 뮌헨을 만나게 됐다. 우리는 1차전 홈 경기에서 바이에른과 비긴 뒤, 4월 9일 뮌헨 원정을 떠났다. 우리는 뮌헨에 위치한 비행기 이륙장을 찾아 뮌헨 참사로 목숨을 잃은 희생자들을 추모하기 위해 붉은 장미 58송이와 하얀 장미 23송이로 엮인 화환을 전달했다. 우리와 함께 그곳을 찾아 "우리는 절대 죽지 않아, 우리는 절대 죽지 않아, 맨체스터 유나이티드는 절대 죽지 않아"라는 가사의 응원가를 부른 팬들을 여전히 잊을 수가 없다. 그 순간 나는 목이 멨다. 여전히 나는 전화기에 그날 찍은 사진 몇 장을 가지고 있다. 그날 행사의 분위기는 매우 엄숙했다. 그래서 그날만큼은 20여명의 팬이 노래를 부르는 모습이 2만 명의 팬들이 연출할 수 있는 분위기보다 더 강력하게 느껴졌다.

그러나 뮌헨 원정에서 만난 바이에른은 우리가 상대하기에는 너무 강한 팀이었다. 챔피언스리그 우승은 당시 우리의 유일한 희망이었지만, 이제는 그마저도 물거품이 되고 말았다. 이후 우리는 에버튼 원정에서 패했다. 에버튼전 패배는 특히 모예스 감독에게 더 고통스러웠을 것이다. 다음 월요일은 부활절이었다. 날이 밝자 데이비드가 경질됐다는 뉴스가 전해졌다. 워낙 많은 매체에서 이 같은 내용을 보도해 이 소식이 사실이라는 걸 직감할 수 있었다. 나는 이 소식에 딱히 충격을 받지 않았다. 모예스 감독이 경질되기 전까지 몇 개월간 이어진 분위기 속에서 나는 그 결과를 일찌감치 예상할 수 있었다. 다음날 에드 우드워드 부회장은 아침 8시 캐링턴에서 모예스 감독을 만나 경질 소식을 통보했다. 우드워드 부회장은 데이비드 길의 후임이었다.

모예스 감독은 드레싱룸에서 팀 훈련에 대비하던 우리를 찾아와 자신이 팀을 떠나게 됐다고 말했다. 그러면서 그는 선수들과 악수를 나눴다. 그는 아마 선수들이 자신의 기대치를 충족하지 못했다고 생각했을 것이다. 나 또한 그에게 미안한 감정을 가지고 있다. 우리 팀의 부진에는 내게도 책임이 있기 때문이다. 나는 더 좋은 경기력을 보여줬어야 했다. 만약 내가 훈련을 제대로 소화하지 않았거나 경기에서 최선을 다하지 않았다면, 그것이야말로 모예스 감독을 실망시키는 행동이었을 것이다. 그러나 나는 당시 팀을 위해 모든 걸 다했다. 다만, 나는 경기에 나서면 실수를 반복했다. 그리고 실수를 할 때마다 스스로를 자책했다. 왜 중요한 순간에 태클을 하지 않았는지, 왜 더 정확한 패스를 하지 못했는지, 왜 침투하는 상대 선수를 막지 못했는지. 경기에서 이기지 못했을 때는 온갖 생각이 나를 괴롭혔다.

모예스 감독이 맨유에서 성공하지 못했다는 사실에 모두가 크게 실망했다. 그러나 팀 내부에 분열이 생긴 건 아니었다. 누구도 그를 상대로 항명을 한 적은 없었다. 그렇게 하기에는 우리의 프로 정신이 너무 투철했고, 맨유를 향한 우리의 충성심이 워낙 강했다. 우리는 그전까지 수많은 성공을 함께 했다. 그 때문에 우리가 2013/14 시즌 부진을 겪었을 때, 모든 선수들은 자존심에 상처를 입었다. 나는 모예스 감독이 경질된 데에 대해 그에게 미안한 마음을 가지고 있다. 그가 겪어야 했던 상황은 말 그대로 끔찍했다. 맨유는 때로는 괴물 같은 구단이기도 하다. 그만큼 거대하고, 가차없는 곳이다. 그 가혹함의 희생양이 되는 감독은 외로움을 겪게 된다. 우리는 우승을 차지한지 1년도 채 되지 않은 시점에 이미 다음을 준비하고 있었다. 어떻게 하면 전환점을 만들 수 있을까? 우리는 스스로 발전해야 한다는 사실을 알고 있었다. 나 또한 스스로에게 이러한 질문을 던지며 답을 찾았다. 정말 고통스러운 시기였다. 우리는 정상에서 얼마나 떨어진 것일까? 솔직히 말하면 우리는 이미 그곳에서 한참 떨어진 상태였다.

15
LOUIS

판 할

MICHAEL CARRICK
BETWEEN THE LINES

루이스 판 할Louis van Gaal 감독이 부임할 때 나는 그에게 높은 기대를 걸었다. 그는 명망 높은 감독인 동시에 많은 사람이 범접할 수 없는 성공을 거둔 인물이었다. 그는 훌륭한 팀을 이끈 경험을 보유하고 있었고, 선수를 육성하는 데 일가견을 가진 지도자였다. 그는 훗날 슈퍼스타가 된 어린 선수들이 포진한 아약스를 유러피언컵 우승으로 이끌었고, 바르셀로나를 지도한 경험도 있었다. 또 그가 이끈 바이에른 뮌헨은 2010년 챔피언스리그에서 우리를 탈락시켰다. 나는 그가 압도적인 존재감과 카리스마를 자랑하는 인물이라는 사실을 알고 있었다. 그가 나를 기대하게 한 또 다른 이유는 네덜란드 축구를 향한 나의 동경심이었다. 나는 과거에도 네덜란드 출신 마틴 욜 감독, 르네 뮬렌스틴 코치와 궁합이 잘 맞았다. 그들이 추구하는 축구는 나와 잘 어울렸다. 나는 월젠드 보이스 클럽에서 뛴 어린 시절 네덜란드 여행을 갔을 때 그곳의 축구 문화가 잉글랜드와는 많이 다르다는 사실을 깨달았다. 네덜란드는 매우 기술적이고, 체계적인 축구를 구사했다. 반면 잉글랜드는 피를 들끓게 만드는 감정적인 축구를 선호한다. 그래서 나는 그가 어떤 방식으로 우리 팀을 지도할지 크게 기대가 됐다.

판 할 감독의 차기 맨유 감독 부임이 확정된 시점에 그는 월드컵에서 네덜란드 대표팀을 이끌고 있었다. 그래서 우리가 처음 프리시즌 캠프를 시작했을 때, 팀 훈련을 진행한 건 그의 코치진을 구성한 알버트 스투이벤베르그Albert Stuivenberg, 마르셀 바우트Marcel Bout, 그리고 긱스였다. 나는 그가 부임한 후 이전까지는 경험하지 못한 팀 운영 방식을 겪게 됐다. 그는 매우 구조적인 방식으로, 또 매우 진지한 태도로 팀을 관리했다. 네덜란드 축구는 원래 매우 작은 사소한 부분에도 신경을 쓴다. 특정 패스를 할 때는 공이 절대 바운드되면 안 됐고, 늘 모든 선수가 각자 자기 자리를 지켜야 했다. 경기 도중 우리의 움직임에는 뚜렷한 목적이 있어야 했다. 그가 지시하는 모든 작전은 깊이 있는 생각을 바탕으로 짜였고, 직감에 의존해 플레이하는 비중은 크게 줄어들었다. 우리가 그의 작전 지시를 조금이라도 어기면 바로 팀 훈련을 중단하고 그 문제를 지적했다. 하루는 그가 나를 캐링턴 훈련장의 사무실로 불러 앉혀놓고는 "네 생각에는 너한테 가장 잘 어울리는 포지션이 어디라고 생각해?"라고 물어본 적이 있다. 그는 내가 어느 포지션을 맡아야 할지 명확한 답을 갖고 있었지만, 어찌 됐든 내 생각을 궁금해했다.

그는 선수와 대화할 때 꽤 진지한 태도로 매우 가깝게 앉아서 대화했다. 그는 매우 강렬한 존재감을 뿜어내는 감독이었고 나는 열린 마음으로 그의 지도 방식을 받아들이기로 했다. 그리고 그는 실제로 내가 플레이하는 방식에 분명한 변화를 줬다. 퍼거슨 감독 체제에서 나는 중앙 수비수 두 명의 사이, 혹은 그들의 옆 공간으로 내려와 공격을 시작했다. 그러나 판 할 감독이 부임한 뒤, 나는 중앙 수비수 두 명 앞 공간에 고정된 채 공이 내게 올 때까지 기다려야 했다.

그는 경기 도중 특정 공간에 최대한 많은 선수를 몰아넣고 그곳에서 경합을 펼치며 경기를 풀어가는 '오버로드overload' 현상을 만드는 데 집착했다. 예를 들면 이는 특정 공간에서 3대2, 2대1 등의 수적 우위를 점하는 상황을 뜻한다. 이와 같은 작전 지시를 제대로 수행하려면 방법은 훈련, 훈련, 그리고 훈련을 더 하는 것 밖에 없다. 팀 훈련은 체력적 부담이 줄어든 기술적인 프로그램 위주로 구성됐고, 우리는 미리 짜인 패턴과 반복적인 동작을 소화해야 했다. 그는 가차없는 지도 방식을 고집하며 매일매일 정교한 기술 훈련을 주문했다. 그는 훈련 도중 미소를 짓거나 웃는 걸 좋아하지 않았다. 나는 그가 이러한 방식으로 다른 팀에 자신만의 색깔을 입혀 성공을 거뒀다는 사실을 존중한다. 그러나 그와 동시에 그가 지나치게 구조적인 축구를 추구한 나머지 우리가 예전처럼 창의적이거나 위협적인 축구를 하는 건 어렵게 됐다는 것도 사실이었다. 퍼거슨 감독의 팀 훈련은 물 흐르듯 진행됐지만 판 할 감독의 훈련은 도중에 중단되는 빈도가 높았다. 그는 우리에게 끊임없이 지시 사항을 전달했고, 선수들은 이를 감당하는 데 어려움을 겪었다.

판 할 감독은 그럴 때마다 훈련 도중 선수들에게 반복적으로 "왜 그렇게 했지?"라고 물었다. 그럴 때면 우리는 훈련을 중단하고, 그의 지시 사항을 들어야 했다. 이후 다시 훈련이 시작되면, 그는 머지않아 또 중단을 지시하며 말을 이어갔다. 나는 그의 그런 지도 방식 탓에 정신적으로 점점 지쳐갔지만, 그의 생각을 알게 되며 새로운 걸 배우기도 했다. 그는 선수들에게 매우 유용한 정보를 전달했고, 나는 그를 통해 감독이 선수에게 이처럼 큰 영향을 미칠 수 있다는 사실을 알게 됐다. 선수들은 그 덕분에 경기에서 어떤 목적을 가지고 움직여야 하는지를 배웠으며 각 포지션에 대한 이해도를 높였다. 그의 팀 훈련은 매우 작은 부분까지 적용됐다. 그러나 반대로 그와 같은 방식에는 선수들이 자유롭게 플레이할 수 없다는 단점도 있었다.

판 할 감독이 부임하며 많은 선수들이 나갔고, 또 새로운 선수들이 들어왔다. 그러면서 우리 팀 선수단 구성은 안정감을 잃었다. 나는 우리 팀에 변화가 필요했고, 그가 부임하며 새로운 출발을 해야 한다는 사실을 인정한다. 그러나 우리는 그가 팀을 맡은 후 맨유라는 팀의 정신을 계승해오던 선수들을 잃었다. 맨유 선수로 뛴다는 것이 열정을 바탕으로 한 일이 아닌 '직업'이라는 분위기가 돌기 시작한 시점도 바로 그 때부터였다. 판 할 감독은 아주 명확한 일정을 유지했다. 우리는 경기에 대비한 팀 미팅과 훈련에 이어 경기가 끝나면 자체 평가를 진행했다. 그의 팀 미팅은 매우 좋았다. 나는 그를 통해 유용하고 명확한 정보를 전달받았다. 그러나 아무리 유용한 정보도 반복적인 방식으로 전달되면 선수들이 이를 원활히 받아들이지 못하게 될 수 있다. 그의 융통성 없는 방식은 선수들을 정신적으로 지치게 만들었다. 그는 자신이 이끄는 팀에서 선수로 활약하는 건 매우 어려운 일이라는 사실을 스스로 인정하기도 했다. 그의 말이 옳았다. 그의 밑에서 뛰는 건 매우 힘들었지만, 동시에 그의 지도 방식은 분명히 정상급 감독이라는 명성에 걸맞은 수준이었다. 다만, 우리는 그가 팀을 이끄는 동안 강도 높게 진행되는 그의 미팅과 훈련, 그리고 때로는 긴장을 풀고 재충전을 해야 하는 시간 사이에서 중심을 잡는데 어려움을 겪었다.

판 할 감독은 매우 단도직입적으로 선수들의 실수를 지적했다. 그는 누군가가 공을 잃은 상황을 가리키며 "그럴 필요는 없었지"라고 말하곤 했다. 그는 득점 기회를 놓친 선수에게 "왜 반대쪽으로 슛을 하지 않았지?"라고 질문했다. 그는 옳고 그름이 분명했다. 반대로 나는 퍼거슨 감독이 요구하는 침투와 전진 패스, 그리고 상대팀을 혼란스럽게 만들기 위해 경기의 패턴을 깨는 방식에 익숙한 선수였다. 퍼거슨 감독은 늘 "침투, 침투하라고!"라고 말했다.

판 할 감독은 완전히 달랐다. 그는 계산적이었고, 통제하는 방식을 추구했다. 어쨌든 그는 우리 팀의 감독이었다. 리더가 원하는 게 있다면, 선수는 온 힘을 다해 이를 따라야 한다. 그가 옳은지, 틀린 지는 중요하지 않다.

우리가 그의 영향을 받아 도움이 된 부분도 분명히 있었다. 몇몇 부분에서 그는 우리 팀을 비약적으로 발전시키기도 했다. 특히 그는 빅매치에서 환상적인 전술 변화로 상대를 무력화하는 데 훌륭한 능력을 보여줬다. 그러나 그는 전력이 훨씬 약한 팀을 상대로도 똑같은 방식으로 경기에 대비했다. 그런 부분은 힘들었다. 나는 우리가 FA컵 3라운드에서 리그 원(3부 리그) 팀 셰필드 유나이티드Sheffield United 를 상대한 경기를 관중석에서 지켜본 날을 여전히 기억하고 있다.

판 할 감독은 셰필드 유나이티드의 전술에 맞춰 우리에게 스리백 수비라인을 구축하라고 지시했다. 우리는 그날 경기 종료 직전 루니가 페널티킥을 성공시킨 덕분에 가까스로 승리했다. 그러나 나는 우리가 상대에 따라 전술을 바꿨다는 데에 대한 실망감을 떨칠 수 없었다. 셰필드 유나이티드를 무시하는 게 아니다. 단, 셰필드 유나이티드를 상대로는 우리가 우리만의 경기를 해도 충분히 이길 수 있다고 믿어야 했다. 그러나 판 할 감독의 생각은 달랐다.

그는 내게 축구에 다른 면이 있다는 사실을 가르쳐줬다. 나는 그에게 팀이 수비적으로 어떻게 대응하는 것이 효과적인지, 어떻게 진영을 최대한 촘촘하게 좁혀 상대의 숨통을 조일 수 있는지를 배웠다.

세심한 부분에도 늘 신경을 쓴 판 할 감독의 전술이 통하는 날에는 상대가 우리를 공략하는 데 매우 큰 어려움을 겪었다. 특히 우리는 2015년 3~4월 급진적으로 발전하는 모습을 보였다. 우리는 그때 토트넘, 리버풀, 맨시티를 상대로 손쉽게 승리했다. 우리가 안필드 원정에서 만난 리버풀은 브랜든 로저스Brendan Rodgers 감독의 지시에 따라 아담 랄라나Adam Lallana 와 필리페 쿠티뉴Philippe Coutinho 가 좌우 측면에서 중앙으로 들어와 중원에서 박스 모양의 미드필드진을 구축했다. 판 할 감독은 그에 대응하기 위해 내게 우리가 공을 점유했을 때는 미드필더로, 점유하지 않았을 때는 크리스 스몰링과 필 존스 사이의 공간으로 들어가 중앙 수비수로 뛰라고 지시했다. 그래야 수비 진영에서 '오버로드' 현상을 만들 수 있다는 게 루이의 계산이었다. 그러면서 스몰링과 존스 중 한 명은 더 원활하게 측면 공간을 틀어막을 수 있었고, 나 또한 계속 좌우를 오가며 체력을 소진하는 현상을 예방할 수 있었다.

그 덕분에 나는 좌우로 움직이는 폭을 좁히고 위아래로 움직이는 데 집중했다. 우리는 리버풀전을 앞두고 캐링턴에서 진행된 팀 훈련을 통해 가상 리버풀을 상대했다. 코치가 된 긱스는 늘 경기 전 열리는 11대11 자체 연습 경기에서 가상 상대팀의 감독을 맡았다. 우리는 긱스의 가상 리버풀을 상대로 고전을 면치 못했다. 긱스의 팀은 계속 우리를 상대로 침투에 성공했다. 나는 스몰링과 존스에게 "우리는 완전히 휘둘리고 있어"라고 말했다. 그러자 판 할 감독은 내게 "내가 너를 위해 내일 경기를 훨씬 쉽게 만들어놨어"라며 미소를 지었다.

나는 "무슨 말이죠?"라고 물었다.

"더 쉽게 만들어놨다고. 잘 봐. 스몰링은 저기, 존스는 여기. 너는 아무것도 안 해도 돼. 그들이 너를 에워싸고 있잖아. 너는 흐름을 읽기만 하면 돼"라고 말했다.

그러면서 그는 스몰링과 존스 사이에서 내가 지켜야 할 위치, 오버로드 현상을 만들어 리버풀 선수들에게 공간을 허용하지 않는 방법 등을 알려줬다. 결국, 우리는 그때까지 내가 본 맨유의 리버풀 원정 경기를 통틀어 월등하게 최고의 경기력을 선보였다. 나는 감독의 지시 사항에 따라 언제 수비 진영으로 후퇴해야 할지를 생각하며 경기에 임했고, 그것은 딱 들어맞았다. 그 경기야말로 판 할 감독이 보여준 최고의 모습이었다. 우리는 후안 마타의 훌륭한 시저스킥으로 승부를 결정 지으며 승리를 거뒀다.

경기가 끝난 후 우리는 드레싱룸에서 열광하며 기념 사진까지 찍었다. 요즘엔 그런 일이 자주 있지만, 내가 처음 맨유에 왔을 때만 해도 그런 일이 많지 않았다. 당시만 해도 드레싱룸에서 사진을 찍거나 트위터, 인스타그램을 하는 건 있을 수도 없는 일이었다. 아마 우리 팀에서 가장 먼저 SNS를 활용하기 시작한 선수는 퍼디난드였을 것이다. 그러나 그 또한 매우 신중하게 SNS를 활용했다.

이후 SNS는 최근 약 5년에 걸쳐 폭발적으로 영향력이 커졌다. 이제는 모두가 SNS를 자연스럽게 받아들이는 분위기지만, 나는 여전히 그렇게 하는 데 어려움을 겪곤 한다. 이제는 시대가 달라졌다는 사실을 인정한다. 요즘 사람들은 자신이 하는 모든 행동을 SNS에 공개한다. 나는 여전히 그날 안필드에서 경기가 끝난 후 일어난 일을 이해하지 못하고 있다. 당시 우리 팀 스태프 중 한 명이 리버풀을 꺾은 모든 선수가 드레싱룸에서 포즈를 취하는 모습이 담긴 사진을 찍었다. 당시 나는 화장실에 있었다. 내가 화장실에서 나와 드레싱룸으로 들어가는 순간 나머지 선수들은 사진 촬영을 하고 있었다. 나는 그런 행동이 바람직하다고 생각하지 않았다. 이후 이 단체 사진은 전 세계에 퍼졌다. 클릭 한 번이면 누구나 이 사진을 볼 수 있었다. 이게 뭐하는 건가? 나 스스로에게 묻지 않을 수 없었다. 어쩌면 내가 지나치게 전통을 중시하는 것일 수도 있다. 심지어 리사는 내게 변해가는 세상에 적응해야 한다고 조언하기도 한다. 그러나 나는 우리가 안필드에서 이긴 그날 그 분위기 자체를 즐기고 서둘러 다음 경기 준비에 돌입해야 한다고 생각했다.

물론, 나 또한 승리를 즐기고 있었다. 리버풀을 이겼으니 더욱 기쁜 것이 당연하다. 그러나 그런 순간은 마음속으로 즐기는 것이 더 낫다. 온 세상에 우리가 기뻐한다는 모습을 보여줄 필요는 없다. 안필드에서 이기는 건 늘 특별하지만, 그 또한 하나의 1승에 불과하다. 진정한 자축은 우승 트로피를 차지했을 때 하는 것이다. 퍼거슨 감독은 과거 우리가 한 경기에서 승리하면 "잘했어, 얘들아. 훌륭했다. 이제 다음 경기를 준비하자"라고 말했다. 그래서 나는 내심 실망한 마음으로 그날 안필드를 떠났다. 나는 우리의 그러한 행동이 잘못됐다고 생각하면서도, 동료들과 어울려 승리를 자축했다. 그러나 마음속으로는 이와 같은 상황이 잘못됐다는 걸 알고 있었다. 우리는 안필드에서 승리한 다음날에도 늘 그랬듯이 자체 평가를 위해 팀 미팅을 가졌다.

나는 자체 평가를 위한 미팅은 분명히 필요하지만, 그를 매번 진행하는 건 좋지 않다고 생각했다. 판 할 감독의 수석코치 알버트는 경기 영상을 보여주며 우리에게 매우 유용한 정보를 전달했지만, 매 경기가 끝난 후 이런 미팅이 반복되면 선수들은 지칠 수밖에 없다. 그래서 나는 루니와 함께 판 할 감독을 찾아가 "미팅 일정을 조금 더 가볍게 할 수는 없을까요?"라고 물었다. 그는 우리의 제안을 받아들였고, 그 후에는 팀 미팅을 자주 진행하지 않았다. 대신, 그는 우리에게 이메일을 보내 자신이 분석한 경기 내용을 전달했다. 판 할 감독은 추적 장치를 통해 이메일을 보낼 때마다 누가 이를 읽었는지를 직접 확인했다. 몇몇 선수들은 지나치게 많은 분석 자료는 자신이 직감적으로 경기를 하는 데 지장을 준다고 믿었다. 다만, 나는 그가 보낸 이메일을 모아 뒀다가 3~4경기를 치른 후 몰아서 읽은 덕분에 조금 더 여유 있게 그의 지시 사항을 소화할 수 있었다.

나는 판 할 감독이 꽤 따뜻한 사람이라고 생각했다. 그와 불화를 겪은 적도 없었다. 그에게는 재미 있는 면도 있었다. 그가 경기 도중 아스널 선수들이 파울을 유도하기 위해 다이빙을 하고 있다는 메시지를 전달하기 위해 대기심 앞에서 쓰러지는 세스쳐를 취했던 것이 단적인 예다. 그는 우리 팀의 2014년 크리스마스 파티에서도 훌륭한 유머 감각을 자랑했다. 우리는 맨체스터의 더 팰리스The Palace에서 음악을 들으며 저녁식사를 즐겼다. 그 파티를 시작한 사람은 바로 판 할 감독이었다. 그는 무대 위로 올라가 춤을 추고, 노래를 하기 시작했다. 그러면서 그는 파티에 참석한 모든 사람들이 무대로 올라와 춤을 추게 만들었다. 그날 밤 그는 무대 위를 날아다녔다. 이처럼 그에게는 유머 감각이 있었다. 단, 그는 경기를 앞두고는 마치 교수님처럼 매우 심각한 표정으로 드레싱룸에 앉아 상대팀을 분석하는 데 집중했다. 그는 일을 하면서 절대 감정을 표현하지 않았다. 그는 어떤 상황에서도 절대 감정의 중요성을 강조하지 않았다. 그는 늘 "이게 오늘 너희의 역할이고, 경기는 이런 방식으로 진행될 거야"라고 말했다. 그는 우리가 상황을 더 명확하게 볼 수 있도록 감정을 배제하려고 노력했다. 나는 그의 생각을 이해했지만, 감정은 절대 배제할 수 없는 중요한 요인이다. 선수들은 경기장에서 팬들이 분출하는 열정과 뜨거운 분위기를 이어받아야 한다. 축구는 감정적인 스포츠다. 우리가 축구를 사랑하는 기본적인 이유도 바로 그것이다.

우리는 2014/15 시즌 판 할 감독과 함께 프리미어리그 4위에 올랐다. 우리는 챔피언스리그 복귀에 성공했지만, 나는 그것을 자축하고 싶은 마음이 없었다. 그것만으로는 부족했기 때문이다. 판 할 감독은 2015/16 시즌부터 내가 선발 출전했을 때는 60분 후 나와 바스타인 슈바인슈타이거를 교체했다. 반대로 그가 선발 출전한 경기에서는 내가 60분경에 그를 대신해 교체 출전했다.

그런 주기적인 교체는 매경기를 앞두고 판 할 감독이 미리 계획한 상황이었다. 다만 아쉬운 것이 있다면 내가 꼭 슈바인스타이거와 함께 호흡을 맞춰보고 싶었다는 점이었다. 우리는 서로에게 패스를 주고받으며 힘을 합쳐 경기를 풀어갈 수 있었다. 그의 영리함은 우리가 경기를 통제할 수 있도록 해줬다. 우리가 리버풀을 3-1로 꺾은 2015년 9월 12일, 나는 드디어 그와 호흡을 맞췄다. 이를 계기로 나는 나와 그가 계속 호흡을 맞춰갈 수 있다고 생각했다. 그러나 우리는 곧 아스널에 대패했다. 이후 판 할 감독은 한 번도 나와 슈바인스타이거를 동시에 중용하지 않았다. 나와 그의 공존은 이처럼 타이밍을 문제로 불발됐다. 내가 3~4년 정도 더 일찍 그와 함께 뛰었다면 상황은 달라졌을 것이다.

우리는 리버풀을 꺾은 후 아스널을 만나기 전 챔피언스리그에서 PSV 아인트호벤을 상대했다. 이 경기에서 루크 쇼Luke Shaw는 엑토르 모레노Héctor Moreno의 태클에 걸려 다리가 부러졌다. 끔찍한 순간이었다. 나는 우리가 쇼를 영입했을 때, 흥분을 감추지 못했다. 그가 잉글랜드 대표팀에서 뛰는 모습을 보고 모든 걸 할 수 있는 선수라고 생각했었기 때문이다. 실제로 그에게는 매우 특별한 재능이 있었다. 게다가 우리가 쇼를 영입했을 때는 에브라가 팀을 떠난 시점이었다. 그래서 나는 "이제 됐어. 원한다면 맨유는 10~15년간 왼쪽 측면 수비수 걱정을 하지 않아도 되겠어"라고 생각했다. 그러나 우리가 쇼를 영입한 2014년 여름, 그는 월드컵을 마친 후 몸 상태를 완전히 회복하지 못한 채 맨유에 입단했다. 당시 그는 체중 및 체력 관리, 훈련 태도 등으로 비판을 받기도 했다. 그러나 그는 여전히 10대였고, 우리는 그가 배울 게 많은 선수라는 사실을 알고 있었다. 우리가 PSV를 상대한 그 순간에는 펄펄 날며 훌륭한 활약을 펼치고 있었다. 그래서 나는 그가 부상을 당했을 때, 내 심장이 무너지는 것 같은 감정을 느꼈다. 나는 당시 상황을 벤치에 앉아 지켜보고 있었다. 의료진이 서둘러 쇼에게 달려가는 모습을 보고 그가 심각한 부상을 당했다는 걸 바로 알 수 있었다. 그는 엄청난 통증을 느끼고 있었다. 이처럼 때때로 축구는 정말 가혹하다. 나는 축구를 하면서 그처럼 큰 부상을 당한 선수는 회복하는 데만 1~2년이 걸린다는 사실을 잘 알고 있었다. 몇몇 선수는 심각한 부상을 당한 후 다시는 예전 기량을 회복하지 못하기도 한다. 그래서 우리는 그가 꼭 다시 돌아오게 해달라고 간절하게 기도했다. 다행히도 그는 다시 돌아왔다. 신에게 감사해야 할 일이다.

당시 우리 팀에는 부상자가 늘어나고 있었다. 그래서 어린 선수들이 1군에 합류해 데뷔전을 치르는 빈도가 늘어났다. 어린 선수들에게 1군 팀이 부진하는 와중에 합류해 데뷔전을 치르는 건 매우 어려운 일이다. 우리는 2015년 크리스마스 기간에 충격적일 정도로 극심한 부진을 겪고 있었다. 우리는 12월 본머스, 노리치 시티, 스토크에 패했다. 몇몇 사람들은 그때의 우리를 "맨유 구단 역사상 최악의 팀"이라고 불렀다. 최악의 순간은 2016년 2월 18일 열린 덴마크 구단 미트윌란Midtjylland 전이었다. 우리는 챔피언스리그에서 탈락한 후 유로파 리그를 치르게 됐다. 그러나 우리가 유로파 리그에서 만나 원정 1차전에서 1-2로 패한 미트윌란은 맨유가 1999년 트레블을 달성할 때 창단한 팀이었다. 나는 경기가 끝난 후 진행된 TV 인터뷰에 응했다. 한 맨유 팬은 "마이클 캐릭은 특유의 우울한 인터뷰를 그만하고 입을 다물어야 한다"며 불만을 내비쳤다. 딱히 틀린 말은 아니었다. 그러나 우리가 승부에 집착하지 않는다는 비판은 받아들일 수 없었다. 우리는 미트윌란에 패한 후 자존심에 큰 상처를 입었다. 실제로 나는 그날 경기가 끝난 후 드레싱룸 구석에 홀로 앉아 마치 세상이 끝난 것처럼 벽만 쳐다보고 있었다.

내가 미트윌란전 패배가 안긴 정신적인 충격에서 벗어나는 데는 며칠이 걸렸다. 미트윌란에 패하는 건 받아들일 수 없는 결과였다. 나는 경기가 끝난 후 약 20분간 드레싱룸에 앉아 경기 내용을 떠올리며 내가 무엇을 어떻게 했어야 했는지를 다시 생각해봤다. 팬들에게도 미안했다. 무려 800명이 티켓 한 장당 71파운드를 들여 덴마크까지 왔다는 사실을 알고 있었다. 그러나 우리는 그에 대한 보답으로 그들에게 쓰레기 같은 경기를 되돌려줬다. 그들은 우리가 지고 있는 가운데 "오, 오늘 같은 밤! 이렇게 추운 목요일 밤! 그런데 우리는 X 같은 경기를 하고 있네! 이런 느낌! 이런 밤!"이라는 가사가 담긴 노래를 부르고 있었다. 나는 그들이 그런 상황 속에서도 열정적인 모습을 계속 보여준 것만으로도 충분히 대단하다고 생각했다.

우리는 마커스 래쉬포드Marcus Rashford 가 데뷔전을 치른 미트윌란과의 홈경기에서 명예회복에 성공했다. 래쉬포드의 데뷔전 활약은 신선한 충격이었다. 그는 그때까지 우리와 몇 차례 1군 훈련을 했다. 그러나 그가 우리와 자주 함께 훈련을 한 건 아니었다. 우리가 경기를 앞두고 11대11 연습 경기를 할 때도, 그는 긱스의 팀에서 뛰었다. 그 때문에 나는 그가 바로 1군 데뷔전을 치르리라고는 생각조차 하지 못했다. 그는 훈련에서도 가능성을 보여줬지만, 아직 갈 길이 먼 선수였다. 그러나 그는 미트윌란전에서 자신에게 주어진 기회를 훌륭하게 잡았고, 이후 계속 상승세를 이어갔다.

그러나 우리는 유로파 리그에서 미트윌란을 꺾은 후 리버풀을 만나 패하며 탈락했다. 무엇보다 우리가 리버풀에 패했다는 건 뼈아팠다. 이제 우리가

2015/16 시즌 조금이라도 남은 명예를 지킬 수 있는 유일한 방법은 FA컵 우승뿐이었다. 우리는 FA컵 8강에서 웨스트햄을 만났다. 나는 경기를 앞두고 드레싱룸에서 동료들에게 "잘 들어. 나는 맨유에 10년간 있었지만, FA컵 우승을 해본 적이 없어. 계속 기회가 주어질 거라고 생각하지 마. 지금 이 경기가 우리에게는 기회일 수도 있으니까. 이 기회를 꼭 살리자"고 말했다. 우리는 8강에서 재경기를 치른 끝에 웨스트햄을 꺾었고, 웸블리에서 열린 4강에서는 에버튼을 상대로 앙토니 마샬Anthony Martial이 경기 종료 직전 결승골을 뽑아내며 상승세를 타기 시작했다. 정말 오랜만에 경기에서 승리한 후 희열을 느낄 수 있었다. 다만, 나는 웸블리에서 FA컵 4강 경기를 치르는 게 마음에 들지 않았다. FA컵은 전통을 중시해야 하는 대회다. 차라리 예전처럼 빌라 파크Villa Park에서 FA컵 4강을 치를 수는 없을까? 나는 2007년 빌라 파크에서 왓포드를 상대해본 적이 있다. 당시 경기장 분위기는 폭발적이었다. 웸블리는 목적지가 돼야 하는 곳이지, 결승까지 가기 위해 거쳐가는 곳이 아니다.

어찌 됐든 우리는 FA컵 결승에 올랐다. 그러나 나는 FA컵 4강이 열린 후 올드 트래포드에서 아스톤 빌라를 상대한 뒤, 결승전에 출전할 수 없을 것 같다는 느낌을 받았다. 우리는 늘 경기를 마친 후 원활한 회복을 위해 스포츠 과학 전문가들이 제작한 타이즈를 입었다. 나는 집에서 샤워를 한 후 한쪽 다리를 들어 타이즈를 입기 시작했다. 구단에서 제공하는 타이즈는 입기가 어려울 정도로 내 다리를 꽉 조였다. 내가 한쪽 다리를 집어넣은 뒤, 다른 한쪽 다리를 드는 순간 허리에서 무언가가 터지는 느낌을 받았다. 그때 순간적으로 느낀 통증은 매우 컸다. 지금 생각해 보면 그 순간은 마치 코미디 영화의 한 장면처럼 우스꽝스러웠다. 나는 그 자리에서 바로 얼어붙었다. 움직일 수도 없었다. 침대까지 엉금엉금 기어가야 했다. 다행히 내 침대는 몸을 던져도 안전할 정도 푹신했다. 나는 약 1분간 숨도 제대로 쉬지 못했다. 조금이나마 정신을 차린 나는 우리집 가정부 앤Ann의 이름을 크게 외쳤다. 앤은 방으로 들어와 팬티만 입은 채 다리 한쪽에만 타이즈를 입고 누워 있는 나를 발견했다. 그나마 앤이 있었으니 천만다행이었다. 앤은 우리 가족이 맨체스터로 이사왔을 때부터 우리와 함께 했다. 그녀는 우리 가족이나 다름없었다. 앤은 늘 우리 아이들을 챙겨줬다. 그리고 그녀는 그 순간에 나를 구해줬다.

앤은 나를 보더니 "세상에, 도대체 무슨 일이 있었던 거야?"라고 물었다. 그러더니 앤은 바로 타이즈를 내 한쪽 다리에서 벗겨냈다. 나는 바로 캐링턴으로 가서 의료진의 검사를 받아야 했다. 앤은 내게 운동복을 입혀줬다. 나는 엉거주춤한 걸음걸이로 아랫층으로 내려갔고, 차에 올라타 운전을 하면서 통증이 사라지기를 바랐다. 그러나 나는 캐링턴으로 향하는 도중 다친 분위가 부어오르고 있다는 느낌을 받았다. FA컵 결승전에 출전할 수 없다는 생각이 엄습했다. 나는 매 시즌 FA컵 우승을 꿈꿨다. 이 순간을 위해 정말 오랜 시간을 기다려야 했다. 눈물이 뚝뚝 떨어졌다. 심호흡을 크게 하며 눈물을 참으려고 노력했다. 나 자신에게 "제발 정신 차리자"라고 말하며 평정심을 찾으려 했다. 나를 검사한 의사는 내 허리가 경련을 일으킨 후 현재 잠긴 상태라고 말했다. 그는 내게 뭉친 근육을 풀어줄 알약을 처방해줬고, 며칠 후부터 통증이 조금씩 줄어들기 시작했다. 다시 FA컵 결승전 출전을 꿈꿀 수 있었다.

나는 두 경기에 결장한 후 바로 복귀했다. 그러나 나쁜 소식은 이후에도 계속 이어졌다. 이 중에서도 2016년 5월 10일은 정말 끔찍한 날이었다. 우리는 웨스트햄과의 경기를 앞두고 카나리 워프Canary Wharf 의 래디슨Radisson 호텔에 머물렀다. 우리가 경기장으로 떠나기 전, 판 할 감독은 "아, 마이클과 잠깐 할말이 있어"라고 말했다. 우리는 조용한 곳에 앉았다. 그는 "오늘 너는 선발 출전하지 않을 거야"라고 말했다. 여기까지는 충분히 받아들일 수 있는 상황이었다. 그러나 그 다음의 말이 나를 미치게 만들었다. 그는 "너는 그 다음 두 경기에 뛸 거야. 본머스전, 그리고 FA컵 결승전. 그런데 이 두 경기가 너의 마지막이야, 마이클"이라고 말했다. 그는 단도직입적이었다. 그는 "우리는 너를 팀에 잔류시키지 않을 거야"라고 덧붙였다. 사실 나는 이런 상황을 어느 정도는 예상하고 있었어야 했다.

나의 에이전트 데이비드와 에드 우드워드 부회장은 재계약에 대해 논의를 한 상태였다. 그러나 우드워드 부회장은 "시즌이 끝나고 얘기하자"는 말을 반복했다. 나 또한 우드워드 부회장에게 "일찍 말해주면 좋을 것 같습니다. 그래야 아이들 학교, 이사 등을 미리 계획할 수 있으니까요"라고 말했다. 그러나 에드는 끝까지 답변을 주지 않았다. 결국 감독으로부터 내가 시즌이 끝나면 팀을 떠나야만 한다는 소식을 전해들었고, 나는 큰 충격을 받았다. 그는 내게 "2주"라고 말했다. 맨유에서 내게 남은 시간이 그것밖에 안 된다는 뜻이었다.

한편으로는 그가 내게 이 소식을 일찍 전해준 것이 다행이라는 생각도 들었다. 그래야 맨유에서 내게 남은 시간을 즐길 수 있었기 때문이다. 그러나 다른 한편으로는 내 꿈이 끝나가고 있다는 생각이 들었다. 나는 맨유에서의 꿈을 끝낼 준비가 되지 않은 상태였다. 나는 그의 결정 그 자체는 존중했다. 그 또한 내게 이런 소식을 통보하기가 분명히 쉽지 않았을 것이다. 나는 잠시 방으로 돌아와 침대에 누워 천장을 바라봤다. 그제서야 이 모든 게 실감이 났다. 그러나 내 머릿속은 여전히 팽팽 돌고 있었다. 웨스트햄의 홈구장 업튼 파크는 내가 프로 선수로 커리어를 시작한 곳이었다. 나는 이곳에서의 마지막 경기를 앞두고 있었다. 게다가 나의 맨유 커리어에도 끝이 다가오고 있었다. 내가 사랑하는 맨유에서의 시간이 끝난다니. 감정을 다스릴 수가 없었다. 내 마음은 만신창이가 됐다. 나는 오후 시간 내내 두 가지 생각에 잠겨 있었다. 한편으로는 큰 슬픔을 느꼈고, 다른 한편으로는 남은 두 경기를 최대한 즐기고 FA컵 결승전에서 유종의 미를 거두자는 생각이 들었다. 나는 맨유에서 이룬 업적에 대해 자부심을 느끼고 팀을 떠나고 싶었다. 나는 절실한 마음으로 최대한 슬픈 감정을 감추고 남은 경기에 집중하고 싶었다. 그리고 리사에게 전화를 걸었다.

"리사, 여기까지야. 다 끝났어."

리사는 침착했다. 아마 리사도 많은 생각에 잠겨 있었을 것이다. 어디로 이사를 해야 할지, 우리 인생이 어떻게 바뀔지, 친구들과 헤어지고 학교를 옮겨야 하는 아이들이 어떻게 반응할지. 그러나 리사는 늘 나를 훌륭하게 후원해줬다. 그 순간에는 더 그랬다. 그녀는 "당신이 어디로 가도 우리와 함께 할 거야"라고 말했다. 리사는 늘 그랬다. 그녀는 이런 극단적인 상황에서도 어떻게 대응해야 하는지, 내 감정을 어떻게 추스려야 하는지를 정확히 알고 있었다. 나는 나 자신만을 위해 온 가족이 이사를 해야 하는 상황을 원치 않았다. 특히 잉글랜드에서는 맨유가 아닌 다른 어떤 팀을 위해서도 뛰고 싶지 않았다. 어쩌면 해외 진출을 하는 것이 우리 가족에게 더 좋을 수도 있겠다는 생각이 들었다. 나는 스스로에게 "해외로 가면 아이들에게 안 좋은 영향을 미치지는 않을까? 아니면 오히려 더 도움이 될까?"라고 묻기도 했다. 나는 지금 이 아이들에게 내가 무언가를 돌려줘야 할 시기라고 생각했다. 나와 리사는 뉴캐슬로 돌아가 친구들, 그리고 친척과 더 가까운 곳에 사는 것에 대해서도 의논했다. 이 모든 과정을 거치는 와중에도 리사는 강한 모습으로 내 옆을 지켜줬다. 그녀도 내심 속으로는 불안했을 것이다. 리사는 원래 안정을 추구하는 성격의 소유자다. 이런 시간을 겪으며 나는 내가 리사와 결혼한 게 얼마나 큰 축복인지를 다시 한 번 깨달았다. 그녀가 아니었다면 나는 절대 이 모든 걸 해내지 못했을 것이다.

나는 가족에게도 전화를 걸었다. 그레엄, 어머니, 그리고 아버지도 업튼 파크에서 내가 출전할 마지막 경기를 직접 보기로 했다. 그들은 업튼 파크에 특별한 애착을 가지고 있었다. 그들의 인생에서도 업튼 파크는 큰 부분을 차지하고 있었기 때문이다.

나는 경기장으로 향하는 버스 윗층에 앉아 생각을 정리했다. 이게 업튼 파크에서 나의 마지막이자 맨유에서의 끝이 다가오고 있다는 생각은 최대한 하지 않으려고 했다. 그러나 더 슬프게도 그날 경기를 둘러싼 분위기는 더 좋지 않았다. 언론은 우리가 업튼 파크에 늦게 도착했다며 온갖 비난을 쏟아 냈다. 쓰레기 같은 소리였다. 우리는 평소보다 10분 일찍 래디슨 호텔을 떠나 이동하는 내내 웨스트햄의 팀 버스보다 단 45미터 뒤쳐진 상태였다. 우리가 탄 버스는 바킹 로드Barking Road를 따라 이동한 뒤, 그린 스트리트Green Street에서 좌회전했다. 이 지점은 업튼 파크로부터 단 180미터 떨어진 곳이었다. 그 순간 우리는 수천 명에 달하는 웨스트햄 팬들과 마주했다. 당연히 버스도 멈춰서야 했다. 우리보다 앞서 간 웨스트햄의 팀 버스도 간신히 그들 사이를 통과했다. 우리가 멈춰서자 경찰이 다가와 버스가 통과할 수 있도록 공간을 만들어주겠다고 말했다. 그 때문에 우리는 한 시간 반이나 정지된 버스 안에서 경찰이 화가 나 있는 수천 명의 웨스트햄 팬들 사이로 공간을 만들어줄 때까지 기다려야 했다. 이후 경찰차 두 대가 우리 버스의 양옆을 지키며 웨스트햄 팬들 사이를 지나는 도중, 우리는 또 다시 멈춰서야 했다. 웨스트햄 팬들이 우리를 또 에워쌌기 때문이다. 그들은 우리 버스뿐만이 아니라 볼린 태번Boleyn Tavern, 보비 무어Bobby Moore 동상 등을 에워싸고 있었으며 이 중 한 명은 경찰차 위에 올라가기도 했다.

그때 긱스가 "저 사람 봤어?"라고 물었다. 나는 버스 뒤편으로 자리를 옮겨 창문 밖을 내다봤다. 믿을 수 없는 상황이 펼쳐지고 있었다. 두 눈의 초점을 잃은 한 남자가 우리 버스 창문을 향해 계속 뛰어오르며 "덤벼봐!"라고 외치고 있었다. 처음에는 그 모습이 우스꽝스러웠다. 그러나 경찰은 그가 버스 창문에 박치기를 하기 시작하는 데도 그를 못 본 척하고 있었다.

버스 창문은 방탄시설이 된 상태였지만, 그는 우리가 안에서 자신을 향해 웃고 있는 모습을 보고 있었다. 나, 와자, 긱스가 너무 시끄럽게 그를 향해 웃고 있던 탓에 나머지 선수들이 모두 우리쪽으로 다가와 창문 밖을 내다보게 됐다. 나는 "저 사람 좀 봐! 도대체 뭐하는 거지?"라고 말했다. 우리는 그런 사람들과도 상대해야 했다. 그 순간 그는 창문에 한 번 더 박치기를 가했다. 이번에는 그가 정통으로 머리를 창문에 부딪쳤다.

동시에 나머지 팬들은 도보를 벗어나 우리 버스를 향해 오고 있었다. 사태는 점점 심각해졌다. 슬슬 분위기가 과열됐고, 곧 무슨 일이 벌어질 것만 같았다. 웨스트햄 팬들은 원래 맨유를 혐오했다. 우리는 그런 웨스트햄 팬들 사이에서 완전히 노출된 채 버스 안에 가만히 앉아 있어야 했다. 말을 탄 몇몇 경찰이 인파 속으로 들어오고 있었다. 이 중 웨스트햄 팬 한 명이 밟히기라도 한다면 사태는 더 심각해질 게 뻔했다.

다른 선수들도 순식간에 큰일이 벌어져도 이상할 게 없다는 분위기를 감지했다. 그 순간 맥주병이 날아와 창문을 강타했다. 경찰 한 명이 "전부 다 위층으로 올라가! 창문에서 떨어져 바닥에 엎드려!"라고 소리쳤다. 버스 안은 난장판이 됐다. 곧 방패를 든 경찰들이 나타나 우리 버스를 에워쌌지만, 그럼에도 불구하고 웨스트햄 팬들을 그들 사이로 돌진해 들어와 창문을 두드렸다. 그때 맥주병이 하나 더 날아와 버스 창문을 다시 강타했다. 곧이어 또 한 병이 날아왔다. 그러더니 온갖 방향에서 맥주병과 캔이 날아오기 시작했다. 우리는 완전히 갇혀 있었고, 버스는 박살이 나고 있었다.

캔이 날아와 버스를 강타할 때마다 굉음이 났다. 그 사이에 버스 옆부분으로 날아온 맥주병이 깨지는 소리도 들렸다. 웨스트햄 팬들은 "아이언스Irons(웨스트햄의 애칭)!" 혹은 "너네 XX 누구야?" 등의 구호를 외쳤다. 과거 훌리건이 마음껏 길거리를 활보한 시절로 돌아간 듯한 기분이었다. 몇몇 웨스트햄 팬은 우리에게 가운뎃손가락을 들어 보였고, 우리가 당하는 모습을 전화기 카메라로 촬영하고 있었다. 그때 나는 바닥에 엎드려 있는 상태였다. 대다수 선수들은 창문에서 최대한 멀리 떨어진 채 버스 복도에 엎드려 있었다. 제시 린가드Jesse Lingard 와 몇몇 선수들은 그 순간 전화기를 꺼내 이 상황을 촬영했다. 이후 버스 안에서 누군가가 촬영한 영상이 유출됐다. 이는 벌어져서는 안 되는 일이었다. 나도 전화기로 사진을 몇 장 찍기는 했다. 그러나 나는 SNS에 공개하기 위해 사진을 찍은 게 아니었다. 대신 나는 사진을 찍은 후 이를 리사에게 보내며 "지금 이 소식 들었어?"라고 물었다. 결국, 우리는 오후 7시 10분에 업튼 파크에 도착했다. 킥오프 시간은 8시 30분으로 연기됐다.

데이비드 설리번David Sullivan 웨스트햄 회장은 우리가 경기장에 4시에 도착했어야 했다고 주장했다. 우스운 소리였다. 네 시간 동안 드레싱 룸에서 킥오프를 기다려야 했다는 말인가? 이후 그는 우리 팀 버스가 파손된 흔적을 찾을 수 없었다고 말했다. 우리는 경기가 끝난 후 바로 경기장을 떠날 수 없었다. 팀 버스가 완전히 망가져 새 버스가 올 때까지 기다려야 했기 때문이다. 그날은 정말 최악의 하루였다. 게다가 우리는 그날 경기에서 패했고, 그 때문에 챔피언스리그 진출이 어려워졌다.

일주일 후 열린 본머스전은 내게 특별했다. 나는 판 할 감독의 말대로 올드 트래포드에서 출전할 마지막 경기를 준비하고 있었다. 본머스전이 나의 마지막 홈 경기라는 걸 아는 사람은 많지 않았다. 나는 일부러 소식을 알리지 않았다. 그러나 나는 그날 루이스, 제이시가 에스코트 키즈로 경기장 안에 들어올 수 있게 했다. 그런데 우리가 경기장에서 몸을 푸는 도중 갑자기 장내 아나운서가 모두에게 밖으로 나가야 한다는 방송을 시작했다. 처음에는 별일이 아닌 줄 알았다. 그러나 곧 장내 가스 파이프에 연결된 전화기가 발견됐다는 소식이 전해지며 모두가 사태의 심각성을 파악했다. 루이스와 제이시는 여전히 터널에 서 있었다. 나는 나머지 가족은 관중석 스위트룸에 있다고 생각한 후 서둘러 전화를 걸었다. 그들은 이미 주차장으로 나가 있었다. 곧 나는 아이들을 그곳으로 내보냈다. 그러나 우리는 곧 이 모든 상황이 실수로 연출됐다는 사실을 알게 됐다. '폭탄'으로 의심된 전화기는 앞서 열린 테러 대응 체험 훈련이 끝난 후 철수되지 않은 가짜 기계에 불과했다. 모두가 경기장을 이미 떠난 탓에 결국 그날 경기를 치르는 건 불가능했다. 나는 올드 트래포드에서 출전할 마지막 경기를 위해 감정적으로도 만반의 준비를 하고 있었다. 김이 빠지는 순간이었다.

경기는 돌아오는 화요일로 연기됐다. 이는 FA컵 결승전이 열리기 4일 전이었다. 즉, 내게는 본머스전에 감정을 소비할 여유가 없었다. 나는 FA컵 결승전을 위해 날카로움을 유지해야 했다. 그래서 나는 오로지 경기에만 집중했지만, 우리가 3-0으로 앞선 채 경기 종료까지 약 5분이 남게 되자 서서히 실감이 나기 시작했다. 올트 트래포드를 쭉 둘러봤다. 이제 끝이었다. 나는 이곳을 떠나야 했다. 목이 메어왔다. 나는 스스로에게 "이게 진짜 마지막이구나. 다시 돌아오지 않을 시간이야"라고 말했다.

경기가 끝나자 루이스와 제이시가 경기장으로 들어와 나와 함께 팬들에게 인사를 건넸다. 나는 축구를 시작한 후 가장 슬픈 감정을 느끼며 팬들에게 박수를 보내고 있었다. 나는 터널로 들어서며 오랜 기간 알고 지낸 올드 트래포드 안전 요원들에게 "이제 난 여기서 끝이네요"라고 말했다.

"그동안 고마웠어, 마이클. 보고 싶을 거예요."

나는 "또 봐요"라고 말한 후 올드 트래포드를 떠났다.

그러나 나는 여전히 FA컵 결승전에 초점을 맞추고 있었다. 우리는 경기 전날밤 웸블리 경기장 건너편에 위치한 힐튼 호텔 루프탑에서 여유 있게 대화를 나눴다. 어린 시절 FA컵 결승이 열리는 날은 한 해를 통틀어 가장 중요한 하루였다. 당시에는 TV로 중계되는 축구 경기가 많지 않았기 때문이다. 나는 여전히 다섯 살이었던 1987년 코벤트리 Coventry 의 키스 후첸 Keith Houchen 이 토트넘과의 FA컵 결승전에서 다이빙 헤더로 득점한 순간을 기억하고 있었다. 아빠는 늘 내게 1982년 헤리퍼드가 로니 래드포드 Ronnie Radford 의 골 덕분에 FA컵 3라운드에서 뉴캐슬을 꺾은 경기에 대해 얘기해줬다. FA컵은 내 어린 시절에 큰 영향을 준 대회였다. 특히 결승전을 앞두고 분위기가 고조되는 과정을 지켜보는 건 더 즐거웠다. TV 카메라는 선수들이 머무는 호텔은 물론 팀 버스까지 촬영하며 모든 순간을 담아냈다. TV로 이를 보고 있으면 마치 선수들을 더 가깝게 볼 수 있는 곳으로 특별히 초대를 받은 기분이 들었다.

나는 FA컵에 강한 애착을 가지고 있었다. 나는 1990년 맨유와 크리스탈 팰리스의 FA컵 결승전 재경기에서 퍼거슨 감독이 주전 골키퍼 짐 레이튼Jim Leighton 대신 레스 실리Les Sealey 를 투입한 일도 여전히 기억하고 있었다. 이는 정말 결정적인 순간이었다! 나는 FA컵이 예전의 찬란한 영광을 잊었다는 데 동의할 수 없었다. 챔피언스리그의 규모가 매우 커진 건 사실이지만, 선수들은 여전히 FA컵 우승에 강한 의욕을 갖고 있었다. 심지어 맨유에 온 외국인 선수들도 FA컵의 중요성을 알고 있었다. FA컵은 세계적으로 유명한 대회이기 때문이다.

우리는 반드시 이겨야 했다. 절대 경기를 쉽게 생각한 건 아니었지만, 우리의 상대는 크리스탈 팰리스였다. 내가 처음으로 경험한 FA컵 결승전에서 첼시와 혈투를 벌인 것과는 상황이 달랐다. 터널에서 경기장 안으로 들어가기를 기다리고 있던 내 앞에는 루니, 뒤에는 다비드 데 헤아가 서 있었다. 터널 안은 매우 조용했다. 그러나 우리가 경기장 안에 들어서자 햇빛과 함께 열광적인 환호성이 터져나왔다. 나는 우리가 제이슨 펀천Jason Puncheon 에게 실점한 순간에도 절대 맨유가 질 수 없다는 사실을 알고 있었다. 나는 평정심을 유지했다. 펀천의 골이 들어간 후 앨런 파듀 감독이 춤을 추는 모습은 보지 못했다! 그만큼 나는 경기에 집중하고 있었다. 우리는 바로 반격에 나섰고, 후안 마타가 동점골을 터뜨렸다. 마타는 정말 창의적이고, 기술적인 선수였다. 그는 훌륭한 마무리로 승부를 원점으로 돌렸다. 연장전이 시작된 후 스몰링이 퇴장을 당했지만, 나는 우리가 수적 열세를 안고도 이길 수 있다고 믿었다. 우리는 그로부터 몇 초 지나지 않아 결국 제시 린가드가 강력한 슈팅으로 득점하며 결승골을 터뜨렸다. 골을 넣고 질주하는 그를 쫓아 달려가는 순간만큼은 그때까지 쌓인 피로가 싹 가시는 느낌이었다. 우리는 기뻐하며 코너플래그 쪽에서 펄쩍펄쩍 뛰었다.

FA컵은 영웅을 탄생시키는 대회다. 린가드는 그에 완벽하게 어울리는 선수였다. 그는 뼛속까지 맨유 선수였다. 그는 여섯 살 때부터 맨유에서 활약하며 팬들이 사랑하는 공격적인 축구에 대한 굶주림을 가진 선수였다. 맨유 유소년 아카데미 총괄책임자 토니 휠란Tony Whelan 은 여전히 린가드가 FA컵 결승전에서 터뜨린 그 골에 대해 얘기한다. 맨유 유소년 아카데미 관계자들은 그를 직접 키운 사람들이다. 클레어 니콜라스Clare Nicholas 와 마리 벡클리Marie Beckley 는 그의 교통편을 관리했다. 데이브 프라이스Dave Price 는 그의 등·하굣길을 책임졌다. 맨유 유소년 아카데미에서 일하는 모든 사람들이 그가 1군 선수로 성장하는 데 한몫을 담당했다. 그래서 그가 웸블리에서 열린 FA컵 결승전에서 터뜨린 결승골은 그들에게도 큰 의미가 있었다. 그 또한 맨유 유소년 아카데미에서 자신이 많은 사람들에게 신세를 졌다는 사실을 알고 있었다. 실제로 포그바, 래쉬포드, 그리고 린가드는 늘 맨유 유소년 아카데미 관계자를 만날 때마다 그들에게 직접 다가가 악수를 건넨다. 우리에게 맨유는 곧 가족이다.

그날 웸블리에서 찍힌 사진 중 특히 한 장은 내게 더 큰 의미가 있다. 그 사진은 경기 종료 휘슬이 울리며 내가 결국 FA컵 우승을 차지했다는 걸 피부로 느끼는 순간에 찍혔다. 사진 속 나는 혼자만의 공간에서 등을 뒤로 젖히고 두 팔을 번쩍 든 채 하늘을 응시하고 있다. 이 사진 속에서 나는 스스로에게 "잘했어, 네가 해냈다"라고 말하고 있었다. 나는 맨유에서 루니와 가장 친했다. 그래서 내가 이렇게 짧게나마 혼자만의 시간을 가진 후 가장 먼저 끌어안은 동료가 그였다는 데도 큰 의미가 있었다. 우리는 정말 오랜 시간 함께 동료로 지내며 희노애락을 같이 했다. 무엇보다 우리는 FA컵 우승을 위해 정말 오랜 시간을 기다려야 했다.

그는 내게 "같이 우승 트로피를 들어 올릴래?"라고 물었다. 놀라운 순간이었다. 트로피를 들어올리는 게 얼마나 큰 영광인지 알고 있었기 때문이다. 그 순간 어린 시절 FA컵 결승전이 끝난 후 내가 영웅으로 여긴 선수들이 우승 트로피를 들어올리는 전설적인 순간이 떠올랐다.

"정말이야?"
"당연하지!"

나는 여전히 망설이고 있었다. 그 FA컵은 루니가 주장이 된 후 우리가 차지한 첫 우승 트로피였다. 즉, 그에게는 혼자 트로피를 들어올릴 자격이 있었다. 그러나 그는 그 순간을 나와 함께 나누기를 바랐다. 나는 여전히 그의 자상함에 고마움을 느끼고 있다. 그는 늘 그런 친구였다. 순간적으로 나는 그의 제안을 거절하고 그가 혼자 기쁨을 만끽하게 해줄지를 고민했다. 그러니 그는 극구 나와 함께 트로피를 들어올리고 싶다고 말했다. 나는 그를 따라 웸블리의 계단을 올라갔다. 시상대까지 오르는 웸블리 계단은 예전처럼 39개가 아닌 107개나 됐다. 지금 생각해 보면 과거의 웸블리에서 FA컵 우승을 차지하지 못한 것이 아쉬움으로 남는다. 내가 어린 시절 본 FA컵 결승전이 열린 곳이 바로 과거의 웸블리였기 때문이다. 계단 39개와 쌍둥이 타워는 여전히 내 기억 속에는 낭만의 상징으로 남아 있다. 로열 박스로 올라간 우리는 잠시 시선을 가리는 구간을 거쳐야 했다. 그곳은 꽤 어둡고, 조용했다. 그러나 순식간에 다시 왼쪽으로 시야가 트였고, 계단을 몇 개 더 오르자 발코니에 도착했다. 이후 경기장을 향해 돌아서니 웸블리 전경이 한눈에 들어왔다. 정말 장관이었다.

루니와 나는 나머지 선수들이 메달을 받고 발코니로 올라올 때까지 기다렸다. 그 후 나는 그와 트로피의 양쪽을 나눠 들었다. 우리는 트로피를 거머쥐고 몇 초 동안 기다리며 동료들과 눈을 마주친 뒤, 서로 고개를 끄덕였다. 우리는 서로에게 "우리가 해냈어"라고 말하고 있었다. 내가 트로피에 입을 맞추는 순간, 장내 아나운서는 "135번째 FA컵 우승팀"이라고 말하고 있었다. 곧 함성이 쏟아졌고, 나와 루니는 트로피를 들어올렸다. 우리가 워낙 세게 트로피를 들어올린 나머지 뚜껑이 열려 떨어졌다. 누군가의 머리에 맞지 않은 게 천만다행이었다. 그러나 그 순간 나는 우리가 트로피를 들고 운동장으로 내려올 때까지 뚜껑이 떨어졌다는 사실을 알지 못했다. 나는 혼자만의 세상이 빠져 있었다. FA컵 우승을 차지하는 건 그만큼 마법 같은 순간이었다. 모든 일이 순식간에 일어났지만, 트로피를 올리는 순간만큼은 과거 이 대회 우승 트로피를 들어올렸던 전설적인 주장 게리 매버트Gary Mabbut, 스티브 브루스Steve Bruce, 데니스 와이즈Dennis Wise 가 느낀 기분을 나도 만끽할 수 있었다. 나는 우승 트로피를 들고 있는 순간 그날이 역사에 남을 것이며 내 인생의 위대한 순간을 장식하게 됐다는 사실을 실감하고 있었다.

나는 가족이 앉아 있는 스위트룸을 향해 우승 트로피를 흔들었다. 모두가 그곳에 있었고, 기뻐하고 있었다. 리사, 루이스, 제이시, 어머니, 아버지, 그레엄, 케이, 준, 더그, 글렌, 재즈, 브래들리, 후디, 러더포드, 돔, 그리고 모두 다. 나는 그들 앞으로 더 가까이 다가가 우승 트로피를 한번 더 들어올렸다. 그동안 그들이 나를 지지해준 데에 대한 고마움을 표현하는 나만의 방식이었다. 감정이 북받치는, 절대 잊을 수 없는 순간이었다. 게다가 그 순간은 그레엄과 우리 아이들이 그곳에 있어서 내게는 더 큰 의미가 있었다. 모스크바에서는 그들이 없었다. 그래서 이번 우승 트로피는 그들의 것이기도 했다. 바로 옆 스위트룸에는 루니의 가족이 있었다. 아이들은 미친 듯이 기뻐하고 있었고, 나는 그 모습을 보며 무엇과도 바꿀 수 없는 행복을 느꼈다.

루니와 나는 터치라인 부근에 서서 선수들이 기뻐하는 모습을 지켜보던 우리 팀 코칭스태프와 지원스태프를 운동장으로 끌고 들어갔다. 그들에게도 이 순간을 기뻐할 자격이 있었다.

장비담당, 축구화 관리사, 마사지사 등을 포함한 우리 팀 스태프는 시즌 내내 우리를 위해 희생했다. 그들도 이 순간 강한 자부심과 기쁨을 느끼고 있다는 것이 그들의 눈빛에서 보였다. FA컵 우승은 그들에게도 큰 의미가 있었다. 우리는 3년간 어려움을 겪었지만, 다시 FA컵 정상에 오르며 우승 트로피를 거머쥐었다. 그 때는 전혀 생각하지 못했지만, 내가 우승을 차지하며 토트넘도 이득을 누릴 수 있었다. 그들이 나를 맨유로 이적시키며 내가 FA컵에서 우승을 차지하면 40만 파운드를 추가로 받는 조건을 걸었기 때문이다.

나는 목에는 맨유 스카프를 두르고, 손에는 샴페인 한병을 쥔 채 드레싱룸에 들어갔다. 우리는 서로에게 샴페인을 뿌리며 우승을 자축하고 있었다. 판 할 감독이 경질됐다는 소식이 전해지기 전까지는. 그에게도 우승을 자축할 시간을 줄 수는 없었을까? 물론 우리가 그와 함께 두 시즌간 부진한 건 사실이었다. 그러나 우리는 결국 우승 트로피를 들어올렸다. 나는 판 할 감독에게 여전히 미안한 감정이 남아 있다. 어떤 감독도 그런 방식으로 경질돼서는 안 된다. 그는 화가 난 상태였지만, 끝까지 감정을 숨겼다. 그는 FA컵 우승을 차지했다는 데 자부심을 느끼고 있었지만, 자존심에 상처를 입었을 것이다.

이후 우리는 코린티아Corinthia 호텔로 돌아갔다. 그곳에는 가족들이 나를 기다리고 있었다. 나는 도착하자마자 바로 아버지에게 내 우승 메달을 걸어줬다. 나는 그에게 FA컵이 무엇을 의미하는지 알고 있었다. 나는 나를 축구 선수로 만들어줘서, 늘 나를 위해 그곳에 있어줘서, 묵묵하게 강한 모습으로 나를 지켜줘서 고맙다는 뜻으로 그에게 FA컵 우승 메달을 걸어줬다. 아빠에게 메달을 전달하는 순간 목이 멨다. 그에게 이 순간이 무엇을 의미하는지 잘 알고 있었기 때문이다.

그날 밤 나는 다른 감정을 느꼈다. 평소 같았다면 우승을 차지한 후 동료들과 함께 노래를 부르며 술을 마셨을 것이다. 그러나 나는 그날 밤에는 무대 끄트머리에 앉아 있었다. 루이스는 환하게 웃으며 애쉴리 영의 딸과 함께 춤을 추고 있었다. 제이시는 나를 가만히 놔두지 않았다. 평소 제이시는 나를 괴롭히지 않았지만, 유독 그날은 달랐다. 아빠가 FA컵 우승을 차지했다는 데 자부심을 느껴서 그랬는지, 아니면 맨유를 떠나게 된 내가 슬퍼하는 모습을 보고 위로를 하려고 그랬는지는 아직도 잘 모르겠다. 나는 제이시를 내 무릎 위에 앉히고 테이블 앞에 앉아 레드와인을 마셨다. 모든 것이 훌륭했다.

내가 모든 순간을 기억하는 파티는 아마 그때가 처음이었을 것이다. 그 모든 순간을 가족과 함께 했다는 데 큰 의미가 있었다. 이후 우리는 옆에 있는 바로 향했다. 그곳에서 나는 결국 폭발했다. 애쉴리 영, 루니, 긱스도 모두 친구들과 함께 그곳에 있었다. 아마 그곳에는 60~70명 정도가 있었을 것이다. 우리는 함께 노래를 불렀다. 아이들은 소파 위에서 FA컵을 옆에 두고 춤을 추고 있었다. 나는 반대편에서 루니와 함께 소파 위에 올라 큰 소리로 노래를 불렀다. 제이시와 루이스는 FA컵 옆에서 춤을 추며 맨유 응원가를 잇따라 부르고 있었다. 경호원들은 FA컵이 망가지지 않도록 끝까지 신경을 썼다. 루이스와 제이시는 잘 때도 트로피를 옆에 두고 자고 싶어했다.

다음날 우리는 어느 때와 다를 게 없는 평범한 하루를 보냈다. 우리는 판 할 감독과 함께 아침식사를 했다. 그는 우리에게 여름에 소화해야 할 체력훈련 프로그램을 전달했다. 이를 보며 나는 "나한테는 필요 없지. 나는 더 뛰지 않을 거니까"라고 생각했다. 이후 그는 "좋은 여름을 보내길 바란다. 그동안 고마웠다"라고 말했다. 그게 끝이었다. 그는 이렇게 작별인사를 건넸다. 나는 그에게 고맙다. 그는 내게 많은 것을 줬다. 나는 그에게 많은 가르침을 받았고, 그가 우승 메달을 걸고 맨유를 떠나게 됐다는 게 기뻤다.

16
JOSÉ

무리뉴

MICHAEL CARRICK
BETWEEN THE LINES

2016년 5월 27일, 나는 맨유가 조세 무리뉴 감독을 선임했다는 소식을 접한 후 기대감에 부풀어 올랐다. 무리뉴 감독은 맨유에 특유의 위풍당당함을 다시 가져왔다. 게다가 그가 맨유 감독으로 부임하며 나 또한 다시 희망을 가질 수 있게 됐다. 당시 나는 갈림길 앞에 서 있었다. 판 할 감독은 나와 재계약을 하지 않겠다고 통보한 뒤, 오히려 자신이 먼저 팀을 떠났다. 그러면서 내 거취가 어떻게 될지는 알 수 없는 상황이 됐다. 나는 그레엄, 그리고 몇몇 친구들과 모나코 그랑프리를 관전하던 도중 무리뉴 감독의 부임 소식을 접한 후 이에 대해 '스카이 스포츠 F1'과의 인터뷰에 응했다. 나는 조세가 "맨유에 어울리는 감독"이라고 말했다. 나는 그가 맨유 감독으로 훌륭한 적임자가 될 수 있다는 사실을 알고 있었다. 그러나 여전히 맨유의 상황에 대해 이야기하면서 이상한 감정을 느꼈다. 내가 다가오는 시즌 맨유 선수로 뛰게 될지 확신할 수 없었기 때문이다.
 그러나 곧 무리뉴 감독은 모나코에서 돌아온 내게 전화를 걸어서 말했다. 그는 "너를 잔류시키고 싶다. 너에게 새로운 계약 조건을 제시할 거야"라고 말했다. 정말 다행이었다. 나는 맨유와 아직 헤어질 준비가 되지 않은 상태였다. 아직 맨유를 위해 해줄 게 훨씬 더 많다고 생각했다. 이후 나는 캐링턴에서 그와 직접 만났다. 그리고 곧바로 그의 아우라를 느낄 수 있었다. 그와 함께 있으면 '보스'가 옆에 있다는 느낌을 자연스럽게 받을 수 있었다. 그는 중요하면서도 대담한 결정을 할 줄 아는 사람이었다. 세계 최고의 감독들에게서는 그와 같은 분위기를 느낄 수 있다. 나는 그가 이끈 훈련 첫날부터 그가 이기는 방법을 아는 감독이라는 사실을 깨달았다. 그는 무엇보다 결과를 중시했다. 그에게는 우승 트로피가 모든 것이었다. 실제로 나는 그만 보면 '트로피'라는 단어가 절로 떠오른다. 그는 패배를 혐오했다.

우승 트로피를 향한 그의 집착은 실로 대단했다. 우리는 8월 7일 웸블리에서 열린 커뮤니티실드 경기를 치렀다. 나는 맨유에서 뛰며 단 한번도 커뮤니티 실드를 위해 준비를 한 적은 없었다. 커뮤니티 실드는 프리시즌의 일부로 여겨졌기 때문이다. 그러나 무리뉴 감독은 커뮤니티실드 우승조차 절실하게 원했다. 그는 우리 팀이 다시 '이기는 습관'을 들이려면 커뮤니티실드를 우승해야 한다고 믿었다. 결국, 우리는 그날 레스터 시티를 꺾고 커뮤니티 실드를 차지했다. 우리는 2017년 2월 26일 에도 웸블리에서 또 다른 우승 트로피를 차지했다.

무리뉴 감독은 당시 리그컵 우승을 매우 중요하게 생각했다. 리그컵은 FA컵과는 달리 결승전을 앞두고도 딱히 긴장감이 감돌지는 않는다. 그러나 그는 리그컵에 대해 "챔피언스리그는 아니지만, 우리가 우승해야만 하는 대회"라고 단호하게 말했다. 우리는 결승전에서 사우스햄튼을 3-2로 꺾고 트로피를 따내는 데 성공했다. 그는 그처럼 결승전에서 이기는 방법을 알고 있었다. 그는 2017년 5월 24일 열린 유로파리그 결승전에서도 우리가 상대팀 아약스를 어떻게 이겨야 하는지 철저한 계획을 짰다. 그는 아약스에 점유율을 내주고, 역습 시 긴 패스로 래시포드의 빠른 발을 이용하는 축구를 주문했다.

유로파 리그 결승전은 우리에게 우승보다 더 큰 의미가 있었다. 당시 맨체스터는 맨체스터 아레나에서 열린 아리아나 그란데 Ariana Grande의 콘서트에서 테러가 일어나며 무려 22명의 희생자가 목숨을 잃어 슬픔에 잠겨 있었다. 이 참사는 선수들에게도 큰 충격을 줬다.

나 역시 맨체스터 아레나의 티켓 부스를 자주 지나쳤다. 그곳은 우리 집에서도 매우 가까웠다. 나와 가까운 누군가가 그날 희생자가 될 수도 있었다는 뜻이다. 우리 아이들이 그 콘서트에 갔어도 이상할 게 없었다. 무고한 희생자를 도울 수 있는 방법은? 기도를 하고 그들을 지지해주는 것밖에는 방법이 없었다. 사랑하는 가족을 잃은 사람들의 이야기를 뉴스 기사로 보며 가슴이 무너지는듯한 감정을 느꼈다. 맨유 선수들도 희생자들의 가족과 친구들을 위로해주기를 바랐다. 우리는 스톡홀름에서 유로파 리그 결승전을 마친 후 드레싱룸에서 '하나가 된 도시 맨체스터 #PRAYFORMANCHESTER'라고 적힌 배너를 들어올렸다.

그 후 맨체스터로 돌아온 나는 6월 4일에 열릴 나의 헌정 경기를 준비해야 했다. 이는 내 인생을 통틀어 가장 어려운 경험 중 하나였다. 나는 모든 게 완벽하게 진행될 수 있도록 행사가 준비되는 과정에 깊숙하게 관여했다. 맨유가 나를 위해 기념 경기를 열어준 것 자체가 내게는 큰 영광이었다. 나는 기념 경기를 통해 마이클 캐릭 재단의 모금 운동을 진행했다.

나는 자선 활동을 시작하기 위해 꽤 오랜 시간 고심하고 있었다. 맨유가 나를 위해 열어준 헌정 경기는 자선 활동을 본격적으로 시작할 완벽한 기회였다. 마이클 캐릭 재단은 어린이들이 안전한 환경에서 꿈을 이루는 데 가치를 느낄 수 있도록 해주겠다는 목표를 설정했다. 나는 먼저 뉴캐슬과 맨체스터에서 아동 빈곤율이 높은 지역을 찾았다. 어린이들에게 미래가 없는 사회에서 살아간다는 건 부당한 일이다. 나는 세상이 이런 문제를 해결하는 데 조금이나마 도움이 되고 싶어 재단을 설립했다. 이후 내게 가장 큰 의미가 있는 두 지역을 선택해 자선 활동을 시작했다. 우리는 트래포드 반 Trafford Barn,

월젠드, 노스 실즈North Shields, 그리고 바이커 Byker지역에서 축구를 통해 아이들과 만났다. 이후 우리는 그들에게 축구뿐만이 아니라 살아가는 방법, 그리고 규율의 중요성을 가르쳤다. 나는 어린이들이 범죄의 위험에서 벗어나 성공적인 인생을 살 만한 기회를 잡게 도와주고 싶었다. 대학을 졸업한 마이클 캐릭 재단의 강사들이 어린이들을 이끌어줄 멘토가 되기를 바랐다. 그렇게 그들에게 미래를 위한 꿈을 심어주고 싶었다. 그래서 나는 헌정 경기를 통해 재단에 필요한 모금 운동을 진행했다.

그러나 나는 헌정 경기라고 해서 선수들이 출전해 장난하듯이 뛰어다니는 모습을 보여주고 싶지는 않았다. 나는 정상급 선수들이 출전해 경쟁력 있는 경기를 해야 한다고 생각했다. 그래서 나는 2008년 맨유 베스트11과 마이클 캐릭 올스타 팀을 구성했다. 이는 2008년 챔피언스리그 우승을 차지한 후 제대로 기념을 하지 못한 맨유 선수들이 다시 모일 좋은 기회이기도 했다.

나는 이미 그날 두 팀을 이끌어줄 적임자로 퍼거슨 감독과 레드납 감독을 낙점해놓고 있었다. 그러나 무리뉴 감독을 실망시키고 싶지는 않았다. 그래서 나는 그에게 참여할 의사가 있는지를 물었다. 그는 내게 "내 걱정은 하지 마! 그날은 너의 날이야. 무조건 알렉스 퍼거슨 감독을 모셔야지"라고 말했다. 그의 말대로 퍼거슨 감독이 올 수 없다면 계획에 큰 차질이 생길 수 있었다. 그래서 나는 떨리는 마음으로 퍼거슨 감독에게 전화를 걸었다. 그러나 그는 헌정 경기가 언제 열리는지 묻지도 않고 "알겠어. 무조건 할게"라고 대답했다. 나는 안도의 한숨을 내쉬었다.

레드납 감독도 내 제안을 수락했다. 이후 나는 바로 팀 구성 작업을 시작했다. 네빌, 루니, 에브라, 퍼디난드, 비디치, 스콜스 등이 2008년 맨유 베스트11 팀에 포함했다. 킨, 세도르프, 캐러거, 테리 등은 올스타팀 명단에 이름을 올렸다. 빈 종이 위에 초대하고 싶은 선수들을 적는 일은 생각보다 매우 어려웠다.

2008년 챔피언스리그에 출전했던 선수들이 충분하지 않아 팀을 만들지 못하게 되면 어떡하지? 올스타팀에 합류할 선수들이 충분하지 않으면? 생각만 해도 창피한 일이 될 게 뻔했다. 나는 몇몇 선수들에게 먼저 문자를 보내 그들의 출전 의지를 타진해봤다. 아쉽게도 제라드와 램파드는 부상을 이유로 명단에서 제외됐다. 그러면서 나는 필요한 인원을 채우지 못할 수도 있다는 걱정을 진심으로 하기 시작했다. 그러나 끝내 경기는 성사됐다. 많은 선수들이 내 제안을 흔쾌히 받아들였다. 그들은 전 세계 각지에서 이 경기를 위해 맨체스터로 날아왔다. 이 중 몇몇 선수들은 바쁜 일정 속에서도 나를 위해 경기 당일 아침에 맨체스터에 도착했다.

우리는 단 한 경기를 하기 위해 수많은 미팅을 해야 했다. 나는 처음 미팅에 참석하기 전 그 자리에 그레엄, 케이, 리사, 데이비드, 조 팅, 도미닉 미치 정도의 참석을 예상했다. 그러나 정작 미팅에 도착하자 마케팅, 입장료 발매, 법률, 경찰, 보안 담당, 경기장 관리을 위한 관계자를 포함해 총 25명이 나를 기다리고 있었다. 그 경기를 주최하는 것은 생각보다 더 복잡한 일이었다. 그러나 수개월에 걸쳐 미팅을 거듭한 끝에 슬슬 윤곽이 잡히기 시작했다. 모두가 힘을 합쳐 훌륭하게 행사를 준비했다. 나는 그들에게 평생 빚을 지고 있다. 기념 경기를 개최하는 건 복잡한 과정의 연속이었다. 나는 경기가 열리기 일주일 전 호주에서 날아온 리치, 자넬, 그리고 그들의 아이들과 함께 시간을 보내고 있었다. 나는 데이비드에게 전화를 받기 전까지는 편안한 마음으로 그들과의 시간을 즐기고 있었다. 그런데 데이비드가 갑자기 "기념 경기 성사 여부가 불투명해졌어"라고 말해왔다. 아리아나 그란데가 6월 4일 오후 6시에 맨체스터에서 자선 콘서트를 열게 됐기 때문이었다.

나는 그 콘서트가 열리는 취지를 공감하고 있었다. 이전에 발생한 테러로 인해 실의에 빠진 맨체스터가 이로부터 회복하는 데 아리아나의 콘서트가 중요한 역할을 할 수 있다고 생각했다. 그러나 나는 그 콘서트가 같은 날 오후 4시에 올드 트래포드에서 열리는 기념 경기에 어떤 영향을 미칠 수 있는지도 잘 알고 있었다. 이제 와서 기념 경기를 취소할 수는 없었다. 나는 맨체스터 경찰국장 이안 홉킨스Ian Hopkins와 대화를 나눴다. 이후 에드 우드워드 맨유 부회장, 리차드 아놀드 경영이사와도 대화했다. 리차드는 "어쩌면 경기를 취소해야 할지도 모르겠어"라고 말했다. 나는 "어떻게 그렇게 하죠? 이미 티켓 6만 장이 팔렸어요"라고 답했다. 데이비드 가이스가 내게 전화를 걸어 "마이클, 위에서 내려온 결정이래. 그것도 아주 높은 곳에서. 정부에서 내려온 명령이야"라고 말해줬다. 나는 모든 상황을 내가 통제하는 데 익숙한 사람이었다. 그러나 정부가 개입된 문제라면 나도 어쩔 수는 없었다. 그들은 아리아나 그란데의 '원 러브 맨체스터 콘서트'를 개최하는 데는 어떠한 차질도 있어선 안 된다고 못을 박았다.

　나는 이안에게 "헌정 경기를 아예 취소할 수는 없어요. 9~10개월간 준비를 한 행사인 데다 사람들은 이미 입장권, 기차, 호텔 등을 예약한 상태니까요. 일주일 정도 연기를 하는 게 크게 어렵지는 않을 거 같습니다"라고 말했다. 이안은 믿을 수 없을 정도로 침착하게 대답했다.

　이안은 "경기가 성사될 수 있게 우리가 노력해볼게. 우리는 너를 지지하고 있어. 경기를 개최하는 데 우리가 합의했고, 승인을 냈으니까. 큰 위험이 없는 축구 경기잖아"라고 말했다. 그러나 여기에는 분명히 정치적 압력이 존재했다. 이안은 같은 날 콘서트와 헌정 경기가 열리는 건 사실상 불가능에 가깝다고 말했다. 콘서트장은 올드 트래포드와 같은 주차장을 썼기 때문이다. 걱정이 쌓이기 시작했다. 경기가 취소될지, 강행될지 장담할 수 없었다.

　나는 이안에게 "경기를 취소할 수는 없지만, 최대한 상황에 협조하고 싶습니다. 킥오프 시간을 앞당겨도 좋아요"라고 말했다. 우리는 아침 11시 킥오프 가능성을 논의했고, 12시도 고려 대상으로 검토했다. 결국, 우리는 오후 2시 30분에 경기를 시작하는 데 최종 합의했다. 이안은 혼란스러운 상황에 훌륭하게 대처하며 해결책을 찾았다. 경찰 인력이 크게 소비되는 날인 만큼, 이안은 이 상황을 오히려 더 복잡하게 만들 수도 있었다. 게다가 경기와 콘서트가 열리는 시간만 달랐을 뿐 장소는 사실상 같은 곳이었다. 그 덕분에 이안은 마이클 캐릭 재단의 이사로 활동하고 있다. 조와 데이비드도 기념 경기가 성공적으로 개최되는 데 큰 도움을 줬다. 그들은 약 10개월간 행사를 준비하기 위해 큰 노력을 기울여야 했다. 특히 조는 오만가지 일을 다해야 했다. 조가 없었다면 그 경기는 절대 열릴 수 없었을 것이다.

우리는 5월 30일 킥오프 시간 변경을 발표했다. 그 자리를 빌어 나는 목숨을 잃은 희생자의 가족, 친구들에게 다시 한 번 위로의 말을 건넸다. 나는 온 도시가 단합된 모습을 보여주고 싶었다. 우리는 기념 경기로 유가족과 희생자의 친구들을 초대했다. 테러 사건이 민감한 일인 만큼 그들에게 "와서 축구를 보면 기분이 좋아질 거야"라는 메시지를 전달하고 싶지는 않았다. 우리가 초대한 희생자 가족과 친구 중 참석하겠다고 말한 이들도 있었지만, 거절 의사를 밝힌 사람들도 있었다. 결국, 그들 중 15명이 그날 경기에 참석했다.

나는 킥오프를 1시간 반 정도 앞두고 스위트 룸에 앉은 그들을 찾아갔다. 그레엄의 아내 케이와 함께 그들을 만났다. 케이는 더럼Durham의 세인트 커스버츠 호스피스St Cuthbert's Hospice 에서 말기 환자를 돌보는 일을 했다. 그녀는 내게 유가족을 어떻게 대해야 하는지 몇 가지 조언을 건넸다.

나는 유가족 15명 앞에 서서 그들에게 몇 마디를 건넸다. 이는 정말 어려운 일이었다. 그들의 마음에 조금이나마 위로가 되려면 어떤 말을 해야 할지 감이 오지 않았다. 나는 "사랑하는 사람을 잃은 기분과 그 고통을 차마 내가 이해한다고 말할 수는 없다는 걸 알고 있습니다. 그러나 오늘 우리가 조금이나마 여러분의 마음에 평온함과 행복을 줄 수 있었으면 좋겠어요"라고 말했다. 나는 그 자리에서 울컥하는 감정을 느꼈다. 내 목소리는 갈라졌고, 눈에는 눈물이 고였다. 그날 열린 헌정 경기는 내 커리어를 축하하기 위해 열린 행사였다. 그날은 나를 위한 날이어야 했지만, 가족과 친구를 잃은 사람들 앞에 선 그 순간만큼은 슬픔이 몰려왔다.

그들을 더 도와줄 수 없는 게 안타까웠다. 갑자기 그날 우리가 준비한 축구 경기는 그다지 중요하지 않다는 생각까지 들었다. 게다가 그들은 내가 경기장으로 자신들을 초대해줬다는 사실을 진심으로 고맙게 생각해줬다. 나는 그들을 위해 유니폼과 매치 프로그램에 사인을 해준 뒤, 드레싱룸으로 향했다.

드레싱룸에 들어선 내 기분은 180도로 바뀌었다. 그곳에서는 동료들과 웃고 떠들 수 있었다. 나는 며칠 전 리사에게 "가장 기대되는 건 (퍼거슨) 감독님, 예전 동료들, 팀 스태프와 다시 드레싱 룸에서 만나는 거야"라고 말했었다. 나는 과거 함께 한 동료들이 테이핑을 하고, 메디컬룸에서 스트레칭하는 모습을 다시 보게 됐다. 이상하면서도 익숙한 감정이 드는 순간이었다. 그들은 예전 모습 그대로 경기에 준비하고 있었다. 스트레칭을 하는 퍼디난드가 내는 기합 소리는 여전히 재미있었다. 그는 아! 오! 하나님! 이라며 소리를 질러댔다. 확실히 그는 예전보다 몸이 굳어 있었다. 나는 그를 보며 너무 웃은 탓에 눈물까지 찔끔 흘렸다.

퍼거슨 감독은 예전처럼 드레싱룸 구석에 놓인 테이블에 앉아 있었다. 예전 기억이 되살아나는 듯 했다. 우리는 다시 '모스크바 세대'가 맨유를 대표한 시절로 돌아갔다. 정말 즐거운 기분이었다. 그 위대한 퍼거슨 감독님이 우리를 다시 지휘하고 있었다. 감독님은 "절대 지면 안 돼. 내 마지막 경기는 5-5 무승부였어. 나는 우리가 5-2로 앞섰을 때 10골은 넣을 줄 알았다. 그런데 루카쿠가 들어오더니 리오를 상대로 해트트릭을 기록하더라고. 너를 상대로 누가 해트트릭을 기록한 적이 있나?"라고 물으며 퍼디난드를 쳐다봤다.

퍼디난드는 "아니오"라고 대답했다.

"그런데, 루카쿠가 해냈네?"

그러더니 퍼디난드는 "아, 호나우두도 제 앞에서 해트트릭을 기록한 적이 있어요"라고 말했다. 감독님은 퍼디난드를 놀리고 있었다.

그러자 네빌이 옆에서 감독님에게 "퍼디난드가 QPR에서 뛰는 거 못 보셨어요?"라고 묻자 모두가 웃음을 터뜨렸다. 우리는 수년이 지난 후에도 만나자마자 바로 2008년으로 돌아갔다.

감독님은 "잘했어, 네빌!"라고 말하며 웃은 뒤, "내가 너희들에게 해줄 수 있는 가장 큰 칭찬은 너희가 훌륭한 팀이었다는 것 이외에도, 너희가 모두 좋은 사람들이었다는 거다. 너희는 모두 다 잘하고 있어. 축구 선수가 현역 은퇴를 한 후 성공적인 삶을 사는 건 쉽지 않다. 박지성은 스위스에서 공부하고 있고, 퍼디난드는 스콜스와 매일 TV에 나오더라. 네빌은 맨체스터에 있는 모든 걸 다 사들이고 있어. 맨체스터의 주인이 된 거 같아. 반 데 사르는 아약스를 운영 중이지. 정말 환상적이야. 자, 이제 가서 몸 풀어야지. 혹시 하고 싶은 말 있는 사람? 내가 너희한테 이런 제안을 한 게 몇 번이나 될까? 해봐. 누구 할 말 있는 사람 있나? 예전부터 내가 말할 때 아무도 말을 안 하더라"라며 우리를 쳐다봤다.

그러자 긱스가 "자고 있었으니까요"라고 대답하며 모두를 웃게 만들었다.

감독님은 "가슴에 비수를 꽂는구나"라며 함께 웃었다.

그 모든 순간이 내게는 정말 소중했다. 반대편을 보니 그레엄은 축구화를 준비하며 우리의 대화를 듣고 있었다. 완벽한 순간이었다. 나의 동생과 함께 헌정 경기를 치른 건 훌륭한 결정이었다. 그는 맨유 선수들과 알고 지냈지만, 그들을 자신의 아이돌로 여겼다. 그들과 함께 자선 경기에 출전하는 건 그레엄에게 큰 의미가 있는 일이었다. 그레엄은 허리가 썩 좋지 않았지만, 축구 실력이 결코 나쁘지 않았다. 동료들은 킥오프를 앞두고 나를 위해 가드 오브 아너를 해줬다. 이어 나는 팬들 앞에서 그 경기의 의미에 대해 말해야 했다. 우선 나는 맨체스터 테러 사건에 대해 얘기했다. 나는 "최근 있었던 사건 때문에 오늘 경기가 더 중요해졌습니다. 이곳을 찾은 유가족들을 환영해주고 싶습니다"라고 말하자 약 7만 관중이 뜨거운 박수를 보냈다. 나는 박수가 끝날 때까지 말을 잠시 멈춘 뒤, "유가족들에게 위로의 말을 건넵니다. 우리는 계속 함께 하며 강해질 겁니다"라고 덧붙였다. 맨체스터는 여전히 슬픔에 잠겨 있었다. 그래서 희생자들을 지속적으로 위로해줄 필요가 있었다. 맨체스터 소방대원과 앰뷸런스 요원으로 일하는 300여명도 그날 경기에 초대됐다. 그들도 그날 큰 박수를 받았다. 나는 누구도 빼놓고 싶지 않았다. 그래서 나는 맨체스터와 관련된 모든 사람들을 열거하며 그들에게 감사함을 전했다. 그러다 보니 나의 말은 꽤 길어졌다. 선수들이 킥오프를 기다리며 발을 동동 구르는 분위기를 감지할 수 있었다.

그 중 한 명은 내게 "마이클, 이제 그만 좀 하지 그래?"라고 외쳤다. 또 한 명은 "킥오프가 몇 시였지?"라고 물었다. 그들은 내가 시간을 끌고 있다고 생각했다! 경기장에서도 운동장 쪽으로 내려와 있으면 음향 시설이 설치된 구조 탓에 마이크를 통해 하는 말이 잘 들리지 않는다.

그렇게 시작된 경기는 제법 훌륭했다. 루니도 그날 올드 트래포드에서 마지막 경기를 치렀다. 그는 바베이도스에서 휴가를 보내다 말고 그날 경기를 위해 맨체스터로 왔다. 나는 그가 경기 도중 닐 스와브릭 Neil Swarbrick 과 언쟁을 벌이는 모습을 보며 웃을 수밖에 없었다. 이 외에 몇몇 외국인 선수들은 강한 승부욕을 보여줬다. 셰도르프는 여전히 품격 있는 경기력을 선보이고 있었다. 베르바토프는 몇 차례 전력질주하는 모습까지 보여줬다!

캐러거가 느린 동작으로 네빌을 깔아뭉개는 모습을 봤을 때는 폭발하는 웃음을 참을 수 없었다. 팬들도 이에 열광했다. 네빌과 캐러거는 이제 좋은 친구가 됐지만, 그들 사이에는 여전히 라이벌 관계가 있다. 그 후 교체 투입된 그레엄은 매우 좋은 경기력을 선보였다. 나는 계속 그레엄에게 패스를 하고 싶었다. 우리는 오랜 시간 함께 경기에서 뛰는 날을 기다렸다. 그래서 그날은 우리 둘에게 매우 특별했다. 그는 한차례 턴 동작을 선보인 후 허리에 통증을 느꼈지만, 이후에도 꾹 참고 계속 뛰었다. 맨유 팬들이 그레엄에게 박수를 보내는 순간은 정말 훌륭했다. 나는 고개를 들어 스위트룸에 앉아 있는 나의 가족과 친구들을 바라봤다. 운동장에서 나와 그레엄이 함께 뛰는 모습을 보는 건 그들에게도 감정적인 순간이었을 것이다. 어머니와 아버지는 그들의 가족과 친구들 사이에서 엄청난 자부심을 느끼고 있었을 것이다.

그때는 우리 친할머니가 돌아가신지 얼마 안 된 시점이었다. 우리는 모두 "할머니가 이 경기를 보셨다면 참 좋아하셨을 텐데"라고 생각했다. 리치가 경기에 출전했다는 데도 큰 의미가 있었다. 오랜만에 그와 함께 운동장에 서는 건 특별한 기분이었다. 나는 2-2 무승부로 끝난 그날 경기에서 동점골을 넣었다. 나는 골을 넣은 후 아이들이 앉아 있는 스위트룸을 향해 댑 댄스를 선보였다.

아이들의 얼굴은 내게는 소중한 사진 같은 존재였다. 내가 댑 댄스를 하게 만들 수 있는 건 그 둘밖에 없었다. 아이들은 경기를 앞두고 나와 장난을 치는 도중 골을 넣으면 댑 댄스를 해보라고 권유했다. 그러나 그 제안을 한 아이들도 내가 실제로 경기 도중 댑 댄스를 할 줄은 몰랐을 것이다. 리사의 가족도 그날 경기장을 찾았다. 준과 더그, 글렌와 자스민, 보디, 리사의 할아버지 빌도 자리를 빛내줬다. 우리 가족은 매우 끈끈한 관계를 유지하고 있지만, 서로 오랜 기간 떨어져 살아야 했다. 리사를 집에서 떠나게 만든 건 다름 아닌 나였다. 그럼에도 불구하고 준과 더그는 늘 우리를 지지해줬다. 우리는 그들과 단 한 번도 다툰 적이 없었다. 많은 사람들이 아내의 가족과 잘 어울리는 게 쉽지 않은 일이라는 걸 잘 알고 있다. 준과 더그는 늘 우리를 응원해줬다. 그들이 그날 올드 트래포드에 와줘서 정말 기뻤다.

그날이 더 특별했던 이유는 그 경기를 통해 마이클 캐릭 재단 모금 운동으로 무려 150만 파운드를 벌었기 때문이었다. 경기에 참석해준 선수들, 감독님들, 그리고 팬들에게 여전히 고마운 마음을 가지고 있다. 우리는 경기가 끝난 후 파티를 열었다. 친구들과 함께 맥주를 마시며 훌륭한 시간을 보낼 수 있었다. 이후 여름 이적시장에서 루니가 팀을 떠났다. 그가 떠나는 모습을 보는 건 가슴 아픈 일이었다. 우리는 훌륭한 순간을 함께 한 동료이자 매우 친한 친구였다.

2017년 7월 11일, 무리뉴 감독은 나를 주장으로 임명했다. 보비 차튼 경, 브라이언 롭슨, 에릭 칸토나, 로이 킨, 게리 네빌, 웨인 루니 등에 이어 맨유의 주장이 된다는 건 특권이었다. 내가 주장이 된 후 우리가 처음으로 치른 경기는 스코페에서 열린 레알 마드리드와의 UEFA 슈퍼컵이었다. 나는 슈퍼컵 우승을 절실하게 원했다. 슈퍼컵은 내가 차지해본 적이 없는 유일한 대회였기 때문이다.

제이시는 그날 경기를 앞두고 내게 호날두 유니폼을 받아달라고 졸랐다.

나는 "할 수 있나 한 번 볼게"라고 대답했다.

나는 웬만해서는 상대 선수에게 유니폼을 달라고 부탁하지 않는다. 그러나 경기 전 웜업 시간에 호날두와 마주쳤다. 우리 둘 다 그날 선발 명단에서 빠진 상태였다. 그가 먼저 내게 다가와 나를 끌어안으며 짧게 대화를 했다. 나는 그에게 "우리 아이가 물어보더라고. 경기 끝나고 네 유니폼을 받을 수 있을까?"라고 물었다. 그는 "그럼, 당연하지. 경기 끝나고 보자"고 대답했다. 그는 매너가 훌륭한 동료였다. 그는 경기가 끝난 후 우리 드레싱 룸을 방문해 선수들, 그리고 스태프와 대화를 나눴다. 그가 예전에 함께 한 스태프와 만나 인사를 건네는 모습은 정말 보기 좋은 장면이었다. 이후 그는 내게 유니폼을 건넸다. 나는 그에게 제이시의 이름을 넣어 사인을 해달라고 부탁했다. 그는 "스펠링을 알려줄 수 있어?"라고 물었다. 나는 그에게 제이시Jacey의 이름 스펠링을 알려줬다. 그럼에도 불구하고 그는 제이시의 이름을 잘못 적었다! 그래도 상관없었다. 제이시는 스펠링이 틀린 이름이 적힌 호날두 유니폼을 받고도 어쩔 줄 몰라하며 기뻐했다. 나는 호날두와 약 10분간 대화를 나눴다. 그는 마드리드에서의 삶에 대해 이야기하며 캐링턴 훈련장에 있는 스태프들의 안부를 물었다. 그렇게 캐링턴은 우리의 인생에 큰 부분을 차지하고 있다. 호날두는 세계 최고의 선수지만, 알고 보면 그는 매일매일 축구를 하는 평범한 친구이기도 하다. 그의 성장과정은 실로 대단했다. 그는 창조적인 플레이를 하는 선수에서 윙어로, 또 전천후 공격수로, 그리고 이후 최전방 공격수에 가까운 골잡이로 성장했다.

맨체스터로 돌아온 우리는 무리뉴 감독의 지도력을 등에 업고 발전하고 있었다. 우리는 맨시티를 추격해야 했지만, 12월 10일 올드 트래포드에서 그들에게 패하며 타격을 입었다. 맨시티는 환상적인 시즌을 보내고 있었다. 그날 맨체스터 더비가 끝난 후에는 충돌이 있었다. 맨시티는 경기가 끝난 후 드레싱룸에서 큰 소리로 승리를 자축했다. 그들이 기뻐하는 소리가 복도를 타고 우리 팀 드레싱룸으로 고스란히 전해졌다. 경기에서 이긴 맨시티에는 승리를 자축할 자격이 있었다. 그러나 몇몇 우리 팀 선수들은 그들이 우리를 자극하려고 의도적으로 시끄러운 분위기를 조성하고 있다고 생각했다. 맨시티 선수 중 한 명은 내가 봐도 과할 정도로 승리를 자축하고 있었다. 이 때문에 우리는 복도에서 그들과 말다툼을 벌였지만, 큰일은 아니었다. 나는 그날 다른 이유로 경기에 출전하지 못한 상태였다.

HEART

17

심장

MICHAEL CARRICK
BETWEEN THE LINES

갑자기 모든 활력을 잃어버린 기분이었다. 처음에는 다리 힘이 풀리더니, 어지럼증이 생겼다. 집중하거나 생각을 할 수도 없었다. 서 있는 것조차 힘들었다. 도대체 무슨 일이 생기고 있는 거지? 나는 올드 트래포드에서 열린 버튼 알비온Burton Albion 과의 리그컵 경기에서 시즌 첫 경기에 출전했다. 우리는 경기를 완전히 통제하고 있었다. 그러나 그 사이에 나는 혼자서 무너지고 있었다. 뛰기는커녕 움직이거나 걸을 수도 없었다. 그렇게 약 1분 정도가 지나니 다시 몸에 힘이 붙었다. 감각이 돌아왔고, 다시 몸을 통제할 수 있게 됐다. 피로가 싹 가셨다. 우리는 이미 3-0으로 앞서고 있었다. 그 후 계속 이런 현상이 반복됐다. 누군가가 계속 내 몸의 전원을 껐다가 다시 켜는 것 같았다.

지금 다시 2017년 9월 20일 일어난 일을 돌아보며 그때 내 몸에 무슨 이상이 있었는지를 곰곰히 생각해봐도 전혀 답을 찾을 수 없다. 식은땀을 흘리거나 심장 박동이 크게 달라진 것도 아니었다. 내가 왜 후반전 시작 10분 만에 그런 증상을 보였는지 나도 잘 모르겠다. 나는 그로부터 약 1년 전 FA컵에서 레딩을 상대하던 중에도 이런 증상을 겪은 적이 있었다. 그러나 그때는 단 몇 분 만에 몸이 원래 상태로 돌아왔다. 이후 한동안 그에 대해 별생각을 하지도 않고 있었는데 1년 만에 버튼 알비온전에서 다시 찾아온 이 증상은 그 때보다 훨씬 더 강력했다.

버튼전에서는 힘이 빠지는 현상이 지속적으로 일어났다. 계속 힘이 빠져나가는 느낌이 들었다. 마샬이 네 번째 골을 넣은 60분경에 다다르자 나는 몸을 제대로 가누지도 못하고 있었다. 평소와 달리 동료들과 함께 세리머니를 할 수도 없었다. 그 후 내 몸은 또 정상적인 상태로 돌아왔다. 이미 승부는 결정된 상태였고, 교체를 요구하는 편이 좋았을 수도 있다. 그러나 나는 그런 선수가 아니다. 나는 맨유의 주장이었다. 승부가 결정됐다고 해서 교체를 요구하는 건 팀에 좋지 않은 본보기가 될 수도 있었다. 무리뉴 감독은 78분이 되자 세 번째 교체 카드를 썼다. 이후 내가 경기에서 나왔다면 우리 팀은 수적 열세를 안고 뛰어야 했다. 나는 계속 스스로에게 "지금 내게 어떤 문제가 생겼는지는 모르겠지만, 괜찮아질 거야"라고 말했다. 그러나 나는 괜찮지 않았다. 내 몸은 다시 힘을 잃어가고 있었다. 나는 멈춰서서 손을 허리춤에 올려놓았다. 그러자 증상은 더 심해졌고, 나는 손을 무릎 위에 올려놓고 몸을 지탱하며 어지럼증이 없어지기를 기다렸다. 나는 경기 종료 5분 정도를 남겨둔 시점부터는 그저 운동장 위를 걸어다니며 경기가 끝날 때까지 버텼다. 경기 도중 갑자기 쓰러지며 소란을 피우고 싶지 않았다. 이 순간 버튼은 역습을 시도했지만, 우리가 다시 공을 빼앗았다. 내가 공을 받기 위해 패스 각도를 만들기 시작하자 다시 몸에서 힘이 쭉 빠졌다. 내 몸은 정말 지치고 무거워졌다. 몸이 잠을 자고 싶어한다는 느낌을 받았다. 통증을 느낀 것도 아니었다. 그저 기운이 없었을 뿐이었다. 그때 나는 운동장에서 내려왔어야 했다. 그러나 나는 자존심을 지키기 위해 운동장에 머물러 있었다. 바보 같은 짓이었다. 경기 종료 직전 상대의 크로스를 막기 위해 수비 동작을 취하는 순간에는 그대로 쓰러질 수도 있겠다는 생각까지 했다. 나는 눈을 감고 정신을 차리려고 했다. 페널티 지역 모서리 부근에 가만히 서 있던 내 눈에 버튼이 골을 넣는 장면이 들어왔다. 바로 주치의를 찾아갔어야 했지만, 운동장에서 걸어오는 순간에는 다시 몸이 정상적인 상태로 돌아왔다.

나는 메디컬룸으로 들어가 의사에게 "레딩전 느낀 증상이 돌아왔는데 이번에는 훨씬 심하다"고 말했다. 그때 내 몸은 다시 정상적인 상태였다. 의사는 내 심장 박동수를 검사했다. 심장 박동수는 차츰 내려오고 있었다. 그러나 검사 결과 내 심장 박동이 불규칙하다는 사실을 알게 됐다. 나는 즉시 심전도 검사를 받았다.

의사는 "무언가 옳지 않은 상황이야. 더 정밀한 검사가 필요해"라고 말했다. 나는 문제가 심각하다는 사실을 깨달았다. 의료진은 올드 트래포드 반대편에 위치한 곳으로 달려가 다른 검사기를 가져왔다. 나는 검사를 받는 동안 침대 위에 누워 있어야 했다. 동료들이 들어와 내게 괜찮냐고 물었다. 검사 결과 나는 심방조동이라는 질환을 앓고 있다는 진단을 받았다. 이후 수개월간 의료진과 대화한 끝에 내가 알게된 건 내 심장 윗부분이 불규칙하게 쪼그라든다는 사실이다. 그 때문에 강도 높은 유산소 운동을 하면 심장이 원활하게 산소를 공급하지 못했던 것이다. 내가 버튼전에서 느낀 무기력함의 원인도 그 때문이었다. 의사는 내게 "병원으로 가서 몇 가지 검사를 더 받게 될 거야"라고 말했다. 뭐라고? 병원? 나는 일이 커지는 상황을 원치 않았다.

"선생님, 이제 괜찮은데요. 그냥 집에 가면 안 될까요?"

"안 돼. 그럴 수 없어."

"그럼 제가 운전해서 병원으로 갈게요."

"안 돼. 너는 지금 운전도 하면 안 돼" 그러더니 그는 앰뷸런스를 불렀다.

나는 그가 아무것도 아닌 일로 소란을 피우고 있다고 생각했다. 나는 그냥 샤워를 하고 집에 가고 싶었다. 구급차는 터널 안으로 쭉 들어왔다. 의사는 "소란을 피우고 싶지는 않아"라고 말했다. 당시 경기장 밖에는 여전히 수백 명의 맨유 팬이 우리에게 사인을 받기 위해 기다리고 있었다. 나는 구급차 뒷쪽에 올라탔다. 무리뉴 감독이 차 안으로 머리를 내밀면서, "마이클, 괜찮은 거야?"라고 물었다.

"네, 괜찮아요. 그냥 검사를 좀 받아야 한다고 하네요."
"다시 뛸 수 있겠어? 의사가 네 심장에 문제가 있다고 하던데. 괜찮은 거야?"

"네, 괜찮아요!" 나는 웃으며 말했지만 무리뉴 감독까지 이렇게 반응하는 모습을 보니 정말 문제가 심각해질 수 있다는 생각이 들긴 했다.
그는 끝으로 내게 "알겠다. 별 일 이니길 빈다"고 말했다.
구급차는 올드 트래포드를 떠나 빠른 속도로 병원으로 이동했다. 그곳에서는 더 많은 검사와 더 많은 의료진이 나를 기다리고 있었다. 나는 그들이 하는 얘기를 엿들었다. "섬유성 연축이야? 이상 박동이야? 탈수 증상은 없었어? 증상이 다시 발생하지 않을 수도 있어" 곧 내 심장 박동은 특별한 치료 없이 정상적인 상태로 돌아왔다. 몇 시간 뒤, 나는 몸에 수분을 새로 공급한 후 멀쩡한 상태로 집으로 돌아갔다.

훈련이나 경기를 소화하는 데는 아무런 문제가 없었다. 무리뉴 감독은 여전히 나를 걱정했지만, 이미 의료진이 내가 계속 운동을 해도 괜찮다는 소견을 냈다. 나도 그렇게 하고 싶었다. 그들은 의학적인 관점에서 볼 때, 나이가 젊고 건강한 사람도 별 이유 없이 이러한 증상을 한 번 정도는 겪을 수 있다고 말해줬다. 그러나 다시 똑같은 증상이 나타나면 치료가 필요할 수도 있다는 것이 그들의 소견이었다. 또, 나는 이 경험을 계기로 운동선수들이 이러한 증상을 겪을 가능성이 일반인보다 크다는 사실을 알게 됐다. 운동선수들이 심장 박동을 필요 이상으로 크게 가져가는 빈도가 더 높기 때문이다. 나는 이미 프리시즌 기간에 맨유의 심장병 전문의에게 검사를 받고 몸 상태가 정상이라는 소견을 받은 상태였다. 다만, 의료진은 나의 심장 상태를 계속 점검하는 것이 좋겠다고 말했다. 이후 나는 심전도 점검을 위해 4일간 몸에 작은 기계를 차고 있어야 했다. 의료진은 내가 이 기계만 차고 있으면 다시 팀 훈련을 소화해도 괜찮다고 말했다. 이후 나는 다가오는 사우스햄튼전 준비를 시작했다. 정상급 무대에서 경쟁력을 발휘하려면 훈련량을 조절하거나 운동을 쉬엄쉬엄 할 수는 없다. 어차피 버튼전에서 느낀 증상이 다시 돌아오게 된다면, 지금 내가 쉰다고 해서 그런 상황을 피할 수 있는 것도 아니었다. 게다가 내 몸은 다시 원래대로 돌아온 상태였다.

나는 "그냥 하던 대로 운동할게요"라고 말했다.

무리뉴 감독은 내게 "대기 명단에 포함해도 되겠어?"라고 물었다. 그는 매우 신중하게 내 건강을 배려해줬다. 그러면서 그는 "마이클, 무조건 빨리 돌아와서는 안 돼"라고 말했다.

"괜찮아요. 다시 정상적인 상태로 돌아왔어요."

나는 심장질환이 있다는 진단을 받은 사람치고는 꽤 태연하게 반응하고 있었다. 나는 "의사가 뛸 수 있다면 뛸 수 있는 거죠"라고 말했다. 그럼에도 불구하고 무리뉴 감독은 의사에게 "마이클이 경기에서 뛰다가 똑같은 일이 생기면 어떡하죠?"라고 물었다.

그러자 의사는 "글쎄요. 그렇게 되면 일단 교체를 해야죠. 그리고 마이클은 다시 뛸 수 없게 될 수도 있어요"라고 대답했다. 결국 무리뉴 감독은 나를 사우스햄튼전 대기 명단에 포함시켰다. 나는 경기 전 몸을 풀며 무기력함을 느꼈다. 다음날 나는 캐링턴에서 사우스햄튼전 대기 명단에 이름을 올렸던 동료들과 함께 훈련했다. 우리는 늘 경기가 열린 다음날 출전하지 않은 선수들끼리 훈련을 했다. 우리는 짧지만 강도 높은 점유율 훈련을 했다.

훈련 강도를 올린 후 약 4분 정도가 지난 뒤, 나는 다시 몸에서 힘이 빠지는 느낌을 받았다. 몸에 전혀 생기가 없었다. 나는 바로 터치라인 부근에 있던 의사를 찾아갔다.

"선생님, 상황이 좋지 않네요. 증상이 돌아왔어요." 아무리 이런 증상이 와도 심장 박동수를 즉시 검사하는 건 쉽지 않은 일이었다. 항상 검사기를 들고 다닐 수는 없었기 때문이다. 그러나 당시 나는 버튼전 이후 의료진이 준 기계를 몸에 차고 있었다. 의사는 내 심장 박동이 불규칙하다는 사실을 파악하고는 나를 의무실로 데리고 갔다. 그곳에 도착하니 내 심장 박동은 다시 원래대로 돌아온 상태였다. 나는 더 많은 검사를 받아야 한다는 사실을 알고 침착하게 앉아 있었다. 결국 CT 스캔을 포함해 여러 가지 검사를 받았다. 의료진은 내 심장 구조와 기능에는 문제가 없다고 말했다. 그러나 우리는 더 자세한 검사가 필요하다는 사실을 이미 알고 있었다.

나는 다음날 아침 심장병 전문의 닐 데이빗슨Neil Davidson 박사를 찾아갔다. 더 많은 검사를 받았고, 의료진이 의논하는 소리가 들렸다. "그냥 둬? 아니면 심장조직 제거?" 도대체 심장조직 제거가 뭐지? 데이빗슨 박사는 전기전도 전문가였다. 그는 내 심장을 둘러싼 근육을 자극하면 어떤 반응이 일어날지를 확인해보는 검사를 하자고 제안했다. 그래야 불규칙한 심장 박동에 대한 수술 방법을 결정할 수 있다는 게 그의 설명이었다. 이후 그는 내게 수술이 어떤 방식으로 진행될지를 설명했다. 내가 마치 배터리로 작동하는 라디오가 된 기분이었다. 이런 증상을 나타내는 일반인은 베타 수용체 차단 약을 복용했지만, 운동선수인 내게 이런 치료법은 선택 대상이 아니었다. 나는 데이빗슨 박사에게 "검사를 빨리할수록 좋을 것 같다"라고 말했다.

수술 전날 밤, 그동안 내가 차고 있던 기계를 검사한, 더 자세한 결과가 나왔다. 검사 결과를 데이빗슨 박사에게 전달한 건 귀도 피엘레스Guido Pieles 박사였다. 독일인 피엘레스 박사는 매년 맨유 선수들의 심장을 검사하는 주치의였다. 그는 내 심장 박동이 1분당 280비트라는 결과를 보내왔다. 내가 알기로는 정상적인 심장 박동은 1분당 약 200비트 정도였다. 이후 그들은 검사 결과를 바탕으로 이에 어떻게 대처해야 할지를 의논했고, 내게 간단하게 상황을 설명했다. 만약 불규칙한 심장 박동이 내 심장 위쪽에서 이뤄지고 있다면, 이는 큰 문제가 아니었다. 그러나 만약 심장 아래쪽에서 불규칙한 심장 박동이 이뤄지고 있다면, 이는 더 위험한 상황으로 전개될 수도 있었다. 데이빗슨 박사는 "내일 제거 수술을 하고, 나머지 부분을 다 검사할게요"라고 말했다.

이후 데이빗슨 박사는 나를 보며 "둘 중 하나야. 바로 수술을 해서 해결하는 게 한 가지 가능성이지"라고 말했다.

나는 "다른 방법은요?"라고 물었다.

"다른 방법을 택한다면 다시는 축구를 할 수 없을 거야."

나는 그 말을 들으면서도 매우 침착하게 대응했다. 지금 생각하면 지나치게 침착한 게 아니었나 싶을 정도였다. 나는 의료진이 나를 위해 적절한 대응을 해줄 수 있다고 믿었다. 솔직히 말하면 다시 축구를 못 한다고 해도 불만은 없었을 것이다. 나는 이미 36세였다.

나는 "필요한 대로 해주세요"라고 말했다. 다음날 나는 혼자 병원으로 갔다. 리사에게도 걱정하지 말라고 말했다. 리사는 아이들을 챙겨야 했다. 어차피 리사가 나와 함께 병원으로 갔어도 할 수 있는 건 없었다. 나는 긴장을 하지도 않았다. 데이빗슨 박사는 내가 병원에 도착하자 "깨어 있을래? 아니면 마취해줄까?"라고 물었다.

"마취해주세요! 하루종일! 절대 깨어 있고 싶지 않네요."

사실 나는 병원과 주사에 대해 안 좋은 기억을 가지고 있었다. 리사는 루이스를 낳을 때 제왕절개를 해야 했다. 당시 병원에서 아이오딘을 주입하며 리사가 볼 수 없도록 스크린으로 그 모습을 가렸다. 나는 자세를 낮춰 이 상황을 모두 지켜봤다. 그러나 그 모습을 보다가 나는 깜짝 놀라며 쓰러졌다. 사실상 기절한 상태였다. 이후 바로 다시 일어섰고, 정신을 차린 후 웃음이 폭발했다. 나를 본 의사는 일어난 나를 보며 괜찮냐고 물었다. 순간적으로 의사와 간호사들이 나를 완전히 에워싼 상태였다. 정작 임산부 리사는 그들을 보며 "저기요?"라고 말하고 있었다. 나도 내가 주사를 보면 왜 그렇게 반응하는지 모르겠다. 내가 봐도 이상하다. 주사를 무서워하는 것도 아니었다. 요즘에도 나는 헌혈을 할 때 누워서 주사를 맞는다. 그렇게 하지 않으면 몸이 어떻게 반응을 할지 예측할 수가 없기 때문이다. 어렸을 때는 피검사를 받기 위해 주사를 받았는데, 피가 나오지 않은 적도 있다. 주사기를 뽑아 보니 오히려 바늘이 휘어 있었다.

동료들도 내가 주사를 맞으면 기절할 수 있다는 사실을 알고 있다. 루니는 늘 이에 대해 얘기한다. 그러면서 그는 그 얘기를 할 때마다 껄껄 웃는다. 우리가 테이블에 모여 앉아 있을 때마다 누군가가 아이를 낳았다는 얘기가 나오면, 그는 어김없이 리사가 아이를 낳을 때 내가 쓰러졌다며 웃음을 터뜨린다. 나는 키득키득거리는 그를 보며 "맞아. 진짜 기절했었어"라고 말할 수밖에 없다. 그래도 나는 괜찮다! 내가 어떻게 할 수 있는 일이 아니다. 내가 봐도 참 이상하다.

그래서 나는 수술을 해야 할 때는 늘 마취제를 맞았다. 잠에 들면 주사기를 볼 일이 없기 때문이다. 이번에도 손등과 팔에 마취제를 한 대씩 맞았다. 이후 그들은 나에게 온갖 호스를 연결했다. 그러더니 스캔 영상을 확인하기 위해 TV 화면을 가져왔다. 그런 과정을 보는 건 이번이 처음이었다. 이렇게 많은 줄이 내 몸에 연결된 적도 그 때가 처음이었다. 그 순간 나는 잠들었다. 내가 마취에서 깨어나자 데이빗슨 박사는 비정상적인 증상을 찾지 못했다고 말했다. 이후 그는 내 심장 아랫쪽을 검사했다. 데이빗슨 박사는 내가 운동을 할 때면 폐에서 심장으로 연결되는 네 개의 정맥이 크게 벌어지며 이러한 증상이 발생했을 수 있다고 말했다. 그래서 그는 내 심장을 감싸는 근육을 멈추게 한 상태였다. 이후 그는 매우 차분한 목소리로 내 심박이 곧 정지될 수도 있지만, 이는 검사하는 과정에서 통제가 가능한 선 안에서 발생하게 되는 현상이니 걱정하지 않아도 된다고 말했다. 데이빗슨 박사는 계속 내 심장 부위를 조였다. 나는 더는 참을 수 없는 경지에 다다르고 있었다.

그는 내게 "괜찮을 거야. 일반적인 제거 수술을 받은 운동선수가 3주면 복귀하는 걸 본 적도 있어. 네 상황은 조금 더 복잡해서 더 오래 걸릴 수도 있지만"이라고 말했다. 나는 그저 빨리 병원을 떠나고 싶었다. 최대한 빨리 집에 가고 싶은 마음뿐이었다. 나는 간호사에게 "계속 해주세요. 빨리 갈 수 있게만 해주세요"라고 말했다. 그들은 밤 11시가 돼서야 나를 보내줬다.

"이제 가셔도 됩니다."

리사가 나를 데리러 왔다. 그러나 우리가 병원 접수실을 지나는 순간 내 다리를 타고 무언가 새는 느낌이 났다. 순간 나는 내가 오줌을 싼 줄 알았다. 트레이닝복 바지를 걷어올리자 피가 떨어지고 있었다. 갑자기 정신이 혼미해졌다. 또 기절할 것만 같았다. 알고 보니 수술 도중 간호사가 호스 연결을 하던 중 내 사타구니에 작은 상처를 냈지만, 꿰매기에는 상처가 너무 작아 자연스럽게 아물 수 있게 이를 그냥 놔둔 상태였다는 사실을 알게 됐다. 나는 앞서 피를 더 묽게 해주는 알약까지 복용했지만, 수술 후 일어서서 다리에 힘을 주자 상처가 난 부위에서 피가 쏟아지기 시작한 것이다.

"리사, 잠깐만. 앉아야겠어. 지금 어디도 갈 수 없을 거 같아." 계속 다리에서 피가 나왔다. 나는 의자에 내 몸을 의지한 채 다리를 테이블 위에 올려 피가 떨어지지 않게 했다. 리사는 "당신 얼굴이 창백해졌어"라고 말했다.

"리사, 누구 좀 불러줘."

그때 병원 접수실에는 아무도 없었다. 그러나 리사는 결국 병원 직원을 한 명 찾아냈다. 의료진은 한참이 지나서야 나타났다. 그들은 휠체어를 가져와 나를 다시 병실로 데리고 갔다.

결국, 나는 다음날이 돼서야 집에 갈 수 있었다. 나는 회복까지 3주가 걸린다는 말만 머릿속으로 기억하고 있었다. 빨리 집에서 회복에만 전념하고 싶었다. 3주가 지나면 다시 뛸 수 있다는 생각으로 최대한 긍정적인 마음가짐을 유지했다. 어떻게 실전 감각을 회복할까? 어떻게 계획을 짜야 하지? 우선 집 주변을 걸어 다녀야겠다고 마음먹었다. 그다음 캐링턴으로 돌아가서는 어떤 운동을 해야 하지? 조깅은 언제 시작할 수 있지? 체력 코치와 달리기 훈련은 언제 하지? 팀 훈련 복귀는 언제 하지? 경기에 출전하려면 팀 훈련을 몇 번 소화해야 하지? 빨리 캐링턴으로 돌아가고 싶었다. 그곳에서 동료들과 함께 내가 사랑하는 일을 하고 싶었다.

나는 평범한 일상을 좋아하는 사람이다. 어떤 것도 놓치고 싶지 않았다. 내가 그 당시 스스로에게 이런 질문을 했다는 사실은 지금 생각해 보면 참 우스운 일이었다. 내게는 긴 회복 기간이 필요했다. 나는 집으로 돌아온 첫날 다시 축구를 할 계획만 세우고 있었을 뿐 심장 질환에 대해서는 생각조차 하지 않았다. 데이빗슨 박사와 의료진이 나를 워낙 잘 챙겨준 덕분이었다.

그러나 곧 내 몸이 내게 말하기 시작했다. 회복까지 3주? 말도 안 되는 생각이었다. 며칠 동안은 소파에 앉아 있다가 일어나기만 해도 머리가 핑 돌았다. 수술 과정에서 내 심장이 워낙 쿡쿡 찔려 내 몸은 완전히 지친 상태였다. 급한 일이 생기면 언제나 그랬듯이 이번에도 나를 도와주러 온 부모님에게는 "마취제 때문에 그렇지, 괜찮아"라고만 말했다. 그러나 나는 부모님이 서로 귓속말을 하는 모습을 보며 내가 괜찮지 않다는 사실을 깨달았다. 어머니 아버지, 그리고 리사는 나를 걱정하고 있었다. 그러나 나는 계속 그들을 보면서 미소를 지으며 괜찮다고 말했다. "3주만 지나면 돌아올 거야." 그러나 나는 3주 후에도 그럴 수 없다는 걸 알고 있었다. 다만, 나는 그들에게 확신을 주고 싶었다. 그러나 그들도 이를 확신하지 못하고 있었다.

3주 후 복귀하기 위해서는 단 일주일 만에 조깅을 시작해야 했다. 그러나 나는 소파에서만 2주를 보내야 했다. 머리가 어지러웠고, 몸은 힘이 없었다. 잠깐씩 골프를 치기 위해 외출을 하기는 했다. 의사도 내게 "심장 박동만 올리지 않으면 괜찮아"라고 말했다.

나는 그에게 "골프를 친다고 그렇게 될 리는 없어요!"라고 답했다. 루이스와 제이시는 소파에 누워 있는 내게 나가와 계속 언제가 되면 다시 경기에 출전할 수 있는지를 물었다. 나는 그들이 겁을 먹지 않기를 바랐다. 그래서 "아빠는 괜찮아. 곧 다시 뛸 거야. 사타구니가 조금 아픈 거야"라고 말했다.

하루는 오후에 루이스가 뛰는 축구 경기를 보러갔다. 루이스는 하프타임이 되자 내게 차에서 음료수를 가져다달라고 말했다.

"잠깐만 기다려! 곧 가져올게."

나는 차까지 100미터도 되지 않는 거리를 조깅을 해서 다녀왔다. 그러나 경기장으로 돌아온 후 가슴에 이상한 느낌이 들었다. 당장은 아무 말도 하지 않고 미소를 지으며 후반전도 잘하라며 루이스를 응원했다. 내가 아직 회복하려면 멀었다는 생각이 들었다.

　나는 다음날 캐링턴으로 갔다. 운동장에서 가볍게 조깅을 하고 싶었지만, 그것조차 할 수 없었다. 가슴 통증은 훨씬 더 심해졌다. 구단의 의사와 스포츠 과학 전문가들은 내게 러닝머신 위에서 뛰어보라고 말했다. 강도를 60%도 올리지 않은 상태였지만, 의사는 내게 "멈춰야겠어"라고 말했다. 나는 가슴 통증 탓에 일정 수준 이상으로 강도를 올릴 수 없었다. 통증은 내가 운동을 하면 할수록 더 심해졌다. 나는 의사에게 "의미가 없네요"라고 말했다. 나는 팔 굽혀 펴기를 10번만 해도 힘을 잃고 헉헉거렸다.

　나는 무리뉴 감독에게 큰 빚을 졌다. 그는 내가 회복하는 동안 최대한 나를 존중해줬다. 그는 나의 복귀를 절대 서두르지 않았다. 나는 그런 그에게 여전히 고마운 마음을 가지고 있다. 그가 나를 존중해주고 있다는 사실은 내게 큰 힘이 됐다.

　나는 차츰 건강을 회복하고 있었다. 10월 7일에는 아버지와 함께 맨체스터 아레나에서 열린 앤서니 크롤라Anthony Crolla 와 리키 번스Ricky Burns 의 권투 경기를 보러갔다. 나는 크롤라의 팬이었다. 그 또한 열정적인 맨유 팬이었다. 그는 앞서 캐링턴 훈련장을 방문해 나와 대화를 나눈 적도 있다. 나는 재활을 시작하며 꼭 그의 경기를 보러가겠다고 다짐했다. 나는 꼭 그가 이기는 모습을 보고 싶었다. 권투 경기장 분위기는 늘 살벌하다. 특히 링 바로 앞에서 경기를 보면 더욱 그렇다. 3~4라운드가 지나가 내 심장이 빨리 뛰기 시작했다. 내가 너무 예민하게 반응하고 있다고 생각했다.

　아마 심장이 이렇게 뛰는 건 지극히 평범한 현상이겠지만, 그 전까지 나는 심장이 뛰어도 이를 알아채지 못했을 것이다. 나는 5라운드가 끝난 후 6라운드를 기다리며 잠시 자리에서 일어났다. 다시 머리가 어지러웠다. 서둘러 다시 앉아 차분하게 행동했다. 아버지가 내 상태를 눈치채지 못하게 하고 싶었기 때문이다. 나는 그가 놀라는 걸 원치 않았다.

7라운드가 끝나자 마치 심장이 가슴 밖으로 튀어나올 것처럼 심하게 뛰었다. 나는 아버지가 볼 수 없게 눈치껏 손목시계에 연결된 심장 박동수 검사기를 확인했다. 나는 계속 시계를 보며 내 심장 박동수를 확인했다. 그 순간 중계 카메라가 나를 계속 잡아준 모양이다. 친구들이 문자를 보내 "너 시계 고장 났어?"라고 묻기 시작했다. 이후 경기가 진행되며 내 심장 박동도 정상적인 상태로 돌아왔다. 결국, 그날 큰 문제는 없었다. 오히려 권투 경기가 끝날 때 즈음, 나는 심장에 대한 생각조차 하지 않고 있었다. 크롤라는 12라운드가 끝난 후 판정승을 거뒀다. 그를 응원한 나는 흥분한 나머지 점프를 하다가 다시 어지럼증을 느꼈다. 심호흡을 하며 다시 정신을 차려야 했다. 경기가 끝난 후 탈의실로 가서 크롤라를 만날 때는 다시 몸 상태가 정상으로 돌아왔다.

나는 다시 생각해봤다. 데이빗슨 박사와 의료진은 수술 후 추가로 몇 가지 검사를 더 진행한 뒤, 그 후의 증상은 후유증일뿐이라고 말했다. 나는 권투 경기가 끝난 후 일주일이 지나서야 내 몸 상태를 아버지께 알렸다. 그래야 그의 걱정을 조금이나마 덜어줄 수 있다고 생각했다.

10월 말이 되자 나는 수술 후 생각했던 회복 기간 3주가 훨씬 지났는데도 아직도 갈 길이 멀다는 생각을 하게 됐다. 나는 구단에서 내게 배정해준 스포츠 과학 전문가 리치 호킨스Rich Hawkins와 몇 차례 조깅을 해봤다. 조깅을 하면 처음에는 괜찮지만, 운동을 이어갈 수 없었다. 내 몸에는 힘이 없었다.

"리치, 못하겠어." 너무 우울했다. 차를 중립기어에 놓고 가속 페달을 밟는 느낌이었다. 하루는 리치와 의료진이 캐링턴에서 내가 가벼운 달리기 훈련을 하는 모습을 지켜보고 있었다. 리치는 수년간 맨유에서 일한 덕분에 내 몸에 대해 잘 알고 있었다.

"리치, 집에 가야겠어. 더 못하겠어." 나는 원래 절대 포기하는 법이 없는 사람이다. 그러나 그 순간에는 어쩔 수 없었다. 조금도 힘을 낼 수 없었기 때문이다. 아직 복귀까지는 갈 길이 멀었다.

집까지 운전을 하며 문득 이런 생각이 들었다. 내가 지금 뭐하는 거지? 바보 같은 짓을 하고 있는 건 아닐까? 어차피 나는 2018년 5월을 끝으로 현역 은퇴를 할 계획이었다. 그때까지 6개월밖에 남지 않은 상황에서 나는 심장질환으로부터 회복 중이었지만, 복귀까지는 아직 오랜 시간이 남아 있었다. 그냥 은퇴를 해야 하나? 그전까지는 지금처럼 자유로운 삶을 살아본 적이 없었다. 그러나 이제 내게 주어진 시간을 내 마음대로 쓸 수 있었고, 축구가 없는 삶을 살 기회가 생긴 것이다. 리사와 대화를 나눴다. "축구가 없다면 우리는 이렇게 살 수 있어." 지금처럼 산다면 나는 운동을 하는 루이스와 제이시가 출전하는 경기를 직접 볼 수 있었다. 나는 집에서 리사, 아이들과 평범한 가정적인 삶을 사는 게 좋았다. 나는 리사와 결혼한 후에도 늘 축구 선수의 삶을 살며 계획적인 삶을 살아야 했다. 리사와의 관계에 대해서도 생각해볼 필요가 있었다.

우리는 드디어 집에서 함께 시간을 보낼 수 있게 됐다. 우리가 함께 시간을 보내는 게 얼마나 행복한지를 깨닫게 됐다. 한 달 내내 집에 같이 있었지만, 서로 머리를 쥐어뜯고 싶다는 생각이 들 정도로 싸운 적도 없었다. 오히려 정반대였다. 우리는 어느 때보다 가정적인 삶을 살고 있었다. 루이스와 제이시는 내가 늘 집에 있다는 걸 진심으로 좋아했다. 우리는 함께 무엇을 할지 계획을 세우고, 이를 실제로 실천에 옮길 수 있는 삶을 드디어 살 수 있게 됐다. 경기를 앞두고 명단 발표를 기다리며 "내일 원정에 가는 건가? 아닌가?"라는 고민도 할 필요가 없었다. 나는 여전히 올드 트래포드에서 우리팀의 경기를 지켜봤고, 마음이 불편하지 않았다. 그래서 나는 결론을 내렸다. "드디어 그때가 됐다. 나는 지금까지 축구를 위한 인생을 살았고 그건 훌륭한 시간이었어. 축구를 정말 사랑했지만, 이제는 나의 길을 갈 때야."

나는 그제서야 지난날을 돌아보며 내가 얼마나 어리석었는지를 깨달았다.

나는 세계 최고를 자부하는 의료진의 관리를 받고 있었다. 의료진, 데이빗슨 박사, 피엘레스 박사, 그리고 그들의 스태프에게 너무 고마웠다. 단, 나는 그대로 내 커리어를 끝내고 싶지는 않았다. 수술실에 누운 모습이 선수로서 나의 마지막 모습이 되는 걸 원치 않았다. 나의 마지막은 내가 결정하고 싶었다. 축구선수가 자신이 사랑하는 일을 하지 못하는 상황에서 느끼는 무기력함은 누구도 이해할 수 없을 것이다. 나는 뛰지 못하는 상황을 혐오했다. 나는 늘 몸을 만들고, 경기에 출전하는 삶을 살아왔는데 이번에는 상황이 달랐다. 나는 부상을 당한 것이 아니었다. 대신 나는 더 중요한 건강 문제에 직면해 있었다. 종아리 근육이나 햄스트링이 찢어진 것과는 차원이 달랐다. 나는 심장질환을 앓게 되며 내 인생과 커리어의 큰 그림을 바라볼 수 있었다.

게다가 나는 훈련이나 경기가 더 이상은 아주 그립지도 않았다. 그래서 이제는 그만해야할 때라는 생각이 더 강하게 들었다. 마지막 남은 몇 개월을 최대한 긍정적으로 마무리하고 싶었다. 동료들도 나를 응원해줬다. 그들은 자주 내 안부를 물었다. 몇몇 선수는 내가 심장질환을 앓고 있다는 사실을 알고 있었지만, 나머지는 이를 몰랐다. 구단이 내 뜻을 존중해 이를 공식적으로 알리지 않았기 때문이다. 이 소식을 공개적으로 알린 건 어느 노르웨이의 한 웹사이트뿐이었다. 내가 심장에 스텐트를 넣었다는 말도 안 되는 소문이 나돌았지만, 구단이 나서 이를 부인했다. 그러나 내가 팀 훈련에서 빠진 탓에 대중의 궁금증은 갈수록 커졌다.

그때 나는 의료진이 지켜보는 가운데, 심장 박동수를 점검하는 기계를 차고 체력 코치와 실내 훈련을 하고 있었다. 결국, 나는 10월 29일 팀 훈련에 복귀했다. 처음에는 몸 상태가 썩 좋지 않았지만, 한 차례 고비를 넘기니 괜찮아졌다. 예전 증상이 다시 돌아오지도 않았고, 검사를 통해 몸에 이상이 없다는 결과를 확인할 수 있었다. 의료진은 11월 중순이 되자 내 심장이 경기를 소화하는 데 문제가 없다는 소견을 전했다. 이제 팀 훈련을 계속 소화하며 경기 감각 회복에만 주력할 수 있었다. 그 기간 동안 무리뉴 감독은 계속 언론으로부터 나에 대한 질문을 받아야했다. 그래서 나는 11월 24일 공식 발표문을 올렸다.

그 후 나는 따뜻한 메시지를 정말 많이 받았다. 심지어 나를 싫어하던 사람들도 그날만큼은 나를 욕하지 않았다! 그렇게 응원을 받으니 마음이 뭉클했다. 그동안 대다수 사람들은 내가 부상을 당한 줄 알고 있었다. 그러나 나는 심장 질환을 앓고 있었다는 사실을 일찍 알리면 분위기가 지나치게 감정적이 될 것 같다고 생각했다. 그래서 나는 팀 훈련에 복귀하기 전까지 이 사실을 알리지 않았다. 나는 운동장에 돌아온 후 "아무 일도 아니었어. 그리고 이제 나는 돌아왔어"라고 말하고 싶었다. 발표문이 나온 뒤, 루이스와 제이시에게도 그 사실을 알렸다. 그러나 나는 아이들에게도 이를 심각하게 설명하지는 않았다. "아빠가 심장에 좀 문제가 있었어"라고만 말했다.

동료들과 다시 훈련을 하는 기분은 훌륭했다. 그러나 나는 곧 종아리 신경에 문제가 생겼다. 그만큼 나도 이제 늙은 선수였다. 화가 났다. 이게 뭐하는 짓이지? 그때 그냥 은퇴를 할까도 생각했다. 계획한 은퇴 시점까지 6개월밖에 남지 않은 상황에서 내 몸은 전혀 뛸 준비가 안 된 상태였다. 5월까지 기다릴 필요가 있을까?

힘든 시간이었다. 단, 나는 축구를 그만 해야겠다는 결정에 대한 확신이 생겼다. 드디어 때가 왔고, 현실을 받아들여야 했다. 나는 축구를 할 수 있다면 맨유 외에는 어느 팀을 위해서도 뛰고 싶지 않았다. 무리뉴 감독이 허락해준다는 이유만으로 계속 팀에 남아서 빈둥거리고 싶지도 않았다. 그렇게 하기에는 그와 맨유, 또 동료들을 향한 나의 존경심이 너무 강했다. 그래서 나는 "한 번만 더 해보자"고 스스로에게 말했다.

다행스럽게도 나는 곧 종아리 부상에서 회복했다. 이후 경기 감각을 되찾기 위해 온 힘을 기울였다. 2018년 1월 22일, 무리뉴 감독은 차분한 목소리로 내게 "너는 금요일에 출전한다"고 말했다. 여빌 타운Yeovil Town 과의 FA컵 경기였다! 나는 128일 만에 출전을 준비하고 있었다. 그동안 나 스스로에 대한 의구심을 여러 차례 품기도 했었다. 나는 여빌 타운전 출전을 전혀 예상치 못하고 있었던 탓에 그의 말을 듣고 크게 놀랐다.

"아, 그래요! 알겠습니다!" 그에게 출전을 통보받았을 때의 기분도 좋았지만, 내 기분을 더 좋게 만든 일은 따로 있었다. 루이스와 제이시가 집안 곳곳을 뛰어다니며 "아빠가 돌아온다!! 아빠가 돌아와!!"라고 말하는 모습을 바라보는 일이었다. 아이들은 나보다 내 복귀전을 더 기대하고 있었다. 그 순간 아이들의 얼굴을 보니 그동안 감내했던 고생이 싹 사라지는 것만 같았다.

우리가 후이시 파크Huish Park 에 도착하자 맨유 팬들은 이미 골대 뒤에 자리를 잡고 있었다. 그들을 보니 마음이 편안해졌다. 만약 이 경기를 끝으로 내가 은퇴를 해도, 나 스스로 내 마지막을 장식할 수 있게 됐다는 데 만족감을 느낄 수 있을 것 같았다. 운동장 위에서 휘청거리던 버튼 알비온전이 나의 마지막이 되는 걸 원치 않았기 때문이다. 게다가 팬들은 복귀한 나를 환영하는 응원가를 불러주며 그날을 더 특별하게 만들어줬다. 그날 나를 향한 팬들의 응원은 믿을 수 없을 정도로 뜨거웠다. 우리는 경기에서 승리한 뒤, 그들에게 다가가 박수를 보냈다. 골대 뒤에 앉은 어린이가 보였다. 나는 그에게 유니폼을 벗어줬다. 나는 맨유에서 뛰며 단 한번도 팬들의 응원을 가볍게 여긴 적이 없었다. 그러나 선수 생활의 마지막이 다가오고 있다는 생각을 하게 되니 그들을 향한 고마움이 더 커졌다.

나는 그날 금방 경기의 흐름 속으로 빠져들었다. 한번은 프리킥이 선언되지 않아 주심에게 강력하게 항의하기도 했다. 어머니는 경기가 끝난 후 내게 "마이클, 너 또 욕하더라. 네가 욕하는 모습을 똑똑히 봤어"라고 말했다. 내가 돌아왔다는 뜻이었다.

18

THE NEXT CHALLENGE

다음 도전

MICHAEL CARRICK
BETWEEN THE LINES

나는 여빌전에 출전한 후 11일이 지난 후 열린 뮌헨 참사 60주기 추모 행사에 참석해 찰튼 경의 옆자리에 앉는 영광을 누렸다. 행사는 매우 숙연한 분위기 속에 진행됐고, 이는 축구보다 더 큰 의미를 지니고 있었다. 해리 그렉 Harry Gregg (맨유의 레전드 골키퍼이자 뮌헨 참사의 생존자-옮긴이 주)은 내 뒷자리에 앉았다. 맨유는 1군 팀은 물론 23세 이하 팀과 18세 이하 팀 선수들까지 모두 이 행사에 참석했다. 그날 세르비아 베오그라드에 머무르고 있던 19세 이하 팀은 파르티잔 스타디움에서 추모식을 진행했다. 어린 선수들이 뮌헨 참사와 맨유 역사의 중요성을 깨닫는 건 매우 중요하다. 행사가 끝난 후 몇몇 어린 선수들과 대화를 해보니 그들도 그것을 이해하고 있다는 느낌을 받았다. 그와 같은 역사 의식은 계속해서 다음 세대로 이어질 수 있어야 한다. 그날 행사에 참석한 팬들은 응원가 "우리는 절대 죽지 않는다"를 불렀다.

정말 감정적인 순간이었다. 우리는 눈이 쏟아지는 가운데서도 끝까지 자리를 지켰다. 그날의 추운 날씨가 추모식에 의미를 더했다. 나는 무리뉴 감독과 함께 화환을 전달했다. 그 후 우리는 가스펠 노래 '함께 하소서'를 불렀다. 그날 행사는 매우 품위 있게 진행됐다. 무려 4500명이 올드 트래포드를 찾아 목숨을 잃었던 '버스비의 아이들'에게 애도를 표했다. 유럽 곳곳에서 추모식이 열렸다는 사실을 알게 된 후에는 내가 얼마나 특별한 구단의 선수인지를 다시 한 번 깨닫게 됐다.

나는 이 위대한 구단에서 내가 선수로 보낼 수 있는 시간이 끝을 향하고 있다는 사실도 알고 있었다. 은퇴를 하면 챔피언스리그도 TV로만 보게 될 것이다. 그럴 때면 "아, 나도 저기서 다시 뛰고 싶다"라는 생각이 들 것이 분명했다. 그러나 나는 후회를 남기지는 않았다. 머릿속으로는 여전히 뛸 수 있다고 믿었지만, 정작 내 다리는 내가 이를 더 감당할 수 없다고 말하고 있었다. 겉으로 잘 드러나지 않았을 수는 있지만, 나 자신은 그것을 이미 알고 있었다. 내가 은퇴해야 한다는 사실을 내 몸이 말해주고 있었기 때문이다.

그런데 은퇴를 하면 뭘 해야 하지? 골프장에 가는 건 당연히 즐거운 일이다. 그러나 그것도 몇 달 하다 보면 생각이 달라질 것이다. 내게는 은퇴를 해도 아침에 침대에서 일찍 일어나야 하는 이유가 필요했다. 나는 그동안 은퇴한 선수들이 인간관계를 유지하는 데 어려움을 겪는 모습을 자주 봤다. 현역에서 은퇴한 몇몇 선수들이 단 1년 만에 아내와의 관계가 틀어지는 모습을 보면 무섭다는 생각까지 들었다.

현역 은퇴를 한 선수 중 약 40%가 선수 생활을 마감한 후 약 2년 안에 이혼을 한다는 통계 기록을 본 적도 있었다. 나는 그에 대해 리사와 자주 대화를 나눴다. 리사와 나는 아주 단단하고 좋은 관계를 가진 부부다. 우리는 서로 함께 있는 걸 즐겼다. 심지어 우리는 싸워본 적도 없다. 약 20년간 결혼 생활을 하며 사소한 말다툼을 한 것도 서너 번밖에 되지 않았다. 나는 감정이 고조되면 침묵을 지키는 편이다. 그러나 리사는 내가 그럴 때마다 더 힘들었을 것이다. 리사에게는 가끔 화를 풀 만한 창구가 필요했을 것이기 때문이다. 이기적인 운동 선수와 함께 사는 건 어려운 일이다. 솔직히 말해 나의 이런 삶은 분명히 리사에게 어려움을 줬을 것이다. 그러나 우리는 아무리 다뤄도 결혼 생활에 지장이 생길 정도까지 간 적은 없었다. 우리의 관계는 바위처럼 단단하다. 몇몇 선수들은 가끔씩 아내로부터 벗어나 친구들과 함께 외박을 하거나 골프를 치러 나간다. 나는 고집이 센 성격을 가지고 있다. 가끔 리사가 나를 노려볼 때면 그녀가 내게 "인생을 좀 즐기지 그래? 삶에는 축구만 있는 게 아니잖아"라고 말하고 싶어하는 것 같을 때가 있다. 나는 축구를 향한 남편의 집착, 그리고 축구 선수의 삶을 이해하지 못하는 아내를 수없이 많이 봤다. 그러나 리사는 늘 축구를 향한 나의 집착을 이해해줬다. 그녀는 그에 대해 내게 의문을 던진 적이 한 번도 없었다. 리사는 내가 축구에 전념할 수 있게 도와줬고, 나를 위해 희생해줬다. 나는 여전히 리사가 커리어 우먼으로 살지 못한 책임은 내게 있다고 생각한다. 리사는 대학교를 졸업한 후 필라테스 강사로 일할 여건을 갖추고 있었지만, 내가 맨유로 이적하며 꿈을 이루지 못했다. 리사는 늘 나를 지지해준 훌륭한 아내다. 그녀는 굴곡이 많았던 나와 항상 함께 해줬다.

나는 정말 운이 좋은 사람이다. 강한 남자의 뒤에는 언제나 강한 여자가 있는 법이다. 리사는 항상 내게 필요한 조언과 의견을 건네줬다. 그녀는 나의 겉과 속을 완벽하게 알고 있다. 가끔 리사는 나 스스로가 지금 기분이 좋지 않다는 걸 파악하기도 전에 이를 알아챈다. 그녀에게는 그런 직감이 있다. 그녀가 내게 준 사랑은 정말 놀라운 것이었다. 나와 리사는 한 팀이나 다름없다. 그녀는 내가 축구에만 전념할 수 있는 환경을 만들어줬다. 리사는 내가 잉글랜드 대표팀이나 맨유에서 경기를 마치고 돌아와도 절대 "내가 아이들을 열흘이나 혼자 봤으니 이제 당신 책임이야"라는 말은 하지 않았다. 그녀는 "오랜만에 집에 왔으니까 외출 좀 하자"며 나를 보채지도 않았다. 리사는 내가 운동장에서 경기력을 발휘하려면 어떻게 해야 하는지를 완전히 이해하고 있었다. 그녀는 그렇게 이타적이고, 인내심이 많은 여자다. 우리는 가장 친한 친구이기도 하다. 결혼한 지가 20년이 지났는데도 그녀와 함께 할 때 가장 즐거울 수 있다는 건 내게 큰 축복이다.

나는 예전부터 늘 아이를 키우고 싶었다. 내 인생이 아이들을 중심으로 돌아가기를 바랐다. 리사는 우리가 결혼한 지 얼마 되지 않아 바로 임신을 했다. 리사가 출산을 약 2주 앞둔 시점에 우리 아이가 역아(태아의 엉덩이가 아래를 향해 있어 자연 분만이 어려운 태아 – 옮긴이 주)라는 것을 알게 되어 어쩔 수 없이 제왕절개를 해야 했다. 우리는 아침 7시에 짐을 전부 준비해 병원으로 떠났다. 아이가 태어난 직후 간호사의 품에 안겨 우는 모습을 보는 건 믿기 힘든 순간이었다. 나는 그 순간에 완전히 몰입되어 있었던 데다 리사와 아이의 건강에 문제가 없는지를 확인하는 데 혈안이 됐던 탓에 몇 분이 지난 후에나 나의 첫 아이가 딸이라는 사실을 깨달았다. 그렇게 우리의 작은 공주가 태어났다. 나는 직접 탯줄을 잘랐다. 나는 탯줄을 직접 자르기 전까지 그것이 얼마나 어려운 일인지 전혀 모르고 있었다. 어찌 됐든 우리는 그날 하루종일 갓 태어난 루이스만 바라보면서 시간을 보냈다.

제이시를 낳을 때, 리사는 훨씬 더 많은 어려움을 겪었다. 리사는 임신 5개월째부터 허리에 통증을 느끼기 시작했다. 리사는 걷는 데도 불편함을 겪으며 침대에 누워 있어야 했다. 그녀에게는 정말 고통스러운 시간이었다. 병원에서는 자연 출산을 하면 리사의 허리에 무리가 갈 수 있다며 제왕절개를 권했다. 우리는 이번에도 출산 후 아이의 성별을 알기를 바랐다. 제이시가 태어나며 나의 인생이 완성됐다. 딸 하나, 아들 하나. 더는 바랄 게 없었다. 더 중요한 건 두 아이가 모두 건강하게 자라고 있다는 사실이다. 제이시가 태어날 때 이미 두 살이 된 루이스는 동생이 태어난 날 간호사 분장을 하고 구급상자를 들고 병원에 왔다.

루이스는 승마를 매우 좋아한다. 우리는 몇 년이 지난 후 그녀에게 작은 조랑말을 사줬다. 말의 이름은 '리오^{Rio}'다. 우리에게 조랑말을 판 원래 주인은 열정적인 맨유 팬이었다. 그녀는 리오 퍼디난드를 좋아해 말의 이름까지

리오라고 지었던 것이다. 리오는 루이스의 삶에서 큰 부분을 차지하는 존재다. 루이스는 말에 올라타면 영국 승마선수 제마 태터솔Gemma Tattersall 을 연상케 한다! 그녀에겐 타고난 재능이 있는 것 같다. 이는 모두 리사 덕분이었다. 리사는 루이스가 처음 승마를 시작했을 때, 말을 무서워하며 근처에도 가지 못했다. 그러나 리사는 이후 루이스를 위해 말의 털 손질과 밥을 주는 방법까지 배웠다. 이후 루이스는 나까지 말을 타게 만들었다! 루이스는 내가 말을 타는 모습을 보고 싶다며 레슨을 받으라고 졸랐다.

나는 혹시라도 부상을 당할지도 모른다며 축구를 핑계로 이를 피했다. 그러나 은퇴 후 리사가 아이들과 휴가를 떠나 집을 비운 시간을 틈타 승마 강사 앤젤라에게 레슨을 받았다. 단, 루이스를 놀라게 해주기 위해 비밀로 했다. 나는 아무도 모르게 레슨을 다섯 번이나 받았다. 휴가에서 돌아온 루이스가 말을 타는 나를 보며 놀라는 모습을 보니 나는 눈물이 고였다. 나는 원래 내면이 여린 사람이다. 이제 나는 루이스와 함께 말을 타는 시간을 진심으로 즐기고 있다. 말을 타고 있으면 마음이 편안해지고 잡생각으로부터 자유로워질 수 있었다. 승마가 이처럼 내게 긍정적인 영향을 줄 수 있다는 건 상상조차 하지 못한 일이다. 루이스가 리오와 노는 모습을 지켜보는 것도 즐거운 일이다.

나는 승마를 즐기는 루이스를 보며 자부심을 느끼기도 한다. 루이스는 승마를 진심으로 즐기고 있으며 그를 통해 느긋한 성격과 배려심까지 가질 수 있게 됐다. 게다가 그녀에게는 훗날 승마 선수로 성공하겠다는 강한 의지가 있다. 이렇게 겉과 속이 모두 아름다운 딸을 가질 수 있게 된 건 큰 행운이다.

아이들은 나의 모든 것이다. 그들은 나에게 영감을 준다. 우리 두 아이는 서로 매우 다르지만, 사랑스럽고, 배려심이 깊다는 공통점을 가지고 있다. 제이시와 함께 축구, 테니스, 골프를 보러 가는 일도 내게는 즐거움이다. 아이들과 함께 시간을 보내는 건 내게 큰 힘이 된다.

제이시는 눈이 반짝반짝 빛나는 아이다. 그는 사람들을 설득해 자신이 원하는 걸 얻어낸다. 그렇다고 제이시가 음흉한 아이라고 말하는 건 아니다. 그는 지혜롭고, 모든 스포츠를 사랑한다. 제이시는 하루종일 골프, 크리켓, 럭비, 포뮬러1 등을 보며 아주 섬세한 부분까지 모두 기억에 담는다. 그런 면에서 제이시는 나를 닮았다. 나도 거의 모든 스포츠를 좋아하기 때문이다.

그중에서도 내가 가장 좋아하는 스포츠는 골프와 포뮬러1이다. 나는 그 두 종목을 집착적으로 좋아한다. 나는 어릴 때부터 차를 좋아했다. 2014년에는 페라리 599GTO를 샀다. 레이스카 디자인을 띤 페라리 599GTO는 정말 아름다운 차다. 나는 이 차를 운전하는 걸 정말 좋아했다. 페라리599GTO는 속도를 내기 시작하면 마치 화라도 난 듯 강력하게 달렸다. 다만, 페라리 599GTO는 길거리보다 레이스 트랙에 더 어울리는 차다. 그러나 나는 남의 시선을 끄는 걸 별로 좋아하지 않는다. 페라리는 길거리에서 지나치게 많은 눈길을 끌었다. 한 번은 주유소에 도착해 리사에게 "당신이 기름을 좀 넣어 줘. 나는 나가고 싶지 않아"라고 말한 적도 있다. 그래서 리사는 나를 위해 주유를 해줬다. 나는 차를 많이 운전하지도 않았다. 아마 훈련장으로 이 차를 운전해서 가져간 적도 세 번 정도밖에 되지 않을 것이다. 나는 이후 그 차를 팔았다.

맨유에서 나의 친구 중 한 명은 포뮬러1 팀 레드불 선수 마크 웨버Mark Webber 와 친했다. 웨버는 우리를 경기장으로 초대하기도 했다. 나는 지금 레드불 선수로 활약 중인 또 다른 호주 출신 다니엘 리치아르도Daniel Ricciardo 와도 만날 수 있었다. 포뮬러1은 선수들이 아주 작은 부분까지 신경 써야 하는 종목이다. 경주를 위해 차를 만드는 과정 자체가 내게는 매력적이다. 엔지니어들의 정교함과 깔끔한 차고, 정비공의 효율성을 보는 건 즐거운 일이다. 포뮬러1은 정리 정돈과 단정함을 중요하게 여기는 나와 비슷한 가치를 추구하는 스포츠다.

나는 아버지, 그레엄과 잉글랜드 북동부 지역에서 직접 레이스트랙 위로 차를 몰아본 적이 있다. 나는 반자동 변속기가 아닌 변속 레버가 달린 2인승 포뮬러 포드에 올라탔다. 그러나 회전하는 순간 속도를 지나치게 올려 벽을 들이받고 말았다. 다행히도 다치거나 크게 고장을 내지는 않았다. 트랙에서 운전을 하기 전까지는 내가 벽을 들이받을 수 있다는 생각조차 하지 못하고 있었다!

나는 은퇴를 선언한 후 마크 웨버로부터 전화를 받았다. 그는 "실버스톤에서 드라이브할래?"라고 물었다. 당연히 나는 그의 제안에 응했다! 포뮬러 1! 2인승! 주말은 그랑프리와 함께! 꼭 해보고 싶었다. 마크는 내가 얼마나 포뮬러1을 좋아하는지 잘 알고 있다. 그래서 그는 그날 아침 10시에 내가 그곳에서 갈 수 있게 모든 준비를 해놓은 상태였다. 나는 흥분을 주체할 수 없을 정도로 기대감에 차올랐다. 나는 아빠, 리사, 제이시, 그리고 내 친구이자 레드불 레이싱의 마케팅 담당으로 일하는 도미닉 미치와 9시에 그곳에 도착했다. 그들은 내게 모든 장비와 안전 장치, 유니폼, 부츠 등을 제공했다. 헬멧을 쓰고, 유니폼을 입고 부츠를 신으니 제법 선수 같아 보였다. 나는 간단한 메디컬 테스트를 받은 후 바로 차에 탈 수 있었다. 운전은 패트릭 프리사허 Patrick Friesacher 가 했고, 나는 그의 뒷자리에 앉았다. 좌석이 워낙 비좁아 끼어 타야 했다. 나는 다리가 긴 편이다. 차에 탄 후 편안함을 느끼는 건 둘째치고 타는 것조차 쉽지가 않았다. 나는 "탈 수만 있다면 상관없어. 무릎이 내 귀에 와서 붙어도 탈 수만 있다면 괜찮아!"라고 말했다. 겨우 차에 탄 내게 엔지니어가 다가와 어깨 위를 타고 다리 사이로 연결되는 안전벨트를 채웠다. 벨트가 나를 꽉 조여왔다.

나와 패트릭의 사이에는 쿠션이 부착된 판이 있었다. 패트릭은 "속도를 줄일 때 목이 날아가지 않게 하기 위해 붙여놓은 거야. 거기에 몸을 기대도 괜찮아"라고 말했다. 그러나 나는 겁먹은 모습을 보이고 싶지 않았다. 제대로 해보고 싶었다. 절대 보호용 판이 필요없다고 생각했다. 내 두 다리는 패트릭을 양옆으로 감싸고 있었다. 패트릭이 운전대를 돌릴 때마다 그의 팔꿈치가 내 무릎에 부딪쳤다. 그래도 나는 괜찮았다!

나는 빨리 레이스트랙을 달리고 싶은 마음밖에 없었다. 살면서 가장 흥분되는 순간이었다. 내게 축구는 직업이었지만, 포뮬러1은 달랐다. 마치 올드 트래포드를 찾은 팬이 벤치에 앉을 기회를 얻은 것이나 다름없었다. 우리는 모든 준비를 마쳤고, 엔지니어가 다가와 내 헬멧에 달린 고글을 내려준 뒤, 안전벨트를 채웠다. 안전벨트는 너무 꽉 조여진 나머지 숨을 쉬는 데도 지장이 있었다. 나는 제이시에게 엄지손가락을 내민 뒤, 달릴 준비를 했다. 엔진의 회전 속도가 올라가는 걸 느낄 수 있었다. 붐! 엔진 소리는 정말 대단했다. 천국에 온 기분이 들었다. 우리는 곧 출발했다. 굉음, 관성력, 아드레날린이 뒤섞여 살면서 한 번도 느껴본 적 없는 기분이었다.

패트릭은 운전대를 요란하게 돌리며 타이어의 열을 올렸다. 우리가 첫 번째 코너에 도달하기도 전에 내 몸은 이미 만신창이가 된 상태였다. 나는 이미 몸을 통제할 수 없는 단계에 있었다. 극단적으로 빠른 가속력, 갑자스러운 정지, 그리고 좌우로 흔들리는 상황이 반복됐다. 이대로라면 한바퀴도 버티지 못할 것 같았다.

두 번째 코너를 돌 때부터 진짜 포뮬러1을 경험하기 시작했다. 나는 우리가 차를 벽에 들이받을 각오를 하고 있었다. 이미 마크가 그에 대해 내게 경고를 했기 때문이다. 그러나 실제로 체감한 속도는 상상도 하지 못했던 수준이었다.

지금도 나는 그렇게 빨리 달리는 차가 갑자기 정지할 수 있다는 것이 놀랍다. 나는 트랙 옆에 나열된 보드를 보며 어느 순간에 차가 멈출지 예상하고 있었다. 속도가 200, 150, 100으로 줄어드는 순간 갑자기! 다행히 나는 이곳 레이스트랙에 꽤 익숙해 언제 차가 멈출지를 어느 정도 예상하며 마음의 준비를 할 수 있었다. 나는 차가 멈춰설 때마다 발에 최대한 많은 힘을 실어 몸을 지탱했다. 그래야 머리가 부딪치는 상황을 최대한 막을 수 있었기 때문이다. 나는 트랙을 달리는 내내 큰 소리로 웃었다. 트랙 위를 날아다니는 기분은 대단했다. 우리는 브룩랜즈Brooklands, 루필드Luffield, 우드코트Woodcote 를 지나 관중으로 꽉 찬 그랜드스탠드에 도착했다. 그러자 내가 그랑프리 현장의 중심에 있다는 사실이 실감 나기 시작했다. 나는 우리가 두 바퀴를 돈 시점부터 몸에 무리가 오고 있다는 걸 느낄 수 있었다. 관성력에 대항하기 위해 몸에 힘을 주는 건 보통 일이 아니었다. 그럼에도 불구하고 나는 다시 드라이브를 하고 싶었다. 내가 살면서 경험해본 최고의 기분이었다. 이를 잠깐 경험한 내가 이런 기분이 들었는데 그랑프리에서 주말 내내 경주를 하는 선수들은 어떤 기분일지 상상조차 할 수 없었다. 그들을 예전보다 10배는 더 우러러보게 됐다. 마크 웨버와 포뮬러1 체험관에 진심으로 고마운 마음을 전달하고 싶다. 진짜 포뮬러1을 가까이서 경험한 건 내게 특권이었다.

나는 현역 은퇴를 앞두고 리사와 미래에 대해 심도 있는 의논을 했다. 나는 늘 은퇴를 한 후에는 가족을 위해서라도 잠시나마 축구계를 떠나야겠다고 생각했었다. 그러나 이후 조금씩 생각이 변하며 은퇴를 하면 지도자가 되고 싶다는 마음이 생겼다. 내가 지도자의 길을 생각하게 된 결정적인 계기는 2015년 11월 8일 캐링턴에서 있었던 일이었다. 그날 토니는 수많은 질문이 포함된 성격 테스트를 내게 보여줬다.

그는 내게 "인성 검사 한번 해볼래?"라고 물었다. "나중에 감독이나 코치가 됐을 때 유용한 정보가 될 수 있어"라고 말했다.

"그래. 한번 해볼게."

나는 나 자신을 설명하는 단어, 특정 주제에 대한 생각을 빼곡히 적은 후,

분석 결과를 봤다. 테스트 결과는 섬뜩할 정도로 정확했다. 테스트 결과를 설명하는 리포트는 "마이클은 배려심, 인내심이 있는 안정적인 사람이며 꾸준하게 노력하는 성격을 가지고 있다"는 말로 시작됐다.

"마이클은 성공을 하기 위해 깊은 생각을 바탕으로 단계별로 과정을 거치는 것을 선호한다. 만약 마이클에게 이러한 과정을 직접 거칠 기회가 주어진다면, 그는 깊게 고민하며 정교하게 세세한 부분들에 집중할 것이다." 이 리포트는 나를 완벽하게 설명하고 있었다. "마이클은 다른 사람을 돕는 데서 만족감을 느끼는 사람이며 안정적인 팀의 일원이 되는 걸 좋아한다." 이 또한 정확했다. 나는 정말 안정적인 팀에 속하는 소속감을 중요하게 여기는 사람이다. "마이클은 결정을 내릴 때 신중한 편이다. 그는 과정을 충실하게 거치며 다각도로 실험을 해서 최대한 의외의 상황을 막으려고 할 것이다." 놀라울 정도로 내 성격을 잘 설명하고 있었다.

나는 이 리포트를 읽으며 내가 은퇴를 하면 지도자가 돼야겠다는 생각을 굳혔다. 그래서 나는 2017년 말, 무리뉴 감독이 자신의 코칭스태프 합류를 제안했을 때 기쁨을 감출 수 없었다. 그것은 내가 그로부터 최대한 배울 수 있는 기회였다. 또한, 지도자를 꿈꾸는 대다수 선수들에게는 주어지지 않는 기회이기도 했다. 무리뉴 감독은 경기 도중 일어나는 다양한 상황에 빠르고 결정적으로 대처하는 감독이었다. 그를 더 가깝게 지켜보는 건 내게 좋은 교육의 기회가 될 것이 분명했다.

2018년 초, 선수에서 코치로 전환하는 과정은 어색했다. 그때부터 나는 전혀 다른 관점으로 경기를 지켜봤다. 우리 팀 선수들을 보면서도 "어떻게 그들을 도와줄 수 있을까?"라는 생각부터 해야했다. 나는 선수들과 함께 하며 그들이 운동장 안팎에서 발전할 수 있게 돕는 일을 즐겼다. 나의 아이디어를 선수들이 효과적으로 적용할 수 있게 메시지를 전달하는 일은 내게 새로운 도전이었다. 이제는 내가 중심이 아니었던 셈이다.

우리는 5월 1일 맨유 올해의 선수상 시상식을 열었다. 나는 리사에게 "오지 않아도 돼. 오면 아이들을 봐줄 사람도 찾아야 하고. 그냥 집에 있는 게 좋을 것 같아"라고 말했다.

그러자 리사는 "맞아, 맞아. 딱히 갈 필요는 없지"라고 말했다. 그러더니 리사는 마음을 바꿨다. "아니다, 그냥 가야겠어."

리사의 이런 반응은 의외였다. 리사는 이전까지 몇 년간 시상식에 참석하지 않았다. 시상식이 끝날 무렵 무리뉴 감독이 나를 무대 위로 불렀다. 그러더니 그는 내게 휘슬을 건넸다. 그러자 모두가 웃음을 터뜨렸다. 팀 훈련에서 코칭스태프가 가장 맡기 싫어하는 역할은 연습 경기 주심이다. 선수들의 불만이 워낙 많아 누구도 이를 감당하고 싶어 하지 않기 때문이다. 무리뉴 감독은 내게 "내년부터는 네 몫이야"라고 말하며 웃었다.

그는 "주심은 꼭 해야 해!"라고 말하며 나의 이니셜 MC가 박힌 코치 트레이닝복과 휘슬, 그리고 두통약을 줬다. 그는 두통약을 가리키며 "내년부터는 꼭 필요할 거야!"라고 말했다. 나는 동료들로부터 특별한 작별 인사를 기대하지 않고 있었다. 그러나 곧 스크린을 통해 그들이 미리 촬영한 영상 편지가 나왔다. 처음에 나온 동료는 루니였다. 그는 내가 "팀을 안정시키는 영향력을 지닌 선수였다"고 말했다. 듣기 좋은 칭찬이었다. 이후 에반스, 오셔, 플레처, 스콜스, 퍼디난드 등의 영상 편지가 이어졌다. 그 다음은 퍼거슨 감독이었다. 그러더니 갑자기 우리 아이들이 나타났다.

아이들이 나올 줄은 전혀 모르고 있었다. 제이시는 큰 미소를 지으며 "안녕 아빠. 아빠는 내 영웅이야. 아빠는 패스가 훌륭해"라고 말했다. 정말 사랑스러웠다. 루이스의 영상 편지도 나를 감동시켰다. 루는 "아빠는 내게 꿈을 따라가는 방법을 보여줬어요. 내가 쓰러지면 항상 아빠가 나를 다시 일으켜 세워줬거든요"라고 말했다. 루이스의 메시지는 강렬했다. 아이들은 이렇게 때로는 나를 놀라게 하곤 한다. 심장이 녹는 듯한 감정이 들었다. 정말 감동

적이었지만, 눈물을 보이지는 않았다. 아이들 앞에 이렇게 서 있을 수 있다는 것이 자랑스러웠다. 리사는 눈물을 훔치고 있었다. 우리는 새벽 12시 반에 집에 도착했다. 아이들은 이미 자고 있었다. 빨리 아침이 됐으면 좋겠다는 생각이 들었다. 아이들에게 고맙다고 말하고 싶었기 때문이다.

며칠이 지난 뒤, 무리뉴 감독은 내게 "웨스트햄? 아니면 왓포드?"라고 물었다. 나는 그의 질문을 정확히 이해하고 있었다. 그가 나를 이렇게 배려해줘 고마운 마음이 들었다. 5월 10일 웨스트햄 원정은 내가 프로 선수로 데뷔한 팀을 상대로 현역 마지막 경기를 치를 기회였다. 그러나 나는 맨유 유니폼을 입고 뛸 마지막 경기를 올드 트래포드에서 치르고 싶었다. 그래서 나는 프리미어리그 시즌의 마지막인 5월 13일 왓포드와의 홈 경기를 선택했다.

나는 마지막 경기 날짜가 정해진 후부터 본능적으로 보충 훈련을 시작했다. 나는 체력적으로 몸 상대가 많이 떨어진 상태였다. 나는 마지막 경기에서 나다운 모습을 보이기 위해 훈련에 매진했다. 그날 경기장으로 가족과 가까운 친구들을 모두 올드 트래포드로 초대했고, 루이스와 제이시를 나의 에스코트 키즈로 선정했다. 구단도 나를 최대한 배려해줬다.

나는 동료들에게 "소란을 피우고 싶지 않다. 가드 오브 아너, 그런 건 하지 않았으면 좋겠어"라고 말했다. 나는 우리 팀 고참급 선수 중 한 명인 애쉴리 영을 따로 불러 "애쉬, 얘네가 뭐라도 준비하는 것 같으면 그렇게 하지 말라고 말해줘. 나는 정말 그런 걸 원치 않아"라고 말했다.

영은 "알았어, 알았어"라고 대답했다.

나는 올드 트래포드 장내 아나운서 케이에게도 "케이, 우드워드 부회장과 이야기해서 나를 위한 특별 행사는 하지 않아도 된다고 말해줄래요? 저는 이미 헌정 경기도 했으니까요. 올해의 선수상 시상식에서도 행사가 있었고요. 한 번 더 하게 되면 사람들이 싫증 날 수도 있잖아요. 그냥 자연스럽게 하고 싶어요"라고 말했다. 이후 케이는 우드워드 부회장이 내 뜻을 존중하겠다고 말했다고 전해줬다.

나는 드레싱룸에서 나와 운동장으로 연결되는 터널로 들어설 준비를 하고 있었다. 이때 영이 내게 다가와 귓속말로 "뒤에서 기다려"라고 말했다.

"무슨 말이야?"

그러자 그는 "가드 오브 아너!"라고 말한 후 껄껄 웃으며 도망갔다.

"지금 장난해?"

나는 선수들을 밀치고 맨 앞으로 걸어갔다.
그랬더니 그들은 "안 돼! 맨 뒤로 가!"라고 외쳤다.

"말도 안 되는 소리하지 마. 나는 여기 있을 거야."

그 와중에 선심이 우리가 착용한 액세서리를 점검하러 다가왔다. 나는 결혼반지를 빼지 않은 상태였다. "뛴지가 하도 오래 돼서!"라고 말한 뒤, 다시 드레싱룸으로 들어갔다. 동료들은 나를 보고 낄낄거리며 웃었다. 나는 손목시계를 넣어둔 신발에 반지도 찔러넣었다. 나는 늘 반지와 시계를 신발 안에 넣어둔다. 이번에도 반지를 신발 안에 넣어두고 서둘러 터널 쪽으로 걸어나갔다. 내가 가장 늦게 나간 탓에 더는 맨 앞으로 갈 수가 없었다. 영은 통쾌하다는 반응을 보였다.

결국, 나는 맨 마지막으로 터널을 빠져나왔다. 우리 아이들이 나를 기다리고 있었다. 관중석에서는 가족과 친구들이 보고 있었다. 나는 그 순간을 최대한 느끼며 즐기고 싶었다. 그래서 나는 오히려 평소보다 더 편안한 마음으로 경기에 임했다. 게다가 마타의 골을 내가 도울 수 있어서 더 만족스러웠다. 후안은 내게 달려왔고, 우리는 함께 골을 자축했다. 나는 경기가 끝난 후 마이크를 들고 모두에게 감사함을 전달했다. "간직할 추억이 정말 많습니다. 맨유는 세계에서 가장 위대한 구단입니다" 이어 나는 뇌출혈로 쓰러진 퍼거슨 감독을 언급했다. "퍼거슨 감독님이 이번 주에 많이 편찮으셨죠" 그러자 올드 트래포드를 가득 메운 관중들이 그에게 박수를 보냈다. 나는 연설을 마치고 선수로는 마지막으로 올드 트래포드 드레싱룸으로 들어갔다. 동료들이 직접 사인한 유니폼이 내 자리에 놓여 있었다. 유니폼에는 숫자 '464'가 박혀 있었다. 이는 내가 맨유에서 출전한 464경기를 의미했다. 나는 축구화를 벗어 걸어놓고 사진을 찍어 SNS에 올렸다. 끝이었다. 나는 전화기를 끄고 가족과 만났다. 다음날 아침 전화기를 확인해 보니 SNS로 수많은 사람들이 내게 보낸 축하 메시지가 와 있었다. 가장 먼저 도착한 문자를 보니 무리뉴 감독이었다. 그는 다음 주 코칭스태프의 계획을 내게 통보했다. 은퇴 후의 여유로운 삶이 그리 오래 가지 못한 셈이다!

나는 선수 생활을 마쳤지만, 이제는 지도자로 성공하겠다는 의지를 불태우고 있었다. 나는 선수 생활을 하면서도 지도자 준비를 하고 있었다. 후방 미드필더로 활약하며 다른 포지션을 소화하는 선수들의 움직임, 측면 공격수와 최전방 공격수가 무엇을 원하는지를 늘 생각해야 했기 때문이다. 동시에 나는 수비수들과 호흡을 맞추며 수비라인을 보호해야 했고, 공격을 전개할 때는 그들에게 첫 패스를 받았다. 나는 늘 경기를 풀어가는 방식에 대해 생각하는 선수였다.

코치가 돼 선수들과 함께 할 수 있다는 건 내게 큰 즐거움이다. 특히 나는 맨유의 14세 이하 팀을 지도하는 경험을 즐겼다. 어린 선수들에게는 책임감을 배우는 게 무엇보다 중요하다.

나는 현역 생활 내내 자립감을 매우 중요하게 여겼고, 절대 많은 사람을 곁에 두지 않았다. 선수로 살면 자기만의 세상에 갇히기가 쉽다. 요즘 선수들은 많은 도움을 받으며 축구에만 집중할 수 있게 됐다. 특히 돈 관리를 어떻게 하는지를 배우는 건 매우 중요하다. 나는 더 어릴 때부터 이런 교육을 받아야 한다고 생각한다. 선수들에게 일찍 교육을 해, 서서히 자립할 수 있게 해주는 것이 중요하다. 그래야 선수들이 스스로를 책임지는 방법을 배우게 된다. 요즘 축구계에는 천문학적인 액수의 돈이 유입됐다. TV 중계권료 규모가 커진 이유는 재능 있는 선수들 덕분이다. 사람들은 그저 평범한 선수들도 많은 돈을 받는다고 말한다. 나 또한 이에 동의한다. 그러나 그러한 현상에 대한 책임은 축구 업계에 있다. 선수들의 잘못이 아니다.

돈이 몇몇 선수들의 태도에 좋지 않은 영향을 미쳤다는 데도 동의한다. 선수들은 생계유지를 위해 학교를 떠나지만, 20~21세가 되면 백만장자가 된다. 이후 그런 선수들이 어떻게 될지는 전적으로 그들의 성품에 달려 있다. 자칫해서는 자신도 모르는 사이에 날카로움을 잃기 쉽다. 어린 선수들의 주급은 경기력에 따라 금액이 결정되는 것이 필요하다. 그러나 수많은 구단들이 재능 있는 선수를 놓고 영입 경쟁을 펼치는 현실 속에서 이러한 정책이 실현될 가능성은 사실상 없다. 그러나 만약 이를 현실화할 수만 있다면, 나는 이 정책이 축구계는 물론 선수들에게도 큰 도움이 될 수 있다고 생각한다.

이제 무리뉴 감독은 나를 1군 코칭스태프에 합류시켰다. 나는 A라이선스를 취득했고, 2019년 1월부터 세인트 조지스 파크에서 프로 라이선스 교육을 시작한다. 나는 지도자 생활을 즐기고 있다. 감독이 되려면 아직 갈 길이 멀다. 아직 시간과 헌신이 필요하다. 감독이 되는 건 내게 적절한 기회가 주어져야 가능한 일이기도 하다. 선수로 활약하며 그랬던 것처럼, 감독이 되려면 노력을 멈춰선 안 된다. 좋은 선수였다고 자연스럽게 좋은 감독이 될 수는 없다. 나는 이를 잘 알고 있다. 그러나 나는 좋은 감독이 되기 위해 온 힘을 다할 것이다. 나는 내 앞에 있는 또 다른 산을 넘을 준비를 하고 있다.

부록 I

아내와 함께 한 대화

리사 마이클과 처음으로 전화 통화를 한 기억이 아직도 선명해요. 그는 계속 내게 데이트 신청을 했지만, 저는 그를 기다리게 만들고 있었죠. 어느 날 전화를 끊자 엄마가 "그러면 안 돼. 그 친구를 계속 기다리게 하면 안 된다. 그건 너무 가혹하잖니"라고 말씀하셨어요. 저는 마이클에게 마음의 상처를 주고 싶지 않았어요. 그는 정말 좋은 친구였거든요. 그래서 마이클에게 다시 전화를 걸어 "몇 주 후에 시험을 봐야 해. 지금은 남자친구를 사귈 시간이 없어. 시험에 집중하고 싶어. 미안해"라고 말했어요. 그러나 우리는 그 후에도 계속 전화 통화를 했습니다. 특별한 내용이 아닌, 그냥 일상적인 대화였어요.

그때 제 친구들은 제가 마이클을 좋아한다는 사실을 이미 알고 있었다고 말했어요. 실제로 저는 몇 주 후에 마음을 바꿨죠. 시험을 마치고 난 후에 마이클은 7월에 웨스트햄 입단을 위해 떠났어요. 떠나는 그를 볼 때 가슴이 아팠죠. 그때 마이클은 저한테 "빨리 성공해서 너를 비행기에 태우고 런던으로 내려오게 만들 거야"라고 말했습니다. 당시 그는 일주일에 42.50파운드를 벌었는데, 그 돈을 모아 이지젯EasyJet 비행기에 저를 태워 런던으로 초대했어요.

당시엔 핸드폰이 없었어요. 저는 집에서 전화기가 연결된 엄마 침대에 누워서 마이클의 전화를 기다렸곤 했죠. 그는 내게 일주일에 한 번씩 전화를 했고 우리는 편지를 교환하기도 했어요. 정말 많은 편지를 썼죠. 저는 여전히 그가 써준 편지를 가지고 있고 마이클도 제가 그에게 쓴 편지를 가지고 있습니다. 시를 써주기도 했어요. 마이클이 고향으로 돌아올 때면 우리 집이나 그의 집에서 파티를 열기도 했고요.

저는 학교를 다니며 A-level(영국 입학 자격 조건 시험)을 마쳤고 뉴캐슬에 머무르며 경영학 학위를 취득했습니다. 그 뒤에는 멋진 정장을 입고 일을 하거나 무대에 서는 사람이 되고 싶었어요. 저는 남쪽으로 이사를 간 후 회계쪽의 일을 했고, 댄서, 판토마임 등도 해본 경험이 있습니다. 그러나 저는 축구 선수와 결혼해서 사는 여자라면 이사를 자주 하더라도 할 수 있는 일을 해야 한다고 마음을 먹었어요. 그때 저는 마이클에게 필라테스에 대해 처음 들었어요. 그는 부상 중에 필라테스를 배워 회복을 할 수 있다고 말했죠. 그 일이라면 제가 춤을 추며 갖게 된 유연성을 활용할 수 있을 것 같았고 저는 일을 통해 다른 사람들을 돕는 일을 하고 싶었습니다. 우리는 집 주차장을 댄스 스튜디오로 바꿨고, 저는 동네 아주머니들을 대상으로 필라테스 강사로 일하기 시작했습니다. 그때 저는 참 큰 성취감을 느꼈습니다. 물론 저는 제가 하고 싶었던 많은 것을 포기해야 했지만 그것을 후회하지는 않습니다. 마이클은 늘 우리가 한 팀이라고 느끼게 만들어줬습니다.

제 부모님들도 늘 "마이클이 혼자 하는 게 아니야. 너도 같이 하는 거지. 네가 집안에 없었다면 마이클도 지금처럼 많은 일을 해내지 못했을 거야"라고 말하곤 했습니다.

마이클 저도 리사가 저를 위해 감수해야 했던 희생을 잘 알고 있습니다. 맨 유로 오기 전인 2006년, 리사에게 "다시 북쪽으로 이사를 가야 해"(뉴캐슬 출신인 두 사람이 웨스트햄의 연고지인 런던에 왔다가 다시 맨체스터로 향함을 의미 - 옮긴이 주)라고 말할 때 정말 많이 미안했어요. 리사는 당시 런던에서 많은 친구를 사귄 상태였고, 필라테스 스튜디오를 잘 운영하고 있었거든요. 리사가 저 때문에 그녀 자신의 인생과 떨어져 살아야 한다는 기분이 들었죠. 리사를 챙겨주고 싶은 마음이 없었던 건 아닙니다. 그러나 그 상황에서 제가 그녀를 위해 해줄 수 있는 건 없었습니다. 우리는 각자의 차에 짐을 꽉 채워 맨체스터로 향했습니다.

저는 런던을 떠난 후 한 번도 우리가 살았던 집으로 다시 가지 않았습니다. 반면 리사는 이사 후 며칠이 지난 뒤, 다시 우리가 살던 집으로 돌아가 나머지 짐을 챙기고 집을 파는 일까지 마무리한 뒤 맨체스터로 돌아왔죠. 저는 그런 작은 일까지 신경을 써준 리사에게 정말 고마워하고 있습니다.

리사 맨체스터로 가기 전, 2006년 월드컵 현장에 갔었어요. 저는 바덴-바덴에서 선수 가족들을 위한 호텔에 묵었죠.

마이클 선수들의 가족은 브레너스에 머물렀어요. 그곳은 곧 난장판이 됐죠. 선수들은 하루 휴가를 받으면 그곳에서 가족들과 시간을 보냈지만, 전혀 온전한 시간을 보낼 수 없었어요. 사진 기자들이 밖에 진을 치고 있었기 때문이죠. 다른 취재진은 아예 건물 안에 들어와 있기도 했죠. 당시 그곳에는 가리발디스라는 동네의 유일한 바가 있었는데 대부분의 가족들은 그곳에서 만났죠.

리사 정말! 그때 저는 바로 엄마에게 전화해서 "엄마! 옷 좀 가져다 주세요! 여기 있는 선수 아내들이 다들 정말 좋은 옷을 입고 있어요. 나만 빼고!"라고 말했어요. 그곳에서 제가 아는 사람은 조 콜이 웨스트햄에서 만난 여자친구 칼리 주커Carly Zucker 밖에 없었죠. 셰릴 트위디Cheryl Tweedy 도 조금은 알고 있었죠. 어린 시절 그녀와 함께 춤을 춘 적이 있었거든요. 콜린 루니Coleen

Rooney와는 알고 지낸 사이는 아니었지만, 그때부터 인사를 주고받기 시작했어요. 그 곳에서 저는 선수 가족들과 잘 어울렸어요. 우리는 누군가가 "지금 H&M 갈 건데, 같이 가고 싶은 사람?"이라고 하면 다 함께 움직이곤 했죠. 그렇게 쇼핑을 가거나, 아니면 호텔에 앉아서 식사를 하는 것밖에는 할 게 없었어요. 그리발디스라는 바에도 갔죠. 그러나 그 바를 간 다음날 '더 선The Sun (잉글랜드 일간지)'은 제가 네빌과 월드컵을 들어올리는 사진을 그대로 신문에 공개했어요!

저희가 잘못한 건 없었어요. 월드컵을 찾은 잉글랜드 축구 팬들과 마찬가지로 분위기를 즐기고 있었을 뿐이에요. 누군가가 우리에게 월드컵 트로피를 가져다줬는데, 나중에 생각해보니 아무래도 의도된 행동이었던 것 같아요. 그곳에는 호텔에서 왔다는 남자들이 있었고, 그들은 우리 사진을 찍기에 바빴어요. 그때 저는 그곳에 사진을 찍는 사람이 있다는 사실을 모르고 있었죠. 그러나 그 후에 친구가 제게 전화를 걸어 "신문 한번 봐봐"라고 말하고 난 뒤에야 그것을 알게 됐습니다. 그때까지는 누군가가 내 사진을 찍고 싶어한다는 사실도 잘 모르고 있었죠. 지금도 생각해 보면 "왜 저기서 사진을 찍었지?"라는 의문이 듭니다.

어딘가에서 그런 식으로 사진을 찍힌 건 그때가 처음이었어요. 테이블 위에서 춤을 추는 게 뭐 어떻다는 건지. 저는 우리 사진이 담긴 신문을 보고 걱정이 됐어요. 마이클과 잉글랜드 선수들에게 피해를 줄 수 있다는 생각이 들었죠. 그래서 저는 마이클에게 전화를 걸어 "화났어?"라고 물었어요. 그이는 "아니, 당신이 잘못한 건 없잖아"라고 말했죠. 저는 누구라도 제가 월드컵에 출전한 잉글랜드 대표팀 분위기에 지장을 줬다는 생각을 할까봐 두려웠습니다. 그들을 응원하기 위해 그곳에 갔던 것뿐이었는데요.

마이클 정말 슬픈 일이었죠. 어머니, 아버지는 물론 그레엄과 리사도 그저 월드컵을 즐기기 위해 그곳에 왔을 뿐인데. 누군가가 몰래 사진을 찍은 건 제 가족의 잘못이 아니잖아요. 누군가가 리사에게 월드컵 트로피를 주자마자 사진을 찍었는데, 그 내막을 모르고 겉으로만 보면 마치 리사가 큰 소란을 피우고 있는 것처럼 보였죠. 사진만 본 사람들은 충분히 그렇게 생각할 수 있었어요. 그러나 그 상황을 큰 소란으로 만든 건 리사가 아닌 언론이었습니다.

리사 실제 상황은 전혀 달랐어요. 그러나 우리는 그 일 때문에 그 후로 다시는 호텔을 떠나지 않았죠. 끔찍한 시간이었어요. 더는 월드컵을 즐기기가 두려웠죠. 무언가를 할 때마다 언론을 통해 사진이 공개됐어요. 가는 곳마다 카메라가 숨어 있을 줄은 예상하지 못한 일이었어요. 하루는 테니스를 치러 가서도 파파라치를 만났죠. 결국, 우리 호텔 주변을 천막으로 가려야 했어요.

마이클 월드컵이 끝난 후에는…

리사 결혼식 전 파티를 하러 바르셀로나로 갔어요. 친구들, 우리 엄마, 마이클의 어머니 등등 정말 많은 인원이 함께 떠났죠. 우리는 시체스^{Sitges}에 머무르며 밤새도록 춤을 췄어요. 정말 즐거운 시간이었습니다. 우리는 결혼식을 준비할 때 런던에 살고 있었고 레스터에 있는 스테이플포드 파크에서 결혼식을 하기로 했습니다. 그곳은 런던과 뉴캐슬 사이에 있는 아름다운 예식장이었습니다.

마이클 그때 저는 그곳에서 친구들과 휴가를 즐기고 있었어요. 골프클럽에서 식사를 하며 맥주를 마셨죠. 그 후 밤 11시 45분 정도에 숙소로 돌아왔고 다음날 결혼식을 위해 일찍 자야 했습니다. 그런데 친구들이 호텔의 바에서 더 놀았고, 다음날 그들이 최고의 시간을 보냈다는 얘기만 들었습니다.

리사 저도 들었어요. 당시 제 방이 그 바의 바로 윗층에 있었는데 너무 시끄러워서 아래에 내려가서 마이클의 친구들에게 "내일 나 결혼하는데, 이제 좀 자면 안 돼?"라고 말했었죠.

마이클 리사가 그때 화를 냈다고 들었어요. 그리고 술을 많이 마신 내 친구들은 그 다음날까지 제정신이 아니었죠!

리사 결혼식은 모든 게 계획대로 진행됐어요. 우선 제일 중요한 건 마이클이 무사히 왔다는 것이었고요! 저는 위몬덤 Wymondham 에 위치한 성당 세인트 피터스 St Peter's 에 시간을 딱 맞춰 도착했어요. 저는 늘 시간 약속을 지키는 사람이니까요. 기대에 부풀어서 결혼식장에 도착했고 그날 마이클의 연설은 아주 훌륭했어요. 그이는 말이 많은 사람이 아니지만, 꼭 필요할 때는 아주 잘하는 사람이죠.

마이클 원래는 그저 리사에 대해 이야기하고, 그녀에게 고맙다는 말만 하고 싶었어요. 그러다가 어머니와 아버지께 저를 위해 희생하고, 많은 조언을 해준 것에 대해 고맙다고 말했죠. 그러다 보니 어느새 말이 많아졌습니다.

리사 결혼식에서 출 춤을 함께 연습하지도 못했어요. 우리는 브라이언 아담스 Bryan Adams 의 'I'll Always Be Right There' 라이브 버전에 맞춰 춤을 췄죠. 그 노래는 그때 우리의 감정을 그대로 표현해주는 노래였어요. 우리는 밤새도록 서로의 곁을 떠나지 않았습니다.

아니, 정확히 말하면 무대를 떠나지 않은 셈이죠. 우리는 새벽 세 시가 돼서야 결혼식 파티를 마쳤고 그 후에는 바에서 노래를 불렀으니까요. 동생이 우리를 위해 엘튼 존의 'Your Song'을 불러줬어요. 그 후에 일요일에는 바베큐 파티를 하며 모든 사람들과 대화를 나눴죠. 완벽한 주말이었어요.

마이클 이후에 저는 2017년이 돼서야 스테이플포드에 처음으로 돌아갔어요. 루이스와 말을 타기 위해서였죠. 그곳에서 결혼을 할 때 리사가 스테이플포드의 계단에서 드레스를 입고 찍은 사진이 있습니다. 루이스는 엄마의 포즈를 그대로 재현해 똑같은 사진을 찍었죠. 그날 결혼식의 유일한 오점은 누군가가 로비 킨이 바에서 머리에 넥타이를 두르고 있는 사진을 찍어 언론에 공개한 것이었어요. 우리 가족들은 모두 "도대체 누가 이런 짓을 한 거지?"라고 생각했어요. 우리 중에는 누구도 결혼식 도중 사진을 찍어 이를 언론에 팔아넘길 사람이 없었거든요. 우리는 그런 사람들이 아닙니다. 저는 사생활을 매우 중요하게 생각하는 사람이거든요. 그래서 누군가가 그날 사진을 찍어 팔았다는 사실을 알았을 때, 우리는 그 사람이 누군지는 몰라도 매우 무례하다고 생각했죠. 성당 앞에서 찍힌 사진을 제외하면 그날 언론에 공개된 사진은 이 사진밖에 없었습니다.

리사 우리가 결혼식을 올린 주말, 스티븐 제라드와 게리 네빌의 결혼식도 있었어요. 그래서 온갖 신문사와 TV 방송사의 관심이 집중됐죠. 세인트 피터스 밖에는 수많은 취재진이 와 있었어요. 그래서 우리는 성당으로 들어가기 전 서둘러 사진을 한 장 찍었습니다.

마이클 우리는 월요일에 신혼여행을 떠났어요. 리워드 제도의 보라보라에서 일주일, 라스 베이거스에서 4일을 보냈죠. 마침 웨인과 콜린도 그때 라스 베이거스에 와 있어서 우리는 그곳에서 그들과 우연히 만났습니다.

리사 보라보라의 호텔방에서 '더 미러(잉글랜드 일간지)'로부터 전화를 받았어요. 그들이 우리가 그곳에 있었다는 사실을 어떻게 알았는지 모르겠어요. 우리의 비행기 스케줄을 파악하지 못했다면 전혀 알 수 없었던 일이었거든요. 그들은 "결혼식에 대해 한 마디만 부탁해도 될까요?"라고 물었죠. 저는 바로 전화를 끊은 뒤 패닉 상태에 빠졌어요. 누군가 우리를 지켜보고 있을 수도 있다는 생각이 들었죠. 정말 끔찍한 기분이었어요. 그 후로 우리는 계속 눈에 띄지 않게 시간을 보내야 했어요.

많은 사람들은 마이클이 밖에서 사람들과 어울리는 걸 싫어한다고 생각합니다. 우리가 워낙 많은 파티, 혹은 행사 초대를 거절하기 때문이죠. 그러나 우리에게는 가족과 친구들이 더 중요해요. 우리는 맨유 선수 커플들과도 함께 시간을 보내죠. 함께 몰려다니며 어울리고, 같이 노래도 부르죠. 여자들이 마이클에게 접근하는 건 본 적이 없는 것 같지만, 어차피 저는 그런 걱정은 하지도 않아요. 제가 그보다 더 재밌는 사람이기 때문이죠! 마이클은 저의 가장 친한 친구이자 남편입니다. 웬만해서는 마이클 없이 휴가를 떠나지도 않습니다. 아이들을 낳은 후에는 더욱 그렇게 됐어요. 우리는 모든 경험을 함께 나누고, 같이 추억을 쌓는 걸 좋아합니다. 저는 마이클이 맨유에 얼마나 헌신하는지를 알고 있어요. 그는 맨유를 위해 무엇을 하든 100%를 다합니다. 마이클은 그만큼 철저한 프로페셔널입니다.

마이클 리사는 제가 냉정한 사람이라고 말합니다. 저는 경기에서 이겨도 집에 와서 흥분해 날뛰지 않죠. 물론 내심 좋은 경기력을 보인 날은 자부심을 느끼기도 하고, 중요한 경기에서 이기면 기쁘기도 하죠. 그러나 저는 그렇다고 리사에게 "정말 대단하지 않았어?"라고 말하지는 않습니다. 저는 그런 감정을 내면으로 느끼는 걸 더 좋아합니다. 제게는 맨유와 함께 이기는 것만큼 기쁜 일은 없습니다.

리사   루이스와 제이시는 마이클의 FA컵 우승 메달을 학교로 가지고 가 친구들에게 자랑한 적도 있어요.

마이클   그때 저는 리사에게 "아이들이 학교에 메달을 가져가면 안 될 것 같아. 자랑을 하는 것처럼 보일 수 있으니까"라고 말했죠.

리사   그래서 저는 "그냥 좀 가지고 가게 내비둬. 그게 자랑을 하는 것까지는 아니잖아"고 말했어요.

마이클   다른 사람들이 꼴불견이라고 생각하는 걸 원치 않았을 뿐이에요. 어찌 됐든 아이들은 메달을 학교에 가지고 갔고, 아무런 문제도 발생하지 않았습니다.

리사   그날 루이스와 제이시는 교실마다 메달을 가지고 들어가 마이클과 경험한 FA컵 결승전에 대해 얘기했다고 들었어요. 누 아이들도 축구를 정말 사랑합니다.

마이클   루이스와 제이시는 어린 시절 올드 트래포드 운동장으로 내려온 적이 있어요. 그들에게 옛날 사진을 보여주기도 하지만, 아이들은 내가 리그 우승을 차지했을 때를 기억하지는 못하죠. 그래서 저와 우리 가족에게는 FA컵 우승이 더 큰 의미가 있습니다. 아이들은 우리가 2017년 리그컵 우승을 했을 때도 드레싱룸으로 들어왔어요. 그때 우리 팀 장비 담당자는 짐 정리를 하고 있었어요.

리사   우리 아이들은 장비 담당자랑 아주 잘 놀아요. 같이 맨유 응원가를 부르며 놀기도 하죠. 제이시는 괴짜 성향이 있는 아이에요. 아이들은 늘 마이클의 응원가를 부릅니다. 저와 아이들은 셋이 웸블리에서 마이클의 응원가를 큰 소리로 부르고 있었어요. 그 순간 맨유 장비 담당을 맡은 친구도 우리와 함께 노래를 부르기 시작했죠. 그러면서 마이클을 기다렸어요.

마이클 그때 저는 도핑 검사를 받고 있었어요. 우리 가족은 도핑 검사실 밖에서 춤을 추고, 노래를 부르며 저를 기다렸죠. 그때 장비 담당이 나타났어요. 우리는 우승 트로피를 들고 노래를 불렀죠. 가사는 "오늘 아침 기분 좋게 일어났지. 그리고 맨유를 생각했어"였어요. 요즘에는 맨유에서도 옛 응원가를 많이 아는 선수가 아주 많지는 않아요. 우리는 다같이 합창을 할 때는 팀 스태프까지 함께 모여서 합니다. 아이들은 그 순간을 정말 좋아하죠. 우리가 FA컵 우승을 차지한 뒤, 제이시와 루이스는 애쉴리 영의 아이와 함께 새벽 두 시 반까지 코린티아 호텔에서 맨유 응원가를 부르며 춤을 췄어요. 그들은 진정한 맨유 팬이죠. 루이스는 의자 위에 올라서서 "우리가 유명한 맨-유나이티드이며 우리는 웸블리로 간다!"라고 외치며 노래를 불렀어요.

리사 제이시가 가장 좋아하는 응원가는 '조지 베스트의 운동장'이에요!

마이클 제이시는 가끔 저와 같이 훈련장에 가기도 합니다. 제이시는 훈련장에서 장비 담당, 조리사와도 잘 어울리죠. 제이시는 그들을 정말 좋아합니다. 그들도 모두 맨유의 일원입니다. 제이시는 그들과 만나면 늘 하이파이브를 합니다. 그는 훈련장에서도 편안하게 사람들과 어울립니다.

리사 루이스는 조니 에반스의 축구화를 갖고 싶어했어요. 에반스가 맨유에 있을 때, 루이스는 그를 정말 좋아했죠. 아, 그리고 루이스는 응원할 때 입는 맨유 유니폼 이름을 '아빠DADDY'로 새겼어요.

마이클   제이시는 래쉬포드도 정말 좋아합니다. 래쉬포드의 축구화까지 받았죠. 래쉬포드, 마샬, 포그바의 유니폼도 받았고요. 제이시는 맨유 선수들을 사랑합니다. 만약 그가 축구 선수가 되고 싶어한다면 저는 절대 말리지 않을 거예요. 물론 축구 선수가 되지 않는다면 인생이 더 쉬워질 것이라고 생각해요. 늘 평가를 받아야만 하는 인생은 힘들기 때문이죠. 축구 선수들은 그만큼 큰 압박감에 시달립니다. 가끔씩 저는 아이들과 외출을 하는 데도 어려움을 겪죠. 너무 많은 사람들이 사인 요청을 할 때는 특히 더 그렇습니다. 아이들과 있을 때나 식사를 할 때는 우리들만의 시간을 갖고 싶은데 말입니다.

리사   마이클은 사인 연습을 해야 했어요! 실제로 외출하면 그는 늘 사람들의 사인 요청을 받아요. 사진을 요청하는 팬들에게 제가 밀려날 때도 있죠. 그래서 아예 "제가 사진을 찍어드릴까요?"라고 먼저 물어보기도 하죠. 사진 정말 많이 찍어봤죠.

마이클   저는 리사에게 사진 찍는 것까지는 할 필요가 없다고 말합니다. 그런데도 리사는 늘 자진해서 사진을 찍어요. 자기가 먼저 나서 사진을 찍겠다며 우리에게 "스마일!"이라고 외치죠. 리사는 제가 기분이 안 좋아보일 때는 "제발 부탁인데 힘 좀 내고 웃을래?"라고 말하기도 합니다.

리사   저는 절대 마이클과 트래포드 센터에 가지 않아요. 그런데 그는 혼자 쇼핑을 하러 가면 늘 저에게 전화를 걸어 "혼자 쇼핑하는 게 정말 싫어. 사람들을 피해다니기만 하고 있어. 진열대 사이사이로 숨바꼭질을 하는 기분이야!"라고 말하곤 하죠. 그럼 저는 그에게 "그냥 나가!"라고 말하고요.

마이클 혼자 가게에 들어가는 걸 정말 좋아하지 않아요. 너무 불편하거든요. 사람들이 저를 쳐다보고, 몇몇 사람들은 따라다니기까지 합니다 그래서 저는 "그냥 사인해달라고 말을 하세요"라고 말하기도 하죠. 몇몇 사람들은 제가 볼 수 없게 뒤로 따라다니기까지 하는데, 정말 불쾌합니다.

 제가 가장 싫어하는 건 따로 있어요. 제게 자기 전화기를 내밀면서 "제 친구와 얘기 좀 해주세요!" 또는 "제 아들과 이야기해주세요"라고 말하는 사람들이죠.

 제가 기념 경기를 치르기 전, 루이스는 "아빠, 은퇴하지 않았으면 좋겠어"라고 말했습니다. 제가 병원에 있던 2017년에는 제게 "아빠, 계속 일을 해줘"라고 적힌 카드를 보내오기도 했고요.

리사 마이클은 축구에 모든 초점을 맞추고 있는 사람이에요. 그는 졌을 때나 이겼을 때나 똑같습니다. 늘 조용하죠. 특히 퍼거슨 감독 시절, 마이클은 한 경기가 끝나면 바로 다음 경기를 준비했어요. 맨유가 지기라도 한 날에는 온 가족이 밤에 외출도 하지 않았죠. 마이클은 경기에서 지고 밖에 나가 주말을 즐기는 건 옳지 않다고 믿었어요. 마이클은 경기에서 졌을 때 밖에 나가서 삶을 즐기는 모습을 남들에게 보이면, 그들이 "축구를 진지하게 대하지 않는다"고 생각할 수 있다고 말했죠. 가끔 제가 다 화가 날 때도 있었어요. 맨유가 2014년 올림피아코스에 진 경기가 아직도 생각나요. 마이클은 워낙 팀의 롤모델인 데다 맨유에서 존경을 받는 선수 중 한 명인 만큼 팀이 경기에서 패했을 때 인터뷰 대상으로 자주 지목됩니다. 인터뷰를 잘 소화하는 선수 중 한 명이기 때문이죠. 저는 경기에서 진 그가 인터뷰를 해야 하는 상황이 화가 나요. 한 번은 로이 킨이 마이클의 인터뷰 내용을 비판한 적도 있었는데, 그걸 보고 정말 화가 났었어요.

마이클 저는 인터뷰를 해도 괜찮습니다. 경기에서 패하고 인터뷰를 하는 게 크게 신경이 쓰이진 않아요. 그날 우리는 올림피아코스 원정을 치른 챔피언스리그 16강 1차전 경기에서 0-2로 패했어요. 사실 정말 할 말이 없었죠. 킨은 내 인터뷰가 밋밋하다고 말한 뒤, 우리 팀 경기력을 비판했어요. 저는 그가 그럴 수 있다고 생각했죠. 그런데 리사는 그걸 공격으로 받아들인 모양이에요. 그래서 트위터로 킨에게 불쾌함을 내비쳤죠. 저는 리사가 킨에 대해 트위터에 글을 올렸다는 사실조차 잘 모르고 있었어요.

리사 저는 킨이 멍청한 소리를 하고 있다고 생각했어요. 그러나 트위터에 그렇게 적지는 않았죠. 대신 저는 ****이라고 적었어요. 그때는 정말 그렇게 생각했어요. 그가 평소에도 그런 사람은 아니라고 생각해요. 그를 개인적으로 알지도 못하고요. 그저 그날 마이클이 인터뷰를 해야 한다는 사실 자체가 화가 났어요. 그의 인터뷰 내용도 괜찮았다고 생각했죠. 그래서 그가 잘했다고 생각했어요. 저는 마이클의 인터뷰를 보며 "경기에서 졌는데 저런 인터뷰까지 하기가 정말 힘들겠구나"라고 생각하고 있었어요. 그래서 킨이 한 밀에 더 화가 났죠. 그런데 제가 올린 글에 대한 반응은⋯ 저는 사람들이 그렇게까지 가혹한지 몰랐어요.

마이클 리사는 SNS의 힘을 그때 처음 알았어요. SNS는 잔인한 곳이 될 수 있습니다. 저는 늘 겪어야 하는 일이죠. 리사가 제게 전화를 걸어 평평 울 때, 저는 팀 버스를 타고 있었습니다. 리사는 "정말 미안해. 내가 이런 행동을 하다니. 당신을 이렇게 힘들게 만들게 될 줄 몰랐어"라고 말했어요. 그런데 정작 저는 그 일에 전혀 신경도 쓰고 있지 않았습니다.

리사 저는 트위터에 올린 글을 곧 삭제했어요. 그리고 새 글을 올렸죠. 저는 "죄송합니다. 글을 지웠어요. 제가 감정적으로 반응했습니다"라고 썼습니다. 그 후 3일간 잠도 잘 수 없었어요. 저처럼 여기저기 신경을 많이 쓰는 사람은 절대 마이클처럼 축구 선수가 될 수 없을 거예요. 절대 유명인이 될 수도 없을 거고요. 누군가가 저에 대해서 나쁘다고 생각하는 것조차 싫으니까요. 저는 제가 좋은 사람이라고 생각하고 싶습니다. 살면서 한 번도 적을 만들지도 않았고요. 그때 누군가가 저희 집 초인종을 눌렀어요. 일간지 '데일리 메일'의 기자였죠. 그는 마이클과 얘기하고 싶다고 말했고 저는 "죄송합니다. 지금 마이클은 없어요"라고 말했습니다. 그런 상황이 정말 싫었어요.

마이클 리사는 훌륭한 아내입니다. 그녀는 물질적인 사람도 아니에요. 아마 우리가 가진 모든 걸 잃어도 리사는 큰 영향을 받지 않을 것입니다.

리사 전혀요. 저는 언제나 마이클과 우리 가족을 위해 제 자리를 지킬 거예요.

마이클 리사는 정말 좋은 사람이고 늘 저를 지지해주는 사람입니다. 저와 함께 굴곡을 거치면서도 항상 제 옆에 있어줬죠. 저는 진짜 운이 좋은 사람입니다.

우리는 잘 다투지도 않습니다. 다만, 리사는 승부욕이 강한 편이에요. 지독할 정도로. 리사는 "나는 축구를 하고 싶었어도 하지 못했을 거야. 평정심을 유지하는 걸 잘 못하거든"이라고 말하곤 합니다. 그녀가 축구 선수가 됐다면 아마 매 경기 퇴장을 당했을 거예요! 그렇다고 리사가 성격이 불같거나, 공격적이거나, 목소리가 크거나 한 건 또 아닙니다. 다만, 리사는 당구를 치거나 하면 진심으로 절실하게 저를 이기고 싶어해요. 저도 절대 리사가 이기게 그냥 두지 않죠. 절대 그럴 수는 없습니다! 그럴 때면 리사는 "나도 당신처럼 침착했으면 좋겠어!"라고 말하기도 합니다.

저는 리사가 자기만의 커리어를 가지지 못했다는 데에 미안함을 느껴요. 요즘에도 리사는 무언가를 하고 싶다는 생각에 스트레스를 받곤 합니다. 리사는 절대 아무것도 하지 않으면서 집에 앉아 가만히 있는 걸 좋아하는 사람이 아니에요. 그래서 리사는 저의 재단 일을 더 적극적으로 하고 있고, 이를 훌륭히 해주고 있죠. 리사는 제가 커리어를 쌓는 데 큰 힘이 됐습니다. 엄마로서도 아주 훌륭하고요.

리사 마이클은 최고의 아빠예요. 이는 모두가 인정하는 사실이죠. 그는 다른 사람의 아이들과도 잘 어울리죠. 마이클은 온 가족의 아이들과 잘 어울리는 사람이에요. 제 동생의 아이들도 정말 좋아하고요.

마이클 저는 아이들을 사랑합니다. 가정적인 환경에서 자란 덕분인 것 같아요. 저의 아이들도 행복하게 자라기를 바랄뿐입니다. 지금까지는 수년간 축구가 우리 가족을 지배했죠. 그러나 그 사이에도 우리는 아이들의 인생에 악영향을 미치지 않도록 늘 신경을 썼습니다. 아이들을 챙기다 보면 허겁지겁 움직여야 할 때가 많죠. 그러나 부모라면 아이들을 위해 그 정도는 해야 한다고 생각합니다. 제가 제이시와 밖에 나가 있는 동안 루이스가 승마 대회에 나간다면, 저는 늦어서 단 30분밖에 대회를 볼 수 없더라도 꼭 직접 가서 루이스를 응원합니다. 아무리 먼 거리를 운전해야 한다고 해도 상관없어요. 저는 아이들을 위해 100% 헌신하고 싶습니다. 아이들을 위해 그렇게 해야 한다는 걸 우리 부모님을 통해 배웠으니까요. 어머니와 아버지는 제가 출전하는 경기를 보기 위해 3~4시간 버스를 타거나 운전을 하곤 했어요. 우리는 아이들이 좋은 학교에 다닐 수 있도록 늘 신경 씁니다. 동시에 아이들에게 너무 큰 압박감을 주고 싶지도 않고요. 오히려 우리는 아이들이 최대한 압박감에서부터 자유로운 환경에 있기를 바랍니다. 아이들은 편하고 행복할 때 가장 빛날 수 있으니까요.

리사 하루는 엄마가 손녀딸인 루이스와 월젠드에서 자전거를 타러 나갔어요. 그때 엄마는 루이스에게 나와 마이클이 그곳에서 자라며 자유롭게 성장할 수 있었던 건 행운이었다고 말했죠. 루이스는 지금 우리가 사는 동네에서 절대 거리를 걸어다니지 못해요. 안전이 문제가 될 수 있기 때문이에요. 우리는 아이들과 늘 대화를 나눕니다. 아이들과 네덜란드의 휴양지 센터파크스에 가본 적도 있고, 캠핑카를 타고 여행을 떠나기도 해요. 아이들은 그런 걸 정말 좋아합니다.

이처럼 좋은 휴양지에서 휴가를 보낼 수 있는 건 행운이라고 생각해요. 그러나 아이들에게 최고의 휴가는 텐트나 캠핑카 안에서 시간을 보내는 것이죠. 우리는 매년 6월 약 2주간 휴가를 떠납니다. 그때가 마이클을 포함해 온 가족이 모일 수 있는 유일한 시간이거든요. 우리에게는 정말 소중한 시간이죠. 그러나 그때도 마이클은 늘 아침 일찍 운동을 하고 7시에 돌아와요. 그래서 우리는 룸서비스를 불러 아침 식사를 하죠.

저는 루이스와 제이시가 정말 자랑스러워요. 학교에서 학무보 모임에 참석했을 때, 선생님들이 저에게 처음으로 한 말은 아이들이 아주 착하고 예의 바르다는 것이었죠. 그때 저는 "우리가 아이들을 제대로 키우고 있구나"라고 생각했어요. 우리는 매너를 정말 중요하게 생각하거든요. "부탁해요" 혹은 "감사합니다"라는 말은 습관이 돼야 해요. 그래야 다른 사람을 존중할 수 있기 때문이죠. 우리는 그런 부분에 대해 엄격한 부모예요. 요즘 아이들은 지나치게 자유분방할 때가 있습니다. 그러나 루이스는 심지어 핸드폰마저도 최근에야 가지게 됐죠. 아직도 루이스가 인스타그램을 쓰는 건 허락하지 않았고요. 제이시는 아직 핸드폰도 없어요.

마이클   저는 루이스, 혹은 제이시가 레스토랑에서 "감사합니다" 혹은 "부탁해요"라고 말하지 않으면 화부터 납니다. 그래서 "지금 뭐라고 말해야 되지?"라고 물으면 그들은 바로 "아, 감사합니다!"라고 말하죠. 만약 제가 직접 확인하지 못하면, 저는 웨이터에게 "아이들이 '감사합니다'라고 말했나요?"라고 물어본다. 그럴 때면 웨이터는 제게 "네, 네, 아이들이 착하네요"라고 말하기도 해요.

아이들이 종종 저를 화나게 할 때도 있습니다. 그럴 때면 저는 아이들은 아이들이라는 생각을 하며 최대한 참으려고 합니다. 예를 들면 제가 제이시에게 질문을 했는데, 대답을 하지 않을 때가 있어요. 그럼 저는 꼭 다시 그에게 질문을 하죠. 그때도 대답을 하지 않으면 저는 그냥 참지 않아요. 제이시는 가끔 학교에서 오면 신발을 벗어던지고 집에 들어오는데, 그럼 저는 "신발을 신발장에 넣을 수는 없겠니?"라고 한 마디 하기도 합니다.

지금 우리 아이들은 작은 학교에 다닙니다. 그곳에는 다양한 문화와 환경에서 자란 아이들이 있죠. 가끔은 아이들이 학교에서 어려움을 겪을 때도 있어요. 특히 몇 년 전, 맨유가 크게 부진할 때 저는 특히 루이스에게 미안한 감정이 들었어요. 루이스는 집에 와 울음을 터뜨리며 누군가가 맨유에 대해 안 좋은 말을 했다며 불평을 했죠. 어떤 아이가 루이스에게 "너네 아버지 쓰레기야. 경기에 나오면 안 되겠더라"라고 말했다고 하더라고요. 그때는 저도 큰 충격을 받았습니다. 제 딸이 그런 상황을 겪을 필요는 없잖아요. 루이스는 우리 집의 기둥입니다. 저는 루이스, 제이시와 학교 생활에 대해서도 자주 대화를 나눠요. 선생님이 모든 상황을 통제할 수는 없습니다. 어떤 아이들은 따돌림을 받기도 하죠. 그래서 저는 아이들이 어려움을 겪더라도 장기적으로는 그들에게 도움이 되는 아버지가 되고 싶습니다.

저는 비판과 과도한 관심에 익숙한 사람입니다. 그러나 비판이나 과도한 관심이 우리 아이들에게 영향을 미쳐서는 안 된다고 생각합니다. 그들은 아직 이런 상황에 대응할 준비가 안 된 아이들이기 때문이죠. 그래서 그런 일이 벌어질 때마다 저는 스스로를 자책합니다. 그러나 다행히도 아이들이 시간이 지나면서 이런 상황에 잘 대처하고 있어요. 이제는 아이들도 누군가 그들 앞에서 저를 욕해도 그냥 참고 있지만은 않을 겁니다!

저는 리사와 미래에 대해서도 자주 이야기합니다. 예전의 저는 현역 은퇴를 하면 가족을 위해서라도 당분간 축구와 떨어진 삶을 살게 될 것으로 생각했어요. 그러나 무리뉴 감독이 제게 코칭스태프 합류를 권하며 모든 게 달라졌죠. 그의 코치로 일하는 건 대단한 기회입니다.

리사 저는 마이클이 훌륭한 감독이 될 수 있다고 생각해요. 그는 축구를 워낙 사랑해 현역 은퇴를 한 후에도 쉬지 않을 줄 이미 알고 있었고요. 물론 마이클이 집에 있으면 우리에게는 좋습니다. 그러나 축구는 그의 일이고, 그에게는 축구가 필요합니다. 마이클은 아직도 축구에 해줄 것이 많은 사람입니다.

부록 II
부모님과 함께 한 대화

린 Lynn (캐릭의 어머니)   마이클이 태어난지 20개월이 지난 뒤, 건강 관리사가 찾아와서 "마이클의 다리에 문제가 있는 것 같아요"라고 말했어요. 그때 마이클이 안짱다리를 가진 것처럼 보이긴 했지만, 걷는 데는 아무 지장이 없어 보였고 기저귀를 떼며 자연스럽게 자세도 교정될 수 있다고 생각했죠. 그래서 우리는 마이클을 병원으로 데려가 검사를 받았어요. 그곳에서 의학 전문가는 우리에게 마이클의 다리에 문제가 있는 것 같다는 소견을 전했는데, 정말 충격적이었죠.

그는 "자세 교정을 위해 수술을 할 수 있지만, 잘못되면 마이클이 휠체어를 타야 할 위험이 크다"라고 말했어요. 그럴 수가. 저는 큰 충격을 받았죠. 저는 "마이클이 수술을 해야 할 리가 없어요"라고 말했어요. 제가 본 마이클은 어느 아이와 다를 게 없이 걷거나 뛰어다니는 데 지장이 없었으니까요. 마이클은 태어난 후 10개월 만에 걷기 시작했습니다. 그때 우리는 소아병원으로부터 추천을 받은 병원에서 마이클의 다리에 문제가 생겼을 가능성이 있다는 소견을 받았어요. 만약 그때 우리가 그들의 말을 믿고 마이클을 수술대에 올렸다면? 그랬다면 지금 마이클은 무엇을 하고 있었을까. 아마도 그는 축구 선수가 되지는 못했을 겁니다. 마이클이 안짱다리를 가진 건 맞았지만, 누구도 완벽하게 태어날 수는 없잖아요.

빈스 Vince (캐릭의 아버지)　마이클은 우리가 말해주기 전까지는 어린 시절에 자신이 휠체어에 의존하는 생활을 할 수도 있었다는 사실을 몰랐어요. 나는 "아들아, 너 혹시 그래서 프리킥을 찰 때 감아차기를 더 잘하는 건 아니냐? 안짱다리 덕분에 공에 회전을 더 잘 먹일 수 있는 게 아닐까?"라고 묻기도 했죠. 마이클은 어릴 때부터 늘 발밑에 공을 두고 있거나 TV로 축구를 봤어요. 우리는 늘 집에서 세계적인 선수들의 영상을 봤습니다. 저의 영웅은 조지 베스트였어요. 저는 어린 시절 맨유가 세인트 제임스 파크로 원정 경기를 오면 베스트의 경기를 직접 관전하곤 했죠. 갤로우게이트 엔드 Gallowgate end 에 앉아서 그를 지켜봤어요. 베스트를 보며 "도대체 어떻게 축구를 저렇게 할 수 있지! 어떻게 네 명을 순식간에 제칠 수 있지?!"라고 생각하곤 했습니다.

린　마이클이 학교에 갔던 어느날, 그는 집으로 돌아와서 "엄마, 친구들이 다 스포츠 가방을 메고 다니는데 리버풀 가방 하나만 사주면 안 돼?"라고 물었어요. 저는 "아빠가 월급을 받으면 한번 생각해볼게"라고 대답했죠. 그는 다음날부터 다시 웃는 얼굴로 학교에 갔어요. 그러더니 마이클은 그날 학교에서 나와 마중 나온 제게 인사를 하더니 원래 매고 다니던 가방을 그레엄이 타던 유모차 안으로 집어던졌죠. 그는 어깨가 축 처진 상태였고, 그날 유독 더 조용했어요. 우리는 집으로 돌아오는 길에 가벼운 대화를 나눴죠. 도착할 때 즈음이 돼 유모차에 마이클이 던져놓은 가방을 보니 어깨에 매는 줄에 바느질된 줄이 심하게 뜯어져 있었어요. 마이클에게 가방이 왜 그렇게 됐는지 물었죠. 마이클은 "학교에서 사고가 있었어"라고 답했습니다.

저는 침착하게 마이클에게 "친구들이 줄을 끌어당겨서 바느질된 실이 뜯겼다는 거니?"라고 물었다. 그랬더니 마이클은 "맞아. 그렇게 됐어. 그럼 나 가방 새로 사주는 거야?"라고 되물었죠. 저는 "아니. 이제 새 가방을 가지려면 더 오래 기다려야 할 거야"라고 대답했습니다. 저는 마이클에게 자주 화를 내지는 않았어요. 무슨 일이 있어도 태연하게 행동하는 것이 저와 마이클의 관계였어요. 그날 마이클은 집으로 돌아와 마당에서 친구들과 함께 놀았고 오후가 되자 아버지가 집에 돌아왔어요. 우리는 늘 그랬듯이 함께 차를 마셨고, 나는 그 자리에서 마이클의 가방에 대해 얘기했죠. 마이클은 그때 잠을 자고 있었어요. 그 후에 저는 직접 바느질을 해서 마이클의 가방을 마치 새 가방처럼 고쳐놓았습니다. 다음날 아침 마이클은 제게 "엄마, 그래서 나 가방 새로 사주는 거야?"라고 물었어요. 나는 "아니, 오늘은 아니야"라고 말했어요. 그 후 저는 고쳐놓은 가방을 마이클에게 건넸습니다. 그러면서 "아빠가 월급을 받으면 그때 생각해볼게"라고 말했죠. 마이클은 투정을 부리지 않고, 가방을 메고는 학교에 갔습니다. 우리는 약 일주일이 지난 뒤, 마이클이 그토록 원한 리버풀 가방을 사줬어요. 우리는 그렇게 마이클이 당장 가방을 사달라고 하는 그때가 아닌, 부모님이 판단해서 새 가방을 사주는 게 중요하다고 판단했어요. 지금 우리는 그때 이야기를 하면서 웃곤 하죠. 저는 그때 생각을 하면 창피하기도 합니다. 고작 그런 일을 가지고 마이클에게 교훈을 주기 위해 전략까지 세웠다니. 그러나 마이클은 시간이 조금 지난 후 새 가방을 사주니 우리에게 더 고마워 하는 것 같았어요.

남자 아이들은 중학생 정도가 되면 축구팀 유니폼을 입고 다니는 데 혈안이 됩니다. 그러나 학교에는 교복을 입고 다녀야 했죠. 그런데도 마이클을 비롯해서 당시 남자 아이들에게는 교복 안에 축구 유니폼을 입고 다니는 게 유행이었던 것 같아요. 저는 '가방 사건'이 벌어졌을 때와 마찬가지로 오랜 고민 끝에, 어느날 밤 마이클의 방 창문을 열고 그의 축구 유니폼을 밖으로 던졌어요. 그랬더니 마이클은 "안 돼! 내가 가장 좋아하는 유니폼이란 말이야!"

라며 바로 바깥으로 달려나갔죠. 그는 마당 잔디 위에 떨어진 축구 유니폼 상의, 반바지, 양말을 들고 집으로 들어왔어요. 저는 마이클에게 "이제 그만 하는 게 좋을 거야. 학교에는 교복을 입고 가야지"라고 말했어요. 저는 아이에게 나쁜 습관이 들까봐 절대 마이클과 타협하지 않았습니다. 대신, 마이클이 가방에 유니폼을 넣고 등교해 체육 시간이 되면 이를 입어도 좋다고 허락해줬죠. 그리고 체육 시간이 끝난 후 나머지 수업 시간에는 교복 안에 축구 유니폼을 입어도 괜찮다고 얘기해줬습니다. 그와 절충안을 찾았던 셈이죠.

마이클은 약 13세가 될 때부터 축구 실력이 출중하다는 평가를 받으며 조금씩 유명해졌습니다. 그때 'BBC'가 우리에게 연락을 해 마이클을 'Live & Kicking'이라는 축구 프로그램에 출연시키는 게 어떻겠냐며 제안을 하기도 했어요. 그 제안을 받은 우리는 망설였죠. 마이클에게 어떤 것도 강요하고 싶지 않았기 때문이에요. 그러나 마이클은 오히려 하고 싶다고 이야기했어요. 그는 불평 없이 TV에 출연했습니다. 그가 제게 축구화 관리를 제대로 해주지 않았다고 투정을 부리는 장면도 그대로 방송됐어요.

마이클은 "여기 제대로 닦지 않았잖아!"라고 말했죠. 건방진 녀석! 마이클은 축구화를 깨끗하게 닦는 걸 어릴 때부터 중요하게 생각했어요. 빈스가 집에 없으면 그의 축구화를 닦는 사람은 저였죠. 마이클에게는 축구화를 관리하는 비법이 있었어요. 그는 축구화 밑부분에 가죽을 부드럽게 해주는 더빈이나 바셀린을 발라 경기 도중 아무리 운동장을 뛰어다녀도 흙이 잘 달라붙지 못하게 만들었습니다.

빈스 마이클은 축구 외에는 다른 관심사가 없었습니다. 그는 친구들과 어울리는 걸 좋아했지만, 그보다 축구하는 걸 가장 사랑하는 아이였어요. 마이클은 학교 팀, 지역 선발팀 등 어디서든 축구만 할 수 있다면 이를 마다하지 않았습니다.

린　마이클이 나이가 들수록 언론에서 그의 축구 실력을 주목했어요. 그러나 정작 마이클은 한 번도 다른 아이들보다 축구를 잘하고 싶다는 욕심은 내지 않았죠. 재능 있는 몇몇 아이들은 "나는 이것도 할 수 있고, 저것도 할 수 있어!"라며 자랑을 하는 태도를 가지고 있어서 학교에서 다른 아이들을 주눅 들게 만들기도 했죠. 그러나 마이클은 절대 그렇게 행동하지 않았어요.

빈스　마이클은 학교 팀이나 월젠드 보이스 클럽에서 뛰며 경기에서 5-0으로 이기고 있을 때는 일부러 골을 넣으려고 하지 않고, 대신 동료들에게 패스를 해주는 아이였습니다.

린　우리는 늘 마이클을 그렇게 가르쳤습니다. 우리는 그에게 "항상 상대방에게 예의를 지켜야 해"라는 말을 끊임없이 해줬습니다. 그래서 매너를 지키는 건 지금도 마이클에게 매우 중요합니다. 아, 그런데 마이클은 경기 도중 욕을 하는 습관은 끝내 버리지 못했어요. 그가 욕하는 모습을 볼 때마다 저는 정말 화가 납니다. 우리는 질대 집에서 욕을 하지 않는 가족이었으니까요. 저는 욕을 하면 안 된다는 걸 교회에서 배웠고, 이를 집에서도 그대로 적용했어요. 저는 구세군Salvation Army 출신이에요. 구세군에서는, 욕, 도박을 하지 않는 삶을 매우 중요하게 여기죠. 저는 구세군 단복을 입었고, 절대 술을 마시지 않았습니다. 빈스는 단복을 입을 정도로 종교적이지는 않고, 가끔씩 맥주도 조금씩 마십니다. 그 정도는 괜찮아요. 그런데 축구 경기 중에는 모두가 욕을 합니다. 그걸 보고 있으면 정말 불편해요. 다행히도 마이클의 두 아이는 태도가 참 좋아요. 저는 루이스, 혹은 제이시가 "아 제발 좀!"이라고만 말해도, 그들에게 돌아서서 "뭐라고?"라고 묻습니다. 그럼 그들은 "알겠어요 할머니. 죄송해요"라고 말합니다. 마이클도 어린 시절 교회에 다녔지만, 단복까지 입지는 않았어요. 그래도 제게는 괜찮았습니다. 다만, 제가 단복을 입은 이유는 이것이 구세군 창시자 윌리엄 부스William Booth 목사의 뜻이었기 때문입니다. 마이클도 성경책은 꼭 읽었고, 매일 밤 잠을 자기 전에는 기도를 했어요. 마이클은 동생 그레엄도 잘 챙겼죠. 그는 그레엄이 태어난 첫날부터 동생을 챙겼습니다.

　마이클과 그레엄은 기본적인 신념에 따라 자랐고 살아온 아이들입니다. 그들은 무엇이 옳고 그른지를 잘 알고 있어요. 물론 그들도 완벽하지는 않습니다. 그러나 그들에게는 좋은 신념이 있습니다. 특히 축구 선수들은 운동장 안에서 롤모델이 돼야 하는 존재죠. 아이들은 아주 어릴 때부터 그들을 우러러봅니다. 마이클은 어릴 때부터 빈스와 함께 축구 방송 '매치 오브 더 데이Match of the Day'를 봤어요. 그 방송을 보려고 늦은 밤까지 잠을 자지 않았죠. 한번은 제이시가 침을 뱉는 모습을 본 적이 있습니다. 그래서 저는 "아빠가 침뱉는 거 본 적 없지?"라고 말했죠. 그러자 제이시는 그가 보고 자란 축구 선수들 중 누가 침을 뱉었는지를 제게 열거하기 시작했습니다.

빈스　아이들은 자신이 우러러보는 선수들이 경기 도중 보이는 행동을 그대로 따라합니다. 마이클이 뛰었던 보이자 클럽에서는 "감독은 감독이 하고, 학부모는 그저 관중일 뿐"이라는 말을 했었죠. 경기를 지켜보는 학부모 중 누군가 욕을 하면, 그들은 당장 경기장을 떠나거나 약 100미터가량 떨어져서 지켜봐야 했어요. 사실상 경기장에서 쫓겨난 셈이죠. 하루는 윌젠드 타운 감독 그레엄 씨가 마이클에게 "너희 할아버지 성함이 오웬이니?"라고 물은 적이 있어요. 그는 마이클이 "네"라고 대답하자, "우리 아버지가 너희 할아버지와 같이 뛴 적이 있어. 같이 많은 우승을 차지했지. 너희 할아버지는 정말 좋은 선수였어"라고 말했습니다. 저 또한 아버지가 좋은 선수였다는 사실은 알고 있었습니다. 그러나 아버지는 자신의 선수 경력에 대해 우리에게 아무 말도 하지 않았어요. 그로부터 약 일주일 뒤, 윌젠드 감독의 아버지로부터 편지를 받았어요. 그는 "마이클의 할아버지는 1938년 잉글랜드 대표팀 선발 테스트를 봤어요"라고 말했죠. 저는 린에게 "우리 아버지 출생 증명서를 좀 봐야겠어"라고 말했습니다.

출생 증명서를 보니 우리 아버지는 1920년생이었어요. 그러니까 그가 1938년에 잉글랜드 대표팀 선발 테스트를 봤다는 말에 일리가 있는 것이죠. 다만, 그의 잉글랜드 대표팀 발탁은 1939년에 전쟁이 일어나 무산됐을 가능성이 큽니다. 전쟁 중 그는 HMS 로드니라는 전투함의 선원이었어요. HMS 로드니는 1941년 독일 비스마르크호를 침몰시킨 배로 유명하죠. 내가 게이츠헤드 보이스Gateshead Boys 의 주장으로, 더럼 카운티 보이스Durham County Boys 선수로 활약할 때, 아버지는 터치라인에서 우리 경기를 지켜보며 끝날 때까지 아무 말도 하지 않으셨어요. 그냥 종종 제게 "공을 받으면, 반대편으로 연결해줘. 상대 측면 수비수가 위치한 곳보다 조금 더 안쪽으로 패스를 연결해. 너희 팀 측면 공격수가 침투해서 받을 수 있게. 조금 빠르게 패스를 찔러줘야 해. 측면 수비수가 그를 따라가려면 돌아서야 하니까"라고 말하곤 했습니다. 지금 생각해 보면 참 재미있어요. 마이클이 선수가 돼서 늘 그런 식으로 패스를 했거든요.

린 빈스의 아버지는 마이클이 보이스 클럽에서 뛸 때 경기를 보러가는 걸 아주 좋아하셨어요. 그는 마이클이 겨우 여덟 살이었을 때 돌아가셨죠. 우리의 소원은 마이클이 프로선수로 뛰는 모습을 그가 보는 것이었어요. 축구는 늘 우리 가족의 일부였죠. 마이클의 종조부 존John 은 밀월Millwall 에서 뛴 선수였습니다.

빈스 저도 결혼을 할 때까지 축구를 했습니다. 그런데 1979년에 다리가 부러졌죠. 이중 골절이었어요. 그때 우리 팀 동료 중 한 명은 "다시 뛰다 보면 괜찮을 거야"라고 말했습니다.

린 빈스는 그때 다리가 부러졌는데도 병원에 가지 않겠다고 말했어요.

빈스 저는 그냥 가벼운 부상인 줄 알고 있었죠. 그런데 결국 다음날 아침 린이 앰뷸런스를 불러야 했어요. 함께 앰뷸런스차에 올라탄 의료원은 제게 "축구화 사이즈가 뭐죠?"라고 물었습니다. 그는 "사이즈 9라면 제가 가져도 될까요? 빈스 씨가 올 시즌에 다시 축구화를 신을 일은 없을 거 같아서요"라고 하더군요. 저는 66세가 된 지금도 보이스 클럽에서 축구를 합니다. 여전히 경기에서 한두 번 정도는 개인기를 보여줄 만한 실력이 되니까요! 마이클도 보이스 클럽을 정말 좋아했어요. 그는 다섯 살 때부터 시작해 16살이 될 때까지 보이스 클럽에서 뛰었습니다.

마이클은 13~14세 시절에 성장통을 겪기도 했습니다. 그 시기에는 수많은 스카우트가 아이들을 관찰해요. 14~15세 정도가 됐을 때, 다른 아이들이 대부분 그보다 키가 더 컸죠. 그때 마이클의 경기력도 썩 좋지 않았어요. 그래서 스카우트들도 그에 대한 관심을 접은 상태였어요. 어디를 가도 늘 연령대 최고 선수였던 마이클에게는 낯선 상황이었습니다. 마이클은 생일이 7월로 늦은 편이었던 탓에 다른 아이들보다 신체적 성장이 느렸어요. 이후 마이클은 신체적으로 성장을 거듭하며 기량을 되찾았어요. 그러면서 스카우트들도 다시 그에게 관심을 갖기 시작했죠. 마이클에게 관심을 보인 한 팀은, 그를 영입할 수 있게 해주면 우리집 대출금을 대신 갚아주겠다고 말하기도 했습니다. 저는 그를 단칼에 거절했지만요.

린 저는 그 스카우트에게 "우리 아들을 팔 수는 없어요"라고 말했어요. 우리는 한참 시간이 지난 후에나 마이클에게 그 사실을 알렸죠. 그러자 마이클은 "엄마, 아빠, 왜 그때 바로 저한테 말해주지 않았어요? 대출금을 갚아줄 팀이 있었다면 거기로 갔을 텐데"라고 말했습니다. 우리는 "아니. 네가 그곳에서는 편안하거나 행복하지 않았을 거야"라고 대답했어요. 많은 팀들이 어린 선수를 영입하려 할 때 그의 가족에게 온갖 제안을 합니다. 하지만 그때 그런 제안을 받고 프로팀에 입단한 아이들 중 누구도 오래 선수 생활을 하지 못했어요. 그 시절 마이클은 수많은 팀의 입단 제의를 검토해야 했죠. 그는 아스널 유소년 아카데미 시설을 본 뒤에는 "기숙사가 마음에 들지 않아요"라고 말하기도 했어요. 그는 첼시도 마음에 들지 않는다고 했죠. 뉴캐슬도 우리에게 이것저것을 제안하며 마이클을 유혹했어요.

한 스카우트는 우리에게 "돈을 드릴 수도 있습니다"라며 접근했고, 저는 "그냥 가셔도 될 거 같아요. 우리는 그렇게는 못합니다"라고 말했습니다.

빈스 그런데 웨스트햄은 우리가 믿을 수 있는 구단이었어요. 우리는 마이클이 웨스트햄에 입단한 후 6주에 한 번씩 그를 보러 갔죠.

린 레드납은 좋은 감독이었어요. 그는 마이클이 처음 주전이 된 후 우리에게 "마이클은 정말 겸손합니다. 그가 좋은 가정에서 자랐다는 게 보여요"라고 편지를 쓰기도 했습니다. 우리는 어린 선수가 감독에게 이런 칭찬을 받는다는 것이 흔치 않은 일이라는 걸 알고 있었죠. 웨스트햄에서 어린 선수들을 관리해주는 토니 카, 피터 브라브룩 코치는 "마이클은 아주 태연하게 주변의 흐름을 따르며 단계적으로 발전하는 아이"라고 말했습니다.

빈스 마이클은 웨스트햄을 정말 좋아했어요. 그에게는 웨스트햄과 첫 프로 계약을 맺은 17세 시절 에이전트도 없었죠. 웨스트햄 유소년 아카데미 관리자였던 지미 햄슨이 그때 우리에게 "계약금을 얼마로 할까요?"라고 물었습니다. 저는 린을 쳐다보며 "계약금?"이라고 물었죠. 그러자 지미는 "네, 계약금을 얼마로 하는 게 좋을까요?"라고 다시 물었습니다. 저는 약 5초간 생각한 뒤, "3만 파운드"라고 말했습니다. 이렇다 할 생각 없이 그냥 말해본 숫자였어요. 그런데 지미는 "잠시만요"라고 말한 뒤, 밖으로 나갔다. 이 순간 저는 "도대체 내가 무슨 짓을 한 거지?"라는 생각을 했습니다. 지미는 10분간 우리 집 밖에서 전화 통화를 하며 이리저리 걸어다녔죠. 이후 그는 다시 들어와 우리에게 "알겠습니다. 마이클의 계약금을 3만 파운드로 하죠. 1년에 1만 파운드씩 3년 계약으로 하겠습니다"라고 말했습니다. 저는 "아, 네 알겠습니다!"라고 대답했죠. 사실 그건 계약금 얘기가 나오지 않았다면, 우리가 받지 못할 수도 있었던 돈이었어요. 저는 계약금이 존재한다는 사실조차 모르고 있었거든요.

린 마이클은 16세가 된 해에 웨스트햄으로 떠났습니다. 저는 마이클과 헤어질 준비가 전혀 안 된 상태였죠. 마이클이 떠난다는 건 정말 힘든 일이었어요. 그러나 웨스트햄이 그를 잘 관리해준다는 건 위안이 됐어요. 마이클은 웨스트햄으로 간 뒤, 팸과 대니의 집에서 생활했어요. 팸과 대니는 화목한 가정을 가진 부부였죠. 그곳에서 마이클은 철저한 식습관을 들일 수 있었어요. 마이클이 안 좋은 음식을 많이 먹는 아이는 아니었지만, 가끔씩 군것질을 하곤 했거든요. 그러나 마이클은 그때부터 몸을 잘 관리해야 한다는 사실을 알게 됐어요.

빈스 마이클은 더 어렸을 때 릴셸 아카데미로 갈 수도 있었습니다. 그러나 그는 그곳에서 편하게 생활할 수 없다고 생각했던 것 같아요. 그래서 그는 릴셸 입단 테스트에도 참여하지 않았죠. 저는 집을 떠나 생활하는 데 거부감을 느끼는 어린 선수들의 심정을 충분히 이해합니다. 저도 15세가 됐을 때

6주간 미들즈브러 입단 테스트를 봤으니까요. 유소년 팀이 아닌 2군 팀에 합류해 운동을 해야 했습니다. 그때 저는 당시 매우 좋은 중앙 수비수로 평가받은 윌리 매드렌Willie Maddren 을 상대했죠. 매드렌은 당시 잉글랜드 대표팀에서 뛸 만한 실력을 가진 선수였어요. 북아일랜드에서 조지 베스트와 함께 잉글랜드로 온 에릭 맥모르디Eric McMordie 도 제가 상대해야 했던 선수 중 한 명이었어요. 그들은 훌륭한 선수들이었습니다. 저는 그들을 상대로 고전을 면치 못했고 결국, 미들즈브러에서 좋은 모습을 보여주지 못하고 다시 집으로 돌아가야 했죠.

린 빈스는 늘 열심히 일했습니다. 가끔씩 사람들은 제게 "마이클이 있으니 당신과 빈스는 여유 있게 살 수 있겠네요"라고 말하죠. 그때마다 저는 "잠깐만요. 빈스가 우리 가족을 위해 한 일을 잊어선 안 되죠. 빈스가 얼마나 긴 시간 동안 일을 해야 했는데요!"라고 말합니다.

빈스 저는 동네에서 직업을 찾지 못해 린, 마이클, 그레엄을 부양하기 위해 다른 지역의 원자력 발전소를 돌아다니며 일했습니다. 힝클리 포인트, 소머셋에서 일을 시작한 후 주말을 포함해 매일매일 일주일에 90시간씩 일했어요. 휴가 같은 건 없었습니다. 그 당시 저는 집에 독한 사과주를 플라스틱 통에 담아서 가져오기도 했어요. 이후에는 셀라필드에서 일했죠. 그곳은 꽤 위험했어요. 일하는 사람 중 방사능에 심하게 노출된 사람은 더는 원자로 쪽에서 일할 수 없었거든요.

저는 먼 곳에서 일해야 했던 탓에 마이클, 그레엄의 어린 시절에 그들과 많은 시간을 함께 보내지 못했어요. 하루는 집에서 약 180마일이 떨어진 에어셔의 라그스 근처에 있는 헌터스턴 B 원자력 발전소에서 일해야 했죠. 그날 마이클은 오후 7시 그랜드 호텔에서 열리는 보이스 클럽 시상식에 참석해야 했어요. 저는 시상식에서 어린 선수들이 일찍 상을 받는다는 사실을 알고 있었습니다. 그래서 4시쯤 일터를 떠나 7시 반까지 그랜드 호텔에 도착하겠다는 계획을 세웠죠. 그러나 결국 저는 마이클이 가장 먼저 시상대에 오른 탓에 그가 상을 받는 모습을 볼 수 없었어요. 그 후 저는 바로 다시 차를 타고 라그스로 가야했습니다. 저는 몇 번이나 일터를 떠나 웨스트햄으로 가서 마이클의 경기를 본 뒤, 그날 밤 다시 운전을 하고 돌아가야 했어요.

린 토요일이 되면 빈스는 토네스에서 일한 뒤, 새벽 5시 즈음 저를 데리러 왔어요. 그 후 우리는 웨스트햄으로 이동했죠. 그렇게 떠나서 아침 9시가 되면 바킹Barking 에 있는 한 카페에서 아침 식사를 했어요.

빈스 그곳에서 일하는 사람이 제 이름을 알게 됐을 정도였죠. 그는 "안녕, 빈스! 늘 먹던 걸로 준비하면 될까?"라고 물었어요. 그때마다 저는 "그렇게 해줘!"라고 답했죠.

린 그 후 우리는 채드웰 히스로 아침 11시까지 이동해 마이클과 마찬가지로 웨스트햄에 입단한 그레엄의 경기를 봤어요. 그레엄을 원하는 구단도 아주 많았죠. 많은 구단이 우리에게 현금, 계약서 등을 보내려고 했지만, 끝내 그는 웨스트햄을 택했습니다. 그는 "웨스트햄은 나를 마이클의 동생이 아닌 그레엄으로 대해줘요"라고 말했어요. 그레엄은 어디를 가도 "아, 얘는 마이클 캐릭의 동생"이라는 소개를 받아야 했거든요. 우리는 그레엄의 경기를 본 후, 업튼 파크로 가서 마이클의 경기를 봤습니다. 이후 운전을 해서 집으로 돌아오면 새벽 2시였죠. 다음날 아침 빈스는 일을 하러 가야했어요. 그러나 우리는 마이클이 웨스트햄에서 즐거운 생활을 하고 있다는 데 큰 힘을 받았습니다.

빈스 맨유가 모스크바에서 열린 첼시와의 챔피언스리그 결승전에서 승부차기까지 돌입하게 되자 관중들은 전부 다 일어서서 경기를 보기 시작했습니다. 저는 위로 접히는 의자 윗부분에 걸터앉아 승부차기를 지켜봤죠. 제 앞에 앉은 남자아이의 뒷모습을 넘어 겨우 승부차기가 진행되는 페널티 지역을 볼 수 있었어요. 마치 긴 터널 끝에 골문이 보이는 것 같은 묘한 기분이 들었죠. 린은 "마이클이 페널티킥을 찰 거야"라고 말했고, 나는 "아니야. 마이클은 원래 페널티킥을 차지 않아. 당신이 틀렸어. 긱스나 다른 누군가가 차게 될 거야"라고 말했죠. 그러자 린은 다시 "아니야, 아니야. 마이클이 찰 거야. 진정 좀 해, 빈스"라며 저를 다그쳤습니다.

그 순간 페널티 지역으로 걸어가는 마이클이 보였어요. 저는 혼잣말로 "마이클, 유효슈팅만 하자"고 말했죠. "골포스트 옆으로 비껴가거나 크로스바를 넘기지만 말자. 유효슈팅만 하면 돼. 페트르 체흐가 선방을 한다면, 어쩔 수 없지. 그렇게 된다면 체흐가 좋은 선방을 한 거니까. 유효슈팅만 하자"고 말했어요. 그런데 마이클은 결국 득점을 성공시켰습니다. 저는 "천만 다행이다"라고 생각했죠. 마이클이 페널티키커로 나서는 순간, 저는 혹시라도 그가 실축하면 언론이 그를 가만두지 않으리라는 사실을 알고 있었어요. 마이클이 페널티킥을 성공시켰으니 이제 비난의 대상은 다른 선수가 될 수밖에 없었죠.

경기가 끝난 후 저녁 식사 자리에서 모든 선수들이 한 명씩 일어나며 박수를 받았어요. 그런데 스콜스는 일어나지 않고 자리에 그대로 앉아 있었죠. 그러자 모두가 스콜스를 에워싸더니 응원가를 불렀습니다. 가사는 대충 "폴 스콜스! 그는 골을 넣지!" 정도였어요. 그런데도 스콜스는 "쉿!"이라며 창피한 듯한 표정을 지었어요. 그걸 보고 팬들은 그의 응원가를 더 크게 불렀죠. 가장 먼저 춤을 춘 사람은? 퍼거슨 감독과 보비 찰튼 경이었습니다. 두 사람은 각자 아내 캐시, 노마 여사와 함께 무대에 올라서 춤을 췄어요. 정말 특별한 순간이었습니다. 당시 맨유는 유러피언컵 우승 40주년, 뮌헨 참사 50주년이 되는 시기에 챔피언스리그 우승을 차지했거든요. 새벽 세 시까지 피시앤칩스가 계속 나왔죠. 새벽 4시가 됐는데도 파티는 막 시작되는 분위기였어요. 다음날 12시에 비행기를 타야했는데 말이에요.

저는 마이클이 뛰는 모습을 보면 긴장이 됩니다. 그가 경기에서 지는 건 별로 중요하지 않아요. 저는 그에게 "마이클, 네가 해야 할 역할을 하고, 100%를 다한다면 괜찮아. 지면 지는 거야. 단순하게 생각하자. 다음 경기에서 더 잘하면 되지"라고 말하곤 했어요.

린 우리는 늘 마이클의 곁에 있었어요. 그는 집을 떠난 후에는 자립심이 매우 강해졌죠. 마이클의 축구 인생이 우리 가정에 큰 영향을 미친 건 사실입니다. 저는 불과 몇 년 전 "이제 축구가 정말 지겨워. 다 끝났으면 좋겠어"라고 말하기도 했었어요. 마이클은 축구 때문에 가족의 생일파티나 모임에 참석하지 못할 때가 많았습니다. 축구 때문에 가족이 함께 할 기회도 별로 없었어요. 우리는 맨체스터로 운전해서 내려가거나 영상 통화를 하기도 했죠. 때로는 마이클과 리사가 휴가를 맞아 우리를 보러 올라오기도 하지만, 저는 온 가족이 함께 하는 일상이 그립습니다. 물론 마이클보다 더 힘든 일을 하는 사람도 많죠. 특히 군인들은 더욱 그렇고요. 저도 그런 사실을 잘 알고 있습니다. 그러나 우리 어머니의 80번째 생일날 마이클이 올 수 없었던 건 실망스러웠어요. 당시 우리 어머니는 치매 증상을 보이고 있던 탓에 선더랜드 지역의 양로원에서 생활하고 있었죠. 마침 그날 마이클은 선더랜드 원정 경기에 출전한 상태였어요. 그러나 맨유는 주말 선더랜드 원정을 마치고 곧바로 화요일에 열리는 챔피언스리그 경기를 위해 이동해야 했죠. 저는 마이클에게 "만나서 차 한 잔 정도만 하면 좋겠어. 올 수 있으면 와"라고 말했지만 마이클은 팀과 함께 바로 이동해야 했어요. 온 가족이 그날 한자리에 모였지만, 마이클만 올 수 없었죠. 그가 우리와 아주 가까운 곳에 있었는 데도 말이에요.

빈스 축구 선수라는 직업이 그렇습니다. 설비 기술자, 선반공, 용접공에게도 직업의 특성상 감수해야 하는 게 있죠. 마이클은 가끔씩 저를 캐링턴 훈련장으로 초대합니다. 그는 저를 캐링턴 훈련장으로 데려가 일부러 우리 차가 운동장을 바라볼 수 있게 주차하죠. 제가 차에 앉아서 맨유의 팀 훈련을 지켜볼 수 있게 하기 위해서요. 퍼거슨 감독이 모습을 드러낼 때 즈음이면 이미 운동장 위에는 선수들이 훈련을 시작할 수 있도록 훈련용 콘이 놓여져 있었습니다.

퍼거슨 감독은 훈련장 이곳저곳을 돌아다니며 선수들이 운동하는 모습을 지켜보더군요. 저는 "절대 차에서 나가지 말아야지"라고 생각했습니다. 굳이 그에게 방해가 되고 싶지 않았으니까요. 또, 맨유 팀 훈련에 제가 방해가 돼서는 안 되니까요. 게다가 퍼거슨 감독에게 "누구시죠?"라는 말은 더더욱 듣고 싶지 않았습니다. 그곳은 마이클의 직장이었으니까요.

린 제가 월젠드에 가면 몇몇 사람들은 이미 제가 누군지 알지만, 저는 절대 제가 먼저 이를 알리지 않았어요. 마이클이 우리 아들이라는 사실을 과시하고 싶지 않았으니까요. 게다가 우리는 마이클을 통해서 사는 삶을 원치 않습니다. 우리가 마이클을 매우 자랑스러워 한다는 건 모두가 아는 사실이에요. 그러나 마이클의 삶은 누구도 아닌 그의 것입니다.

마이클은 휴가 기간에도 웬만해서는 절대 긴장을 놓지 않아요. 그는 리사의 식구들과 그레엄, 케이 등과 함께 이비사로 휴가를 가서도 절대 함부로 행동하지 않습니다. 새해를 앞두고 온 가족이 한 집에 모인 자리에서도 마찬가지죠. 마이클은 술을 몇 잔 마시기는 해도 절대 함부로 행동하는 법이 없어요.

가끔은 마이클을 보러 놀러가고 싶기도 합니다. 그러나 마이클이 가족을 떠나 있다가 이제 막 집에 돌아온 상태라면, 저와 빈스는 그를 보러 가지 않아요. 그가 오랜만에 리사, 그의 아이들과 함께 시간을 보내는 게 우선이기 때문이에요. 저는 빈스가 먼 곳에서 일을 할 때, 그가 오랜만에 집에 돌아오는 시간이 얼마나 특별했는지 잘 기억하고 있어요. 저는 그런 방식으로 리사와 공감대를 만들죠. 제이시는 가끔씩 안방으로 들어와 이불을 살짝 들어서 마이클의 발이 보이는지를 확인합니다. 이후 제이시는 마이클의 발이 보이지 않으면 "아빠가 또 떠났나보네"라며 울음을 터뜨리죠. 루이스는 대다수 친구들이 맨유나 맨시티를 응원하는 학교에 다녀요. 루이스가 여섯 살 정도였을 때, 대부분 남자아이들이 맨시티를 응원하기 시작했다고 하더군요. 그런데 루이스는 그들에게 "괜찮아. 너희는 맨시티를 응원해도 돼. 나는 맨유를 응원할 거야. 그래도 우리가 친구가 될 수는 있잖아"라고 말했다고 들었어요. 축구 선수의 아이로 사는 건 어려운 일이에요. 마이클과 리사의 결혼식은 스테이플포드 파크에서 열렸습니다. 마이클과 리사는 결혼식이 마치 연예인들의 결혼식처럼 비춰지는 걸 원치 않았어요. 그들은 결혼식 사진을 언론사에 파는 것은 더욱 원하지 않았죠. 마이클은 "절대 그런 일을 하지 않을 거야"라고 말했습니다.

빈스 월드컵 기간에 바덴-바덴에서 있었던 일은 정말 터무니없었습니다. 심지어 기자들은 현지에 있는 젊은 친구들을 고용해 선수들이나 선수들의 가족 사진을 찍으라고 지시하기도 했죠. 그런 일도 결국 직업은 직업인가봐요. 그중 사진을 찍던 한 청년은 내게 "빈스, 이 일을 마치면 포르쉐 한 대를 살 생각이에요"라고 말하기도 했습니다. 그는 "빅토리아 베컴의 사진을 찍어서 신문 1면을 장식했지"라고 자랑하더군요.

린 리사는 바덴-바덴에서 가는 곳마다 사람들의 눈에서 벗어날 수 없었어요. 리사는 "잠깐 조깅 좀 하고 싶은데"라고 말하곤 했죠. 하루는 리사가 호텔 건너편에 있는 공원에 가고 싶어했지만, 그 곳에도 나무 위에서 그녀를 기다리던 파파라치들이 있었어요. 리사는 호텔 방에 있을 때도 누군가가 창문을 통해 자신을 감시하고 있다고 생각해서 늘 호텔 방 커튼을 닫고 있었어요. 어느날은 그 모든 상황에 지쳐 울기도 했죠. 시간이 지날수록 기자들은 월드컵을 찾은 잉글랜드 팬들에 대해서는 쓸 기사가 없었던 모양이에요. 대부분의 팬들이 문제를 일으키지 않고 있었기 때문일 거예요. 그래서 그들은 선수들 가족의 일거수일투족을 감시하는 데 혈안이 됐어요. 우리는 리사와 함께 밖에 나가 식사를 했을 뿐이었어요. 아이들은 호텔에 남아 파티를 즐겼고요. 그건 휴가를 떠나서는 누구나 충분히 할 만한 일 아닌가요?

그건 가족들에게는 정말 힘든 시간이었어요. 하루는 가족들이 선수들의 숙소를 방문한 적이 있어요. 언덕 위에 있는 매우 아름다운 호텔이었죠. 그런데 언론은 마치 우리가 해서는 안 되는 행동을 한 것처럼 기사를 썼어요. 그들은 우리가 쇼핑을 할 때도 늘 따라다녔죠. 하루는 네빌 네빌Neville Neville(게리와 필 네빌의 아버지)이 우리에게 "호텔로 돌아올 때는 늘 조심해야 합니다. 누군가가 지켜보고 있으니까요"라고 말하기도 했어요. 그 순간 어떤 여자가 호텔로 들어와 우리 말을 엿듣고 있더군요.

빈스 네빌은 우리에게 "지금 내가 나온 이유도 산드라 베컴과 대화하던 도중 어떤 여자가 우리 옆에 앉아 잡지를 읽는 척을 하면서 대화를 엿듣기 시작했기 때문"이라고 말했어요. 그는 "다시 들어가서 산드라와 자리를 옮겨서 대화를 해볼게요. 우리 옆에 와서 앉은 여자가 움직이나 한번 보죠"라고 말했습니다.

린 이후 우리는 네빌 옆에 앉아서 상황을 지켜봤어요. 그러자 그 여자는 옷을 갈아입고 유모차에 아기를 태운 채 나타났죠. 유모차 안에 태운 아기는 인형 같아 보였어요. 결국, 그녀는 호텔에서 쫓겨났습니다.

빈스 다음날 우리는 스티븐 제라드와 가장 친한 친구 폴 맥그라탄과 대화를 나눴어요. 폴은 "빈스, 어깨 너머로 보이는 저 사람 누구예요?"라고 물었죠. 그는 "저 여자 보여요? 어제 호텔에서 쫓겨난 그 여자네요"라고 말했어요. 저는 "아닌데요. 머리 스타일이 완전 다르잖아요"라고 답했죠. 그러자 폴은 제게 그녀의 얼굴만 집중해서 보라고 말한 뒤, "얼굴이 똑같은데요"라고 말했어요. 자세히 보니 폴의 말이 맞더군요. 제 주변을 맴도는 여자는 어제 그 사람이 맞았어요. 또 하루는 가족들끼리 놀이공원에 갔죠. 빅토리아 베컴은 놀이공원 경비요원들에게 파파라치들이 따라올 수 없게 해달라고 부탁을 하기까지 했어요. 그러나 경비요원은 "그럴 수는 없어요. 확인해 보니 그들도 입장권을 사서 들어왔네요. 그들에게는 이곳에 들어올 자격이 있어요"라고 대답했다고 합니다. 그렇게 우리가 어디를 가도 우리를 따라다니는 사람들이 늘 있었어요.

린 2010년 남아공 월드컵은 마이클에게 매우 힘든 시기였습니다. 경기에 출전하지 못하고 있었으니까요. 게다가 그때는 제이시가 막 태어난 시점이었습니다. 저 또한 2월에 허리 수술을 받은 상태였고요. 저도 월드컵에 가지 말았어야 했지만, 그때 빈스에게 "마이클에게 우리가 필요할 수도 있으니 가야 해"라고 말하고 결국 그곳까지 갔어요. 평소 같았다면 리사도 우리와 함께 갔겠지만 리사는 집에서 제이시와 루이스를 돌봐야 했죠. 마이클은 경기에 출전하지 못하는 것에 크게 낙담하고 있었어요. 마이클은 원래 감정 표현을 잘 안 하는 성격인데, 그때는 "내가 왜 여기에 있는지 모르겠네요. 집에 가면 행복이 있는데. 거기에는 리사도 있고, 아이들도 있는데 말이에요"라고 말했습니다. 당시 마이클은 감정적으로 침체된 상태였고 정말 큰 어려움을 겪고 있었어요.

린 마이클이 심장에 문제가 있다는 진단을 받았을 때, 우리는 스페인에서 여행 중이었습니다. 마이클은 버튼과의 경기를 치른 뒤 우리에게 전화를 걸었죠. 그는 "지금 앰뷸런스를 타고 구단 의료진과 병원으로 가는 중이에요"라고 말했어요. 제가 너무 놀라서 "뭐라고?!"라며 크게 묻자 그는 "진정하세요, 엄마. 괜찮아요"라고 대답했어요. 저는 "지금 당장 돌아갈게"라고 말했죠. 마이클은 "어차피 엄마가 여행 중일 때 수술을 받거나 하지는 않을 거예요"라며 저를 진정시켰어요. 마이클이 자립심이 강하다는 건 알고 있었지만, 우리는 여전히 그를 돕고 싶었어요. 그러나 마이클은 "아니에요. 괜찮아요. 리사도 여기 있으니까요"라고 말했습니다.

빈스 마이클은 시즌 개막을 앞두고 구단에 소속된 모든 사람들이 건강검진을 받는다고 말해줬습니다. 그는 버튼전에서 전반전에는 괜찮았지만, 후반전에 체력 저하가 심해져서 의사와 대화를 나눴다고 말했죠.

린 그런 일이 순식간에 일어났다는 게 정말 무서웠어요. 그날 이후 저는 경기를 보기보다는 경기 내내 마이클만 지켜보게 됐죠.

빈스 마이클의 커리어는 훌륭했습니다. 사람들은 제게 "마이클이 마지막에 뉴캐슬에서 뛸까요?"라고 묻곤 했죠. 저도 마이클이 뉴캐슬의 줄무늬 유니폼을 입는 모습을 한 번 정도는 꼭 보고 싶었습니다. 그러나 마이클이 맨유에서 해낸 일들은 정말 대단했어요. 특히 2016년 FA컵 우승을 한 건 의미

있는 일이었습니다. 사람들은 "FA컵이 예전 같지 않다"고 말합니다. 그러나 선수들의 생각은 다르죠. 어느 선수에게 물어봐도 그들은 여전히 FA컵 우승에 대한 욕심이 있습니다. 그들은 어린 시절부터 FA컵의 의미를 잘 알고 자랐기 때문입니다. 우리 가족도 FA컵 결승전이 열리는 날이면 아침 9시부터 TV를 켜놓고 기다렸어요. FA컵 결승전 관련 방송이 모두 끝나면 밤 9시가 됐죠. 선수들에게 FA컵 우승은 여전히 아주 특별합니다. 린과 저는 FA컵 결승전이 끝난 뒤, 호텔에서 마이클을 기다리고 있었어요. 마이클은 리사, 아이들과 함께 도착하더니 제게 메달을 건네주며 "아빠, 여기 있어요. 가지셔도 돼요"라고 말했습니다. 저는 그에게 얼떨결에 "뭐라고?"라고 물었습니다.

마이클은 한 번 더 "아빠 거라니까요"라고 말했습니다. 그러면서 그는 내게 FA컵 우승 메달과 그날 입은 유니폼을 줬어요. 이후 저는 마이클과 헤어진 후 눈물을 흘렸습니다. 저는 원래 절대로 울지 않는 사람입니다. 솔직히 말하면 강하지 않지만, 강한 척을 하는 것이죠. 그러나 그날은 정말 감동적인 날이었어요. 저는 마이클에게 우승 메달을 돌려주며 더 안전한 곳에 보관하라고 말했습니다. 마이클의 우승 메달을 그에게서 빼앗고 싶지 않다는 생각이 더 강했어요. 다만, 그래도 제게 우승 메달을 선물한 마이클이 정말 고마웠습니다.

린   저는 2017년에 열린 마이클의 헌정 경기를 보러 가면서 어머니의 사진을 가져갔어요. 어머니는 1년 전에 돌아가셨죠. 저는 빈스의 부모님 사진도 함께 가져갔습니다. 저는 "마이클의 할머니, 할아버지도 함께 간다"고 말했습니다. 그들이 그날 마이클을 봤다면 정말 자랑스러워했을 거예요. 저는 그 경기를 진심으로 즐겼습니다. TV 화면에 잡힌 우리는 펄쩍펄쩍 뛰고 있었더군요. 제이시가 우리 뒤에 앉아 있었습니다. 제이시도 골을 넣는 아빠를 보고는 정말 기뻐했어요. 저는 마이클 골을 넣었을 때 그에게 "댑 댄스를 해야지!"라고 말했습니다.

빈스 저는 경기 전 사람들에게 고마움을 전하는 마이클의 연설을 들었을 때 그가 가장 자랑스러웠습니다. 마이클은 미리 대본을 준비하지도 않고, 마음에서 우러나오는 말을 그대로 전하고 있었어요.

린 축구를 잘 모르는 사람들도 그날 우리에게 "마이클의 경기를 (TV로) 보고 있어요. 시작 전 마이클의 연설이 정말 자랑스럽네요"라고 말했습니다.

빈스 그레엄이 출전한 순간도 특별했습니다. 마이클과 그레엄은 웨스트햄에서 함께 훈련을 한 적은 있지만 두 아들이 공식 경기에서 함께 경기에 출전한 건 그때가 처음이었어요.

린 그레엄도 정말 기뻐했어요. 그는 그날 경기를 위해 훈련까지 했죠. 그레엄은 허리가 좋지 않았지만, 그 경기에 꼭 출전하겠다는 의지가 있었어요. 그날은 정말 특별했습니다. 마이클이 얼마나 많은 응원을 받고 있는지를 다시 한 번 알게 된 계기였어요.

빈스 마이클은 중국, 폴란드 등등 전 세계에서 팬레터를 받습니다. 팬들은 캐링턴으로 마이클에게 편지를 보내고 마이클은 여행용 가방에 편지를 가득 담아서 우리에게 전해줍니다. 약 6주 사이에 1000통이나 되는 편지가 가득 든 가방 네 개를 들고온 적도 있어요. 팬레터는 대부분 "사인 유니폼 하나 받을 수 있을까요?"와 같은 내용입니다. 한번은 레바논 베이루트에 사는 어느 팬이 "마이클, 당신이 꼭 내 결혼식에 참석했으면 좋겠어요. 들러리 옆에 앉을 당신 자리를 비워놓을게요"라고 적힌 청첩장을 보낸 적도 있습니다. 베이루트의 결혼식장 주소까지 적혀있더군요! 어느 한 편지의 봉투를 열어본 후 깜짝 놀란 적도 있었죠. 그 안에는 우리 어머니가 예전에 가지고 있었던 기도서가 들어 있었어요. 편지에는 "마이클, 당신의 친할머니가 제게 이 기도서를 줬어요. 지난 40년간 내가 가지고 있었는데, 이제 당신의 가족에게 돌려줘야 할 것 같아요"라고 써있었습니다.

린 팬들은 마이클에게 "당신은 역대 최고의 선수" 혹은 "사랑해요"라고 적힌 편지를 자주 보냅니다. 특히 중국 팬들이 마이클에게 편지를 자주 보내는 편이에요. 그 중에서도 중국 여자 팬들은 작은 선물을 넣어서 편지와 함께 보냅니다. 그들이 보내는 선물은 작은 과자, 행운의 부적 등 다양해요. 발신자 주소를 적지 않고 팬레터를 보내는 사람들도 많습니다. 충분히 이해할 수 있는 일이에요. 특히 어린이가 보내는 팬레터라면 더욱 그렇죠. 그런데 몇몇 팬들은 사인을 해달라며 유니폼을 넣어 팬레터를 보내면서 발신자 주소를 적지 않습니다. 유니폼만 해도 최소 70파운드가 들었을 것이며 이름 '캐릭'을 마킹하며 더 많은 돈을 썼을 텐데 말이에요. 우리가 그걸 돌려보낼 주소가 없을 때는 정말 난감합니다. 그때마다 저는 빈스에게 "팬들이 돈을 주고 산 유니폼에 마이클이 사인을 하지 않았다는 오해를 살 수도 있겠어"라고 말하곤 합니다.

빈스 마이클은 훌륭한 선수들과 함께 뛰었습니다. 린과 저는 그가 웨스트햄에서 함께 뛴 파올로 디 카니오가 윔블던을 상대로 시저스킥으로 뽑아낸 골 장면을 직접 볼 수 있었습니다. 트레버 싱클레어가 띄워준 패스를 파올로가 강력한 시저스킥으로 연결해 골대 모서리를 꿰뚫었죠. 저는 바로 자리에서 일어나 "도대체 어떻게 저렇게 한 거야?"라고 말했습니다. 마이클과 함께 한 동료 중에는 웨스트햄에서는 파올로, 토트넘에서는 로비 킨처럼 개성 있는 선수들이 많았습니다. 로비는 동료들과의 크리스마스 파티를 주선하기도 했죠. 그 파티에 참석하는 모든 선수들은 특정 캐릭터로 분장을 해야 했어요. 마이클은 슈퍼맨이 됐죠. 그 외에도 스콜스, 호날두, 웨인 루니 등이 전성기 시절을 마이클과 함께 했습니다. 그들은 모두 클래스 있는 선수들이었죠. 저는 마이클에게 "너는 최고의 선수들과 함께 뛰었어"라고 말하곤 합니다.

부록 III
동생과 함께 한 대화

그레엄 축구계는 영리한 선수들을 육성하는 데 더 큰 가치를 부여해야 한다고 생각합니다. 상대 선수보다 영리하게, 발을 잘 쓰는 것만이 아니라 머리를 잘 활용하는 선수들 말입니다. 축구계에는 축구에 대한 호기심이 많은 선수들이 필요해요. 상대 선수들에게 도전하고, 몸싸움보다는 기술을 활용해 공격과 수비 상황을 통제하는 선수가 더 많아야 합니다.

우리에게는 마이클처럼 어떤 상황에서도 공을 자신의 발밑에 두고 창의성을 발휘할 수 있는 선수들이 더 필요하다고 생각합니다. 최고의 선수들이 그렇게 플레이하기 때문이죠. 어린 선수들에게 뛸 기회를 충분히 줘야 해요. 어린 선수들은 위험을 감수하고, 자기 자신을 표현하며 스스로 해결책을 찾는 방법을 강구하는 환경에서 자라야 제대로 성장할 수 있습니다. 무조건 몸집이 큰 선수를 선발하거나 지도자가 선수들에게 소리만 질러서는 그런 환경을 만들 수 없죠. "빨리 공을 차", "최대한 멀리 차", "거기로는 패스하면 안 돼", 또는 "수비수가 붙은 선수에게는 패스하지 마"라고 다그쳐서는 좋은 선수를 육성할 수 없습니다.

미래에는 더 많은 선수들이 공을 가졌을 때 팬들을 흥분시키고, 상대 압박을 뚫어내는 기술을 가질 수 있어야 하지 않을까요? 저는 FA 지도자 수업 공부를 하면서 잉글랜드가 오랜 시간 유소년 축구 문화를 긍정적으로 만들려고 노력해왔다는 사실을 깨달을 수 있었습니다. 하지만 이는 FA뿐만이 아니라 모두가 책임감을 갖고 해야 하는 일입니다. 학부모, 지도자, 학교 선생님, 정책을 만드는 정부 관계자까지. 마이클과 저는 월젠드 보이스 클럽과 웨스트햄에서 창의적이고, 공격적인 축구를 하는 환경에서 성장하는 행운을 누렸습니다.

저는 늘 마이클을 우러러봤습니다. 그는 언제나 저의 롤모델이었죠. 저는 마이클보다 네 살이 더 어리지만, 우리는 항상 가깝게 지냈습니다. 우리는 어린 시절에도 싸운 적이 거의 없었죠. 마이클은 성격이 거칠지 않습니다. 그는 한 가지에만 집중하는, 승부욕이 매우 강하고 고집이 센 사람이죠. 마이클에게는 옳고 그름에 대해 늘 고민하는 도덕적인 성향도 있습니다. 우리가 마당에서 축구를 하면, 저는 늘 마이클에게 졌어요. 그는 길고 가는 다리를 가진, 팀에서 가장 마른 선수였지만, 몸을 이리저리 비틀면서 영리하게 공을 몰고 다녔습니다. 제가 기억을 할 수 있는 순간부터 본 마이클은 늘 운동장 위에서 사뿐사뿐 움직이며 공을 자유자재로 다뤘습니다.

마이클이 성장할 때 갑자기 신체 조건이 바뀌며 몸 균형에 큰 지장이 있었다는 사실을 모르는 사람들이 많을 거예요. 특히 축구가 전부였던 그에게 그 시기는 정말 힘들었을 겁니다.

마이클 저는 학교에서도 성적이 나쁘지 않았어요. 이미 GCSE 시험도 모두 통과한 상태였죠. 그러나 우리집에서 진짜 머리가 좋은 건 그레엄이었어요. 그레엄은 마치 똑똑한 괴짜 같았어요. 그가 작성하는 보고서를 보면 "이게 도대체 무슨 소리지?"라고 생각할 때가 있었죠. 그가 작성하는 보고서는 정말 훌륭했어요. 그가 FA에서 좋은 지도자로 평가받는 이유를 알 것 같습니다.

그레엄 마이클은 저보다 더 깔끔하고, 정리를 더 잘했어요.

마이클 저는 사람들에게 무언가를 보여주는 데 솔직한 편입니다. 성격 자체가 깔끔한 걸 선호하죠. 리사가 요리를 하면 설거지는 제가 합니다. 저녁 식사를 위해 식탁 앞에 앉으면, 나중에 어떤 것들을 닦아야 하는지를 먼저 생각합니다. 그런 면에서 저는 아버지와 많이 닮았어요. 아버지는 늘 우리가 음료수를 다 마시기도 전에 컵을 가져갔죠. 리사도 제게 늘 "당신, 아버님처럼 되어가고 있어!"라고 말하곤 합니다.

그레엄 그런 면에서는 마이클이 아마 아버지보다 강박증이 더 심할 거예요.

마이클 저는 호텔 방에 들어갔을 때도 이곳저곳에 놓여 있는 안내 및 광고용 책자를 다 모아서 한곳에 둡니다. 방에 놓인 테이블 위에서 노트북이나 태블릿을 사용할 때도 호텔이 제공하는 노트패드를 꼭 서랍 안에 넣어두죠. 그래야 테이블이 더 깔끔하기 때문입니다. 그런 사소한 것들이 늘 신경에 거슬려요. 저는 호텔방을 떠날 때도 꼭 침대를 다시 정리하고, TV를 끕니다. 불도 다 끄고요. 이미 사용한 수건은 바닥이 아닌 욕조 안에 넣어둡니다.

그레엄 마이클은 축구를 할 때도 마찬가지예요. 깔끔하죠. 팀이 경기를 풀어가는 방식을 정리하고, 모든 상황을 통제할 수 있게 만듭니다.

마이클 평소 경기를 볼 때도 매우 사소한 것들이 신경에 거슬릴 때가 있어요. "왜 저렇게 하는 거지?"라는 질문을 자주 하죠. 심지어 저는 문자를 보낼 때도 스펠링이 틀리지 않았는지 점검합니다. 대문자를 적절한 단어에 제대로 썼는지도 꼭 확인하죠. 그런 것들이 틀리면 정말 신경에 거슬려요. 저는 A

라이선스(축구 지도자 자격증)를 취득한 후에도 계속 발표 내용이 마음에 들지 않아 스트레스를 받았어요.

그레엄 심지어 마이클은 당시 발표문에 포함한 차트에 어떤 색을 쓸지를 고를 때도 엄청 신중하게 했어요!

마이클 맞아요! 당시 저는 8주간의 훈련 프로그램을 구성하는 발표문을 준비했는데. 그러면서 프리미어리그, 챔피언스리그 등 대회별로 경기를 준비하는 과정을 차트로 설명하며 이를 다른 색으로 작성했죠. 모든 게 명확하도록 하고 싶었어요. 저는 학교를 다닐 때도 과제를 할 때 내용은 형편없을지 몰라도 글의 구성은 깔끔하게 했습니다. 제가 좋아하는 것 중에 늘 리사의 놀림을 받는 게 하나 있어요. 저는 학창시절 데칼코마니를 정말 좋아했습니다. 한 쪽에 무언가를 그려넣은 후 이를 똑같이, 깔끔하게 다른 한 쪽으로 옮겨 그림을 완성하는 느낌이 정말 좋았죠. 저는 깔끔한 걸 좋아하는 사람이에요. 책을 테이블 위에 올려놓을 때도 각도를 생각하죠. 각도가 맞아야 책을 테이블 위에 올려둬도 마음이 편해요. 가끔은 정리를 하면서도 "도대체 내가 왜 이렇게까지 하는 거지?"라는 생각이 들 때도 있습니다. 그러나 멈출 수가 없어요. 드레싱룸에서 유니폼을 관리할 때도 마찬가지죠. 몇몇 선수들은 그냥 유니폼을 바닥에 던져 놓습니다. 그러나 저는 반드시 유니폼을 벤치 위에 올려두거나 장비 담당자가 관리하는 통에 넣어요. 절대로 장비 담당자가 바닥에서 제 유니폼을 집어들게 하고 싶지 않습니다. 저는 오히려 그들을 도와주고 싶어요. 절대 유니폼을 벗은 후 뒤집어놓지도 않습니다. 그래야 깔끔하게 유니폼을 관리할 수 있고, 제가 장비 담당자를 존중한다는 점을 보여줄 수 있으니까요.

그레엄   마이클과 웨스트햄에서 함께 훈련을 할 때까지는 그가 그런 사람인 줄 몰랐어요! 그가 토트넘으로 떠나기 전인 2004년 프리시즌 기간에 있었던 일이 생각납니다. 그때 저는 19세, 마이클은 23세였죠. 우리는 정말 더운 날씨에 훈련을 하고 있었어요. 연습 경기에서 마이클은 저와 같은 팀에서 뛰었죠. 마이클은 미드필더였고, 저는 공격수였습니다. 마이클은 다른 곳을 쳐다보며 30미터가 넘는 훌륭한 '노 룩' 패스를 제 가슴 위에 정확히 보내줬어요. 상대 수비수 토마스 렙카를 완전히 속이는 패스였죠. 그 패스 덕분에 저는 노마크 찬스를 잡을 수 있었어요. 정말 대단했습니다! 그 순간 모든 선수들은 멈춰 서서 마이클에게 박수를 보냈을 정도로요. 마이클이 잉글랜드 대표팀에서 제대로 활약하지 못했다는 건 여전히 저에게 큰 아쉬움으로 남아 있습니다. 마이클은 2006년부터 2009년까지 유럽 최정상급 미드필더로 불릴 만한 전성기를 구가했죠. 그러나 그는 잉글랜드 대표팀에서 충분한 기회를 잡지 못했어요. 2011~2014년에도 상황이 비슷했습니다. 이를 두고 마이클은 자기가 더 잘했다면 잉글랜드 대표팀에서도 입지를 넓힐 수 있었다고 말하지만 제가 볼 때 그가 훌륭한 활약을 펼친 경기는 분명히 있었습니다. 그러나 그에게는 끝내 꾸준한 기회가 주어지지 않았죠. 저는 잉글랜드 대표팀 감독들이 마이클을 100% 신뢰하지 않았다고 생각합니다. 이는 정말 유감입니다.

맨유 선수들은 마이클의 능력을 잘 알고 있었습니다. 그러나 맨유 밖에서는 마이클을 바라보는 시선이 달랐어요. 마이클은 특이한 유형의 선수였죠. 그는 상대 선수 두세 명이 자신을 압박해도 절대 평정심을 잃지 않았어요. 그에게는 압박에서 벗어날 수 있는 기술과 침착성, 창의성이 있었죠. 그는 양발을 잘 활용했고, 상대 압박에 대처하며 다양한 상황을 통제할 수 있는 능력도 있었습니다. 대다수의 잉글랜드 선수들은 그런 능력을 잘 발휘하지 못합니다. 마이클은 팀에 통제력과 중심을 안겨주는 선수예요. 또 팀을 위한 플레이를 하는 선수죠. 그는 미드필드에서 어느 선수와 호흡을 맞춰도 좋은 경기력을 선보였어요. 그 중에서도 특히 스콜스와 가장 좋은 호흡을 보였죠. 그 둘은 텔레파시가 통했던 것 같았습니다! 제 생각에 그가 유독 스콜스와 많은 패스를 주고 받은 이유는 작전에 따른 플레이가 아니라 자연스럽게 서로 호흡이 좋았기 때문인 것 같아요. 마이클은 스콜스가 원하는 타이밍과 위치로 패스를 찔러주는 게 팀을 위한 최선이라고 믿었습니다.

마이클 천재가 옆에서 뛰는 데 당연한 거 아닌가요? 스콜스에게 패스를 하지 않는 건 미친 짓입니다!

그레엄 종종 마이클은 스콜스와 뛰며 후방에서 들어오는 첫 번째 패스를 일부러 받지 않을 때도 있었어요. 스콜스가 받으면 팀에 더 도움이 된다고 판단했던거죠. 그래서 마이클은 다른 곳으로 움직이며 스콜스를 위해 공간을 만들어줬고, 대신 경기의 흐름을 읽는 데 집중했습니다. 다만, 마이클은 다른 선수와 함께 뛸 때는 자신이 직접 첫 번째 패스를 받아 경기를 풀어가는 역할을 했죠.

마이클 저는 어떤 선수와 미드필드에서 호흡을 맞추는지를 정말 중요하게 생각합니다. 누구와 함께 뛰느냐에 따라 최고의 조합을 이루는 방법도 달라지니까요.

그레엄 마이클은 경기가 진행되며 발생하는 다양한 상황에 대처하는 방법을 정확히 알고 있었어요. 관중석에서만 봐도 그가 이를 이해하고 있다는 사실을 알 수 있었죠. 대다수 팬들은 눈길을 끌만한 플레이에 열광합니다. 그러나 마이클은 눈에는 잘 보이지 않는 움직임으로 팀에 도움이 되는 선수였어요. 그는 2~3미터씩 미리 움직이며 상대를 움직이게 했습니다. 그러면서 동료들이 패스나 드리블을 할 수 있도록 각도를 만들어줬고, 이후 자신에게 더 원활하게 패스가 들어올 수 있는 상황을 만들었죠. 이런 능력은 더 높은 수준의 무대에서 활약하는 선수들에게는 매우 중요한 능력입니다. 잉글랜드는 스페인이나 독일과 비교해 경기 도중 일어나는 상황에 대한 해결책을 만드는 기술, 창의성, 전술 이해도에 큰 가치를 부여하지 않습니다. 또 마이클은 많은 선수들이 하지 못하는 패스를 하는 선수였죠. 그는 상대 선수들로부터 압박을 받으면서도 편안하게 플레이하면서 마지막 순간까지 기다렸다가 순식간에 상대의 허를 찌르는 패스를 구사했어요. 마이클은 상대 수비수가 갑자기 움직이는 모습을 포착하면, 다른 플레이를 하려고 하다가도 바로 계획을 수정해 새롭게 발생하는 빈 공간을 공략했죠. 저와 마이클은 늘 이런 것들에 대해 대화를 나눴습니다. 아마 우리 아내가 가장 듣기 싫어하는 대화 내용일 거예요. (웃음) 잉글랜드 축구는 빠른 템포로 공을 움직이는 패스를 중요하게 생각합니다. 그러나 가끔은 조금 더 공을 소유하고 있어야 더 효과적인 공격을 할 때도 있습니다.

　마이클은 다른 선수들보다 늘 생각이 앞서 있었습니다. 그는 경기의 흐름과 템포뿐만이 아니라 구사하는 패스의 강약을 조절해 상대를 통제할 줄도 알았죠. 가끔씩 마이클은 동료의 발밑으로 패스를 넣어주기보다는 느린 속도로 약간 빗맞은 패스를 구사해 상대의 타이밍을 빼앗기도 했습니다. 그럴 때면 상대 수비수는 공을 따라 가야할지, 아니면 자리를 지켜야할지 판단하는 데 어려움을 겪었죠. 상대 수비가 공을 따라가지 않으면, 마이클의 패스를 받은 동료는 자유롭게 공을 잡은 뒤 돌아설 수 있었습니다. 상대 수비수가 전진해 패스를 받는 선수를 강하게 압박하면, 마이클은 리턴패스를 받아 뒷공간을 활용했죠. 경기중에 기술을 쓸 때는 단지 기술 자체가 아닌 어떤 생각을 하느냐가 중요합니다. 마이클에게는 부드럽게 빠른 패스를 구사하는 능력도 있었어요. 마이클이 가진 가장 큰 주무기는 상대 수비 라인 사이로 찔러주는 전진 패스였죠. 그런 패스는 타이밍이 절묘해야 하며 상대를 속이는 방법을 이해해야 구사할 수 있는 패스입니다.

마이클   그런 패스는 하이라이트 영상에 포함되거나 팬들의 주목을 받지는 못합니다. 대다수 사람들이 그런 패스를 보며 "정말 훌륭한 패스야!"라고 생각하지도 않죠. 그러나 사실은 그런 패스가 가장 효과적인 패스입니다. 저는 관중의 박수를 받기 위해 패스를 한 적이 한 번도 없어요.

그레엄   우리가 흔히 '헐리우드 패스'라고 말하는 화려한 패스는 보기에는 훌륭해 보일 수 있습니다. 그러나 그런 패스 뒤에 숨은 의도가 무엇인지가 더 중요하죠. 물론 그런 패스도 가끔은 뒤로 물러선 상대 수비를 벗겨내는 데 가장 효과적인 패스가 될 수는 있습니다. 하지만, 모든 패스에는 명확한 의도와 목적이 있어야 해요. 궁극적으로는 팀이 경기를 풀어가는 데 필요한 패스가 가장 좋은 패스죠.

마이클   그레엄은 제가 축구에 대해 누군가와 대화를 하고 싶을 때 가장 먼저 전화를 거는 사람입니다. 아, 가장 먼저가 아니라 유일한 사람일 수도 있겠네요. 그레엄이 축구를 바라보는 시선은 저와 똑같아요. 우리는 오랜 기간 떨어져 살긴 했지만, 늘 친한 친구처럼 가깝게 지냈습니다. 그레엄은 제가 도움이 필요할 때 가장 먼저 찾는 사람이기도 하죠. 그는 저의 든든한 지원자입니다. 그레엄은 20대 초반 잇따른 부상 탓에 선수 생활을 포기해야 하는 어려움을 겪었어요. 그러나 그는 인생의 내리막길이 될 수도 있었던 시점에 다시 자기 자신을 추스르는 모습을 보여줬죠. 제 헌정 경기에서 그레엄과 함께 뛴 순간 저는 그동안 제가 희생해야 했던 모든 것에 대해 보상을 받은 기분이 들었어요. 그날 저 자신보다 그레엄이 더 자랑스러웠죠. 그는 FA에서 성공적인 커리어를 쌓았고 벌써 10년도 넘게 일했습니다. 저는 그가 정말 자랑스러워요. 저와 그레엄은 특별한 형제라고 생각합니다. 우리의 관계는 절대 깨지지 않을 것이라고 믿어요.

그레엄이 케이와 결혼했을 때, 저는 그의 들러리 역할을 맡았어요. 그날 결혼식 때 감격을 맛봤죠. 그레엄과 케이는 천생연분입니다. 그레엄은 저의 소중한 동생(생긴 건 그가 저보다 늙어보이긴 하지만)입니다. 그가 케이와 결혼하며 행복해하는 모습을 볼 수 있어 정말 좋았어요. 그레엄을 잘 보살펴주는 케이에게도 정말 고맙습니다! 그레엄과 케이가 결혼식을 6월에 올린 이유가 있어요. 6월이 제가 현역 시절에 결혼식에 참석할 수 있는 유일한 기간이었기 때문이었죠. 그들은 늘 저를 먼저 생각해줘요. 반대로 저는 온 가족이 저 때문에 일정을 조정해야 한다는 데 죄책감을 느끼기도 했죠. 생일 파티도 마찬가지예요. 아마도 우리 가족은 늘 "쟤 은퇴 좀 하면 안 될까?"라고 생각했을 거예요(웃음).

부록 IV
친구들과 함께 한 대화

스티븐 마이클은 챔피언스리그 우승을 차지한 다음날 제게 전화를 했습니다. 그때 그는 세계에서 가장 큰 축구대회에서 우승한 챔피언이었죠. 그러나 우리는 제가 인사를 하며 "축하해"라고 말한 순간을 제외하면 통화하는 내내 결승전에 대해서는 아무 이야기도 하지 않았습니다. 며칠 후 비행기를 타고 마요르카에서 만나는 약속을 잡기 위한 이야기에 집중하고 있었죠. 마요르카에서 마이클과 일주일간 시간을 함께 보내면서도 그가 챔피언스리그 우승을 차지한 것에 대해서는 거의 이야기하지 않았습니다. 마이클은 원래 그런 친구예요. 그는 자신이 출전한 거의 모든 대회에서 우승을 차지했습니다. 그는 세계에서 가장 큰 구단의 주장으로 활약했고, 어디를 가도 알아보는 팬들이 많죠. 그러나 그럼에도 불구하고 그는 지극히 평범한 친구입니다. 어린 시절과 비교해 전혀 변한 게 없어요. 사람들은 제게 "마이클 캐릭이 아직도 너와 친구 사이를 유지하고 있다니 좋겠네"라고 말하곤 합니다. 저는 왜 사람들이 그런 말을 하는지 모르겠어요. 제게 마이클은 아주 예전부터 알던 친구입니다.

가끔씩은 그가 다른 인생을 사는 것처럼 보일 때도 있습니다. 축구 선수로 살아가며 감당해야 하는 삶은 따로 있는 것처럼 느껴질 때도 있죠. 그러나 그에게는 여전히 제가 25년 전에 만난 마이클로서의 삶도 있어요. 지금도 그를 만나면 다른 친구들을 상대할 때와 똑같습니다. 우리는 만나면 서로 어떻게 지냈는지에 대해 이야기하죠. 그는 우리가 먼저 압박을 주지 않는 이상 축구에 대해서는 별로 이야기를 하지 않습니다. 그는 저와 스테판이 축구를 아주 열정적으로는 좋아하지 않는다는 사실을 알고 있습니다. 그래서 어쩌면 그가 우리를 배려하는 것일지도 모르겠어요. 어찌 됐든 우리가 축구를 그렇게 좋아하지 않을지는 몰라도, 올드 트래포드 스위트룸에서 마이클의 경기를 보는 건 좋아합니다!

마이클은 늘 자기 자신을 낮춥니다. 그가 우리에게 "축구 관련 일을 좀 해야 해"라고 말하고 나서 보면 아주 큰 행사에 나와서 그의 모습이 TV와 신문에 나오곤 하죠. 물론, 축구는 그의 삶에서 큰 부분을 차지하고 있습니다. 그러나 그에게는 축구 외에도 많은 것들이 있죠.

많은 선수들이 집에 트로피방을 따로 두고 있습니다. 큰 업적을 이뤘으니 그걸 다른 사람들에게 보여주기 위해 트로피로 방 하나를 장식하는 건 충분히 이해할 수 있는 일이에요. 그러나 마이클은 다릅니다. 저는 그의 집에서 트로피나 메달을 본 적이 없어요. 축구와 관련된 사진만 몇 장 봤을 뿐이죠. 그의 집에는 축구와 관련된 사진보다는 가족, 친구들과 찍은 사진이 훨씬 더 많습니다.

축구계에는 잘 알려지지 않은 사실이지만, 사실 그는 꽤 유머감각이 있는 사람입니다. 우리는 함께 모이면 나이를 잊어요. 마치 우리가 15살이었던 시절로 돌아간 것 같은 기분이 들 때도 있죠! 그와 함께 몬트리올 그랑프리를 보러간 적이 있습니다. 정말 훌륭한 경험이었어요. 늘 직장 생활에만 익숙했던 제가 어느 날 갑자기 몬트리올로 날아가 며칠간 레드불의 초청을 받고 포뮬러1 선수들과 만날 수 있었어요. 게다가 우리는 며칠간 지켜본 경기가 끝난 후 시상대 바로 밑에서 선수들이 뿌리는 샴페인을 맞는 경험까지 했습니다. 이후 우리는 트랙 위를 도는 미니버스를 타고 그랑프리 분위기를 만끽했죠. 그때 버스가 코너를 지나치게 빨리 돈 탓에 옆으로 쓰러질 뻔했어요! 한편으로는 버스가 그때 쓰러졌으면 어떻게 됐을까 하는 생각도 듭니다. 아주 훌륭한 스토리가 탄생했을 테니까요! 마지막 날 밤에는 모두가 그레이구스를 마시고 취해 테이블 위에 올라가 춤을 췄어요. 당시 클럽에서는 싸움이 일어났는데, 클럽 관리자는 마이클의 신변을 보호해주기 위해 그를 냉장고에 숨기자고 제안하기도 했죠!

그때 우리는 정말 특별한 경험을 했어요. 레드불 관계자는 우리를 환상적으로 대해줬죠. 아마 그들은 부유하고, 유명한 사람들과 많이 만나는 사람들일 거예요. 그래서 처음에는 그들이 우리를 어떻게 대할지 몰라 걱정이 된 것도 사실입니다. 그러나 그들은 우리를 정말 편하게 대해줬죠. 우리는 그때 돈으로는 살 수 없는 경험을 했습니다. 마이클이 그들을 알고 있었다는 건 우리에게 행운이었어요. 가끔은 우리에게 이런 친구가 있다는 게 실감이 나지 않을 때도 있습니다.

후디 마이클은 늘 친구들을 위해 헌신합니다. 우리는 그와 함께 자랐어요. 사실 이제 그는 월젠드를 떠나서 보낸 시간이 더 많은 사람이죠. 반면 우리는 여전히 월젠드에 남아서 살고 있습니다. 이후 마이클은 훌륭한 축구 선수가 됐죠. 그러나 그는 여전히 우리가 아는 마이클의 모습을 그대로 가지고 있습니다. 물론 나이를 먹으면서 마이클이 축구를 중시하는 비중이 점점 더 커졌지만, 우리에게 마이클은 여전히 마이클입니다. 그는 여전히 학교 운동장에서 우리와 축구를 하고 싶어해요. 여전히 우리끼리 모이면 닌텐도 64로 비디오게임을 하는 걸 좋아하죠. 그는 여전히 우리와 어울려 놀고 싶어합니다. 그는 늘 그런 친구입니다.

제가 보는 축구계는 사실 이래요. 스포츠 뉴스가 24시간 내내 전파를 타고, 축구 선수들이 광고 모델이 되고, 트위터에 나타나기 전에는, 그들도 중산층에 속한 평범한 사람들이었습니다. 축구 선수들도 우리와 크게 다를 게 없었기 때문에, 그 시절에는 누구도 그들을 지나치게 떠받들지 않았죠. 그러나 축구 선수들은 평범한 우리에게는 없는 능력을 가지고 있습니다. 그게 바로 그들이 특별한 이유죠. 잭키 밀번, 말콤 맥도날드, 폴 개스코인, 앨런 시어러가 바로 그런 사람들이죠. 그러나 요즘 선수들은 다릅니다. 요즘 축구 선수들은 평범한 우리와는 다른 세상에 살고 있어요. 그러나 마이클을 개인적으로 알거나 맨유를 잘 아는 사람들은 마이클이 그런 선수들과는 다르다는 걸 이해할 겁니다. 우리는 마이클이 친구라는 사실을 매우 자랑스럽게 생각합니다. 그는 훌륭한 선수였지만, 저는 그가 사람으로서 더 훌륭하다고 말하고 싶어요. 마이클, 그레엄, 그리고 스티븐은 제 두 아이의 대부입니다. 촌스러워 보일 수도 있겠지만, 우리는 그 정도로 가깝게 어울립니다. 지금까지 늘 그랬고, 앞으로도 계속 그럴 거예요. 솔직히 이 기회를 통해 마이클이 나쁜 놈이라고, 멍청한 짓을 많이 했다는 재밌는 얘기를 하고 싶기도 하지만, 그럴 수가 없습니다. 그가 나쁜놈처럼 행동하거나 멍청한 짓을 한 적이 단 한 번도 없기 때문이죠. 마이클은 늘 자상하고 배려심이 깊은 친구입니다. 그는 친구들이 필요로 하지 않을 때 마저도 도와주고 싶어합니다.

그는 당황하는 법이 없는 친구예요. 단 한 번도 변한 적이 없죠. 그가 그렇게 변함없는 사람이 된 이유는 여러 가지가 있다고 생각합니다. 첫 번째로 그의 가족 덕분이죠. 린과 빈스는 정말 유쾌한 분들이에요. 마이클과 그레엄도 그들을 닮을 수밖에 없어요. 그들은 마이클과 그레엄에게 늘 사랑과 응원을 보내줬고, 겸손함을 가르쳤습니다. 마이클과 그레엄은 부모님 덕분에 이루지 못하는 건 없다는 믿음을 가질 수 있었고, 근본을 잃지 않는 사람으로 성장했습니다.

두 번째 이유는 마이클이 지금까지 몸담은 팀들에서 찾을 수 있어요. 마이클은 학창시절 좋은 선생님들과 감독님들 밑에서 성장했습니다. 특히 우리 체육 선생님 콜린 맥케이Collin Mackay는 열정과 승부욕을 학생들에게 전파하는 분이었어요. 그는 제자들이 더 좋은 사람, 더 좋은 선수로 성장할 환경을 만들어줬습니다. 마이클, 그리고 우리 모두는 여전히 그에게 고마운 마음을 가지고 있습니다.

세 번째 이유는 월젠드 보이스 클럽입니다. 특히 우리가 자주 했던 5 대 5 축구 리그는 마이클에게 큰 영향을 줬어요. 마이클은 그를 통해 훌륭한 선수로 성장했죠. 미니게임을 하며 공을 더 자주 만지고, 영리한 플레이를 하는 습관을 길렀습니다. 많은 사람이 경기를 보러 왔다는 점도 마이클에게는 영향을 미쳤을 것입니다. 보는 눈이 많았던 탓에 당시 누구도 경기에서 지면 안 된다고 생각했거든요. 누구도 참여하는 데만 의미를 두지 않았어요. 그 시절은 우리의 삶에 큰 부분을 차지하고 있습니다. 우리는 물론 친구들과 가족도 모두 다 5 대 5 리그에 관한 이야기밖에 하지 않을 정도였어요! 우리가 자란 그곳은 모두가 최고가 될 수 있게끔 가르침을 주면서도, 목표를 달성하지 못한 이들을 나무라지 않았습니다. 마이클은 그런 환경에서 자랐어요.

스티븐 저는 마이클과 함께 있을 때는 그가 세계적인 축구 선수라는 사실을 잊습니다. 그는 늘 우리와 함께 자란 어린 시절의 모습을 잃지 않기 때문이에요. 마이클은 축구 선수가 된 후 얻은 부와 명예에 현혹되지 않았어요. 언제나 우리와 함께 앉아 차를 마시며 유쾌한 대화를 하는 걸 즐겼죠. 그래서 우리는 마이클과 함께 시간을 보내면서도 그가 축구 선수로 어떤 커리어를 쌓았는지를 쉽게 잊습니다.

제가 보는 마이클은 완벽한 친구입니다. 그는 월젠드에서 우리와 함께 자란 그 모습을 지금도 그대로 가지고 있어요. 마이클은 우리가 축구 선수로서의 삶에 대해 묻지 않는 한 그에 대해 먼저 얘기를 하지도 않아요. 오히려 그는 우리가 어떻게 지내는지를 먼저 묻습니다. 우리가 직장 생활을 어떻게 하는지, 가족과 어떻게 지내는지 등에 대해 물어보죠. 아니면 옛날 이야기를 하며 웃고 떠들기도 하고요.

제가 보는 마이클은 무엇보다 좋은 친구이자 사람이에요. 그는 자신의 근본을 잃지 않는, 부모님으로부터 훌륭한 교육을 받으며 자란 친구입니다. 그런 점은 마이클이 자신의 가정을 꾸리고, 축구 선수로 커리어를 만들어가는 데도 큰 영향을 미쳤죠.

또 그는 친구들과 파티를 즐길 줄 압니다. 우리는 함께 해외 여행을 떠나 즐거운 시간을 보내기도 했죠. 마이클은 무엇보다 친구들과 가족을 중요하게 생각하는, 아주 평범한 친구입니다.

마이클   이 친구들은 저의 진정한 친구들입니다. 우리의 일상은 매우 달라요. 게다가 자주 만날 수도 없죠. 그러나 우리는 오랜만에 모이면 마치 어제도 만났던 것처럼 아무런 어색함 없이 잘 어울립니다.

이런 친구들을 만나는 건 정말 어려운 일입니다. 우리는 정말 강한 우정을 갖고 있어요. 그레엄도 우리와 항상 잘 어울리죠. 우리가 함께 있을 때면 웃음이 끊이지 않습니다. 우리는 서로에게 무엇을 요구하지도, 사심을 갖고 만나지도 않아요. 그들은 제게 있는 그대로의 친구입니다. 몇 시간 동안 한자리에 앉아 있어도 웃고 떠들고 함께 노래를 부르며 즐거운 시간을 보내죠. 각자 삶을 살면서도 옛날 모습을 잃지 않고요. 그랑프리에 가든 동네 펍에 가든 우리는 늘 한결같습니다. 그래서 저는 제 친구들을 사랑합니다. 그들은 저의 영원한 친구입니다.

감사의 글

우선 저를 변함없이 사랑해준 어머니와 아버지, 동생 그레엄, 그의 아내 케이, 우리 아이들 루이스와 제이시에게 고맙다는 말을 전합니다. 준June, 더그Doug, 글렌Glen, 재즈Jaz, 그리고 할아버지가 보내준 응원이 제게는 무엇과도 바꿀 수 없는 큰 의미로 다가왔습니다. 친구들도 마찬가지입니다. 월젠드 보이스 클럽에서 저와 함께 했던 모든 사람들, 특히 제게 소중한 기회를 준 해리 레드납 감독님께는 평생 빚을 지게 됐습니다. 제 인생과 커리어에 지대한 영향을 미친 알렉스 퍼거슨 감독님, 제가 맨유 코칭스태프에 합류할 수 있도록 해준 조세 무리뉴 감독님에게도 고맙습니다. 늘 저를 응원해준 맨유 팬들과 저의 조언자 역할을 해준 데이브 기에스Dave Giess에게도 고맙다는 말을 하고 싶습니다.

이 책을 집필하는 과정에서 제 생각을 기록하는 데 도움을 준 '더 타임스'의 헨리 윈터 기자에게 고맙습니다. 책을 집필할 수 있도록 대리인 역할을 해준 'David Luxton Associates'의 데이비드 럭스턴David Luxton, 'Blink Publishing'의 편집자 맷 필립스Matt Phillips에게도 고마움을 전합니다. 그리고 샬럿 아테오Charlotte Atyeo, 조애나 데 브리스Joanna de Vries, 케이티 그리너웨이Katie Greenaway, 에밀리 러프Emily Rough를 포함한 Blink Publishing 식구들에게도 고맙습니다.

리사는 늘 저와 함께 해줬습니다. 이 여정을 거치며 모든 발걸음을 리사와 함께했지만, 그녀를 처음 만난 열다섯 살 때는 우리가 오늘날 이 자리까지 올 수 있다고는 전혀 생각하지 못한 게 사실입니다. 리사도 제가 그녀에게 이 정도로 의지하게 될 줄은 생각하지 못했을 겁니다. 저는 지난 20년간 리사가 세상을 바라보는 시선으로부터 큰 영향을 받으며 더 성숙해졌습니다. 그녀와 20년을 함께 했다고 생각하니 정말 오래됐다는 생각이 들지만, 이 모든 시간은 금방 지나갔습니다. 우리는 많은 일들을 겪으며 함께 성장했습니다. 리사가 제 아내이자 우리 아이들의 엄마라는 건 행운이라고 생각합니다.

이 자리를 빌려 하늘에 계신 할아버지 오웬Owen, 할머니 위니프레드 캐릭Winifred Carrick에게도 감사함을 전합니다.

MICHAEL CARRICK
BETWEEN THE LINES

MICHAEL CARRICK
BETWEEN THE LINES

마이클 캐릭 자서전

초판 1쇄 펴낸 날 | 2019년 11월 22일

지은이 | 마이클 캐릭
옮긴이 | 이성모, 한만성
펴낸이 | 홍정우
펴낸곳 | 브레인스토어

책임편집 | 이슬기
편집진행 | 양은지
디자인 | 이유정
마케팅 | 이수정

주소 | (04035) 서울특별시 마포구 양화로 7안길 31(서교동, 1층)
전화 | (02)3275-2915~7
팩스 | (02)3275-2918
이메일 | brainstore@chol.com
블로그 | https://blog.naver.com/brain_store
페이스북 | http://www.facebook.com/brainstorebooks

등록 | 2007년 11월 30일(제313-2007-000238호)

한국어출판권 ⓒ 브레인스토어, 2019
ISBN 979-11-88073-42-9(13690)

* 이 책은 저작권법에 따라 보호받는 저작물이므로 무단전재와 무단복제를 금하며, 이 책 내용의 전부 또는 일부를 이용하려면 반드시 저작권자와 브레인스토어의 서면 동의를 받아야 합니다.

이 도서의 국립중앙도서관 출판예정도서목록(CIP)은 서지정보유통지원시스템 홈페이지(http://seoji.nl.go.kr)와 국가자료종합목록 구축시스템(http://kolis-net.nl.go.kr)에서 이용하실 수 있습니다. (CIP제어번호 : CIP2019045081)